KB269071

시민의 탄생

조선의 근대와
공론장의 지각 변동

시민의 탄생

조선의 근대와
공론장의 지각 변동

송호근

민음사

근대 한국인은 어떻게 출현했는가?

사회 과학을 하는 필자에게 서양의 근대는 언제나 뚜렷했고 분명했다. 가령 독일의 노동 계급이 태어났던 1850년대 독일의 사회 경제적 상황과 당시 시민의 삶은 여러 역사 연구를 통해 상상할 수 있다. 미국 역시 토크빌의 여행기나 그 밖의 역사 기록 덕분에 19세기 전반 미국의 사회 상황을 머릿속에서 충분히 재구성할 수 있다. 유럽의 정치 체제와 자본주의 역사에 대해서도 그 기원과 진화 양상을 대체로 무리 없이 그려 볼 수 있다. 근대 사회 과학은 그런 배경에서 태어났다. 서양 사회 과학의 기원과 바탕은 비교적 뚜렷해서 학자들이 산발적으로 또 개별적으로 생산한 연구 결과는 그런대로 누적 형태로 이론적 창고에 착착 쌓인다.

그런데 한국은 근대의 기원과 진화 궤적이 모호하다. 여러 학문 분과에서 한국의 근대를 찾아 힘든 지적 모험을 감행해 왔지만 총체적 모습은 아직 흐릿하다. 어떻게 시작됐는지, 근대의 발전 궤적은 왜 집단적 기획으로 수렴되지 못하고 천지 사방으로 흩어졌는지, 제국주의적 통치는 어떻게 그것을 왜곡했는지를 두고 아직 논쟁이 분분하다. 식민 통치, 제2차 세계 대전, 내전과 분단, 권위주의 정권, 그리고 산업화와 민주화 등 세계의 어떤 국가도 겪지 못했던 저 험난하고 숨 가쁜 역사적 사건들 끝에 오늘날 우리가 살고 있는 21세기 한국의 현대 사회가 건설되었다. 한국 사회는 역동적이라 정평이 나 있는 반면 선진국에서 흔히 목격하는 성숙한 자질, 우리가 시민 윤리라고 부르는 그런 습속이 결핍되어 있음을 솔직히 인정하지 않을 수 없다. 사회학자로서 필자는 한국 현대 사회의 특질을 여러 관점에서 분석해 왔는데, 연구의 끝에서 언제나 그 기원에 대한 갈증을 피할 수 없었다. 필자가 여러 저서에서 다뤘던 이념 논쟁이나 한국인의 심성에 관한 연구만 해도 그렇다. 예를 들어 오늘날 한국 사회에서 평등주의적 심성이 대부분의 사회 현상과 사람들 관계의 저변에서 어떤 형태로든 작용한다는 사실을 확인할 수 있었는데, 왜 그런가? 어디에서 유래했는가? 시대적 흐름에 따라 어떻게 굴절되었는가? 이러한 질문에는 답하기가 쉽지 않았다. 국가와 시민 사회의 관계, 민주화 이후에도 지속되는 강한 국가와 관료제, 대변 및 책임 기능이 약한 정당 구조, 구조화한 이념 대립 같은 정치적 쟁점들을 규명할 때에도 서양처럼 뚜렷하고 분명한 근대와 이론적 자원들이 있다면 확실하고 효험이 있는 처방을 내릴 수 있을 것이다. 그러나 기원은 언제나 모호했다. 현대 시민 사회의 모체가 어떠했는지는 둘째 치더라도 근대 국가가 언제 형성되었는지, 근대 사회와 근대인은 언제 탄생했는지를 분간하기는 쉽지 않았다. 그런 마당에 사회 과학자의 주관심사인 시민 사회의 형성 요인, 주요 행위자, 그리고 시대적 환경과 내외적 변수를 정립하는 것은 거의 퍼즐 맞추기에 가까웠다.

근대를 찾아 나선 이유가 이것이다. 필자가 지난 30년 동안 해 왔던 연구 작업들이 유성처럼 떠돌지 않고 하나의 일관된 운행 궤도를 찾게 하려면 국가와 시민 사회의 기원을 연구할 필요가 있었다. 그것은 한국에서 근대 국가, 근대 사회, 근대인의 출현과 성격에 대한 질문이었다. 한국에서 근대 국가는 언제 탄생했고 어떻게 성장했기에 오늘날 이런 모습을 띠는가? 근대인과 시민 사회는 어떻게 생겨났기에 식민지와 전쟁을 허용할 수밖에 없었고, 이후 세계에서 가장 치열한 경쟁 사회로 치달았는가? 이런 질문은 나의 개인사, 가족사에도 그대로 적용된다. 예를 들면 1870년대에 태어난 나의 증조부는 밀려오는 서양의 존재를 인식하고 있었을까? 인식했다면 그것이 어떤 미래를 가져올 것임을 짐작이라도 했을까? 두메산골의 평범한 농부였던 그분은 1890년대 나의 조부를 낳을 때 귀족 사회였던 조선 시대가 막을 내리고 신분 차별이 없는 새로운 시대가 열릴 것임을 짐작했을까? 소백산 기슭에 출몰하던 동학당을 어떤 눈으로 바라보았을까? 조부는 막 시작되는 근대를 어떻게 헤쳐 나갔을까? 1920년대 말에 태어난 나의 부친은 근대인으로 성장했을까, 아니면 전쟁 후 도시로 이주했을 때 봉건적 관습에 여전히 젖은 채였을까? 증조부와 조부가 혹시 남겼을지 모르는 기록물이나 일기(日記), 가솔부(家率簿) 같은 것이 있었다면 그 내면과 당시의 정황을 조금이라도 엿볼 수 있을 터이지만, 세계에서 유별난 대격변과 지리적 이동 속에서 유실되고야 말았을 것이다. 아무튼 이런 질문들에 답을 해야 현대 사회에 대한 사회학적 연구들이 그 역사적 주소라도 얻을 수 있을 듯했다.

근대를 찾아 나선 나의 여행은 그만 훨씬 더 깊숙한 근원으로 거슬러 올라갔다. 마치 강물 탐사 팀이 발원지를 찾아 산속으로 들어가듯 말이다. 전작 『인민의 탄생』(2011)은 그렇게 출간되었다. 조선의 지배 양식은 세계에서 보기 드문 '문(文)의 통치'였다. 군대와 치안 조직을 최소화하고 오직 관권과 향권으로 500년을 다스렸다는 것은 그야말로 국가론의 관점에서 연구 대상이다. 아니 무력을 증강할 필요성조차 느끼지 않았다. 중국의 비호 아래 바다를 봉쇄했기에 북쪽의 변방 오랑캐와 남쪽의 왜구만 물리치면 족했다. 만주족이 북경을 점령하고 청을 건국한 이후에는 사정이 조금 복잡해졌지만, 중국에 대한 무력 의존은 변함이 없었다. 조선은 내정에만 신경 쓰면 족했다. 내정에서 '문의 통치'는 '무(武)의 통치'보다 단단하고 견고했다. 인민의 머리를 점령했으니까 말이다. 진리의 근원으로서 하늘[天]이 상정됐고, 하늘의 이치(天理)를 깨닫고 그것을 세상에 펴는 것은 군왕과 사대부, 양반의 몫이었다. 통치 체계는 세 개의 축으로 축조되었다. 제례와 생활 윤리를 관장하는 유교를 중심축으로 하고, 정치와 문예가 권력 행사와 이념 생산을 각각 담당했다. 정치와 문예는 모두 유교의 상위 개념인 성리학에 의해 규정되었으며, 정치권력과 학문은 성리학적 원리와 정확히 부합해야 했다. 성리학은 조선인의 의식과 도덕, 현실 생활을 지배한 최고의 원리였으며, 그런 의미에서 매우 철저한 정교일치(政敎一致) 국가였다. 종교, 정치, 문예가 빈틈없이 짜인 견고한 통치 구조에서 벗어난다는 것은 상상할 수 없었다. 그러나 내부 균열이 발생했다. 조선의 인민이 세상사에 대한 다른 이치를 깨닫고 봉건 질서와 지배층에 반기를 들게 되는 1860년대, 이른바 '민란의 시대'가 도래했다는 것은 조선의 지배 구조에 어떤 심각한 균열이 발생했음을 뜻한다. 통치의 객체이자 대상인 인민, 세계에서 유례없이 단단한 통치 구조의 그물 속에서 저항과 이탈의 꿈을 꾸지 않았고 그럴 능력도 없던 인민이 찢긴 그물을 헤치고 나오듯 봉건 질서로부터 걸어 나왔다는 것은 구질서의 효율성이 소진된 끝에 신질서가 도래하고 있었음을 의미한다. 한 시대가 사양길에 접어들고 질적으로 다른 시대가 시작되는 시간대인 '말안장 시대'(1860~1894년)가 개막된 것이다.

『인민의 탄생』은 바로 이 지점에서 끝을 맺었다. 무너지기 시작한 봉건 질서로부터 천천히 걸어 나오는 인민, 전국적으로 발생하는 민란에 휩싸이거나 기존 질서에 모순을 느끼게 된 인민, 그리고 봉쇄된 바다의 경계선을 넘어 밀려든 이양선의 위용과 서양 문물에 경계심과 호기심을 동시에 느낀 인민이 출현한 것이다. 더 이상 적자(赤子)로서의 인민, 기존 체제에 안주하던 인민이 아니고 주체 의식과 함께 존재론적 자각을 하게 된 인민이라는 점에서 '인민의 탄생'이라 제목을 달았다. 말안장 시대는 이런 '자각인민(self-realizing subject)'과 함께 출범했다. 문자 해독력을 갖춘 '문해인민(literate subject)'이 말안장 시대에 '자각인민'으로 진화한 것이다. 문해인민이 통치 구조의 내벽을 헐었던 언문 담론의 주역이라면, 자각인민 역시 말안장 시대에 종교, 정치, 문예의 각 영역에서 이미 취약해진 양반 공론장을 대체해 평민 공론장을 형성해 나갔던 주체였다. 이 주체들은 주로 동학교문에서 배출되었다. 양반의 전유물이던 하늘을 인민의 것으로 인격화했고(한울님), 그를 통해 최초로 존재론적 자각을 품었던 동학도는 근대인의 원형이었다. 인즉천(人卽天), 사람이 하늘이라는 자각은 양반처럼 인민도 인격체라는 사실을 일깨워 주었다. 나를 하늘의 이치에 맞추는 것이 아니라 하늘이 나에게로 왔다. 동학에서 강조하는 수심정기(守心正氣)는 자신을 스스로 한울님과 일치시키는 과정이다. 자신이 하늘이 될 수 있다는 믿음은 조선 최초의 종교 개혁이었다. 지배층이 전유한 천리(天理)를 사적 신념(private conviction)으로 변환시킨 일대 변혁이었다. 천 개념이 흔들리자 그것에 기초한 조선의 통치 구조가 무너지기 시작했다. 그 무너져 내리는 진동의 와중에 서양이 몰려왔다. 조선의 말안장 시대는 그런 격변의 시기였다.

이 연구는 자각인민이 근대적 개인을 거쳐 시민(市民)으로 태어나는 과정을 추적한다. 그런 의미에서 이 책의 제목은 『시민의 탄생』이다. 근대적 개인은 사회를 구성하는 주체이고, 개인과 사회가 근대성을 획득해 가는 과정에서 개인은 시민으로 발전한다. 시민 사회의 일원이 되는 것이다. 이것이 현대 사회 과학이 발을 딛고 있는 기원에 해당한다. 근대적 개인, 근대 사회, 그리고 근대 국가는 과연 태동했는가? 그랬다면 어떤 과정을 통해 형성되었고 그 초기 모습은 어떠했는가? 이 질문이 이 연구의 핵심 주제다. 『인민의 탄생』에서도 그랬듯이 『시민의 탄생』 역시 '공론장(public sphere) 분석'을 연구 방법론의 가장 중요한 축으로 삼았다. 조선 통치 구조의 변화와 그에 따른 개인과 사회의 질적 변동 과정을 연구하는 데에 공론장 분석이 유용하다는 사실은 이미 『인민의 탄생』에서 어느 정도 입증되었지만, 양반 공론장의 붕괴와 평민 공론장의 급속한 확산이 엇갈리던 말안장 시대와 근대 이행기(1894~1910년)의 변동 양상에 대해서는 더욱 각별한 유용성과 적합성을 발휘한다는 사실을 확인해 두고 싶다.

공론장은 특정 계급이 자신의 계급적 이익을 관철하기 위해 활용하는 정보와 상품의 유통 영역이자 수단으로서 인쇄 매체, 모임, 토론 단체, 교통망, 그 밖의 유통 기제들을 동원하여 계급적 합의를 창출하고 확장시켜 나가는 공적 기제의 총체적 네트워크를 지칭한다. 위르겐 하버마스는 부르주아 계급이 자신의 상업적 이익을 증진하고 계급 상승의 이념적 요인인 합리성을 널리 전파하고 확장하기 위해 신문과 저널, 살롱, 커피 하우스, 각종 모임, 단체 및 상품 유통의 기제들을 적극 활용해 공공성을 획득하여 갔음에 주목했다. 이것이 결국 궁중 권력과 귀족의 지배력에 대항한 부르주아 혁명의 견인차였다는 사실에서 공론장의 변동론적 의미를 근대 국가의 구축과 자유주의 확산의 가장 중요한 배경에 놓았다. 부르주아 계급의 상승과 근대 국가의 건설 과정에 제한적으로 적용한 공론장의 분석적 유용성을 필자는 아예 통시적으로 확장하여 조선의 전반적 역사 변동의 추동력을 캐는 거시적 분석틀로 삼고자 했다. 조선은 세계에서 유례없는 지식 국가(knowledge state)였고, 조선의 통치는 궁정과 재지사족 간 매우 밀접한 공론 정치를 통해 이뤄졌기 때문이다. 단적으로 말하면, 조선의 역사 변동은 공론장 구조 변동의 역사다. 공론장에서 종교, 정치, 문예를 아우르는 종합적 인식과 지식 체계가 창출되고 공론장을 통해 그 존재론적, 인식론적 지식이 품고 있는 지배력이 각 통치 영역으로 흘러 나간다. 공론장이 이렇게 전국을 장악하고 이렇게 신속하고 효율적으로 작동한 사례는 세계 역사상 드물 것이다. 공론장 기제가 제대로 작동하는 한 조선의 통치 구조는 지속성을 갖는다고 말할 수 있다. 그런데 말안장 시대에 공론장의 급격한 부침이 발생했다. 종교, 정치, 문예로 짜인 지식 국가의 견고한 구조가 분리, 분화 과정을 거치면서 양반 공론장의 지배력은 쇠퇴하기 시작하였고 이에 대응하는 인민의 공론장, 즉 평민 공론장은 점차 세를 확대해 나갔다. 양반 공론장은 한문의 세계였고 평민 공론장은 언문의 세계였는데, 언문 공동체가 점차 저변을 확장하면서 한문 공동체가 갖고 있던 정치적 권력과 사회적 위세, 그리고 인식의 정통성에 도전을 가한 것이다. 1894년 갑오개혁은 국주한종(國主漢從)을 공식화함으로써 언문을 국문의 지위로 격상하고 국문 공동체를 역사의 주체로 인정하는 계기를 만들었다. 언문일치의 세계는 근대였다. 갑오개혁은 적어도 법적, 제도적 관점에서 근대의 문을 열고 그 기반을 닦는 정초 개혁이었다. 근대 이행이 시작된 것이다.

1부는 말안장 시대에 발생한 양반 공론장의 쇠퇴와 평민 공론장의 확대에 관한 분석이다. 조선을 호령하던 양반 공론장이 쇠퇴하기 시작한 것은 국가권력에 지식이 투입되는 길을 차단한 세도 정치에서 비롯되었다. 지식–권력의 선순환 과정이 차단되자 지식 국가로서의 복원력과 유연성은 급격히 저하되었다. 경향 분리와 학파 간 분절은 하나로 통합되어 있던 양반 공론장을 각 지방의 '유림 공론장'과 궁정 중심의 '조정 담론장'으로 분리시켰으며, 내적·외적 위기와 충격에 대응하는 국가의 능력을 떨어뜨렸다. 서양의 위협이 현실화되는 상황에서 유림은 여전히 성리학적 세계관에서 그 해결책을 찾고자 했지만, 성리학은 서양 문명을 수용할 여지를 허용하지 않았다. 지식의 수혈이 끊긴 조정은 문명개화와 서양의 위협에 대한 현실적 대응이라는 시대적 과제를 온전히 안게 되었다. 그렇다고 사대부와 조정 관료들이 조공 체제라는 전통적 세계관에서 벗어나 새로운 활로를 찾기란 역부족이었다. 고종(高宗)은 조공 체제의 전통적 제약과 문명개화라는 시대적 과제의 틈바구니에서 부국강병을 향한 험난한 길을 헤쳐 나가야 했다.

말안장 시대 공론장의 분열과 쇠퇴의 배경에는 천 개념의 고유한 지속성이 놓여 있었다. 천 개념이 쌓아 놓은 경험 지층은 그야말로 두껍고 단단해 어지간해서는 그로부터 이탈하다는 것을 상상할 수 없었다. 천 개념은 '중심의 재구축'이라는 어려운 문제를 내포하고 있었기 때문이다. 천 개념의 변용은 진리의 근원이라는 형이상학적 문제뿐만 아니라 중국을 어떻게 볼 것인가 하는 현실적 문제와도 결부되었다. 중국이 중화(中華)의 중심인 한, 천 개념을 바꾼다는 것은 형이상학적으로는 개종(改宗)에 해당하는 일이고, 현실 정치적으로는 중국을 배반하는 일이다. 천을 버리면, 중국을 버리는 결과를 야기한다. 그러나 서양의 위협 앞에서 그 개념을 변화시켜야 했다. 말안장 시대에 천 개념의 변용은 세 가지로 일어났다. '중심의 재구축'이 세 방향으로 일어났다는 뜻이다. (1) 천(天)과 문명(文明)은 '분리 불가'하다, 즉 중심은 여전히 중국이라는 관점(위정척사), (2) 천은 중국이지만 서양 문명과는 별개의 것이라는 '분리 가능' 관점(동도서기), 그리고 (3) 이제 시대가 바뀌었기에 중국은 더 이상 중심이 아니고, 따라서 천 개념을 파기하고 서양 문명을 표준으로 삼아야 한다는 '교체' 관점(문명개화)이 그것이다.

말안장 시대에 이 세 유형 가운데 다른 것에 비해 두드러진 성공을 거둔 패러다임은 없었다. 앞의 두 유형은 쇠잔하는 '한문의 세계'에서 출구를 모색하면서 천 개념과 결코 작별하지 못했으며, '교체' 패러다임은 일찍이 한문을 버렸으나 한창 생성되던 '언문적 세계'의 인민과 접속하는 데에 실패했다. 세 패러다임 모두 '지배층의 천'에 집착한 것이지 '인민의 천'은 고려하지 않았다는 점에서 공통이다. 지배층이 보기에 인민에게는 천이 없었다. 성리학적 정치 질서에서 지배층은 인민에게 천 사상을 각인시키는 메신저 였다. 인민의 각성이 널리 확대되는 상황에서 이런 논리에 집착한 양반 공론장의 위세가 여전히 존속되기는 어려웠다. 더욱이 분리 가능 패러다임으로 나아가기는 했지만 '인민의 천'을 수용할 수 없었던 조정 담론장 역시 저항하는 인민을 끌어들일 지적 자원은 고갈되었다. 양반 공론장의 쇠퇴, 그리고 조정 담론장의 혼란과 불안정이 초래된 이유다.

역으로 평민 공론장은 동학의 확산에 힘입어 날로 그 영향력이 커졌다. 동학에는 조선 지배층의 천 사상을 뒤엎는 혁명적 요소가 들어 있었다. 천리와 천명은 조선 지배층만이 깨달을 수 있는 진리인데, 인민도 수심정기하면 알 수 있다는 것, 그리하여 지배층의 천이 나의 천이 될 수 있다는 확신이 그것이다. 공허한 신심(信心)의 빈터에 인격신을 채울 수 있게 되었다는 것과, 인민도 스스로 천도를 깨닫고 실행하는 주체가 될 수 있다는 두 가지 사실만으로도 동학은 종교 개혁에 해당한다. 천의 내면화, 자기화가 가능해진 것이다. 새로운 천 개념은 '인민의 주체화'에 출구를 만들어 주었다. 사인여천(事人如天), 인간을 하늘처럼 대하라는 2대 교주 최시형의 계율은 인간이 하늘이고 인민이 하늘이라는 혁명적 계시였다. 그것은 지배층의 독자적 소유물인 '성스러운 천개'를 공유한다는 것을, 인민도 공경신(公敬信)의 주체라는 사실을 뜻한다. 인민은 이렇게 내면화된 천 개념으로 말안장 시대를 통과하고자 했으며, 새로운 시간대를 자신의 내부로 끌어들이고자 했다. 말안장 시대에 천 개념은 이렇게 분화되어 대립했다. 지배층은 여전히 공허하고 추상적인 천 개념으로 새로운 시간대를 감당하고자 했던 반면, 인민은 인격신을 향해 달려 나갔다. 그것은 천 개념의 세속화였다. 그러므로 말안장 시대를 서로 자기의 역사로 만들려 했던 지배층과 인민이 상이한 천 개념 때문에 맞붙은 것은 당연한 귀결이었다. 지배층의 재성화(再聖化, 다시 성스럽게 만드는 것)와 인민의 세속화(世俗化) 간 충돌이 그것이다.

말안장 시대에 지배층과 인민의 분리는 서양에서도 나타나는 일반적 현상이지만, 서양은 부르주아라는 새로운 계급의 출현으로 왕권과 인민의 새로운 접합이 가능했다. 이 과정에서 절대군주제가 입헌군주제와 공화정으로 전환했음은 근대를 입증하는 지표다. 그러나 조선은 그렇지 못했다. 1860년대와 1870년대는 인민과 지배층이 동일한 경험 공간에서 헤어져 서로 다른 기대 지평으로 나아갔던 시기였고, 그런 의미에서 서로 다른 역사를 쓰기 시작한 시기였다. 하나였던 역사는 결국 둘로 분리되었다. 인민의 역사와 지배층의 역사가 그것이다. '분리'와 '분화'는 지극히 불안하고 새로운 시간대를 동반했다. 인민의 역사는 동학이라는 문을 열고 나와 당시 확산 일로에 있던 고전 소설과 서민 예술을 자양분으로 해서 정체성과 고유 영역을 개척해 나갔다. 인민의 역사를 썼던 주역은 주체 의식을 갖추기 시작한 자각인민이었는데 자아 현실과 사회적 실상에 눈을 뜨면 뜰수록 텍스트 공동체로서의 언문 공론장은 활력을 더해 갔다. 이에 반해 지배층의 역사는 내부 모순에 부딪혔다. 조공 체제를 유지하면서 서양과 수교하는 것, 김윤식이 양편 체제(兩便體制)라 불렀고 유길준이 양절 체제(兩截體制)로 개념화했던 어정쩡한 동거 상태를 해소하는 일은 성리학적 질서를 하늘의 이치로 여긴 채 국제 질서의 변화에 대한 견문이 좁았던 지배층에게는 힘겨운 과제였다. 여기에 조공 체제를 강요한 청과 만국 공법을 무기로 조선을 침탈하고자 했던 일본과의 긴장과 대립이 조정을 둘러싸고 치열하게 전개되었다. 조선의 내부 질서가 약화되고 관료들의 침학이 심화될수록 인민의 역사는 동력을 얻어 갔음에 비해, 지배층의 역사는 일본과 청의 틈바구니에서 동력을 잃었다. 지배층의 역사와 인민의 역사가 분리를 지속한 30여 년 후인 1894년에 급기야 두 역사는 충돌했다. 그 결과는 참혹했다. 두 역사는 동시에 무너졌다. 지배 세력과 농민 세력이 기진맥진한 가운데, 정치적 주변 세력에 지나지 않았던 개화당 주도의 외세 의존적 갑오 정권이 들어섰던 배경이다.

　2부는 근대 이행에 관한 분석이다. 무너진 두 역사가 근대 이행기에 어떻게 새롭게 재편되어 근대 국가를 창출하고자 했는지에 초점을 맞추었다. 충돌한 역사의 폐허에서 인민의 환영을 받지 못했던 개화당 주도의 개혁 정치가 추진됐다. 말안장 시대가 그렇게 마감된 조선에서 이윽고 근대가 개막되었는데, 1910년 일제의 강점 때까지 근대 이행의 과정 속에서 근대인, 근대 사회, 근대 국가가 어떻게 태어났는지를 공론장 분석을 통해 규명하고자 했다. 과연 근대인은 태어났는가? 국가와 사회는? 그리고 시민과 시민 사회는 출현했는가?

갑오 정권에서 대한제국에 이르는 근대 이행기에 공론장의 관점에서 주목할 만한 세 가지 변화가 발생했다. 첫째, 조정 담론장의 영향력 쇠퇴와 양반 공론장을 계승한 '지식인 공론장'의 형성, 둘째, 동학이 기여했던 종교적 평민 공론장이 '세속적 평민 공론장'으로 부활한 것, 셋째, 지식인 공론장과 평민 공론장의 상호 연대와 공명(共鳴)이 그것이다. 각각에 대하여 간략히 살펴볼 필요가 있다.

첫째, 지식인 공론장은 하버마스가 말한 '부르주아 공론장'의 조선적 형태였다. 여러 가지 점에서 그렇다. 지식인 공론장의 주도층은 대체로 자유주의 이념을 내면화하여 전제군주제보다는 입헌군주제를 선호했으며, 신분제 철폐와 사민평등을 주장하고 상공업을 부국(富國)의 창구로 보았으며, 출판 결사의 자유를 옹호하고 스스로 교육과 언론에 뛰어들었다는 점들이 그러하다. 정보와 상품의 유통이 부르주아 공론장을 확산시키는 핵심 기제였던 만큼 지식인 공론장은 신문과 잡지의 발간을 통해 정보를 널리 공유하고자 했고, 논설과 사설을 집필해 스스로 정보와 이념의 직접 생산자 역할을 맡았다. 이들이 결성한 각종 결사체는 하버마스가 중시했던 부르주아 중심의 살롱과 클럽, 사교 모임에 해당한다. 그러므로 토론과 동의 창출은 이들이 왕권과 귀족 계급의 특권과 대적할 때 활용했던 최대의 무기였다. 만민 공동회, 관민 공동회는 조선 사상 최초로 등장한 대중 토론회로서 민주적 소통 방식을 통해 공론을 모아 가는 행위 양식을 정착시켰다. 지식인 공론장에는 '교양 시민'들이 주로 참여했는데, 자유주의의 주요 파트너인 상공업 분야의 '경제 시민'이 형성 단계에 있었기 때문이다. 일제 강점으로 중단되지 않고 혹시 1910년대에 경제 시민이 여기에 합세했더라면 어떤 결과가 나타났을까를 상상해 보는 것은 식민지 근대화론의 경제 중심적 사고를 비판하는 데에 유용한 실마리를 제공할 것이다.

둘째, 평민 공론장의 부활이다. 동학은 기본적으로는 종교였지만, 정치적 저항을 함축하고 있다는 점에서 정치 공론장이었고, 『동경대전』과 『용담유사』 같은 교리문과 가사 문학을 유행시켰다는 점에서 문예 공론장의 성격도 포괄했다. 종교, 정치, 문예를 종합한 공론장, 그것도 양반층을 제외한 평민에게 확산 유포되었던 평민 공론장이었다. 동학이 창출한 평민 공론장은 동학군의 패배와 더불어 함께 죽었다. 그러나 평민 공론장의 정신은 살아남았다. 일본군과 관군의 진압으로 그 형태는 괴멸되었다고 할지라도 평민 공론장을 창출했던 그 정신, 평민의 원억(冤抑)을 표출하고 지배층을 비웃고, 그들의 한(恨)을 노래에 담고, 고전 소설과 해학을 즐기고 언문(諺文)으로 그들의 견해와 삶의 애환을 기록해 서로 유통하고자 했던 그 정신은 살아남아 부활의 계기를 엿보고 있었던 것이다. 갑오 정권은 이들에게 공식 수단인 국문을 제공했다. 신문과 잡지, 기타 여러 인쇄 매체에서 서민을 대상으로 한 문예가 쏟아져 나왔는데, 그들이 독자이자 스스로 작가가 되어 필진으로 참여할 수 있는 기회가 열렸다. 이번에는 '종교적 평민 공론장'이 아니라 '세속적 평민 공론장'이었다. 마치 양반 공론장을 대체한 지식인 공론장이 들어섰듯이, 문예의 소비자이자 생산자, 독자이자 작가로 승격된 평민을 중심으로 새로운 유형의 평민 공론장이 들어섰다. 자각인민은 근대 소설로 접근해 가는 신소설과 단형 서사 문학을 따라 '개명인민'으로 서서히 변신했고, 인쇄술의 발달과 출판업의 확대, 그리고 전업 작가의 출현에 힘입어 대중 독자층으로 성장 발전했다. '개인의 발견'이 이뤄진 것도 이런 독서 열기와 문예의 유통을 통해서였는데 근대 문학의 본격적 출범과 더불어 평민 공론장에서 싹트는 '시민 의식'의 맹아를 목격할 수 있다는 것은 이 연구가 밝히려는 중요한 가설이다. 그것은 문자 혁명이 몰고 온 선물이었다. 한문에서 국문으로의 전환과 국문이라는 민족어가 만들어 낸 상징 세계 속에서 민족의식이 싹텄으며, 빠른 속도로 유통되고 공유되었다. 이질적 집단과 세력을 단일한 정치 목표와 행위로 통합하는 국가를 국민 국가라고 한다면, 국민 국가 만들기에서 문자 공동체의 탄생과 확대보다 더 중대한 요소를 찾아보기 힘들 정도다. 여기에 민족 개념이 부가되면 국민 국가는 곧 민족 국가와 동일시된다.

셋째, 지식인 공론장과 평민 공론장의 상호 공명이다. 이 공명 현상은 조선사상 최초의 일이었다. 양반 공론장 혹은 지배 계급의 공론장이 평민 공론장과 접속한 일은 한 번도 없었으며, 더욱이 공명한 적도 없었다. 지식인 공론장은 평민 공론장과 접속했고, 여론 주도층은 평민을 공론의 주체로 설정했다. 지식인 공론장의 쟁점은 곧 평민 공론장의 주제로 변했고, 식자들도 평민 독자를 위해 글을 쓰거나 공론을 창출했다. '국민 호명'이 전형적 사례다. 근대 이행기 개혁 세력의 최고 목적은 '근대 국가 만들기'였다. 지식인들은 국민 개념을 만들어 평민을 공론장으로 불러들였다. 을사늑약에 의해 황제권이 약화되자 지식인들은 국가 만들기의 책임 주체로서 국민을 적극 호명하기 시작했다. 신민(臣民)이 국민으로 명명되는 계기였다. 그러나 1910년 일제 강점은 국민 국가로 가는 현실적 가능성을 완전히 제거해 버렸다. 국민 호명으로 국민이 태어나자 국가는 사라진 것이다. 호명된 국민도 주권 국민의 진정한 요건을 다 갖추지 못한 상태였다. 당시 공론장에 자주 등장했던 국권론, 민권론에서 국민 자격이 절실히 언급되었던 배경이다. 결국 소멸된 국가는 상상 속에서 재현되었다. '상상 국가'가 만들어진 것이다. 호명된 국민은 상상 국가 속으로 진입했다. 이것이 근대 이행기(1894~1910년)에 발생한 공론장의 변화 양상이었다.

이런 과정에서 사회가 태어났다. 사회의 모체가 1894년부터 생겨나기 시작한 자발적 결사체였다는 사실은 흥미롭다. 자발적 결사체는 '국가 만들기' 내지 '소멸되는 국가 구제하기'의 임무를 띠고 탄생했는데, 그것이 공론장에서 이론적, 관념적 차원으로 논의되던 '사회'를 경험적, 실천적 공간으로 구체화한 견인차였다. 자발적 결사체는 인민에게 사회의 실체가 무엇인지를 실감케 하였으며, 그 구체적 작동 양상이 어떤 것인지를 알게 해 주었다. 자발적 결사체 속에서 사회가 태어났고, 사회 속에서 결사체가 만들어졌다. 자발적 결사체는 조선 시대의 조직 원리와는 질적으로 다른 사회 조직이었는데, 개인과 지역을 넘어 집단과 전체의 보편적 이해를 추구했다는 점에서 현실적 사회를 배태한 인큐베이터였다. 근대 이행기에 사회는 그렇게 탄생했다. 당시 지식인들이 지적했듯이 '공공사업의 주체'가 결사체였고 자치 단체였다. 이 결사체들은 개인을 국민으로 호명해서 '상상 국가'로 데리고 갔다. '국가 만들기'에서 개인을 국민으로 진화시키고 단순한 집합체에 공익 추구의 기능과 의미를 불어넣어 준 것이 결사체였다. 바로 이 점이 서양과 질적 차이가 존재하는 지점이다. 시민성은 국가 권력에 대한 견제, 저항, 협력 관계 속에서 일차적으로 유래한다. 자유주의는 자율적 합의와 결정, 자치라고 하는 시민성이 발휘되는 가운데 성립하고 성장하는 이념이다. 개인과 사회가 국가 건설에 협력 관계를 맺게 되는 것은 개인과 사회의 고유 권한이 이론적, 경험적으로 확정되고 인정된 다음 단계의 일이다. 서양에서 자유주의의 무게 중심은 국가보다 개인의 권리, 개인의 의무에 더 쏠려 있으며, 국가의 무한한 권력에 비하여 사회의 고유 영역과 기능에 더 큰 비중이 실린다. 그런데 조선에서는 결사체가 태어나자 '상상 국가'를 구제하고 건조하는 일차적 과제를 떠안았다. 견제와 저항의 겨를이 주어지지 않았다. 자치를 추구했지만 국가 건설을 위한 것이었고, 사회가 탄생했지만 국권 회복이 시급한 과제로 설정됐다. 근대 이행기 조선에서 태어난 개인,

결사체, 사회는 국가와 대결 구도를 경험하지 못한 채 소멸하는 국가를 회복해야 하는 태생적 운명을 부여받았다. 소멸하는 국가를 붙잡고 국권을 회복할 새로운 주체로서 국민이 '발견'되었다면 이 '추상적 국민'을 작동시키고 활력을 불어넣는 구체적인 행위자가 사회였다. 국가는 소멸해도 '개인'과 '사회'는 살아 있다! 당시 지식인들이 주목한 사실이 이것이었다. '형식적 국가'가 소멸하는 자리에 '정신적 국가'를 설정한 지식인들은 국민 정신, 역사 정신, 민족혼을 담지할 구체적인 행위자를 호명했고 거기에 개인과 사회가 응답한 것이다. 국민이라는 관념적, 추상적 집합 명사를 구체화할 수 있는 행위자가 개인이고 사회였다. 개인과 사회는 이렇게 탄생했다. 지식인들에 의해 잉태되었다고 해도 좋다.

그런데 그렇게 호명된 개인에게 근대적 인식을 채우고 새로운 옷을 입힐 지적 모험과 역사적 투쟁은 1910년을 전후하여 뚝 끊어졌다. 그나마 자아(自我)의 거울 역할을 했던 신소설은 주인공의 내면 상태를 묘사하거나 심리 상태를 세밀히 천착하여 플롯에 반영할 정도는 아니었지만 1910년대 초반에 약속이나 한 듯 사라졌고, 그 빈자리에 고전 소설과 야담류의 전기(傳記)와 소화(笑話)가 들어선 식민 상황에서 근대적 개인의 온전한 성숙을 기대하기는 어려웠다. 지식인들은 근대적 이론으로 개인의 위상을 정당화하고 인격과 권리를 부여했지만 그것은 어디까지나 국가 구출의 행위자로서, 국권 회복의 주역으로서의 개인이었다. 지식인들은 스스로를 그 앞장에 선 전위 부대라고 생각했다. 근대 이행기 조선에서 '개인'은 언제나 국가와 사회를 전제로 성립하는 개념이었다.

그렇다면 시민은 태어났는가? 태어나고 있었는가? 이것이 이 연구의 근본 질문이었다. 그래서 이 책의 제목도 『인민의 탄생』에 이은 『시민의 탄생』이다. 역사의 주체로 나선 '인민이 탄생'했기에 이들 인민이 근대적 시공간에서는 또 다른 성격의 주체, 근대적 주체라고 할 수 있는 어떤 행위자가 될 것이다. 서양의 역사적 발전 과정에 비추면 '시민'이 될 터이다. '시민의 탄생', 그런 일이 조선에서 과연 발생했는가? 시민의 존재가 관찰되었는가? 근대 이행기에 개인과 사회가 태어났다! 그렇다면 그 개인과 사회는 근대적 조건이 성숙해짐에 따라 어떤 형태로든 변동 과정을 경험하기 마련이다. 자율성이 문제였다. 조선이 자율성을 확보한 독립 국가였다면 개인과 사회는 시민 사회(civil society)의 단초를 형성했을 것이다. 시민 사회는 사회적 분화가 빠르게 이뤄져 계층과 집단 간 이해 갈등이 다발적으로 일어나는 그런 사회다. 시민 사회는 경제적 분화와 정치적 분화가 서로 대응하여 제도로 정착될 때에 비로소 형성되었다고 말할 수 있고, 경제적 분화와 정치적 분화의 제 과정에서 어떤 뚜렷한 개별적 위치와 권한을 점하는 개인을 시민이라고 정의할 수 있다. 또한 시민 사회는 네 가지 요인을 충족시켰을 때에 비로소 성립한다고 말할 수 있는데, 그것은 종교 개혁(거대 종교의 개별적 신심(信心)으로의 환원), 계약적 질서, 개별적 인권, 정치 참정권이다. 시민은 입법자(law maker)여야 한다. 시민은 그런 사회를 구성하는 주권적, 주체적 개인이며, 이해 갈등과 계급적 대립으로 파열하기 쉬운 사회 질서를 공적 담론과 공적 기구를 통하여 유지 존속시켜 나가는 근대적 개인이다. 더 나아가 공익과 사익 간 균형을 취할 수 있는 공공 정신과 도덕을 내면화한 사람이다. 그런데 공공 정신과 도덕 형성의 가장 중요한 전제는 자율성이다. 자율성이 주어지지 않은 사회에서 시민은 태어나지 못한다.

개인과 사회의 발전 양상을 고려한다면, 조선에서 적어도 초기 개념의 시민을 목격할 수 있었을 것이다. 1910년대 성장기를 거쳐 1920년대에는 초기 형태의 시민 사회 역시 그 출현을 기대할 수 있었을 것이다. 일제의 강점이 없었다고 가정하면, 조선의 1910년대는 정치 체제를 두고 각축하는 기간이었을 것이다. 시민은 그런 과정에서 태어난다. 도시 지역을 중심으로 형

성되는 상공업층이 계급 분화를 주도하는 가운데 농민의 임노동자화, 빈농
층과 무산 계층의 도시 유입이 빠른 속도로 진행된다. 대한제국의 근대화가
별 탈 없이 추진되었다면 도시와 농촌 지역의 계급 분화는 1920년대 말에
이르러 시민 사회를 형성할 정도의 수준에는 도달했을 것이다. 실제로 계급
분화가 일어나기는 했다. 그러나 자신들의 이익을 옹호하거나 극대화하는
제도와 법 만들기가 불가능했고, 타 계급과 투쟁, 협의, 조정하는 자치 능력
을 발휘할 공론장은 폐쇄됐으며, 국가 권력을 창출하고 그에 대한 공적 책
무와 시민 윤리를 배양할 공간은 소멸됐다. 국가는 사라졌으며 개인과 사회
는 어떤 자율성도 발휘할 수 없는 어두운 터널로 들어섰다. 그곳은 출구가
막힌 동굴과 같았다. 개인은 시민으로, 사회는 시민 사회를 향해 서서히 발
을 옮기고 있었지만 시민 됨의 가장 중요한 요건인 자율성이 박탈된 동굴이
었다. '동굴 속의 시민', 근대 이행기를 경과한 조선의 개인과 사회를 기다
리는 것은 불행히도 그런 어둡고 슬픈 공간이었다.

1910년 일제의 강점이 없었다면 근대 이행은 어쨌든 진전을 계속했을 것이
다. 물론 서양의 여러 국가에서 보듯 그 과정은 결코 순탄하지만은 않았
을 터이지만, 갑작스럽게 차단된 조선의 근대는 예측할 수 없는 경로를 거
쳐야 했다. 개인과 사회는 동굴 속에 갇혔다. 시민과 시민 사회의 출현을 낳
았을지 모르는 조선의 근대 이행은 그렇게 중단되었고 '시민의 탄생'은 식
민 통치하에서 유일하게 허용된 상상력의 공간, 문학의 영역에 기댈 수밖에
없었다. 이광수가 처음 열어 준 문학의 공간에서 사상과 감정의 자유, 이상
향의 소요를 통해 '상상적 시민'의 리허설을 이어 가야 했던 것이 식민지 현
실이었다. 이광수의 묘사대로 "불여의(不如意)한 실사회(實社會)"에서 '시민
의 탄생'은 불가능한 것처럼 보였다. 그 절망을 상상의 세계, 문자의 세계에
서 회복하려는 몸부림, '동굴 속의 공론장', 그것이 식민지 현실이었다. '상

상적 시민'을 현실에 접목시키는 것, 현실 속에 그것을 구현해 내는 것이 식민지 지식인과 개인의 시대적 과제가 되었다.

이것이 어떻게 전개되었는지는 후속 과제로 미뤄 둘 수밖에 없다. 제목은 아마『현대 한국 사회의 탄생: 20세기 국가와 시민 사회』정도가 되지 않을까 한다.『인민의 탄생』,『시민의 탄생』과 더불어 3부작이 완성될 날을 고대해 본다. 이 연구 역시 한국연구재단에서 지원하는 우수학자지원사업(과제 번호 342-B00018)의 연구 결과물이다. 연구를 지원한 한국연구재단에 이 자리를 빌려 감사의 뜻을 표한다. 그리고 필자의 글을 선뜻 받아 준 민음사 여러분께 감사드린다. 오십 대 후반의 학문과 삶이 이 책에 담겼다.

2013년 11월
관악산 연구실에서
송호근

Ⅱ부 조선의 근대와 차단된 통로

I부
말안장 시대의
조선

1 지식 국가의 분화와 근대의 여명: 조선의 말안장 시대

사람의 재품(才禀)은 본래 귀하고 천한 한계가 없다. 국가가 사람을 쓰는 데서 일을 완성시키고 백성을 다스리는 것을 주로 한다면, 어찌 귀천에 구애될 필요가 있겠는가?[1]

오직 백성의 소원을 따라서 사람을 쓰는 것이 곧 만고의 경상(經常)이요 치안(治安)의 장구한 계책이다. 사람으로서 사람을 다스리니 이간(離間)이 없고, 대중을 모아 대중을 화합하니 절로 대화(大化)에 이른다.[2]

천운(天運)이 둘렸으니 근심 말고 돌아가서 윤회시운(輪廻時運) 구경하소 십이제국(十二諸國) 괴질(怪疾)운수 다시 개벽(開闢) 아닐런가 태평성세 다시 정해 국태민안 할 것이니 개탄지심(慨嘆之心) 두지 말고 차차차차 지내서라 하원갑(下元甲) 지내거든 상원갑(上元甲) 호시절에 전고(前古) 없는 무극대도(無極大道) 이 세상에 날 것이니.[3]

말안장 시대

조선의 중세는 성곽처럼 단단했고 철창처럼 견고했다. 통치 체계의 기본 구조를 바꾸지 않은 채 500년을 지속할 수 있었던 국가, 중화의 주변국이면서도 중심국을 지향하던 사대부의 국가 조선의 중세가 와해된 요인은 혁명이나 민중 반란이 아니라 통치 구조 자체의 완벽성에서 비롯되었다는 것은 역사의 아이러니다. 조선은 완벽한 지식 국가였다. 지식이 권력이고 권력이 지식을 낳는 선순환 구조로 짜인 '지식-권력 일체'의 국가였다. 지식은 말할 것도 없이 주자학이었다. 존재론에서 가치론을 도출하는 통치 철학, 우주의 본질에서 인간의 본성이 규정되고, 왕통이 천명(天命)을, 도통이 천리(天理)를 각각 관장하도록 규정한 철학 체계에서 지식은 날줄이었고 권력은 씨줄이었다. 지식은 다양한 학파 간 논쟁을 거치면서 새로워졌고, 권력은 당파 간 공론을 통해 쇄신되었다. 그러나 영정조 시대를 끝으로 지식이 권력에 투입되는 통로가 막히자 지식-권력은 분리되기 시작했다. 조선의 19세기는 지식과 권력이 긴 작별을 고하는 기간이었다. 1800년 정조가 승하한 후 곧바로 등장한 세도 정치(勢道政治)가 그렇게 오랫동안 지속될 것임을 예견한 사대부는 없었으며, 지식-권력의 선순환 과정을 그렇게 철저하게 차단할 것임을 우려한 학자도 별로 없었다.

다산(茶山) 정약용(1762~1836년)과 혜강(惠岡) 최한기(1803~1877년)는 이 점에서 분명히 예외적 존재였다. 순조와 헌종 시대를 노년과 청년으로 각각 살았으나 한 번도 조우한 적이 없는 이 두 학자는 조선 중세가 몰락하는 광경을 목도하면서 국가 운영 원리의 쇄신을 역설한 점에서 서로 접속한다. 다산은 왕도 정치의 완성을 위해서, 혜강은 서학과 신문물을 포용할 수 있는 유교 정치의 일대 혁신을 위해서 인간론으로부터 정치론에 이르기까지 광범위한 개혁 방안을 구상하였다. "인간은 하늘 아래 귀천이 없다."라는 혁명적인 발상, 조선의 중세를 뒤흔드는 이 명제를 다산은 양반에게 주어진 각종 특권을 폐지하고 생산자 역할을 맡아야 한다는 주장으로 표현했던 반면, 혜강은 아예 인간 본질론으로 나아가 사민평등과 능력 위주의 인재 선발까지를 그의 독자적 이론 체계인 '기학(氣學)'의 통치론에서 설파했다.[4] 능력 위주의 인재 선발론은 다산의 개혁론에서도 매우 중요한 위치를 점하고 있거니와 다산은 과거 제도의 일대 개혁을 통해서, 혜강은 과거 제도의 전면 폐지와 인간 능력의 과학적 측정[測人] 및 중서공론(衆庶公論)에 의한 인재 등용을 주장했다. 두 학자가 살았던 시대의 시간적 차이를 고려한다면 양자 간에 매우 유사한 동형 구조가 발견되는데, 혜강이 조선 지배층이 한 번도 주목한 바 없는 '중서공론', 즉 양인과 중인의 대중 여론을 통민운화(統民運化, 정치)의 한가운데 놓아야 한다고 역설한 것은 19세기 중반 이후 소멸하는 중세와 존재감을 드러내는 인민에 주목했던 까닭이다. "사람으로서 사람을 다스리니 이간(離間)이 없고, 대중을 모아 대중을 화합하니 절로 대화(大化)에 이른다." 대화란 우주의 원리에 합치하는 자연스러운 이치이자 과정을 지칭하는 혜강의 독자적 개념인 운화(運化)와 동의어이다. 운화는 '활동운화'의 준말로 생생한 기가 항시적으로 활동하여 우주의 본질에 맞게 변화하는 것을 뜻한다. 다산은 인민의 능력을 극대화할 수 있도록 유교 국가의 제도적 개혁을 꾀했고, 혜강은 평등주의적 인간학으로부터 인민의 주체화를 겨냥했다고 볼 수 있다.

그러나 이 예견적, 예외적 지식은 세도 정치에 둘러싸인 권력과 맞닿지 못했다. 다산은 그래도 자신을 아꼈던 순조가 죽자 그의 생가 남양주 마재[馬峴]에서 경학과 경세학을 완성하는 것에 만족해야 했으며, 서울에 거주하는 경화사족(京華士族)이 높게 평가했지만 결코 권부에 나가지 못했던 개성 출신 혜강은 권력 변두리에서 학자로서의 생을 마감해야 했다. 설령 당대의 두 학자가 관직을 제수받았다 해도 노론 주도의 경화사족과 세도가들이 장악한 권력을 재편할 여력은 없었다. 사림(士林)의 지도자이자 국가 이념을 강마하는 학파 주도자인 산림(山林)이[5] 영향력을 잃고 세도 권력에 포섭되는 '삼척(三戚) 세도 정국'[6]이 19세기 초반 이후 60여 년이나 지속되는 동안 지식-권력은 더 이상 접속할 수 없을 정도로 멀어졌다. 그러자 조선 중세를 떠받쳤던 통치 체계의 세 축은 허술해졌고 그 자리를 메우려는 듯 관료제의 수탈 기능만 잡초처럼 무성하게 번지기 시작했다.[7] 중세가 무너지는 자리에 새로운 씨앗이 움트고 있었지만 지식 날줄이 빠져 버린 헐거운 권력은 그것이 무엇인지 감지하지 못했다. 감지했다 하더라도 대안을 만들어 내지 못했다. 주자학적 인식 체계는 그것을 기(氣)의 새로운 발현으로 간주했을 뿐, 이(理)의 불변성을 의심하지 않았다. 성리학을 버리는 것, 아니면 적어도 유보해 두는 것은 조선 사대부와 산림에게는 개종(改宗)과 같은 엄청난 일이었다. 경화거족과 산림은 고증학적 취향에 빠지거나 여전히 한송(漢宋) 논쟁과 명덕주리주기(明德主理主氣) 논쟁에 집착했다.[8] 더러 서학의 영향을 받아 과학적 사고를 중시하는 명물도수지학(名物度數之學)과 실증적 사고에 고취된 북학파 후예들이 주목을 받기도 했지만 무너지는 중세를 일으켜 세울 수는 없었다.

지식-권력이 분리되자 통치 질서의 세 축인 종교, 문예, 향촌 질서가 내부 분화를 일으키기 시작했다. 주자학적 천(天) 개념으로 한데 묶여 있던 세 축이 서로 분리되었을 뿐만 아니라 각 영역 내부에서도 분화가 진행되었다. 분리(separation)와 분화(differentiation)는 이미 중세적 원리가 아니었다. 중세가 유교(儒敎)라는 성스러운 천개(sacred canopy) 아래에 종교, 문예, 정치가 하나로 통합된 질서라고 한다면, 분리와 분화는 성스러운 천개가 벗겨진 현실 세계에 전혀 새로운 질서가 만들어지고 있다는 것을 뜻한다. 경화사족이 독점하여 경직 일로에 있던 권력은 통치 질서의 내부 분화를 방관할 수밖에 없었으며 인민의 존재감이 점점 커져 가는 것을 효율적으로 제어할 방도를 찾지 못했다. 중세가 저무는 틈 사이로 통치 질서의 세 축이 분리되고 분화하는 선을 따라 인민은 450여 년간 지속된 유교 정치의 담장을 넘어 바깥으로 나오고 있었다. 흔히 '민란의 시대'로 일컫는 1860년대는 인민의 이탈이 본격화된 시기였을 뿐이다.[9]

인민이 유교적 질서의 바깥으로 나오고 있었다고 표현했지만 사실은 '성스러운 천개'가 헐거워진 그 자리가 이미 바깥이었고 새로운 시간이었다. 독일어로 근대(Neuzeit)가 '새로운 시간(neue Zeit)'의 합성어라는 점에서 인민이 맞이한 그것이 조선의 근대를 함축할지도 모른다.[10] 그러나 전국이 민란에 휩싸였던 1860년대에도 사회과학적, 역사학적 개념 정의에 맞는 '근대의 표상'은 잘 발견되지 않았으며 오히려 중세가 무너진 잔해가 도처에 널브러져 있었다고 보는 편이 더 적합하다. 무너지는 중세와 새로운 시간대가 중첩되는 이른바 '말안장 시대(Sattelzeit)',[11] 구질서가 무너져 가는 자리에 아직은 본격화하지 않은 새로운 질서가 꿈틀대는 시대로 진입했는데, 조선 인민은 꿈틀대는 것이 무엇인지, 새롭게 생성되는 것이 무엇인지 간파할 지적 능력을 소유하지 못했다. 세상은 분명 변하고 있었다. 그런데 오랫동안 인민의 사고와 행동을 조련해 온 유교적 경험은 여전히 강력한 잔류 요소로 남아 인민을 속박했다. 근대가 늦을수록 중세의 잔류 영향력은 끈질기기 마련이다. 새로운 시간대가 찾아 왔어도 중세는 사대부에게나 인민에게나 잔재가 아니라 오히려 '근본 요소'로 작용했다. 근본 요소가 잔재로 전락하고 새로운 현상들이 개념의 옷을 걸치게 되는 시간이야말로 '근대'라고 할 것이다. 새로운 시간대가 왔어도 개념의 옷을 입고 인식 공간을 지배하는 그런 근대는 아직 요원했다. 박근갑의 설명을 빌리면, 근대란 '경험 공간'과 '기대 지평' 간의 거리가 현격하게 벌어지는 시간대이며, 기대 지평이 경험을 가공하고 재편해서 인간이 '역사 만들기'를 말하기 시작하는 그런 시간이다.[12]

　1860년대 초에서 1894년 갑오개혁까지가 바로 그런 시대, '말안장 시대'였다. 역사학계에서는 개항 이후의 시기를 흔히 '개화기'로 개념화한다. 대부분의 국사학자들이 어떤 유보 조항도 달지 않고 받아들이는 개념이다. 서양과 통상 수호 조약을 본격적으로 체결하고 서양 문물이 대거 유입되었다는 것, 즉 서양과 본격적 접촉을 시작했음을 강조한 용어다. 그러나 그것은 지배층의 용어이지 인민의 경험을 담아내지 못한다. 심지어는 왜곡할 위험도 있다. '개화기' 개념에는 인민이 개화로 수렴되었다는 암묵적인 가설이 숨어 있는데, 과연 그러한가? 1880년대 이후 궁중의 통치 엘리트에게 초미의 관심사가 된 '문명개화'는 인민에게도 주요 쟁점이 되었는가? 그들의 삶을 결정하는 가장 중요한 변동 요인이었던가? 아니다. 인민은 문명도, 개화도 무엇인지 정확히 인지하지 못했다. 다만 문명은 서학(西學)과 같은 사악한 어떤 것, 개화는 왜(倭, 일본)를 인정하고 수용하는 것 정도로 이해했다. 그래서 척사론자들이 외치는 척왜양이(斥倭攘夷)라는 구호에 쉽게 영합했을 뿐 인민의 실제 관심사는 날로 악화되는 생존 조건, 관료의 침학, 자연재해 등을 향해 있었다. 개화기라는 개념은 당시 인민의 현실 인식에서 아주 작은 부분만을 조명할 뿐이다.[13] 그런 까닭에 이 시기를 '말안장 시대'라 부르는 것이 더 적합해 보인다. 강력한 자장을 형성하는 주자학적 질서가 쇠하면서 한편으론 조정 엘리트와 재지사족(在地士族)의 기대 지평이, 다른 한편에선 인민의 미래 기대가 서로 다른 방향으로 생성되고 교차하던 시대였기 때문이다. 문명개화는 여러 쟁점 중 가장 중요한 것이었다. 경험과 기대의 치열한 교차는 조정 엘리트와 재지사족 내부에서도 일어났고 인민 집단 내부에서도 발생했다. 이 과정에서 유교적 경험은 끈질기게 남아 새로운 기대를 포섭하거나 제어하고자 했고 질적으로 새로운 개념들을 주자학적 세계관으로 재해석하고자 했다. 그러나 이미 뿌려진 씨앗들, 생성되기 시작한 새로운 현상들은 발아를 멈추지 않았고 오히려 오래된 경험 공간을 미래 지평 쪽으로 데리고 갔다. 경험 공간과 미래 지평이 교차하는 '말안장 시대'는 이중성의 시대이자 미래를 향한 운동성이 최고조에 달하는 시대다.

현재화한 과거와 현재화한 미래가 맞부딪는 곳에서 '접속의 개념'과 '단절의 개념'이 태어나고, 이 각각은 인지 동원과 공론장을 활성화하면서 역사 만들기에 나선다. 조선의 역사 바깥에 위치했던 인민이 역사의 행위자로 등극하는 순간이었다. 열린 역사의 문을 닫으려 했던 사대부 계층은 이미 뚫린 문틈 사이로 주체 의식을 어느 정도 인지한 인민들, 우리 용어로 말하면 문해인민(文解人民, 독해 능력을 어느 정도 갖춘 평민)의 틈입을 막을 수 없었다. 개념은 역사 만들기에 나섰던 각 집단이 역사 바깥에서 발생한 새로운 시간대를 역사 안으로 끌어들이는 통로이자 무기였다. 이 개념들에는 경험 공간에 대한 재해석과 미래 기대에 대한 설계가 동시에 함축되어 있으며, 역사 만들기에서 지배력을 행사하기 위한 의미 획득의 투쟁에 나선다. 또 다른 차원에서 지식─권력의 합일을 추구하는 개념의 일대 전면전이 전개되는 것이다.

지적 인지 능력을 갖춘 조선의 지배층은 이 개념 투쟁에서 확실히 우위를 점했지만 극도의 분열 상태를 면치 못했다. 반면 문해인민, 유교적 통치 체계가 느슨해진 것을 눈치챈 중서층은 역사의 주체가 될 수 있다는 어렴풋한 자각 외에 별다른 대안을 마련하지 못했다. 그러나 주체 의식만으로도 말안장 시대를 통과할 준비는 갖췄다고 보는 편이 적절하다. 중세가 무너진 자리, 통치 체계가 느슨해진 틈새로 발아하는 새로운 현상들의 동선을 따라 그냥 나서는 것만으로도 충분히 '새로운 시간대'의 변동론적 의미를 확장할 수 있었다. 새로운 시간대를 편의상 근대라고 한다면 조선의 근대는 그런 형태로 왔다. 아무런 기획도 없이, 중세가 허물어지는 공간에, 주자학적 세계관이 여전히 강하게 잔류한 공간에 미래 지향을 가득 품은 개념들과 개념 투쟁의 형태로 느닷없이 왔던 것이다. 중세와 근대가 중첩되던 말안장 시대

에 역사 경험을 미래로 끌어들이려는 개념들이 경합하는 투쟁의 장 중심에
는 '하늘[天]에 대한 인식'이 놓여 있었다.

새로운 시간대와 천(天) 개념

중세가 허물어지는 순간에도 조선은 하늘을 놓지 못했다. 오히려 조선 지
배층인 사대부와 재지사족은 주자학적 질서의 근원인 본래의 천리(天理)로
귀의함으로써 중세를 연장하려고 했다. 세계의 변화를 약간 눈치 챈 학자와
관료들은 서양 문물에 관심을 기울이면서도 주리론, 주기론의 도덕적 명법
안에서 이해하고자 했다. 천(하늘)과 결별하는 것은 그토록 어려웠고 불가능
에 가까웠다. 그도 그럴 것이 조선 사회를 규정한 '성스러운 천개'는 그 자체
가 천(天)이었고, 만물의 근원이자 이기(理氣)의 발원체였기 때문이다.[14]

조선 지배층은 주자가 일찍이 설파한 성리학의 기본 원리를 전면적으로
수용했으며, 인간의 성정심(性情心)을 이기론의 논리로 이해했다. 조선 초
기부터 한말에 이르기까지 지배층이 굳건히 믿었던 이기론은 이(理)와 기
(氣) 사이의 관계 설정과 강조점이 조금 달랐을 뿐 현실 세계의 모든 현상
을 조명하는 원천적 논리였다. 개항과 동시에 서양의 진출이 가시화되었던
시기에도 대표적 산림들은 심성론의 본질을 따지고 들었다. '심통성정(心
統性情)'의 문제, 즉 인간의 심(心)은 이(理)와 같은 위치에 있는 성(性)을 통
제하는가, 아니면 성정(性情)의 통제를 받는가? '성즉리(性卽理)'라고 할 때
심(心)의 존재론적 위치는 어디인가? 하는 문제들 말이다. 이항로(李恒老,
1792~1868년)의 화서학파, 기정진(奇正鎭, 1798~1879년)의 기호학파, 이진상
(李震相, 1818~1886년)의 한주학파, 전우(田愚, 1841~1922년)의 간재학파 등
당대의 산림이 파고들었던 문제가 17, 18세기부터 일어났던 호락(湖洛)논쟁

의 인물성동이론(人物性同異論), 18세기 말에 시작된 한송 논쟁, 명덕주기주리론, 19세기에 재현된 심성론(心性論)이었다.[15] 이 모든 논쟁의 배경에는 천 개념이 놓여 있었다. 천에서 발원하는 이와 기의 관계 설정 문제는 퇴계와 율곡이 조선 성리학에 어느 정도의 기초를 마련한 이후 시대적으로 반복 재현된 쟁점이다.

일찍이 주희는 모든 사물과 근원을 이와 기로 설명했다. 이는 만물의 근원, 기는 존재의 근거이자 만물을 구성하는 질료다. 이는 실제적 생성 역할을 하는 기를 운용하거나 기를 타고 발현된다. 이와 기는 천지 만물에 내재하여 인(人)과 물(物)의 본질을 발현하며 동질성과 차별성을 부여하는 원리다. 주희에 의하면 이와 기는 분리 불가능하고(不離), 섞일 수도 없다.(不雜) 그러면서 주희는 이는 주인이자 명령하는 자이고, 기는 손님이요 명령받는 자임을 부가했다.[16] 조선 성리학은 주자학을 국가 이념으로 수용하면서 약간의 조선적 변용을 시도했다. 가장 중요한 것이 바로 '이(理)는 천(天)'이며, 천은 무극(無極)이자 태극(太極)이라는 명제에 대한 강조점이다. 이는 조선 양반 사대부에게는 시대가 바뀌어도 불변하는 최상의 명제로 설정됐다. 이 명제는 조선 사대부의 통치 정당성을 강화하는 데에 위력적인 힘을 발휘했다. 사대부는 천리와 천명을 실행하는 주체다. 천명을 아는 방법은 오직 수기(修己)인데, 수기를 통해 치인(治人)으로 나아가는 것이야말로 천명이 지시하는 왕도 정치의 이상이다. 조선의 인민은 이 명제에 도전할 수 있는 지적 능력이나 힘이 없었음은 물론이다. 인민은 사대부가 해석한 천 개념을 그냥 받아들이는 피동적인 존재였으며, 지적 능력이 없는 인민은 달리 해석할 도리가 없었다. 그런데 주희가 불리부잡(不離不雜)이라 했던 이와 기의 관계를 조선에서는 어떻게 설정해야 하는가의 문제에 부딪혔다. 이로부터 주리, 주기 논쟁이 시발한다. 퇴계(이황, 1501~1570년)는 불리부잡을 인정하면서도(理氣互發) 이(理)를 절대적 진리의 위치에 갖다 놓았다. 이(理)는 절대자로서 물(物)을 명하며 물의 명령을 받지 않는다.[17] 퇴계는 자신의 학문을 도덕적 형이상학으로 완성하기 위해 궁극적 진리인 이가 지배하는 우주론(존재론)으로 나아가고자 했다. 어린 선조에게 그려 준 『성학십도』의 첫 장이 「태극도설」인데, 무극인 태극으로부터 음양오행이 나오며 음양오행의 작용으로 만물이 화생한다는 것(形化)을 명시했다. 형화란 만물이 각각 성(性)을 하나씩 갖고 태어난다는 것으로 이때 태극(理)이 그 속에 각각 실현된다고 했다. 기에 앞서 이(理)의 우위성을 강조한 것이다.(主理論)

그런데 율곡은 이 우위를 뒤바꾸어 놓았다. 이 없는 기가 무형이듯, 기 없는 이는 공허하다고 주장한 것이다. 이와 기의 우위성이 중요하기보다는 기 안에서의 이를 강조함으로써 기의 실천적 측면을 내세우려 했다.(主氣論)[18] 조정의 정치에 깊이 관여했던 율곡의 실천적 성향이 돋보이는 대목이다. 퇴계의 도덕적 형이상학을 남인이 계승했고, 율곡의 주기론을 17세기부터 19세기 한말까지 권부를 장악했던 노론이 계승했던 것은 우연이 아니다. 18세기 인물성동이론과 19세기 심성론 논쟁이 율곡의 주기론을 둘러싸고 일어났던 것은 이런 배경을 갖는다. 율곡은 일찍이 이렇게 설파했다.[19]

천리(天理)가 인간에 부여한 것이 성(性)이요, 성과 기(氣)를 합해서 일신을 주재하는 것을 심(心)이라 하고 심이 사물에 감응해서 밖으로 발한 것을 정(情)이라 한다. 성은 심의 체(體)이며, 정은 심의 용(用)이고, 심은 발하기 전과 발한 다음을 총괄하는 이름이다. 그러므로 심은 성과 정을 통섭(統攝)한다고 말한다.

심의 존재론적 위치가 성과 정을 통섭하는 데까지 격상되고 있다. 한말 산림이 '성즉리(性卽理)', '심즉리(心卽理)'를 두고 격돌했던 것은 말안장 시대의 혼란상(心과 性)을 이(理)로 다스려 보려는 위기감의 발로였다. 즉 말안장의 시대, 새로운 시간대를 전통적 진리인 천 개념으로 다시 끌어들이려 했던 것이다. 전통주의자인 화서학파가 이(理)를 절차탁마하여 서양의 진출을 막아 보려 했지만 실패하자 곧장 의병 운동이라는 과격한 행동주의로 나선 것은 심의 발현을 통해 이(理)를 재구축하려는 논리적 연장선에서 가능한 일이었다.

그런데 천 개념은 '중심의 재구축'이라는 어려운 문제를 내포한다는 점에서 조선 지배층에게는 매우 난감한 과제였다. 진리의 근원이라는 형이상학적 문제뿐만 아니라 중국을 어떻게 볼 것인가 하는 현실적 문제와도 결부되기 때문이다. 중국이 중화(中華)의 중심인 한 천 개념을 바꾼다는 것은 형이상학적으로는 개종(改宗)에 해당하는 일이고, 현실 정치적으로는 중국을 배반하는 일이다. 숭명의리(崇明義理)와 존화양이(尊華攘夷)라는 흔들리지 않은 세계관이 그토록 오랫동안 조선 사대부의 인식 공간을 지배했던 이유는 천 개념에 학문적 정통성과 중화 속 조선의 정치적 위상이 단단하게 결합되어 있었기 때문이다. 천을 버리면 중국을 버리는 결과를 야기한다. 말안장 시대를 일관하여 중국이 중심이 아닌 적은 한 번도 없었으며, 청일 전쟁에서 중국이 패하고 근대가 본격적으로 개화하는 갑오개혁 직후에 가서야 조선 사대부와 학자들은 비로소 천 개념을 유보할 수 있었다. 그러나 조선을 지배해 온 이 강력한 상징체계가 곧장 소멸된 것은 아니었고, 대한제국기를 거치면서 단군, 민족, 역사 등의 치장을 하고 다시 부활하였다.

조선 사대부와 산림은 '중심의 재구축'이란 이중 난제를 풀어내는 과정에서 '문명' 개념과 조우했다. 개화파가 일본에서 수입한 이 문명 개념이 말안장 시대의 조선 지배층이 추구해야 할 궁극적 목적으로 설정되는 데에는 오랜 시간이 걸리지 않았다. 그러나 개념의 의미론, 개념이 함축하는 것이 문제였다. 문명 개념은 미래 지평을 열어 주었지만 각각 달려 나가는 방향이 달랐다. 한문으로 주조된 인식 공간에서는 중화가 곧 문명이었고 천리였다. 아편 전쟁(1840~1842년), 영불 연합군의 북경 함락(1860년), 이어서 서양 열강의 조선 진출을 공포의 풍문으로만 듣던 대다수 지방 재지사족과 향반은 여전히 고문육경(古文六經)의 가치관으로 문명을 해석할 수밖에 없었다. 서학과 접촉하지 않은 한 달리 해석할 방법이 없었다. 화서학파와 그를 이은 최익현, 독자적인 학맥을 이어 갔던 황현 등은 문명에 전통적인 천 개념을 입힌 채 요지부동이었다. 반면 한문 세계에 정통하면서도 일본의 흥기와 중국의 쇠퇴를 목격한 조정 엘리트 일부는 중화에 문명의 보편성을 일방적으로 부여하는 데에 주저했다. 문명을 서슴없이 서양과 일체화한 것은 오직 개화파뿐이었는데 이들은 일찍이 주자학과 결별하거나 외국 경험 끝에 개종을 감행한 소수의 무리였다. 어쨌거나 천 개념을 버린 결과였다. 조선 지배층이 문명 개념을 수용하는 인식 태도에 분열이 일어난 것은 다름 아닌 천 개념의 영향력과 지속성 때문이었다. 천 개념과의 관계 설정에 따라 ‘중심의 재구축’은 세 방향으로 일어났다. 천과 문명의 분리 불가, 분리 가능, 교체가 그것이다.[20]

갑오개혁에 이르는 말안장 시대에 이 세 유형 중 다른 것에 비해 두드러진 성공을 거둔 패러다임은 없었다. 앞의 두 개는 쇠잔하는 ‘한문 세계’에서 출구를 모색하면서 천 개념과 결코 작별하지 못했으며, ‘교체’ 패러다임은 일찍이 한문을 버렸으나 한창 생성되던 ‘언문적 세계’의 인민과 접속하는 데에 실패했다. 전통적 천 사상이 지고지선이라는 내부적 시각으로 문명을 바라본 것이 분리 불가, 분리 가능 패러다임의 기본 명제였다면, 교체 패러다임은 그 상징체계 바깥에서 문명을 외삽함으로써 천 사상을 밀어내려 했다. 거기에는 중국을 중심으로 간주해 온 조선의 역사적 정체성 문제가 결박되어 있었다. 그러나 세 패러다임 모두 ‘지배층의 천(天)’에 집착한 것이지 ‘인민의 천(天)’은 고려하지 않았다는 점에서 공통이다. 지배층이 보기에 인민에게는 천이 없었다. 주자학적 정치 질서에서 지배층은 인민에게 천 사상을 각인시키는 메신저였다. 그러나 지배층이 인민에게 전해 준 천은 아득한 것이었다.

조선이 건국 초기부터 무속 신앙과 도참사상을 법으로 금지하고 유교적 천 사상을 유일 종교로 강요했음에도 대다수 인민이 각종 귀신에 부귀와 안녕을 의탁했던 이유는 바로 천의 비인격성, 공허함, 추상성에 있다. 도덕의 발원체로서 천은 인민의 마음을 감동시키지 못했고 축원의 갈증을 풀어 주지 못했다. 천이 내려앉은 공허한 빈터에 인민은 암암리에 무속을 불러들였고, 도참설에 경도되었으며, 전래하는 귀신들에 안녕을 빌었다. 콜레라로 마을이 쑥대밭이 되었을 때 병마로부터 가족을 지켜 주지 못하는 하늘 대신 고양이 그림에 소망을 걸었다. 지배층의 천은 비인격적 절대 신(神)이었는데, 인민에게는 인격적 절대 신, 즉 보이지 않는 우주 만물의 창조자가 아니라 언제든지 축원을 들어주는 '가시적인 주재자'가 필요했다. 천 사상 내부의 공허한 빈터에 먼저 내려앉은 것은 천주교였다. 이탈리아 출신의 예수회 신부 마테오 리치(Matteo Ricci)는 10여 년간 중국 경전을 연구한 끝에 야심 찬 질문을 던졌다. "무극(無極)은 결국 공허함(nothingness)인데, 공허함에서 어떻게 도(道)가 나오는 것입니까?" 『천주실의(天主實義)』로 전해진 이 질문은 조선 유학자들이 믿었던 철벽같은 가정과 충돌했다. 그것은 조선 인민이 어렴풋하게나마 느끼던 천 사상의 종교적 결함을 문자로 표현한 것이었고, 그런 의미에서 마테오 리치는 조선 인민의 대변인이었다. 마테오 리치는 『천주실의』에서 초월적 절대 신, 그러나 공허한 비인격적 상제(上帝)에 대해 이렇게 설파했다.[21]

모든 사물은 자기 스스로 생성될 수 없습니다. 반드시 바깥의 힘이 작용해야 생성됩니다. 집은 스스로 생길 수 없고 항상 목수의 손에서 이루어집니다. 이것을 안다면 천지가 스스로 생성되지 않는다는 것을 알 것이요, 반드시 작

용하여 창조하는 존재가 있을 것이니 바로 우리가 천주(天主)라고 일컫는 분
입니다.

안정복을 위시한 조선 유학자들의 격분에도 불구하고 마테오 리치의 도
전을 수용한 학자는 다름 아닌 다산 정약용이었다. 다산은 천주의 인격성에
주목했다. 수기(修己)라는 내성적 성향에 경도되어 외적 윤리 행동과의 연
결 고리가 약화된 당시의 신유학적 경향을 교정하려면 추상적이며 비인격
적 신(天理)이 아니라 감시자로서의 인격적 신이 필요했다. 다산은 우주의
창조자, 도덕의 근원자로서의 추상적 신 개념보다 인간 행위를 감시하고 선
(善)을 행하도록 독려하는 인격적 주재자로서의 신을 앞에 내세웠다.[22] "인
간은 신이 자신을 감찰하고 있음을 알 때에만 혼자 있을 때조차도 지속적이
고 일관되게 스스로를 감시할 수 있을 것이다." 우주 만물의 주재자로서 상
제는 항상 곁에서 인간으로 하여금 도덕적 규범을 지키고 공(公), 경(敬), 신
(信)의 행동을 하라고 가르친다.[23] 홀로 깨치는 수기보다는 신에 대한 외경
심이 필요한 것이다. 그리하여 다산은 유교적 신에 구체적이고 인격적인 모
습을 부여했다. 공허한 사대부들의 천 사상에 인격성을 부여한 것은 다산이
처음이었다. 다산에게 상제는 여전히 유교적 신이자 천이었다. 그러나 인격
적이고 구체적이라는 점에서 달랐다. 다산의 인격적 천 개념이 보다 진화했
더라면 인민의 종교적 갈증을 어느 정도 해갈해 주었을 것이다. 그러나 조
선 성리학계는 냉담했고, 신유박해로 유배됐던 다산을 사교도 혐의로 주시
했을 뿐이다. 사대부들이 전통적 천 개념에서 한 발짝도 나오지 않았던 까
닭에 인민은 종교적 갈증을 스스로 해결해야 했다. 1866년 병인박해를 마지
막으로 천주교 탄압이 다소 누그러지자 신자가 급증했다. 같은 해 병인양요
당시 제너럴셔먼호에 동승했던 영국인 목사 토머스가 배포한 성경이 평양
주변에서 기독교 포교의 씨앗을 뿌렸고, 1884년 알렌을 위시하여 북미 기독

교 선교사들이 잇달아 입국해서 의술과 신식 교육을 전파하자 기독교도가 늘어났다. 전통적 상징체계가 서양산 외래 종교로 바뀌기 시작한 것이다. 대다수의 인민은 서교(西敎)를 사교(邪敎)로 간주하던 지배층의 세계관에 복종하면서도 호기심을 감출 수 없었다. 자신들의 내면에서 끓어오르는 종교적 신심(信心), 그러나 일체화할 대상을 찾지 못해 방황하는 신심을 억제할 수 없었던 까닭이다. 그러나 지적 능력이 없던 인민에게는 경외심의 대상을 찾는 일은 어려웠다. 천 개념을 버리는 것이 지배층에게는 개종이듯 새로운 천 개념을 창안하고 내면화하는 것은 인민에게 종교 개혁에 버금가는 일이었다. 1860년 경주의 최제우(崔濟愚, 1824~1864년)가 그 일을 해냈다. 천 사상에 관한 전통적 상징체계를 훼손하지 않고 인격화할 수 있는 '한울님'을 창안한 것이다.

동학은 천도와 천명사상을 전혀 부정하지 않은 채 아득하기만 했던 상제를 만날 수 있다는 믿음, 자신의 마음속에 간직할 수 있다는 확신, 그리하여 주문을 외우고 수심정기(守心正氣)하면 자신도 한울님이 될 수 있다는 희망을 인민에게 부여했다. 여기에 그치지 않고 한울님은 영부(靈符)와 선약(仙藥)을 내려 줌으로써 질병과 고통에서 인민을 해방시켜 준다는 제민장생(濟民長生)의 주재자로 형상화되었다. 최제우는 꿈에서 상제를 만난 경이로운 광경을 구체적으로 서술함으로써 상제가 인격신임을 인민에게 확신시켰다. 「포덕문(布德文)」은 상제의 말을 이렇게 전한다.[24]

불현듯 들려오는 말씀에 깜짝 놀라 일어나 조심스레 누구냐고 물어보니, 대답하기를 "두려워하지 마라. 세상 사람들이 나를 일컬어 상제라 하는데, 너는 상제를 모르느냐?"라고, 스스로 상제를 자처하는 소리가 들려왔다. (……) "또한 이 주문을 받아 이 주문의 가르침과 같이 세상 사람들로 하여금 천리와 천명에 따르는 삶을 살게 하고, 나아가 나를 지극히 위하게 하라.

그러면 너 역시 무궁한 우주의 이치를 깨달아 이 우주의 무궁함과 함께 영원한 생명을 얻게 될 것이요, 천하에 나의 덕을 펴 천리와 천명을 따르는 세상을 이룩할 수 있을 것이다."

이 구절에는 조선 지배층의 천 사상을 뒤엎는 혁명적 요소가 들어 있다. 천리와 천명은 조선 지배층만이 학습과 수기를 통해 깨달을 수 있는 진리인데, 인민도 수심정기하면 알 수 있다는 것, 상제는 형체가 없는 태극이자 무극인데 한울님은 구체적이고 인격적 형태로 현현되었다는 것, 그리고 가장 중요한 것은 지배층의 천이 나의 천이 될 수 있다는 확신이다. 공허한 빈터에 인격신을 채울 수 있게 되었다는 것과, 인민도 스스로 천도를 깨닫고 실행하는 주체가 될 수 있다는 두 가지 사실만으로도 동학은 종교 개혁에 해당한다. 천의 내면화, 자기화가 가능해진 것이다. 새로운 천 개념은 '인민의 주체화'에 출구를 만들어 주었다. 사인여천(事人如天), 즉 인간을 하늘처럼 대하라는 2대 교주 최시형의 계율은 인간이 하늘이고 인민이 하늘이라는 혁명적 계시였다. 그것은 지배층의 독자적 소유물인 '성스러운 천개'를 공유한다는 것을, 인민도 공경신(公敬信)의 주체라는 사실을 뜻한다. 다산이 천 개념에 인격성을 처음 부여했다면 동학은 천 개념을 인민의 것으로 바꿔 놓았다. 인민은 이렇게 내면화한 천 개념으로 말안장 시대를 통과하고자 했으며, 새로운 시간대를 자신들의 내부로 끌어들이고자 했다.

말안장 시대에 천 개념은 이렇게 분화되어 대립했다. 지배층은 여전히 공허하고 추상적인 천 개념으로 새로운 시간대를 감당하고자 했던 반면 인민은 인격신을 향해 달려 나갔다. 천주교와 기독교는 소수의 인민에게 그 단초를 제공했고, 동학은 더 많은 인민에게 신의 내면화를 계시했다. 그것은 천 개념의 세속화였다. 그러므로 말안장 시대를 서로 자기의 역사로 만들려 했던 지배층과 인민이 상이한 천 개념 때문에 맞붙었던 것은 당연한 귀결이

었다. 지배층의 재성화(再聖化, 다시 성스럽게 만드는 것)와 인민의 세속화(世俗
化) 간 충돌이 그것이다. 최제우는 지배층을 향해 일갈했다. "근래에 이르
러 사람들은 공명정대한 이법을 따르지 않고 자기만을 위하는 지극히 타
락한 이기주의에 물든 마음으로 세상을 살아가게 되었다. (……) 하늘이 만
물에 부여한 명을 돌아보지 않고 천리와 천명에 어긋나는 삶을 살게 되었
다."[25] 이제 시운(時運)이 다하고(하원갑) 새로운 성운의 시대(상원갑)가 열릴
것인데,[26] "가련하다 가련하다 아국운수 가련하다 / 전세 임진 몇핼런고 이
백사십 아닐런가 / 십이제국 괴질운수 다시 개벽 아닐런가."[27]라고 하여 구
시대가 끝나고 새로운 시대가 열릴 것이라고 외치니(개벽) 전통적 상징체계
로 새로운 시간대를 끌어들이려는 지배층에게는 위험스럽기 짝이 없는 도
전이었다.

　조선에서 말안장 시대는 천 개념의 분화와 대립의 연속이었다. 분화와 대
립 과정에서 인민의 세속화 개념이 전통적 상징체계와 일치했던 것은 오직
문명을 이단시하는 것뿐이었다. 천을 인격화, 내면화하는 데에 성공한 동학
도 천명과 천리를 중심에 내세우는 전통적 상징체계로부터 그리 멀리 떨어
져 있지 않았다. 벽이단론(闢異端論, 주자학적 정통을 벗어나는 이단을 척결하라는
논리)이라고 해야 할 도덕적 우월주의는 개벽을 지향하는 동학의 양날의 칼
이었다. 내부적으로는 관료제적 수탈과 탐관오리에 저항하고, 외부적으로
는 사학을 배척하는 것이 그것이다. 벽이단론과 개벽에 의한 도덕 정치의
정점에는 군왕(君王)이 존재했다. 극동의 끝자락에 위치한 조선의 지리학적
특성 때문에 중세의 거푸집이 스스로 허물어지던 늦은 시기에야 비로소 외
세의 입김이 작용했기에 전통적 상징체계의 지속력과 잔존력은 그만큼 크
고 강력했다. 그럼에도 전통적 천 개념과 세속화한 인격적 천 개념이 충돌
하는 데는 그리 오랜 시간이 걸리지 않았다.

　유토피아를 뜻하는 궁을(弓乙)이란 부적을 어깨에 붙이고, 13자 동학 주

문을 외우면서 빗발치는 총탄 속으로 돌진하던 농민군은 한울님을 가슴속에 품고 죽어 갔다. 지배층은 30만에 달하는 농민군을 죽음으로 몰아넣음으로써 조선 사상 초유의 종교 개혁을 초토화했는데,[28] 그 대가로 지배층도 전통적 상징체계를 일단 유보해야 하는 궁지에 몰리게 되었다. 사대부층과 향반은 물론 인민들도 거부감을 갖고 있었던 교체 패러다임 주도의 근대화가 시작된 것이다. 말안장 시대는 지배층과 인민의 천 개념이 일단 무력화되는 것으로 막을 내렸다.

문(文)의 분리

조선은 문(文)의 나라였다. 문은 세계관이자 인격이었고, 종교이자 통치 철학이었다. 양반과 사대부는 문을 통해 우주와 만났고 문을 통해 현실을 인식했다. 문은 조선 선비와 관료에게 진리의 근원을 알려 주었고, 진리에 도달하는 방법과 실천하는 방식을 가르쳐 주었다. 그들의 삶은 문으로 시작해 문으로 끝났다. 문은 도를 담는 그릇이었다.(載道之器) '글을 잘한다'는 것은 세계 인식의 범위가 넓고 깊다는 것을, 자기 성찰과 심성의 본질에 도달했다는 것을, 따라서 문장가의 인격이 치인(治人)의 자격에 합당하다는 것을 뜻했다. 수기(修己)는 문장의 전제 조건이었다. 문장은 자기 수양을 얼마나 잘했는지 가늠하는 측정자였으며, 천리를 어느 정도 터득했는지를 알려 주는 징표였다. 글깨나 한다는 선비, 관료, 사대부 들이 너 나 할 것 없이 개인 문집을 출간한 나라도 지구상에 없을 것이다. 문의 나라에서 그것은 자연스러운 현상이자 선비의 필수 항목이었다.[29]

문은 존재론과 가치론으로 구성된 성리학적 지식 체계였다. 우주론을 포함하여 도덕론, 인성론, 정치론에 이르기까지 현대 용어로 말하면 인문 사회 과학과 자연 과학을 아우르는 포괄적 지식 체계였다. 그렇다고 백과사전식의 박학이 아니라 존재론(경학)과 가치론(경세학)이 단단히 맞물린 종합적 논리 체계였다. 존재론은 이기론(理氣論)에서 출발하여 생성론, 인간론, 도덕론으로 나아갔으며, 가치론은 당대의 현실 인식을 바탕으로 토지, 신분, 조세, 국가, 관료제의 폐단과 개혁 사안을 주로 논했다. 존재론과 가치론은 분리 불가의 관계였다. 현실 개혁은 항상 이기론적 입장과 일관성을 갖도록 구상되었으며, 때로는 현실 인식이 이기론적 입장에 영향을 미칠 가능성도 배제하지 않았다. 그것은 형이상학과 형이하학이 서로 상응하도록 짜인 종합지(綜合知)였다. 학자와 관료, 선비와 사대부가 한 몸인 나라에서 발전시킨 독자적 지식 체계였다.[30]

앞에서 서술한 천 개념은 지식 체계의 정점에서 내부 순환 원리를 포괄하는 최상위 개념이자, 형이상학과 형이하학 간의 조응을 관할하는 최고의 사령탑이었다. 종교로서의 천, 만물의 근원인 천이 종합적 지식 체계를 관장하는 나라에서 문은 통치 체계에 원력(元力)을 부여하는 핏줄이자 혈액이었다. 권력의 몸체에 문의 핏줄이 뻗어 있었고, 통치 체계의 세 축인 종교, 문예, 향촌 질서의 기저에 문의 혈액이 흘렀다. 물론 그것은 한문의 인식 세계였다. 조선의 중세는 종합지로서의 문이 혈류(血流)로 작용하던 시대라고 정의할 수 있다. 문과 분리 불가분의 시대, 그것이 조선의 중세였다.

그런데 말안장 시대에 일대 변화가 일어났다. 문의 분리와 문의 분화가 시작된 것이다. 합일과 통합이 중세적이라면, 분리와 분화는 근대적인 징표다. 일찍이 사회 이론가들은 '분리'를 근대성의 가장 전형적 징후로 해석했다. 이성(理性, reason)이 인간 자각의 원천이라고 한다면, 이성은 인간으로 하여금 많은 것과 작별하도록 명했다. 신과의 작별은 그 출발점일 것이다. 절대 신이 부여한 왕정 체제에서 살다가 신의 얼굴을 보는 순간 인간은 왕정 체제를 뒷받침하던 종교적 정당성이 허구임을 자각한다. 인간이 이성

의 비행체를 타고 신으로부터 떨어져 나오자 중세는 저물고 근대가 도래한
다. 니체는 '신과의 작별'이야말로 인간 비극의 시작이라고 말했다. 인간이
이성의 힘에 의지해 홀로 고독하게 존재해야 하는 상황이 도래한 것이다.
이것이 근대다. 경제, 종교, 정치의 환류 과정을 역사적 사례를 통해 분석한
막스 베버는 종교에 안주했던 '미몽'에서 벗어난 '자각(disenchantment)'이야
말로 근대의 여명이라고 정의했다. 이성의 힘을 통해 존재를 자각한 근대
적 인간은 종교로부터 떨어져 나와 삶을 스스로 조직하기 시작했는데 그 결
과 진행된 종교와 정치의 분리를 베버는 세속화(secularization)로 보았다. 정
교(政敎)일치의 신정 국가(神政國家)가 세속화하는 과정이 근대화다. 그런데
이성의 힘을 밀고 나간 인간은 결국 근대화의 정점인 관료제라는 새장(iron
cage)에 갇히는 꼴이 되었다고 말한다. 베버는 종교의 결박에서 탈출한 인
간, 이성의 힘으로 새로운 조직을 구축했던 인간이 결국 새장의 수인(囚人)
이 되고 만 이 역설(paradox) 혹은 '의도치 않은 결과'를 어떻게 해결할 것인
지 고민했다.³¹ 성(聖, sacredness)과 속(俗, secularity)의 분리는 프랑스 사회학
자 뒤르켐의 근대화 이론의 핵심 명제이기도 했다. 성스러운 것에 대한 속
의 확산은 사회 분업과 함께 나타나는 필연적인 결과다. 뒤르켐은 사회 분
업을 직업 분화의 관점에서 설명한다. 인구 증가와 새로운 직업군의 출현은
공동체로 묶여 있던 전통 사회를 여러 형태로 분화시켰는데, 그 결과 나타
난 산업 사회는 과연 공동체적 도덕을 수반하고 있는가의 문제가 뒤르켐의
질문이었다. "사회 분업은 과연 도덕적인가?" 마치 조선 유학자들의 고민을
방불케 하는 이 질문을 뒤르켐은 루소적 방식으로 풀어 나갔다. 아노미 상
태에 빠지기 쉬운 산업 사회에서 공익에 헌신하는 도덕과 윤리를 재생산할
수 있는 방법을 모색한 것이다. 뒤르켐이 프랑스 지성사에서 찾아 낸 계몽
주의적 해답이 유기적 연대를 생성하기 위한 도덕 교육이었다. 근대의 추동
력인 '분화'에 필연적으로 수반되는 가치 혼란을 도덕 교육으로 해결하고자

했던 것이다. 니체, 베버, 뒤르켐 등 근대를 조명한 세기적 학자들이 분리와 분화에 주목했던 까닭은 그것이 근대 이행의 엔진이었기 때문이다.

문의 분화는 다음 절에서 고찰하기로 하고 여기서는 우선 '분리'를 살피기로 한다. 19세기 중반 이후 문의 분리는 어떻게 진행되었을까? '분리'는 두 가지 차원에서 일어났다. 하나는 지식과 권력의 분리, 다른 하나는 통치 체계를 구성하는 세 축의 분리다. 첫째, 지식과 권력의 분리는 조선이 세속 국가의 과정에 들어섰음을 뜻한다. 중세 조선은 정교일치의 종교 국가였다. 사대부를 위시해 재지사족과 일반 평민은 『경국대전(經國大典)』「예전(禮典)」에 명시된 의례와 제례를 반드시 준수해야 했으며 지방에 부임하는 수령은 서울의 종묘, 사직을 상징하는 이사(里社)에 참배하는 것이 순서였다. 서울의 종묘, 사직의 제사 체계를 향촌까지 확대 실시하는 것이 국가 차원의 종교 정책이었다면, 향사례, 향음주례는 향촌 차원에서 유교적 질서를 공고히 하려는 향반들의 자치적 연례행사였다.[32] 향촌에서 촌민을 지배하는 권력은 관권(官權)과 향권(鄕權) 두 가지다. 관청은 국가 정책과 법규를 시행하고 치안과 수세를 비롯한 각종 행정 기능을 맡았다면, 재지사족이 운영한 향청은 바로 유교적 가치관과 질서를 배양하고 교정하는 자치 기관이었다. 중앙 정치에서 지식과 권력이 상호 순환하고 조응했던 것처럼 지방 정치에서도 관권과 향권은 동맥과 정맥처럼 각각 역할을 분담하여 촌민을 다스렸다. 그런데 세도 정국은 중앙 무대에서 지식과 권력의 순환 과정을 차단했고, 사림들은 학맥과 지역 단위로 중앙에서 떨어져 나갔다. 중앙의 이런 현상은 지방으로 파급되어 향권을 배제한 관권의 독주, 혹은 관권의 향권 매수가 일반화되었다. 이것은 18세기 후반부터 전국적으로 진행된 신구향(新舊鄕) 간 향전(鄕戰)에서 비롯되지만 부를 바탕으로 신분 상승을 꾀한 신향 세력이 관권에 종속되는 것이나 향청 기능의 약화와 함께 구향 세력이 위축되는 것 등은 재지사족이 행사한 전통적 위세의 기반이었던 지식의 영향력이 그만큼 감소했음을 뜻한다. 세도 권력은 지식의 개입을 거부했고 학파 간의 교리 논쟁을 일소했다. 대원군의 사원(祠院) 철폐는 재지사족의 학문적 재생산 고리를 끊어 버림으로써 지식의 고립화를 더욱 가속화했다. 시대적 변화에 부응하여 지식이 경신되지 않는 한 군주는 대사제(大司祭), 사대부와 재지사족은 중사제(中司祭), 인민은 가족 단위의 소사제(小司祭)라는 정교일치의 유교 국가는 성립되지 않는다.

세도 정치가 지식의 고립화를 촉발한 가장 큰 요인이라면, 앞에서 서술한 천 개념을 두고 지배층이 분열되었던 것도 지식의 종교적 재생산 기능이 약화된 중요한 원인이다. 성리학적 지식의 중심을 여전히 전통적 상징체계에 두는 한 천도(天道)와 천명(天命)의 종교적 기능은 쇠락하지 않는다. 그러나 문명 담론에 부딪히면서 지배층은 분리 불가, 분리 가능, 교체라는 세 가지 길로 갈라섰으며, 천 혹은 지식의 종교적 기능을 가장 중시한 분리 불가 패러다임이 현실 변화에 대응 능력을 상실하자 지식의 유교적 성격은 탈색될 수밖에 없었다. 고종은 집권 내내 유교 군주로서의 위상을 한 번도 부정하지 않았지만 서얼 출신의 인재를 고위 관직에 임명하고 결국 과거제를 폐지하면서 군주제 관료 국가로 전환하기에 이르렀다. 그것은 베버가 말한 신정 국가의 세속화 과정에 해당한다.

다른 하나의 분리는 지식 체계 내부의 분리이다. 지식은 통치 체계의 혈액이자 통치의 세 축을 일관성 있게 묶어 주는 상호 조응의 종합적 인식 체계였다. 그런데 가장 중요한 요소인 종교적 기능이 약화되자 세 축은 각각 분리되기에 이르렀다. 가장 먼저 종교로부터 정치(향촌 질서)가 떨어져 나갔고, 다음으로는 문예가 분리되었다. 이것은 세속화 과정의 필연적 결과로 정교일치의 국가가 경험하는 보편적 현상이다. 도를 담는 그릇으로서의 문(文)에는 종교, 정치, 문예, 교육이 모두 담겨 있었다. 그런데 문이 종교적 기능을 발휘하지 못하자 정치와 문예가 각자의 길로 달려 나가기 시작했다.

정치와 문예가 종교로부터 탈출한 비상구는 말안장 시대가 기획된 것이 아니었듯 '예정된 길'이 아니었다. 중세가 무너진 자리에 당시의 상황이 빚어 놓은 우연한 길이었다. 우선 중앙 정치는 삼척정립(三戚鼎立)으로 60여 년을 지속했고, 대원군의 등장과 함께 시작된 민씨 정권은 고종 대 후기까지 위세를 떨쳤다. 세도 정치는 규장각 각신과 학문적 후예들을 관변 학자로 만들었고, 임헌회와 전우 같은 산림 지도자까지도 권력의 수하로 끌어들였다. 정치권력은 단지 몇몇 경화거족의 것이었지 누구의 것도 아니었다. 종교적 긴장이나 지식의 견제는 소멸됐다. 향촌 질서를 관할하던 향촌 공론은 유명무실해졌으며 전국 유생들이 올리는 잦은 상소도 더 이상 심각한 고려 대상이 아니었다. 지방 차원에서 관료들의 침학이 거세진 것은 이런 배경에서다. 19세기에 들어 더욱 공고해진 '수령-이향 지배 체제'[33]를 견제할 지방 세력은 거의 없어졌으며 향반의 세력 근거지인 서원이 철폐된 이후에는 거칠 것이 없었다. 더욱이 수취 제도가 바뀌면서 관료의 전횡이 더욱 용이해졌다는 점도 수탈 심화의 원인이다. 18세기 후반 이후 추진된 각종 부세의 지세화(地稅化)와 공동납(共同納) 제도는 결가(決價, 세금 부과액)의 임의성과 자의성을 배제한다면 그런대로 효율적인 운영 방식이었는데, 향권의 견제가 약화된 '수령-이향의 독점 체제'에서 횡령, 부정, 과다 부과와 징수는 피할 수 없는 현상이었다. 즉 종교적 쇄신과 견제 기능, 명덕(明德)을 펼쳐야 한다는 수기적 긴장이 무너진 틈새로 빠져나온 관료 정치는 수탈 기능을 키워 나갔던 것이다. 전국 70여 개 지방이 인민의 대규모 저항에 휩싸인 1860년대 '민란의 시대'를 훨씬 지난 1890년대 초까지 크고 작은 소요와 명화적이 그치지 않았던 것은 세속화 일로에 있던 관료제의 극단적 부패가 그 직접 원인이다.

종교로부터 문예의 분리 역시 마찬가지다. 문(文)이 종합적 지식 체계였던 만큼 그 중심에는 종교론(이기론)적 긴장이 놓여 있었다. 그러나 이기론에 입각한 도덕과 윤리관을 담는 그릇으로서의 문의 위상은 말안장 시대까지 연장되기는 어려웠다. 천 개념이 흔들리고 이기론의 위상이 축소됐다. 양선의 출몰, 서학의 유입, 서양 문물의 범람이 전통적 문의 의미를 축소시키는 데에 일조한 것은 분명하다. 사장지학(詞章之學), 의리지학(義理之學), 경제지학(經濟之學)으로 구성된 성리학적 문예(학문과 예술)는 그 중심을 차지하는 '성명의리지학(性命義理之學)'이 쇠락하자 도문일치(道文一致)의 구속력이 현격하게 떨어졌다. 종교적 긴장이 약화되면서 문의 새로운 패러다임을 모색한 학자가 없던 것은 아니었다.[34] 지방 산림이 이기론과 심성론 논쟁에 빠져들었던 19세기, 경화사족은 청(淸)에서 유입된 고증학적 사조에 심취하거나 백과사전적 지식 취향에 경도되었다. 김정희를 필두로 고증학적 학문 경향이 유교 경전의 재해석에 신선한 바람을 불러일으켰으나 문명 담론과 접속하지는 못했다. 규장각 각신 이덕무의 손자인 이규경의 『오주연문장전산고(五洲衍文長箋散稿)』, 서유구의 『임원경제지(林園經濟志)』 같은 방대한 저술이 명물도수지학(名物度數之學)이라는 명칭으로 새로운 지평을 열었는데, 다산 이후 북학파가 제기한 실용지학(實用之學)의 시대적 혁신을 일궈 내지는 못했다. 종교적 긴장으로부터 벗어난 문예는 이제 통치자의 인품이자 자격 요건이 아니었다. 천도에 이르는 문자의 바다, 논리와 윤리의 직조물이 아니라 단지 문학은 하나의 기능으로, 예술은 취(取)와 벽(癖)의 수단으로 축소되기에 이른 것이다. 다산 시대만 해도 문의 중요성은 흔들리지 않았다. 그러나 혜강 최한기는 문을 인간 능력을 측정하는 하나의 창구 정도로 격하했다. 더 나아가 관료 등용에서 문학을 아예 없애자고 과감하게 주장하기도 했다. 그는 『인정(人政)』의 「문자의사(文字意思)」에서 문(文)을 허(虛)라고 말했다.[35]

세속은 문자(文字)로써 사람을 취하고 의사(意思)로써 사람을 쓰나니, 위로 천도(天道)와 국법(國法)의 준수가 있고 아래로 요우(僚友)와 인민(人民)의 화응이 있음을 알지 못한다. (……) 문자를 생곡(生穀)과 귀천(貴賤)의 빙자로 삼고 의사를 정교(政敎)와 경륜(經綸)의 필수로 삼아 허무한 이(理)로써 성실한 일을 행하니 유(有)도 아니고 무(無)도 아닌지라 허(虛)와 실(實)의 양자가 그 마땅함을 잃는다. (……) 문자는 바로 언어의 번역이니 속(俗)을 따라 꾸밈을 변하여 사물의 실상에서 점점 더 멀어지고, 의사는 바로 헤아림의 배포(排布)니 각기 소견을 내어 사물의 기화(氣化)에 많이 어그러진다. 이로써 사람을 쓰면 한루(汗陋)를 면치 못할 것이다.

문자로만 소견[意思]을 만들어 내는 사람은 사물의 본질을 모르므로 이런 사람을 등용해서는 일을 그르친다는 말이다. '허무한 이(理)'로 실제적인 일을 행하니 실(實)이 있을 수 있겠는가라는 강력한 의구심은 문의 위상을 더 이상 인정할 수 없다는 혜강의 선각자적 견해이며, 문예를 하나의 기능으로 축소해야 한다는 미래적 대응이다.

"이(理)와 문예는 별개의 것이다."라는 혜강의 주장은 조선 중세의 골격인 도문일치 명제를 전면 부정한 것이다. 말안장 시대에 문예는 종교와 분리되었고, 급기야는 사환(仕宦)의 길로서의 문예를 버리자는 '과거 폐지론'으로 발전했다. 혜강이 문예의 의미를 격하시킨 20여 년 후 당시 촉망받던 21세의 유학(幼學) 유길준은 「과문폐론(科文弊論)」을 설파한 글을 지었다.[36] 경전의 중심성을 철저히 부정한 시무책이었다.

옛사람의 글귀를 따서 시문을 짓거나 경전 문장을 표절하며, 풍운의 떠다니는 빛을 시비하거나 달빛의 헛그림자를 가지고 장난질할 뿐이니 그 뜻이 불과 이러한 것을 잘 하는 데에 그친다면 그것들을 장차 어디에 쓰겠는가. (……) 과문(科文)이라는 것은 도(道)를 해치는 함정이자 인재를 해치는 그물이며, 국가를 병들게 하는 근본이자 인민을 학대하는 기구이니, 과문이 존재하면 백해가 있을 뿐이며 없더라도 하나도 손해가 없는 것이다.

‘과문은 아예 도를 해치는 함정’이고, ‘국가를 병들게 하고 인민을 학대하는 기구’라는 상소문을 정조나 순조 시대에 올렸다면 유배되거나 장살되었을 것이다. 200년 전 율곡은 기(氣)가 발한 인성(人聲)이 정(正)과 합하여 문학(文學)에 이른다고 했다.[37] 정이란 사단칠정이 인의예지신과 화응하여 현현되는 것으로 문학이 추구해야 할 바가 바로 정(正)이고 도(道)다. 도로써 하는 문학(以道爲文)은 ‘국가를 바르게 하고 인민을 보살피는’ 덕양의 근본이다. 그런데 청년 유길준은 문학이 “국가를 병들게 하고 인민을 학대한다.”라고 단언했다. ‘문장은 경전을 표절하고 헛그림자로 장난질하는 것’, 이 얼마나 과격한 발언인가. 「과문폐론」은 그의 친구 민영익이 과거 응시를 권한 것에 대한 유길준의 답이었다. 산림이 아직도 시퍼렇게 살아 있는 상황에서 과거 폐지론은 결코 주류 공론은 아니었다. 그러나 말안장 시대에 종교적 긴장으로부터 분리된 문학은 서양과 조우하면서 왕성한 ‘분화의 길’로 접어들었다. 경학과 경세학이 사방팔방으로 쪼개지기 시작한 것이다. 양반 전유물이었던 문학에 중인과 평민이 물밀 듯이 밀려 들어왔다. 그곳에서 한문(漢文)과 언문(諺文)이 주체성과 정체성을 다퉜다.

세속화를 촉진한 이 두 가지 분리 과정은 갑오개혁에서 새로운 전기를 맞았다. 중세의 잔해가 도처에 널려 있는 가운데 조선에서 최초의 세속 국가가 탄생한 것이다. 근대였다.

문(文)의 분화

　문(文)의 분리와 분화는 동시적 과정이었다. 조선의 통치 체계가 종합적 지식 체계인 문으로 묶여 있던 중세가 문의 쇠락과 함께 저물자 통치 체계의 세 축은 각각 제 갈 길로 나섰다. 내부 분화가 시작된 것이다. 낡은 시간과 새로운 시간이 교차되는 말안장 시대는 그래서 혼란스럽다. 잔류한 전통과 흥기하는 새것이 미래 주도권을 두고 경쟁하는 시간대에서 지향 목표와 행동 규범을 분간하기란 누구에게나 어렵기 때문이다. 경쟁의 접점에서 어떤 것은 소멸하고 어떤 것은 서로 엉킨다. 어떤 것은 근본 요소로 남아 새로운 것에 스며든다. 문의 분화는 단선적으로 이뤄진 게 아니라 경쟁과 소멸, 병존과 혼류, 잔존과 틈입이란 복합적 과정으로 진행됐다. 정치 환경이 이런 복합적 과정을 더욱 복잡하게 만들었다. 개항 이후 일본과 청이 문명 주도권을 두고 대치하고 지방에서는 척왜양이, 보국안민(輔國安民)을 외치는 동학이 점점 기반을 확대하는 상황, 서양과 통상 조약을 잇달아 체결해 돌파구를 찾던 고종의 정치적 시도가 국제 환경과 엇갈려 번번이 좌절되던 상황에서 조선 통치 체계의 골격이던 종교, 문예, 향촌 질서는 지배층이 제어할 수 없는 예기치 않는 방향으로 빠르게 분화되어 갔다.

　이런 분화의 배경에는 한문과 언문이라는 문자의 세계가 놓여 있었는데, 구본(舊本)과 신참(新參)이 격돌하는 경쟁 구도는 시간이 흐를수록 결국 '한문의 쇠락'과 '언문의 상승'으로 틀이 잡혀 갔다. 한문적 인식 세계는 밀려오는 문명 담론과 인민의 약진에 적절한 대응 방안을 세우지 못했다. 한문의 준거는 여전히 타자를 배척하고 야만시하는 도덕 정치에 있었으며, 민란과 같은 인민의 저항도 전통적 상징체계 내부로 흡입하려 했다. 이에 반해 언문적 세계는 지향하는 목표와 규범을 제시하지 못했다. 다만 관료의 침학, 생존을 위협하는 자연재해와 전염병, 기근과 아사에서 구제해 주는 그런 정치와 지배층을 원했다. 그러지 못하는 사정을 두고 인민은 자신들의 한과 염원을 언문에 실었으며, 지배층에 대한 비방, 비난, 원망을 언문 소설과 야담, 가면극과 탈춤에 실었다. 1860년대에 이르기까지 언문적 담론은 한문의 위세하에서 종교, 문예, 향촌 질서의 밑둥을 부지런히 갉아 급기야는 붕괴 일로에 처하게 되었음은 『인민의 탄생』의 주제이기도 한데 말안장 시대에 접어들자 글자를 해독할 능력을 갖춘 문해인민은 무너지는 통치 체계의 세 축을 둘러싸고 지배층과 각축전을 벌이게 되었다. 각축전은 문해인민의 의식적 시도가 아니었다. 단지 18세기 이후 19세기 중반까지 형성된 언문 담론장을 확장하는 것으로 족했다. 예외는 동학이었는데, 동학은 특정 정치적 목적과 종교 교리에 의해 고무된 '조직된 문해인민'이었다.

언문 담론장을 확장할 수 있는 조건은 지난 세기보다 훨씬 더 성숙해 있었다. 인구가 증가했고, 도시화가 진행됐으며, 신분제가 이완되어 자유 공간이 넓어졌다. 향촌 공론을 주도하던 사족의 통제력이 급감하자 신분의 속박을 벗어나 도시로 이주하는 평민과 천민이 늘어났다. 향촌 질서를 유지하던 계 조직이 느슨해지거나 해체되고 천민과 노비는 도시로 몰려가 행상인이 되거나 상공업에 종사했다. 이들은 전 주인과 계약 관계를 맺고 물자를 대거나 일정 기간 노역을 제공하는 것으로 신분적 구속을 대신했다. 도시는 이들에게 새로운 삶의 방식을 제공했다. 고공, 수공업, 상공업, 행상 등 새로운 직업군이 생겨났으며, 다산이 잡류(雜流)로 불온시하던 사당, 광대, 풍각쟁이, 초라니 등 재인(才人)과 가인(歌人)이 모여들었다. 한양에는 고소설의 독서 시장이 이미 형성되어 있었고, 이를 충족시키는 세책방과 인쇄소가 성업했다. 고소설은 주로 언문 소설이었는데, 모리스 쿠랑이 1890년대 후반기에 조사한 언문 소설이 수백 종에 이르는 것으로 미뤄 독자층은 광범위하게 형성되어 있었다. 18세기 중반부터 19세기 중반까지가 중인(中人) 중심의 여항 문학(閭巷文學)이 풍성한 시대였다면, 19세기 후반기는 서민 문학의 형성 발전기로 여항 문학이 닦은 길을 따라 그냥 달려 나오는 것으로 족했다. 판소리, 타령, 창가, 사설시조 등 당시에 유행했던 문학과 예능이 대부분 언문으로 표현되면서 양반이 독점했던 문예의 경계를 넘어 이미 쇠락 일로에 있던 양반 공론장으로 밀고 들어갔다. 언문의 상승은 언문 공론장의 확장을 촉진했으며, 이는 말안장 시대의 주도권 싸움에서 '인민의 부상(浮上)'을 도왔다.

'문의 분화'는 어떤 결말에 귀착했는가? 결론을 미리 말하면 다음과 같다.

(1) '종교'의 분화는 정교일치 조선을 다종교 국가로 만드는 것으로 귀결되었다. 주술 신앙, 도참사상, 불교가 수면 위로 떠올랐으며, 천주교와 기독교가 앞다투어 인민을 개종시켰다. 패전의 후유증을 앓던 동학은 천도교로 부활했으며, 나철은 단군을 모시는 대종교를 창시했다.

(2) '문예'에서 문은 경학과 경세학으로 우선 갈라졌고, 1890년대에는 신학문의 영향을 받아 세부 분과 학문으로 분화했다. 경학은 궁리학, 철학이라는 새로운 명칭을 얻었으며, 경세학은 행정, 정치, 물리, 화학, 상공, 기술, 수학, 천문 지리, 역사 등의 전문 영역으로 갈라졌다. 사장지학(詞章之學)이라 해서 문장을 강조하던 전통적 문 개념은 근대적 의미의 문학(literature)으로 축소되었다. 이른바 전문 지식의 시대로 귀결된 것이다. 중인이나 천민이 주로 하던 음악, 회화, 노래가 예술(藝術)이라는 개념을 얻은 것은 1900년대의 일이다.

(3) 향촌 질서에서 통치는 '인격적 지배'에서 '비인격적 지배'로 전환했다. 향청의 쇠락에 따라 재지사족의 향권은 대부분의 촌락에서 유명무실해졌는데, 관권은 여전히 살아남아 행정 권력을 행사했다. 수령과 현감은 『경국대전』의 「예전」과 「형전(刑典)」에 의거하여 규범적, 도덕적 판결로 치죄하는 것이 상례였다. 그것은 자의적 해석과 주관적 판단이 개입되는 '인격적 지배'였다. 조선이 주로 행하던 태형(笞刑)과 참수(斬首)는 중세적 치죄 방

식이었다. 태형의 형량도 정해져 있었지만 맞다가 죽으면 그만이었다. 향촌 질서가 법(法)이라는 비인격적 지배하에 놓인 것은 향촌 질서가 와해와 분화를 거듭한 끝에 당도한 종착지였다. 갑오개혁 내각이 반포한 인명, 재산, 치죄에 관한 민법과 형법 조항들은 비록 본격적 시행이 있기까지 더 많은 시간을 기다려야 했지만 조선의 인격적 지배에 종지부를 찍고 비인격적 지배의 근간인 '법치주의'의 단초를 마련했다고 보아도 무리가 없다. 각 영역의 분화 양상을 조금 더 자세히 고찰할 필요가 있다.

종교의 분화

국교인 유교가 쇠잔한 틈새로 주술 신앙, 무속, 불교, 도교 등 전통 종교가 탄압의 표피를 뚫고 지상으로 나왔으며, 서교(西敎) 금압 조치가 완화되자 천주교와 기독교가 교세를 확장했다. 무속과 주술 신앙은 조선 인민의 기저를 흐르는 신앙심의 원형이었다. 조선은 귀신에게 제사를 드리는 것을 음사(淫祀)라 하여 소격소(消覡所)를 설치해 무속과 무격을 엄금했으나 삼국 시대 이후 전래된 무속 신앙을 완전히 근절할 수는 없었다. 더욱이 유교는 신관(神觀)이 비어 있는 현세적 종교여서 내세를 향한 인민의 두려움을 달랠 수 없었다. 주술 신앙은 전염병이 돌고 자연재해가 빈발하는 시기에 극성을 부렸다. 조선 후기에는 수십만 명의 목숨을 앗아간 콜레라가 빈발했다. 1859~1860년 최제우가 동학을 창시할 당시가 그랬고, 동학이 삼남 지방에 확산되던 1886~1887년이 그러했다. 조정이 빈발하는 민란에 시달리고, 동학과 천주교 탄압에 정신이 없는 동안 인민은 주술 신앙을 공공연히 불러들였다. 조정의 금압 정책으로 암암리에 활동하던 무격들은 일종의 무계(巫契)를 결성해 명맥을 유지할 수 있었다. 무계 조직으로는 신계(神系) 조직과 단골 조직이 있었는데, 신계 조직은 신통(神統)을 중심으로 한 강신무(降神巫)의 '굿패 집단'이고 단골 조직은 사제권(司祭權)의 혈통을 잇는 굿패

집단이다.[38] 『대한제국의 멸망』을 쓴 헐버트 목사는 조선인의 종교관을 다음과 같이 요약했다.[39]

한국인은 사회 속에 어울려 있을 때는 유교적이며, 철학적일 때는 불교적이며, 어려움을 만날 때는 무속적이다. 만약 여러분이 어떤 사람의 종교가 무엇인지 알고 싶다면 어떤 문제에 부딪혔을 때의 그를 관찰해야 그의 참신앙을 알 수 있다.

흥미로운 관찰이다. 그런데 오히려 조선인의 마음속에는 유교, 불교, 도교, 무속이 모두 공생한다고 보는 편이 적합할지 모른다. 상황에 따라 맞는 것을 적절히 골라 길운(吉運)과 행복(幸福)을 비는 경향이 있기 때문이다. 유교의 지배력이 약화되자 주술 신앙의 호소력은 역으로 커졌을 것이다. 아니면 인민은 유교의 종교성이 무엇인지 이해하지 못했을지도 모른다. 19세기 후반에 입국한 프랑스 신부 달레는 조선인의 상제 개념은 가지각색이어서 곡식 신, 토지신, 하늘 신을 제멋대로 지칭한다고 지적했고 "대부분은 알지도 못하고 별로 개의치 않는다."라고 서술했다.[40]

프랑스 신부들은 유교를 무신론으로 규정하는 데에 주저하지 않았다. 그래서인지 유교가 국교임을 재삼 공인한 대한제국 건국 시절 수도 한양에는 밤마다 무당들의 굿 소리가 끊이지 않았고 평양도 마찬가지였다. 수도 한복판인 명동에는 천주교 성당이, 아현에는 약현 성당이 신축 중이었고 평양을 중심으로 개신교 교회가 속속 들어설 때였다. 천주교와 기독교의 전파 속도는 경이로울 정도였다. 프랑스 신부에게 여행의 자유가 허용된 1886년 조불수호 통상 조약 이후 천주교의 포교 활동은 더욱 활발해져서 1894년에 신도 수가 2만 4000에 달했다. 신부들은 탄압 시절 비밀리에 만든 공소(公所)를 중심으로 지역 거점을 구축했고 신학교를 세웠다. 신학교는 포교와 교육 사업의 전초 기지로서 1893년 36개교에 학생 수가 246명이었는데, 1910년에는 124개교, 학생 수가 1000여 명을 헤아렸다. 신학교를 통해 조선인 신부가 빠르게 배출되었다. 기독교의 확산 속도는 더 빨랐다. 1885년 미국인 아펜젤러 목사가 입국한 이래 알렌, 언더우드, 스크랜턴, 헐버트 등이 잇달아 포교 활동에 나섰는데 개신교 목사들은 신부들과는 달리 의료와 신학문을 앞세워 개신교에 대한 인민의 관심을 불러일으키는 데에 집중했다. 이른바 문명을 내세운 포교 전략은 대체로 적중해서 많은 신도를 확보하는 데에 그리 오랜 시간이 걸리지 않았다. 1911년 기독교가 운영하는 사립 학교는 전국에 805개, 학생 수가 2만 1121명에 달했으니 프랑스 신부들이 개신교의 확산을 우려할 만했다.[41] 1887년 파리 외방 전교회에 제출된 보고서에는 개신교와 경쟁하는 상황을 근심스럽게 바라보는 신부들의 애타는 심정이 적나라하게 표현되어 있고, 같은 내용이 1891년 보고서에도 반복될 정도였다. "예전에 우리가 체험하지 못했던 난관이 개신교 전도에서 옵니다. 몇 해 전 서울에 침입한 미국 감리교 목사들의 많은 숫자에 지난 봄에는 영국 성공회의 선교단이 보태졌습니다."[42] 신부들의 우려는 현실적이었다. 조선 최초의 신학교인 배재 학당과 이화 학당을 개신교 목사들이 건립해 운영했으며, 최초의 관립 어학교인 육영 공원(育英公院)에서 헐버트 목사가 영어를 가르쳤다. 육영 공원은 경화사족의 자제 중 35명을 선발했는데, 모두 양반 고관의 자제였다. 한일 합병 시 총리대신 이완용, 주불공사 민영돈, 승지 조중목 등이 육영 공원의 졸업생이었던 만큼[43] 기독교가 함축했던 문명의 호소력이 얼마나 컸는지를 짐작게 한다. 한편 평양을 중심으로 한 기독교 선교도 성공적으로 이뤄져 의료와 교육 사업, 성경 출판과 보급이 빠르게 진행됐다. 그리하여 1910년대에 이르면 천주교와 기독교 신자 수가 엇비슷해질 정도로 신장세가 두드러졌는데, 당시 신도 수는 10여만 명에 이르렀다.[44]

한편 최시형이 처형당한 뒤 3대 교주 손병희는 일본으로 피신하여 동학의 부활을 도모했다. 동학은 1900년대에 들어 천도교로 개창하며 후에 시천교와 보천교가 분파해 나갔으며, 나철은 단군을 모시는 대종교를 창시했다. 대종교는 지식인과 독립운동가 사이에서 대단한 인기를 끌어 유길준은 말년에 잠시 교주로 취임했고, 신채호도 만주 이주 후 대종교에 귀의할 정도였다. 요약하자면 정교일치의 국가 조선은 말안장 시대를 경과하면서 명실공히 다종교 국가로 전환했다. 유교는 통치력을 상실했고 대신 각종 신들이 인민의 영혼을 사로잡았다. 서교로 개종한 재지사족과 궁중 엘리트들이 속출했는데, 을사늑약을 계기로 지식인들이 이끄는 기독교 세력은 독립운동에 응집력을 불어넣었다. 현세의 생활 방식과 사고방식을 결박하는 인식 체계가 아니라 진정한 신앙심의 시대가 개막된 것이다. 단일 종교에서 다종교 국가로의 급격한 전환, 그것도 무속과 주술 신앙이 여전히 인민을 매혹하는 나라에서 일어난 일이었다.

문예의 분화

종교의 분화가 그랬듯, 문예(문학과 예술)와 교육 체계의 분화 역시 극적이었다. 조정은 1880년 중반기에 전문가 육성의 필요성을 절감하고 법관 양성소와 영어 학교인 육영 공원을 건립했다. 이는 외국과 잇단 조약 체결에 따른 필요성과 시찰단 및 기술자 양성을 위한 조정의 신속한 대응이었는데, 성균관을 위시하여 서울의 4학, 지방 향교의 명성을 희생시켰다. 1883년 보빙사 사절로 미국을 다녀온 최경석은 농무 목축 시험장을 청량리 부근에 세워 시범 운영했으며, 조정은 1887년 2년제 농무 학당을 세워 농업 기술을 개발하고 농학을 전파하려고 했다. 전문학교의 설립은 조선의 교육을 이원 체제로 개편하여 서양 학문을 수용하려는 조정의 의지를 집약한 것이었으며, 이에 따라 향교와 서당 중심의 전통 교육이 상대적으로 약화되는 결과를 가져왔다. 앞에서 지적했듯이 천주교와 기독교의 신식 학교 보급이 이런 변화를 부추겼다. 전문학교에 도입된 학과목은 그야말로 낯선 것이었다. 육영 공원은 육경고문(六經古文)에 익숙한 경화거족 자제들에게 수학, 자연 과학, 역사, 지리, 정치학 등의 신학문을 교수했으며, 국제법과 경제학 등도 고려하고 있었다. 아펜젤러가 1886년에 설립한 최초의 신식 학교인 배재 학당은 '기독교인의 양성과 국가 인재 배양'을 목표로 내세워 한문, 영어, 천문, 지리, 생리, 수학, 수공(手工), 성경을 학과목으로 편성했으며, 과외 활동으로 연설회와 토론회를 훈련시켰다. 농무 학당은 기초 농학을 비롯하여 수학, 경포학, 과실학, 삼림학, 가축학, 농화학 등 전통적 지식 체계로는 낯설기 짝이 없는 과목을 가르치고자 했다.[45]

지식의 분류는 일찍이 혜강 최한기가 제기했다. 청의 문물을 넘어 서양 학문을 대폭 수용할 필요성을 절감했던 혜강은 학문운화(學問運化)를 통해 개국 통상과 부국강병을 이룰 수 있다고 설파했다. 이(理)를 기(氣)로 포용하는 기학(氣學)을 정립하면서 전통적 인식론인 경학을 역수학(曆數學), 물류학(物類學), 기용학(器用學)으로 나눠 기초 학문으로 삼을 것을 제안하고, 이로부터 보다 세분화된 전문 분과로 성인학(聖人學), 정술학(政術學), 예율학(禮律學), 문장학(文章學), 농상공학을 분류했다. 다시 말해 의리지학, 사장지학, 경제지학, 명물도수지학으로 발전한 성리학의 네 분과를 기의 특성과 유형에 따라 다양한 하위 분과로 나눴던 것이다.[46] 이어 일본 망명 중인 박영효가 1888년 고종에게 「건백서」를 올리면서 신학문 교육의 중요성을 거듭 강조했다. 그것은 유길준의 「과문폐론」과 거의 유사했다.[47]

근세에 이르러 교화가 무너지고 양속이 쇠미해져 '격물치지'의 본뜻을 모르고 단지 글의 번지르르함을 완상하고, 옛글을 뒤적여 그 문구를 취하는 것만을 중요시하게 되었습니다. 가령 사서삼경과 제자백가서를 읽고, 암송하고 글을 지을 수만 있다면, 멍청하고 어리석으며 썩어 빠진 유자라 할지라도, 대학사라 불리고 상대부의 반열에 들게 되어 백성과 나라를 그르치게 됩니다. (……) 만약 말단을 버리고 근본을 취하여, 격물궁리지학으로부터 천하를 다스리는 방법론(평천하지술)에 이르게 된다면, (이것은) 지금 구미에서 바야흐로 융성하고 있는 학문과 한가지입니다.

박영효는 구미 학문으로 정치, 재정, 법률, 이화학, 산술, 의술, 재예 등을 들었다. 거의 같은 시기에 감금 상태에서 『서유견문(西遊見聞)』을 저술하던 유길준은 제13편 「학업하는 조목(條目)」에서 신학문을 농학, 의학, 산학, 법률학, 격물학, 화학, 철학, 광물학, 식물학, 천문학, 지리학, 박고학, 병학, 언어학, 기계학, 종교학 등으로 분류했다 그가 유학 시절 보고 배운 것을 토대로 문명개화에 유용한 것들을 가려 뽑은 것이다. 여기서 종교학과 철학이 거론되는 것이 흥미롭다. 유길준에게 종교는 이미 학문의 대상이었으며 성리학적 인식론은 철학으로 대체되었는데《한성주보》에서 궁리학(窮理學), 이학(理學)으로 명명하던 격물치지의 인식론을 근대적 의미의 '철학'으로 소개한 것은 유길준이 처음이었다.[48] 갑오개혁의 개혁 정책 중 국비 유학생을 일본에 대거 파견하는 사업을 당시 학무대신이었던 유길준이 주도했는데, 몇 년 뒤 이들이 귀국해 일본적 신학문을 전파하는 전초병이 됐으며, 민족에 대한 새로운 각성을 계기로 조선 최초로 형성된 '교양 시민'의 중핵을 이뤘다. 교양 시민은 독일 사학자인 위르겐 코카가 경제 시민과 함께 독일 근대화의 초기 주도층으로 지목한 사회 세력인데 대학 교육을 받은 각 분야 전문가, 기술자, 의사, 교수, 언론인, 회계사 등의 지식인 집단을 지칭한다.[49] 아무튼 종합지(綜合知)에서 전문지(專門知)로 전환하면서 잘게 잘린 조선의 문은 서양의 신학문에 포섭되어 갔다. 이에 따라 교육 체계도 일대 혁신의 시간을 맞게 되었으며, 전문 분야에 종사했던 중인과 천민의 지위가 동반 상승해 교양 시민의 반열에 들었다.

주목할 만한 현상은 문학의 전문화와 예술과의 접합이다. 예술은 사대부와 사족, 중인의 독점 상태에서 풀려나와 일반 평민, 심지어는 천민의 세계로 진입해 들어갔다. 역으로, 서민과 천민의 예술이 양반 문화와 혼효되었던 것이 예술 분화의 모습이었다. 이른바 '예술의 혼류와 대중화'가 이뤄진 것이다. 서민의 문예였던 판소리에 양반이 진입하고, 양반의 전유물이었던 사설시조에 중인과 평민이 동참했다. 대중적 흥취를 돕는 창가(唱歌)와 잡가(雜歌)는 계층을 가리지 않고 애창되는 보편적 장르로 자리 잡았다. 문학은 양반의 전유물이고, 가창과 재담은 천민에 속했던 재인(才人)과 가인(歌人)의 것이라는 전통적 개념이 소멸하는 자리에 서민 문학, 서민 예술이 생겨났다.[50] 판소리와 타령은 대중 흡인력과 확산력을 발휘해서 19세기 후반 서민 문학, 서민 예술의 총아로 위세를 떨쳤다. 도시는 판소리와 타령 가무단을 지원하는 부유층이 많았는데, 대원군은 특히 판소리를 애호해서 가객 안민영(安玟英)과 신재효(申在孝)의 후원자였다. 민속 탈춤, 인형극, 가면극, 광대놀이, 무당, 사당패, 초라니패 등이 벌이는 굿과 유희는 훗날 마당극과 연극으로 진화할 채비를 차렸다. 풍속화가 널리 유행하고 민화와 춘화가 각광을 받았다. 문학에서는 야담과 고전 소설에 많은 독자가 몰렸고 대중적 수요에 호응하는 것을 생업으로 삼는 전문 작가군과 인쇄업자가 출현했다. 중국 번안 소설과 전래의 고소설이 크게 유행했는데, 모두 언문으로 쓰여 남녀노소를 막론하고 문해인민에게는 그보다 더 큰 여흥이 없었다. 저녁이면 여느 집 사랑방에 모여『삼국지』,『장화홍련전』,『유충렬전』,『옥루몽』,『흥부전』,『춘향전』 낭독을 들으며 즐거워하는 모습은 향촌이나 서울이나 가릴 것이 없었다. 19세기 학계의 거두 완당 김정희가『서상기(西廂記)』를 언해했는데 문해인민과 여항인의 사랑을 받았다. 비록 패관 애곡이지만 "이로써 기이한 구름이나 환상적인 안개로 보기도 하려니와, 이름난 꽃이나 이상한 풀을 대신함이 무엇이 나쁠 것이 있겠는가."라고 서두에서 언해

의 취지를 밝혔다.[51]

김정희의 이 지적은 문(文)에서 문학(文學)이 특화되는 분화의 귀착점을 예견한 것이다. 문의 세분화를 겪으면서 문학이 떨어져 나오자 그것은 '도덕과 수양'의 그릇이 아니라 정서와 감정을 표현하는 특정 분야로 한정되기에 이르렀다. 이를 「문학의 가치」(1910년)와 「문학이란 何오?」(1916년)라는 글에서 이광수가 받았다.[52] 조선에서 문학이라는 개념을 처음 사용한 이 글에서 그는 '문학'이 정서와 감정을 표현하는 서양의 문학(literature)을 뜻한다고 썼다. "문학은 인간의 정(情)을 표출하고 만족시키는 예술의 형식이다."라는 그의 함축적 선언은 문의 분화가 한창 진행되고, 고소설, 판소리, 사설시조, 신소설 등 문의 형식이 여러 실험을 겪은 후에야 나타났지만 한국에서 근대 문학을 출발시킨 중대한 발언이었다.

결국 문예의 분화는 문학, 신학문, 예술로 귀결되었다. 특히 문예는 한문과 언문이 치열하게 격돌했던 경쟁의 장이었다. 한문과 언문이 문자의 세계에서 뒤섞이고 양반 엘리트와 중서층이 문예의 주도권을 두고 서로 엉켰다. 그러나 19세기 후반기는 언문의 확장이 두드러졌던 시기였다. 언문 고소설은 독자 시장을 넓혔고 판소리와 창가가 양반이 독점한 문예 담론을 뒤덮었다. 천주교와 기독교가 선교 목적으로 출간한 언문 성서의 보급은 담론장에서 한문 지배력을 쇠퇴시킨 뜻밖의 결과를 가져왔다. 언문의 확장은 '인민의 부상(浮上)'을 의미했다. 인민은 언문의 인식 공간을 넓히면서 말안장 시대를 자기의 역사로 끌어당겼다. 결국 갑오개혁 정부가 그것을 인정했다. 1894년 11월 21일 발령된 칙령 제1호는 국가의 공문서를 국문 위주로 작성하도록 규정했다.

法律勅令總以國文爲本 漢文附譯或混用國漢文

(향후 국문을 본으로 하되 한문을 번역해 달거나 국한문 혼용을 한다.)

문예의 분화는 언문을 국문으로 승격시키는 문자 세계의 일대 혁명을 낳았다. 언문이 국문으로 승격되었다는 것은 문해인민이 역사의 주체로 승격되었음을 뜻한다. 그러나 아직 국한문 혼용, 주체의 병존이 허용된 채였다. 문해인민은 '언문 공동체'에서 '국문 공동체'로 건너갔다. 그곳은 국가, 민족, 역사라는 낯선 개념이 기다리는 미지의 땅이었다.

향촌 질서의 분화

인민은 통치의 객체이자 교화의 대상이었다. 통치 체계가 단단하고 인민이 수분공역(守分供役)을 다하는 한 향촌 질서에는 아무런 이상이 없었다. 그런데 말안장 시대는 통치 체계의 와해와 함께 인민이 향촌 질서로부터 이탈하는 일련의 과정으로 이뤄져 있다. 경북 예천의 재지사족인 박씨 가문이 남긴 일기를 보면, 1860년대에 접어들면서 민란이 도처에서 발생하고 양민이 양반을 능멸하는 사례, 심지어는 천민이 관아에 난입하여 수령을 협박하는 일까지 벌어졌다.[53] 반촌에 속하는 대저동(맛질)도 민심이 흉흉해지고 치안이 불안해졌음은 물론이다. 부호들은 도둑의 약탈 표적이 되었으며 묘변(墓變, 조상 묘를 파헤치는 일)을 당하거나 유사한 협박에 시달려야 했다. 1870년대와 1880년대는 동학의 발호로 동계(洞契)가 제대로 이뤄지지 않았고, 동민들이 동규(洞規)를 지키지 않음은 물론 강상 윤리가 해이해졌음을 한탄하고 있다. 송사는 끊일 날이 없었지만 수령의 판결에도 불구하고 해결되는 일도 거의 없었다. 농사에 가장 중요한 보규(洑規, 저수지 사용 규칙)가 해이해져 각자 물을 끌어 쓰는 바람에 많은 논이 망가지기도 했다.[54] 향촌 질서의 붕괴는 계속되어 고공(雇工)을 쓰는 일도 쉽지 않았다. 도적이 횡행하고 크고 작은 민란이 도처에서 발생하는 가운데 박씨는 농사일도 힘들게 되었음을 토로한다. 청일 전쟁이 발발하기 직전인 1894년 6월 20일 자 일기에[55] 다음과 같이 쓰여 있다.

아침에 비가 오려다가 말았다. 농정(農丁)의 품삯이 껑충 뛰어올랐다. 논을 매는 데 3전에다 간식으로 술과 백반을 먹여 주어도 그들의 뜻에 거슬리면 반드시 주인을 음해하고 흉측한 말을 서슴지 않는다. 참으로 인심이 흉흉하다.

고공이 늘어난다는 것은 계약 관계가 확대됨을 뜻한다. 향촌에서도 신분적 구속에 의한 노동이 줄어들고 있었던 것이다. 향촌 질서의 붕괴와 변화는 비단 경북 예천만이 아니라 민란이 휩쓸고 간 대부분의 향촌에서 보편적으로 관찰되는 모습이다. 동학이 지나가고 대한제국이 개혁 정치에 나서던 1901년에야 대저리 유지들은 야경단을 조직하는 등 동약(洞約)을 새로 제정하는 일에 착수할 수 있었다. 그러나 하민(下民)은 예전의 하민이 아니었다. 과거의 동약 체제를 어느 정도 회복할 수는 있었지만 사민평등이 법제화된 새로운 현실에서 구체제가 제대로 작동할 리 없었다.

촌민을 통치하는 권력은 향권과 관권이다. 향권은 재지사족이 행사하는 권력으로 도덕성과 신분제에 바탕을 두고 있었으며, 행정 권력인 관권은 수령과 이서층이 왕으로부터 위임받아 행사하는 관료적 권력이었다. 재지사족은 자치 조직인 향청 회의를 통해 향약(鄕約)과 향규(鄕規)를 정하고 그것을 하부 촌락에 적용하도록 독려하는데 각 동은 향청 소속의 양반 주도로 동계를 결성하여 촌민을 관리한다. 동규에는 각 동에 부과된 세금의 호별(戶別) 분담 비율을 정하는 일에서 자연재해 시 공동 노역, 시목(柴木, 땔감) 사항, 관청이 요구하는 각종 잡역과 잡세의 공동납에 관한 규정이 들어 있으며, 이외에 촌민의 행동과 규범을 규율하는 각종 조항이 포함되어 있다. 예를 들어 삼척부 도하면 송정동 동규는 다음과 같은 사항을 규정했다.[56] 잡기를 범하는 자, 금주령 위반자, 마을 질서를 어지럽힌 자, 어른을 능멸하는 자, 천한 자가 귀한 자를 능욕하는 자, 친척 간에 불목한 자, 소나무를 벤

자, 동령을 어긴 자 등에 대한 처벌과 구체적 형량이 그것이다. 형량은 대체로 태(笞) 20~30대이며, 중범이면 50대까지 처벌할 수 있도록 했다. 그러나 민란의 시대를 경과하면서 향권의 결정 기제인 향중공론(鄕中公論)이 유명무실해졌다. 많은 지역에서 양반 중심의 향회가 신향과 평민의 입김이 커진 민회(民會)로 변화되었으며, 빈농의 증가와 무전농의 도시 이주 현상으로 신분 질서에 입각한 동계의 지배력은 약화되었다. 향권의 권위를 거의 빈사 상태에 이르게 한 것은 다름 아닌 동학이었다. 1894년 7월 예천에 동학도가 입성했는데, 박씨 일기에는 이렇게 적혀 있다.[57]

7월 29일 예천 곳곳에 동학이 크게 일어나서 도소(都所)를 설치했는데 서로 보일 정도로 가까이 배치되어 있다. 대개 동학도가 일어난 것은 명분이 뚜렷하다 하겠다. 그러나 지난달 국침을 당하고 사소한 원한을 가진 자가 보복할 뜻을 품고 상전을 위협하고 무뢰한이 사대부에게 호령하는 것은 안타깝다.

8월 29일 성주에 갔다 돌아온 황생원 말에 의하면 지난 27일 동학군이 읍내에 들어와 관아에서 잠을 자는데 읍리들이 집에 불을 질러 버렸다고 한다. 이에 동학도들이 격분하여 크게 모임을 갖고 읍을 습격한다 하여 읍내 사람들이 모두 집을 비워 도망해 버렸다. 이윽고 동학군이 성주읍을 공격하여 민가에 불을 질렀다. 이로 인하여 관아와 객사 향교만 빼놓고 모조리 잿더미가 되었다고 한다.

'읍이 잿더미가 되었다.'는 절망적 표현은 곧 향촌 질서가 완전히 붕괴되었음을 뜻한다. '상전을 위협하고 사대부를 호령하는 정도'는 농민 전쟁이라는 특별한 상황에서 나타난 현상이지만 이후 복구가 거의 불가능할 정도

68

로 향촌 질서가 파괴되었음은 분명하다.

향권의 붕괴가 일반화되는 상황에서 잔존한 것은 관권이었다. 향권이 신분제에 기반한 재지사족의 도덕적 지배라고 한다면, 관권은 대명률의 조선적 결정체인 『경국대전』에 의거한 도덕 정치의 형률적(刑律的) 지배였다. 유교 국가에서 법은 예치와 덕치의 보조 수단으로서 예주법종(禮主法從), 덕주형보(德主刑補)라는 최상위 명제의 실행 기제였다.[58] 대명률은 유교 이념을 완성하기 위한 통치의 수단으로 법(法)과 형(刑)을 규정한 종합 법전이었는데 『경국대전』 「형전」 서(序)에 "대명률을 적용한다."라고 하여 관권의 도덕적 목표를 밝혀 놓았다. 「형전」은 지켜야 할 규범의 영(令)과 위반 시 적용할 형을 명시함으로써 임의적, 자의적 권력 행사를 자제하도록 했으나 관직에 재판 기능과 행정 기능을 동시에 부여한 조선에서는 중앙과 지방을 막론하고 임의적 판결과 처벌을 피할 수 없었다. 또한 민사와 형사 구분이 있기는 했으나 토지 분쟁, 노비, 금전 채무, 산송(山訟)과 같은 사송(詞訟)에서도 구금과 고문을 가할 수 있었다는 점에서 "모든 재판은 형사 재판이었다."[59] 즉, 인민의 권리 보장은 거의 없던 반면 유교 국가의 규율 준수를 명하고 처벌하는 형률적 권력이었다.

향권이 소멸되고 관권만 잔존한 19세기 후반기 상황에서 이 형률적 권력이 감시와 처벌 기능을 앞세워 인민에 대한 자의적 수탈로 빠져드는 것은 자연스러운 귀결이었다. 행정 기능의 자의적 행사와 그에 따른 수탈은 1890년대에 들어 극성을 부렸는데 박씨 일기에도 그런 것이 자주 보인다. 예를 들면 1893년 1월 일기에[60] 다음과 같이 쓰여 있다.

순흥에 민란이 크게 일어났다. 방화를 당해 집을 잃은 자가 오륙 명이나 되고 난민에게 얻어 맞고 반죽음을 당한 자 또한 많았다고 한다. 원인은 이배(吏輩)들의 뇌물과 부가세 석 냥 때문이었다고 한다.

수령의 침학과 향리(鄕吏)의 농간, 전횡은 '수령-이향 지배 체제'에서 항시적으로 일어나는 현상이었다. 이런 측면에서 형률적 권력인 관권은 도덕적 권력인 향권과 함께 '인격적 지배'라는 점에서 공통이다. 그런데 말안장 시대를 통과하면서 '인격적 지배'가 '비인격적 지배'로 전환했다는 것이 향촌 질서가 당도한 분화의 귀착지였다. 즉 인민에 대한 통치가 비인격적 지배인 법치주의로 전환한 것이다.

조선이 중앙 집권적 관료 국가였던 만큼 근대적 사법 제도가 정착될 수 있는 요인이 없던 것은 아니었다. 그러나 가장 중요한 요인인 인민의 권리 개념이 결핍되어 있었기에 비인격적 지배로의 전환은 그만큼 지체될 수밖에 없었다. 권리는 국가의 것이지 인민의 것이 아니었다. 조정은 청에 체류 중이던 윌리엄 마틴이 한역한 헨리 휘턴의 저서 『만국 공법(萬國公法)』(1864년)을 통해 권리 개념을 접했고, 이후 역시 마틴이 번역한 독일 법학자 블룬칠리(Johann Kasper Bluntschli, 1808~1881년)의 『공법회통(公法會通)』(1880년)을 통해 권리 개념을 부국강병 이념의 이론적 자원으로 수용했다.[61] 전국적으로 발생하는 민란과 동학의 거센 저항에 시달리던 조정의 지배 엘리트에겐 여전히 유교적 도덕 정치의 틀 내부로 인민을 끌어들이는 것이 능사였을 뿐 그들에게 권리를 부여하는 방식은 상상하기 어려웠다.[62] 동학군을 진압하기 위해 파견한 관직 명칭이 초토사(招討使), 진무사(鎭撫使)였다. 군주제에 집착했던 조정 내부의 궁정 엘리트에게는 인민의 권리 개념은 상상 밖의 것이었다. 그러므로 그 개념이 권력 외부자와 망명 인사들로부터 나오는 것은 당연했다. 일본 망명객 박영효가 제일 먼저 인민의 권리를 상소했다. 앞에서 소개한 「건백서」에서 박영효는 "법률과 기율을 부흥시켜 백성과 나라를 안정시키라.(興法紀安民國)"라는 소절을 법 제정의 필요성을 논하는 데에 할애했다. "어린이, 어른, 가난하고 천한 자, 부유하고 귀한 자라고 하는 것이 모두 그 몸과 목숨은 하나입니다. 일개 가난하고 해진 옷을 걸친 자라 하더라도 법으로 보호함에 있어서는 곧 제왕의 소중한 영지(領地)와도 같게 해야 합니다."라고 하여 공평한 법 제정의 필요성을 역설했다. 모든 판결은 재판관에게 맡길 것, 경중의 죄도 증거를 밝혀 집행할 것, 재판을 공개할 것, 재상과 사대부로부터 서민에 이르기까지 사형(私刑)을 금하고 모든 이에게 공적인 재판을 받게 할 것 등을 제안했다.[63] 비인격적 지배의 제도적 기초인 근대법의 제정과 사법 제도의 개혁을 논한 것이다.

이와 같은 시기에 유길준도 『서유견문』 중 「인민의 권리」와 「법률의 공도」, 「순찰의 규제」에서 실정법의 필요성과 사법 제도의 도입을 문명개화의 필수 요소로 지적했다. 권부의 외곽에서 밀려들어 온 인민의 권리 개념이, 신분적 속박에서 완전히 벗어나지 못한 채 갈 길을 찾지 못하던 중서층으로부터 어떤 반향을 얻어 내기란 불가능했다. 무엇보다 인민 역시 권리 개념이 낯설었고, 그것을 깨우쳐 세력화할 구심체를 갖지 못했다. 그래서 유길준은 「인민의 권리」를 말하기 전에 「인민의 교육」을 먼저 논했고, 박영효는 정치, 재정, 내외 법률, 역사, 지리 등을 언문으로 번역해 가르칠 것을 먼저 권했다. 그들도 근대법의 필요성을 강조하면서도 그 전제 요건에 대해 우려하고 있었던 것이다. 그러나 실제로 근대적 사법 제도의 도입은 느닷없이 이뤄졌다. 일본의 비호를 받은 갑오 내각에서 실세로 등장한 박영효는 1895년 3월 25일 '재판소 구성법'을 법률 제1호로 공포했고, 곧이어 행정과 사법의 분리, 재판소 설치를 골자로 하는 재판 제도 개혁 법령이 발효되었다.[64] 그것은 조선에서 근대적 법치주의의 시작을 알리는 신호에 불과했지만 인격적 지배에 종지부를 찍고 비인격적 지배의 문을 열었다는 점에서 의의가 크다. 그러나 비인격적 지배가 인민에게 새로운 지평을 열어 주기 전에 국가와 인민 모두 일본의 제국주의적 통치로 빨려 들어가는 통로로 변질되었다는 점은 피식민 국가의 피할 수 없는 운명이었다.

문해인민과 개인의 출현

1750년에서 1850년에 이르는 유럽의 말안장 시대는 부르주아가 탄생하는 시기였다. 홉스봄이 묘사했듯 프랑스 혁명을 통해 정치적 권리에 눈뜬 근대적 개인이 태어났다면, 1850년대는 100년 정도 지속된 산업 혁명을 바탕으로 부를 축적한 자본가 계급이 자본주의의 단호한 주역임을 선언했던 시기였다. 분리와 분화는 유럽의 이 시기를 특징짓는 구조 변동의 핵심 메커니즘이었다. 17세기 종교 개혁을 계기로 이성(理性)의 힘을 깨닫게 된 인민은 급속히 진전된 농촌 분해의 물결을 타고 임노동자로 변해 갔으며, 지주 계급은 잉여 농산물을 상업화함으로써 자본 축적의 통로를 만들었고, 도시의 상공업 계층은 이를 산업화의 물질적 자원으로 활용했다. 농촌 분해는 계급 분화였고 '자본의 시대'를 연 시발점이었다. 1831년 미국의 감옥 제도를 시찰하러 학술 여행을 했던 프랑스 사회학자 알렉시 토크빌은 당시 소상품 제조업자들이 도시 도처에서 새로운 질서를 만들고 있음을 목격했는데 향후 이들이 역사 변동의 주도권을 행사할 것이라는 판단에서 당시로는 낯선 개념인 '산업인(industrialists)'으로 명명했다.[65] 산업인은 농업 자본가, 도시민, 유통업자, 임노동자, 전문인과 함께 자유(freedom)로 엮인 시장 질서의 총아였다. 유럽의 자유주의(liberalism)는 그런 배경에서 태어났다. 봉건 체제의 분리와 분화가 자유로운 개인과 시장을 창출하면서 자유주의라는 근대적 체제를 낳은 것이다.

자유주의 혹은 자본주의라는 거대 명제까지 가지는 않더라도 근대가 개막되려면 중세 질서로부터 분리된 '개인'이 가장 중요한 전제 조건이라는 사실은 동서양을 막론하고 통용되는 보편적 명제일 것이다. 메이지 유신 직후의 일본이 그러했다. 메이지 정부는 봉건 체제의 영주와 무사 계급을 중앙 집권 국가의 관료로 등용하면서 막번(幕藩) 체제의 신분 질서를 해체하고 사민평등을 표방했지만 여전히 신분 차별은 강하게 잔존했다. 이에 평민을 대변하는 의회 개설과 조세 제도의 전면 개혁을 주장하고 나선 개혁파 세력은 일반 서민의 전폭적 지지에 힘입어 이른바 자유 민권 운동의 시대(1873~1889년)를 열었다. 천황제 자체를 반대하지는 않았지만 귀족과 지배층 중심의 제한적 혁명을 거부하고 자유주의적 민주주의를 확대 실시할 것을 주창한 것이다. 이들은 능력에 따른 인재 등용과 사민평등, 그리고 민주주의를 정강으로 내세운 자유당을 창당하면서(1881년) 본격적인 의회 정치를 향한 사회 운동에 돌입했다.[66] 메이지 정부가 적극 추진한 산업 정책과 근대적 교육 정책에 의해 산업 노동자, 상인, 도시민, 전문가 들이 대거 출현하고 있었기에 인민의 권리, 즉 민권 신장을 향한 서민의 지지는 어느 때보다 높았다.[67] 프랑스에 유학했던 나카에 조민(中江兆民)이 루소의 『사회 계약론』을 『민약역해(民約譯解)』로 번역했던 것도 바로 그 시기였다. 1882년, 자유당과 입헌개진당이 함께 계몽주의를 확산하여 도시민과 농민을 입헌 자유주의의 주역으로 승격시키려던 그때였다.[68]

그런데 봉건 질서로부터 벗어나고 있는 이 '각성된 평민'을 어떻게 호명할 것인지가 문제였다. '자유를 체득한 개인'을 미국에서 목격했던 후쿠자와 유키치(福澤諭吉)도 『서양사정(西洋事情)』(1871년)을 출간할 당시 적절한 개념을 찾지 못했다. 사회 개념이 아직 출현하지 않았던 그때, 후쿠자와는 사람(human being)을 지칭하는 보통 명사를 '人間'으로 번역했고 개별 인간을 지칭하는 번역어로 '一身', '一人', '一人の 民'을, 그들의 무리를 '世人', '天下の 衆人各各'으로 표현했다.[69] 1875년 출간된 『문명론지개략(文明論之槪略)』에서도 '人', '人各各'이 주로 쓰였다. 민권 운동 초기 문명개화론의 앞장에 섰던 일본 지식인도 아직 숫자 범주와 무리 개념에서 벗어나지 못했던 것이다.[70] 숫자 개념으로서 一人, 보통 명사로서의 인간 개념이 근대의 주역으로 등장하기 위해서는 자유와 권리 의식을 터득한 '개인'으로 전환되어야 한다. 토크빌이 미국에서 관찰했듯이 '개인'이 자유와 권리 의식을 내면화하고 시장을 바탕으로 그들의 세계관과 행동 양식을 확산하는 주체를 지칭한다면 그 존재야말로 말안장 시대를 근대와 접속시키는 추동력이다. 일본 근대 문학의 기초를 세운 쓰보우치 쇼요(坪內逍遙, 1859~1935년)와 후타바테이 시메이(二葉亭四迷, 1864~1909년)의 소설 이론이 나온 것도 이러한 배경에서다. 이들은 문학이 선거, 자유, 평등, 민권 등 새로운 질서에 대한 정치적 요구를 담아내는 창구가 되어야 한다는 각성하에 소설을 인정(人情)의 진정한 모사(模寫), 즉 인간의 정서와 심리에 대한 사실주의적 모사로, 사회적 실상을 정밀한 눈으로 투시하고 진리를 잡아내는 정교한 탐사(探査)로 규정했다.[71] 이들이 출간한 『소설신수』(1885년)와 『소설총론』(1886년)은 자유 민권 운동에 대한 문학적 호응이자 일반 독자를 일인(一人, man)에서 개인(個人, individual)으로 승격시키려는 계몽주의적 시도였다.[72] 정밀한 눈과 정교한 탐사는 이성의 힘이자 자유에 대한 근대적 시선이었다. 이런 사회적 흐름과 지적 노력에 힘입어 1880년대 중반 '일인'은 '개인'으로 번역되기에 이르렀고, 학계와 언론계, 그리고 일반 대중에게도 개인은 근대적 주체를 지칭하는 개념으로 정착되었다. 숫자, 범주 개념에 미래 지향적, 운동론적 의미를 부가하여 일본의 말안장 시대를 자유주의적 근대로 끌고 가고자 했다. 개인이 탄생한 것이다.

그렇다면 조선의 말안장 시대에는 개인이 태어났는가? 분명하게 답하기 어려운 이 질문은 조선에서 근대의 본질을 규명하는 데에 핵심적인 지점에 놓인다. 적어도 자유를 의식한 개인, 새로운 질서가 상승하는 공간에서 주체 의식을 내면화한 개인이 없으면 근대도 없다. 앞 절에서 고찰한 분리와 분화는 결국 '개인의 탄생'과 맞닿아야 본격적인 근대로 돌입할 수 있기 때문이다. 1894년 갑오개혁을 기점으로 말안장 시대가 일단 막을 내리고 대한 제국기와 애국 계몽기로 일컬어지는 시간대로 진입할 때 자유와 권리 의식을 내면화한 개인은 존재했는가? 우리의 용어로 바꾸면 문해인민은 근대를 출범시킬 각성한 인민, 또는 '진정한 개인'으로 진화했는가?

미리 밝혀 두자면, 그렇기도 했고 그렇지 않기도 했다. '일인', '일신'에서 '개인'으로 진화하는 내적 요건은 어느 정도 성숙되었으나 그것을 본격적으로 발화시킬 외적 조건이 결여되어 있었다. 중세적 통치 질서가 너무 길게 늘어진 탓에 '근대적 개인'의 탄생은 지체되었다고 말하는 편이 적절할 것이다. 자본주의의 자궁에서 그것을 깨뜨릴 모순이 싹튼다는 마르크스적 표현을 빌리면 근대적 개인이 중세적 자궁에서 발아하고 있었지만 그것을 깨고 나오기에는 역부족이었다고 비유할 수 있다. 중세의 수명이 의외로 끈질겼거나 중세를 마감할 인민의 여력이 부족했거나 아니면 둘 다였을 것이다. 그렇기에 적어도 반상등급, 관존민비, 문존무비(文尊武卑)의 타파를 선언하고 평민도 인재로 등용할 것임을 천명한 갑오개혁을[73] 경과한 이후에도 '근대적 개인'은 아직 본격적으로 호명되지 않았다. 1896년 창간되어 인민의 천부 인권설을 제창했던《독립신문》도 '개인'보다 '자기(自己, 즈긔)'를 즐겨 썼으며 '자기의 권리'도 신체와 재산 보호에 한정했을 뿐 정치적 참정권까지를 함축하는 의미로 확장하지는 않았다.[74] 이런 사정은 개신 유학자들이 창간한《황성신문》에서도 마찬가지였다. 예컨대 문명개화를 위해서는 서양 학문의 수용이 절박함을 역설한 사설에서 "서인(西人)이 아국교사(我國敎師)로 고립(雇立)한 자(者)가 혹 십여 년이오 혹 칠팔 년이로되 상금(尙今)것 일개인(一個人)도 그 학문에 투철히 졸업하였다는 말은 득문(得聞)치 못하였노니."라고 하여 '개인'을 숫자 개념으로 사용하였다.(1898년 9월 15일 자 사설) 지식인이 '근대적 개인'을 호명하게 된 것은 사회의 발견을 통해 상실된 국가를 되찾겠다는 방법론적 전회가 이뤄진 1905년 전후의 일이었다. 사회의 발견은 민력(民力)의 배양, 즉 개명(開明)을 통해 각성된 근대적 개인을 필요로 하기 때문이다.[75]

그렇다면 말안장 시대에 문해인민이 개인으로 진화하고 있었다고 말할 수 있는 근거는 무엇인가? 자신의 운명을 결정하는 국가 권력과 현실 구조를 객관적으로 관찰하고 분해할 정신세계, 즉 성찰적 자아를 근대적 개인의 요건이라 한다면,[76] 이를 주체, 자유, 권리 의식의 세 가지 측면에서 고찰할 수 있다. 우선 주체의 문제를 보자. 민란의 시대를 경과하면서 인민은 역사의 주체가 될 수 있다는 초유의 경험을 체득했음은 앞에서 밝혔다. 그 체험은 동학의 한울님과 결합해 천(天)과 일체가 될 수 있는 길이 열렸다. 양반과 사대부의 전유물이 아니라 평민도 천을 내면화할 수 있다는 믿음, 그 믿음을 갖고 수심정기하면 무위이화(無爲以化, 모든 일이 자연의 이치를 따라 이뤄진다.)한다는 동학의 가르침은 인민에게 역사의 객체가 아니라 주체로서의 존재감을 부여했다. 그러나 그 주체 의식은 중세의 성스러운 천개를 깰 수 있는 추동력으로 발전하기에는 더 많은 시간과 더 많은 고난이 필요했다. 『동경대전(東經大全)』과 『용담유사(龍潭遺詞)』의 가르침은 "하원갑 지나고 상원갑이 절로 올 것이니 개탄지심 두지 말고 기다리라."라는 것이었다. "천운(天運)이 둘렸으니 윤회시운(輪回時運) 구경하소." 개벽이 올 때까지 한울님을 받들고 마음속에 일체화하라는 동학 교리의 가르침은 주체 의식의 실천까지를 염두에 둔 것은 아니었다. 이런 의식의 한계는 한말(韓末) 서민 문예의 총아였던 판소리, 창가, 민요에서도 그대로 나타나 서민의 애환을 흥겹고 한스러운 가락에 싣거나 지배층의 무능과 부패를 풍자, 해학, 골계로 해체하는 데에 만족해야 했다. 구비 문학, 설화, 민담을 문예에 실어 문해인민층을 확대하는 데에는 공헌했으나 일본의 예에서 보듯 "진리의 감득자, 인간의 연구자, 사회의 관찰자, 사회의 개량자로서의 문학"을 개창할 만큼 지적 능력을 발휘할 수는 없었다.[77] 그러나 그것만으로도 변동의 중대한 잠재력을 함축하고 있었다. 그 잠재력이 십분 표현된 것이 풍속화의 등장일 것이다. 단원 김홍도, 혜원 신윤복의 풍속화는 평민의 소소한 일상생활과 애환을 담고 있는데 표현과 정서의 대상이 산수(山水)에서 인간으로 바뀌었다는 것은 주체적 인간에 눈을 떴다는 뜻이다. 주체 의식에 눈을 떴으나 변동의 잠재력으로 응축된 상태, 원시 동학이 이로부터 변혁의 추동력을 뿜어내자면 전봉준, 손화중, 김개남 등과 같은 걸출한 지도자가 필요했다. 동학이 창시된 후 30여 년이 지나서였다. 번성 일로에 있던 서민 문예에도 '나(주체)'가 주인공으로 등장하는 데에는 단형 서사 문학[78]과 신소설이라는 강을 건너야 했다.

둘째, 자유 의식은 신분적 속박에서 벗어나 자신의 생계 수단을 자신의 결정하에 둘 수 있을 때 성립한다. 그것을 구태여 계약적 질서라고 하지 않더라도 신분적 구속을 받지 않고 생업을 이어갈 수 있는 환경이 마련된다면 자유 의식의 성립 요건은 어느 정도 충족된다. 말안장 시대에 조선의 신분 질서가 해체 일로에 있었다는 것은 여러 사회사 연구에서 이미 밝힌 바다.[79] 조선 후기 호적을 분석한 연구들은 약간씩 다른 결론을 제출하고는 있으나 대체로 도시 지역에는 잡직과 아전, 양천민, 군관과 한량, 장인(匠人) 들이 집중하고, 농촌 지역에는 신분 상승을 꾀하는 상민과 유학(幼學)을 모칭(冒稱)한 양인들에 의해 양반호가 급증한다는 데에 동의한다. 도농(都農)을 막론하고 신분 질서의 상하 구분이 모호해진 것이다. 한편 서울 지역의 호적을 분석한 한 연구는 가내 노비와 관속 노비가 75퍼센트를 차지하던 17세기에 비해 1900년대 초에는 상인, 수공업자, 잡역 노동자, 고공, 부랑자 등이 절반 이상으로 늘어났음을 보고했다.[80] 이런 현상은 계약적 질서의 확산과 자유의 생성을 지시하는 증거로 봐도 무리가 없을 것이다.

이들은 광무 연간에 추진된 도시 근대화 사업과 광산 개발 사업 등을 통해 새로운 직업군을 형성해 나갔다. 특히 개항장을 중심으로 번성했던 일본인과 청인은 종전에는 보지 못했던 새로운 생업(生業)이 가능함을 보여주었다. 1888년 부산에는 일본인이 잡화상, 약종상, 포목상, 주류상, 전당포, 세탁업, 의류상, 미장이, 대장간, 이발업 등의 업소를 차렸다. 1896년 당시 한성에는 이외에도 시계포, 목욕탕, 연초 제조업, 염색, 가구 제조업, 인쇄업, 은행업이 성행했으며, 1907년에 이르러서는 제물포에 거주하는 일본인 1만여 명이 각종 직업에 종사했다.[81] 도시에 정착한 소농과 빈농, 한량, 고공, 천민 들이 이런 생업 방식을 학습했을 것이다. 갑오개혁 이전, 자유로운 상인층의 전형인 보부상은 전국에 약 25만 명 정도가 활동했다.[82] 전국의 장시를 연결하는 보따리장수와 등짐장수들은 영세성을 면치 못했기에 유럽처럼 상업 자본의 주역으로 변신하지는 못했지만 비교적 신분 질서의 강제적 속박에서 떨어져 있던 부류였다. 적어도 이들은 자본주의의 활차인 '이윤 추구'가 무엇인지 터득한 사람들이었다. 수공업층도 이런 관점에서 중요하다. 조선의 수공업층은 토크빌이 자유주의의 전파자로 지목했던 미국의 제조업자에 대응하는 계층이다. 정조 대에 이르러 관(官)이 수공업자를 통제하는 관공장체제(官工匠體制)가 해체되자 천민에 속하는 공장(工匠)들은 고용 수공업자 또는 자유 수공업자로 변신했다. 이들은 정부의 통제를 벗어나 자유로운 제조와 판로를 개척했는데, 숙종 대에 이미 조정의 관급을 받는 공장 수가 약 6000명에 달했다고 하니 19세기 후반에는 그 수가 급증했을 것이다.[83] 시전 상인에 대항했던 사상 도고(私商都賈)의 성장은 한말 자본 축적과 관련하여 주목할 만하다. 특권 상인인 한성의 시공인(市貢人)과 경쟁했던 사상들은 세미 운송과 외국 상품의 판매를 통해 부를 축적했으며 일본과 청국을 대상으로 무역업에 진출하기도 했다. 이들이 어느 정도의 자유의식을 배양하고 있었는지, 자본 축적에 어느 정도 공헌했는지는 심층 분석이 필요하겠으나, 재산에 대한 권리 의식, 영리를 위해 관료 통제로부터 탈피, 그리고 시장의 필요성 등을 절감한 계층임에는 틀림없다.

그런데 상공업층과 임노동자층이 광범위하게 형성된다 해도 이들이 이윤 추구의 독자적 기제를 창출하지 못하면 국가와 관료층에 대해 종속적 지위를 면치 못한다. 신분 질서의 해체, 새로운 직업군의 확대가 자유 의식 내지 자유의 생성으로 곧장 연결되는 것은 아니기 때문이다. 이들은 대한제국 시기에도 상업에 대한 국가의 독점 규제력과 전횡에 대항할 힘을 충분히 길러 내지 못했다. 예를 들어 보부상만 해도 고종의 명으로 조직화되기 시작해 1883년에는 혜상공국(惠商公局)이, 이듬해에는 상리국(商理局)이 조직 관리 업무를 맡았다.[84] 전국의 장시를 연결하는 상인층이 어용 단체로 변한 것인데, 결국 1898년에는 만민 공동회를 해산시키는 주역으로 변질됐다. 자유 수공업자들도 여전히 관 주변에 머물러 있거나 상인층에 종속된 생산자 지위를 면치 못했는데, 부국강병의 일환으로 실업(實業)이 중시된 1900년대 후반에 들어서야 비로소 독자적인 길을 개척해 나갔다. 소농(小農)들도 한발과 기근을 두려워해 독립 소작농인 전호(佃戶)가 되기보다 지주에 더부살이를 하는 협호(挾戶)를 선호하는 경향이 지속됐다. 거상(巨商)들은 회사 설립이 시작된 1890년대부터 고위 관료들과 합작하는 형태로 근대적 기업을 창출했다.[85] 관주도 자본주의의 원형인 셈이다. 아무튼 유럽에서 자유를 생성하고 확산하는 상공업층이 갑오개혁 이후에도 국가 종속적 지위에 놓여 있었다는 점은 조선의 말안장 시대에 '자유 의식'이 잠재적 공간에서 산발적으로 생성, 확산되었을 뿐 제도화의 계기와 접목되지 못했음을 뜻한다. 갑오개혁 이전에 조선의 공론장에는 '자유'라는 개념이 존재하지 않았다. 인민의 내면에 생성되고 있던 자유 의식을 호명한 것은 《독립신문》을 필두로 지식인이 창간한 신문 매체였는데, 신문에 게재됐던 각종 서사 문학과 신소설이 인민의 자아에 자유라는 개념의 옷을 입혀 주었다. 자유가 권리 개념과 함께 공론장의 주요 관심사로 등장했다.

셋째, 자유 개념이 상상의 공간에 머물러 있었듯, 권리 의식 역시 국가에 대한 의무의 벽에 갇혀 '자기의 권리'로 성장하지 못한 상태에 놓여 있었다. 권(權)과 이(利)가 합해진 이 신개념을 조선 사대부들이 처음 접한 것은 마틴이 한역한 『만국 공법』과 『공법편람(公法便覽)』(1877년)을 통해서였다. 마틴은 'rights'를 권리로, 'sovereignty'를 주권(主權)으로 옮겼는데[86] 조선의 궁정 엘리트는 이것을 주로 국가와 결부시켰던 반면 인민에게로 확장할 생각은 추호도 없었다. 인민 역시 민란의 시대를 거치면서 관료의 침학을 받지 않을 권한, 또는 생명과 재산을 보호받을 권한을 인식하는 데에는 도달했으나 정치권력을 공유할 수 있다는 생각까지는 미치지 못했다. 그래도 19세기 후반에 이르면 향촌 촌민들이 재산과 경작권에 대한 권리 주장을 적극적으로 개진하는 모습을 보인다. 1894년 당시 전남 영광군의 민장(民狀)을 분석한 한 연구는 촌민들의 등소(等訴)와 개별 정소(呈訴)가 부채와 소작권 관련 쟁점으로 이동하고 있음을 보여 준다. 특히 소작인이 답주를 상대로 한 소송이 증가하는 것은 일반 인민의 권리 의식이 이전과는 다른 형태로 진화하고 있음을 간접적으로 보여 주는 것이다. 이와 동시에 답주들의 권한도 훨씬 강화되어 재산권이 신분보다 일상생활에서 차지하는 의미가 증가했다.[87]

동학 농민 전쟁은 이런 소극적 차원을 넘어서 한 단계 더 진화한 적극적 실행의 차원으로 과감하게 이행했다는 의의를 갖는다. 생명과 재산을 보호받을 권한을 직접 '행사하는 단계', 그리고 권력 집단을 바꾸려는 단계까지 나아간 것이다. 비록 그것이 일군만민(一君萬民)의 중세적 이념에 충실한 것이었다고 할지라도 1893년 11월 고부 봉기 직전에 작성된 사발통문의 결의 내용과 1894년 4월 27일에 발표한 「무장 포고문」 내용은 일본에서 1880년대에 일어난 자유 민권 운동이 추구했던 권리 개념보다 한층 강력하고 적극적인 성격을 드러낸다. 물론 저항의 강도는 억압의 강도에 비례하므로 동학 농민군이 '개인'의 권리 개념을 온전히 내면화했다고 단정할 수는 없다. 동학 교리를 통해 주체 의식에 눈뜨고, 접소 활동을 통해 반상 차별의 모순을 깨닫고, 향촌에서 자신을 분리함으로써 자유 의식을 어느 정도 함양할 수 있었기에 가능했던 동학 교도들의 독자적 권리 의식이었다. 말하자면 동

80

학은 지향할 바가 정확히 무엇인지 모른 채 말안장 시대를 통과하는 인민의 거대한 물결 위에서 그래도 방향타를 잡고 목표 지점을 향해 항진하는 조각 배와 같았다.

지적 능력이 결핍된 이 방황하는 집단에게 시대의 흐름, 지양할 바와 해야 할 바, 사고와 행동 규범을 알려 주고 '개인'이라는 명확한 개념을 부여하는 것은 언제나 지식인의 몫이었다. 대학을 졸업한 다수의 엘리트가 일본의 자유 민권 운동의 방향과 목표를 지정해 주었듯이, 지식인의 호명은 그래서 중요한데 조선에서 그런 목소리가 없었던 것은 아니다. 그러나 그것은 조선 지식인이나 조정 엘리트 내부에서가 아니라 외부에서, 그것도 일반 인민과는 괴리된 양반 공론장에서였다. 박영효의 「건백서」가 그랬다. 박영효는 고종에게 올리는 상소문에서 양반 공론장에 처음 '자유' 개념을 제시했는데, '인민의 자유'를 천부 인권설로 설명하고(天賦之自由), 스스로 생명을 보존하고 행복을 추구하는 것, 재산을 보호하고 통의(通義)에 맞게 좋아하는 바를 행하는 것을 '자유지권(自由之權)'이라 했다.[88] 자유를 천부의 권리로 간주한 것이다. 다른 사람을 짐승처럼 부린다거나 욕되게 하고 세속을 어지럽히는 것을 '야만적 자유', 세속의 통의를 따라 자신의 자유 일부를 포기하여 사회적 자유(處世之自由)를 증가하는 것이 문명이 지향하는 바라고 정의했다. 갑신정변 후 점점 거세졌던 청의 간섭에서 벗어나는 것에 몰두했던 조정 사대부에게 국가의 자유(주권)가 아니라 인민의 자유에 관한 장황한 논리가 반향을 일으킬 리 만무했고, 자신의 외국 경험과 중국 경전을 두루 인용한 한문 문건이 마치 고소설 세책본처럼 인민에게 널리 유포될 가능성은 없었다. 이 중요한 문건에서 인민이 천부지자유(天賦之自由)를 갖는 평등한 존재로 정의되기는 했어도 여전히 통치의 대상이지 정치의 주체로 호명된 것은 아니었다.

이런 점에서 유길준 역시 마찬가지다. '인민의 권리'에 관한 한 유길준은 박영효보다 한 걸음 더 나아가 '자유'와 '통의'로 설명했다. 자유는 국법과 세속의 도리에 맞게 자신이 하고 싶은 바를 행하는 것이며, 통의는 당연한 정리(正理)다. 유길준은 자유와 통의를 당시에는 낯선 용어인 '권리'로 개념화하고, 아주 강한 어조로 "천만인이 통동(通同)한 천성(天性)"이라 못박았다. "자유와 통의의 권리는 보천솔토(普天率土) 억조인민(億兆人民)의 동유공향(同有共享)하는 것이니 각인(各人)이 각기일신(各其一身)의 권리를 기생(其生)과 구생(俱生)하여 불기독립(不羈獨立)하는 정신으로 무리한 속박(束縛)을 불피(不被)하고 불공(不公)한 질애(窒碍)를 불수(不受)하는 것"[89]으로 구속받아서도 안 되고, 방해받아서도 안 되는 천하 인민의 보편적 권리다. 그럼에도 그는 박영효처럼 인민을 '개인'으로 끌어올리지는 못했다. 인생(人生), 일신(一身), 각인(各人), 각기일신(各其一身), 자기일신(自己一身) 등 표현을 문맥에 따라 달리하려고 애쓴 흔적이 역력한데, 아직 국가에 대해 '사회'의 윤곽을 명확하게 인지하지 않은 상태에서 천부의 권리를 보유한 인민이 새로운 개념으로 떠오르지 않았던 것이다.[90] 국한문 혼용체로 써서 인민이 쉽게 접하기를 바랐던 저자의 의도와는 달리, 1889년 탈고된 『서유견문』은 1896년 일본 교순사에서 출간된 뒤 주로 조정 엘리트와 지식인에게 읽혔다.

그러므로 권력 외부에 위치한 이 예외적 지식인의 호명은 갑오개혁 이전 인민에게 아무런 영향을 미치지 못했으며, 인민의 사고와 행동에서 움트고 있던 '개인적 징후들'의 담지자로서 인민을 '개인'으로 개념화하지는 못했다. 말안장 시대에 여전히 잔류했던 전통적 상징체계는 지배 엘리트에게나 인민에게나 대단히 강력한 '근본 요소'로 작용하여 인민은 개인이라는 미래 지평으로 나아가지 못했다. 그렇다고 개인으로의 진화가 막힌 것은 아니다. '개인적 징후들'은 종교, 문예, 정치 영역에서 왕성하게 출현했고 특히 경제 영역에서 진행된 빠른 분화는 훗날 시민 계층이라 불리는 근대의 주역을 예고했다. 말안장 시대에 문해인민의 내면에는 근대적 개인과 친화성을 갖는 것들이 꿈틀거렸는데 그것들은 분출의 기폭제 혹은 어떤 정치적 계기를 기다리며 잠복해 있었다. 조선의 인민이 '개인'을 거쳐 '시민(市民)'으로 가는 길은 멀고 험한 여정이었다.

2 동학: 개인과 사회의 원형

득도와 창도

서양에서 새로운 지배 세력으로 등장했던 부르주아 계급이 그들의 막강한 생산력과 제국 군대를 앞세워 영토 확장에 나섰던 1850년대에도 극동에 위치한 조선은 너무 멀었다. 영국은 1830년대에 중국에 도착해 아편 전쟁을 일으키고 조선 진출을 탐색했고, 프랑스는 뒤늦게 1850년대에 겨우 베트남에 안착해 다음 목표를 물색하고 있었다. 영국과 프랑스는 극동 진출에 의기가 투합했다. 영불 연합군은 1854년 태평천국의 난을 진압한다는 명목으로 중국에 상륙했으며, 급기야는 1860년 북경을 함락했다. 수백 년 닫혀 있던 금단의 바다 조선 해역은 수시로 출몰하는 이양선으로 혼란해졌다.[1] 훨씬 이전에 영국 군함이 서해안에 세 번 출현했고(1816, 1832, 1845년), 1846년에는 프랑스 군함 세 척이 프랑스 선교사 처형을 항의하러 충청도 홍주목비인 해안에 출현해서 소요를 일으켰다. 양이(洋夷)의 출현과 군함의 위용은 조선 지배층에게 공포심을 불러일으키기에 충분했다. 그러나 공포심뿐이었다. 병력의 침투가 없는 한 공포심은 곧 소멸되기 마련이다. 조선은 제국 열강에서 너무 멀었고, 병력 투입을 감행할 만큼 매력적인 영토도 아니었다. 유럽 열강에서 가장 먼 곳에 위치해 있다는 지정학적 특성이 조선에는 이점이자 단점이었다. 조선의 중세가 스스로 붕괴할 때까지 연장된 것이다. 별다른 개혁 정치를 펴지 않고도 중세를 연장할 수 있었다는 것이 조선 지배층에게 이점이었다면, 개혁 정치의 절박성이 크게 인식되지 않았다는 것은 말안장 시대를 맞는 이들에게는 치명적이었다.

체제 개혁의 필요성은 1860년대 '민란의 시대'를 경과하면서 지배층 간에 널리 공유되었으나 이질적 요소의 흡수라는 미래 대응적 방향이 아니라 '중세의 완성'을 통한 전통적 방식으로 그것을 해결하고자 했다. 앞 장에서 살펴보았듯이 조선의 중세는 스스로 허물어지고 있었다. '흑선의 도래'를 계기로 일본 지배층이 중세 일본을 스스로 허물어뜨린 것과는 대조적으로 조선 지배층은 '이양선의 출몰'을 중세적인 것으로 다스리고자 했다. 그러나 지배층에겐 이미 무너지기 시작한 조선의 중세를 재건할 여력이 없었다. 지식–권력의 분리로 이미 경직화 일로에 있던 세도 정치로는 말안장 시대를 감당할 방략을 만들어 내지 못했다. 시대 변동의 분별력과 정세 판단력이 부족했던 인민도 말안장 시대에 어디로 가야 할지 방향을 가늠하지 못했다. 민란이 산발적으로, 전국적으로 일어났지만 그 끝은 유혈 진압, 투항, 도망, 유랑, 자포자기였고, 다시 관권의 수탈 체제로 복속되는 것이 다반사였다. 왕과 귀족은 물론 사대부, 향족, 평민 모두 어디에 귀의해야 안정을 찾을 수 있는지 몰랐다. 철종 승하 이후 약 10년 정도 지속되었던 대원군의 복고적 왕권 강화 정치가 사대부와 향반의 권력을 약화하고 부세 개혁과 호포법의 실행으로 인민의 원성을 가라앉히는 데에 어느 정도 효과를 발휘했다. 그러나 경복궁 중건, 당오전 남발, 청전(淸錢) 통용, 원납전 징수 등으로 물가 앙등과 과중한 부세를 초래함으로써 백성의 원망은 더욱 높아졌다.[2]

중세가 허물어지던 시대, 붕괴하는 중세의 균열선을 따라 적자(赤子) 인민이 밖으로 나오던 1860년대에 지배층과 평민에겐 새로운 시간대를 무사히 건널 정신적 원리가 필요했다. 사대부와 향반에게는 전통 성리학으로 귀의 혹은 주자학적 세계관을 더욱 강화하는 것 외에는 다른 방법이 없어 보였다. 오경석(吳慶錫), 유대치(劉大致) 같은 역관이 중국에 유입된 새로운 문물에 주목하기도 했으나 그런 주변적 관심이 집단 세력으로 발전하기에는 더 많은 시간과 사대부의 동의가 필요했던 때였다. 사상의 중심축을 복원하고자 했던 유학자의 노력은 권력과의 분리를 계기로 여러 형태로 분산되거나 지역 경계를 넘어 중앙 정치에 닿지 못했다. 그럼에도 이기론, 심성론은 여전히 성리학의 중심을 차지했는데, 그것이 통치의 기본 원리로 접목되는 통로가 끊기자 인민을 교화할 능력이 약화됐다. 성리학적 세계관의 지배력이 약화된 틈을 타서 인민은 주술 신앙, 민간 신앙, 불교, 도교 등으로 몰려갔다.

불교와 도교는 조선 건국 초기부터 이단시되어 탄압의 대상이 되었으나 양반, 평민 할 것 없이 기복, 요병(療病), 길운을 바라는 정서에 편승해 암암리에 확산 존속되었음은 주지하는 바다. 유교는 길흉화복, 전염병, 괴질, 자연재해로부터 구원을 약속하는 내세관이 없는 종교이기에 불교와 도교는 인민의 생활 저변에서 그 명맥을 유지할 수 있었으며, 사대부와 향족도 이런 점에서는 예외가 아니었다. 특히 조선 건국 이전부터 오랫동안 평민 생활과 밀접한 친화력을 갖고 있던 불교가 19세기 들어 유교가 약화된 공간을 침식하기 시작했으며 19세기 후반에는 양반과 평민이 명산 사찰에 공공연히 출입하는 것이 일반화되었다. 불교는 도교, 무속과 혼합되어 귀신 신앙, 기복 신앙화되었으며, 점복, 예언, 제사, 치병하는 승려와 무기(巫妓)들이 구별 없이 횡행했고, 심지어는 궁중과 양반가에 승니와 무녀가 출입하는 것 또한 예사였다. 양반가와 향촌에서 불단무령(佛壇巫鈴) 소리가 끊이지 않았던 것이 19세기 조선 사회였다. 조선 조정은 일찍부터 소격서를 세워 도교를 축출했음에도 경향 각지의 명산에 길운을 비는 칠성각이 세워지고 노승이 도교식 무운을 비는 등 도불혼잡(道佛混雜)의 양상이 짙었다. 비기(秘記, 도참사상)와 무속은 또 다른 종교적 신심의 표현이었다. 비기의 원류라고 할 『정감록(鄭鑑錄)』이 이 시대에 크게 유행했으며, 왕조의 쇠망과 병란을 예언하는 유언, 참설이 횡행했다. 무엇보다 인민을 매혹했던 것은 귀신 신앙이었다. 샤머니즘에서 유래한 주술 신앙은 무격의 굿으로 액운과 흉사를 막을 수 있다고 믿는 토속적 믿음으로, 각종 귀신을 달래거나 쫓는 무속 행위가 민간에 널리 유포되었다.[3] 한말 조선에 입국한 선교사들이 가장 신기하게 여겼던 것이 바로 무당패였으며 이들이 행하는 굿판을 흥겹지만 야만을 대하는 시선으로 바라보았다.

최제우가 목격했던 당시의 세태는 바로 그런 풍경의 어지러운 집합이었다. 유학자 집안에서 태어나 어려서부터 성리학적 전통에 친숙했던 최제우의 성장 과정은 알려진 것이 별로 없으나 총명하고 의식이 남다른 청년이었다.[4] 부친 최옥(崔鋈)은 당시 경주 지방에서 상당히 알려진 유학자였으며 문집인 『근암집(近庵集)』을 남길 만큼 한학에 조예가 깊었다. 원조(遠祖)는 최치원(崔致遠)이며, 13세조 최눌(崔訥)은 성균 사성에 올랐고, 7세조 최진립(崔震立)은 병자호란 때에 순절한 것으로 알려진 양반가의 후예다. 그러나 후처인 한씨(韓氏)의 소생이었다는 태생적 한계를 안고 세상에 나서야 했다. 8세부터 한학을 수학해서 고문을 읽은 그는 거듭되는 문과 초시 낙방으로 좌절의 날들을 보냈고 16세에 부친이 죽자 생활고가 겹쳤다. 생업과는 거리를 두었던 당시의 보통 선비들이 그랬듯이 그도 막막한 신세를 책으로 달랬다. 유교, 불교, 도교 서적을 두루 탐독하고 천주교를 연구한 것이 바로 이 길지 않은 4년 동안이었다. 4년의 독학 끝에 당도한 결론은 명료했다. 유불선(儒佛仙), 어느 것도 세상을 구하지 못하고, 천주교 역시 "혼백이 없고 자신을 위하는 도모"에 그친다는 깨달음이 그것이다.

백가시서(百家詩書)와 유서(儒書)를 불 속에 던져 버리고 10년 정도 지속된 '주유천하(周遊天下)'의 길을 떠난 것은 아마 막막했던 절망감을 떨쳐 버리기 위함이었을 것이다. 계획된 여정이 아니었기에 활쏘기, 말타기 등 무술과 음양복술을 익히고, 장사에도 손을 대는 등 닥치는 대로 떠돌았다. 도탄에 빠진 세시풍속, 흉흉한 인심, 길흉화복에 목숨을 건 당시 인민의 불안한 삶과 벼슬아치들의 침학을 목격했지만 달리 방법이 없었다. 일종의 자서전이라고 할 『몽중노소문답가(夢中老少問答歌)』에서 그는 당시의 심정을 이렇게 피력했다. "십세를 지내나니 총명은 사광(師曠)이요 재국이 비범하고 재기과인(才器過人)하니 평생에 하는 근심 효박한 이 세상에 군불군 신불신(君不君 臣不臣)과 부불부 자부자(父不父 子不子)를 주소(晝宵)간 탄식하니 울울한 그 회포는 흉중(胸中)에 가득하되 아는 사람 전혀 없어 처자 산업 다 버리고 팔도강산 다 밟아서 인심풍속 살펴보니 무가내(無可奈)라 할 길 없네 우습다 세상 사람 불고천명(不顧天命) 아닐런가."[5] '무가내라, 어찌할 도리가 없다'는 것이 처절한 현실에 대한 그의 진단이었다면 '불고천명, 천명을 생각하지 않은 탓'이라는 것은 그의 처방이었다. 10년 주유천하가 그에게 생생한 현실 체험을 제공했지만 '천명'이라는 처방을 얻은 것은 득도 후의 일이었다. 현실 체험이 천명으로 연결되기 6년 전 경주로 귀향할 때 그의 흉중에는 다만 "불효 불효 못 면하니 적세원울(積世怨鬱) 아닐런가 불우시지(不遇時之) 남아(男兒)로서 허송세월하였구나."라는 회한의 자책감이 가득할 뿐이었다.[6]

허송세월했다는 막막한 심정으로 그는 경주로 돌아왔고, 가난에 찌든 가족을 건사해야 했다. 처가가 있는 울산으로 가족을 옮기고 생업을 도모했지만 잘될 리 없었다. 한때 기생과도 기거했는데 마음의 방황은 멈추지 않았다. 뭔가 깨달음이 필요하다고 느낀 것은 그때였을 것이다. 명상과 사색의 날이 계속되었다. 가세가 기울었지만 그는 양산 통도 천성산에 입산해서 49일 기도를 올렸다. 약간의 이적(異蹟)을 행하기도 했다. 죽은 노파를 살려 냈다거나 금강산 유점사에서 온 노승이 건네준 이서(異書)의 뜻을 명상을 통해 알아냈다는 것 등이다. 그런 소소한 이적 행위가 세간에 알려지면서 방문하는 사람들이 조금 늘었는데, 최제우의 마음은 보다 더 큰 어떤 깨달음으로 향했다. 그의 나이 35세, 1859년에 가솔을 데리고 다시 경주 가정리로 돌아와 본격적인 구도의 길을 가기로 작정했다. 구미산 용담정에 작은 정자를 짓고 대각(大覺)하기 이전에는 하산하지 않기로 마음을 먹은 것이다. "不出山外(산 밖으로 나가지 않는다.)"라는 글귀와 "道氣長存邪不入 世間衆人不同歸(도의 기운이 오래도록 함께 있으니 나쁜 기운 들어오지 못하고 세상의 어리석은 사람들과는 같은 길로 가지 않으리.)"라는 입춘 시(立春詩)를 써 붙였다. 본명 제선(濟宣)을 제우(濟愚, 우매함을 구제함)로 개명한 것도 이때였다.

당시의 심정은 득도 직후에 지은 언문 가사에서 자주 등장한다. 「교훈가」에 "이내 신명 돌아보니 나이 이미 사십이요 / 세상 풍속 돌아보니 여차여차(如此如此) 우(又)여차라 / 아서라 이내 신명 이밖에 다시 없다 / 구미 용담 찾아들어 중한 맹세 다시 하고 / 부처(夫妻)가 마주 앉아 탄식하고 하는 말이 / 대장부 사십 평생 해음(害陰) 없이 지내나니 / 이제야 할 길 없네 자호(字號)이름 다시 지어 / 불출산외 맹세하니 기의심장(其意深長) 아닐런가"라고 했다.

또 「용담가(龍潭歌)」에 "인간 만사 행하다가 거연 사십 되었더라 / 사십 평생 이뿐인가 무가내라 할 길 없다 / 구미 용담 찾아오니 흐르나니 물소리요 / 높으나니 산이로세 좌우 산천 둘러보니 / 산수는 의구하고 초목은 함정(含情)하니 / 불효한 이내 마음 그 아니 슬플쏘냐 / (……) / 불효한 이내 마음 비감회심(悲感悔心) 절로 난다"라고 읊조렸다.

입산 기도 중 조카 생일에 참석차 잠시 외출했다가 귀가하던 경신년(1860년) 4월 5일 밤, 최제우는 드디어 황홀한 득도(得道)의 순간을 접했다. 『동경대전』과 『용담유사』 여러 편에 빈번히 등장하는 이 득도 장면은 마치 무당이 신내림을 받는 듯 극적이고, 동학의 창도 과정과 종교적 특성, 그리고 교조 최제우의 학문관과 세계관을 집약해 놓고 있기에 일단 그 형상을 상세히 그려 둘 필요가 있다. 최제우의 철학적, 종교적 면모는 언문 가사보다는 한문으로 쓰인 『동경대전』에서 여실히 드러난다. 득도 직후에 쓴 「포덕문(布德文)」에 다음과 같은 내용이 등장한다.

不意四月 心寒身戰 疾不得執症 言不得難狀之際 有何仙語忽入耳中 驚起探問 則曰勿懼勿恐 世人謂我上帝 汝不知上帝也 問其所然 曰汝亦無功故 生汝世間 敎人此法 勿疑勿疑 曰然則西道以敎人乎 曰不然 吾有靈符 其名僊藥 其形太極 又形弓弓 受我此符 濟人疾病 受我呪文 敎人爲我 則汝亦長生 布德天下矣

(그러다가 뜻밖에도 경신년 음력 사월에 갑자기 가슴이 두근거리고 몸이 떨리기 시작하여 무슨 병인지 병의 증세를 알 수 없고 말로 형상하기도 어려울 즈음에, 어디선가 갑자기 신선의 말씀이 문득 귀에 들어왔다. 나는 깜짝 놀라 일어나서 캐어 물어보았더니 대답하시기를 "두려워하지 말고 겁내지 말라, 세상 사람들이 나를 한울님이라 하니 너는 한울님을 모르느냐?" 하시므로 "왜 그러십니까?" 하고 그 까닭을 물으니 대답하시기를 "이 세상에 한울님을 위하는 바른 도가 없으니, 내가 이제까지 일한 공이 없으므로 너를 이 세상에 태어나게 하고 세상 사람들에게 한울님을 위하는 법을 가르치게 하노니, 의심하지 말고 의심하지 말라." 하셨다. 내가 묻기를 "그러면 서양의 서학으로써 사람들을 가르칩니까?" 하니, 한울님이 "그렇지 않다, 나에게 영부가 있으니 그 이름은 선약이요, 그 형상은 태극이요, 또 다른 형상은 궁궁이다. 나의 이 영부를 받아 질병에 시달리는 사람들을 고쳐 주고 나의 주문을 받아 세상 사람들에게 한울님을 위하는 법을 가르치면 너도 또한 오래도록 살아서 한울님의 높으신 덕을 온 세상에 펴게 되리라." 하셨다.)[7]

이 장면을 객관적으로 보면 무격 신앙에서 목격되는 신내림 구조와 일치한다. 까무러친 것이 그렇고, 영부와 주문 역시 무격의 필수 요소인 부적과 축문에 대응한다. 실제로 최제우는 까무러쳤는데, 의식을 잃은 그 짧은 동안 최제우는 상제의 선어(仙語)를 들었다. 가족은 이 동안 어찌할 바를 몰라 당황했다. 그 정황이 「안심가(安心歌)」에 묘사되어 있다. "공중에서 외는 소리가 천지를 진동할 때 / 집안사람 거동보소 경황실색 하는 말이 / 애고애고 내 팔자야 무슨 일로 이러한고 / 애고애고 사람들아 약(藥)도사 못해볼까 / 침침칠야 저문 밤에 눌로 대해 이 말 할꼬 / 경황실색 우는 자식 구석마다 끼어 있고 / 댁의 거동 볼작시면 자방 머리 행주치마 / 엎어지며 자빠지며 종종걸음 한창 할 때 / 공중에서 외는 소리 물구물공(勿懼勿恐) 하였어라".[8] 천지를 진동하는 상제의 선어를 들었을 리 만무한 부인과 자식들은 가장의 실신에 경황실색했던 것이다. 정신을 수습한 최제우는 종이를 가져오라 해서 상제가 보여 준 영부(靈符)를 그렸는데 형태가 태극(太極) 혹은 궁궁(弓弓)과 같았다. 영부의 다른 이름은 선약이었다. 「안심가」에서는 이것을 '삼신산 불사약'이라 불렀다. 최제우는 자신이 그린 영부를 태워 물에 타 먹어 보니 칠팔 삭 지난 후에 몸이 윤택해지고 병이 나았다.(潤身差病) 까무러침, 선어, 영부와 주문, 영부를 살라 먹고 병이 나음으로 이어지는 득도의 구조는 거의 무격과 일치한다. 최제우가 득도의 과정을 무격에서 빌려 온 것은 무속 신앙이 일반 평민에게 가장 친숙한 이야기 구조이며 따라서 도(道)를 퍼뜨리는 데에 가장 효과적인 방식이라는 점에 착안한 결과다. 의도적이든 아니든 주유천하에서 얻은 현실 체험이 자연스럽게 그런 이야기 구조를 지목하고 있었다.

그러나 무속을 종교 형태로 승화하는 일련의 논리 구조를 배치하고 있음에 주목해야 한다. 무속이었다면 최제우는 접신해서 악귀를 쫓는 춤을 추거나 제의(祭儀)를 행했을 것이다.[9] 무당은 축문을 두서없이 외워 접신하고 악귀를 물리치거나 원혼을 달래는 방식을 취한다. 그 과정에서 부적을 쓰고 제물을 바친다. 그리고 일단의 체의가 끝나면 평상으로 돌아온다. 그런데 최제우의 신은 모든 귀신과 만물을 주재하는 최상위의 신인 상제, 한늘님, 천주(天主)였고, 영부도 태극과 궁궁의 형상이었다. 태극은 성리학에서 설정한 천명의 근원이자 음양오행이 유래하는 근본 원리이고, 궁궁은 도참설에서 자주 등장하는 유토피아다.[10] 궁궁촌(弓弓村)은 민간에 널리 유포된 낙원의 다른 이름이고, 천도(天道)가 지배하는 이상향이다. 상제가 건네준 영부가 태극이거나 궁궁이라고 한 것은 성리학적 이상향과 민간 신앙의 이상향을 동시에 포괄하려는 최제우의 기획적 발상이다. 영부와 주문은 상제가 실제로 존재함을 입증하는 증거로 제시되었다. 영부를 살라 먹고 병이 나았다거나 제인요병(濟人療病)할 수 있다고 한 것은 일반 서민을 설득하기 위한 장치이기에 이것 역시 주술적 요소임을 부정할 수 없으나, 그 목적이 천도와 천덕(天德)을 배우고 익힘에 있다는 점에서 궤도를 달리한다. "한늘님의 높은 덕을 밝히고 밝혀 늘 생각하고 잊지 않으면 한늘님의 기운에 화하여 거룩한 성인의 경지에 이르게 됨(明明其德 念念不忘 則至化至氣 至於至聖)"이라고 천명한 「논학문(論學文)」의 이 명시적 구절은 바로 주술적 요소가 종교 형태로 승화하는 디딤돌이다.

그리하여 주술 형태로 출발한 득도 과정은 상제–영부와 주문–도성입덕(道成立德)으로 이어지는 종교 형태를 갖추게 되었다. 어찌 보면 조금 조야하게도 보이는 이 초기 골격은 도성입덕을 '제세제민(濟世濟民)', '광제창생(廣濟蒼生)'과 연결하고 나아가 '보국안민(輔國安民)'이라는 거대한 비전으로 밀고 나가는 논리적 확장을 통해 보다 풍요로운 철학적 지평을 열게 된다. 득도 직후 지은 『용담유사』의 여러 가사와 포덕 과정에서 지은 『동경대전』의 글은 대부분 도성입덕을 위한 정심수도 정심수신(正心修道 正心修身)의 계훈에서 곧장 어지러운 인심 풍속에 대한 훈계와 서양에 대한 경계로 이어지는데, 이런 논리적 흐름은 교조 최제우가 오랫동안 품었던 숙원이자 창도의 목적을 자연스럽게 풀어낸 결과일 것이다. 예컨대 「포덕문」에서 영부의 효험에 관한 이야기가 끝나자 바로 세태 근심과 서양 경계로 이어지는 것이 그 전형적 사례다.

是故 我國惡疾滿世 民無四時之安 是亦傷害之數也
西洋 戰勝攻取 無事不成 而天下盡滅 亦不無脣亡之歎
輔國安民 計將安出[11]
(우리나라에는 악질이 가득해 백성들이 사시 편안할 때가 없으니 이것은 또한 해를 입을 나쁜 운수다. 서양인들은 싸우면 이기고 치면 빼앗아 이루지 못하는 일이 없다. 그래서 온 세상이 다 멸망해 버리면 우리도 또한 입술이 없으면 이가 시린 탄식이 없지 않을 것이니 나라를 돕고 백성을 편케 할 계책을 어떻게 세워야 하겠는가.)

최제우는 아도(我道)의 목적이 개개 인민의 기복, 길흉, 무운을 비는 것, 악귀를 쫓고 부귀영화를 누리는 것이 아님을 명확히 밝혔다. 시운(時運)을 알지 못하는 세상 사람들, 불순도덕(不順道德)하고 불순천덕(不順天德)하는 사람들에게 명명덕(明明德)과 합기덕(合其德)의 행위 규범을 명해 경천지리(敬天之理)하고 순천지리(順天之理)하는 수심정기의 도라는 것이다. 상제로부터 영부와 함께 받았던 주문에 이런 종교적 철학이 응축되어 있다. 강령주문(降靈呪文)과 본주문(本呪文)으로 이뤄져 있는 주문은 다음과 같다.

至氣今至 願爲大降 (강령주문)
侍天主造化定 永世不忘萬事知 (본주문)
(한울님의 지극한 기운을 이제 접함에 이르렀는데 한울님의 기운에 화하기를 비옵니다.

한울님을 모시오니 무위이화로 마음을 정하도록 하옵시고 한평생을 언제나 잊지 않겠사오니 대도를 받아 모든 일을 깨닫도록 해 주시옵소서.)

주문의 뜻을 간략히 줄이면 '한울님의 기운을 접하고 모시오니 마음을 정하게 해 주시고 만물의 근원을 깨닫게 해달라.'라는 뜻이다. 천도와의 합일(合其德), 무위이화의 원리를 내면화하려는 신도들의 마음을 열어 주는 것이 주문의 기능이다. 시천주(侍天主), 즉 천주를 마음속에 모시는 것에 몰입하는 순간 최제우의 득도는 곧 종교의 영역으로 진입한다. 그리하여 득도는 창도(創道)가 되고, 추종하는 신도들이 늘어나자 창교(創敎)로 발전했다.

최제우가 설파한 창도의 논리에서 1860년대 '말안장 시대'를 건너는 조선 지배층의 사상적 혁신 노력과 확연히 구별되는 독자성이 발견된다는 것은 놀라운 일이 아니다. 두 가지 점에서 그렇다.

첫째, 태극과 무극에서 발원하는 전통적 천(天) 개념을 연장하려 했던 점에서는 조선 지배층과 최제우 간에는 다를 바 없다. 그런데 지배층은 여전히 추상적 형체인 무상, 무존재(nothingness)라는 천리 개념에 집착한 데에 반하여 최제우는 추상성을 과감히 일소하고 '지기(至氣)', 즉 인간의 지각으로 느낄 수 있는 구체적인 힘으로 규정했다. 동학 경전에서 상제 혹은 천주로 불린 조물자(造物者)는 소리만 있고 형체가 없는바, 그 형체는 물형부로 나타나고 무위이화의 이치로 발현된다. '기화(氣化)'란 말은 한울님의 기운이 만방에 나타난다는 말이다. 천주의 무극대도 원리가 기화되어 현세에 발현되는 것이 도덕이다. 갓난아이가 부모를 알아보는 것, 황하가 천년에 한 번씩 맑아지는 것, 까마귀가 제 새끼에게 먹이를 물어다 주는 것, 제비가 주인을 아는 것 등 모든 것이 조물자의 이치이자 기화의 표현이다.[12] 그리하여 창도 원리에서 추상적 이(理)는 소멸되고 구체적 기(氣)가 부각되었다. 이 구체적 기의 응축이 영부이자 선약이고, 주문은 접기(接氣)를 원하는 축원의 기도다. 느끼지 못하는 추상적인 궁극의 원리로서 이(理)를 가시적, 구체적인 기(氣)로 대체한 것은 어찌 보면 평범한 일이겠으나 조선 성리학과 종교적 기반을 통째로 흔드는 대지진을 예고한다는 점에서 각별한 주목을 요한다. 이에 대해서는 후술할 것이다.

둘째, 조선 유학자들은 그렇다면 본질은 무엇인지 되물을 것이다. 19세기 성리학자들은 성즉리(性卽理), 심즉리(心卽理) 논쟁에 몰입했고, 심통성정(心統性情)의 진위를 두고 여러 학파로 갈라졌음은 앞 장에서 서술했다. 최제우는 본질은 알 수 없는 것이라고 과감하게 단언했다. 본질은 한울님만이 알고 있으며, 한울님이 하는 일에 이런저런 논박을 가하는 것은 부질없는 짓이라고 말이다. 창도의 철학적 원리에 해당하는 「불연기연(不然其然)」에서 최제우는 설파했다.

是故難必者不然 易斷者其然

比之於究其遠則不然不然又不然之事

付之於造物者則其然其然又其然之理哉[13]

(살피기 어려운 것은 그렇지 않다 하고, 판단하기 쉬운 것은 그렇다 한다.

그 심오한 이치를 캐어 여기에 견주어 보면, 그렇지 않고 그렇지 않고 또 그렇지 않으며

우주의 만물을 창조한 조물자인 한울님의 하신 일에 부쳐 보면 그렇고 그렇고 또 그러한 이치니라.)

한울님이 하신 일은 불가사의하고도 분명하니 의심치 말라는 뜻이다. 일종의 불가지론에 해당하는 이 논리는 마치 260년 전 마테오 리치가 『천주실의』에서 설파한 논법을 연상케 한다. 최제우가 『천주실의』를 읽었는지는 모르겠으나, 한울님에 구체적 존재감을 부여하자 본질에 대한 논박이 부질없

는 것처럼 보였던 탓이다. 아니면 성리학적 지식이 부족한 최제우가 그 본질과 현상에 대해 깊은 논리를 천착할 학식이 부족한 탓이었는지도 모른다. 아무튼 한울님의 존재감을 과도 강조한 탓인지, 그의 학식이 부족한 탓인지, 그는 기연(其然)은 눈에 보이는 당연한 것으로, 불연(不然)은 불가지이지만 부정할 수 없는 것으로 규정했다. 한울님은 불연이지만 기연을 발현하는 지기(至氣)라는 뜻이다. 이 불가지의 한울님을 접신하는 방법이 주문이고, 주문을 통해 마음속에 들어오는 기운이 천(天)이고 천주(天主)다. "어떻게 한울님을 느낄 수 있는가?"라는 신도들의 질문에 최제우는 간단히 답했다. 수심정기하고 정심수도하라고. 내가 만나게 해 주는 것이 아니라 신도인 네가 만나는 것이라고. 이때 마음[心]은 불가지를 뛰어넘고 궁극적으로는 그것을 포용하는 실체이자 에너지다. 대각(大覺)이 거기서 나온다. 그런 뜻에서 최제우는 아도(我道)를 심학(心學)이라 불렀고(「축문」), 급기야는 '천심즉인심(天心卽人心)'으로 나아갔다.(「논학문」)[14] 「수덕문(修德文)」에서는 공맹의 유교와 다른 점을 들어 다음과 같이 교시했다.

仁義禮智 先聖之所敎 守心正氣 惟我之更定[15]

(인의예지는 옛 성인 공자의 가르침이요, 한울님이 주신 그 마음을 닦고 그 기운을 바르게 하는 법은 오직 내가 새로 정한 것이니라.)

그리하여 이 두 가지 점에서 조선 지배층의 천과 인민의 천이 갈렸다. 최제우는 자신도 모르는 사이 지배층이 조선 건국 이후 철벽처럼 믿었던 성리학적 천 개념에서 인민을 데리고 나왔다. 그리고 별도로 인민이 향유할 수 있고, 믿을 수 있고, 느낄 수 있는 천 개념을 선물했다. 믿고(信), 공경하고(敬), 성실히 이행하면(誠) 사대부의 전유물이었던 천과의 합일이 가능하고 자신의 마음속에 천주를 모실 수 있다는 득도의 계기, 창도의 논리에는 조선의 지축을 뒤흔드는 엄청난 충격파가 생성되고 있었다. 지배층의 천은 여전히 숭명주의에 입각해 중국이란 중심에 매달려 있었던 데에 반하여, 최제우의 천은 중국을 거부하지는 않았지만 중심을 한반도로 옮겨 오고자 했다. 중국과의 '분리 불가 패러다임'과 '중심 이동 패러다임'의 상호 충돌이 동학 내부에서 발아하기 시작한 사실을 최제우도 조선 지배층도 몰랐을 것이다. 상호 충돌의 씨앗은 그뿐만이 아니었다. '천의 전유(專有)'와 '천의 공유(共有)' 간 충돌은 전자보다 훨씬 큰 충격파를 예고했다. 인민에게 새로운 신앙의 지평이 열렸기 때문이다. 유교 지상주의에서 새로운 신앙은 언제나 위험한 이단이었다. 상이한 천 개념을 둘러싼 전통과 변용의 대립은 결국 최제우의 순도(殉道)를 요구했는데, 이 융통성 없는 중세적 억압이 붕괴 일로에 있던 중세적 질서에 마지막 일격을 가하는 데에는 그리 오랜 시간이 걸리지 않았다.

조선 초유의 종교 개혁: 천의 인격화

사람들이 물었다. "도가 같다고 말씀하시면 그 이름은 서학이라 합니까?" 최제우가 답했다. "그렇지 않다."

吾亦生於東受於東 道雖天道 學則東學 況地分東西 西何謂東 東何謂西

(나는 동방에서 태어나 동방에서 도를 받았으니 도는 비록 천도지만 학인 즉 동학이다. 하물며 땅이 동양과 서양으로 나뉘어 있는데, 서양이 어찌 동양이 될 것이며, 동양을 어찌 서양이라고 할 수 있겠는가.)

'도는 천도요, 학은 동학이다.' 조선 성리학에서 유교는 유학의 하위 개념

이었다. 교(敎)는 학(學)을 근간으로 성립하는 것이었으므로 교는 학의 파생
개념이다.[16] 서교를 서학이라 했고, 천주교를 천주학이라 통칭했던 것과 같
은 이치였다. 그러므로 구태여 최제우가 천도를 천교라 하지 않았고, 동학
을 동교(東敎)라 부르지 않았다. 교와 도를 종합한 상위 개념으로서 동학이
었다. 그렇다면 최제우는 유학(성리학)의 대립 개념으로 동학을 상정했다고
보인다. 공맹의 학과 본질적으로 다른 것은 아니고 그것을 포괄하되 수기정
심에 초점을 두는 새로운 학임을 최제우는 「논학문」에서 분명히 했다. 새로
운 학은 그러므로 새로운 교였다. '동방에서 태어나 동방에서 도를 받았으
니'에서 동(東)은 '아국(我國) 운수 가련하다'에서 구체적으로 지목한 조선
을 뜻함은 물론이다. '공맹의 학'과 '중국'과도 구별되는 '동학'이자 '아국의
학'이었다.

　동학을 '아국의 학'이자 '교'로 규정하는 것이 얼마나 엄청난 사태를 예
고하는 것인지를 최제우 자신은 몰랐다. 1864년 1월 좌도혹민(左道惑民)의
죄로 대구 감영에 갇혀 심문을 당할 때 그는 감사 서헌순에게 이렇게 답했
다. "나는 천도로 사람을 가르쳐 어지러운 세상을 다스리고 기울어지는 나
라를 돕고자 했다. 사도(斯道)의 출세(出世)는 천명(天命)으로 나온 것이요 나
의 사의(私意)가 아니다."[17] 유학과는 다른 학이자 도임을 인정했지만 천명,
천도를 언급함으로써 조선 지배층이 신봉해 온 유교와 그렇게 크게 다르지
않다는 점을 환기시킨 것이다. 그럼에도 포덕 4년이 경과한 그즈음 최제우
는 자신의 도가 새로운 교로서 위상을 넓혀 갈 것임을 예견했던 것으로 보
인다. 처형되기 직전 감영 옥사를 방문한 해월 최시형(崔時亨)에게 건네준
연죽(煙竹) 속에 들어 있던 절명시는 이렇게 읽힌다.

燈明水上無嫌隙 柱似枯形力有餘

(등불이 물 위에 밝았으니 의심할 틈이 없고, 기둥은 마른 나무 같으나 힘

은 남아 있네.)[18]

등불은 도통(道統)을 이어 갈 최시형을, 물은 수운(水雲) 자신을 가리키며, 지금은 도의 형세가 마른 나무 같지만 여전히 힘이 남아 세상에 퍼질 것임을 암시하고 있다. 도는 세상에 전파될 것이다. 도의 존속과 전파를 확신하는 것이 창도자의 순리다. 최제우는 그런 정도의 희망을 품은 채 순도했다. 그것이 조선 최초의 종교 개혁임을 모른 채 말이다.

동학은 조선에서 일어났던 유일한 종교 개혁이었다. 천 사상의 변용과 혁신이라는 점에서 그것은 일대 종교 개혁이었다. 성리학에서 정의한 '성스러운 천개'로서의 천은 종교, 문예, 정치라는 통치의 삼중 구조에 의해 거의 한 번도 도전받지 않은 채 조선 건국 후 460년을 지속했다. 그동안 크고 작은 민란이 일어났지만 인민의 저항, 불만, 도전은 지배층이 규정한 그 광활한 천 개념의 심연 속으로 증발했거나 흡수됐다. 그러나 동학만은 달랐다. 지배층의 천 사상 속에 잠입해 그 텅 비어 있는 기표(記表)에 새로운 의미를 부여했고, 새로운 기의(記意)로 변용된 천 개념을 인민에게 선물한 것이다. 천리, 궁극적 진리의 원천으로서의 천은 오직 사대부와 향반의 전유물이었다. 그러나 최제우는 양반의 인식 공간에 들어가 인민과 공유할 것을 명했고, 급기야는 그것을 끄집어내 인민의 것으로 만들어 버렸다. "내가 그러하듯, 너도 한울님을 모실 수 있다."라는 최제우의 단호한 강화(講話)에 인민은 귀가 번쩍 트였던 것이다. 그는 상제를 만난 사람이고, 영부와 선약이라는 증표를 갖고 있다. 영부를 살라 먹고 병이 낫는 이적을 직접 목격할 때 상제를, 한울님을, 그리고 메시아로서 최제우를 믿지 않을 도리가 없었던 것이다. 사대부와 향반의 전유물이던 천을 인민의 소유로 만들었다는 것 자체가 종교 개혁이었다. 조선의 인식 체계를 감싸던 성리학의 '성스러운 천개'는 벗겨지고 인민마다 자신의 천개를 스스로 만들기 시작했고, 동학은 그것이 가능함을 일깨워 주었다. 주문을 외우면 상제가 마음속으로 들어앉는다. 상제가 마음속에 들어앉으면 나는 상제와 일치한다. 도성입덕하면 성인의 경지에 오른다고 최제우는 일렀다.

故明明其德 知其道而受氣知也 故明明其德 念念不忘 則至化至氣 至於至聖[19]
(한울님의 높은 덕을 밝히고 한울님을 늘 생각하고 잊지 아니하면 지극한 한울님의 기운에 화하여 거룩한 성인의 경지에까지 이르게 되는 것이다.)

한울님을 받들고 마음속에 잊지 않는다면 평민들도 사대부와 양반층만이 가능했던 성인의 경지에 오를 수 있다. 현실 세계에서 금전을 바치고 부정한 수법을 쓰지 않고도 신분 상승을 꾀할 수 있는 방법, 그것도 전혀 돈이 들지 않는 방법, 즉 천지개벽의 희망을 인민에게 심어 주었다. 종교 개혁은 이렇게 일어났다. 천 사상의 '간단한' 변용을 통해서 말이다. 간단하지만 누구도 생각해 내지 못했던 변용은 '천의 인격화(상제)', 그리고 '상제와의 일체화' 두 가지로 이뤄졌다. 인격화와 일체화는 동학을 종교 개혁으로 추동한 두 개의 핵심 개념인데, 각각에 대해 좀 더 상세한 분석이 필요하다.

첫째, 천의 인격화. 조선 성리학에서 천은 보이지 않고 다만 태극과 음양오행을 뿜어내는 궁극적 원천으로 설정될 뿐이다. 실존이 아닌 것을 실존으로 믿어 의심치 않았던 이 철석같은 가정이 성리학의 본질이었다. 그래서 이(理)와 기(氣) 중 어느 것이 우위인가를 두고 조선 시대를 일관하여 사대부의 가장 큰 철학적 논쟁거리가 되었으며, 주희의 불리부잡(不離不雜)을 어떻게 해석할 것인지를 두고 이발기발(理發氣發), 이기호발론(理氣互發論)이 시대를 따라 상승과 하강을 반복했다. 이의 궁극적 발현체를 태극이라고 정의하는 데까지는 주희를 따랐는데, 조선 성리학자들은 그것을 구체적으로 보여 줘야 할 강박 관념에 사로잡혔다. 퇴계가 『성학십도』의 첫 그림으로 태극도를 그린 이유다. 그럼에도 태극은 냄새도 없고 감지되지도 않는다. 조선의 지배층은 냄새도 없고 감지되지 않는 무존재를 진리의 궁극적 원천으로 신봉해 마지않았는데, 그것에 어떤 현실감을 부여해야 할 필요성에서 조상신에 착목했을 뿐이다. 위패, 그것이 천신을 형상하는 대리인이었다. 종묘(宗廟)는 천의 형상물이었고, 사직(社稷)은 농본 국가에서 곡식 신과 토지신을 형상화한 사당이었다. 천은 어디에 있는가? 천은 왜 항상 양반 지배층에게만 의미가 있는가? 천을 어떻게 확신할 수 있는가? 인민의 인식 공간에는 이런 질문들이 맴돌았지만 고문육경에 무지하고 논리를 끌고 갈 학문에 취약했던 그들에게는 해명이 불가능한 문제였다.

동학은 이 질문을 단번에 해결했다. 비가시적 천이 가시적 상제로 나타난 것이다. 가시적 천을 한문으로는 상제, 언문으로는 한울님으로 표현했다. 상제는 흔히 하늘님, 천주를 지칭하는 용어로 이미 마테오 리치가 『천주실의』를 쓸 당시 중국에서는 널리 통용되고 있었으며, 조선에서도 『삼국유사』의 단군 신화를 통해 이 개념이 어느 정도 알려져 있었다.[20] 최제우는 양반층에게는 '상제'를, 평민층에게는 주술적 함의를 갖는 '한울님'으로 구분해 썼고, 그래서 천을 양자가 혼합된 중층적 의미로 사용하고자 했던 것이다. 최제우가 목적했던 '광제창생', 양반층과 평민층을 두루 포괄하고 이 세상에 현존하는 세인(世人) 일반을 모두 담아 내려는 그 목적에 적합한 용법이었다. 여기에 더 나아가, 최제우는 상제를 말하는 존재로, 고통받는 세인을 구제할 전지전능한 능력의 소유자로 묘사했다. 최제우는 그 신비 체험에서 상제와 대화를 나눴다. 말하자면 인격체로서, 제인치병(濟人治病)의 불사약을 내리는 신선으로 우리 앞에 현현한 것이다. 그 모습을 볼 수는 없었고 다만 선어(仙語)로 존재를 느꼈을 뿐이지만 상제는 인격체로서 최제우 앞에 나타났고, 영부와 선약을 내렸다. "나는 상제다. 너는 상제를 모르느냐?" "왜 그러십니까?" 하니, "의심하지 말고 의심하지 말라.(勿疑勿疑)"라고 단단히 이르기까지 했다.[21] 최제우는 포덕 과정에서 가끔 선어를 듣고 강령시(降靈詩)를 쓰기도 했다. 천어(天語)로 일컫는 이 상제의 목소리를 해월 최시형도 자주 들었으며, 몽사(夢事)에서 들은 교주 최제우의 가르침을 설법으로 행하기도 했다. 선어와 천어는 상제의 목소리였다. 그래서 동학의 천은 소리를 내고 감지할 수 있으며, 영부와 선약을 내리는 인격체로서의 상제다. 그 상제의 기운(氣運)이 현실 세계에 발현되는 것이 세상 만물이고, 자연의 이치며 도덕이다.

동학 경전에서 이 인격적 천 개념은 대체로 세 유형으로 나타난다. 그것은 다음과 같다.

(1) 천주, 상제
(2) 신령, 귀신, 천신, 신선
(3) 천리, 천명, 천도

(1)은 한문에서 흔히 사용했던 개념, (2)는 주술 신앙과 무격에서 신(神)과 혼(魂)을 나타내는 일반적 개념, (3)은 성리학적 천 개념이다.[22] 이 세 개념을 문맥과 정황에 따라 적절히 혼용하면서 모든 용법에 인격을 부여했다는 공통점이 있다. 인격화된 상제는 현실 세계에 지기(至氣)로 발현되고(氣化) 그것을 믿고 성실히 모시면(先信後誠),[23] "돈 많던 석숭의 재물도 탐내지 않게 될 것이요, 정성이 지극한 아이는 사광의 총명도 다시 부러워하지 않을 것이다. 얼굴의 변화한 모습은 선풍도골(仙風道骨)이 완연하고 묵은 병이 저절로 낫는 것은 옛날 명의인 편작의 이름도 잊어버릴 만하다."[24] 그러나 그 기화(氣化)는 성실하게 믿는 사람에게만 내린다.

둘째, 상제와의 일체화. 최제우와 대화를 나누는 상제, 영부와 선약을 내리는 상제를 믿고(信) 공경하고(敬) 따르면(誠) 너도 상제와 대화를 나눌 수 있고 상제를 마음속에 간직할 수 있다는 가르침이다. 마음속에 간직한다(侍天主)는 것은 곧 '오심(吾心)이 여심(汝心)'이며 '천심(天心)이 인심(人心)'이 되는 과정이다. 상제를 성(誠)·경(敬)·신(信) 하면 천심이 인심이 되고, 여기서 더 나아가 수심정기, 정심수신하면 인심은 천심이 된다. '인즉천(人卽天)', 후에 2대 교주 최시형이 사인여천(事人如天), 물물천(物物天), 사사천(事事天)으로 표현하고, 3대 교주 손병희가 '인내천(人乃天)'으로 집약한 동학의 인간 중심적 세계관이 여기서 유래하는 것이다. 인간 중심적 논리는 「논학문」에 피력된 바와 같이 "음과 양이 서로 조화를 이루어 비록 온갖 만물이 그 속에서 화생하지만 오직 사람이 가장 신령한 것이다.(陰陽相均 雖百千萬物 化出於其中 獨惟人最靈者也)"라고 하여 "형상은 없고 자취가 있는 한울님 이치(夫天道者 如無形而有迹)"의 요체를 이미 포덕 초기에 밝혀 두었던 것이다.

본주문 13자가 일체화의 관문이다. "侍天主造化定 永世不忘萬事知(천주를 지극히 모시오니 무위이화로 천덕에 합하여 마음을 정하도록 하옵시고 영원히 잊지 않으오니 모든 일을 깨닫게 하여 주시옵소서.)" 여기서 시천주는 무위이화의 이치를 마음속에 불러들이는 수도(修道)이고, 마음속에 천주가 내려앉으면 무극대도를 깨닫는다는 것으로, 천심이 곧 인심으로 화하는 과정이다. 무극대도를 깨친다는 것이 종교적 구원 개념이다. 동학에서의 구원은 천주와의 일체로 이뤄지고, 일체화는 불교의 천국행, 도교의 길운과 기복, 주술 신앙에서의 축귀(逐鬼)를 뜻하는 것이 아니라 도성입덕의 행위를 스스로 실행하는 것을 말한다. 기독교에서 은총을 입는다는 것과 유사하다. 기독교에서 은총은 믿음이 신실한 자에게만 내려지듯이, 동학에서 합일 또는 일체화는 성·경·신에 달려 있다. "別無他道理 誠敬信三字(별다른 도리가 없고 정성, 공경, 믿음 세 글자뿐이라.)"[25]

상제와의 일체화 가능성, 그리고 그것을 확신하는 방법으로 성·경·신을 내세운 동학의 교리는 과거 조선 지배층이 명령했던 '천을 향한 인간의 여행'을 거꾸로 '인간을 향한 천의 여행'으로 바꿔 놓았다. 상제를 향한 여행이 아니라 한울님이 나를 위해 강림하는 것이다. 그리하여 천도를 아는 것은 오직 나[吾]이고, 천도를 행하는 것도 오직 나에게 달려 있음을 확신시켜 주었다. 하늘이 우리에게 천도를 베푸는 것이 아니라 우리가 천도를 스스로 실행해 한울님과 일체가 되는 것을 일깨워 준 것이다. 이 일체화의 논리는 사대부의 천개(天蓋)를 산산조각으로 파편화하여 각개 인민의 개별적 천개로 나눠 주고 그것을 득도의 징표로 삼아 자신의 영혼을 치열하게 파고들도록 만들었다.

그것은 조선에서 코페르니쿠스적 혁명이었다. 유교라는 거대한 통치 종교를 인민의 개별적 인식 공간으로 파편화하여 각자 개별적 하늘 개념을 신봉하도록 만들었던 것이다. '거대 종교의 개별적 신심(信心)으로의 환원'은 중세 유럽의 종교 개혁이 일궈 낸 최대의 공적으로 중세 인민을 근세 시민으로 나아가게 만든 원동력이다. 인민의 개별적 믿음이 천국으로 가는 은총의 관문이라고 설파한 루터의 종교 개혁이 로마 교황청이 독점했던 정교일치의 통치력을 분해하고 각국 단위로 종교적 변형을 촉발했던 것처럼, 동학은 거대 종교를 분해하고 개별 인간 단위의 믿음이 가능하다는 것을 입증했다는 점에서 종교 개혁이었다. 종교의 개별적 신심으로의 환원은 세속화의 요건이자 근대로 가는 문을 열었다. 동학은 이런 점에서 조선 최초로 종교의 세속화를 촉발한 기폭제였다.[26] 자신의 인식 공간에 사적 믿음을 내면화한 인민을 '자각인민(自覺人民, 자기 각성을 한 인민)'이라 개념화한다면, 자각 인민은 곧 시민을 발화하는 효소를 품고 있다.[27]

마르틴 루터의 실존적 회심(悔心)에서 시작된 유럽의 종교 개혁과 최제우의 고행(苦行)에서 발아한 동학 간에는 놀랍도록 유사한 상동 구조가 놓여 있다. 대부분의 종교 개혁이 그렇듯, 루터도 최제우도 낡은 문제에 새로운 해답을 모색한 것이지 결코 새로운 문제와 씨름한 것은 아니었다. 신의 은

총과 사랑을 어떻게 확증할 수 있을까? 원죄를 저지른 불쌍한 죄인에게 준엄한 심판을 내리는 것이 하느님의 사랑일까, 아니면 죄인을 거두는 자비로움이 하느님의 정의일까? 면죄부를 회개의 징표로 강매했던 로마 교황청을 의구심을 갖고 바라봤던 루터에게는 무엇이 하느님의 의로움(義)인지 혼란스러웠다. 이것은 교리 문제이자 동시에 수도사였던 자신의 실존적 문제이기도 했다. 루터는 이 문제와 씨름하던 중 눈이 번쩍 뜨이는 경이로운 체험을 했다. 이른바 '탑 체험(tower experience)'으로 불리는 그 신비로운 깨달음의 순간에 루터는 하느님이 신자들 마음속에 불어넣은 믿음에 의해서만(sola fide) 의로움을 실행한다는 것을 터득했다. 이신득의(以信得義, 믿음을 통해서만 인간은 신과 올바른 관계를 맺는다.)라는 루터의 대각(大覺)은 인류를 교황청의 억압적 교리에서 해방시켰다.[28] 최제우는 경신년(1860년) 4월 5일 밤, 몸이 떨리고 황홀경에 사로잡힌 순간 상제의 계시를 들었고, 영부와 선약을 건네받았다. 상제를 믿는 것만이(信) 무극대도로 나아가는 길(구원)이다. 어쨌든 양자는 하느님으로의 여행을 강압하던 기존의 교리를 바꿔 하느님(상제)이 내게 오는 것을 갈망했던 것이다. 신(상제)의 은총과 사랑은 자신의 믿음 속에서 확증된다. '나의 믿음만이(sola fide)' 구원의 징표라는 교리의 전도(顚倒)는 유럽에서는 교황청에 대한 국가 단위의 이탈을 낳았고, 조선에서는 사대부가 사제(司祭)인 통치 종교로부터 개인적 이탈을 촉발했다. 유럽의 개별적 이탈이 '저항자들'로 불리는 프로테스탄트의 출현으로 귀결되었다면 조선의 개별적 이탈은 동학교도를 형성했다.

루터의 종교 개혁은 철저히 성서에 충실한 복음주의였다. 모든 은총은 성서에 있다. 면죄부 판매는 교황청의 축재와 부정을 위한 허위이자 기만이다. "금고에 동전 떨어지는 소리가 나면 연옥의 혼이 벌떡 일어난다."라고 선전한 면죄부 판매자들의 교리는 악마의 유혹일 뿐이다. 루터는 구원이 외부에서 구해지는 것, 외부에서 오는 것이 아니라 나의 체험, 나의 믿음에서

오는 것이라 역설했다. '오직 성서만이(sola scriptura)' 구원의 길이라는 루터의 외침은 교황청의 전횡적 교권에 저항하는 95개조 반박문에 집약되었다. 1517년 10월, 비텐베르크 교회 문에 게시된 이 반박문은 "교황은 자신에게 통상적으로 허용된 것 이외에 다른 죄를 용서할 수 없다."라고 명시했다. 그리고 『신약성서』를 독일어로 번역해 자국민에게 유포했다. "태초에 로고스(Logos)가 있었다."라고 시작되는 라틴 성서를 "태초에 말씀(das Wort)이 있었다."라고 고쳐 썼다. 말씀은 하느님의 말에 귀를 기울이고 믿음을 갖는다는 의미다. 말씀은 '오직 은총으로(sola gratia)' 믿음을 확증하는 개신교 교리의 중심이 되었다. 루터는 다작의 문필가이기도 했는데, 약 30종의 저서를 독일어로 출판하고 1523년부터는 여러 편의 찬송가를 작곡해 독일 방방곡곡에 배포했다. 당시 인쇄술의 발달이 독일어판 『신약성서』와 찬송가 보급에 막대한 역할을 했던 것은 물론이다.

조선 사대부의 하늘은 인민에게는 지켜야 할 규범이자 통치자가 규정한 윤리였다. 인민은 하늘의 이름으로 처벌받았고, 하늘의 뜻으로 가렴주구의 대상이 됐다. 때로는 원억(冤抑)과 죽임을 감당하기도 했다. 그러나 동학의 하늘은 자애로운 것이었다. 자신이 스스로 뜻을 세워 섬기는 대상이었고 일체화가 가능한 도리(道理)였다. 수운의 철학에 천의 의미를 무한대로 확장한 범천론적(汎天論的) 논리로 나아간 해월은 물물천·사사천 설법을 펴서 상제의 은총이 모든 사물과 인간에 스며들었음을 강조했다. "사람은 모두 한울이라, 그러므로 사람 섬기기를 한울같이 하라. 내 비록 부인소아(婦人小兒)의 언(言)이라도 이를 배우노라. 인제 제군을 보매 거만하고 자존하는 자 많으니 위가 미덥지 못하면 아래가 의심하고 위가 공경치 못하면 아래가 거만하나니라. 재상자(在上者)가 어찌 반드시 상(上)에만 있으며, 재하자(在下者)가 어찌 반드시 하(下)에만 있으랴." "인간과 사물은 모두 하늘이다."라는 사인여천이 여기서 나왔다. 해월은 생활 저변에서 마주치는 우마, 아이,

노예를 사랑하라고 이른다. 오는 손님을 한울님 왔다고 하고, 어린아이를 때리지 말라고도 타일렀다.[29] 루터의 '오직 은총으로'는 수운의 '오직 천도로'에 대응한다. 천도를 깨닫는 방법은 오직 선어로 전해 받았던 상제의 말씀과 그것을 적은 글을 정성을 다해 파고드는 일이다. 최제우는 그렇게 글을 주었다.

忘略記出 諭以示之 敬受此書 欽哉訓辭[30]

(이에 대강 줄거리를 적어 내어 밝게 가르쳐 주노니 세상의 모든 사람들은 이 글을 엄숙히 받아서 삼가 한울님을 공경하라. 이 내 말을 부디 삼가 지킬지어다.)

凡天地無窮之數 道之無極之理皆載此書 惟我諸君

敬受此書 以助聖德 於我比之 則悅若甘受和白受采[31]

(하늘과 땅이 영원히 계속되는 운수와 무극대도의 이치가 다 이 글에 실려 있으니 우리 제군들은 엄숙히 이 글을 받아서 한울님의 성스러운 덕을 도우라. 이를 나에게 비하면 마치 단맛이 조미를 받으며 흰색이 채색을 받는 것과 같은 것이다.)

'이 글을 받아 공경하고 숙지하라.', '이 글을 받아 성스러운 한울님의 덕을 도우라.'라는 가르침은 사서삼경을 읽기 어려운 인민에게 상제의 말씀이자 수심정기의 교본을 일러 준 것이다. 차서(此書)를 보고 "나의 믿음이 한결같은지를 헤아리고(度吾信之一如)", "내 마음을 잃지 않았는지를 항상 되새겨 보라.(數吾心之不失)"는 것이다.[32] 천 개념이 없는 인민에게 그 글은 성서였다. 이와 함께 루터가 찬송가를 독일어로 지어 유포했듯이, 수운은 언문으로 가사를 여러 편 지어 부녀자, 아동, 무식자라도 쉽게 부를 수 있도록 했다. 민족어로 쓰인 성서와 찬송가의 유포가 교황청으로부터 민족 국가의 독립을 촉진하고 정체성을 확립하는 데에 기여했듯이 수운이 지은 언문 가사와 교리문은 1860년대 이전까지 산발적으로 형성되던 평민 담론장에 정치, 문예, 종교적 색채가 중첩된 종합적 구심점을 만들어 내고 있었다.[33] 전작 『인민의 탄생』에서 고찰했듯이 분산적으로 발전해 온 평민 담론장을 하나의 긴장 지대로 끌어들이면서 정치, 문예, 종교가 한데 섞여 평민의 공공성(publicness)을 성장, 발아시킬 수 있는 '평민 공론장'의 기초를 닦았던 것이다. 이 점은 후술할 예정이다.

조선의 종교 개혁은 이렇게 씨가 뿌려져 발아되고 있었다. 1862년 최제우는 각 도에 접(接)을 개설해서(접주제) 교리를 설강하고 교도를 조직화했으며, 각 접소에 접주를 두었다. 교리가 확장되자 조정도 동학 경계령에 들어갔으며 급기야는 서학(西學)과 유사한 사도난정률(邪道亂正律) 죄목으로 체포 명령을 내렸다.[34] 수운을 체포하러 파견되었던 선전관 정귀용은 경상북도 조령에서 경주에 이르기까지 남녀노소의 동학 주문 외우는 소리가 산야를 뒤덮었다고 보고할 정도였다. 종교 개혁이 뿌리를 내리는 현장의 모습이었다. 주문의 뜻을 알든 모르든, 교도든 아니든, '시천주조화정 영세불망만사지'(본주문)를 외우면 궁궁촌에 갈 수 있다는 주술적 희망이 확산되고 있었던 것이다. 그러면서 유교라는 통치 종교의 하늘이 개별 신심 속으로 내려 앉고 있었다. 주문 암송과 함께 성리학적 천의 세속화와 종교의 세속화가 알게 모르게 진행되었다. '자각인민'이 형성되는 모습이다.

자각인민은 저항이라는 씨앗을 품고 있다. 유럽에서 '자신의 믿음' 속으로 파고들었던 인민이 교황 권력에 저항하는 프로테스탄트가 되었던 것처럼, 그리하여 교황 권력에 편승해 탄압을 자행했던 지역 권력에 불복해 농민 전쟁을 불사했던 것처럼, 동학의 자각인민도 성리학적 천 개념에 여전히 집착해 있는 중앙 권력에 대항하는 단서들을 발견해 나갔다. 그것은 새로운 단서들이 아니었다. 기존에는 당연하게 보이던 것들이 한울님의 기화(氣化)와 무극대도에 비추면 전혀 새롭고 이질적인 것으로 화하는 것이다. '오직 믿음으로'라는 루터의 교리에는 사제도 일반 신도도 모두 평등하다는 만인 사제설이 이미 내장되어 있듯이 '천심 즉 인심'이란 동학의 논리에는 사민평등론이 내장되어 있었다. 그것이 해월의 '사인여천'으로 확산되었을 때 이미 동학교도들은 지배층의 비합리적 억압과 착취를 천리에 위배되는 문제로 주목하지 않을 수 없었다. "지벌(地閥)이 무엇이게 군자를 비유하며 / 문장(文章)이 무엇이게 도덕을 의논하뇨."[35] 지벌과 문장으로 출세한 양반 사대부를 냉소하는 노래를 인민은 신명나게 불렀을 것이다. 오히려 신선은 한울님을 믿는 사람이라고 동학 가사는 일렀다. "입도한 세상 사람 그날부터 군자(君子) 되어 / 무위이화할 것이니 지상 신선(地上神仙) 네 아니냐."[36] 길가의 돌맹이만도 못했던 인민은 학식, 지벌, 문장으로 특권적 지위와 귀속적 신분을 유지하고 군림하는 양반층에게 저항할 길이 없었다. 그러나 '입도하면 무위이화하고 지상 신선이 된다.'라는 동학의 설득은 그야말로 매혹적이었다. 인민은 그 동학이 뿜어내는 자장 속으로 빨려 들어갔다. 접소에는 반상, 남녀노소, 양천, 빈부 구분이 없었다. 이재민이 발생하면 유무상자(有無相資)했고, 빈궁자에겐 밥을 줬다. 접주제 공동체 속에서 사민평등 의식이 서서히 자라나는 것은 당연한 이치다. 또한 서학에 대응해 동학이라 명명했을 때부터 동학은 '양이적(攘夷的) 배타주의'를 내재하고 있었으며, "개 같은 외적 놈들"을 외치고, "대보단에 맹세하고 양이(洋夷) 원수 갚아 보세."[37]라고 했을 때는 이미 강성 민족주의를 설정하고 있었던 것이다.[38] 창도 논리 속에 내장된 저항의 씨앗이 현실과 접목하는 데에 거의 30년이 걸렸다. 동학 농민 전쟁은 이런 30년이 소요된 발아 과정, 세속화한 천 개념이 자각인민을 만들어 내고 이들이 현실 모순에 눈을 뜨는 일련의 과정을 고려해야 기포(起包) 농민을 이해할 수 있다.

마치 유럽의 프로테스탄트들이 교황 권력에서 민족 국가를 분리시켜 개신교 민족 공동체를 만들었던 것처럼, 조선의 동학은 정교일치의 중세 국가 내에 이단적 종교 공동체를 구성하는 일대 변혁이었다. 이단적 종교 공동체가 전 지역으로 확산되면서 평민 담론장은 평민 공론장으로 발전했으며, 그 속에서 '자신의 하늘'을 품은 자각인민은 붕괴 일로에 있던 조선 중세에 마지막 충격을 가했던 농민 전쟁에 대거 진입해 들어갔다. 의식이 충만했지만 전대미문의 무장 격돌에서 준비되지 않았던 동학 농민군이 치렀던 대가는 쓰라렸다. 20만 농민군이 산야에서 스러졌고, 동학도 스러졌다. 조선 지배층도 전통적인 성리학적 천 개념을 버려야 했다. 조선 초유의 종교 개혁은 사대부의 천도, 인민의 천도 동시에 붕괴되는 것으로 끝났다. 그러나 수운 최제우의 절명시처럼 동학의 한울님은 10년 후 천도교로 부활했다. 초토화된 잿더미에서 새로운 시대가 시작된 것이다. 그것은 도(道)나 학(學)이 아니라 본격적인 교(敎)였으며, 천 개념이 무너진 빈 터에 급속도로 유입되었던 서양 종교 기독교, 천주교와 본격적인 경쟁에 들어갔다.

생활 세계로의 파급과 평민 공론장

수운 최제우가 창도자(創道者)라면 해월 최시형은 전도자(傳道者)다. 창도는 전도 없이는 확산되지 않는다. 최제우는 도의 생리를 이미 알았다. 그래서 1863년 최시형을 도통 전수자로 지목했고, 해월은 그것을 기꺼이 받아들였다. 창도자의 순도 이후 해월은 1898년 처형당할 때까지 34년간 도를 전파했다. 도피, 고행, 수련, 고난, 설법, 창의(倡義)로 이어지는 34년 동안 해월은 동학을 교라 부르지 않았고 아도(我道)라 지칭했다. "吾順受天命 汝高飛遠走(나는 천명을 순수히 받겠노라, 그대는 멀리 가라.)" 순도 직전 수운이 전해 준

연죽에 숨겨진 당부의 말을 접하고 해월은 그 길로 태백산으로 피신했다가 평해, 울진, 영양, 예천을 떠돌았다. 그러면서 해월은 자주 수운의 천어(天語)를 들었으며, 그때마다 신도들에게 강도(講道)를 했다. 고난의 세월이었다. 강원, 충청, 경상, 호남을 피신처로 삼아 두루 돌아다녀야 했던 해월은 '최보따리'라는 별명을 얻었는데, 가는 곳마다 접소를 설치하고 설법하는 것을 잊지 않았다. 교조의 가족을 피신시키고 돌아오는 길에 해월은 또 천어를 들었고, 흥해 교인 집에 머물면서 처음 강화한 내용이 바로 양천주(養天主)였다. "성인도 별것이 아니라 오직 마음에 있는 것을 알았노라. 마음을 정하면 곧 한울을 양(養)할 것이요 한울을 양(養)하면 천(天)과 인(人)이 둘이 아님을 알지니라."[39] 즉 '아도는 양천주'라는 것이 해월의 첫 강화였다.

34년간 해월은 수많은 강도를 행했고 방대한 분량의 법설을 남겼다. 내칙(內則), 내수도문(內修道文)과 같이 직접 언문으로 지은 법설도 있고, 교인들이 수집해서 기록한 법설도 있다.[40] 해월은 문식(文識)이 없으나 총명한 사람이었다. 도통 전수자로서 수운의 가르침을 당시 인민의 생활상에 맞게 해석하여 쉬운 말로 교인에게 전했다. 천지부모(天地父母), 대인접물(待人接物), 수심정기, 천도유불선(天道儒佛仙), 부화부순(夫和婦順), 삼경(三敬), 천어, 십무천(十毋天) 등이 모두 현실 생활의 실제 경험에서 양천주 하는 방법을 가르쳐 교조의 시천주가 멀리 있는 것이 아님을, 바로 생활 속에서 실천할 수 있는 작고 소소한 일에서 비롯되는 것임을 깨닫게 했다. 수운의 도가 '천의 철학'을 설파한 것이라면, 해월은 그것을 실생활 속에서 실천할 수 있는 생활 철학으로 바꾸었다. 전도(傳道)와 동시에 전도(顚倒)를 감행한 것이다. 전도라기보다 수운의 상제 개념을 범천론적 지평으로 확대했다고 보는 것이 더 적합하다. "모든 사물도 천이다."로부터 이천식천(以天食天, 한울이 한울을 먹는다.)으로 나간 것이 지평의 확대이고, 시천주를 양천주로 풀이하여 생활 세계와 접목시킨 것이 전도이다. 시천주를 통해 나에게로 강림한 한울님을 다시 세상 만물에 투사하는 것이 전도다. 그리하여 해월에 의하면, 세상과 우주가 한울님의 순환 고리로 단단히 맺어진다. 도처에 한울이고 한울 아닌 것이 없다. 범신론과 논리적으로 상통하는 해월의 범천론은 도의 세속화를 빠른 속도로 추진시킨 논리였으며, 그런 만큼 전도도 넓고 빠르게 진행됐다. 해월에게는 생활 세계를 도의 지평 내로 끌어들이는 것, 역으로 도를 생활 세계로 확장하는 것이 목표였다.

도와 생활 세계의 접목, 달리 말해 시천주를 양천주라는 생활 철학으로 만들려는 해월의 실천이 없었다면 동학은 순도와 더불어 소멸되었을 것이다. 소멸까지는 아니더라도 30년 뒤 대규모의 전국적 농민 동원은 불가능했을 것이다. 그런 의미에서 수운이 종교 개혁의 화살을 당긴 루터였다면, 해월은 루터의 개신교리를 도시인에게 전파한 칼뱅이었고, 전봉준을 위시한 남접 동학 지도자들은 농민 전쟁을 지휘한 뮌처와 유사했다.[41] 뮌처는 농민 전쟁에 거부감을 명백히 했던 루터에 대항하여 농민 전쟁을 지도하다가 처형당했다. 루터와 조우한 적은 없지만 루터파 교리에 공감을 느끼던 칼뱅은 자신의 동료 니콜라스 콥 사건에 연루되어 제네바로 피신했는데, 종교 자유의 도시 제네바에서 그는 날개를 달았다. 1536년 제네바에서 칼뱅은 종교 개혁의 교과서가 된 『기독교 강요』를 썼다. 그는 여기서 루터의 복음주의에 더하여 하느님의 신앙에 기초한 독립 통치가 필요함을 역설했다. 유럽의 제국 도시 3분의 2가 벌써 교황청에서 떨어져 나오던 상황이었으므로 칼뱅의 『기독교 강요』가 미친 영향은 막대했다. 그의 최대 관심은 루터의 복음 신앙을 시민적 삶 속에 녹여내는 일이었다. 그는 믿음에서 한 발짝 더 나아가 예정설을 강조했다. 하느님은 구원받을 자와 버릴 자를 예정한다는 것, 그래서 구원받을 자는 금욕과 근검을 생활신조로 해야 한다는 교리였다. 말하자면 신의 은총을 생활 세계와 단단히 결박하고자 했던 것이다. 칼뱅은 시민적 삶 속에 종교를 구현하려면 교회를 새롭게 조직해야 함에 주목했다.

그것은 통치 권력과 결합한 제도적 법적 형태를 취했다. 그는 자신이 작성한 교회법(Ecclesiastical Ordinances)에서 시민 생활의 여러 측면을 계도할 서로 다른 네 개의 직분을 도입했다. 교사, 목사, 집사, 장로가 그것인데, 교사는 성경을 연구하고 가르치는 임무를 맡고, 목사는 하느님의 말씀을 설교하고 성례를 집행하며, 집사는 빈민 구제와 병자 간호, 그 밖의 자선 업무를 맡으며, 장로는 공동체 생활을 감독한다. 교황청이 위임한 권력에 의존했던 사제의 교권은 이제 교회 집행부인 컨시스토리(Consistory)의 제약을 받게 되었다. 컨시스토리의 최대 관심은 교회의 자율적인 도덕률을 제정해서 제네바 시민의 도덕 생활을 계도하는 일이었다. '청교도주의'라는 칼뱅의 평판은 여기에서 유래했다.[42]

1875년 수운의 장남인 세청(世淸)이 죽자 최시형은 11년간의 방황과 고행을 끝내고 '용시용활(用時用活)'을 설법하여 도의 본격적 전파에 나설 것임을 도인들에게 알렸다. 수운 가족이 소멸한 때를 도를 다시 일으켜 세울 기점으로 여겼다는 사실은 해월이 유교적 전통에 철저했음을 나타내는 증거이기도 한데, 그것을 다른 각도에서 보자면 생활 세계에 접목을 시도하는 해월의 현실 감각이기도 했다. "대저 도는 용시용활하는 데에 있나니 때와 짝하여 나가지 않으면 이는 사물(死物)과 다름이 없으리라. 하물며 우리 도는 5만 년의 미래를 준비함에 있어 앞서 때를 짓고 때를 쓰지 않으면 안 될 것은 선사의 가르친 바다."[43] 용시용활 즉 때를 이용하여 활성화한다는 것은 이제 적극적인 포덕의 시기가 도래했다는 것을 뜻한다. 1878년 접을 다시 열었고, 천어를 받아 설법에 나섰으며, 1880년에는 인제 갑둔리에서『동경대전』을, 1881년에는 단양에서『용담유사』를 간행했고, 1883년에는 충청 목천에서『동경대전』목판본 1000여 부를 찍어 전국의 포접에 배포했다.[44] 경전과 언문 가사의 간행은 전국에 분산적으로 형성되던 동학 담론장을 하나의 텍스트로 품어 안은 중대한 계기로 '정보의 유통과 공유'라는 공론장의 핵심 요소가 마련되었음을 뜻한다.

칼뱅이 『기독교 강요』에서 성서의 절대적 권위, 인간의 도덕적 타락, 그리고 시민 도덕에 대한 교회의 책임을 강조했듯이 해월의 용시용활은 이제 아도를 생활 세계의 깊숙한 저변으로 밀어 넣어 만물이 천주이며, 세상 우주가 한울님의 이치를 실현함을 알리고자 했던 포덕의 각오였다. 그로부터 9년 세월이 흐른 1884년, 해월은 전국에 개설했던 포접을 도덕 실천의 지휘부로 삼고자 했으며, 그를 위해서는 체계적인 관리가 필요함을 절감했다. 마치 칼뱅이 교회법을 제출했듯이 해월은 육임제(六任制)를 고안해 실행에 옮겼다. 육임제란 각 지역 접소의 집행부를 구성하는 것을 말하는데, "교장(敎長)은 알차고 덕망 있는 이(以質實望厚人), 교수(敎授)는 성심수도하여 가히 전수할 이(以誠心修道可而傳道人), 도집(都執)은 위풍이 있고 기강을 밝히고 선악의 한계를 가릴 줄 아는 이(以有風力明紀綱知經界人), 집강(執綱)은 시비를 밝히고 가히 기강을 세울 줄 아는 이(以明是非可執紀綱人), 대정(大正)은 공평하고 부지런하고 신임이 두터운 이(以持公平勤厚人), 중정(中正)은 능히 바른 말을 하는 강직한 이(以能直言剛直人)로 정했다."[45] 암암리에 도인들이 늘어나자 접주제라는 원래의 조직에 효율적인 관리 체계를 부가한 것으로서 도덕적 삶의 실천을 감독하려던 칼뱅의 교회법을 연상케 한다. 여기에 해월은 포접에 통유문(通諭文)을 발하여 도인이 지켜야 할 윤리 규범을 명백히 했다. 충군상(忠君上), 효부모(孝父母), 융사장(隆師長), 목형제(睦兄弟), 화부부(和夫婦), 신붕우(信朋友), 교린리(交隣里), 수신제가위선(修身齊家爲先), 대인접물유경(對人接物唯敬)이 그것이다. 대체로 유교적 전통 윤리와 일치하는 이 윤리 규범은 해월의 설법인 십무천(十毋天)과 짝하여 모든 윤리와 행위 규범이 한울로 관통하는 범천론을 구성하게 된다. 그해 수운의 탄신 기념 제례를 단양 장정리에서 거행했는데, 각 포 두령 82명이 참석했으며 도인도 상당수 참례했다고 기록되어 있다. 각 포가 통솔하는 도인을 약 40여

명으로 잡는다면, 당시 도인은 줄잡아 3000명이 넘을 것으로 추정했다.[46] 동학 경전의 완성과 배포, 육임제라는 조직의 체계화, 그리고 포접 단위의 포덕 활동이 동시에 이뤄진 1880년대야말로 용시용활의 의미가 활짝 개화한 연대였다고 할 수 있다.

표영삼은 해월의 행적을 서술하는 장에 특별한 설명 없이 「제도화와 사회화」라는 제목을 달았다. 제도화는 앞에서 서술한 조직화, 체계화를 뜻하고, 사회화는 포덕의 영향이 사회 저변에 확산되었음을 지칭하는 듯하다. 이를 이 연구의 핵심 개념으로 표현하면 '공론장의 형성과 확대'다. 1888년 해월은 호남의 삼례, 전주를 순회하면서 전도(傳道)의 상황을 점검했고, 1890년에는 양구와 인제를, 1891년에는 공주, 그리고 손화중, 김낙삼, 남계천이 접장으로 있는 태인을 순방하여 지벌과 신분 때문에 분쟁 상태에 있는 호남 도중을 나무라기도 했다. "오도(吾道)는 후천 개벽이요 경정포태지운(更定胞胎之運)이라 하였느니 선천(先天)에 썩어진 문벌(門閥)의 고하와 귀천(貴賤)의 등분(等分)이 무슨 관계가 있겠는가!"라고 일갈하여 남계천과 김낙삼의 알력을 조정하기도 했다. 이미 1890년대에 들어서면 생활 세계에 깊숙이 뿌리를 내린 동학이 강원, 경상, 충청 지역을 넘어 호남 일대로 파급되고 있었다. 지역 경계를 넘어 전국이 하나의 공통 담론으로 묶인 것은 조선 초유의 현상으로 포덕의 성공과 더불어 동학은 지역 담론장에서 전국 공론장으로 확대 성장해 나가고 있었다. 여기에는 해월이 결정적인 역할을 담당했다. 공론장이 발아하고 확대되려면 조직, 정보, 유통이라는 세 조건을 충족해야 한다. 포접과 육임제는 조선 사회에서는 볼 수 없었던 새로운 유형의 조직이고, 정보는 사인여천, 양천주를 위시한 해월의 설법이었으며, 동학 경전이라는 공통의 텍스트가 조직 성원들의 가치관과 상호 연대를 묶어 주고 있었다. 그것은 말하자면 '텍스트 공동체'이자 종교 공동체였다. 해월이 자주 발한 통유문과 통문이 종교 공동체의 일사불란한 행위 규범을 관리하는 지침이라면, 그것은 각 지역의 포접을 연결하는 유통 구조였다. '최보따리'라는 별명답게 해월은 지방 순방을 자주 갔으며, 가는 곳마다 설법을 행했다. 해월 자신이 유통 역할을 수행한 것이다. 매년 10월 28일 올리는 수운의 탄신 제례에는 각 포의 두령들이 참석했다. 이때 통유문과 통문을 갖고 지역으로 돌아가 도인들을 관리했다. 향촌의 각종 계 조직에서 보듯, 조선에서 인민의 조직은 향촌 경계를 넘지 못했다.[47] 1870년 영해 지역에서 발생했고 해월 자신도 연루되어 고행을 치른 이필제의 난도 지역의 회오리였고 일종의 찻잔 속의 태풍이었을 뿐이다. 1860년대부터 1880년대 말까지 전국적으로 발생했던 민란이 거의 그런 형태였다. 조직 기반이 협소하고 지역적이었다. 그러나 동학은 달랐다. 전국 조직을 갖췄고, 텍스트가 있었으며, 발전된 유통망이 있었다. 이것을 평민 공론장이라 하면, 이런 형태의 평민 공론장은 조선 최초로 형성된 인민의 조직이자 인민의 계급 이해를 발전시키는 인큐베이터였다. 텍스트 공동체는 문자와 가치를 공유한다.

더욱이 텍스트 공동체는 그냥 문자를 공유하는 공동체가 아니라 조선의 중세를 굳건히 떠받치던 유교와 대적하는 '종교 공동체'였다. 그것도 인민의 하늘로 뭉친 영성 공동체였으며, 『용담유사』와 『동경대전』을 함께 읽고 암송하는 '문예 공동체'였다. 그것은 또 향촌 구석구석에 비밀리에 조직된 행위 공동체였다. 행위 공동체는 외적으론 유교적 전통 윤리에 충실했지만 실제로는 사민평등을 주장하고, 문벌과 신분 고하 버리기를 계율로 삼고, 여자와 어린아이, 우마와 사물을 하늘처럼 모시라고 가르치는 '정치 공동체'의 성격을 띠었다. 전작 『인민의 탄생』에서 소상히 밝혔듯이 조선의 통치 구조가 종교, 문예, 정치라는 세 축으로 구성되었다면, 동학의 이 텍스트 공동체는 성리학적 통치의 세 축에 각각 대응하고 그 인식론적 기반을 갉아 먹었던 것이다. "하원갑(下元甲) 가고 상원갑(上元甲)이 올 것이니 이것이 개벽(開闢)이다."라고 한 수운의 예언은 먼 미래, 5만 년 앞날을 내다본 것인지도 모르겠지만, 수운의 시운관(時運觀)과 해월의 실천론(實踐論)이 합하여 동학은 무너져 가는 조선 중세의 허술한 기둥을 공격했던 것이다.

텍스트 공동체가 사회 경제적 이해 관심을 제기하고 어떤 하나의 일관된 관점으로 수렴시키면 정치 공동체로 전환하는 것은 시간문제다. 어떤 역사적 계기가 우연히 돌발하는 것이 그런 순간이다. 예를 들면 탐관오리의 침학이 극심해지거나 자연재해가 인민의 삶을 황폐화하고 텍스트 공동체에 대한 탄압이 극에 달하는 것 등이다. 1890년대 초는 그런 외적 충격이 절정에 달한 때였다. 인민의 관용이 바닥나는 때, 달리 말하면 인내심 고갈로 분노가 죽음의 공포를 넘어서는 때에 인민은 저항의 전선에 나선다. 1890년대 초, 동학도에 대한 조정의 탄압이 거세게 몰아닥쳤고, 따라서 탐관오리들이 동학도의 재산을 탈취하는 것이 다반사로 일어났으며, 1887년부터 1889년까지 전국을 휩쓴 콜레라가 수십만 명의 목숨을 앗아갔다.[48] 30여 년의 전도로 다져진 평민 공론장이 들끓자 이 텍스트 공동체는 정치 공동체로 서서히 전환되기 시작했다.

이런 관점에서 해월은 "수운의 동학을 일상의 생활 양식으로, 집단적 조직으로, 민의 집회로 구체화하여 동학을 조선 사회에 뿌리내린 인물"이라는 오문환의 평가는 정확하다.[49] 그는 동학을 생활화, 조직화, 정치화한 주역으로서, 해월이 없었다면 동학이 '영성 생활 공동체'로 발전하지 못했을 터이고, 더욱이 정치 담론과 접목해 공공성을 획득하는 데까지는 못 미쳤을 거라고 평가한다. 다시 그를 인용한다면 "동학은 육임제 조직을 통하여 공공적 몸(public body)을 갖는 공공적 영역으로 등장하기 시작했다. 동학이라는 새로운 도와 공공적 몸을 형성하면서 공론장에 등장하기 시작한 것이다."[50] 대단히 중요한 지적이다. 동학 연구자들이 한 번도 주목하지 않았던 사실을 파고들었다는 점에서 그러하고, 그의 연구가 바로 동학의 공공성의 출현에 초점을 맞추고 있다는 점에서 높이 평가할 만하다. 그러나 연구자가 심도 깊게 고찰하는 해월의 심학(心學), 고난과 설법, 포접제의 개설과 운영, 포덕 행위 등이 공론장의 문법에 맞게 배치되고 있는지는 의문의 여지를 남긴다. 즉 하버마스의 공론장 이론의 프레임에 해월의 행적과 동학의 성장을 촉진했던 각각의 요인들을 제대로 위치시켰는지, 아니면 역으로 하버마스 이론이 중시하는 핵심 요인들을 동학에서 추려 다시 공론장 프레임으로 재구성하는 데에 성공했는지 많은 아쉬움이 남는다.[51] 그럼에도 동학과 해월의 포덕 과정을 공론장 이론으로 접근하는 관점은 이 연구의 취지와 정확히 부합한다.

공론장 시각이 중요한 것은 무엇보다도 동학에 관한 기존 연구들이 착안은 했으나 풀지 못한 질문들을 해결하고, 동학 연구가 주로 농민 전쟁에 과도 치중된 연구 경향의 편파성을 교정하는 데에 결정적인 돌파구를 마련해 준다는 점 때문이다. 위 두 가지 결점은 상호 중첩되어 있다. 동학 연구는 주로 농민 전쟁의 발발 원인과 전개 과정, 그리고 중앙 정치에 미치는 충격 효과를 분석하는 데에 초점을 맞추고 있고, 북접과 남접의 동향과 상호 경쟁, 기포와 집강소의 운영을 비롯하여 전봉준, 김개남, 손화중과 같은 전설적 지도자의 영웅적 활약상을 부각하는 데에 연구의 대부분을 할애한다. 더 넓게는 중앙 정치의 경직된 대응과 외세의 개입, 그리고 국제 관계의 역학이 동학이라는 조선 초유의 민족주의적 민중 운동 내지 반외세, 반봉건적 농민 전쟁을 어떻게 좌절시켰는지에 초점을 맞추고, 조정의 무능과 외세 개입에 의해 결국 자생적 민중 운동이 붕괴된 과정을 매우 아쉬운 필치로 그려 내는 것이 일반적 연구 경향이다.[52] 동학 관련 연구자들이 늘어나도 새로 발굴된 자료를 보완할 뿐 새로운 해석 내지 새로운 접근 방법은 찾아보기 어려운 것이 작금 역사학계의 모습이다. 새로운 자료는 새로운 해석을 도출한다는 역사학 연구자들의 일반화된 믿음에 기대어 새로운 자료 발굴에 기대를 건다 해도 지난 30년에서 40년 동안 동학 연구의 패러다임이 그다지 바뀌지 않은 것은 자료 발굴에 소홀했던 탓만은 아니다. 오히려 방법론적 질문에 소홀했고, 신중한 연구자들이 제기했던 근본적 질문을 자료의 한계라는 블랙박스에 넣어 봉합했던 탓이다.

조경달의 동학 연구는 기존 연구의 이런 한계와 연구자의 의도 과잉을 지적하는 점에서 주목할 만하다.[53] 그는 한국의 동학 연구자들이 농민을 민중 의식에 충만한 주체로 가정하고 그들이 목숨을 불사한 전쟁에 기꺼이 진군했음을 기정 사실화하는 공통적 오류를 범하고 있음을 지적하는 것으로 자신의 시각을 정립하고자 한다. 민중은 과연 자발적, 독립적으로 역사의 난관을 뚫고자 했는가? 그의 답은 '아니오.'이다. 전쟁의 주력인 빈농, 반프로로층(프티프롤레타리아)이 1890년대 조선에서 과연 무엇을 향해 목숨을 던질 것인지에 대해 뚜렷한 목적의식을 갖고 있었다는 주장에 회의적이다. 다른 연구들이 주목한 또 다른 주체들인 부농, 중농층이라 해도 마찬가지다. 물론 이들이 농민 전쟁에서 수행한 각각의 역할이 역사의 전체적인 변동에 중대한 충격파를 던졌다는 사실은 부인할 수 없지만, 그들이 무엇에 의해 촉발되었으며, 무엇을 내면화했는지 그 정신적 상태와 심적 계기를 파악하지 않으면 자발적 역사 변동의 추동력이 되고자 했다는 그 전제는 오류일 수밖에 없다는 것이다. 이 오류는 동학 농민 전쟁에서 민중주의와 민족주의라는 근대적 역사 변동의 거대한 원류를 탐지하려는 목적론적 연구 경향을 낳는다. 동학 농민 전쟁에 민중주의적, 민족주의적 요소가 다분히 함축되어 있기는 하지만, 그런 요소들이 하나의 거대한 사상적 흐름을 형성하고 근대의 문을 활짝 열어젖혔다고 결론을 내리기에는 뭔가 미진한 구석이 없지 않다. 조경달은 이렇게 지적한다.[54]

북한의 연구는 물론이거니와, 한국의 연구에서도 민중은 아 프리오리(선험적)로 싸움을 숙명으로 짊어진 과감한 존재로 인식되어 왔다. 그러나 이런 인식은 근대 지향적 역사 발전의 관점과 국민 국가의 담당자로서 민중을 파악하려는 후세의 문제의식에 의한 것으로 결코 동시대에 맞는 민중상은 아니다. 그것은 오히려 지식인 연구자가 기대하는 민중상이었다.

민중은 본질적으로는 수동적이지만 어떤 역사적 계기가 주어지면 능동적으로 변한다. 이 수동성에서 능동성으로 전환하는 계기와 정신적 내면의 변화를 추적하는 일이 수반되어야 동학 농민 전쟁에 대한 종합적 성격 진단이 가능하다는 말이다. 전적으로 맞는 말이다. 필자는 이런 견해에 동의한다. 민중은 본질적으로 피동적, 수동적 존재다. 더욱이 문해력과 문식력이 없는 민중은 결코 능동적 주체로 변신할 수 없다. 세계사적으로 보건대, 그들은 생존 조건이 파괴되지 않는 한 어떤 정치적 탄압과 가렴주구도 견뎌 낼 인고의 능력을 갖고 있다. 농민 반란은 그들의 생존 여건이 파괴되어 저항의 유혹이 죽음의 공포심을 넘어설 때에만 발생한다. 그래서 그는 이런 출발선을 설정한다. "민중이 곤고(困苦)와 인종(忍從)의 나날이라는 일상적 세계로부터 투쟁이라는 비일상적 세계로 도약하기 위해서는 외재적 조건의 변화뿐만 아니라 민중 내면의 정신적 동기 부여도 꼭 필요하다."[55] 민중을 농민 전쟁으로 내몰았던 논리 규명으로부터 농민 전쟁의 역사적 성격 규정으로 나아가고자 하는 것이다.[56]

그런데 그가 막상 발견한 내면화의 동기는 정통과 이단을 구분하는 곳이었다. 해월의 내성주의적 정통 동학을 호남 접주들이 행동주의적, 변혁주의적 개혁 철학으로 해석함으로써 남접의 기포가 가능했다는 논리다. 해월이 수운의 동학을 수심정기와 심학에 초점을 두는 영성주의로 끌고 가려 했던 데에 비해, 전봉준과 손화중은 수심경천(守心敬天)을 내세우고 경천에 '인격화된 상제'를 앉힘으로써 개혁에 나선 민중을 수호할 것이라는 신비주의적 환상을 불러일으켰다는 것이다. 이러한 이단 교리는 스스로를 천명을 받은 사람으로 진인(眞人)화해서 민중에게 불사의 환상을 심어 주었으며, 동시에 상제(上帝) = 진인(眞人) = 민중(民衆)으로 등식화해 민중 전체를 변혁 주체로 만들었다는 것이다.[57] 이 논리는 북접의 영성주의와 남접의 혁명주의 간 공론장의 내부 분화를 어느 정도 설명할 수 있을지는 몰라도 남접의 동학을 반드시 이단으로 규정할 수 있을지에 대해서는 의문의 여지를 남긴다. 그가 이런 논리의 유력한 증거로 내세우는 남북접 간 주문의 차이가 민중적 지향에 그런 커다란 격차를 만들었다는 주장 역시 동의하기 어렵다. 남접에서는 "봉사상제조화정 무궁무진만사지(奉事上帝造化定 無窮無盡萬事知)"라는 주문이 암송되었다고 하는데, 천주 대신 인격화된 상제를 암송했다는 것이 신비주의적 권능화를 과연 가능케 했을까? 주문에 천주 대신 오히려 상제를 표기한 것은 일찍이 해월이 시도한 바 있는데 그것은 서학 혐의를 피하기 위함이었다. 해월은 1884년 육임제를 구상하면서 세간의 혐의를 벗기 위해 천주 대신 상제를 넣은 주문을 만들었다는 것이다. 그것은 "봉사상제일편심조화정만사지(奉事上帝一片心 造化定萬事知)"였다. 그러나 1년이 지나자 자연스레 사라졌다.[58] 당시의 정서로 보자면, 상제는 세간의 쓸데없는 혐의를 받을 위험이 많은 천주를 대체하는 용어였을 뿐 신비주의적 권능화를 위한 전략적 개념은 아니었다. 아무튼 조경달이 남접을 이단으로 규정하자 전쟁에 뛰어드는 동기화된 '예외적 민중'은 그것으로 탄생 비밀에 대한 설명이 끝난다. '이단 곧 예외적 민중'이라는 것인데 이는 동어 반복적 논리이다. 이단에 대한 조경달의 무리한 강조는 또한 정통 동학인 해월을 그 대척점에 놓아야 하는 무리수를 낳는다. 해월은 여전히 우민관을 가진 영성주의적 지도자였으며 범신론에 입각해 사회 비판적 관점이 약화될 수밖에 없었다는 것이다.[59]

그 결과 분수를 지키고 그에 안주할 것을 설파함으로써, 동학이 가진 평등사상은 허술해지고 '수심정기'를 내건 동학 고유의 내성주의가 한층 깊어질 수밖에 없었다. 최시형은 갑오농민전쟁에서 봉기에 대해 시종 비판적 내지 소극적이었는데, 이는 최제우의 경우처럼 단지 '무위이화'라는 교리 탓으로 돌리고 말 일이 아니다. 그보다는 최시형의 민중관에 더욱 본질적인 문제가 있었다고 말해야 한다. 그는 분명히 우민관으로부터 벗어난 모습을 보였지만 체제 비판의 시각을 갖추지 못했기 때문에 민중을 변혁 주체로 인식하지도 못했던 것이다.

민중 의식의 성장에 초점을 두고자 했던 애초의 참신한 시도가 많은 연구들이 그렇듯 해월에 대한 부정적 평가를 답습하는 것으로 귀결되었다. 그렇다면 1892년 보은에 운집한 북접 농민들은 어떻게 설명할 것인가? 1894년 9월 남접이 기포할 때 지도부의 권유를 받아들여 손병희에게 통령기를 주고 나가 싸우라 명한 것은 또 어떻게 설명할 것인가? 해월이 결단을 내리면서 명령했다. "인심이 곧 천심이라, 차(此)는 곧 천운소치(天運所致)이니 군등(君等)은 도중(道中)을 동원하야 전봉준과 협력하고 사원(師寃)을 신(伸)하며 오도(吾道)의 대원(大願)을 실현하라."[60] 사실상 그 결단이 내려진 시점은 남접이 이미 기포하여 무장 투쟁에 나선 후의 일이었으므로 북접으로서도 다른 선택지가 없는 상황이었다. 해월은 1892년 10월 공주 집회와 삼례 집회 때부터 동학의 정치적 개입을 가능한 한 삼가려 했던 것으로 보인다. 1893년 2월 복합 상소와 3월 보은 집회에서 취회(聚會) 기치로 '척왜양창의(斥倭洋倡義)'가 내걸렸지만 해월이 기대한 최대치는 교조 신원(敎祖伸寃)이었다. 교조 신원에서 한 걸음 더 나간다면 동학의 종교적 목표였던 '오만년수운대의(五萬年受運大義)'였다. 이 '오만년수운대의'를 당대의 시점에서 해석한다면 개벽이 되고, 개벽은 곧 혁명주의로 나가는 출구였으므로 취회가 행동주의로 뻗어 나가는 것을 해월 자신도 어쩔 수 없었던 것으로 보인다.

1871년 영해에서 봉기한 이필제의 난에 연루되어 포덕 기반을 상실하고 수많은 교인의 희생을 감수한 뼈아픈 기억을 갖고 있는 해월로서는 설사 개벽을 뜻에 두고 있었을지라도 포덕 30년 세월이 그다지 충분하지 않음을 깨달았을 것이다. 그래서 공주 집회가 있기 한 해 전인 1891년 호남 지방 순방에서 도인들 간 알력이 심한 것을 목격하고 시천주의 깨달음이 여전히 부족한 것을 염려했다. 3년 후, 전봉준이 전주화약(全州和約)을 맺고 집강소(執綱所)를 설치하고 호남 도중이 전쟁 상태에 돌입했던 1894년 8월에 해월은 다음과 같은 취지의 통유문을 발했다.

　　이제 도인이 된 자 도를 빙자하야 속인(俗人)을 능멸하야 많이 비법(非法)을 행하니 이 어찌 정도(正道)를 지키는 자의 소위(所爲)리요 심하야는 도로써 도를 해하야 강포(强包)는 위협(威脅)을 주(主)하매 약포(弱包)는 지지(支持)하기 어렵고 패류(悖類)가 악(惡)을 사(肆)함에 선류(善類)가 도리어 안보(安保)키 어려우니 슬프다 지도자의 소위가 도리어 타인(他人)만 같지 못하니 가히 탄식할 일이로다.(……) 하물며 사람과 사람이 상식(相食)하는 지경에 이르니 금수(禽獸)와 상위(相違)가 없도다. …… 이로써 불녕(不佞)이 누차 통유하였으나 방금 대란(大亂)의 중(中)에 특효가 없음을 보아 차라리 무언(無言)코자 하였으나 그러나 만일이라도 사문전발(師門傳鉢)의 은혜를 갚기 위하여 영우(靈友)의 부승지재(負乘之災)를 참아 이기지 못하여 이에 8조를 정하여 각 포에 펴노니 추요(芻蕘)의 언(言)으로 버리지 말고 길이 금석의 전을 삼아 삼가 어기지 말라.[61]

이천식천(以天食天)의 경천지리(敬天之理)를 강조했던 해월로서는 그것이 아무리 척왜양창의라는 거국적 명분을 걸었다 할지라도 '사람과 사람이 상식(相食)하는 지경'을 참아 낼 수 없어 "오만 년 수운을 위해 더 수심정기하라.”라는 취지의 통문을 여러 차례 발했다. 그것이 효력이 없자 ‘차라리 무언(無言)코자’ 했으나, 강포가 약포를 사지에 몰아넣고 패류(悖類)의 준동에 선류(善類)의 안위가 위태로우니 다시 통유문을 발한다는 해월의 애끓는 탄식이 담겨 있다. 호남 도중을 ‘위협을 일삼는 강포이자 패류’로 호명한 것은 30년 포덕을 통해 일군 동학의 기반이 송두리째 훼손당할 것을 가장 염려한 때문이었다. 동학교문의 전반적 조직 상태와 교인들의 실상을 가장 잘 아는 교조로서는 교문의 보존이 최고의 관심사가 될 수밖에 없었다. 즉 동학의 행위 규범을 우선 종교 공동체로 한정하고 가능한 한 정치적 개입을 자제하고자 한 것은 공동체의 운명을 책임지는 교조로서는 당연한 선택이자 목표였다. 그러나 시운은 그렇게 흐르지 않았다. 이 통유문을 발한 한 달 뒤, 해월은 통령기를 손병희에게 넘겨주면서 “나가 싸우라.”라고 일갈했던 것이다. 그때에도 “사원(師冤)을 신(伸)하며 오도(吾道)의 대원(大願)을 실현하라.”라는 것이 해월의 훈령이었다. 그에게 ‘척왜양창의’는 ‘오도의 대원’ 중 가장 윗자리에 있는 것이 아니었다.

조선의 근대사에서 반제, 반봉건 저항 운동과 민족주의적 민중 운동의 전범을 찾아내려는 역사학자들에겐 동학 농민 전쟁이야말로 ‘역사의 정도(正道)’가 되지 않을 수 없고 또한 그런 관점에서 조선 근대사의 자부심을 살릴 만한 역사적 대전환의 계기였던 것이 사실이다. 농민 전쟁이 없었다면 민중사관을 어디에서 출발시켜야 할지 궁핍해지고, 민족주의적 대중 인식을 어디에서 이끌어 내야 할지 애매해질 수밖에 없다. 그러나 역사의 정도는 없다. 농민 전쟁은 역사적 우연성이 결합하여 빚어진 대사건이다. 농민 전쟁이 ‘역사의 정도’라는 역사학계의 일반적 입장을 취하면 해월의 종교주의적 지향은 민중 의식을 철저히 내면화하지 못했고 기회주의적 한계를 드러내고 있다는 결론에 쉽게 다다른다.[62] 왜 무장 투쟁을 반대했는가? 왜 전봉준, 손화중, 김개남이 이끄는 남접의 혁명주의적 진군에 힘을 보태지 못했는가? 이런 질문들은 앞에서 보았듯 해월에 대한 조경달의 이분법적 평가를 이미 가정하고 있는 것이다. 이런 평가는 그다지 정당하지 못하고, 조경달 자신에게도 적용되듯 '지식인의 목적론적 민중상'이 투영된 결과다. 해월이 보기에 무장 기포는 처절한 패배를 예고하고 있었다.[63] 통유문과 통문 곳곳에 암시되어 있듯이 해월은 아직 때가 이르다고 판단했고, "각 포로 돌아가 수심경천에 매진하라."라는 훈령을 자주 발했던 것이다.

해월을 우유부단한 지도자, 기회주의적 성격의 소유자, 영성 중심의 종교 지도자로 평가절하하는 민중·민족주의 사관 논자들은 농민이 어떻게 최정예 일본군과 정규군에 맞서 사투를 벌일 만큼 동기화되었는지에 대해 적절한 설명을 내놓지 못했다. 김용섭 교수가 밝혔듯, 1892년에 입도한 전봉준은 동학도로서의 신심은 그다지 깊지 못했고 대신 혁명과 개벽을 향한 행동주의적 의욕이 충만한 지도자였다.[64] 그렇다면 고부와 전주에서, 태인과 공주 우금치에서 그를 따랐던 수만 명의 농민은 어떻게 죽음을 불사한 전투 의욕을 갖게 되었을까? 화승총과 죽창 같은 조야한 무기로 무장한 농민군이 기관총과 최신 무기를 앞세운 신식 일본군과 일대 혈전을 벌일 만큼 의기충천해 있던 그 동기와 의욕은 어디에서 발로한 것인가? 예를 들어 동학의 중간 지도자였던 오지영은 전투 장면을 이렇게 묘사한다.

동학군은 승세를 얻어 바로 공주성을 향하여 들어가니 관병들은 죽을힘을 다하여 방어하는지라 이곳에서 여러 날을 두고 서로 싸웠으나 승부가 나지 아니하고 양군 사상은 각기 수천 명에 이르렀다. 하루는 동학군이 또 효포 뒷산을 쳐들어가던 중 홀연 좌우 산곡에서 복병이 일어나며 총포를 난사하는 바람에 선두에서 나가던 군사 다수가 사살됨에 따라 후군이 괴산되어 크게 패하여 쫓긴 바가 되어 다시 무넘이를 넘어 노성 뒷산에 진을 치고 수일간을 지낸 후 다시 군을 몰아 무넘이를 넘어 효포를 향하여 가던 중간 관

병은 봉화산 고지에서 대포를 쏘아 댔다.[65]

1894년 10월 공주성 전투의 한 장면이다. 기억에 의존한 서술이니 약간의 과장이 있다고 해도 처절한 전투에 임하는 농민군의 결기는 예사롭지 않았다. 동학군을 동비로 규정하고 관군의 관점에서 전투를 기록한 황현은 가장 치열했던 접전 중의 하나였던 섬진강 전투를 『오하기문(梧下記聞)』에서 이렇게 묘사했다.

석영은 이런 내용을 제보로 알아내고 몰래 일본군 40명을 내어 섬진강 상류로 건너가 산골짜기 사이에 매복시켜 적의 후방을 에워싸게 했다. 자신은 본대를 지휘하여 망덕 바깥 바다를 건너 귀로를 차단하고 일본군 수십 명에게 부(府)의 공관을 향해 쳐들어가게 하였다. 적 중에 기를 가지고 있던 자가 먼저 꺼꾸러졌다. 적이 그것을 보고 황급히 달아났지만 총에 맞고 강에 빠져 죽은 자가 헤아릴 수 없을 정도였다. 강 서쪽에 있던 적 또한 달아나 인배와 합류했는데, 매복해 있던 일본군이 갑자기 일어나 공격하자 적의 중간이 잘리면서 두 패로 나누어졌다.[66]

강진과 장흥을 무대로 수만 명의 농민군을 이끌었던 김인배 부대의 전투 장면이다. "총에 맞고 강에 익사한 자가 헤아릴 수 없이 많았다."라거나 나주 전투에서 "관군이 농민군 2만여 명의 목을 베었다."라는 등의 기록을 접하면 정말로 전율을 느끼지 않을 수 없다. 농민군은 어떻게 전투 의욕을 불사르게 되었는가? 그 내면화의 동기는 무엇인가? 그것에는 해월의 포덕 행위가 중심에 자리한다. 호남 접주로 활약한 손화중, 김개남, 김낙철 등이 입도한 때가 1883년이었는데, 접소를 중심으로 한 도인들의 수도(修道)와 동학 교문의 세 확장이 점진적으로 이뤄진 10여 년 세월이 없었다면 『동학사』

와 『오하기문』에서 묘사한 농민군의 임전 의욕은 상상하기 어렵다.

해월은 말안장 시대에 공론장을 창출한 주역이었다. 그것도 양반 공론장이 사분오열되어 급속히 퇴조하는 상황에서, 여러 영역에 분산되어 진전과 퇴행을 거듭하던 종교, 문예, 정치 담론장을 평민 공론장으로 끌어들이는 일을 자신도 모르게 행했던 사람이다. 동학의 포덕이 평민 공론장으로 발전할 것이라고는 그는 꿈에도 상상하지 못했다. 그는 동학 농민 전쟁이 발생하기까지 35년 동안 다만 포덕에만 목표를 두어 전국 71곳을 두루 돌아다녔다.[67] 71곳이 접과 포로 조직되고 육임제에 의해 체계적으로 관리되었다. 또한 동학 경전을 필사본과 인쇄본으로 수천 부를 간행해 전국 곳곳에 전파했다. 『용담유사』의 언문 가사들은 도인을 포함해 세간에 널리 불렸다. 1860년대에 이르면 일반 서민은 판소리, 사설시조, 타령, 창가 등을 즐겨 불렀는데 『용담유사』는 가사 형태이기에 여기에 곡조만 실어 바로 타령조 노래로 불렸을 것이다. 당시 도시의 확대에 힘입어 여가와 취흥을 즐기던 중인과 양반이 개척한 길을 따라 타령과 판소리 중심의 서민 문예가 급속도로 퍼졌으므로 『용담유사』는 이런 서민 취향에 편승해 민중에게 흘러 들어 갔을 것이고, 역으로 『용담유사』의 곡조를 타고 서민 문예가 흘러들어 오기도 했을 것이다. 『동경대전』과 『용담유사』를 공유하는 종교 공동체는 문예 공동체였고, 때로 당시 민중의 사랑을 받았던 가사들이 반입되어 섞이기도 했다. 해월신사를 찬양하는 가사도 만들어져 암암리에 불리기도 했다.[68] 문예 공동체는 경전과 가사를 공유한다는 의미에서 텍스트 공동체라 할 수 있는데, 텍스트가 지시하는 내용에 따라 어떤 계기가 주어진다면 곧 바로 정치 공동체로 변할 잠재력을 내포하고 있었다. 중요한 점은, 양반 공론장이 무너진 빈 공간에 동학이 창출한 평민 공론장이 치고 올라와 세 확장을 거듭했기 때문에 사대부와 양반층이 여기에 효과적으로 대응할 수단이 여의치 못했다는 사실이다. 1880년대에 이르면, 한창 형성 일로에 있던 동학의 평민 공론장이 오직 조정 사대부 집단에 한정된 '조정 공론'과 직접 마주치는 대결 구도로 치닫게 될 정도로 양반 공론장은 거의 붕괴되었다. 전국의 공론을 관할하는 양반 공론장이 소멸되었기에 복합 상소라는 평민 공론장의 도전적 실험이 가능했던 것이고, '사마(司馬)의 표(表)가 없다.'는 상소 격식을 문제 삼은 고종으로부터 구전(口傳)이나마 어지(御旨)를 들을 수 있었던 것이다. 해월의 고행과 포덕에 힘입어 30여 년 동안 발전과 확장을 거듭한 이 평민 공론장에는 이미 척왜양(斥倭洋)이라는 반제국주의적 정서와 탐관오리를 규탄하는 저항 의식이 내재해 있었고, "천운이 둘렀으니 다시 개벽 아닐런가."[69] 하는 윤회시운(輪回時運)의 기대감이 역사적 분출의 계기를 기다리며 내장되어 있었다. 1892년 10월, 드디어 그 분출의 계기는 '교조 신원 운동'이라는 비교적 온건하고 지극히 종교적인 출구로 터져 나왔다.

자각인민과 사회의 출현

자각인민: '개인적인 것'의 출현

동학 연구자들은 교조 신원 운동을 단지 척왜양창의를 기치로 내건 농민 전쟁의 시발점 정도로 여기는 경향이 있다. 그도 그럴 것이 조선 최대의 민중적, 민족주의적 저항 운동인 농민 전쟁이 1892년 10월 공주와 삼례 집회, 1893년 2월 복합 상소와 3월 보은 집회로부터 촉발되었고, 이 몇 달에 걸친 대규모 농민 시위의 일차적 명분이 교조 신원이었기 때문이다. 전봉준의 농민군이 전주성을 함락하고 이후 집강소를 설치해 호남 일대를 호령할 때에도 해월의 최대 관심사는 교조 신원이었다. 1894년 9월 18일, 청산에 모인 수만 명의 동학교도들에게 최후의 일전을 명할 때에도 그는 "오등(吾等)은 도중(道中)을 동원하여 전봉준과 협력하고 사원(師寃)을 신(伸)하며 오도(吾

道)의 대원(大願)을 실현하라."라고 하여 신원이 제일의 목표임을 환기시켰다. 교조 신원은 공주와 삼례 집회로부터 복합 상소에 이르기까지, 그리고 이듬해 남접의 농민군이 들판과 야산에서 피를 흘리며 쓰러져 가는 와중에도 북접이 성취하고자 했던 최대의 관심사였다. 그런데 이 교조 신원이라는 내향적 종교적 기치는 처음부터 '척왜양창의', '탐관오리 축출'이라는 외향적 개혁적 기치와 연결되어 나타났다. '척왜양'과 '학민탐재(虐民貪財) 고발'을 대의명분으로 내세우면 전국 유생들로부터 호응을 끌어낼 수 있고, 조정 대신들에게는 동학 집회가 작란(作亂)이 아니라는 것을 항변할 수 있는 이점이 있었다.[70] 척왜양과 탐관오리의 축출 문제는 조정에서도 비상한 관심사였기에 이것을 대의명분으로 내세운 교조 신원 운동에 역모죄를 씌우지는 않을 거라는 계산도 작용했다. 공주, 삼례 집회에서 복합 상소와 보은 집회에 이르기까지 교조 신원, 척왜양, 탐관오리의 척결이 한데 섞여 분출된 이유다. 이 기간 동학교문이 발한 소장, 통유문, 문장에 나타난 대외적 명분은 다음의 예문에 집약된다.

우리의 잡은바 의(義)는 선사의 지원(至冤)을 풀고자 함이며 선사(先師)의 학(學)은 오직 유불선의 도를 합하여 충군효친하며 지성사천(至誠事天)함에 있거늘 이러한 자가 만약 이단일진대 이와 반대되는 자가 도리어 정학(正學)이 될는지 우리는 알 수 없도다. 지금에 각 읍 지목(指目)의 화(禍)는 물보다 깊으며 불보다 맹렬하여 수재(守宰)로부터 서리 군교와 향간(鄕奸) 토호(土豪)까지 우리의 가산을 탈취하되 자기 집의 소유와 동시(同視)하며 살상 구타 능학(凌虐)이 기탄할 바 없으되, 슬프다, 이 중생이 호소할 곳 없사오니 엎드려 바라건대 각하는 수련(垂憐)하사 천폐(天陛)에 장문(狀聞)하시며 각 읍에 명하시어 선사의 억울한 원한을 신설(伸雪)하며 이서의 폭행을 금집(禁戢)하여지이다.[71]

지금 왜양의 적이 심복(心腹)에까지 들어와 있으니 어지러움이 극도에 이르렀다. 진실로 오늘의 서울 형편을 보면 마침내 이것이 오랑캐의 소굴이 된지라. 가만히 생각하면 임진년의 원수와 병인년의 치욕을 어찌 차마 말할 수 있으며 어찌 차마 잊을 수 있으리오, 지금 우리 동방 삼천리 지역은 모두 짐승들의 발자국이 되었고 오백 년 종묘사직은 장차 쑥밭이 되기에 이르렀느니 인의예지와 효제충신이 지금 어디 있는가. 하물며 왜적은 도리어 회한(悔恨)의 마음을 두어 화(禍)의 씨를 품고 방금 그 독을 펴려 하매 위태로움이 조석에 이르되 이것이 염연히 보아 편안하다고 이르니 지금 형편이 마치 불더미 위에 앉은 것과 무엇이 다르랴.[72]

척왜양을 내세운 동학 도소의 대외 명분을 조정은 여전히 의심쩍어했다. 공주, 삼례 집회 당시 충청감사 조병식은 동학교문이 제출한 의송(議送)에 대해 비교적 긍정적인 답변을 내렸던 반면 전라감사 이경직은 동학을 사학(邪學)으로 규정한 조정의 결정을 그대로 따랐다. 복합 상소에 대해 고종이 "감히 사악한 설로써 방자하게 대궐 문 앞에서 절규한 것은 말할 것도 없고 꺼리는 것도 없는 것이 극에 달한 것"이란 극단적 반응을 보인 것도 조정의 공식 견해를 강조한 것이다. 보은 집회 때 파견된 양호도어사(兩湖都御使) 어윤중은 동학 시위에 대해 약간은 동정심을 품고 있었으나 '척왜양'은 정부의 정약(訂約)에 의해 처리될 것이므로 일반 평민이 관여할 바가 못 된다고 질책함과 동시에 국왕의 윤음을 들어 즉시 해산을 명했다. 3월 28일 자 고종의 윤음은 동학교문의 기대를 완전히 꺾어 버리는 실로 준엄한 것이었다. "너희들이 돌을 쌓아 진(陣)을 만들고 장대를 세워 기(旗)를 만들고 칭하여 가로되 '창의(倡義)'라 하면서 통문을 돌리고 방을 써 붙여 인심을 선동하니 (……) 이것은 비록 이름은 창의나 실제로는 창란(倡亂)이다."라는 것이었다.[73] '창의가 아니라 창란'이라는 국왕의 윤음을 받들어 어윤중이 즉시 해산을 명한 그즈음에도 전국 각지에서 도인들이 모여들어 보은 집회에만 거의 2만 명에 달했고, 보은 집회와 동시에 열린 금구 집회에도 1만여 명이 몰려들었다. 양쪽 집회에는 공히 '척왜양창의' 깃발이 걸려 있었으며 '오만년수운'과 '보국안민' 문구도 더러 나부꼈다.

박찬승은 복합 상소와 보은 집회에서 드러난 외향적, 개혁적 기치가 남접의 혁명주의 분파의 연합 공작과 다른 한편으로는 서병학, 서인주 같은 행동주의자들의 북접 지도부 회유에 의한 것임을 규명했다.[74] 금구 집회의 지도자가 서인주, 황하일, 손화중, 전봉준이었다는 사실과, 4월 3일 보은 집회 해산 당시 호남 쪽을 향해 귀향한 전라도 동학교도들이 오륙천을 헤아렸다는 증거를 들어 남접의 북접에 대한 압력과 회유가 일찌감치 작용하고 있었다는 것이다. 최시형 등 보은 집회 지도부는 병마사 홍계훈이 병력 500명을 인솔하고 장내리로 진입한다는 소문을 접하고 4월 2일 보은을 빠져나갔다. "관리의 탐학살략(貪虐殺掠)은 반드시 엄징(嚴懲)하리니 제군은 각히 본가에 돌아가 업(業)에 안(安)하라. 본관이 조정에 보(報)하여 소원을 신(伸)케 하리라."라는 홍계훈의 효유를 믿어야 했다.[75]

이런 정황으로 미뤄 1892년 10월 공주, 삼례 집회 때부터 남접과 북접의 지향은 매우 달랐으며, 북접은 교조 신원 운동 자체에, 남접은 그것을 발판으로 정치적 혁명주의로 나아가고자 했던 것으로 보인다. 동학을 하나의 공론장으로 보면, 공론장 내부의 이런 분화는 필연적인 것으로 보인다. 공론장은 서로 다른 가치관이 하나로 수렴되어 연대와 협동이 만들어지는 장이기도 하지만, 이론(異論)과 이단(異端)이 끊임없이 생산되고 소멸하고 다시 생성되는 투쟁의 장이기도 하다. 조선 시대를 일관하여 양반 공론장도 역시 이론과 이단이 난무하고 그 투쟁의 와중에서 정론(正論)이 생성되는 매우 역동적인 영역이었음을 기억한다면 동학이 창출한 공론장이라 해서 하나의 일관된 공론(公論)이 장기간 지배할 것이라고 가정하기란 어렵다. 더욱이 혁명적 가치와 지향이 내재되어 있는 동학 교리가 각 지역의 특수한 사정과 결합하면 '교조 신원'을 최소치로 '혁명과 개벽'을 최대치로 하는 넓은 스펙트럼 내에 다양한 분파가 생성될 수 있다. 35년의 세월은 그런 분파들이 생겨날 수 있는 충분한 기간이었고, 지역마다 침학탐재(侵虐貪財)의 정도가 달라 수령, 향족, 이서층이 인민의 생존에 어느 정도 위협적이었는가 하는 문제가 교리의 수용과 분화의 방향을 결정할 것이다. 혁명 분파라 해도 조경달의 지적처럼 이단은 아니고, 그 지역에 작동하는 역사적 요인과 지도자의 사적, 공적 경험 등이 결합하여 특정한 각도로 진화한 결과라고 보는 것이 타당하다. 최시형이 삼례 집회 이후 정부에 보낸 대정부 포고문에서 특히 탐관의 폐해가 심한 곳을 지목한 것은 이런 점에서 중요하다. 「조가회통(朝家回通)」으로 알려진 이 문서에서 해월은 "수재(守宰)가 탐포(貪暴)하고 향호(鄉豪)가 포학하여 호서에서는 영동, 옥천, 청산 수령의 요민탈산(擾民奪産)과 호남에서는 무장, 고창, 김제, 만경, 정읍, 여산 이(吏)의 화인상명(禍人傷命)이 더욱 참독(慘毒)한지라."라고 한탄했다.[76] 청산은 1894년 9월 해월이 결전을 명할 때 각 포의 두령들이 모였던 지역이며, 호남의 무장, 고창, 정읍 등은 김개남, 손화중, 남계천이 기포할 당시 도소를 설치했던 지역이다.

따라서 북접이든 남접이든 '교조 신원'을 공통적인 저변의 대원(大願)으로 삼고, 이를 바탕으로 행동주의와 혁명주의로 나아간 것이 농민 전쟁의 분화 양상이었다. 정치 개혁을 최우선의 목표로 삼았던 남접 지도자 가운데에서도 김개남, 전봉준, 손화중의 지향은 조금씩 달라서 농민군을 동원할 때에도 시점과 명분이 제각각이었고 전주화약 이후 동학군이 제시한 폐정 개혁안과 집강소 설치 문제에도 이견이 노출되었다는 점도 동학 내부에 '이단'의 존재를 상정할 때 신중해야 할 점들이다. 중요한 문제는, 남접이든 북접이든 집회와 농민 전쟁에 참여한 동학교도들에게는 '교조 신원'이 공통 관심사이자 저변에 깔린 최대의 정서였다는 점이다.

교조 신원은 그리 단순한 문제가 아니었다. 동학을 서학으로 몰지 말고, 유불선과는 달리 "하늘과 땅이 함께하는 근원을 반복하고 본래의 성품과 육신을 함께 끼고 가는 노력을 부지런히 하여 그 참됨을 알고 오묘함을 해득함이 독도소광(獨睹昭曠)하니 천지간에 몇 안 되는"[77] 성심봉천(誠心奉天)의 도임을 인정해 달라는 요구였다. 19세기 초반 이래 칼바람처럼 불어닥쳤던 천주교 탄압이 1886년 조불 수호 통상 조약 체결 이후 현저하게 누그러졌고 1885년 이후 진출한 미국 선교사들의 기독교 포교도 암암리에 묵인되던 당시의 사정을 감안할 때, 왜 유독 동학만이 탄압을 받아야 하는지에 대해 동학교문이 강한 의구심을 제기하는 것은 당연했다. 1892년 7월 최시형에게 교조 신원 운동을 제안했던 서인주와 서병학이 당시 정세와 사정에 밝았던 것으로 미뤄 교조 신원 운동은 동학교문을 공식화하는 데에 가장 중요한 과업으로 떠올랐을 것이다. 최시형도 마침 충청감사 조병식의 감시와 탄압이 날로 심해져 감을 인지하고 있었고, 동학을 괴롭히는 각지의 수령과 이서배를 징벌해야 할 필요성을 절감하고 있던 터라 이를 선뜻 수락했다. 천주교와 기독교를 관용하는 쪽으로 방향을 돌린 조정에 이 정도의 이의 제기는 해 볼 만한 것이라 생각했을 터이다. 그러나 조정의 반응은 뜻밖에 냉혹하고 단호했다. 전라감사 이경직은 "동학은 조가(朝家)가 금하는 바"라고 못박았고, 취당(聚黨)하고 훤소(喧騷)를 일삼는 사교 무리로 단정했다. 그것은 일찍이 교조에 내려진 혹세무민과 사도난정률의 죄목을 바꾸지 않겠다는 조정의 공식 입장을 뜻한다. 그러나 동학교문은 동학이 인의예지를 존숭하는 유교와 다르지 않고, 충군효부(忠君孝父)와 주욕신사(主辱臣死)의 신의를 지키는 도임을 반복해서 강조했다. 경천지리를 실행하고 조상을 보존하며 임금의 땅을 갈아 부모를 봉양하는 것을 천명으로 아는 도인데, 왜 사학으로 모는지 반복적으로 엄중히 항의했다. 보은 집회 당시 조정에 제출한 문장(文狀)에 동학교도들의 이런 갈망과 절망이 극명하게 드러나 있다.

저희는 왕조의 화육(化育)을 받아 온 적자(赤子)입니다. 천지간에 무고한 창생으로서 수도하고 윤리 강상의 밝음을 알고 겉과 속의 화이(華夷)의 구별이 있어 왜양(倭洋)이 개나 양(羊)과 같음을 비록 5척의 아이라도 알고 있기 때문에 그들과 더불어 하기를 수치스럽게 생각하는 바입니다. 『사기(史記)』에 이르되 이이제이(以夷制夷)를 중국의 장기라 하였는데 이제 조선이 조선을 공격하게 함을 왜양의 장기로 하고 있으니 한심하여 통곡할 일입니다. 합하(閤下)의 명찰(明察)로써 어찌 이를 밝히지 못합니까? 그러나 창의(倡義)는 왜양을 치는 데 목적이 있으니 이 어찌 대죄(大罪)가 되리오.[78]

임금의 교화를 받아 온 적자로서 척왜양에 나서는 교리인데 어찌 대죄가 되는지 따져 묻고 있다. 논리적으로는 하등 하자가 없는 항변이었다. 그러나 동학교문의 이 항변은 교조 신원을 공식화할 때에 수반되는 중대한 사실을 숨기고 있었다. 이는 조정도, 동학교문도 인식하지 않던 것으로, 앞에서 서술한 '종교 개혁의 진정한 의미'에 관한 것이다. 그것은 인민의 하늘[天]을 인정하는 것, 사대부의 천 개념에서 분리되어 나가는 개별 인민을 인정하는 것, 그리하여 자각인민의 존재를 인정하는 '거대한 변혁'의 발아를 공인하는 셈이 된다. 이런 의미에서 그것은 인정 투쟁(recognition struggle)이었다. 각자의 신심과 각자의 천 개념을 품고 개별화되는 분화 양상을 인정해 달라는 요구가 그것이다. 조정이 동학에 의해 배양되는 '자각인민의 존재'를 인지했다면 더욱 강한 역모의 죄목으로 다스리려 했을 것이다. 양호도 어사 어윤중이 관찰한 것처럼, 보은 집회에 모인 무리는 온 나라의 불평 불우층을 망라한 오합지졸이자 위험천만한 자들로 보였기 때문이다. "불우를 자탄하고 기회를 얻으려는 자, 탐관오리를 소청(掃淸)하여 제폭구민(除暴救民)하려는 의사, 외세 침략을 규탄하는 민족주의자, 원억을 풀려는 자, 죄를 짓고 도피 중인 자, 극빈자, 지상 천국을 믿고 가담한 무리들, 상천(常賤) 중

입신하려는 자"들로 가득 찼던 취회를 어윤중은 어떤 계기가 주어지면 큰 소요를 일으킬 것 같은 불온한 무리로 바라보았던 것이다.[79] 이 불온한 무리는 사실상 봉건 통치 질서가 밀어낸 자들이고, 통치 질서로부터 자발적으로 떨어져 나온 자들이라 해도 과언이 아니었다. 이들이 모두 동학도는 아니더라도 혹 입도자라면 지배층의 천에서 자신을 분리한 '자율적 인간' 그것도 사민평등, 양이적(攘夷的) 민족관, 개벽에의 기대를 내면화한 인간일 수 있기에 사정은 사뭇 달라진다. 즉 교조 신원은 자각인민이 스스로 일으킨 인정 투쟁이다.

조선 최초로 태어난 자각인민, 사대부의 천(天)에서 떨어져 나와 자신의 인격화된 상제를 모시고 상제가 생활 세계에 기화(氣化)된 무극대도를 실행하는 이 자율적 인간은 조선 봉건 질서의 단단한 장벽을 허무는 전위 부대일 수 있다. '진매기가산(盡賣其家産)'하고 '탕산실업(蕩産失業)'하고 스스로 먼 길을 나서 공주, 삼례, 보은으로 모인 그 무리는 자신의 상제, 자신의 천 개념을 확인하고 공인받으러 그토록 먼 길을 마다하지 않았던 것이다. 그것은 그들의 '존재 이유'와도 같았다. 교조의 신원을 풀지 못한다면 자신들의 존재는 인정받지 못하는 것이고, 그렇다면 조선에서 향촌의 일원으로, 임금의 적자로서의 모든 지위가 소멸되는 것이다. 말하자면 사람이 아닌 것이고 상제의 가르침, 사람의 도리를 다하지 못하는 꼴이 된다. 앞에서 서술했듯이 '종교의 개별적 신심으로의 환원'이 '근대적 시민'의 하나의 요건이라면 서구 근대에 출현한 시민적 형질의 한 조각만을 갖춘 자각인민의 등장과 확산은 공주 집회 이후 여러 차례의 자발적 동원을 거쳐 농민 전쟁이라는 거대한 역사적 사건을 발화시킨 원동력이었다. 그런 의미에서 자각인민의 생성과 확산은 동학이 기여했던 가장 중요한 역사적 공헌이자 충격이었고, 교조 신원 운동이야말로 남접의 급진적 이념 지향을 십분 고려하더라도 동학 농민 전쟁을 이끌어 갔던 본질적 추동력이었다.

자각인민은 동학교도가 날마다 독송하는 그 주문, 시천주(侍天主)의 '시(侍)'에 이미 함축되어 있다. 수운은 「논학문」에서 시천주의 시(侍)를 "내유신령 외유기화 각지불이(內有神靈 外有氣化 各知不移)"로 풀었다.[80] "안으로는 신령, 밖으로는 조화의 기운이 있는바 각자가 옮기지 않음을 안다."라는 것인데, 더 상세히 해석하면 이렇다. 마음속으로는 우주 생성의 본질인 상제(신령)를 깨닫고, 이 우주의 원리가 조화를 통해 외부로 기화하여 세상 만물의 역동적 운동을 주관함을 아는 것이다. 해월은 이것을 물물천 사사천(物物天 事事天), 대인접물(待人接物), 이천식천(以天食天)으로 설법했다. 그래서 수심정기로 얻어지는 마음은 하늘의 신령과 세상 만물의 이치가 합일하는 것이고 이것을 깨닫는 그 자리에서 각자 옮기지 말라는 뜻이다.[81] '각자 그 자리에서 옮기지 말라(各知不移)'는 것은 각자 실행하라는 것보다 더 강력한 계훈이다. 해월 식으로 풀면, 지기(至氣)가 조화(造化)를 통하여 기화(氣化)한 것이 생활 세계에 접목되면 무극대도가 되고 천인합일의 상태가 된다. 루터와 칼뱅의 종교 개혁이 믿음이야말로 구원이고, 구원은 하느님의 은총을 입는 것이라 했다면, 동학의 구원은 스스로 도를 실행하는 것에 있다. 상제는 감시자이자 격려자이고 실행자인데, 그는 동학을 궁극적으로 상제를 믿는 자기 자신이라고 가르쳤다. 자각인민은 이렇게 태어났던 것이다. 동학이 일으킨 종교 개혁의 창구를 통해 '집합적 인민'의 껍질을 벗고 '개별적 인민'의 모습으로 역사에 등장했다. 그런 개별적 인민을 '개인적인 것(the individual)'의 출현이라고 한다면, 근대적 개인이 되어 가는 원형으로서의 개별 인민이 출현했다는 뜻이다.

이는 매우 중대한 대목이다. 조선사에서 언제 '개인'이 태어났는가? 언제 근대적 개인이 출현했는가? 이런 역사학계의 질문은 곧 조선에서 근대의 맹아와 기원을 찾는 오랜 과제에 해당한다. 그러나 마땅한 답은 없었다. 근대적 개인이 태어나야 근대적 의미의 '사회'가 형성된다. 조선에서 또는 한국 근현대사에서 사회는 언제 형성되었으며, 그 기원은 무엇인가? 사회과학적으로도 중요한 이런 질문을 본격적으로 다룬 적이 없었다.[82] 조선에서, 한국 근현대사에서 근대적 개인의 기원은 무엇인가? 그 실체가 있다면 어떻게 확증할 수 있는가? 어떤 과정을 거쳐 생성되었는가? 이러한 일련의 질문 말이다. 이 연구의 주장은 명백하다. 동학은 근대적 개인의 자격 요건 중 하나 정도를 충족한 자각인민을 만들어 냈고 근대적 개인으로 진화하는 원형을 이뤘다는 사실이다.[83]

그렇게 보면 공주, 삼례, 보은에 모인 동학교도들은 '각지불이'의 가르침을 실행하러 온 사람들이었다. '시천주'하면 '조화'를 통해 '무위이화'의 세계로 진입한다. 조화는 때로 시운이나 천운과 만나 개벽에 이를 수도 있다. 무위이화의 이치를 깨달으면 "포의한사(布衣寒士)라도 현인군자(賢人君子)네 아닌가." 하니, 자각인민을 향한 자발적 행렬을 막을 방법은 없었다. 해월이 원하는 바가 이것이었다. 도를 통해 각지불이의 개인이 되는 것. 1891년 호남 지역 순방 때 "도를 아는 자가 드물다."라고 탄식한 것은 도의 본질을 소홀히 하고 행동에 앞선 호남 도중의 일반적 분위기를 질책한 것이다. 보은 집회에서 고종의 윤음에 따라 해산 명령이 떨어지자 해월의 지도부는 '창의의 명분을 밝혀 주는 계를 올려 주는 조건으로' 자진 해산을 받아들였고, 4월 2일 병력이 투입되기 전에 집회장을 빠져나갔다. 조경달은『동학란기록』중「취어(聚語)」를 인용하여 냉소적으로 이렇게 썼다. 해월은 지도부와 함께 "당중 수만을 내버려 두고 밤을 틈타 도주하고 말았다."[84] 서병학, 서인주가 무장 투쟁을 권했지만 해월은 때가 아님을 들어 사태의 흐름을 받아들였던 것이다. 조화를 무위이화의 이치로 해석하는 북접과 '조화 곧 개벽'으로 비화해 행동주의로 나가고자 했던 남접의 차이는 보은 집회 이후 고부 민란까지 약 7개월 동안 접점이 불가능할 정도로 편차를 넓혀 갔다. 해월은 자각인민의 완성도를 높이고 확장세를 키우는 일에 몰두했으며, 전봉준, 손화중, 김개남이 이끄는 남접은 금구 집회 이후 더욱 거세진 침학살 략 행위를 인고하며 자각인민을 '조화 곧 개벽'의 세계로 인도해 갔다. 교조 신원 운동, 즉 인정 투쟁에 실패한 자각인민이 무장 투쟁으로 급변하는 것 은 그다지 어렵지 않았다.

도소(都所)와 자치(自治): '사회적인 것'의 출현

보은 집회의 해산 이후 동학교인들의 마음속에는 무장봉기의 꿈이 조금 씩 싹트기 시작했다. 당시는 민란이 전국에서 산발적, 국지적으로 일어났던 때였으므로 동학교인들에게 무장 투쟁은 그리 먼 일이 아니었다. 어떤 극 적인 계기가 주어진다면 어디든지 불꽃은 점화되기 마련이다. 1893년 11월, 무장봉기의 봉화가 처음 피어오른 곳은 고부였다. 그곳에는 탐관오리의 전 형인 조병갑이 군수로 있었다. 안핵사 이용태가 보고했듯이, 조병갑의 죄목 은 7개조에 달했지만, 실은 일일이 열거할 수 없을 만큼 가렴주구의 침학은 농민 생활의 전 영역에 걸쳐 있었다. 어디 조병갑만 그랬으랴. 심문 과정에 서 전봉준이 술회했듯, 전라도 수령들 가운데 십중팔구는 조병갑과 그리 다 르지 않았다. 고부는 무장봉기 조건을 충분히 갖춘 지역이었다. 일찍이 동 학이 전파되어 입도한 자들이 비교적 많았고, 무엇보다 1년에 걸친 농민 전 쟁을 지휘할 불출세의 지도자가 거기 있었다. 고부의 땅이 타 지역에 비해 유난히 비옥했던 것에 비례해서 관리들의 수탈도 극성을 부렸다. 거기에 부 친의 억울한 죽음에 불망의 날들을 보내고 있던 전봉준이 동학교문이 구축 했던 공론장과 접소 조직을 눈여겨보고 있었다. 11월, 20여 명의 동학도가 모여 결전을 다짐하는 사발통문을 작성했고, 고부 관아에 연명 등소를 했 다. 사발통문에는 네 개의 결의 사항이 적혀 있었는데, 교조 신원에서 무장 투쟁으로 급선회한다는 내용이었다.

- 고부성을 격파하고 조병갑을 효수할 사
- 군기창과 화약고를 점령할 사
- 군수에게 아부하여 인민을 침어한 탐리(貪吏)를 격징(擊懲)할 사
- 전주성을 함락하고 경사(京師)로 직행할 사

간략히 줄이면 군수를 효수하고 무장 진군해서 서울로 쳐들어간다는 것이었다. 서울로 가서 무엇을 할 것인지에 대해서는 이미 많은 연구들이 밝혔지만,[85] 이 단계에서는 구체적 목표가 그다지 명확하게 선 상태는 아니었을 것으로 짐작된다. 다만 관리를 처단하고 서울로 가서 농민들의 요구를 성취해 보겠다는 것은 분명했다. 농민군의 목표는 무장 투쟁이 진전됨에 따라 조금씩 구체화되었는데, 전봉준이 이끄는 농민군이 고부성을 함락하고 백산으로 진격한 후 발표한 격문은 탐학 관리의 격징에 척왜를 추가했다. "우리가 의(義)를 들어 이에 이름은 그 본의가 단단타(斷斷他)에 있지 아니하고 창생을 도탄의 중에서 건지고 국가를 반석의 우에 두고자 함이라. 안으로는 탐학한 관리의 머리를 버히고 밖으로는 횡포한 강적의 무리를 구축하고자 함이다."라고 고했다.[86] 그리고 '보국안민창대의(輔國安民倡大義)'라는 깃발을 걸었다. '횡포한 강적의 무리'가 왜(倭)를 지칭한 것이라면, 탐관 축출과 척왜를 합한 '보국안민'이 처음부터 봉기의 명분으로 추구되었다. 그러나 새로 부임한 박원명과 이용태의 병력에 쫓겨 전봉준은 고부에서 일단 퇴각해야 한다. 그러곤 대접주 손화중이 기거하는 무장에서 금구의 김덕명의 지원을 받아 약 4000명에 달하는 농민군을 재집결시켰다. 농민 전쟁의 본격적 개막을 알리는 「무장 포고문(茂長布告文)」은 전봉준이 이때 작성했다. 전라도의 유식자와 자각인민이 암송할 정도로 널리 알려진 「무장 포고문」은 농민 전쟁의 지향과 목표, 그리고 지도부의 가치관을 명확하게 담고 있기에 농민 전쟁의 의의와 성격을 규명하려는 연구자들이 빠짐없이 주

목하는 글이다. 중요한 대목을 발췌하면 이렇다.

오늘날 신하 된 자는 보국은 생각하지 아니하고 한갓 녹(祿)과 위(位)만 도둑질하여 총명을 가리고 아부와 아첨만을 일삼아 충간(忠諫)하는 선비를 요언(妖言)이라 하고 정직한 사람을 비도(匪徒)라 하여 안으로는 보국의 인재가 없고 밖으로는 학민의 관리만 많도다. (……) 관자(管子)가 가로되 사유(四維)가 베풀어지지 않으면 국가는 멸망한다 하였으니 오늘의 형세는 옛날의 그것보다 더 심하도다. (……) 수재의 탐학에 백성이 어찌 곤궁치 아니하랴. 인민은 나라의 근본이니 근본이 쇠하면 나라는 없어지는 것이다. (……) 우리는 비록 초야의 유민(遺民)일지라도 군토(君土)를 먹고 군의(君衣)를 입고 사는 자이라, 어찌 국가의 위망(危亡)을 앉아서 보기만 하겠는가. 팔로(八路)가 마음을 합하고 수많은 인민이 뜻을 모아 이제 의로운 깃발을 들어 보국안민으로써 생사의 맹세를 하노니, 금일의 광경은 비록 놀랄 만한 일이기는 하나 경동(驚動)하지 말고 각자 그 업을 편안히 하여 승평일월(昇平日月)을 함께 빌고 임금의 덕화(德化)를 함께 입게 된다면 천만다행이겠노라.[87]

전봉준은 농민군을 일으키는 대의를 이렇게 천하에 고했다. "팔로동심 억조순의 금거의기(八路同心 億兆詢議 今擧義旗)"가 보국안민을 위한 것이고, "공축승평일월 함휴성화(共祝昇平日月 咸休聖化)"하기 위함이다. 공주, 삼례 집회 이후 농민 전쟁 기간에 북접 지도부와 농민군 지도부는 수차례에 걸쳐 격문, 의송, 문장, 통문, 통유문을 공표했는데 「무장 포고문」은 농민군의 격정과 결의를 집약함에 있어 단연 최고의 글이었다. 지역 수준을 넘어 전국 수준으로 무장 투쟁을 확대 전개하기에 앞서 전국 유생뿐만 아니라 인민으로부터 절대적인 호응과 지지를 최대한 끌어내야 했기 때문이다. 포고문 공표 이후 농민군은 고부를 점령했고(1894년 3월 23일), 태인, 부안, 정읍, 영광,

장성, 함평, 전주(4월 27일)로 진격했다. 무장 손화중, 금구 김덕명, 태인 김개남, 공주 서장옥 포가 합류해서 세를 과시했다. 진격 과정에서 관군과 수차례 교전을 치러 수백 명의 사상자를 내기도 했고 관군을 대파해 무기와 식량을 탈취하기도 했다. 농민군의 사기는 꺾이지 않았다. 농민군이 점령하는 곳마다 입교자가 기하급수적으로 늘었기 때문에 훈련된 관군과 싸우기 위해서는 전열을 새로이 가다듬어야 했다. 전주성 함락이 교착 상태에 들어간 것은 이 때문이었다. 군사 훈련을 제대로 받아보지 못한 오합지졸의 농민군이 '보국안민창대의'라는 깃발만으로는 홍계훈이 이끄는 관군의 저항을 쉽게 뚫지는 못했던 것이다. 아무튼 이런 교착 상태에서 전주화약이 성립되었다.(5월 8일)

전주성 함락은 농민군에게는 커다란 상징적 의미를 지닌다. 전주는 관찰사가 도정을 관할하는 전라도의 수부이며 관료와 사대부가 거주하는 지배층의 도시다. 그런 전주를 함락했다는 것은 농민군이 호남, 호서 일대를 완전히 장악하고 수재의 침학이 더 이상 작동하지 않는 승평일월의 공간으로 만든다는 것을 의미했다. 1894년 5월 8일, 전라감사 김학진과 전봉준 사이에 맺은 전주화약 이후 제2차 농민군 재봉기가 일어난 9월 남접에서만 약 16만에서 17만 명의 농민군이 재봉기에 가담했으며, 북접에서도 6만에서 10만 명이 창의 깃발 밑에 모였다. 전봉준 심문 기록에 의하면, 전국 동학 농민군의 규모는 약 60만 명이며, 자신과 함께 생사의 맹세를 맺은 핵심 동학도는 약 4000명이라고 진술했다. 약간 과장된 추산이라 할지라도 당시 인구 규모를 생각해 보면 농민군의 규모는 상상을 초월했다. 경기와 강원을 포함해 한반도 남쪽 전역이 농민 전쟁의 화염에 휩싸였던 것이다. 동학군 토벌을 위해 투입된 일본군 병력은 5000명을 넘었다. 이들은 한반도 남쪽 전역에 분산 배치되어 동학군의 북상 경로를 차단했고, 최첨단 화력으로 곳곳에서 동학군의 예봉을 꺾었다. 관군, 수성군, 민보군, 일본군에게 죽어

간 농민군의 규모 또한 상상을 초월하기는 마찬가지였다. 『천도교 창건사』
는 20만 명 이상, 박은식은 『한국통사』에서 30만 명, 오지영은 『동학사』에서
30만에서 40만 명으로 추산했다.[88]

그것은 본질적으로 '농민 전쟁'이었고, 동학이 주도했다는 점에서 '동학
농민 전쟁'이었다. 이 명칭을 두고 학계에서 여러 견해가 분분한 것은 성격
과 본질에 관해 연구자마다 초점을 달리하기 때문이다. 지역 수준의 민란과
유사하다는 점에서 '동학란'으로 규정하는 견해가 있고, 대규모의 항전이었
지만 지도부의 정치적 지향과 비판적 의식이 봉건 체제의 장벽을 넘지 않았
다는 점에서 '농민 봉기'로 봐야 한다는 주장도 있다. 반면, 전봉준이 제출
한 폐정 개혁안의 혁신적 성격과 사민평등, 노비 해방, 관료 체제의 전복과
역성혁명까지에 걸치는 급진적 주장들을 높이 평가하여 조선에서는 유례없
는 '혁명'에 해당한다는 견해, 그러나 혁명적 사건에는 조금 못 미친다 하더
라도 지배층과의 일대 전면전을 감행했다는 점에서 '농민 전쟁'으로 보려는
견해 등이 병존한다.[89] 또한 동학의 주도 여부를 두고 동학을 앞에 붙일 것
인지, 아니면 별도로 구분할 것인지의 문제도 분분하다. 동학 주도설, 결합
설, 외피설로 구분되는 이 논쟁 역시 여러 입론이 대립 중인데, 동학이 공론
장을 만들지 않았더라면, 그리고 접소와 같은 연계 조직을 구축하지 않았더
라면 농민 전쟁은 불가능했다는 점에서 필자는 동학 주도설이 적합하다고
생각한다.[90] 그리하여 그것은 동학이 주도했지만, 혁명적 지향에는 조금 못
미치는, 그러나 지배층의 침탈과 제국 열강의 침략 야욕 앞에 위태로워진
민족의 위기를 극복하고자 봉기한 농민들이 지배층을 상대로 일대 전면전
을 감행한 '동학 농민 전쟁'이라고 보는 것이 보다 적합하다고 판단한다.

한편 그것은 봉건 체제의 완전한 전복을 지향한 근대적 성격의 항전이었
는가를 두고도 견해가 극단적으로 엇갈린다. 대부분의 연구자들은 근대적,
전근대적이라는 양극점의 중간에 놓여 있는데, 그것을 근대적 신체제의 수

립을 추구했다는 점에서 '근대적 농민 혁명'이라고 단정하는 신용하와, 반봉건, 반식민주의적인 성격은 맞지만 근대적 성격은 결핍되고 오히려 일군만민(一君萬民)의 질서를 지향하는 반근대적 성격의 전쟁이었다는 조경달의 견해가 대치한다. 즉 '근대적 동학 농민 혁명'이라는 주장과 '반근대적 갑오 농민전쟁'이라는 주장이 양 극점을 이룬다. 1차 농민 혁명(집강소 기간)과 2차 농민 혁명(9월 봉기)을 구분하여 살펴보는 신용하의 주장을 요약하면 "집강소의 개혁은 농민들이 추구한 근대적 개혁의 첫 모형이었고"[91] "2차 혁명은 조선의 자주 근대화 운동과 근대 사회로의 발전에 아래로부터 거대한 추동력을 공급한 반제 민족 혁명 운동이었다."라는 것이다.[92] 이에 반해 조경달은 농민군이 제출한 폐정 개혁안의 봉건적 주장들(특히 균전제)과 민족 위기를 개화와 동일시한 반개화적 세계관, 유교적 이상 사회를 회복하려 했던 복고주의적 정치관, 그리고 결코 벗어날 수 없었던 군왕 환상을 들어 반근대적 성격의 민중 운동이었다고 규정한다.[93] 농민군이 추구했던 민족주의 역시 개화파의 민족주의와는 대치되는 전통적 화이관(華夷觀)을 벗어나지 못한 시원적(始原的) 수준이었다고 평가한다. 다른 연구자들이 여러 가지 화려한 의미를 추출하고자 하는 농민 전쟁의 본질에 대해 그는 이렇게 결론을 짓는다.

곤궁화가 진행되고 있던 갑오농민전쟁 당시 대부분 사람들의 입교 동기는 동학이 본래 가진 '커다란 주의와 목적' = '보국안민' 사상에 대한 공감이 아니었다. (……) 이 시기 민중은 국가의 운명과 자기의 운명을 일체시하는 데에는 아직 이르지 못하고 있었다. (……) 민중이 정치 주체라는 의식 없이 '일군만민'을 이상으로 하는 국가는 오직 인정에 대한 향수에만 매달리려는 민중에게, 국가 자체의 중량이 그다지 크게 느껴지지 않는 국가이다. 따라서 그것은 국민 국가라고 말하기 어렵다. 국민 의식으로 무장된 강대한 국민 국가들이 맹렬하게 싸우는 근대 세계에서 이처럼 '일군만민'을 이상으로 하는 국가는 사실상 유토피아에 지나지 않는다. 바로 여기에 구체제에 환멸을 느끼는 한편 근대에 대해서도 등을 돌리고자 했던 조선 민중의 이상(理想)이 지닌 숙제가 있었다.[94]

양극단의 논자들은 동학 농민 전쟁이 반제·반봉건적이었다는 점에서는 일치하지만 근대성과 민족주의적 성격에 대해서는 극단적으로 엇갈린다. 반근대적이며 시원적 민족주의에 불과했다는 조경달에 대해, 신용하는 근대적이며 동시에 민족주의적 이념을 분출시키는 용광로였다는 것이다. 유영익은 아예 양극단을 모두 부정하는 주장을 펼쳐 흥미롭다. 그는 전봉준의 근왕주의적 세계관을 부각하고 그가 이끈 농민군이 당시의 전통적인 유교적 가치관과 농민적 사고방식을 탈피한 어떤 새로운 근대적 비전 내지 이상을 제시하지 못했다고 평가하여 혁명도 전쟁도 아닌 대규모의 봉건적 유형의 민중 봉기였다고 결론짓는다.[95] 그는 폐정 개혁안을 항목별로 유형화하여 '반봉건적, 평등주의적' 요소들을 전혀 찾아볼 수 없다고 강조했다. 그래서 "1894년의 농민 봉기는 조선 왕조의 국교였던 유교의 대전통 안에서, 유교적 이상 국가를 재현할 것을 목표로 삼아, 유교적 의분심으로 궐기한 민중의 '의거'였다고 규정하는 것이 마땅하다."라는 더욱 극단적인 주장을 제시했다.

여기서 각각의 입장을 평가하기에는 많은 지면과 심층 분석이 필요하고 또한 그것이 이 연구의 초점은 아니다. 다만 다음과 같은 점만은 지적해 두고 싶다. 유영익의 주장은 이 글에서 조명한 동학의 종교 개혁적 성격과 농민 개혁안의 의미를 너무 보수적으로 해석한 반면 조선 근대화의 원류를 개화파로부터 도출하고자 하는 의욕이 앞서고 있다는 인상을 지울 수 없으며, 신용하는 19세기 조선에서 민중, 민족주의적 원류를 재구성하고자 하는 의

도적 해석 혹은 목적론적 의욕이 넘치고 있다는 인상을 또한 지울 수 없다. 대체로 조경달의 해석이 역사적 사실에 근접하고 있다는 판단인데, 그럼에도 신용하와 유영익과 같은 극단적 관점은 아니더라도 너무 '인색한 평가'가 아닌가 하는 의구심은 버릴 수 없다. 인색하다기보다는 당시 조선 민중의 상태를 너무 냉혹하게, 또는 근대 이행기 서양에서 발발한 농민 전쟁의 보편적 프레임에 던져 넣은 결과 그런 인색한 평가에 도달한 것은 아닌가 하는 생각이다. 당시 조선의 사회적, 경제적 상태와 조선 인민의 개명 수준을 고려했을 때에 농민군의 지향과 개혁 요구가 그 정도라도 집약되고 분출되었다는 점은 결코 평가 절하할 사안은 아니다. 앞에서 소개한 「무장 포고문」에서 '유민(遺民)일지라도 군토(君土)와 군의(君衣)를 입고 사는 자'임을 토로하고 '승평일월을 빌고 임금의 덕화를 입게 되는 날'을 고대한다고 해서 봉건적 질서와 근왕주의적 세계관에 결박된 민중으로 못박는 것은 그다지 공정하지 못하다. 그 당시 개화파의 소수 지식인을 제외하고 근왕주의적 질서를 거부하는 세력이 있었던가? 예를 들어 도시적 생활 양식과 생산 관계를 근거로 의회주의나 여타 진보적 정치관을 주장하는 세력들이 존재했다면 근왕주의적 가치관 혹은 조경달이 강조하는 '덕망가적 질서관'에 포박된 것이 조선 민중의 한계라고 말하면 균형 잡힌 판단일 것이다. 그러나 당시 조선에서는 군왕주의를 부정하는 어떤 세력도 없었고 어떤 입론도 존재하지 않았다. 일본에 망명 중인 박영효가 신체제의 필요성을 강조하고 그 전제로 인민의 자유와 인권을 소개한 「건백서」에서도 왕정을 부정할 수 없었던 게 당시의 정황이었다. 그런데 민중이라고 해서 반드시 근왕주의를 넘어서야 한다고 기대해야 하는가? 당시 조선 민중이 국제 정세와 외국의 실상을 접할 통로가 있었던가? 새로운 질서를 구축하려 할 때 중국 외에 그 준거가 되는 사례, 혹은 그에 대한 지식을 갖고 있었던가? 아니다. 다만 자신들이 의존할 수 있고 신뢰를 보낼 수 있을 듯한 정치인을 대리인으로 삼아 자신들의 요구를 관철시키려 했던 것이다. 그 사람이 우연히도 왕권 강화를 통해 중간 착취층을 무력화하고자 했던 복고적 권력자 대원군이었을 뿐이다. 이렇게 보면 조경달이 내린 결론처럼 '국민 국가가 아닌 왕권에 일군만민의 환상을 걸었던 조선 민중의 한계'가 동학 농민 전쟁에서 그대로 표출되었고, 그래서 그것은 '반근대적 회귀'를 재촉한 일대 전면전이었다고 단정하는 것은 보편적 이론으로 재단한 과소평가의 전형이다. 불행히도 고종은 계몽 군주로의 변신을 꿈꾸면서도 봉건적 왕권 열망과 열강의 압력에 갇혀 있던 군주였고, 농민군이 서울로 진격할 때에도 "적자로서의 분수를 다하라."라고 효유문을 연발하던 패도 정치의 수장이었다. 이런 상황에서 보국안민창대의 깃발을 걸고 전장터에 나섰던 농민군은 반봉건·반제국주의의 기치를 어느 정도 내면화하고 있었을 뿐만 아니라 설령 폐정 개혁안에 투영된 이정(釐政) 요구들이 유교적 이상 사회의 재구축에 해당하는 사안이라고 해도 결국 무너져 가는 봉건 체제의 일대 수술을 동반할 것이고, 관료제의 혁신을 포함하여 전면적 정치 개혁을 함축하는 사안이기에 결과적으로 '근대로 가는 문을 열었다'고 평가해도 무리는 아닐 것이다. 왜냐하면 전면적 정치 개혁은 결국 봉건 체제의 붕괴를 초래하기 때문이다. 전주화약이 진행되는 가운데 일본이 강압 설치한 군국기무처의 개혁안에 다수의 근대적 조항이 포함된 것은 농민군의 폐정 개혁안 일부를 수용한 결과이고, 그것을 통해 농민군을 진무하기 위함이었다. 농민 전쟁의 기치가 봉건 질서에 포박되었다고 백번 양보해도 지배층의 대응 양식이 근대적인 요소를 허용하는 방식으로 나타났기에, 그 결과론적 관점에서 농민 전쟁은 '근대를 촉발했다'거나 '근대로 가는 문을 열었다.'고 평가해도 비약적인 주장은 아니다.

이런 평가를 토대로 이 연구에서 특히 주목하고자 하는 바는 집강소 시기에 전개된 도소(都所)의 활동과 자치 행정의 실험이다. 이에 관해서는 이미 많은 연구가 축적되어 있다. 전라감사 김학진과 전봉준 간에 맺은 전주화약의 결과로 설치된 집강소의 조직과 활동에 대해서 이미 많은 심층 연구가 이뤄졌는데, 이에 대해서도 역시 극단적 견해가 병존한다. 집강소는 농민군이 조직한 통치 조직이자 자치 행정 기구로 지방 권력의 한 형태라는 주장에서, 단지 김학진의 회유책에 포섭된 농민군이 관민상화지책(官民相和之策)으로 수용한 치안 기구일 뿐이라는 견해까지 다양하다. 전자는 집강소가 농민 전쟁의 와중에 농민군의 하의상달식 행정 기구로 작동했다는 자치론적 의의를 부각하고 있으며, 후자는 그게 아니라 전통적 행정 기구를 고사시키지 않으려는 김학진의 제안에 따라 가동한 공적 행정망에 농민군 지도부가 참여한 것이라 하여 적극적 의미 부여를 경계하고 있다. 특히 후자의 견해는 농민 전쟁 당시 무주부(茂朱府)의 공문 담록인 『수록(隨錄)』을 정밀 분석한 노용필의 연구로 밝혀졌다.[96] 그는 김학진과 전봉준의 협약에 따라 설치된 집강소가 동학군이 모든 것을 독자적으로 결정하여 폐정 개혁을 추진했던 기관이 아니라 기왕에 작동하던 관료제의 읍, 리, 면 행정 기구를 동학군 점령하에서 최소한으로 기능하도록 만든 치안 기구 내지 제안 상달 기구라고 규정했다. 이런 분석을 바탕으로 집강소 설치를 "농민 정치의 획기적 권력 기관이자 통치 기관"으로 높게 평가하는 견해[97]는 과대평가의 오류에 빠진 것이고, 그 밖에 '지방 자치 기관설', '이중적 지방 정권설', '민정 기관설', '군정 기관설' 역시 실상과는 거리가 먼 주장이며, "김학진은 전봉준의 꼭두각시였다."라는 황현의 '형식적 결재권 행사설'[98]도 지지될 수 없다고 논박했다.[99] 5월 8일 전주화약 이후부터 7월 하순까지 호남, 호서 일대에 설치했던 집강소는 결국 "치안 유지를 이루는 데에 큰 역할을 하면서 자신들의 폐정 개혁 요구가 기존의 행정 체계를 통해 도정에 반영될 수 있도록 하려는 조직이었다."라는 노용필의 견해는 매우 중요하고 적실성 있는 입론이다.[100] 그럼에도 그의 분석은 동학교도의 전통적 자치 조직인 도소와의 관계를 빠뜨렸다는 중대한 결점을 드러낸다. 이 기간에 집강소와 도소는 어떤 관계에 놓여 있었는가?

도소는 무장 집회 때에 제중의소(濟衆義所)로 불렸고, 집강소 기간에는 대의소(大義所), 행군의소(行軍義所)로도 불렸던 접주의 본부 조직이었다. 전라감사 김학진이 5월과 6월 두 차례 효유문을 발송해서 동학군 스스로 집강을 선출하도록 독려했고, 7월 6일 전봉준과 2차 협상을 하면서 집강 설치를 종용한 결과 53개 지역에 설치가 완료되었다는 사실에도 불구하고 도소를 중심으로 한 동학군의 자치 행정이 집강소와는 별도로 작동했다는 것은 무엇을 의미하는가? 이에 대해서는 조경달이 적절한 답을 내놓았다. 집강소는 결코 도소를 대체한 것이 아니었고, 이원 체제를 지향했던 집강소 체제는 한정적으로밖에 성립되지 않았다는 것이다. 지역 사정에 따라서는 집강소와 도소가 중첩되는 지역이 있었고, 별도로 작동하는 지역이 있었으며, 집강소에 접주가 거주해서 집강 역할을 중임하는 경우도 많았다는 것이다. 즉 집강소와 도소는 별도의 조직이었을 뿐 아니라 "자치 활동을 금지하려는 집강과 민중의 논리를 관철하려는 도소가 날카롭게 대립했다."라는 것이 당시의 정확한 실상이었다.[101] 그렇다면 도소란 무엇인가?

도소는 동학의 전통 조직이자 전쟁 기간에는 전투 지휘부, 휴전 기간에는 농민군의 개혁 실행 기구였다. 그것은 민정과 군사 양 기능을 동시에 수행하는 농민군의 개혁 사령부였다고 보면 적절하다. 그러나 농민 전쟁에 가담한 포(包)와 접(接)이 체계적으로 일사불란하게 움직였다고는 상상하기 어렵다. 김용섭은 「전봉준 공초」 분석을 통해 제2차 재봉기 시 전국에 개설된 포가 339개에 달한다는 것을 밝혀냈다. 전라북도 155포, 전라남도 72포, 충청남도 48포, 충청북도 17포인데, 이 각각에 도소가 운영되었고, 그 책임자인 대접주, 접주는 동학도를 위시하여 뜻있는 충의지사(忠義之士)로 구성되어 있었다. 농민 전쟁에 적극 가담한 지방의 유력자이거나 한사(寒士), 빈사(貧士), 궁사(窮士)들도 다수 포접의 책임을 맡았다는 것이다. 교인을 자처하는 농민군의 무리에는 사이비 교도와 호구지책으로 입도한 자도 많았으며, 범죄자, 불량배, 입신양명을 꾀하려는 기회주의자도 있었다. 호남 지방의 봉기자가 60만에서 70만에 이르렀는데도 전봉준이 직접 통솔할 수 있는 군은 겨우 4000 내지 1만 명을 넘지 못하는 수준이었다면,[102] 포접은 각각의 지도부가 자율적으로 관할, 통솔했다고 보는 편이 옳다. 그리하여 향촌 일각에서 주구인민(誅求人民), 즉 무뢰한의 토색과 절도가 끊이지 않았고, 전봉준도 집강소 기간에 이 점을 우려했다. 집강소 설치에 합의한 것은 이런 우려 때문이었을 것이다.

주지하다시피 집강은 조선 향촌의 말단 행정직을 지칭한다. 향청의 집무를 총괄하는 향임(鄕任)을 집강이라 부르기도 했고, 하위 단위인 면임(面任)과 이임(里任)을 집강으로 부르기도 했다. 김학진은 면리에 설치된 행정직인 집강을 군현 단위까지 확대하여 수령 관아에 설치하라고 효유문을 보내기도 했는데 실제로 6월과 7월 사이에 군현 집강소가 설치되어 농민군과 협의 업무를 관장했다. 기존 연구들은 전봉준의 농민군이 여러 차례 제출한 폐정 개혁안이 이 집강소를 통해 수합되어 전라 감영과 조정에 상달되었다고 본다. 실제로 그랬을 것이다. 김용섭은 이렇게 평가한다.

향촌 사회의 통치 기구, 자치 기구 속에서 지방관의 통치권을 제한하고, 민에 의한 향촌 자치의 기구를 정당한 정소 운동을 하고 있는 농민 운동 주체들에게 넘겨주고 그 기능을 대폭 강화함으로써, 그들로 하여금 실질적으로 지방 통치를 주도하도록 하는 수밖에 없었다. 지방 행정 속에서 이민제관(以民制官)함으로써 폐정(弊政)을 바로 잡는 방법이었다. 이것이 이 시점에서 정부가 관민상화(官民相和)를 제론하고 지방 관청에 농민군 지도층이 정치를 담당할 집강소를 설치하도록 한 소이였던 것이다.[103]

그렇다면 도소는 무엇을 했는가? 앞에서 지적했듯이 그 조직 유형이 집강소와 중첩되거나 집강소와는 별도로 존재하거나 아예 집강소가 없는 상태에서 도소가 활동했던 세 가지 상황을 상정할 수 있다. 도소는 집강소를 견제하고 집강소의 업무와 결정에 개입했던 농민군의 한시적 통치 기구이자 자치 기구였다. 339개의 포접이 체계적인 지휘 계통으로 관할되지 않는 상태에서, 그래도 농민군의 기포 대의(起包大義)를 실행했던 대항 조직으로서 국가 권력의 공백기를 대체한 자율적 민중 조직이었다고 보면 적절하다. 관리망이 체계적으로 구축되지는 않았지만 대체로 탐관오리 척결, 횡포한 부호 응징, 무명 잡세와 고리채 폐지, 탐재토색 징벌, 인민소장(人民訴狀)의 처리와 원억 해결 등이 일반적으로 시행되었다. 불과 석 달도 채 안 되는 기간이었지만 농민군이 폐정 개혁안에 근거해 직접 실행한 지방 이정(莅政)은 실로 광범위한 영역에 걸쳐 있었다. 국가 권력이 일시 붕괴된 상태에서 농민이 주도한 자율적 개혁은 경이로운 것임에는 틀림없다.[104] 거기에는 토색질과 위법 행위도 포함되어 있는데, 황현은 『오하기문』에서 농민군의 자율적 개혁에 대한 두 개의 엇갈린 정서를 엿보인다.

이 무렵 어리석은 백성들의 못된 자식들은 날마다 적을 따라 나섰고, 구실아치들은 그들의 수령을 잡아서 주리를 틀었고, 노비들 또한 그들의 주인을 잡아 주리를 트는 일이 일어났다. 마을에 들이닥쳐 협박하고 강제로 총과 말을 빼앗았는데 이런 것이 없는 사람들은 대신 돈을 냈다. 말이 있으면 안장을 찾고, 총이 있으면 화약을 찾았는데, 이런 것이 없으면 또한 돈을 내야 했다. (······) 전봉준 또한 이런 폐단을 알고 있었으므로 겉으로 귀화한다고 하여 민심을 수습하고자 "어떤 사람이든 총과 말을 거둬들인 것은 관에다 반납하고 아직 거둬들이지 않았다면 그대로 두라."라고 도내에 통지하였다. 그러나 적은 오직 약탈하는 데에 정신이 팔려 있었으므로 이러한 통지를 보고도

못 본 척했다.[105]

    감사와 수령들의 탐욕스럽고 포악함과 지방의 세력 있는 족속들이 힘으로 모든 것을 처리하고자 하는 것, 간사하고 교활한 구실아치들이 백성들의 재산을 빼앗는 행위와 같은 것들이 나날이 심해지고 나날이 늘어나 우리 백성들의 삶을 끝없이 고달프게 하고 있다. 그러나 대궐은 아득히 높고 멀기만 하여 호소할 길이 없어 마침내 '동학'이라는 이름을 빌려 무리를 모아 스스로를 보호하여 단 하루만의 행복을 바라는 데까지 이르게 되었다. (……) 그런데 애초에는 원통한 일을 호소한다고 들고일어나서는 점차 분위기가 조성되자 준동하여 도처에서 분탕질 치며 법률을 어기고 분수를 넘는 짓을 자행하여, 관의 업무가 시행되지 못하고 조정의 명령이 행해지지 못하여 백성들이 편안히 생업에 종사하지 못하게 만들고 있다.[106]

앞의 인용문은 치안 유지를 위해 전봉준이 각 읍의 집강에게 내린 통문을 황현이 비판한 내용인데, 특히 무덤을 파헤치는 일(掘塚), 고리채 폐지(討財), 부호 약탈(掠財)은 대부민 투쟁의 일환으로 농민군의 사기를 부추기는 일상적 업무였다. 양반에 대한 공격은 다반사로 일어났고, 횡포한 부호와 탐관오리에 대해서는 엄하고 잔혹한 형벌을 가했다. 전운사 조필영, 옥구현감, 순천부사, 고부군수, 전라좌수사 등이 동학 농민군에 체포되어 곤장을 맞았다. 김윤식은 일기에서 농민군의 자치를 이렇게 기록했다. "호남의 비도들은 아직도 곳곳에 둔취하여 지나는 곳에 추호도 백성을 침범하는 일이 없으며 백성들이 원소(冤訴)하는 것만 있으면 그 자리에서 판결해서 도리어 민심을 얻고 있다고 한다."[107] 백성이 나서게 된 원인을 십분 이해하면서도 도를 넘는 이런 모습은 두 번째 인용문이 질책하듯 '도처에서 분탕질 치며 법률을 어기고 분수를 넘는 짓을 자행하여 관의 업무가 시행되지 못하고 조정의 명령이 행해지지 못하여' 백성의 생업을 망치는 것으로 비쳐진다.

많은 연구자가 묘사한 집강소의 업무와 농민군의 활동상은 사실 도소의 감독과 묵인 아래 이뤄진 것으로 보아 무리가 없을 것이다. 전라도 만경에서는 관노 출신 접주가 양반을 붙잡아 체벌을 가했고, 노복, 천민, 무뢰배가 동사생계를 결성해 원한이 있는 사람을 죽이려 했으며, 처녀와 과부를 겁탈하는 등의 보복 행위, 불법적 약탈은 전쟁의 와중에 일어나게 마련이다.[108] 도덕적이고 자기 규율적인 행위가 일반화된 현상은 아니더라도 도소는 분명 국왕의 윤허가 내려지기 전 폐정 개혁안의 일부를 스스로 시행하고자 했다. 그것은 국가 권력을 일시 정지시킨 공백 상태에서 개혁의 이름으로 행한 신분제 해체와 권력 부정을 향한 자치 행위의 일면이었다. 그럼에도 중요한 사실은 자각인민에 의한 이런 자치 행정의 시도는 조선 역사상 최초로 나타난 것이라는 점이다. 비록 제2차 농민군 봉기가 관군과 일본군의 연합 작전으로 초토화되어 자치 행정 시도가 수포로 돌아가기는 했지만 그런 실험적 노력이 없었다면 곧이은 지배층 주도의 갑오개혁 와중에서도 도시민과 식자층이 대거 참여한 자발적 결사체 운동은 싹트지 않았을 것이다. 다시 말해 그것은 조선에서 자각인민이 시도한 최초의 '사회적인 것(the social)'이었고, 국가 권력의 재구성을 목적으로 스스로 조직한 '자율적 사회'의 원형이었다.

아직 시민의 한 요소만을 충족할 뿐인 자각인민이 정치적 공간에 선뜻 나선 그 상황을 시민 사회의 출현이라고 과대평가하려는 것은 아니다. 보편적 관점에서 '시민 사회'는 계약적 질서와 개인적 권리 의식에 충만한 개인들이 모여 자신들을 관리할 법과 규칙을 스스로 만들어 낼 때, 그리하여 국가 권력에 대해 자율적 법규를 강제할 힘을 갖췄을 때에나 가능하다. 인민(subject)은 통치자의 법을 맹목적으로 따르는 존재인 반면 시민(citizen)은 자신들을 법 제정자로 자처하는 존재다. 도소는 농민군을 법 제정자로 승격시킨 자치 조직이었고, 국가 권력에 대해 자율적 권력을 시도했다는 의미에서 조선 최초의 '사회적인 것'이었다. 도소 체제가 성공했는지 실패했는지의 여부를 떠나 자각인민이 지역 경계를 넘어 자율적 조직을 결성하고 폐정 개혁이라는 '정치 참여 요구'를 실천에 옮겼다는 점에서 그것은 조선 최초로 대두된 민중의 '사회'였다. 하우스만과 헤틀링은 서구 유럽의 시민 사회 요건을 이렇게 요약한다.

시민 사회의 초석은 타인들과 자유로운 결사체를 맺으려는 권리로 무장한 자율 조직화 의욕을 갖는 개인이다. 개별 시민은 종교적 통치로부터 자유롭고, 개인 됨을 바탕으로 정치 제도화에 참여할 자격을 갖춘 사람을 의미한다.[109]

계약적 질서나 개인적 권리 의식이 아직은 미숙하다 하더라도 종교적 자유를 갈망하는 자각인민이 각 지역을 연계하는 종교 조직을 가동하여 국가 권력에 대항하는 자율적 공간을 만들어 냈다는 사실은 '사회'라는 낯선 개념이 아직 출현하지 않았던 조선에서[110] 동학 농민 전쟁이 사회 개념의 기대 지평을 열었다고 평가할 수 있는 근거다. 동학 농민 전쟁이 말안장 시대를 마감하고 근대로의 이행을 앞당겼다는 적극적 평가를 내릴 수 있는 소이도 여기에 있다. 동학 농민군이 뿌린 농민 자치 조직의 씨앗은 1년도 채 지나지 않아 도시 지역으로 전이됐다. 근대 시민 사회의 징표인 '자발적 결사체(voluntary association)'가 전국적으로 출현하기 시작한 것이다.

3 문명 충돌과 양반 공론장의 붕괴

양반 공론장의 구조 변화: 분열과 쇠퇴

양반 공론장의 분열: 유림(儒林)과 조정(朝廷)

조선은 문(文)의 나라였고, 문을 숭상하는 우문 정치(右文政治)의 국가였다. 정치, 종교, 문예를 총괄하는 최상위 도덕 체계로서의 문의 의미가 퇴조하지 않는 한 우문 정치에 기반한 중세적 질서는 유지된다. 그러나 문을 구성하는 세 개의 질서가 각각 분리되는 조짐이 뚜렷해지고 문예도 학문, 문학, 예술로 내부 분화를 시작하자 지식과 권력의 상호 연계를 관장했던 양반 공론장은 결코 경험해 보지 못한 구조 변화의 터널로 빠르게 진입해 들어갔다. 재지사족과 유림은 19세기 전반에는 아주 느리게, 1860년대 이후로는 빠르게 진행되었던 양반 공론장의 분열과 쇠퇴가 궁극적으로 어떤 결과를 낳을지를 예측할 수 없었다. 다만 이(理)와 기(氣)의 관계 및 이(理)의 본질을 더욱 천착함으로써 화이론의 논리적 기반을 단단히 하고 이에 입각한 존화론과 척사론을 높이 세워 시시각각 닥쳐오는 내외부 위기 상황에 대처하고자 했다. 존화론과 척사론은 조선을 중화주의의 중심으로 격상시키는 소중화주의(小中華主義)의 이론 체계로서 지식과 권력이 분리되던 시대에 그것의 재결합을 지향한 논리였으며, 그런 의미에서 무너지는 중세를 수습해 내외부에서 발흥하는 새로운 현상에 대적하려는 논리였다.[1]

지식과 권력의 분리를 촉진한 요인은 무엇보다 삼척(三戚) 세도 정치였음은 1장에서 지적한 바다. 19세기 세도 정치에서 노론 위주의 삼척 정치가 정조 사후 60여 년을 지속하는 동안 지방 산림은 권부로의 진입이 차단되었으며 따라서 권력에 대한 지식의 견제 기능은 기대할 수 없었다. 산림은 지역별로 분화되어 지방에 은거했고 학문도 가숙 형태로 연명할 뿐 다른 길이 없었다. 권력을 장악했던 노론 낙론계도 화서문(華西門), 봉루문(鳳樓門), 고산문(鼓山門)으로 분화되면서 근기(近畿)의 이항로계, 서울의 유신환계, 호서(湖西)의 임헌회계로 나뉘어 그 진화 방향을 달리했다. 그 외에도 호남의 기정진, 영남 강우(江右) 지역의 이진상, 강좌(江左) 지역의 유치명이 주리학설을 두고 빠르게 분화했으며, 이진상의 제자인 허유와 곽종석이 스승의 심즉리설을 천착하는 데에 주력했다.[2] 19세기 전반과 중반을 대표했던 이들 산림은 임헌회와 전우가 노론 집권 세력을 보좌하는 데에 그쳤을 뿐 중앙 권력과 맥이 닿지 못했다. 따라서 이(理)의 본질을 둘러싸고 이학 논쟁이 활발할 수는 있었으나 그것으로 중앙 권력을 견제하거나 쇄신하지는 못했다.[3] 권력에 의한 지식의 주변부화가 지식의 자체 분화를 촉발해서 명물도수지학, 고증학, 양명학에 관심을 두는 학자군이 출현했으며, 문학과 예술 분야에서도 양반과 중서층의 장르가 서로 혼융되는 현상이 나타났다. 양반이 서민 예술인 판소리와 탈춤, 마당극을 즐겼으며 중인이 양반의 전유물이었던 사설시조와 가사 문학에 진입해 들어왔다.

그 결과는 양반 공론장의 분열과 쇠퇴였다. 양반 공론장은 조선 사회를 통합 관리하고 지배하는 사대부와 재지사족들이 통치 이데올로기를 생산하고 발전시키는 지배 계급의 공론장을 지칭한다. 사(士) 계급의 신분적 지위와 정치권력, 경제적 특권을 합리화하고 유지하는 문화적, 이념적 자원을 창출하는 생산 기지로서의 양반 공론장은 1장에서 충분히 서술한바 종교, 정치(향촌 질서), 문예 공론장으로 구분되고, 이 각각의 공론장을 총체적으로 관할하는 최상위 수준에 성리학적 천(天) 개념이 놓여 있다. 그런데 말안장 시대에 양반 공론장은 일차적으로는 학파 간 분절로 인하여 내부 분열이 지속적으로 발생했고, 이차적으로는 경향 분리에 의해 재야 '유림 공론장'과 '조정 담론장'으로 분절되는 모습을 보였다.[4] 유림 공론장과 조정 담론장의 분절과 대립이 곧 1860년대 이후 진행된 지배층 공론장의 전반적 특징이다. 이와 동시에 조선 사회를 단단하게 결박했던 양반 공론장을 분열시킨 요인이 역으로 평민 공론장을 출현하게 했다는 사실은 역사의 아이러니다. 인민을 유교적 통치 질서로 결박했던 통제망이 느슨하게 풀리고 급기야 분해를 시작하자 그 빈틈으로 평민 공론장이 서서히 고개를 들었다. 1860년대 최제우가 창시한 동학이 정치, 종교, 문예를 한데 결집한 평민 공론장의 출현을 가시화하여 쇠락해 가는 양반 공론장과 대적했다는 것은 2장에서 충분히 분석했다. 19세기 초반 이후 분열과 쇠퇴를 거듭했던 양반 공론장이 '민란의 시대'인 1860년대를 맞아 통문과 격문을 쏟아냈을 뿐 별다른 통제 기능을 행사하지 못한 것은 그런 이유 때문이다. 오히려 양반 공론장의 지역적 기제였던 향회(鄕會)가 향중공론을 창출하지 못하고 민란에 가담한 저항민들에게 반란의 항변을 공유하는 동회(洞會)로 변질되기도 했다.[5] 1860년대 동학의 발호에도 영남의 유림은 관(官)의 통제에 기대를 걸었을 뿐 별다른 조치를 취하지 못했다. 추로지향(鄒魯之鄕)이라 하여 천주교가 발을 못 붙였다는 사실에 남다른 자부심을 가졌던 영남 남인들에게 동학의 발흥은 골칫거리였지만 사족 중심의 향촌 질서에 커다란 위협이 될 것이라고 생각하는 유림은 없었다. 오히려 1870년대 초반까지 영남 유림의 최대 관심은 호계(虎溪) 서원과 병산(屛山) 서원 간에 벌어진 병호시비(屛虎是非)에 있었다. 병호시비는 1805년 학봉(鶴峯) 김성일(金誠一)과 서애(西厓) 유성룡(柳成

龍)의 문묘종사 소(疏)를 둘러싸고 벌어진 영남 유림의 분열로 학애(鶴厓)와 애학(厓鶴)의 서열 문제를 두고 호계 서원(학봉)과 병산 서원(서애)이 대립한 사건이다. 서차(序次)는 곧 학통 문제였기 때문에 병호시비는 해결되지 않은 채 1870년대까지 줄곧 지속되어 유림 집단의 단결력과 통치력을 해쳤다. 서원 철폐에 나섰던 대원군은 영남 유림의 집단 반발과 저항을 무마하기 위해 병호시비를 적절히 활용했으며, 병산 서원 출신의 유후조(柳厚祚)를 등용하여 1864년부터 시작된 사원(祠院) 훼철 반대 만인소 운동에 제동을 걸기도 했다.[6]

1863년 대원군 집정이 시작될 당시 양반 공론장은 중앙 정치에 영향력을 행사하지 못할 만큼 고립되고 주변화되었다. 이런 의미에서 양반 공론장을 중앙 정치와 분리된 재야(在野) 유림 공론장(儒林公論場)이라고 규정했다. 재야 유림의 정치적 고립은 앞에서 지적한 바와 같이 경향 분리와 지식－권력의 분리에 따른 결과로서 이들이 권부로 나아갈 통로가 마련되지 않는 한 재야 유림의 주변화는 더욱 심화될 수밖에 없었다. 조정이 관료 선발의 방식을 과거제에서 천거제 혹은 또 다른 새로운 방식으로 전환해서 중앙 관료로 진출할 수 있게 하거나 아니면 재지사족이 행사할 수 있는 향권을 강화하는 개혁을 도입한다면 사정은 달라질 수 있다. 그러나 18세기 후반부터 각 지방에서는 신구향 간 치열한 향전이 진행되면서 경제적 기반이 취약했던 구향의 권력은 사양 일로에 있었으며, 대원군 주도의 정치 개혁은 오히려 양반과 유림의 사회경제적 기반을 더욱 침해하는 방향으로 전개되었다. 사림과 재지사족의 강한 저항에도 불구하고 대원군이 밀어붙인 호포제는 양반에게도 군역을 부과함으로써 양반의 신분적 특권의 일부를 폐지했고, 1864년부터 시행된 서원 훼철은 그나마 재야 유림의 상호 결속과 공론장을 유지하던 정보와 학문, 시국관과 연대 행위의 연결망을 분쇄했다. 1864년부터 1871년까지 47개 사액(賜額) 서원을 제외하고 전국 1700여 개의 서원, 향현사(鄕賢祠), 생사당(生祠堂)이 폐쇄 조치되었으며, 각 원사(院祠)에 소속된 토지, 재산, 노비의 현황을 관아에 보고하여 국가 재정과 군력을 보완하도록 했다.

서원은 관학의 중심인 향교가 무자격 교사를 임용하고 경제적으로 취약해지면서 부실하게 운영되자 재지사족이 별도의 재원을 마련해 건립한 사학인데, 중종 대부터 출현하기 시작하여 지방 유력 가문과 명문가의 호응에 힘입어 전국으로 확산되기에 이르렀다. 서원은 학식 높은 선비를 별도로 초빙하여 유생들을 가르쳤으며 유력 가문들이 존숭하는 사림을 배향하는 사우(祠宇)를 동시에 건립하기도 했다. 백운동 서원(소수 서원)과 도산 서원, 예안의 역동(易東) 서원, 상주의 도남(道南) 서원 등은 성종 대부터 선조 대까지 건립되어 유력 가문의 자제를 교육했을 뿐만 아니라 주자학적 예법과 성리학적 질서를 고취함으로써 향촌 통치의 주요 기능을 담당했다. 사림은 사원을 강학 활동의 근거지로 삼아 학파를 형성하고 나아가 중앙 정치로 진출하는 발판으로 활용하고자 했다. 사원이 각 지역에 따라 사림 세력의 학문적, 이념적, 권력적 구심점이 된 것은 사원이 전국으로 확대된 17세기 중반 이후의 일이다. 사원은 유림의 집단 상소, 유소, 지역민의 교화, 향중공론을 만들고 실행하는 중심 기구로 자리 잡았다. 다시 말해 재지사족에게는 사림 공론의 수렴 기구로 발전한 것이다. 숙종 대까지 399개 서원과 195개 사우가 건립되었고, 이 중 181개 서원과 43개 사우가 사액을 받은 상태였다. 사액이란 국가에서 공식 인정한다는 징표로 국가 차원의 경제적 후원과 면세전, 노비, 제수(祭需) 등을 지방관이 지원하도록 규정하는 조치를 말한다. 그러므로 사액 서원은 지방관의 막대한 경제적 후원을 받을 뿐 아니라 국가로부터 부세 면제, 원속 노비의 군역 면제 혜택을 누릴 수 있었다.[7]

대원군의 서원 훼철은 이런 상황을 혁파하고자 한 것이다. 경복궁 중건과 중앙 관료 기구의 재편, 무력 증강과 군사력 강화 등 막대한 국가재정이 소요되는 국가 정책을 수행하기 위해서는 부세 제도의 전면 개혁이 필수적이었는데, 호포제는 군역 자원의 확대에, 서원 철폐는 면세전의 혁파와 원속 노비의 속오군 편제를 가능하게 했다. 대원군이 재정적 고려와 함께 의도했던 바는 서원 철폐가 노론의 지역 기반을 약화할 수 있다는 계산이었다. 대원군은 삼척 세도가 절정에 달한 시점에서 섭정을 시작했는데, 자신의 정치적 입지를 공고히 하려면 무엇보다 세도 정치의 기반 세력인 노론의 사회적, 경제적 기반을 약화하고 대항 세력을 등용하는 것이 급선무였다. 서원 철폐는 대원군의 그런 의도에 정확히 부합하는 개혁 조치였다. 대원군은 서원 철폐와 동시에 노론에 의해 정치적 고립을 면치 못하던 북인과 남인을 당상관으로 등용해서 정치적 세력 균형을 꾀하고자 했고, 종실 인물을 관장하던 종친부의 기능을 확대하여 전주 이씨(璿派人) 전체를 관장하는 기구로 승격시켰다. 이는 곧 외척 세도를 종친 세도로 교체하려는 대원군의 의도가 엿보이는 것이지만, 종친 세력의 부상보다는 북인과 남인의 진출, 그리고 문신에 대한 무신 우대가 삼척 세력을 와해하고 자신의 입지를 굳힌 주효한 조치들이었다.[8] 대원군 집정기에 당상관으로 등용된 남인과 북인은 18퍼센트로서 세도 정치기 8.3퍼센트에 비하면 크게 증가했다.[9] 우의정 유후조, 공조판서 이원조(李源祚), 예조·이조판서 한계원(韓啓源)이 그들인데, 영남 남인과 경남 남인은 대원군의 중요한 연대 세력이었다.

서원 철폐, 호포제 등 유림 세력의 기반을 허무는 제반 조치들은 유림의 위기의식을 증폭시켰다. 특히 그들의 공론 정치를 활성화하고 공론 실행을 담당했던 핵심 기구인 서원 철폐에 대해서는 그대로 방관할 수 없었다. 1864년부터 영남을 중심으로 재야 유림이 움직이기 시작했으며, 반대 의견이 확산되고 저항과 불만이 표출되었다. 이는 1871년부터 1881년까지 세 차례에 걸쳐 폭발된 영남 만인소(嶺南萬人疏)의 도화선이 되었다. 1871년 서원 훼철 만인소, 1875년 대원군 봉환(奉還) 만인소, 그리고 1881년 척사(斥邪) 만인소가 그것이다. 만인소는 말 그대로 1만 명에 달하는 지방 유생이 소유(疏儒)가 되어 연대 서명한 상소문을 왕에게 제출하는 것을 말하는데, 현대적으로 표현하면 1만 명의 지식인과 지방 유력 인사들이 연대 서명한 성명서를 소지하고 청와대와 중앙 정부 청사에서 상경 투쟁하는 것을 말한다. 집단 상소인 만인소는 당시 상황으로 보건대 정치에서 소외된 유림의 극단적 선택이자 양반 공론장의 영향력이 현저하게 떨어졌음을 말해 주는 사건이다. 그렇지 않다면 선출된 소두(疏頭)가 구태여 상경 봉소(上京捧疏)하지 않고 단지 상소문을 조정에 올려 압력을 행사할 수 있었을 것이다. 당시 유림의 상황 판단이 그렇지 않았기에 수십 명 내지 100여 명에 이르는 배소인(陪疏人)들이 집단행동에 나서야 했던 것이다. 만인소는 유림 공론장의 정치적 고립을 만회하기 위한 재야 유림의 몸부림이었다. 그러나 열강의 침투라는 뜻밖의 상황과 조우하면서 유림 공론장은 급기야 붕괴 위기를 맞았다.

척사론과 유림 공론장의 붕괴

1만 명에 이르는 유생들의 집단 상소에는 그만큼 큰 위험 부담이 따른다. 상소문의 접수, 왕의 수용 여부와 상관없이 대체로 소두는 유배형이나 심지어는 참수형에 처할 위험을 무릅써야 하고, 집단 상소에 참여했던 배소인들 역시 처벌을 받는 경우가 많기 때문이었다. 이런 위험을 무릅쓰고 향론이 일고 공론이 조성되면 집단 상소를 해야 한다는 유림의 분위기가 무르익는다. 서원과 향회가 이런 공론을 조성하는 데에 중심 기구가 된다는 것은 앞에서 지적한 바다. 연명 상소를 올려야 한다는 의견이 수렴되는 과정, 소두와 소임(疏任)을 선출하고 상소문을 작성하는 일련의 과정이 바로 양반 공론장이 작동하는 모습이다.[10] 우선 쟁점을 확인하면 유림은 문회(門會)를 소집하고, 문회의 합의를 통문을 통해 지역 향회와 서원으로 발송한다. 이 과정에서 통문들이 수차례 활발하게 교환되고 검토된다. 향회와 서원의 의지

가 결집되면 도회(道會)를 개최하여 군현을 넘는 광범위한 공동 의사를 상
소문으로 결정하는 것이다. 도회에서 상소 결행을 확정하면 상소를 책임질
소수(疏首)와 소수를 보좌해서 상경 봉소를 행할 소임을 선출하고, 각 지역
유림의 연명을 담은 명첩을 만들고 최종 상소문이 검토 확정된다. 소유들의
모임, 도회 개최와 합의 도출 과정에는 수개월이 소요되는 것이 보통이고,
향촌별로 상소에 필요한 소자(疏資)를 조달해야 하는 작업이 수반된다. 소
자의 할당액은 향촌별로 분배되지만 향촌의 사정에 따라 실제로 기여하는
바는 천차만별이다.

최종 상소문이 채택되고 거사 일이 확정되면 소수와 배소인들은 행장을
차려 서울로 길을 떠난다. 계절에 따라 더위와 추위를 무릅쓴 행차이기에
소행(疏行)도 보통 일은 아니다. 한강을 건너 서울로 진입한 소행 행렬의 기
개에 도성민들은 찬사를 아끼지 않았다. 예를 들면 대원군 봉환 만인소 행
렬의 모습은 이러했다.[11]

오후에 소유들은 마침내 소수와 함께 돈화문을 향하여 출발했다. 이때 소
수는 푸른 옷에 푸른 띠를 두르고 뚜껑 있는 가마를 탔으며 여러 유생들과
각 향 각지의 고관들 수백 명이 뒤를 따랐다. 박석현을 넘어 홍화문을 지날
때에는 좌우 연변에서 이를 구경하기 위한 인파가 운집하였는데 영남 선비
들의 기개를 감탄해 마지않았다.

홍화문을 지난 소행 행렬은 성균관, 궐문 혹은 태학에서 상소 본부에 해
당하는 소청(疏廳)을 차린다. 소청에는 전국 각지에서 발송한 지지 성명이
쇄도하는데, 이들 유림도 역시 명첩에 명단이 기재된다. 일종의 연대 책임
인 것이다. 소두는 소청이 차려진 성균관에 부복해서 상소문을 제출한다는
공식 보고를 올리고 일종의 접수증인 근실(謹悉)을 받는다. 근실이 없으면

상소는 예법을 벗어난 것으로 되어 승정원이 접수를 거부할 수도 있기 때문이다. 1875년 대원군 봉환 만인소에서 소초(疏草)와 근실이 없어 승정원이 접수를 거부하는 사태가 일어나기도 했다. 고종의 해산 하교에도 불구하고 6월 18일 4도 소수들이 광화문 밖에 복합(伏閤)하자 고종은 참수형과 유배형으로 강경 대응했다. 1873년 11월에 실각해서 양주 직곡에 내려가 있던 대원군은 결국 남인들의 희생을 최소화하기 위해 환궁할 수밖에 없었다. 대원군 봉환 만인소는 유림의 실패, 역으로 고종과 조정 대신들의 승리로 마감되었다. 다시 말해 공론 형성과 최종 소행의 어려움을 불사하는 것도 문제지만 왕이 상소문을 수용했는지의 여부가 만인소라는 집단행동의 성패를 가름하고, 그것은 곧 양반 공론장의 성쇠에 결정적 영향을 미치는 것이다. 성공하면 유림 공론은 영향력을 획득하는 것이고, 실패하면 사양 일로의 추세를 역전하기가 난망해진다.

그러므로 만인소의 결행에는 그야말로 많은 변수를 고려해야 한다. 공론 형성에 소요되는 기간, 과연 공론 수렴이 가능한지의 여부, 공론이 만들어졌다고 해도 집단 연명 상소를 감행할 것인지 등등의 문제를 꼼꼼하게 따져 봐야 한다. 공론 형성은 사안에 따라 수개월 내지 수년이 소요된다. 1871년 서원 훼철 반대 만인소는 대원군의 서원 훼철이 시작된 1864년부터 쟁론이 일어나 1871년에야 비로소 공론을 모을 수 있었다. 상소문이 작성되고 1만 27명의 연명을 받아 상경 봉소가 이뤄지기까지 거의 7년이 소요되었다. 그 과정에서 대원군의 회유책이 소유들을 여러 번 좌절시켰고, 때로는 관군이 소유들을 체포 구금하기도 했다. 상경 봉소 투쟁 때는 마침 미국 로저스 함대의 서울 공략이 발생했던 시점이어서 경기 지역의 경비 태세가 한층 강화되었다. 소행을 중지할 것인지 아니면 계속할 것인지의 여부를 두고 잠시 논란이 일었으나 상소 운동은 지속되었다. 그러나 한강을 건넌 소유들을 기다린 건 회유책에서 강경책으로 돌아선 대원군의 추상같은 명령이었다. 소수 정민병은 경기 감영으로 끌려갔으며, 수십 명의 배소인들은 대원군의 해산 명령에 흩어져야 했다. 만인소의 본부였던 영남 호계 서원이 결국 훼철되자 영남 유림은 구심점을 잃었으며 유림 공론이 영향력을 상실했다는 냉정한 현실을 인식해야 했다. 100여 명의 영남 유생들이 궐문에 부복한 1875년 대원군 봉환 만인소 역시 3차에 걸쳐 이뤄질 정도로 내부 사정이 복잡했다. 1차 상소를 주도했던 소수 류도수의 유배, 2차 상소를 주도했던 소유 여덟 명에게 유배 처분이 이뤄진 끝에 3차 상소가 감행되었으나 결국 자신의 세력 근거인 영남 남인들의 처벌을 두려워한 대원군이 서울로 환궁하는 것으로 막을 내렸다.[12]

정치적으로 비교적 성공한 사례가 1881년 척사 만인소다. 비교적 성공했다는 것은 고종이 집단 상소에 대해 척사윤음(斥邪綸音)으로 화답했기 때문이다. 영남 만인소가 이처럼 상대적 성공을 거둔 이유는 1860년대부터 1870년대까지 발생한 일련의 내우외환에 대해 내수외양(內修外攘)을 내세운 척사론이 노론계 유림의 대체적인 호응을 얻었던 까닭이다. '말안장 시대'가 시작되는 1860년대와 1870년대의 그 불안한 시간대에 영남 유생들을 포함하여 전국의 유림에게는 결속력을 다지기 위한 새로운 동력이 필요했다. 1860년대는 영불 연합군의 북경 함락 소식과 전국 민란으로 개막됐으며, 국내외적으로 충격적인 사건들이 잇달아 발생하는 가운데 천주교도에 대한 대원군의 유례없는 박해가 일어났고, 프랑스 신부를 죽인 사건의 책임을 물어 프랑스 함대가 강화도를 점령한 사건이 발생했다. 이어 1871년에는 미국 로저스 제독이 이끄는 함대가 강화도를 침범하여 격렬한 전투를 벌였다. 1860년대에 발생한 일련의 사건들은 전국 유림의 최대 관심사를 척사론으로 수렴하게 만들었다. 척사론의 실행자는 다행히도 대원군이었다. 이양선의 출몰과 서양의 위협에 대해 강력한 군사력으로 맞서고자 했던 대원군의 통치 이념에 유림은 반대할 필요가 없었다. 대원군은 강화도의 군사력을 재

편하여 진무영(鎭撫營)을 발족했고 무력을 증강 배치했다. 당시 중국 무역의
관문이었던 책문후시(柵門後市)를 폐쇄하여 서양목의 수입을 금지했고, 강
력한 해금 정책을 펼쳐 전통적 사대교린 체제를 수호하고자 했다. 영남 유
생들을 위시하여 근기학파, 호서학파, 그리고 서울의 노론 낙론계도 대원
군의 척사 정책을 환영했다. 오히려 이항로 계열의 근기학파는 한 치의 물
러남이 없는 더 단호한 해금 정책과 '서양은 금수(禽獸)'라는 극단적 양이
론(攘夷論)을 들고나왔다. 1866년 이항로의 척사소는 이런 분위기 가운데
제출되었다. "중국지도(中國之道)가 망하니 이적(夷狄), 금수가 왔다. 북로는
이적이니 오히려 말할 수 있지만 서양은 금수이므로 말할 수조차 없다."[13]
1876년 2월 강화도 조약이 체결된 직후 최익현이 감행한 지부복궐소(持斧
伏闕疏)는 서양 금수론에서 한걸음 더 나아가 '왜양 일체론'을 주장한 것
이었다. "저들이 비록 왜(倭)에 가탁하고 있지만 실은 양적(洋賊)이니 화사
(和事)가 한번 성립되면 사학(邪學)이 전수되어 온 나라에 가득할 것이다.
저들이 입국하여 국내에 왕래하며 살면 재산, 비단, 부녀자를 원하는 대로
할 것이다."[14]

　　이런 분위기 속에서 1876년 일본의 강압으로 체결한 강화도 수호 조규와
그 후속 조치인 개항 논란은 척왜양을 향한 유림의 오랜 집착을 더욱 부추
겼다. 마침 수신사 김홍집이 가져온 『조선책략(朝鮮策略)』이 고종의 명에 따
라 인쇄되어 전국에 배포되자 그렇지 않아도 왜양 금수론에 젖어 근심하던
유림의 불만이 폭발했다. 1876년 이후 영남 유림을 중심으로 여러 차례 논
의되었던 만인소의 필요성이 다시 제기된 것이다. 이번에는 이황의 손자이
자 1855년 장헌 세자 만인소를 주도했던 이휘병의 아들 이만손(李晩孫)이 소
수로 추대되었다. 경상좌우도에서 모인 유림은 도산 서원에서 향회를 갖고
전국에 척사 통문을 돌렸다. 이후 유림은 산양 도회소에서 성균관 유생 강
진규가 작성한 상소문을 채택했고, 1881년 2월 17일 한강을 넘어 400여 명

이 1차 복합 상소에 들어갔다. 척사 상소는 이로부터 3개월간 지속되어 5월에는 화서 이항로의 제자인 김평묵의 지지 성명과 함께 전국의 소유들이 광화문에 집결해서 김홍집의 처벌과 개항 정책 철회를 요구했다.[15] 고종은 만인소가 진행되는 와중에 이미 동래부 암행어사를 가장한 신사 유람단을 일본에 파견까지 하였으나 척사소를 주장하는 전국 유림과 타협하지 않을 수 없었다. 만인소는 황준헌의 『조선책략』에 담겨 있는 내용이 러시아를 가상적으로 만들어 서양과의 수교를 정당화하는 음모에 지나지 않다는 사실을 폭로하여 재일청국공사 황준헌의 권유를 받아들인 김홍집을 처벌할 것과 왜양 일체론에 입각하여 더욱 강경한 대외 정책을 고수할 것을 요구했다. 만인소의 주장은 이렇다.[16]

러시아는 본래 우리와의 혐의가 없는 나라이옵니다. 공연히 남의 이간을 듣고 우리의 위신을 손상시키거나 원교를 핑계로 근린을 배척하오며 행동과 조치가 전도되고 허(虛)와 정(正)이 앞뒤가 바뀌게 될 것이옵니다. 만일 이것을 구실 삼아 분쟁을 일으킨다면 전하께서는 장차 이를 어떻게 구제하시겠나이까. (……) 하물며 러시아, 미국, 일본은 같은 오랑캐이옵나이다. 그들 사이에 누구는 후하게 대하고 누구는 박하게 대하기는 어려운 일이옵나이다.

방아론(防俄論, 러시아 남하 견제)의 허구성을 폭로하는 만인소의 주장은 전국 유림을 고무시켰으며, 서양과의 수교 통상을 망국의 길로 규정하고 수교를 추진하는 관료 대신들을 역적으로 몰아세웠다. 전국에서 유생들의 상소가 잇달았다. 서학을 전파하는 서적을 불태우라는 홍시중의 과격한 상소가 올려졌고, 강원도 유생들의 복합 상소를 주도한 소수 홍재학은 조선을 양염(洋染)에서 구출해야 한다고 외쳤다.[17] 고종은 이런 흉흉한 분위기를 일단 진정시킬 필요가 있음을 절감하고 비답(批答)과 함께 척사윤음을 내렸는데 이는 척사론을 앞세워 전통적 사대교린 체제를 수호할 것을 고집하는 유림과 잠정적 타협을 모색한 것이었다. 고종의 비답은 다음과 같다.[18]

벽사위정(闢邪衛正)에 어찌 너희들의 말을 기다릴 필요가 있는가? 딴 나라 사람의 사의문자(私擬文字, 『조선책략』을 지칭함)는 심구할 만한 것이 못되는데, 너희들이 오간(誤看)하여 결적(抉摘)한 것뿐이다. 만약 이에 빙자하여 또 번거롭게 상소하면 이는 조정을 비방하는 것이니 엄히 처단할 것인바 모두 물러가라.

고종의 비답엔 벽사위정이 조정의 흔들리지 않는 불변의 입장임을 재삼 강조하여 유림을 달래는 한편 수교 통상을 조심스럽게 모색하는 조정의 정책에 시비를 걸지 말라는 경고가 동시에 들어 있다. 일종의 강온 양면책이었다. 고종은 소수 이만손과 상소문 작성자인 강진규, 연명 상소에 동참했던 화서학파의 거두 김평묵을 유배형에 처했고, 과격한 상소문을 올렸던 홍재학에겐 범상부도죄(犯上不道罪)로 능지처참형을 내렸다.[19] 그러는 한편 '척사윤음'을 반포해서 국정이 벽사위정에 입각하고 있음을 다시 한 번 강조했다. 유림은 일단 물러갔지만 각 지역에 은거하면서 여전히 상소를 올리는 일을 주저하지 않았다.

척사론은 쇠퇴 일로에 있던 유림 공론장에 활기를 불어넣고 분열된 학파들 간 결속력을 증대시킨 공통 노선이었으나 정학을 지향하는 척사위정론은 '밀려오는 서양'을 막아 낼 새로운 동력을 만들어 내지 못했다. 흩어진 유림의 결속력을 증대시킨 척사론은 오히려 '문명 충돌'의 전선에서 자신들이 철저히 고립되는 결과를 자초한 것이다.[20] 내수외양으로 서양을 막아 내고자 했던 유림의 고투는 눈물겨운 것이었다. 앞에서 지적한바, 대원군의 서원 철폐와 호포제의 강압적 실행, 무엇보다 중앙 권력의 강화 정책으로 유림 공론장의 권력적 기반은 약화 일로에 있었다. 1870년대에 추진된 세 차례의 영남 만인소는 쇠퇴 일로에 있던 양반 공론장의 권위를 회복하고 정국의 주도권을 되찾고자 한 유림의 마지막 시도였다. 1881년 척사 만인소를 끝으로 정국의 주도권은 고종을 정점으로 한 조정 대신에게 넘어갔으며, 임오군란과 갑신정변 이후 10여 년 동안은 청의 개입으로 고종은 물론 조정 고위 관료들조차도 어떤 정치적 영향력을 발휘하기가 어려운 상황으로 몰렸다. 누구도 예상하지 못했던 이런 상황이 더욱 심화되자 세계관을 전격적으로 수정하지 않고는 유림 공론장의 영향력은 회복될 수 없었다. 유림과 고종, 유림과 조정 대신, 그리고 유림과 서양 사이에 펼쳐진 전선은 유림 세력을 궁지에 몰아넣었다. 서양의 공식 진출과 개입, 그리고 조선을 두고 벌어진 일본과 청의 지배권 투쟁 속에서 유림은 공론 형성의 역할을 거의 포기해야 했다. 왜냐하면 왕권의 유지 존속이 문제가 되는 절박한 상황에서 개별적, 집단적 의사를 표명하는 것 자체가 국가와 조정의 생존과 번영을 위해 어떤 실질적 의미를 획득하는 것이 아님을 뼈아프게 인식해야 했기 때문이다.

19세기 초반 이래 조정과 유림을 한데 묶었던 전통적 양반 공론장은 점차 분리되면서 유림 공론장의 점진적 쇠퇴를 가져왔는데, 유림은 1870년대까지 개별적 상소와 세 차례의 만인소를 통해 공론 권위를 회복하고자 시도했으나 번번이 좌절되었다. 성리학적 세계관으로는 도저히 감당할 수 없었던 미증유의 변동 속에서 유림은 양반 공론장의 전면적 붕괴를 목도해야 했다. 양반 공론장은 유림과 조정으로 양분되었고, 유림 공론장은 급기야 권력에서 완전히 소외, 주변화되어 공론 기능을 상실하기에 이르렀다. 주도권이 조정으로 넘어간 것이다. 유림 공론장이 전면 붕괴된 상태에서 전국을 총괄하던 양반 공론장은 이제 '조정 담론'으로 축소되었다. 유림은 1880년대를 그런 절망적 상태로 보내면서 새로운 활로를 모색했는데, 왜양 일체론의 정당성을 입증할 여러 계기들이 찾아오고 있었다. 친일파가 추진한 갑오 개혁과 명성 황후 시해 사건이 그것이었다. 1895년 경복궁에서 발생한 을미 사변은 유림 공론장에 투쟁의 봉화를 점화시켰다. 조정 담론장에 밀려 수면 밑에 잠재되어 있던 유림의 척사론이 의병 운동으로 터져 나왔다.

조정 담론의 변화: 변이의 발생

변이(變異)는 찰스 다윈이 『종의 기원』에서 생물의 진화를 말할 때 썼던 용어다. 진화(進化)는 생존 경쟁에서 살아남은 종이 생명력과 번식력을 확 장하여 세력을 넓히고 환경에 적응력을 키워 나가는 과정에서 원래의 종과 는 다른 유형으로 성장하는 현상을 지칭한다. 적응 과정에서 변이가 발생 하는 것이다. 이런 까닭에 다윈은 진화를 '변이에 의한 성장'으로 정의했다. 변이는 환경 변화에 따른 외적 충격을 극복하고 새로운 질서에 적응력을 높 이는 생존 과정이다. 종이 완전히 달라진 형질 변형도 발생한다. 조선 지배 층이 화이론이라는 전통적 세계관에서 한 발자국도 움직이지 않았던 19세 기 중반, 조선을 숭명의리와 존화론(尊華論)의 중심국으로 만들고자 했던 소 중화주의가 사대부와 재지사족의 흔들리지 않는 신념이자 지배 이념이었 던 당시, 망국의 위험을 피하기 위해서라면 서양과의 수교 통상도 가하다는 인식이 조정 관료 내부에서 싹텄다는 것은 일종의 변이에 해당한다. 그것은 건국 이후 500년을 존속했던 해금 체제에 대한 최초의 반문이었으며, 조공 체제의 기반을 흔드는 역모적 발상의 전주곡이었다.

해금 체제에 안주해 있던 조선 조정은 1850년대에 들어 연안에 자주 출 몰하는 이양선에 대해 신경을 곤두세우고 있었다. 대박래선(大舶來鮮), 조선 의 천주교 박해에 보복을 가하고 천주교도를 구제하러 군사와 대포를 실은 큰 선박이 한강을 따라 서울로 쳐들어 올 것이라는 풍문이 돌고 있었기 때 문이다. 대박은 연안 지역에 자주 출몰했다. 거기에 아편 전쟁과 난징 조약,

그리고 1860년 영불 연합군의 북경 함락 소식이 전해지자 조정은 엄청난 위기 의식에 휩싸였다. 연안이 위태로워졌다는 인식이 팽배했다. 여기에 북방 경계에도 문제가 발생했다. 1859년 톈진 조약 체결로 러시아가 우수리 강과 연해주 지역을 병합해서 조선 국경과 맞닿았다. 조선 조정은 러시아의 정체를 두고 설왕설래했다. 판단할 근거도 정보도 없던 상태에서 조정은 주로 청에서 보내오는 자문(咨文)에 의존해야 했다. 프랑스 신부들과 약 4000명의 천주교 신자를 죽인 병인박해가 조선을 탈출한 리델 신부에 의해 중국과 프랑스에 알려지자 국제 정세는 조정의 상상을 초월하는 방향으로 전개됐다. 조선 조정은 주중 프랑스 공사 벨로네(Henri de Bellonet)가 분노에 찬 다음과 같은 내용의 문서를 중국 총서에 보냈다는 사실도 몰랐다.[21]

프랑스 황제의 정부는 피로 물든 이러한 모독을 징벌하지 않을 수 없습니다. 조선의 국왕이 우리의 불행한 동포들에게 손을 가한 바로 그날이 그 통치의 마지막 날입니다. 조선 국왕은 그의 멸망을 스스로 선언하였다고 본인은 오늘 엄숙하게 내 자신 선언하는 바입니다. 며칠 후 우리의 군대는 조선을 정벌하러 나아갈 것이며 우리의 존엄한 황제만이 조선과 주인 없는 그 왕좌를 황제의 의향에 따라 처분할 권리와 권한을 갖고 있습니다.

프랑스 함대 사령관 로즈 제독이 강화도를 침범하기 한 달 전인 1866년 8월 중국 예부는 프랑스의 침공이 임박했다는 자문을 조선 조정에 보냈다.[22] 조선 조정이 발칵 뒤집혔음은 말할 나위도 없다. 9월, 1차 원정에 나선 로즈의 함대가 강화도 초지진을 쑥대밭으로 만들고 서울 양화진에 진입했을 때 도성 민심은 흉흉하기 그지없었다. 당시 10세였던 유길준은 부친을 따라 양주 곤지암으로 피란을 갔고, 사대부와 양반 관료들이 모두 난리를 피해 시골로 달아나서 서울 장안에는 노비만 득실거렸다. 미국 상선 제너럴셔먼호가 대동강에서 박규수(朴珪壽, 1807~1877년)가 진두지휘한 화공으로 침몰한 사건이 일어난 지 겨우 한 달이 지난 시점이었으므로 바다로 침범해 오는 양적(洋賊)에 대한 공포는 극에 달했다. 그럼에도 중국 총서가 보내는 자문과 홍콩에서 발행되는 《중외일보(中外日報)》를 통해 국제 정세에 대한 당시의 정황을 부분적으로나마 접할 수 있었다. 조정은 연안 지역에 출몰하는 이양선의 존재와 환경 변화에 대한 제한적 정보를 접하면서 아주 점진적인 인식의 변화를 일으켰다. 전통적 화이론을 철석같이 신봉했던 조정 대신들조차 위협과 공포를 느꼈다. 변화는 공포를 극복해야 할 필요성에서 비롯된다. 변화의 방향은 여전히 모호했지만, 조정 내부에서 싹트던 이런 인식의 변화는 생존을 위한 일종의 변이에 해당할 것이다. 변한 환경, 중국 사신이 전해 주는 소식, 그리고 중국발 정보가 화이론과 대외 인식의 점진적 변이를 촉발했다.

사태 해결의 책임을 직접 담당했던 조정 관료와는 달리 지방 유림은 이런 변화에서 상대적으로 멀리 떨어져 있었다. 승정원에서 발행하는 《조보(朝報)》가 지방 관료와 양반 계층에 왕의 교지, 전교, 소장에 대한 비답, 윤음, 관리 임면 사항, 중앙과 지방 관사에서 발송한 각종 보고서의 내용을 전달하기는 했지만,[23] 양적의 위협을 깊이 탄식하고 우려를 표명하는 것에 그쳤을 뿐 직접 구체적인 행동을 취할 위치에 있지 않았다. 유림에게 서양의 침입은 내수외양을 굳건히 하라는 강력한 경고였을 따름이다. 서양의 위협이 더욱 심화될수록 유림은 조선 유교의 핵심 가치를 강화하는 쪽으로 대처하고자 했다. 화이론의 강화, 그리고 예치론(禮治論)에의 극단적 호소가 그것이다. 그것은 소중화주의를 자처하는 조선 유림의 사상적 지주였다.

그 중심에는 어떤 상황에도 변하지 않는 영구불변의 천(天) 개념이 놓여 있었다. 1860년대에 개막된 말안장 시대에 동학은 천 개념을 인격화해서 일반 인민에게 다가갔음은 2장에서 논의한 바다. 지배층의 전유물이었던 천 사상을 일상 생활의 공간으로 하강시켜 인민이 친숙하게 접할 수 있도록 바꾼 것이 동학이 해낸 종교 개혁이었다면, 지배층은 천 개념을 인민이 인식할 수 없고 닿을 능력도 없는 심오한 영역으로 멀찌감치 떼 내 우주론적 차원의 논쟁을 재개했다. 퇴계와 율곡 이후 평행선을 긋던 주리론과 주기론의 상호 절충과 접합의 시도가 그것이다. 유림은 당시의 사회적 혼란과 도덕적 타락상을 인의예지가 무너지고 강상 윤리가 파탄된 결과로 진단했고, 서양의 위협 역시 예와 도를 심화하는 것으로 극복할 수 있다고 믿었다. 천의 명령이자 본질인 예의지도(禮義之道)를 어떻게 회복할 수 있는가? 위기 극복에는 명덕(明德)을 내면화하고 세상에 펴는 것이 필요한데 그것은 어떻게 실현할 수 있는가? 이런 문제의식이 대유(大儒)들을 명덕을 인지하는 주체로서의 심(心)의 본질을 규명하는 논쟁으로 몰고 갔다. 명덕이 심에 의해 발현된다면 심은 이기(理氣)를 합하고 성정(性情)을 통괄하는 주체인가, 아니면 이(理)의 명령에 따라 기(氣)가 작용한 결과인가? 심은 과연 세상 만물에 작용하는 기를 통제할 수 있는가, 아니면 심에 깃든 이의 작용으로 기를 광명하게 만들 수 있는가? 이런 논쟁의 배경에는 천주교의 확산과 서학의 수용으로 무너지는 예의지도에 대한 유림의 깊은 우려가 깔려 있었고, 급기야는 책문후시와 개항장을 통해 쏟아져 들어오는 양물이 인민의 세태를 척박하게 만들고 있다는 현실 진단이 놓여 있었다. 명덕을 밝히고 널리 펴는 것이야말로 당시 혼란상에 대한 유림의 처방이었는데, 명덕의 인지 주체로서 심(心)의 본질론으로 나아갔던 것이다. 도산 서원의 원장이자 영남의 대유였던 이한응은 1850년 청량산 오산당에서 강학을 개최했는데 유림 600여 명이 모여 주리, 주기론을 논했고, 퇴계의 학맥을 이은 이상정의 외증손 유치명은 1856년 호계 서원에서 강학회를 열어 심성리기, 의리에 대해 강론하고 토론했다. 유림 수백 명이 그의 강학을 들었다.[24] 유치명의 문하이자 영남의 대학자로 칭송받던 이진상은 1857년 유치명과 심의 본질을 두고 논쟁했고, 유치명이 작고한 1861년에는 '심즉리설'을 발표했다. 그의 주리론적 학설을 허유와 곽종석이 물려받아 청의 문물을 수용할 것을 주장했던 북학론의 이기론적 관점과 대적했다. 이진상은 '심즉리설'을 이렇게 설파했다.[25]

> 심을 논한 것에 심즉리(心卽理)란 말보다 더 좋은 것이 없고 심즉기(心卽氣)란 말보다 더 선하지 않는 것이 없다. (……) 무릇 심이란 성(性)·정(精)의 총칭인바 그 체는 성(性)이니 성 밖에 심이 없고 심 밖에 성이 없다. 만일 성을 담고 있는 심으로써 말한다면 이는 심의 집일 뿐이니 의가(醫家)에서 말하는 심이지 우리가 말하는 심은 아니다.

심의 본질을 설파하는 것이 당시 유림에게 중요했던 이유는 주리와 주기의 관계를 바로 세우고 그것이 인간과 사물에 대해 의미하는 바를 정립해서 말안장 시대를 성리학적 질서로 다시 끌어들이기 위함이었다. 인성(人性)과 물성(物性)의 같고 다름은 북방의 이적(夷狄)을 수용할 것인지 아니면 내칠 것인지의 문제였고(척사론), 인성을 바로 세운다는 것은 중화의 핵심 가치를 조선에 실현하는 문제와 직결된다.(존화론) 병자호란 이후 숙종 대에 이르기까지 노론계 학자들이 다진 전통적 화이론은 가치론과 실천론으로 구성되어 있다. 우암 송시열은 공자가 『춘추(春秋)』를 지을 때 기본 원리로 설정한 '춘추대의'를 중화 문명의 정통으로 삼아 주실(周室), 명(明), 조선을 중화주의의 맥으로 파악했고, 따라서 존주론(尊周論)을 소중화주의의 사상적 기반으로 정립했다. 존주론은 곧 공맹(孔孟)과 정주(程朱)를 준거로 정학(正學)을 보위하자는 '위정(衛正)'의 이론적 기초가 되었다. 척사론의 기원은 북벌론이다. 효종 대에 제기된 북벌론은 오랑캐의 전형인 청을 징벌하여 조선의 자존심을 회복하고 북방의 이적을 물리치는 것이야말로 천하를 바르게 할 수 있다는 중화주의의 실천론에 해당한다.[26] 천주교의 확산과 서학의 유입을 목도하면서 북벌론은 초기적 척사론으로 발전했고, 1870년대에는 일본과 서양을 다 같이 금수로 취급하는 왜양 일체론, 왜양 금수론으로 나아갔다.

광정(匡正)함은 주실(周室)을 존중하고 이적(夷狄)를 물리쳐 모두 천하를 바르게 함이다.[27]

'존주양이(尊周攘夷)'는 조선 유림의 불변하는 가치였으며 흔들리지 않는 천 사상이었다. 그러므로 말안장 시대를 맞아 존주론은 위정, 북벌론은 척사로 발전하는 것은 논리적 귀결이었다. 존주론을 더욱 완결된 형태로 승화하고자 했던 유림이 중세적 질서가 무너져 가던 시기에 명덕주리주기론과 심즉리설에 매달린 사상사적 필연성은 그렇게 이해된다. 마찬가지로 척사론이 한말 일제 침략에 맞선 의병 투쟁의 험난한 계곡으로 유림을 인도했던 연유도 또한 그러하다. 존주론을 날줄로 척사론을 씨줄로 단단히 엮은 유림의 성리학적 세계관에는 몰려오는 서양 함대와 조선을 두고 벌이는 제국 열강의 세력 다툼을 대포와 군사력으로 물리치는 것 외에는 다른 방도가 없었다. 그러나 군사력은 열세였고, 대포는 서양 함대의 시위와 무력 도발을 감당할 수 없었다. 멀리서 온 이방인은 후하게 대접해서 돌려보내라는 '유원지의(柔遠之義)'는 더 이상 통하지 않았다. 그들은 상륙을 원했고, 수교 통상을 원했으며, 때로는 점령을 통고했다.

변이는 생존이 위협받는 상황에서 위기 극복을 위한 고육지책에서 비롯된다. 생존 경쟁과 적자생존이라는 사회 진화론적 사고가 유입되기 훨씬 이전에도 이런 유형의 변이는 발생한다. 전통적 화이론을 훼손하지 않고 서양의 위협을 감당할 수 있는 방략을 모색하는 과정에서 자연스럽게 대외 인식에 변화가 발생할 수 있다. 북학파의 원조라고 할 수 있는 홍대용(洪大容, 1731~1783년)이 화이론에 입각한 조선 중화주의를 강하게 부정했던 18세기 후반 이전까지도 중국 사신 경험이 있는 관료들과 서학 서적과 서양에서 전래한 지도를 접했던 재야 학자들 사이에서 간간이 중화 중심설에 의문이 제기되기도 했다. 그러나 그것은 단지 의문에 그쳤을 뿐 세계의 중심이 중국이라는 신념에는 변함이 없었다. 가령, 1666년에 「곤여만국전도」를 참고해서 세계 지도를 제작한 김수홍은 중국을 중심에 두고 사방에 주변국을 배치했다. 마테오 리치가 1602년에 제작한 「곤여만국전도」를 보면서 서방 세계의 존재를 어떻게 배치하고 인식해야 할 것인지가 고민이었을 터이지만 여전히 중국을 중심으로 하고 5대주를 그 둘레에 표기했다. 1708년 숙종의 명으로 「곤여만국전도」를 직접 제작해서 올린 최석정(崔錫鼎) 역시 태서국(유럽)들의 존재에 마음이 편치 않았다. 최석정은 자신의 문집에 이렇게 토로했다.[28]

「곤여도」는 고금의 그림이 한가지는 아니지만 모두 평면에 땅을 네모나게 만들고, 중국의 성교가 미치는 곳을 외곽의 경계로 했다. 지금 서양 선교사의 학설은 지구를 위주로 하여 "하늘이 둥글면 땅도 둥글다. '땅이 네모나다'는 것은 땅의 도(道)가 정(靜)을 위주로 하므로 그 덕(德)이 방정(方正)하다는 것을 말할 뿐이다."라고 한다. (……) 중국의 9주는 북쪽 근처의 아세아 지역에 위치하니, 그 학설이 매우 거칠고 허망하여 황당하고 정도에 어긋난다. 그렇지만 그 학술이 전수된 것에 유래가 있어 함부로 변파(卞破)할 수도 없으니 그대로 두어 식견을 넓히고자 한다.

마테오 리치가 그린 「곤여만국전도」를 상세히 관찰한 최석정은 차마 태서국과 5대주의 존재를 무시할 수가 없었다. 그래서 "그 학술에 유래가 있어 함부로 버릴 수 없으니 그대로 둔다."라고 고백했다. 그 이후 19세기 중반에 그려진 서양식 세계 지도인 「여추전도(輿墜全圖)」에는 5대주와 유럽과 아시아 대륙이 분명하게 배치되어 있는데, 세계 지리와 문물을 서술한 『영

환지략(瀛環志略)』의 영향을 받았음에도 여전히 중국이 중심에 위치해 있는 것은 변함이 없다.[29]

이런 사정에 비추면 홍대용이 제기한 소중화주의 부정론은 혁명적 인식임에 틀림없다. 박지원의 친구이기도 한 홍대용은 중국 연행에서 당대의 지식인과 폭넓게 교유했고, 천주교 신부들을 만났으며, 수많은 서학 서적을 독파했다. 견문의 확장을 통해 홍대용은 중국 중심설을 과감하게 부정하는 일종의 탈각으로까지 나아갈 수 있었다. 지구설과 지전설이 혁명적 인식의 출발점이었다. 지구는 둥글고 스스로 움직인다. 그러므로 지구상의 어느 나라나 중심이 될 수 있고 주변도 될 수 있다. 인간이 놓인 위치와 보는 시각에 따라 중심, 주변이 바뀔 수 있다는 주장이다. 그는 청에서 접한 서양의 자연과학적 지식을 토대로 중국은 다른 대륙과 마찬가지로 하나의 대륙이자 세계의 일부분이라고 설파했다. 요즘 지식으로는 상식에 속하는 이 견해는 '화(華)는 중심, 이(夷)는 변방'이라는 우주관에 입각한 조선의 지배 이념과 통치 철학을 통째로 뒤흔드는 위험천만한 것이었지만, 정조의 문체반정(文體反正)과 정학(正學) 보위를 통해 정권을 유지하려는 노론학계의 철저한 봉쇄로 그 영향력은 차단되었다. 가령 『의산문답(毉山問答)』에 서술된 중국에 대한 인식은 이러하다.[30]

이 지구 세계를 태허(太虛, 우주)와 비교한다면 미세한 티끌만큼도 안 되며, 저 중국을 지구 세계와 비교한다면 십수분의 일밖에 되지 않는다. 전 지구로써 별의 도수(度數)에 결부시킨다면 혹 할 말이 있으려니와, 한쪽에 있는 구주(九州, 중국)로써 여러 별세계에 억지로 배합시켜 나누기도 하고 합치기도 하여 재앙과 상서(祥瑞)를 엿보다니 그 허망하고도 허망함은 말할 나위가 없다.

중국이 중심이 아니라는 이 혁명적 인식은 '화 곧 중국'이라는 조선의 등식을 무참하게 깨뜨렸으며, 대명의리의 중심을 자처해 이(夷) 조선을 화(華)로 격상한다는 소중화주의 통치 철학의 근간을 무너뜨렸다. 세계의 일부로서 중국은 화(華)이고, 조선은 변방에 불과한 이(夷)일 뿐이다. 청을 둘러본 홍대용의 눈에는 조선은 빈약하고 빈곤한 변방의 작은 나라에 지나지 않았다. 그러니 중국이 세계의 중심이 아닌 상황에서 조선이 중화주의의 중심국을 자처하는 것은 어불성설이자 잘못된 세계관이라는 것이다. 자연과학적 지식에 입각한 자기 발견을 통해 자기 부정과 함께 화이론에 대한 냉소적 인식이 싹텄는데, 그것은 곧 소중화론에 대한 신랄한 비판으로 발전했을 뿐만 아니라 정학 위주의 이단 배척론에 대한 강한 저항감으로 표출되었다.[31] 그것은 곧 성리학적 세계관을 탈피해야 할 시대적 필연성을 제기했다. 그의 문집 『의산문답』이 허자(虛子)와 실옹(實翁) 간 토론 형식으로 이뤄진 이유가 이것이다. 허자는 춘추대의에 집착해 성리학적 우주관과 존재론에 매달리는 조선 유림의 허구적 화신이다. 현자가 어떤 사람이냐고 실옹이 묻자 허자가 이렇게 말한다.[32]

주공(周公)과 공자(孔子)의 업을 높이고 정자(程子)와 주자(朱子)의 말을 익혀서 정학(正學)를 부지(扶持)하고 사설(邪說)을 물리치며 인(仁)으로 세상을 구제하고 명철함으로써 몸을 보전하는 자가 유문(儒門)에서 말하는 현자입니다.

그러자 실옹이 비웃으면서 답한다. "네가 학문의 미혹됨이 있음을 진실로 알겠다." 공맹의 학과 육경고문에 매달려 현실을 직시하지 못하는 조선 유림을 향한 직격탄이다.

변이는 이런 형태로 싹을 틔웠지만 활발하게 발육하지 못했다. 변이가 성장할 수 있는 조건이 성숙해야 했다. 서양의 위협이 더욱 거세지고 조선의 안녕이 위태로워지는 상황이 존화론과 척사론에서 이탈과 변이를 가능케 하는 조건이다. 1866년 병인양요와 1871년 신미양요는 과거 이양선의 출몰과는 달리 조선 땅에서 실질적인 전투가 벌어졌고 그 결과 수백 명의 조선 병사가 전사했다는 사실에서 전통적 화이론을 부분적, 소극적으로나마 수정해야 할 필요성을 촉발하는 계기가 되었다. 그것도 지방 깊숙이 서원에 틀어박힌 유림이 아니고 프랑스 함대와 미국 함대의 화공에 맞서 싸운 일선 관료들과, 뭔가 바뀌고 있는 국제 정세의 변화를 예의 주시하던 고종에게서 약간의 변화가 감지됐다.

12세의 어린 나이에 임금이 된 고종에게 박규수라는 탁월한 관료 학자가 있었다는 것은 일종의 행운인지 모른다. 역으로, 왕이 될 예상도 전혀 하지 못했고 그렇기에 군왕학을 전혀 학습하지 않았던 대원군의 둘째 아들 고종이 철종 사후 조정의 미묘한 세력 다툼으로 느닷없이 왕에 옹립되었다는 사실, 그리고 순조, 헌종, 철종으로 이어지는 무능 군주들과는 달리 시대 변화에 민감하고 학습 능력이 뛰어난 군주가 말안장 시대의 통치를 맡았다는 사실 역시 당시 조선으로는 그다지 불운은 아니었다. 학계에서는 고종에 대해 '암약(暗弱) 군주'라는 부정적 평가에서 '개명(開明) 군주'라는 찬사에 이르기까지 극단적인 평가를 내놓고 있지만, 철종을 이을 후사가 없던 상태에서 순식간에 이뤄진 왕권 승계 결정치고는 그런대로 괜찮은 선택이었다.[33]

고종이 1863년부터 1907년까지 44년간 함포를 앞세운 서양의 제국 열강이 몰려왔던 그 중대한 시기에 조선의 운명을 쥐고 있었던 만큼 고종에 대한 평가는 극단적으로 엇갈린다. 조선이 일본처럼 근대화에 성공할 수 있었던 계기를 놓치고 식민지로 전락할 수밖에 없는 상태로 몰고 간 주요 원인을 고종의 무능과 우유부단한 통치력에서 찾고자 하는 일단의 학자들은 고종을 암약 군주로밖에 평가할 다른 도리가 없을 것이다. 반면 식민지로 전락한 책임을 모두 고종에게 전가하는 것은 불공평하고 부당한 견해라는 것을 전제로, 여러 난관에도 불구하고 고종이 수행한 개혁이 그나마 근대 국가의 기틀을 닦았다는 사실을 과소평가해서는 안 되며, 열강의 집요한 방해와 탄압이 없었다면 그런대로 근대 개혁이 결실을 거두었을 것이 분명하기에 고종을 개명 군주로 자리매김하는 것이 정당하다는 주장이 대립한다. 전자는 결과에 무게를 둔 평가이고, 후자는 과정을 중시하자는 견해다. 필자는 여러 단서 조항에도 불구하고 후자에 '어느 정도' 동의하는 편이다. 극단적인 척사론을 밀고 나갔던 대원군 집정기가 막을 내리는 1873년경 22세의 청년 고종이 전통적 대외 인식에 대해 일종의 변이를 싹 틔우고 있었다는 사실을 보더라도 그러하다. 전통적 화이론에 포획된 청년 고종이 어떻게 대외관에 약간의 수정된 관념을 품게 되었을까? 만약 대원군처럼 해금 체제를 지속하면서 이적(夷狄)과 양적(洋賊)을 군사력으로 대적하는 내수배양책을 고수했다면 그 결과는 어떻게 되었을까? 만족할 만한 획기적 전환은 아니었지만, 1873년 대원군 하야와 고종 친정을 계기로 대외 정책에는 중대한 변화가 생기기 시작했다. 수교 통상 가능성을 조심스럽게 진단하기 시작한 것이다. 이는 조정의 정책 노선이 유림 공론장과 작별을 고한다는 의미이고, 양자의 분리가 불가피함을 선언한 것과 다름없다. 유림의 척사 상소가 빗발치는 가운데 청년 군주가 수교의 문호를 개방하는 것이 그리 쉬운 선택은 아니었을 것이다. 그 뒤에는 고종의 든든한 후원자이자 고종 친정과 동시에 개국과 수교를 불가피하게 선택했던 박규수가 있었다.

연암(燕巖)의 손자 환재(瓛齋) 박규수가 조부 박지원의 북학론을 승계할 수밖에 없었던 것은 가풍이자 생물학적, 지적 유전자 탓이었을 것이다. 박규수는 조부의 자유분방한 기질과는 달리 사대부의 위엄을 갖추고 관료 학자로서 조정 대신들의 존경을 받았던 당대의 정치가였다. 그는 조금 늦은 나이인 42세(1848년)에 증광 별시에 급제하여 벼슬길에 나섰는데, 진주 민란의 안핵사, 중국 연행 사절단의 정사, 평양감사, 형조판서, 한성부윤을 두루 거치면서 조정의 중심 세력으로 부상했고, 두 차례의 양요 때에 조정의 대응책을 수립하고 실행하는 중심 인물로 활약했으며, 일본 서계(書契) 문제가 발생했을 때에는 대원군과 논쟁하여 대외 정책을 수정하는 데에 결정적 영향을 미친 인물이다. 당대의 대학자로 추앙받던 박규수는 척사론에 집착했던 유림과는 달리 서학 서적을 두루 섭렵하여 서양의 본질을 꿰뚫고 있었으며 말안장 시대에 조선의 운명을 개척해 나갔던 주요 정치인들, 예를 들면 운양(雲養) 김윤식(金允植)을 비롯하여 역관 오경석과 중인 유홍기를 문하로 두었으며, 후에 개화파로 일컬어지는 일단의 젊은 학자 관료들이 세계 현실에 눈뜨는 탈각의 과정에서 지적 자극과 함께 교유의 장을 제공했던 사람이다. 재동에 위치한 박규수의 사랑방은 김옥균, 박영효, 홍영식, 서광범, 유길준이 서로 친분을 쌓고 말안장 시대를 헤쳐 나갈 새로운 세계관을 모색하는 학문적 정치적 토론장이었다. 박규수 자신은 성리학적 질서와 유교 문화가 서양 문물보다 훨씬 우수하다는 점을 믿어 의심치 않았지만, 서양 문물에 대해 개방적 태도를 취함으로써 이른바 개화파로 분류되는 일단의 젊은 정치인들의 산파 역할을 했다. 박규수의 폭넓은 학식과 견식, 그리고 개방적 도량이 아니었다면 조선의 개화파는 발육하지 못했을 것이라는 일반적 평가가 그래서 성립한다. 육경고문 공부에 진력이 난 청년 유길준에게 충격을 준 사건은 아마도 박규수가 『해국도지(海國圖志)』를 읽으라고 건네준 일일 것이다. 18세 청년 유길준은 『해국도지』를 밤새워 읽으면서 세상에 눈을 떴다.[34] 1873년의 일이다. 그로부터 15년 후 조선 최초로 국한문 혼용체로 쓰인 『서유견문』이 재동에서 그리 멀지 않은 세검정 취운정에서 탈고되었다. 박규수의 사랑방에서 『해국도지』를 건네받은 것이 변이의 씨앗이라고 한다면, 그 씨앗은 15년 동안 발육을 지속해서 하나의 작은 결실을 거둔 것이다. 박규수는 무너지는 조선의 중세를 보듬어 안고 말안장 시대의 그 엄청난 불안정한 시간대로 무사히 넘겨주는 그런 역할을 수행한 인물이라고 할 것이다.

청년 고종이 척사론을 유보하고 대외 인식을 수정하는 데에 박규수의 영향이 결정적이었다. 천주교에 대한 이해와 신미양요 이후 고종과 나눈 대화를 보면 박규수 역시 전통적 화이관을 완전히 부정한 것은 아니었지만 서양에 대해 해박한 지식을 겸비한 유교적 현실주의자로서 제너럴셔먼호 사건, 오페르트 도굴 사건, 신미양요와 일본 서계 문제에 이르기까지 대외적 분쟁을 무리없이 해결하는 유연한 사고와 실용적 태도를 보였으며, 예의지도를 준수하면서도 서양과의 타협적, 절충적 해결책을 모색하였다는 점에서 당시 유림 공론장의 경직된 태도와는 뚜렷이 구별되는 뛰어난 혜안과 능력의 소유자였다.[35] 그런 박규수를 청년 고종은 무한히 신뢰했다. 더욱이 박규수는 고종이 자신의 혈연적 계보로 숭상해 마지않던 순조의 아들이자 헌종의 부친인 효명 세자와 둘도 없는 친구였기에 정신적 스승으로 모실 정도였다. 학구열이 매우 높았던 고종은 대원군 집정기 10년 동안 수십 차례의 경연을 열어 견식을 넓혔는데, 박규수는 평안감사와 중국 연행 기간을 제외하고는 대부분의 기간을 고종의 경연관으로 참여했다.[36] 박규수는 고종의 진정한 스승이자 토론 상대였다. 고종은 역사서를 통해서 선대 왕의 업적을 비판적으로 수용했으며, 연행 사절단의 복명을 통해서 중국 사정과 서양 문물을 간접적으로 접했다. 정조의 『홍재전서(弘齋全書)』를 독파하면서 위민 정치에 대한 신념을 갖게 되었다는 것, 이런 초기적 관심이 후에 민국 이념과 접속했다는 점은 널리 알려진 바다. 1872년 중국을 다녀온 박규수가 복명하는 자리에서 중국과 서양에 대해 관심이 많았던 고종은 40여 가지에 달하는 질문을 던졌다. "민심은 어떠한가? 양이(洋夷)가 아직도 황제의 거처 내에 있는가? 서양과의 교역은 어떠한가? 양물이 넘쳐 풍속을 해치던가?" 등등의 질문이 쏟아졌다. 그 자리에서 박규수는 중국이 서양의 침략적 진출로

난세에 처해 있으면서도 대포와 화륜선을 자체 제작하여 무력을 증강하고 있으며, 부국강병을 위해 서양 문물을 배척하지 않고 적극적으로 수용하고 있음을 보고했다.[37] 1860년대 대원군 집정기에 박규수와 고종 모두 성리학적 질서와 유교적 문물에 매우 높은 자신감을 표명하고 동방의 예치(禮治)적 전통이 결국 양적(洋賊)의 확산과 폐단을 순치할 것이라는 믿음에는 유림과 다를 바 없었는데, 서양의 진출에 대해 단지 무력 퇴치만이 능사가 아니라 유화적 태도를 취해 장점과 강점을 흡수해야 할 필요성을 인식하고 있었다는 점이 바로 변이의 출발점이다. 그럼에도 양적의 침략이 조정의 안정을 위협하던 1870년대 초반까지 이른바 동도서기론의 맹아에 해당하는 변이적 발상은 발아되기 어려웠다.

예를 들어 로저스 함대와 강화도 전투를 한창 진행 중이던 1871년 4월, 고종은 진강(進講) 중 우의정 홍순목에게 물었다.[38]

고종: 이 오랑캐가 화(和)하겠다 함은 무슨 연유인가? 수천 년 예의의 나라로서 어찌 견양(犬羊)과 상화(相和)할 수 있는가? 비록 몇 년 상지(相持)하더라도 반드시 통절(痛絕)할 뿐, 만약 화자(和字)로써 말하는 자가 있다면 마땅히 매국(賣國)의 율로 시행할 일이다.

홍순목: 아동(我東)이 예의지방임은 천하가 공지(共知)하는 바입니다. (……) 병인양요 후 양추(洋醜)를 양척(攘斥)하였으니, 또 천하에 할 말을 다 할 수 있음입니다. 이제 또 오랑캐가 침범하였으나 화(和)라는 글자를 논할 수 없습니다. 이를 강허(强許)한다면 나라가 어찌 하루인들 나라가 되며 어찌 하루인들 사람이 되겠습니까?

'오랑캐는 예의로 다스려야 한다'는 당시의 지배적 사고에 박규수 역시 같은 관점을 유지했으나 '무력으로 물리쳐야 한다'는 비현실적 대응책에 대해서는 생각을 달리했다. 물리칠 것이 아니라 사정에 따라서는 불가피하게 수용할 필요도 있다는 생각이 그것이다. 이런 점에서 박규수는 현실주의자이자 실용주의자였다. 그는 국가의 존폐를 좌우하는 위기 상황에서라면 내치론과 대외 관계를 분리해서 생각할 줄 아는 유연한 사고의 소유자였다. 후에 서계 문제가 본격화했을 때 조정 대신들이 분개를 금치 못했던 일본의 칭황제에 대해 단지 그들 국내 정치의 문제라고 일소에 부쳤던 것이 그런 유연성을 입증한다. 로저스 함대가 물러간 후 그의 제자 김윤식에게 보냈던 자문과 다른 문서에 미국을 수교의 상대로 인정하는 전략적 사고를 보였다.

나는 미국이 지구 위의 여러 나라 중 가장 공평하고 곤란의 배제와 분쟁의 해결을 잘 하며 육주에서도 최고의 부국으로서 영토를 확장할 욕심도 없다고 들었다.[39]

미국은 습속이 예의와 겸양을 존중하며 여러 성을 합한 것으로 이름을 삼은 나라라는 것을 중국을 통하여 알고 있다.[40]

이는 분명 『해국도지』의 영향이겠지만, 빈곤한 나라 조선의 사정을 감안하여 막대한 재정이 소요되는 부국강병책이 그다지 현명한 선택이 아니라는 확신에 입각하여 '공평대국'과의 연계를 통해 조선의 안위를 도모하자는 그의 전략적 발상의 소산이다.

1873년 친정 전까지 고종은 전통적 화이론에 둘러싸여 있으면서도 서양과 중국 사정에 대해 비상한 관심을 가졌으며, 양요를 겪으면서 서양의 우수한 군사력과 기술력의 근원을 알고 싶어 했다. 중국 연행사를 통해 중국의 실정을 탐문하고 반드시 배양책이 능사가 아니라는 점을 깨달았다. 박규수의 가르침과 대화는 내치와 대외 관계의 분리가 가능함을 알게 해 주었으며 실용적, 현실주의적 사고의 유용성을 깊이 인식하도록 해 주었다. 동양 진출을 둘러싸고 일어나는 프랑스, 영국, 미국의 동향을 중국 예부에서 보내오는 자문을 통해 접하였으며《중외일보》가 전하는 소식도 양적(洋賊)의 본질에 대한 새로운 사고를 하도록 자극했다. 청년 고종의 인식 공간에는 여전히 전통적 화이론이 지배하고 있었지만 빗발치던 상소문에서 주장하듯 유림의 경직된 사고 체계로부터 이탈하는 변이의 싹이 발아하고 있었다. 당대의 학자 관료 박규수가 양요 이후 전개된 서양과의 위기적 접촉을 유연하게 처리하는 것을 목도하면서 고종의 사고는 점차 개방적으로 기울었다. 친정 체제의 출범과 함께 유림 공론장은 조정과 분리되기 시작했으며, 그 분리의 전면에 고종이 나섰다. 금수(禽獸)로 규정하던 서양과의 수교 시대가 개막된 것이다.

문명 충돌과 '새로운 역사'의 생성

심행일기(沁行日記)

1876년 1월 23일 부산항을 출발한 일본 사절선단 여섯 척이 25일 남양부 앞바다 풍도에 도착했다. 그중 모슌(孟春)과 쿄루마루(矯龍丸) 두 척이 검은 연기를 뿜으며 강화 해협으로 진입했다. 영종첨사 양주성이 보고했다. "화륜선 두 척이 검은 연기를 내뿜으며 강화 해협 북쪽과 남쪽으로 진입했다가 다시 검은 연기를 내뿜으며 남진했습니다. 아직 상륙 기미는 보이지 않습니다." 2월 1일, 영종첨사의 보고가 다시 올라왔다. "진시(辰時)경에 화륜소선 한 척이 종선(從船) 세 척을 이끌고 연기를 뿜으면서 올라와 곧장 제물진으로 향했습니다. 신시(申時)가 되도록 아직 내려가고 있지 않습니다만 거리가 멀어서 상세히 살필 수가 없습니다."[41] 화륜선은 며칠 동안 연안을 부지런히 오고 갔고, 잠시 월미도에 상륙해 급수(給水)를 했을 뿐 별다른 행동을 취하지는 않았다. 그동안 인천부사와 일본 사절단의 실무 모리야마 시게루(森山茂)가 서로 만나 필담을 나눴고 신헌의 문정관으로 활동했던 역관 오경석과 훈도 현석운은 모리야마 시게루의 안내로 화륜선에 탑승해 그들이 강화도에 내항한 연유를 듣기도 했다. 인천부사가 화륜선에 탑승한 일본 관리를 탐문한 보고서를 올렸다.

저들의 말입니다. 일본이 귀국(조선) 및 중국과 서동문(書同文) 사이였는데 최근에 서양인들에게 곤경을 당하여 세력을 떨치지 못하게 되었으니 장차 삼국이 합의해서 서양인들을 몰아내야 한다. 만약 무진 초년에 귀국에서 순순히 들었더라면(1868년 쓰시마도주가 전한 서계(書契)를 받았더라면) 다만 (부산) 동래(東萊)에서 약조가 이뤄질 수 있었을 터이고, 지금 이러한 일에까지 이르지 않았을 것이다. 이는 실로 우리(일본)가 존귀함을 자칭했기 때문이 아니라 귀국에서 지나치게 고집했기 때문이다. 우리는 귀국의 서계 거절에 분개해서 이번의 사행(使行)을 갖지 않을 수 없었다.[42]

조선 조정에 아무런 예고도 없이 화륜선이 몰려온 것은 1868년 이후 지속적으로 거절당한 서계 문제(수교 문제)를 결국 무력으로 타결하기 위한 것이었음이 밝혀졌다. 인천부사는 모리야마 시게루와의 대화 내용을 다시 보고했다.[43]

모리야마: 작년에 히젠주 사가현 구참의사법경 에토 신페이(江藤新平)가 귀국을 정벌하려 했지만 우대신 이와쿠라(巖倉)가 흔단(釁端, 소란한 일)을 연다고 생각해서 그를 죽였다. 그러자 육군대장 참의 사이고(西郷), 외무경 등 문무 관료 가운데 사직하고 물러난 자들이 수십 명이었다. 귀국에선 이

사실을 알고 있는가?

인천부사: 듣지 못했다.

모리야마: 재작년에 우리 군대 5000명이 대만에서 귀국을 정벌하려고 했는데 우리가 극력 만류했다. 귀국에서는 이 사실을 들었는가?

인천부사: 아직 듣지 못했다. 하지만 그대들이 그처럼 힘을 써 주었다니 감사하다.

모리야마: 서계의 거절은 귀국에서 지나치게 우려한 것이다. 대(大) 자와 황(皇) 자는 곧 자국의 일이니 무엇이 이웃 나라에 해롭겠는가? 피차의 서계를 동등하게 열서했으니 무슨 손상이 있겠는가?

며칠 후 모리야마와 부관 윤자승이 접견 절차와 의례를 정하기 위해 만났다.

모리야마: 강화부에 관청 건물이 있는데 왜 초지(草芝)의 협소한 진(鎭)으로 정할 필요가 있는가? 접견 장소는 강화부로 하라. 우리 대신께서 상륙할 때에는 병졸을 거느리셔야 하므로 우리 대신께서 거접하실 곳과 수행원 및 병졸이 거접할 곳 세 곳을 정해 달라.

윤자승: 지금 양국 대신의 접견은 옛 우호를 지속하려는 뜻인데 왜 많은 군대가 필요한가? 귀 군대는 별도로 제 선박을 갖고 있으니 내지에 상륙한다면 아마 국인(國人)들이 놀랄 것이 우려스럽다.

군대는 강화도 갑곶진에 상륙했다. 왜군의 상륙을 저지하지 못한 강화유수 조병직은 훗날 문책이 두려워 복죄하며 공무를 폐하고 사저로 물러났다. 명분은 익직(溺職, 능력 부족으로 맡은 바 공무를 이행하지 못함)이었다. 조병직은 여러 차례 자인소(自引疏)를 올려 익직에 해당하는 처벌을 요청했다. 풍전등

화와 같은 상황에서 생명 부지를 위한 노회한 관료의 수작이었다.[44]

서계 문제는 조선과 일본 간의 단순한 외교 문제가 아니었다. 중국을 조공국으로 하는 사대교린 체제의 유지와 폐기에 직결된 체제 전환의 문제였다. 서계 문제가 촉발된 1868년부터 강화도 수호 조규에 이르는 1876년까지 8년간은 조선과 일본 양국의 세계관이 충돌하는 기간이었고, 그 충돌은 수백 년간 지속된 조공 체제에서 각국이 차지했던 역사적 위치와 직결되어 있었으므로 새로운 질서로 이행하는 시간대에서 터져 나올 수밖에 없었던 불가피한 파열음이었다. 조공 체제의 주변국이었던 일본은 중국 중심의 질서로부터 떨어져 나오는 데에 그다지 큰 어려움을 느끼지 않았다. 유교를 신봉하기는 했으나 실용적 지식과 국수주의적 성향에 경도된 학자 관료들의 저항은 미약했고, 무엇보다 메이지 유신을 단행한 지배층이 서양과 수교를 계기로 국제 질서로 조기 편입하는 데에 적극적이었다. 조공 체제의 주변부이자 중국 영향력이 미약한 위치에서 반란이 일어난 것이다. 이 과정에서 일본은 황제국임을 자처했고, 1871년 청과 청일 수호 조규를 체결하는 데에 아무런 거리낌이 없었다.

황제국을 자처한 일본은 조선과의 전통적 교린 체제를 청산하는 것이 급선무로 떠올랐다. 그런데 교린 체제의 청산은 명분에 불과했고 1874년 대만 정벌에서 드러나듯 대륙으로의 세력 확장을 염두에 둔 장기 포석의 시작이었다.[45] 1870년대 초반 일본에는 폐번치현(廢藩置縣)에 의해 실직한 60만 사무라이(不平士族)들의 불만을 달래고 개화파와 토막파 간 정쟁을 종식시키기 위한 탈출구로서 조선 정벌론이 떠오르고 있었다. 정한론을 둘러싼 세력 다툼은 1873년 사가 전쟁으로 폭발했고 결국 정한론을 주도했던 사이고 다카모리의 처형으로 막을 내렸다. 그러므로 중국 주도권 아래 놓인 조선을 어떻게 일본의 영향권으로 끌어들이는가의 문제가 곧 서계 문제를 낳은 숨은 속셈이었다. 1868년 9월 7일, 메이지 정부는 가와모토 구자에몬(川本九

左衛門)을 임명해서 신정부의 성립을 알리고 새로운 외교 관계를 수립하고자 조선에 문서를 보냈다. 여기에 황(皇), 칙(勅), 대(大) 자를 사용했다. 중국만이 사용할 수 있는 이 한자를 일본이 쓰는 것은 전통적 국가 예법에 어긋난다고 하여 조선 조정에서 논란이 된 것은 자연스러운 귀결이었다. 서계가 전달된 과정도 조선 정부로서는 불쾌하기 짝이 없는 것이었다. 쓰시마 번주와 동래부를 통하는 기존의 외교 통로를 폐기하고 정부 간 직접 관계로 전환하고자 한 것이 국가 간 예법을 무시한 처사로 받아들여진 것이다. 메이지 정부는 1871년 폐번치현을 통해 쓰시마를 현으로 편입했고 각국과의 공식 외교 채널을 외무성으로 일원화하는 등 근대적 국가 체제를 정비했음을 내세워 조선의 사정과는 상관없이 일방적 행동을 취했다.

이 무렵 신미양요로 일대 혼란을 겪은 조선 조정에서는 왜양 일체론이 고개를 들었다. 병인양요가 일어난 때만 해도 일본은 서양 오랑캐와는 다른 나라로 인식되었는데, 연행사들의 전언, 그리고 《중외신보》와 《만국공보》의 소식들은 일본이 서양 의복과 제도를 모방하여 날로 양인과 닮아 가고 있음을 알려줬다. 1873년 진하겸사은사로 청에 다녀온 한경원의 복명은 왜양 일체론을 뒷받침하기에 충분했다. "일본이 서양의 배를 타고 있고 서양의 성격을 따르고 있어 지금의 왜는 예전의 왜가 아니다."라는 것이었다.[46] 무부무군(無父無君), 서양처럼 예의지도를 숭상하지 않는 금수의 나라로 여겨지기 시작한 것이다. 왜양 일체론은 신헌이 강화도에서 구로다와 한창 대적하고 있었던 1876년 2월 최익현의 지부복궐 상소에서 극명하게 표출되었다. "두려워서 화친하는 것은 눈앞의 고식책일 뿐 앞으로 그들의 깊은 웅덩이 같은 욕심을 어떻게 채워 줄 것인가? 저들이 비록 왜(倭)에 가탁하고 있지만 실은 양적(洋賊)이니 화사(和事)가 한번 성립되면 사학(邪學)이 전수되어 온 나라에 가득해질 것이다."[47]

1873년 12월 대원군의 하야와 고종의 친정을 계기로 미약하나마 변화의 조짐을 보였던 조선이 여전히 서계 문제에 관한 한 강경책을 고수했던 이유는 《중외신보》와 《만국공보》에 실린 기사가 결정적이었다. 1867년 3월 초 《중외신보》에 실렸던 하치노에(八戸順叔)의 글은 조선 정부로서는 충격적이었다. "조선의 왕은 5년마다 반드시 에도에 와서 대군(大君)을 배알하고 조공을 바치는 것이 고례(古例)인데도 조선 왕이 행하지 않으므로 군대를 일으켜 그 죄를 문책하려 한다는 것이었다. 일본의 객인(客人) 야도 마사요시에 따르면, 일본 내 260명 제후들이 대군의 명에 따라 에도에서 회동했는데 조회 오지 않는 제후를 징벌하기로 했다. 그리고 지금 군대를 일으켜 조선을 정벌하려는 것은 조선이 5년마다 오는 조공을 폐기한 지 오래되었기 때문이다."[48] 선교사 알렌이 상하이에서 창간한 신문 《만국공보》에도 "포모불입(包茅不入)"이라 하여 공물을 바치지 않은 조선의 무례를 문책해야 한다는 기사가 조선 조정에 전해진 후로는 일본에 대한 경계심과 아울러 척왜양의 기치가 유림과 조정 대신들을 사로잡았다.

전권변리대신, 즉 서계 문제가 거절된 이유와 시시비비를 분변하는 책임을 수행한다는 뜻에서 변리대신 직함을 띤 구로다가 이 문제를 파고드는 것은 당연했다. 신헌이 구로다와 처음 접견하는 자리에서 결국 이 문제가 쟁점으로 떠올랐다.

구로다: 사신을 접대하지도, 서계를 받지도 않은 지도 7, 8년이나 되었다. 그것은 어째서인가? 그 이유를 듣고 싶다.

신헌: 거기에는 곡절이 있다. 중국과 귀국인이 보내온 신문에 의하면, 조선 왕은 5년마다 반드시 에도에 와서 대군을 배알하고 공물을 바치는 것이 옛 관례였다. 그런데 이행하지 않으니 군대를 일으켜 문책한다는 말이 있었다. (……) 그것이 실로 서계를 단절한 근본 이유였다. 그러나 이제 우호를 맺는 자리에서 지난 일을 거슬러서 끌어들일 필요는 없다.

구로다: 그것은 풍문에 불과할 뿐인데 수백 년 교린의 후의를 어찌 그것 때문에 의심해서 단절할 수 있는가? (……) 귀국에서 이제 그 글이 허탄하다는 사실을 깨닫게 되었으니 아마 회오(悔悟)할 수 있을 것이다. (……) 잘잘못을 논하지 말고 그냥 놓아두는 것이 좋겠다는 말은 참으로 부당하다. 가령 친구와 약속을 하더라도 저버릴 수 없는데 하물며 양국간 교호(交互)의 정의(情誼)에 있어서겠는가?[49]

새로운 국제 질서에 편승해 대륙 진출의 발판을 만들고자 한 구로다의 공세적 발언에 신헌은 자주 궁지에 몰렸다. '이제 우호를 맺는 자리에서 지난 일을 거슬러서 끌어들일 필요는 없다.'라고 자주 환기를 시켜도 구로다는 약점을 파고들었다. '이제 우호를 맺는 자리에서'라는 자신의 발언 역시 단단한 발판이 마련되어 있지 않았다. 어떤 우호 관계를 말함인가? 신헌은 전통적 교린 체제를 상기시켰고, 구로다는 만국 공법(국제법)에 입각한 조규를 말했다. 신헌은 물러설 수 없었다. 그도 그럴 것이, 자신이 접견대신으로 임명되어 파견될 당시까지 조정 대신들은 수교 문제에서 절대 불가의 입장을 견지했기 때문이었다. 1875년 여러 차례 열렸던 어전 회의에서 대신들의 절대불가 발언은 이렇다.[50]

고종: 이번 그들이 화륜선을 타고 온 것은 그들이 양이와 서로 통교한 까닭이다. 그러나 이것이 먼저 그들을 힐문할 일은 아니다.

김병국: 왜의 성격이 원래 교활하여 전날의 말을 믿을 수가 없습니다. 또 서계에 한문과 언문을 섞어 쓴 것도 전에 없던 일입니다. 한번 서계를 자세히 검토한 후에 만일 격식에 어긋나는 일이 있으면 이치에 따라 거절하는 것이 실로 사체에 맞습니다.

이최응: 서계가 대마도를 거치지 않고 외무성에서 온 것은 300년간 없던

일로 접수할 수 없으며 칭호도 망령되게 자기를 높였으니 접수할 수 없습니다. (……) 다만 저들 나라가 대마도를 폐하고 관제를 변경하고 정령을 일신한 것은 교린 통호하려는 저의입니다.

박규수: 그들 서계가 그 본국에서 칭한 것을 따른 것은 그들 신하된 자로서 부득이한 일이니 전하의 도량으로 포용하느냐에 달려 있습니다. 또 그들이 국제를 변경하고 이웃 나라의 우호를 크게 수립한다고 스스로 말하고 있는데 지금까지 거절을 당하니 감정이 생겨 틈을 만들어 올 폐가 있는 것이 본시 우려됩니다.

박규수만 제외하고는 모두 불가 발언에서 한 발짝도 움직이지 않았다. 박규수는 당시 대원군과 통교 문제로 논쟁을 벌이고 있었다. 척사론에서 통교론으로 변신한 박규수를 두고 조정과 유림에서 치열한 비난과 힐난이 일었지만 박규수는 통교론 입장을 양보하지 않았다. 유교 현실주의자의 면모를 유감없이 발휘한 것이다. 영남 유림을 중심으로 대원군 봉환 만인소가 한창 진행되고 있었을 때였으므로 박규수의 통교론은 매국 행위로까지 몰릴 위험이 있었다. 일본이 전략적으로 일으킨 운요호 사건을 빌미로 강화도에 화륜선단을 파견하자 신헌을 접견대사로 천거했던 사람이 바로 박규수였고 고종은 이를 윤허했다. 신헌은 문무를 갖춘 무장이었다. 헌종과 철종대에 무관 요직을 두루 거치면서 경륜을 쌓았고, 1866년 병인양요 때에는 강화도 총융사로서 프랑스 군대를 격퇴했다. 대원군의 명을 받들어 『해국도지』에 실린 마반차와 수뢰포를 제작해 한강에서 시험할 정도로 국방론과 강병책에 일찌감치 눈을 뜬 지장(智將)이었다. 그는 자신의 주저인 『민보집설(民堡輯說)』을 바탕으로 지어 올린 「군무에 관한 상소문」(1867년)에서 백성이 자위를 담당하는 민보(民堡)를 설치할 것을 주장하기도 했다. 서양과 대적한 경력이 있고 군무와 강병책에 밝은 그를 박규수가 천거한 것은 구로

다의 화륜선과 무력 시위에 압도당하지 않을 대담성과 오랫동안 뒤틀린 서계 문제 해결에 필요한 외교적 유연성을 겸비하고 있는 인물로 적합했기 때문이다. 신헌에 거는 박규수의 기대와 예견은 맞았다. 기병과 대포, 무장 호위 군사 100여 명을 대동하고 강화부 관청에 진입하는 구로다의 행렬을 접견대신 신헌은 동헌(東軒) 대청에서 늠름하게 맞았다. 무력을 앞세운 강제 교섭이 시작됐다. 교린 체제와 만국 공법이 맞붙는 순간이었다. 조공 체제를 수호할 수 있을 것인가, 아니면 구로다의 무력 시위와 협박에 굴복하고 조선의 존립 근거와 국체를 포기할 것인가? 그것은 조선의 역사를 새로 쓰는 일이었다. '새로운 역사 쓰기'는 중국과의 관계를 청산하는 것을 의미한다. 조공국의 의미를 거스른다면, 소중화주의를 자처했던 조선의 통치 철학을 포기하는 것이 되고, 예의지도를 지향하는 조선의 본질을 부정하는 것이다. 동헌에 정좌한 신헌의 심정은 복잡했다. 만약 수교가 성사되지 않으면 일본이 군대를 일으킬지 모른다는 구로다의 협박이 귀에 쟁쟁했다.

구로다: '회오'라는 말을 귀 조정에서 변리하지 못한다면 우리가 무슨 말로 조정에 복명하겠는가?

신헌: 다만 조정에 아뢸 뿐이다.

구로다: (조약문을 들이밀며) 강신수목(講信修睦)에는 별도로 상의해서 결정해야 하는 한 가지 일이 있다. 초록한 조약 13개 항목을 상세히 살펴보고, 귀 대신이 직접 조정에 나가서 임금께 아뢰어 품처(稟處)해 줄 것을 간절히 바란다.

신헌: 조약은 무슨 사안인가?

구로다: 귀국 지방에 개관(開館)해서 함께 통상하자는 것이다.

신헌: 통상은 예전부터 동래부에서 해 왔던 것인데 새로이 개항해서 득이 될 것이 없다.

구로다: 서계 문제가 일어난 것은 바로 조례가 불명확하기 때문이다. 조약을 강정(講定)해서 영구히 변치 않는 장정(章程)으로 삼지 않을 수 없다. 이는 모두 시행하지 않을 수 없는 만국 공법이니 이로써 결정해서 조처해야 한다.[51]

신헌은 조규 책자를 물리쳤다. 구로다는 화륜선으로 돌아갔다. 역관 오경석이 필사한 책자 전문은 이러했다.

대일본국과 조선국이 평소 후의를 돈독히 한 지 오랜 세월이 지났는데 양국의 정의(情誼)가 아직도 미흡한 부분이 있는 듯해서 다시 옛 우호를 중수하여 친목을 다지고자 했다. 그러므로 대일본국 황제 폐하께서는 특명전권변리대신 육군중장 겸 참의 개척장관 구로다 기요타카와 특명부전권변리대신 의관 이노우에 가오루를 간택하사 조선국 강화부에 나아가게 하시고, 조선 국왕 전하께서는 아무개 관 아무개를 간택하셔서 각각 받든 바의 유지에 따라 이에 조관을 의립(議立)하게 한 것이다. 아래에 개열(開列)한다.[52]

"조선국은 자주국으로서 일본국과 평등한 주권을 보유한다."(1관)라는 만국 공법적 용어로 시작된 수호 조규는 모두 13관으로 구성되어 있었는데, 영흥부 해구와 다른 1개 항구의 개항, 무역 통상과 품목 제한 금지, 거류민과 상민의 권리 보장, 서울과 도쿄에 양국 사신 파견, 일본 선박의 해안 측량 허용, 개항장에 상민 보호 상설 기구 설치 등등의 규정이 소상하게 열거되어 있었다. 신헌은 장계를 올려 그 내용을 조정에 전했다. 일본 선단이 부지런히 움직였다. 초지진, 갑곶진, 통진 등지에서 화륜선의 출몰이 감지되었고 상륙했다는 보고도 올라왔다. 덕진진, 월곶진 첨사들도 이양종선이 수심을 측정하며 거슬러 올라갔다는 보고를 올렸다. 강화 유수영의 장계도 올라왔다. 항산도 아래 정박 중이던 대선(大船) 일곱 척 중 이범선 한 척이 연기를 뿜으면서 내려가 100여 보 아래 정지했다고 했다. 상륙을 저지해야 할 것인지를 묻는 문서도 올라왔다. 그러는 동안, 일본 역관 최조와 훈도 현석운이 나눈 대화가 보고 내용으로 올라왔다. 최조가 말했다.

조선인은 마치 깜깜한 밤중에 앉아 있는 것과 같다. 러시아인이 우리나라 사람(일본인)에게 묻기를 "귀국은 조선과 교린하고 있는가? 만약 교린의 우의가 없다면 우리나라(러시아)가 장차 조선을 침벌할 것이다."라고 말했고. 러시아의 침벌 여부가 금번 교린의 성사 여부에 달려 있는데, 귀국에서는 어리석게도 각국의 사기가 이와 같음을 깨닫지 못하고 있으니 이것이 깜깜한 밤중이 아니고 무엇인가? 또 서양인들이 몇 해 전 귀국에서 돌아간 후로 다시 군대를 일으켜 나오려고 했다. 그런데 아직까지 오지 않은 것은 재주와 군대가 없어서가 아니다. 우리나라(일본) 사람들이 "조선은 우리의 교린국이므로 경솔하게 군대를 동원해서는 안 된다."라고 막아 주었기 때문이다.[53]

며칠 후 최조는 역관 오경석에게도 공사의 기능과 만국 공법에 대해 설명했다.

최조: 이른바 공사라는 것은 통상 업무를 관장하는데 각 관에 일이 생기면 그 나라 수도의 관리와 공평하게 논의한 후 결단한다. 한번 규칙을 정한 다음에 그것을 위반하면 각국이 그 죄를 문책한다. 그러므로 이른바 약조라는 것은 곧 천하공법(天下公法)인 것이다.

오경석: 설령 타국의 법이 그렇다 해도 우리나라에는 별도로 동래에서 교시하던 구례가 있는데, 어찌할 수 없는 일을 창행할 필요가 있겠는가?

최조: 동래의 교린 약조는 귀국에 고통스럽고 대마도에 이로운 것이었으

니 그것이 어찌 교린의 뜻이겠는가? 피차가 추호도 폐를 끼치지 않게 된 연후에야 공법이라 할 수 있다. 그러므로 이번 사행은 그만둘 수 없는 일에 속한다.[54]

부관들로부터 여러 정보가 올라왔다. 신헌은 조정의 하교를 기다리고 있었다. 2월 19일, 조정으로부터 조약문의 수정안과 함께 전교가 내려졌다. "수교를 윤허한다." 신헌은 곧 구로다와 대좌했다. 그리고 수정할 것을 조목조목 따졌다. 그러나 수교 통상의 결과를 정확히 예측하기 어려웠던 신헌은 주로 전통적 교린 외교의 예법에 크게 어긋나는 것들을 완화하는 데에 집중했다.

- 전문의 황(皇), 칙(勅), 대(大) 자를 지우라. 일본 정부, 조선 정부로 하라.
- 사신 접견 장소는 서울이 아니라 강화부에서 하라.
- 동래부를 혁파하고 새로운 공관 조약에 따라 시행할 것이다.
- 각국에서 판매되는 물품에 대해서는 각국이 상세(商稅)를 거둘 것이다.
- 영흥부는 태조 대왕의 원묘가 있는 곳이니 허락할 수 없다
- 인신무외교(人臣無外交)의 의리를 지킬 것이니 12관은 지우라
- 조규 문서에 어보를 찍지는 않을 것이다.

                    ⋮

구로다는 신헌의 주장에 조금 양보했지만 자유 무역, 개항장, 조선해 항행의 무한 자유, 거류민 지역 지정, 공관 설치 등 주요 항목에 대해서는 거의 일본의 주장이 관철되었다.[55] 해관세는 향후 양국의 이해 갈등을 첨예하게 만드는 쟁점으로 남았으며, 5년 후 수신사 김홍집이 해결해야 할 과제로 대두되었다. 김홍집은 해관세가 무엇인지, 양국의 경제에 어떤 영향을 미치

는지를 알지 못했고, 주일 중국공사 황준헌의 조언을 숙지해야 했다.

동헌에 정좌한 신헌의 심경은 복잡했다. 조선의 장래는 어찌 될 것인가? 마지막 정박하던 대선이 검은 연기를 뿜으며 하류로 내려갔다는 보고가 통진부사로부터 올라왔다. 2월 29일, 조약 체결을 완료한 신헌은 서울로 출발했다. 양천과 양화진을 거쳐 남문으로 입경했고 날이 저문 후에야 복명했다. 그는 주상 면전에 머리를 조아렸다.

상: 무사히 다녀 왔는가?

신헌: 왕령이 미치는 바라 무사히 다녀왔습니다.

상: 저들의 배들이 모두 물러갔으니 실로 다행이라.

신헌: 우리나라 의정부와 저들의 태정부, 그리고 예조와 외무성이 상호 왕복하기로 굳게 약정했습니다. (……) 저들의 글을 능숙하게 익혀야 저들의 실정에 통달하고 사무를 논할 수 있을 것입니다.

상: 저들이 진헌한 병기는 과연 정밀하고 예리한가?

신헌: 이른바 회선포라는 것은 옛 법에 없던 것입니다. 총신 11개를 합쳐서 한 대를 만들고 수레 위에 탑재합니다. (……) 위로 탄환을 넣는데, 숫자의 제한없이 끊임없이 연속 발사가 됩니다. 그 제도가 매우 교묘하니 과연 적을 막는 좋은 기계입니다.

상: 어떻게 그처럼 멀리 쏠 수가 있는가?

신헌: 기계가 매우 정밀하고 탄약의 힘이 또 맹렬하므로 멀리까지 쏠 수 있는 것입니다.

상: 양속(洋屬)을 금단(禁斷)한다는 것을 저들에게 언급했는가?

신헌: 실로 누누이 언급했으며, 양선과 양인을 데리고 들어올 수 없고, 서학과 아편도 금한다는 수록을 받아 좌계로 삼았습니다.

상: 우리나라는 군대의 수가 매우 부족하다.

신헌: 어영청, 금위영, 훈련도감 모두 군사가 없으니 이러한 군대로 용병한다면 비록 지혜로운 자라도 어떻게 장수 노릇을 하겠나이까? 이미 오랑캐들도 우리 병력의 미약함을 간파하고 있을 것입니다. (……) 엎드려 바라옵건대 전하께서는 성지를 분발하셔서 신속하게 우환을 막을 수 있는 처분을 내려 주시옵소서. 그리하시면 군국(軍國)에 큰 다행일 것입니다.

상: 경의 말이 매우 타당하다.[56]

말안장 시대, 문명의 충돌은 이렇게 시작되었다. 유림이 척사론으로 교린 체제를 수호하고자 했던 반면, 화륜선과 일본 군대를 목격한 조정의 일부 대신은 척사론에 더하여 강병책을 서두르는 것이 급선무임을 절박하게 느끼고 있었다. 그러나 강화도 수호 조규가 교린 체제의 근본 원리를 파괴했다는 사실을 아는 사람은 없었다. 본격화된 무력 도발과 열강의 침탈을 해결해야 할 과제가 온통 조정 대신들과 중앙 정치의 관료들에게 부과된 것이다. 조정은 유림의 거센 척사 운동에 반대하지 않는다는 전교를 내려 달래야 했고, 다른 한편으로는 조공 체제를 부정하지 않은 채 밀려드는 외세와 수교를 체결해야 하는 이중 딜레마에 봉착했다. 강병책에는 막대한 재정이 소요되었지만, 대원군 하야 이후로 재정 상태는 악화 일로에 있었다. 친정 체제로 나선 청년 고종이 맞닥뜨린 것이 이중 딜레마의 해결이라는 시대적 과제, 조선의 말안장 시대에 찾아올 수밖에 없었던 그 운명적 과제였다.

새로운 역사

신헌은 구로다 함대가 물러가는 모습을 보면서 깊은 생각에 잠겼다. 조규에 서명하지 않으면 일본 정부가 군대를 일으킬지 모른다는 협박이 사실인지 아닌지 가늠할 수 없었다. 500년 형제국으로 그런 일은 가능할 것 같지 않았지만 구로다가 진헌한 병기를 시험하면서 그럴지도 모른다는 불안감이 일었다. 구로다가 강조한 '회오(悔悟)'라는 말도 걸렸다. 예법을 거슬러 놓고도 조선 국왕의 회오를 입증하는 징표를 받아가야 한다는 구로다의 말에는 무엇이 들어 있는가. 구로다가 내세운 만국 공법이 떠올랐다. "이는 모두 시행하지 않을 수 없는 만국 공법이니 이로써 결정해서 조처해야 한다." 그는 분명 만국 공법을 전면에 내세워 전통적 교린 체제를 부정하고 있음에 틀림없었고, 미리 준비해 온 조규 책자가 만국 공법에 의거한 것임을 강조했다. 시기는 분명치 않지만 신헌이『심행일기』에 만국 공법을 언급한 것으로 미뤄 그 이전에 이미 만국 공법에 대한 지식을 터득했던 것으로 보인다.『만국 공법』은 미국 선교사 마틴이 국제법학자 휘턴의 저서『국제법 원리, 국제법학사 개요 첨부(*Elements of International Law with a Sketch of the History of the Science*)』를 한역한 책으로 1864년 중국 동문관에서 출판되었다.[57]

중국 총서가 마틴에게 요청해 한역된 이 책은 당시 중국 관료와 지식인들이 서구 열강과의 마찰을 해결하기 위한 기본 지침서로 활용했기 때문에 연행사를 통해 조선으로 유입되었을 가능성이 있다. 신헌이『만국 공법』의 내용을 터득했는지는 알 수 없으나 최소한 그 개념은 접했을 것으로 판단된다.[58] 그럼에도 조선에 한 번도 적용된 바 없는 만국 공법의 규칙이 강화도 수호 통상 조규에 이미 틈입했을 것으로는 추호도 생각하지 않았다. 고종을 위시하여 조정의 다른 대신들과 마찬가지로 신헌은 여전히 전통적 교린 체제를 재개하는 것에 서명한 것으로 믿었다. 그러나 5년 후 조미(朝美) 수호 통상 조약에 전권대신으로 나섰을 때에는 전통적 교린 질서가 다른 어떤 새로운 체제로 바뀌고 있음을 인식하게 되었다. 이홍장과 미국 동아시아 함대 제독 슈펠트 사이에서 이미 합의된 조문을 조선의 전권대신으로 서명하는 일에 한정되었지만, 그것은 명백히 만국 공법에 기초한 문서였다. 인신무외교(人臣無外交, 다른 사람의 신하 된 사람은 외교를 할 수 없고 두 임금을 섬길 수 없다.)와 사대자소(事大字小, 큰 것은 작은 것을 어여삐 여기고 작은 것은 큰 것을 섬

긴다.)의 유교적 관념으로 보자면 명백히 역천(逆天) 행위였다. 그것은 새로운 역사의 시작이었는데, 신헌을 포함하여 조정 대신들이 낯설고 새로운 질서의 도래를 인식하는 데에는 오랜 시간이 걸렸다. 감당하기 어려운 새로운 현실을 이해할 지식과 개념이 결여되었던 탓이다.

말안장 시대가 새로운 시간을 품고 잉태하는 의미 투쟁의 지대라고 한다면, 그곳에는 새로운 이야기를 발화하는 진원지가 숨어 있다. 새로운 이야기는 경험 지층을 파열하고 새로운 기대 지평으로 나아가게 하는 역사의 질료였다. 1860년 최제우가 창도하고 최시형이 생활 세계와 접목한 동학이 인민에게는 천지개벽과 같은 '새로운 이야기'를 생산하는 자원이 되었듯이, 두 차례의 양요와 강화도 수호 통상 조규는 지배층에게 매우 낯설고 내키지 않는 이야기의 출발점이었다. '새로운 이야기'는 기존 질서와의 단절을 요구한다. 그러나 전통의 강력한 자장이 새로운 이야기의 생성을 막아선다. 뛰쳐나오는 이야기와 가로막는 전통 간의 대립과 긴장, 이것이 말안장 시대를 불안정한 시간대로 만드는 원인이다. 그러나 일단 생성되기 시작한 이야기는 내부와 외부로부터 동력을 얻어 항로를 개척하게 마련이다.

이 말안장 시대에 서로 단단히 결박되어 있었던 지배층과 인민이 최초로 서로 분리되기 시작하여 다른 길로 나서게 되었다는 것은 주목을 요한다. 말안장 시대에 지배층과 인민의 분리는 서양에서도 나타나는 일반적 현상이었지만, 서양은 부르주아라는 새로운 계급의 출현으로 왕권과 인민의 새로운 접합이 가능했다. 이 과정에서 절대군주제가 입헌군주제와 공화정으로 전환했음은 근대를 입증하는 지표이다. 조선은 그렇지 못했다. 1860년대와 1870년대는 인민과 지배층이 동일한 경험 공간에서 헤어져 서로 다른 기대 지평으로 나아갔던 시기였고, 그런 의미에서 서로 다른 역사를 쓰기 시작한 시기였다. 하나였던 역사는 결국 두 개로 분리되었다. 인민의 역사와 지배층의 역사가 그것이다. '분리'가 말안장 시대의 특징이었음은 앞의 1장에서 상세히 서술한 바 있거니와 분리는 지극히 불안하고 새로운 시간대를 동반했다. 인민의 역사는 동학이라는 문을 열고 나와 당시 확산 일로에 있었던 고전 소설과 서민 예술을 자양분으로 해서 정체성과 고유 영역을 개척해 나갔다. 인민의 역사를 썼던 주역은 주체 의식을 갖추기 시작했던 '자각 인민'이었는데 자아 현실과 사회적 실상에 눈을 뜨면 뜰수록 이들의 텍스트 공동체로서의 언문 공론장은 활력을 더해 갔다. 이에 반해 지배층의 역사는 분리와 동시에 내부 모순에 부딪혔다. 조공 체제를 유지하면서 서양과 수교하는 것, 김윤식이 양편 체제(兩便體制)라 불렀고, 유길준이 양절 체제(兩截體制)로 개념화했던 어정쩡한 동거 상태를 해소하는 일은 성리학적 질서를 하늘의 이치로 여긴 채 국제 질서의 변화에 대한 견문이 좁았던 지배층에게는 힘겨운 과제였다. 여기에 조공 체제를 강요한 청과 만국 공법을 무기로 조선을 침탈하고자 했던 일본과의 긴장과 대립이 조정을 둘러싸고 치열하게 전개되었다. 조선의 내부 질서가 약화되고 관료들의 침학이 심화될수록 인민의 역사는 동력을 얻어 갔음에 비해, 지배층의 역사는 일본과 청의 틈바구니에서 동력을 잃었다. 지배층의 역사와 인민의 역사가 분리를 지속한 30여 년 후인 1894년에 급기야 두 역사는 충돌했다. 그 결과는 참혹했다. 두 역사는 동시에 무너졌다. 지배 세력과 농민 세력이 기진맥진한 가운데, 정치적 주변 세력에 지나지 않았던 개화당 주도의 외세 의존적 갑오 정권이 들어설 수 있었던 배경이다.

지배층에게 '새로운 이야기'는 강요의 형태로 찾아왔다. 두 차례의 병인양요, 오페르트 도굴 사건, 신미양요를 거치면서 강화도 초지진, 광성진, 덕진진이 함락되어 조선 병사 수백 명이 전사하고 극심한 전화(戰禍)에 치를 떨었을 때에도 조선의 지배층은 척사론적 세계관에서 한 발짝도 물러남이 없었다. 앞에서 보았듯이, 오히려 고종은 신미양요가 종료된 직후 나눈 조정 대신들과의 대화에서 조선이 '예의지방(禮義之邦)'임을 들어 '금수의 무리와 더불어 화친할 수 없고, 만약 화친하자고 말하는 자가 있으면 나라를 팔았다는 죄목으로 처단할 것'임을 단언할 정도였다. 그로부터 불과 4년 후, 고종은 일본과의 수교를 윤허했다. 화륜선 일곱 척을 끌고 강화도에 입항한 일본의 무력 앞에서 수교를 윤허하지 않을 수 없었다. 그때까지만 해도 고종과 조정 대신들, 그리고 접견대관 신헌도 조약 체결이 전통적 교린 질서를 훼손한다고 생각하지는 않았다. 개항장을 비롯하여 공사관 설치, 거류민 지역 지정 등 몇 가지 조항을 양보하기는 했으나, 그것이 왜(倭)와의 전통적 관계를 완전히 뒤바꾸는 것은 아니라고 생각했던 것이다. 그러나 그것은 새로운 이야기의 출발이었다. 강화도 수호 통상 조규가 체결된 직후부터 조선을 둘러싼 열강의 움직임은 그전과는 사뭇 달랐고, 중국의 총리아문도 조선 정부에 가급적 조속히 서구 열강과 수교하라는 자문을 자주 발송하기에 이르렀다. 청의 북양대신 이홍장은 영의정 이유원에게 수교하라는 조언과 함께 일본과 열강의 동향을 상세히 적은 사신을 17차례나 보냈으며, 급기야 1879년에는 통상을 강력하게 권고하는 편지를 발송했다. 이홍장은 대만 침공(1874년)에 이어 유구 합병(1879년)과 조선 진출에 발판을 만든 일본을 경계했다. 청에 조선은 입술이 없으면 이가 시린 순망치한의 관계였으므로, 일본의 조선 침투를 방어하는 것은 곧 청을 수호하는 것과 동일했다. 이홍장은 이유원에게 이런 편지를 썼다.[59]

일본이 두려워하는 것은 태서(泰西)입니다. 조선의 힘으로 일본을 제어하기에는 부족할까 염려되나 태서와 더불어 통상하여 일본을 제어한다면 남음이 있을 것입니다. 태서의 통례에는 무고하게 나라를 멸망시키지 못하게 하고 있습니다. 대저 각국이 서로 대치하여 경쟁할 수 있는 것은 그간에 공법이 행해지고 있기 때문입니다.

그러나 공법에 입각한 국제 질서는 조선에 무력의 형태로 왔다. 낯선 세계관과 무력을 앞세워 폭력적 형태로 다가왔다는 점에서 그것은 '문명 충돌'이었다.[60] 각국의 독립적 지위와 주권을 자연적 권리로 인정하는 국제법적 질서가 중국을 정점으로 한 유교권역을 천하로 간주했던 조선의 국경을 두드렸다는 것은 서로 다른 이질적 문명의 조우였지만, 서양 문명이 실정법주의, 유럽 중심주의, 팽창주의를 본질로 하고 있었고, '금수의 나라'답게 무력 충돌을 촉발했다. 유교 문명의 예치(禮治)와 유럽 문명의 법치(法治) 간의 충돌, 유교적 사대자소와 유럽적 주권 의식의 충돌이었다. 이 거대한 변환의 배경에 놓인 논리를 조선의 사대부들은 읽어 내지 못했고, 설사 이해했다고 하더라도 그 충격을 지혜롭게 해소할 방법은 그리 많지 않았다. 그러나 청과 일본은 달랐다. 조선을 두고 각축을 벌이는 청과 일본은 이미 만국 공법의 의미를 알고 있었으며, 서로 엇갈리는 이해관계에 따라 서로 다른 방식으로 만국 공법을 조선에 적용하고자 했다. 일본은 청으로부터 조선을 분리하는 무기로 썼음에 비해, 청은 일본의 진출을 방어하는 합리적 명분으로 공법을 내세웠다. 만국 공법적 용어로 주권을 소유한 두 국가에는 자국의 이해에 따라 자유롭게 변용할 재량이 있었다. 여기에 남진을 예고하는 러시아가 등장하면서 청은 이이제이(以夷制夷) 전략을 구사해야 했는데, 만국 공법이 그 길을 열어 준 것이다. 일본과 러시아, 조선에 진출하려는 이 두 나라를 저지할 필요가 있었던 이홍장에게는 서구 열강과의 수교가 가장 현명하고 효율적인 방책으로 여겨졌던 것이다. 이홍장의 이런 의도가 1880년 8월 2차 수신사로 일본에 건너간 김홍집에게 전해졌다. 대청흠사 참찬관 황준헌(黃遵憲)과 하여장(何如璋)과의 대화를 통해서다. 황준헌은 일본 경계, 중국의 전통적 신의, 그리고 자강의 중요성을 말했고, 하여장은 주로 러시아의 본질을 깨쳤다. 「대청흠사필담(大淸欽使筆談)」에 의하면 다음과 같다.

김홍집: 나라는 작고 힘은 약하여 저들로(열강) 하여금 두려움을 알아서 물러가도록 하는 것은 쉽지 않으니 심히 걱정스럽습니다. 그러므로 믿는 바는 중국 조정이 비호하는 힘뿐입니다.

황준헌: 이 몇 마디를 읽으니 족히 충애하는 정성이 언표에 넘쳐 흐름을 볼 수 있습니다. 이 은의를 만세에 끝없이 보존할 바를 생각한다면, 오늘의 급무는 힘써 자강(自强)을 도모하는 데 있을 뿐입니다.

김홍집: '자강' 두 글자는 지극하고 극진합니다. 어찌 감히 경복하지 않겠습니까?

황준헌: 일본이 오늘의 정세만으로는 만에 하나 조선을 도모할 능력이 없다는 것을 저의 '책략' 중에 이미 자세히 말하였습니다. 그들이 조선에 바라는 것은 강력히 조선과 더불어 연횡하고자 하는 것이며 그것은 실로 진정에서 나온 것입니다. 다만 그 나라(일본) 사람들은 이기기를 좋아하고 이익을 탐내며 매우 활달하지 못하기 때문에 때때로 어려움이 있을 따름입니다. 조선이 급히 외교를 시도하여 일체의 통폐를 가슴속으로 깨닫게 되면, 저들 스스로 많은 것을 요구할 수는 없을 것입니다.[61]

황준헌은 일본이 아직은 국력을 갖추지 못했지만 경계할 것을 주문했고, 강화도 수호 조규에 따른 후속 조치인 관세율을 정하는 문제에 대해 조언했다. 김홍집은 관세가 무엇인지 몰랐다. 황준헌은 '세칙은 우리가 자주(自主)한다.'라는 항목을 반드시 첨가해서 훗날의 일을 대비하라는 조언과 함께 『조선책략』을 건네주었다. 김홍집은 "우리나라의 독서하는 사람들은 모두 통상은 불가하다고 하기에 걱정이다."라는 말과 함께 『조선책략』을 꼭 읽겠노라고 답했다. 이에 비해 하여장은 러시아 경계를 강조했고 미국과 수교할 것을 권했다. 다시 「대청흠사필담」을 보자.[62]

김홍집: '균세' 두 글자는 근래에 비로소 『공법』에서 볼 수 있었습니다. 그러나 우리나라에서는 늠름히 구규(舊規)를 지키어 외국 보기를 홍수나 맹수처럼 하는데, 예부터 이교를 배척함이 준엄하였기 때문입니다. 그러나 가르치심이 이와 같으니 다만 마땅히 돌아가 조정에 보고는 하겠습니다.

하여장: 요컨대 권리를 자주(自主)로 한다면 이익은 저절로 본국에 돌아가 다른 나라에서 이익을 독점하는 데 이르지 않을 것입니다. 그러므로 만국과 더불어 통상한다고 해도 이익은 있지만 손해 보는 일은 없습니다.

김홍집: 우리나라의 제도 문물은 주나라와 같고 사대부의 취향은 송나라와 같으며, 백성의 검소하고 인색한 습속은 당나라의 유풍과 같은 것이 있습니다.

하여장: 현재 서양 사람들은 다투어 공리를 다투고 러시아는 더욱 횡포하여 전국 시대의 호랑이 진(秦)나라와 같습니다. 들건대 그 나라는 근년에 도문강구 일대를 경영하고 있으며, 또한 금년에 동해에 해군을 증설하였습니다. 이 일이 크게 염려가 되어 대책이 늦어지면 변이 생길 것입니다. (……) 어리석은 소건으로는 러시아 일이 자못 급합니다. 헌재 세계 여러 나라 가운데서 오직 미국만이 민주 국가이며, 또한 국세가 넉넉하여 여러 나라와 통호함에 있어 오히려 신의를 강구하며 심히 이익을 독점하려 하지 않습니다. (……) 만약 능히 일본에서 의논하여 개정하려는 조약 원고를 본받아 더불어 조약을 체결한다면, 저들은(미국) 반드시 흔쾌히 응할 것입니다.

관세 문제와 일본 정세를 살피러 간 김홍집은 국제 질서에 관한 현황을 두 사람에게서 들었고, 『조선책략』을 갖고 돌아왔다. 그럼에도 1880년 8월 24일 일본과의 협상에서 무관세 규칙에 조인하게 되었고, 이는 결국 1880년대를 일관해서 조선 미곡 시장의 파괴와 농민 경제의 피폐화를 초래하는 계기가 되었다. 그리고 그가 복명한 『조선책략』은 조선 유림에게 큰 충격을 주었으며, 이어 그해 겨울부터 전국적으로 확산된 영남 척사 만인소의 도화선으로 작용했다. 『조선책략』은 청이 조선에 제안한 '새로운 이야기'의 시나리오였고 해설서였다. 『조선책략』의 근본 내용은 방아론(防俄論)과 속방론의 근거를 조목조목 설파하는 데에 맞춰져 있었다. 조선의 지정학적 위치와 그 중요성을 지적하는 것으로 시작하여 곧바로 러시아의 침략을 막아 내는 방책을 명시하고 조선이 취할 외교 전략을 제시했다. 서문은 단호한 문장으로 시작한다. "러시아가 영토를 공략하려 한다면 반드시 조선으로부터 시작할 것이다. (……) 러시아를 막는 계책은 어떠한가?" 그 답은 역시 단호하다. "중국과 친하고(親中國), 일본과 맺고(結日本) 미국과 이음(聯美國)으로써 자강(自强)을 도모할 따름이다."[63] 그러면서 조선은 중국의 속방임을 동시에 확인하고자 하였다. 중국으로서는 양면 전략이었다. 황준헌은 이렇게 설파했다.

중국이 아끼는 나라로는 조선만 한 것이 없다. 조선이 우리의 번속(藩屬)이 된 지 이미 천년이 지났지만, 중국은 덕으로써 편안히 하고 은혜로써 품어 주었을 뿐, 한 번도 그 토지와 인민을 탐내는 마음을 가진 적이 없다. 이는 천하가 함께 믿는 바이다. (……) 강희, 건륭 조(朝)를 당하여서는 상문(上聞)하지 않는 일이 없었고, 그리하여 내지의 군현이나 다름없었다. 이는 문자와 정교(政敎)가 같고, 정의(情誼)가 친목한 때문만은 아니다. (……) 서양의 통례는 양국이 전쟁(임진왜란)을 할 때 국외의 나라는 그 사이에서 중립하고 치우쳐 도울 수 없지만, 속국(屬國)만은 이 예에 있지 않다. 오늘날 조선은 중국 섬기기를 마땅히 예전보다 더욱 더하여 천하의 사람들로 하여금 조선이 우리와 더불어 정의가 한 집안 같음을 깨닫게 한다면, 대의가 밝혀지고 성원(聲援)이 절로 씩씩해질 것이다.[64]

속방론에 침묵하던 유림은 '방아론'에 이르러서는 분노를 강하게 표출했다. 러시아 역시 서양의 금수와 같거늘 딱히 러시아를 거론하여 수교를 합리화하는 것은 예의지방의 신의를 저버리는 행위라는 것이었다. 영남 만인소의 소수 이만손은 연미국은 환상, 결일본은 망국, 러시아는 허구라는 유림의 집단적 견해를 내세워 왜양 일체론을 외쳤으며 허설과 요설을 퍼트린 죄를 물어 김홍집을 처단할 것을 건의했다. 고종은 유림의 이런 주장에 일말의 의구심을 느꼈다. 그러나 유림이나 조정이나 청의 진정한 의도를 알아차리지 못했다. 청의 비호와 재정 지원이 필요한 상황이었고 김윤식, 어윤중 등의 친청 세력이 조정의 중심부에 이미 진입한 상황이었다. 그런데 일본과 러시아의 진출을 방어하고 조선에 대한 종주권을 유지하려는 이홍장의 교묘한 정치적 계산은 1882년 조청(朝淸) 상민수륙 무역 장정(10월 4일)에서 확연히 드러났다. 조청 장정은 미국, 영국, 독일과의 통상 조약이 성사된 직후 이홍장의 강압으로 체결된 불평등 조약의 전형이다. 통상 조약이 아닌 무역 장정으로 격하시킨 것도 그렇거니와, 조선 국왕을 북양대신과 동격에 준하는 지위임을 공식 문서로 확인했다. 조약 전문에 조선은 청의 속국임을 명시하도록 한 것이다. 고종이 북경에 파견한 어윤중은 심각한 우려를 표명했지만 임오군란을 진압하러 이미 조선에 군대를 보낸 청의 위압적 태도에 굴복해야 했다. 조청 장정의 전문은 이렇다.[65]

조선은 오랫동안 제후국으로 있었으므로 제도와 의식에 관계되는 모든 것이 다 정해진 규정이 있었음은 다시 의논할 여지가 없다. 지금 여러 나라들은 벌써 뱃길로 통상을 하고 있다. 이로부터 마땅히 바다에 관한 금령을 하루빨리 취소하고, 두 나라 상인들이 똑같이 상호 무역을 하여 함께 이득을 보아야 한다. 국경 지방에서 상호간에 물건을 매매하는 규정도 때에 따라 적당히 고칠 수 있다. 이번에 체결한 수륙 무역 규정은 중국이 속국을 우대한 것이고, 우호 관계를 가진 나라들도 마찬가지로 다 이득을 보도록 하는 것은 아니다.

'조선은 오랫동안 제후국이었다. 그러나 중국은 이 조약에서 속국을 우대했다.' 영국, 독일, 미국은 조선에 대해 청이 획득한 우월적 지위와 최혜국 대우를 동시에 요구했지만 청은 단호히 거절했다. 속국이란 표현은 소중화주의의 자존심을 건드리기는 했으나 유교 질서의 일원임을 확인해 준다는 의미에서 수용할 만했다. 그러나 '마땅히 바다에 관한 금령을 하루빨리 취소하고'는 무엇을 말함인가? 조공 체제의 근간으로서 해금 체제의 해제를 뜻하는데, 그것은 존화론의 기본 명제를 부정하는 것과 동일하다. '속국'과 '해금 체제의 해제'라는 모순적 명제를 조선은 선뜻 이해할 수 없었고, 이 모순을 해소할 이론적 자원과 역량을 소유하지 못했다. 조선으로서는 '혼돈의 시대'가 개막된 것이다. '해금 체제의 해제'라는 새로운 이야기와 '속국'이라는 전통적 질서 사이의 모순은 분명 문명 충돌의 소산이었지만, 조선 지배층이 계승 발전시킨 사관(史觀)을 수정하지 않고서는 도저히 해결 불가능한 명제였다.

이 모순은 조선이 존화론에서 이탈한 독립적 주체라는 인식을 전제로 할 때야 비로소 해결의 실마리가 찾아진다. 조선의 독자성에 눈을 뜬 사관이 없었던 것은 아니다. 조선의 역사 인식은 공자의 『춘추(春秋)』와 주자의 『자치통감강목(自治統監綱目)』을 원류로 하여 정명(正名)과 명의(明義)를 밝히는 것을 목적으로 정립했고, 동이(東夷, 조선)가 주실(周室)의 정사(正史)를 이어받는 것으로 나아가 급기야 소중화론에 닿았다. 이런 관점에서는 시대의 사실들을 밝히는 사학(史學)은 도(道)의 용(用)으로서, 도(道)의 이(理)인 경학(經學)의 하위 체계였다.[66] 정주학적 사유 체계에서 독자성에의 모색이 소중화론이다. 당시 상소 운동을 주도하던 최익현도 넓게 보면 여기에 속한다. 그는 말한다. "어떤 이는 오동(吾東)이 역시 이(夷)라고 한다. 이사(夷事)로서 중국의 정사(正史)에 합한 예가 있었던가? 이(夷)면서 중국에 나아가면 곧 중국 『춘추』의 뜻이다."[67] 17세기 중반 이후 중국사에서 자국사의 입지를 탐색하는 시도 속에서 독자성 모색의 실마리가 싹텄다. 실학자로 알려진 이익, 안정복, 정약용이 그들이다.

오늘날 사람들은 우리나라에서 태어났으면서도 우리나라의 사실에 대하여 전혀 각성하지 못하고 있고, 심지어는 『동국통감(東國通鑑)』을 누가 읽겠는가라고 말하니 어긋남이 이와 같다. 우리나라는 스스로 우리나라의 것이니 그 규제체세(規制體勢)가 스스로 중국사와 달라야 한다.[68]

우리나라가 비록 중국을 받들고 그 정삭(正朔)을 받들며 지역이 대륙의 한편에 치우쳐 있지만 스스로 성교(聲敎)하므로 중국의 제후와는 차이가 많다. (……) 중국의 제기(帝紀)가 우리나라와 무슨 관계가 있겠는가?[69]

오늘날 사람들이 기자 조선(箕子·朝鮮)이 혹은 요동에 있다고 의심한다. (……) 조선이란 이름은 반드시 평양에서 시작된 것이다. 지리지에 낙랑(樂浪) 군에 딸린 현(縣)이 25현으로 조선이 첫머리에 있다. 당시 위만(衛滿)의 도읍도 확실히 평양에 있었고, 그 뒤 낙랑의 군치(郡治)도 또한 평야에 있어서 그 으뜸되는 현이 조선현이니 조선이란 평양의 옛 이름이다.[70]

이익과 안정복은 중국사로부터 자국사를 분리하여 독자적 인식을 가질 것을 강조했으며, 안정복은 여기서 더 나아가 조선을 세가(世家)가 아닌 본기(本紀)의 관점으로 서술할 것을 요구했다. 정약용은 조선의 지리적, 문화적 차별성에 주목하여 독립적인 문화·지역 공동체로 조선사를 다시 볼 것을 제안하기도 했다. 모두 자국사의 독립적 위상과 의의에 눈을 떴다는 점에서 공통이다.[71] 그렇다고 화이론의 정통성과 중심성을 부정하는 데까지 나아가지는 못했다. 화이론이라는 바깥 테두리 속에서 자국사의 독자성을 확인하려는 각성의 싹이 발아된 정도일 것이다.

서양 역시 이런 과정을 거쳤다. 역사(歷史)가 사실들이 말해 주는 바의 길을 따라 발화하도록 한 것은 역사를 수사학과 도덕 철학, 신학과 법학의 굴레에서 해방시킨 다음에야 가능한 일이었다. 계몽 철학이 역사의 해방을 촉진했다. 말안장 시대의 계몽 철학은 역사학으로 하여금 개별 시대와 개별 국가의 고유성과 독자성으로 가는 길을 만들어 주었다.[72] 그 배경 멀리에는 종교 개혁이 있었고 가까이는 프랑스 혁명에서 보듯 정치 혁명이 있었다. 새로운 역사는 경험 지층을 깨고 나온 기대 지평의 파열 기능을 타고 스스로 운동한다. 독자성을 싹 틔우는 맹아가 형성되기는 했지만, 조선의 토양은 그것을 발육하기에는 너무나 척박했다. 도덕적, 형이상학적 역사관인 경사 일체론(經史一體論)을 깨트릴 이유도 명분도 존재하지 않았다. 그러나 통교(通交)의 압력, 그것도 존화론의 중심인 중국에서 발령된 해금 체제의 종언은 정주학적 사관에 일대 혼란을 가져온 것이다. 조정 담론이 걷잡을 수 없는 혼돈의 영역으로 진입한 것은 필연적 결과다. '자강(自强)'과 '부국강병'은 이런 모순적 상황에 직면한 조정이 선택한 탈출구였다. 서양에 대해서는 자주를 지키고, 중국에 대해서는 사대 의리를 훼손하지 않는 '사리의 양편'을 수용하는 것이 조선이 택할 수 있는 최선의 방편이며, 양편(兩便) 체제를 큰 탈없이 유지하려면 무엇보다 힘을 기르는 일이 가장 중대한 과제로 설정되었다. 자강, 김홍집과 황준헌의 필담에서 확인된 바 있는 조선의 전략적 진로이자 김기수와 김홍집 복명에서 고종이 각별한 관심을 표명한 것, 그리고 중국 사행 사절단에게서 듣고 싶어 했던 것도 자강으로서의 부국강병이었다.

자강과 자주

조공 체제의 딜레마

1868년 대원군 부친 남연군의 묘소를 도굴한 독일계 유대인 오페르트는
홍콩에 거점을 둔 상인이었다. 중국 시장을 공략하고 조선에 눈을 돌린 그
는 1866년부터 덕적도, 강화도를 탐사했고 해미(海美)현감을 만나 조선 실
정을 파악했다. 자신이 붙은 그는 상인 기질을 발동하여 대원군 부친 묘소
를 도굴하기에 이른다. 그는 귀국해서 쓴 조선에 관한 책에서 그곳을 '왕실
보물 보관소'라고 거짓 기술했지만, 저술 의도와 관련해서는 조선의 운명을
좌우할 중대한 사안을 지적해 두었다. "아마도 가까운 장래에 동아시아에
이해관계를 갖고 있는 열강은 그들이 의도했든 의도하지 않았든 간에 조선
문제(Corea question)라고 명명된 것들을 고려해야 할 것이다."[73] 조선 반도를
두고 유럽 이익을 대변하고자 했던 오페르트는 당시 열강이 그러했듯 남하
하는 러시아를 경계하라고 일렀다. "만약 러시아가 원하기만 한다면 러시
아는 언제든지 일본해(동해)까지 진출하여 아시아 동부 해안 전체의 지배자
가 될 수 있다."라는 점을 상기시켰다.[74] 그러곤 조선에 관해 자주 지칭되는
고립국 이미지를 국제 사회에 각인시켰다.[75]

그러나 우리에게 그 나라는 여전히 과감하게 생명의 포기를 무릅쓰지 않
고서는 외국인들이 감히 범접할 수 없는 '금단의 땅(forbidden land)'으로 남
아 있다. 북극을 탐험하기 위해 원정대들이 연이어 나섰다. 이 불굴의 탐험가
들은 문명을 전파하고 교역 관계를 열어 그 대륙을 개방시키고자 베일에 가
려 있는 중앙아프리카의 미지의 땅을 탐사하고 있다. 이곳에서 우리는 증기
선을 이용해 가장 인접한 중국 해안을 항해하여 단 하루만에 4000년의 역사
를 갖고 있는 나라의 문턱에 서 있다. 그러나 백성들의 열망 따위에는 아랑

곳없는 반(半)야만적인 통치 때문에 발을 들여놓을 엄두를 내지 못하고 있다. 조선 정부는 출입 거부라고 쓴 금단의 문을 세우고 전체 문명 세계를 조소하고 있다.

'금단의 땅에 문명을 전파하는 원정대'로 자신을 정당화하고, 조선인을 금단의 문 안쪽에서 문명 세계에 조소를 보내는 반야만적인 민족으로 묘사했다. 이런 시각은 비단 오페르트만이 아니라 조선의 문을 두드렸던 열강과 외국인들이 공통으로 갖고 있던 심성이었다. 입헌군주제를 바탕으로 부르주아적 세계관으로 무장한 서양인들의 눈에 조선은 아프리카의 오지와 다를 바가 없었고, 그럴수록 제국주의적 욕망을 은폐한 문명론적 사명감에 불타올랐을 것이다.

조선 해안에 출현한 유럽 증기선들은 모두 병력, 상품, 신부와 목사를 싣고 왔다는 점에서 공통이다. 그들에게 극동 끝자락에 위치한 조선은 매력적 시장이자 세력 다툼의 거점이었다. 인구가 비록 700만 명에 지나지 않았지만, 미국인 외교관 로웰의 표현대로 "모든 것이 변하는 세상에서 수백 년 전의 옷, 예절, 사고방식, 생활 양식을 그대로 간직하고 있는" 조선은 미지의 시장이자 미지의 영토였고,[76] 무엇보다 극동 진출의 인후(咽喉)였다. 1885년 영국 해군이 거문도를 기습 점령하자 도쿄에서 이 사건을 접한 열강의 제독들은 불만을 토로하면서도 "개(러시아)의 목을 졸라 물고 있던 뼈다귀를 떨어뜨리게 만드는 전략"에 감탄을 금치 못했다. 거문도에 영국 국기가 게양됐다. 한발 늦은 열강은 안달이 났고, 민란과 정변에 시달리던 조정은 어찌할 바를 몰라 북경으로 달려갔다.[77] 속국 조선에서는 외국과 접촉하는 일, 분쟁을 다루는 일은 모두 북경 소관이었다.

1885년 톈진 조약 체결로 일군과 청군이 모두 철수하기는 했지만, 거문도를 점령한 영국과 담판을 하자면 북양대신 이홍장과 통상사의로 조선에 부임한 위안스카이의 결재를 받아야 했다. 영국은 당시 세계 최강의 군사력과 전보 통신망을 갖춘 제국이었다. 1851년 도버 해협에 해저 전선을 가설한 영국은 1866년 대서양 해저 전선을, 1868년 지중해, 1870년에 싱가포르까지 통신망을 연결했고, 1871년에는 홍콩까지 연장했다.[78] 영국이 관심을 가진 종착역은 중국이었는데, 극동 지역으로 눈을 돌린 러시아 때문에 조선이 눈에 들어오기 시작했던 것이다. 조선은 유럽 제국주의 세력이 마지막으로 도달한 영토였고, 열강의 증기선이 통상 사절단을 태우고 조선 연안에 집중적으로 출현했던 때가 바로 1880년대였다. 해금 정책을 고수하던 조선이 조공 체제의 모순에 직면한 것이다. 청은 1882년 조청 장정을 체결해 속국화의 법적 기반을 다지면서도 서양과 수교를 종용하던 터라 조선으로서는 모순적 상황에 직면하지 않을 수 없었다.

1882년 조청 장정을 체결하기 이전까지 조선에 대한 이홍장의 입장은 조금 소극적이었다. 일본과 강화도 조약 체결을 계기로 서양과의 수교가 불가피한 것임을 인식한 이홍장은 조선의 자강 정책을 도와 조선이 자력으로 방어할 수 있도록 하는 데에 초점을 두었다. 조선은 청의 인후에 해당하므로 조선을 지켜 주는 전략으로 자강 정책을 권했던 것이다. 그러나 열강의 접촉 시도가 활발해지고 조선이 자력으로 자강을 추진할 힘과 자원이 부족하다는 사실을 깨닫자 태도를 바꿨다. 아예 속국화를 명문화한 것이다. 자강 정책의 지원에서 속국화로 태도 변화가 일어났다. 독일인 묄렌도르프를 파견하여 해관세를 관할하도록 하였고, 임오군란의 사후 수습을 빌미로 이조연, 윤태준, 한규직, 민응식 등 친청 성향의 인사들을 요직에 앉혔다. 위안스카이를 통한 이홍장의 친정(親政) 체제가 개막된 것이다. 만국 공법으로 무장한 서양 열강의 도래에 대해 그들과의 수교를 허용하면서도 조선은 청의 속국임을 각인시켰던 이중 정책에서 조선은 쉽사리 빠져나올 수 없었을 뿐만 아니라 자력으로 해결할 방법도 요원했다. 자주(自主)의 전제인 자강은 지난했고, 자주로 가는 길은 막힌 절망 상태로 내몰렸다.

'조공 체제의 지속(속국)'과 '해금 체제의 해제(수교)'라는 모순적 상황은 화이질서와 만국 공법이 접촉하면서 발생한 것이다. 중심(華)을 섬기면 주변(夷)이 덕(德)을 입는다는 덕화(德化)로서의 예치사상(禮治思想)을 '하늘의 이치'로 알아 왔던 조선으로서는 서양 열강에 대해 주권을 가진 자주 국가로 행위한다는 것은 천리를 어기는 일로 간주되었다. 큰 것은 섬기고 작은 것은 품는다는 사대자소는 주실(周室)에서 유래한 예치의 근본이었으며, 소국은 대국의 신의와 배려 속에 안주하는 것이 조공 체제의 기본 구도였다. 그렇다고 화이질서가 조공국에 종주 관계를 강요한다거나 불합리한 탄압을 자행하는 것은 아니었다. 중심을 다스리는 황제가 주변국의 제후들에게 봉작하고, 제후들은 그 답례로 예를 차리는 것으로 족했으며, 주변국의 독자성을 인정했다. 그럼에도 열강이 가져온 만국 공법과 국가 간 평등 이념, 그리고 조약을 자율적으로 체결할 권리를 의미하는 주권 개념은 이런 화이질서에서는 낯선 것이었다.[79] 중국을 중심으로 한 천하 질서는 주변국이 화이질서 속에 머물러 있는 한 국가의 독립성은 인정되지만, 외부 세계와 접촉하는 순간 국가 자율성을 상실한다. 중심의 승인을 받아야 하는 것이다. 이런 의미에서 화이질서, 즉 조공 체제는 국가주권을 상정하지 않고, 또 필요로 하지도 않는다. 이런 상태의 조선에 만국 공법 질서는 생소했을 뿐만 아니라 조선을 외부 세계로 데리고 나가려고 했다는 점에서 위험하기까지 했다. 조공 체제는 외부 세계와 단절을 약속하는 대신 방어의 책무를 중심국에 위임할 수 있었기 때문이다. 조선이 군사력 배양에 각별한 신경을 쓰지 않을 수 있었던 이점을 누리게 한 것도 조공 체제 덕분이었다. 그러므로 '문명 충돌', 혹은 '패러다임 변동'으로 부르는 두 질서의 불편한 조우는 조선으로 하여금 건국과 함께 접어 두었던 '자국 의식(自國意識)'을 불러일으켰다.[80]

조선 정체성의 핵심인 숭명의리와 화이질서 속에는 자국(自國)을 오랑캐

[夷]로 간주하지만 여느 오랑캐와는 질적으로 다르고, 예의와 신의를 지키는 이(夷), 그리하여 언제든지 중화로 범주화될 수 있는 자격을 갖춘 이(夷)라는 문화적 자부심이 전제되어 있었다. 특히 명이 망하고 청이 들어선 이후에는 화이질서의 근간인 숭명의리를 여전히 지키는 변방의 중화, 즉 소중화라는 인식이 팽배했다. 청이 조선을 속국으로 간주하고 제후국의 하나로 여기더라도 조선은 성리학의 원류인 명을 잇는 유일한 적자임을 믿어 의심치 않았다. 두 번에 걸친 청의 침공에 무릎을 꿇었더라도 문화적 정체성이 파괴된 것은 아님을 조선의 사대부는 철저히 믿었다. 이런 의미에서 대국이 소국을 품는 것(사대자소)은 군사적 방어에 불과했지 문화적 우월성을 뜻하는 것은 아니라는 은밀한 믿음이 조선의 소중화주의였다. 소중화주의는 문화적 우월성과 군사적 의존성을 합성한 말이다. 그러므로 화이질서에 안주하는 것은 국력을 군사력에 쏟지 않고도 중화주의를 지켜 나갈 수 있는 편리한 논리 체계를 제공했다. 이런 논리 체계에서 조선이 지킬 것은 국가보다는 학문 정신으로서 성리학과 종교로서 유교였다.[81] 국가 정체성으로서 소중화주의를 지키는 한 현실 정치의 장에서 속국은 자주와 대립하는 말이 아니었다. 속국 또는 조공국의 지위를 인정하는 것은 군사적 의존성이라는 이점을 제공하였기에 문화적 자주국의 정통성을 지키려는 조선에는 오히려 편리한 방패막이었다.

이런 상황에서 자국 의식은 중화주의의 원류인 명(明)이 정신세계에서 지워지지 않는 한 형성되지 않았다. 정신세계에 존재하는 명 대신 현실 세계의 청(淸)을 목격하고 그 실체를 인정하고자 했던 북학파 시절에 이르러 비로소 자국 의식이 발동한 것은 그런 까닭이다. 정조 시대를 포함하여 북학파는 소수의 학자군에 지나지 않았으며 중앙 정치에 미치는 영향도 미미했으므로 자국 의식을 형성해야 할 필요성은 확산되지 않은 채로 19세기 후반기로 진입했던 것이다. 그런데 열강과 무력 충돌하며 거세진 수교 압력 앞에서 자국 의식과 함께 자주의 중요성이 급격히 대두되었다. 속국과 자주가 대립적이지 않았던 상황에서 대립적, 모순적 상황으로 바뀌었다. 달리 말하면, 조공 체제에 내재되어 있던 잠재적 모순이 명시적으로 드러난 것이다. 이 문제를 어떻게 해결해야 하는가? 그런데 조선에는 명시화된 조공 체제의 딜레마를 해소할 논리와 능력이 없었다.

이 시대적 과제를 온통 떠맡은 것이 조정 담론장이었고, 고종을 위시한 소수의 개화파 관료들이었다. 앞에서 지적했듯이, 유림 공론장은 분열 일로에 있었고, 설령 통합되었다고 할지라도 그 모순을 해결할 새로운 논리를 만들어 낼 동력을 상실한 상태였다. 존주론을 계승한 위정론, 북벌론을 계승한 척사론이 유림 공론장이 만들어 낸 최대의 무기였을 뿐이다. 병인양요와 강화 조약에 대하여 기정진, 이항로, 최익현이 올린 잇단 상소가 그것을 말해 준다. 내부를 가지런히 하고 서양을 배척한다는 내수양이론(內修攘夷論)에서, 왜와 양은 본질적으로 같은 오랑캐여서(倭洋一體論) 동시에 물리쳐야 한다는 척왜양이론(斥倭洋夷論)으로 나아갔던 것이다. 만국 공법과 군사력으로 무장한 열강이 몰려올 때 그것을 소화할 정신적 자원이 결여되었다는 것은 소중화주의의 자부심을 높이 내걸었던 국가로서는 불행한 일이었다. 서양을 금수로 규정해 철저히 배척해야 한다는 위정척사론은 논리로만 정의로웠을 뿐 개항장을 통해 들어오는 외래 상품과 일본의 곡물 독점에 의해 황폐화되는 소농과 빈농의 암담한 경제를 보호해 주지 못했다. 개국은 현실적 압박으로 다가왔지만, '조선은 금단'임을 내세우는 것만으로는 열강의 탐욕 앞에 놓인 조선을 구출하지 못했다. 속국과 개국 간 딜레마를 푸는 과제는 온통 조정 관료들에게 전가되었고, 그들 중에서도 외국 사정과 국제 사회의 흐름에 약간의 지식을 갖고 있는 몇몇 관료들의 정세 판단과 논리에 맡겨졌다. 열강의 활발한 진출에 따라 급박하게 전개되었던 1880년대 정치사에서 고종을 위시한 박규수, 김윤식, 어윤중, 김홍집 등 온건파 관료와 김

옥균을 정점으로 한 소수의 급진파 관료들의 활약이 특히 두드러지는 것은
이러한 이유 때문이다. 조선 역사에서 가장 절박했던 말안장 시대의 운명이
소수 관료들의 손에 놓인 것은 역사의 아이러니다. 유림의 합의로 작동하던
공론 정치가 전면 붕괴된 상태에서 역사의 진로를 좌우할 가장 중대한 순간
의 국가 운명을 소수 관료들이 결정하는 '혼란한 질주'의 시간이 개막된 것
이다.

'혼란한 질주'라는 표현에는 개국 시대를 이끌고 갈 뚜렷한 논리 체계
가 존재하지 않았다는 사실과, 소수 관료들의 이념적 성향과 정세 판단, 그
리고 세력 장악을 위한 이해 갈등에 의해 국면들이 변화무쌍하게 전개되었
다는 사실이 함축되어 있다. 당시 개화 관료들은 화이질서의 외부 세계에
대한 지식을 주로 위원(魏源, 1794~1857년)의 『해국도지』와 서계여(徐繼畬,
1795~1873년)의 『영환지략』에서 습득했으므로 외국 사정에 그리 밝지 않았
고 그렇게 얻은 지식도 제한적이었다. 『해국도지』는 1844년 50권으로 시작
해 100권으로 출간된 방대한 분량의 백과사전식 전집인데, 구미 열강의 지
리, 역사, 정치, 군사와 방어 전략을 소개하고 집대성한 것으로 해외 사정을
알지 못했던 조선 지식인들에게는 일종의 전범이었다. 박규수가 1866년 제
너럴셔먼호를 격침할 때 썼던 화공(火攻)을 『해국도지』에서 배웠다는 것은
유길준과 같은 젊은 개화파 문하생들에게 『해국도지』를 읽을 것을 권했다
는 사실로 미뤄 충분히 짐작이 간다. 김윤식 역시 『해국도지』를 읽었고 그
내용에 나오는 전함, 대포, 소뢰거의 제작을 대원군에게 건의한 것으로 알
려졌다.[82] 김용구는 영국에 관한 『해국도지』의 서술이 매우 불완전한 반면,
미국에 대한 내용은 매우 호의적임을 들어 조선 지식인의 미국 예찬이 이로
부터 기원했음을 지적하고 있다.[83] 실제로 『해국도지』의 미국 편 서술은 상
당히 우호적, 긍정적인 내용으로 되어 있다. 손형부는 『해국도지』를 검토하
고 미국의 외교 정책이 '화목과 배려'로 기술되어 있음을 지적한다. 미국 부

분에 이렇게 요약되어 있다는 것이다. "백성으로 하여금 사해를 보살피기를 일가와 같이 화목하게 하도록 하고, 또 이국(異國)을 잘 보살피기를 일체와 같이 하며, 열국이 분쟁을 할 때는 화해하도록 권하는 것을 숭상하였기에 서로 교통하며 각국에 사신만 파견하였다."[84] 반면, 영국은 물자가 부족해서 세계로 진출하여 각국의 물자를 런던으로 가져가는 "무도한 호랑국(虎浪國)"으로 묘사되어 있다.[85] 이에 비해, 1848년 10권으로 완성된 『영환지략』은 『해국도지』에 비해 분량도 적고 지리적 서술에 한정되어 있다는 한계를 갖는다.

그러므로 조선에 유입된 두 책자는 후에 정관응이 저술한 『이언(易言)』과 함께 열강을 맞는 조선 지식인 관료들이 반드시 숙지해야 할 지침서였으며, 서울에 거주했던 사족들의 대외 의식 변화에도 커다란 영향을 미쳤다고 할 수 있다. 서울 거주 사족들의 이런 사정은 비교적 말단 관직을 잠시 지냈던 육용정(陸用鼎, 1843~1917년)의 예에서도 확인할 수 있다. 육용정은 임헌회의 문하생으로 참봉 벼슬을 지낸 지식인이었는데, 1884년에서 1888년 사이에 그가 저술한 『의전기술(宜田記述)』에도 『영환지략』, 『해국도지』, 『지리전지(地理全志)』, 『이언』 등을 독서한 사실이 언급되어 있고, 독서 끝에 도(道)와 기(氣)의 시대적 분화가 필요하다는 인식에 도달하였다. 기에는 상(常)과 변(變)이 있어서 도를 바꾸지 않고도 서양과 통교하여 변을 추구할 수 있다는 일종의 동도서기적 방책을 제안하고 있다.[86]

그렇더라도 육용정이 예(禮)의 중심을 바꿀 것을 제안했는지는 모를 일이다. 동도서기론은 위정척사론과 마찬가지로 본질론의 일종으로서 전통적 화이질서를 깨지 않고도 서양의 기(문물과 제도)를 수용할 수 있다는 개방적 관점이라고 한다면, 서양의 공격적 태도와 맞닥뜨렸을 때에 흔히 취할 수 있는 절충론이다. 조공 체제가 모순을 증폭할수록, 그리하여 스스로 해소 방안을 찾으라고 압박을 가해 올수록 절충론적 관점으로의 시선 이동은

216

손쉬운 선택지다. 그러나 자원 제약에 의해 '서기(西器)' 수용이 쉽지 않고 여기에 '동도(東道)'의 중심국이 압박을 가해 온다면 어떡할 것인가? 당시의 조정 관료들이 부딪힌 문제가 이것이었다. 청의 양무운동을 유심히 관찰하던 조정 관료들은 청의 개화 지식인들이 추진하던 변법자강(變法自彊)에 지대한 관심을 표명했고 실제로 조선에 적용하려는 움직임도 있었지만, '변법'은 예치의 문법을 바꿔야 가능했고, '자강'은 세수 자원이 확보되어 국가 재정이 개선돼야 가능한 일이었다. 그런데 갑신정변 이후 동도의 중심국인 청의 정치적 압박이 더욱 거세졌고, 심지어는 위안스카이의 군대가 동대문 부근에 상시 주둔한 상태였다. 북양대신 이홍장은 즈푸에서 친청파를 통해 조선이 서양과 수교하는 일련의 과정에 일일이 개입했다. 전통적 화이질서의 핵심은 예치(禮治)의 주체가 청(淸)이라는 흔들리지 않는 사실에 있었다.

그렇다면 조공 체제의 딜레마를 해소하는 출구로 세 가지가 대두되었을 것이다.

(1) 예(禮)의 범위를 여전히 청으로 한정할 것인가?

(2) 타국에도 연장 적용할 것인가?

(3) 여기서 한 걸음 더 나아가 예의 중심을 아예 바꿀 것인가?

(1)은 친청파의 기본 노선이었고, (2)는 미국을 '정의(正義)의 대국', '공평(公平) 대국'으로 지목한 박규수의 관점이었으며, (3)은 '예치의 종언'을 주장하고 일본을 본받자는 급진파의 노선이었다. 김옥균, 박영효, 서광범, 홍영식이 일본에 대한 무한한 신뢰를 바탕으로 갑신정변을 감행한 이유이다. 급진파는 갑신정변 실패 이후 조정 담론에서 잦아들었으며, 청의 실질적 지배하에 (1)과 (2)가 현실적 대안으로 자리 잡았다. 그러나 (1)은 조공 체제 자체가 붕괴되면 동시에 소멸할 운명에 처해 있었으며, (2)는 이홍장의 번뜩이는 감시하에서 위험천만한 노선이었다. 박규수는 일본이 조선의 해방책(海防策)을 강제로 무너뜨린 직후인 1876년 세상을 떴기에 고위 관료로 등

극한 그의 문하생들 사이에서 조심스럽게 거론되던 형편이었다. 조정 담론장의 정점에 있었던 고종은 (1)에 위치해 있으면서 (2)의 가능성을 끈질기게 타진했다. 조공 체제의 딜레마를 해소하고 자주로 가는 문을 열고자 했던 고종에게 1880년대 초부터 갑오개혁과 대한제국에 이르는 긴 여정은 '정의의 대국'과 '공평 대국'을 찾아 방황하던 극도로 험난한 길이었다.

자강의 두 길: 시무 개화 혹은 변법 개화

1880년 가을, 2차 수신사 김홍집의 복명을 받은 고종은 결단을 내렸다. 『조선책략』을 규탄하는 전국 유림의 만인소를 '척사윤음' 형식으로 무마하면서 어윤중과 홍영식을 단장으로 한 신사 유람단을 비밀리에 일본에 파견했고, 곧 이어 김윤식을 영선사 단장으로 청에 파견했다. 신사 유람단에는 일본의 분야별 개혁 사정을 관찰할 특별 업무를 맡은 젊은 신진 관료들이 포함되었고, 영선사에는 청의 군기창에서 무기 생산 기술을 익힐 유학생들이 대거 참여했다. 일본과 청이 어떻게 개화와 부국강병을 실천하고 있는지를 파악해서 조선이 가야 할 길을 모색하려는 고종의 고뇌가 실려 있었다. 고종은 두 개의 실무단을 파견하기 직전인 1880년 12월 조정 대신 회의를 관료제 형태로 재편해서 '통리기무아문(統理機務衙門)'이란 명칭을 붙였다. 조선의 봉건 통치를 담당해 오던 종래 6개 부서를 12개로 세분하고 조운, 광산 개발, 화폐 주조, 재정을 담당하는 부서들을 전진 배치했다. 통리기무아문은 비록 청의 관료 조직을 본뜬 조직이었지만, 조선에서 최초로 시도된 근대적 관료제 형태라는 점에서 주목할 만하다.[87] 통리기무아문은 청의 간섭으로 재편과 통폐합을 거듭한 끝에 1884년 10월 의정부라는 전통 기구로 복귀하는 길을 걸어야 했지만, 12개 부서로 전문화하려는 고종의 시도는 대한제국에서 이와 유사한 형태로 다시 부활했다. 강화도 조약과 열강의 조선 진출에 새로운 형태의 정치적 대응을 하지 않으면 자주와 자강은 불가능하

다는 고종의 판단은 급기야 '척사윤음'을 완전히 폐기하고 동도서기론적 개
화론으로 나갈 것을 명시한 단호한 교지(敎旨)로 응결되었다.(1882년 8월) 조
미 수호 통상 조약(1882년 4월)을 필두로 영국(1882년 4월), 독일(1882년 5월),
러시아(1882년 5월)와 수호 통상 조약을 연달아 체결하고, 대원군을 옹립하
려는 임오군란으로 한바탕 난리를 겪은 후였다. 1882년 7월 임오군란의 경
과와 책임을 물어 하나부사 요시모토(花房義質)가 지휘하는 일본군 1500여
명이 제물포에 상륙했고, 곧 이어 오장경을 사령관으로 정여창과 마건충이
이끄는 청군 3000여 명이 남양만에 상륙한 후였다. 대원군은 반란죄로 청군
에 체포되어 보정부로 압송되었고, 이후 3년 동안 가택 연금 상태로 지내야
했다.

조정은 임오군란과 배상금 처리 문제에 거의 기진한 상태였다. 더욱이
청군과 일본군이 대치한 상황에서 자주 개화의 길은 요원했다. 고종은 교지
를 내렸다. 열강과 맺은 수호 통상 조약이 속방의 굴레를 조금이라도 벗어
나게 해 주는 유일한 출구로 부상했기에 척사가 아니라 통교(通交)와 화친
(和親)에 국가의 운명을 걸어야 했다. 고종 19년(1882년) 8월 5일, 굳게 닫혔
던 '금단의 문'을 열 수밖에 없고 또 열어야 한다는 고뇌의 결단을 조정 관
보에 게시했고 팔도(八道)와 사도(四都)에 알려 행회(行會)하도록 했다. 조금
긴 교지를 내용별로 간추리면 다음과 같다.[88]

(1) 근년 이래로 천하의 대세는 옛날과 판이하게 되었다. 영국, 프랑스, 미
국, 러시아 같은 구미 여러 나라에서는 정교하고 이로운 기계를 새로 만들고
나라를 부강하게 만드는 사업에 최선을 다하고 있다. 그들은 배나 수레를 타
고 지구를 두루 돌아다니며 만국(萬國)과 조약을 체결하여, 병력으로 서로 견
제하고 공법(公法)으로 서로 대치하는 것이 마치 춘추 열국의 시대를 방불케
한다. 그러므로 천하에서 홀로 존귀하다는 중화(中華)도 오히려 평등한 입장

에서 조약을 맺고, 척양(斥洋)에 엄격하던 일본도 결국 수호를 맺고 통상을 하고 있으니 어찌 까닭없이 그렇게 하는 것이겠는가? 참으로 형편상 부득이하기 때문이다. (……) 그러나 교제(交際)의 예(禮)는 똑같이 평등함을 원칙으로 하니 의리로 헤아려 볼 때 장애될 것이 없고, 군사를 주둔시키는 의도는 본래 상업 활동을 보호하는 데에 있으니, 사세(事勢)를 놓고 참작하더라도 또한 걱정할 것이 없다.

(2) 의론하는 자들은 또 서양 나라들과 수교를 맺는 것을 가지고 점점 사교(邪敎)에 물들 것이라고 말하고 있다. (……) 조약을 맺고 통상하는 것은 다만 공법에 의거할 뿐이고, 애초에 내지에 전교(傳敎)를 허락하지 않고 있으니, 너희들은 평소 공맹의 가르침을 익혀 왔고 오랫동안 예의의 풍속에 젖어 왔는데 어찌 하루아침에 정도(正道)를 버리고 사도(邪道)를 따를 수 있겠는가?

(3) 그들의 종교는 사교이므로 마땅히 음탕한 음악이나 미색(美色)처럼 여겨서 멀리하여야겠지만, 그들의 기계는 이로워서 진실로 이용후생(利用厚生)할 수 있으니 농기구, 의약, 병기, 배, 수레 같은 것을 제조하는 데에 무엇을 꺼리며 하지 않겠는가? 그들의 종교는 배척하고 기계를 본받는 것은 진실로 병행하여도 사리에 어그러지지 않는다. (……) 너희들은 각기 두려움 없이 편안히 지내면서 선비들은 부지런히 공부하고 백성들은 편안히 농사지으며, 다시는 양(洋)이니 왜(倭)니 하면서 근거없는 말을 퍼뜨려 인심을 소란하게 하지 말라. (……) 이와 같이 나열하여 명백히 유시한다. 이미 서양과 수호를 맺은 이상 서울과 지방에 세워 놓은 척양에 관한 비문들은 시대가 달라졌으므로 모두 뽑아 버리도록 하라.

위 교지에서 (1)은 서양 열강과 맺은 일련의 수호 조약은 시대 변화에 따르는 부득이한 사안으로 정당화하고, 그럼에도 (2)는 서양의 종교를 사교로 규정하여 허용하지 않을 것임을 재차 천명하는 내용이며, (3)에서는 서양과의 수교가 이용후생을 목적으로 한다는 것을 강조했다. 이용후생, 즉 동도를 기반으로 서기를 수용하는 것, 그리하여 자강을 이루는 길이 서양과의 수교를 통해 '기계를 본받는 것'에 있음을 백성들에게 알리고 배양 정책에서 통교와 개국으로 전환한다는 것을 단호한 어조로 유시한 것이다. 열강과 수교를 맺은 마당에 문을 여는 것 외에 다른 방법은 없었다. 그러나 팔도의 유생들과 백성이 우려하는바, 공맹의 가르침에서 한 치라도 이탈없이 정도를 지킨다는 조건을 달았다.

고종의 동도서기론적 전환은 말안장 시대 조선의 진로를 바꾼 획기적인 결단이었다. 천주교에 대한 평민들의 반발과 서교, 서학에 대한 유림의 배척이 절정에 달한 시점에서, 그리고 유림의 지도자인 이항로가 "서양은 금수의 나라"임을 쩌렁쩌렁한 결기로 거듭 천명했던 시점에서 약관 30세에 이른 고종이 이런 공론에 대해 공감과 동시에 우려를 표명한 것은 조선 역사상 처음 있는 일이었다. 고종은 이렇게 위로했고 타일렀다. "이것은 처음 있는 일이니 너희 사민(四民)들이 의심하고 비방하는 것도 이상할 것이 없다." 또한 "만국과 틈이 생겨 공격의 화살이 집중되면 (이 나라가) 패망할 것이라는 것을 스스로 헤아리면서도 조금도 후회하지 않는다면 의리(義理)에 있어서도 과연 무엇에 근거한 것이겠는가?"[89] 조선이 지켜 온 '의리의 예(禮)'가 조선을 패망에 이르도록 할지도 모른다는 조공 체제의 딜레마를 은연중에 내비쳤다. 중화와 일본도 만국 공법의 예를 따르고 있음을 환기한 후, 바로 조선의 통상 수교는 "참으로 형편상 부득이하기 때문이다."를 강조한 이유도 이것이다. 1873년 말 정권을 양도받은 이후 10년 동안 형성되어 왔던 위기 관리의 통치 철학과 구상이 거리낌 없이 터져 나왔다. 우유부단한 암약 군주로 비난받던 고종이 통치에 대한 자신감을 나타낸 표현이자 그것을 바탕으로 통치 방향의 일대 전환을 고한 발언이었다.

고종은 이 무렵 민씨 척족과 신진 관료들을 요직에 발탁해서 매우 단단한 친정 체제를 구축했다. 비록 이최응과 민겸호가 임오군란 때에 반군에 살해되기는 했지만 민치상, 김윤식, 이조연, 박정양을 비롯하여 김홍집, 홍영식, 민응식, 민영옥, 홍우길, 이풍익, 조희복, 민영익 등 대신 회의와 정부 당상들은 대부분 친고종 세력으로 채워졌다. 다른 한편으로 직급은 다소 낮았으나 김옥균, 윤치호, 서재필, 서광범, 박영효 등 외국 사정에 밝고 패기에 찬 젊은 '개화당'이 포진했다.[90] 고종은 조정 담론의 주도권을 쥐고 있는 이들이 합세하는 한 과감한 정책 전환이 좌초될 것 같지 않다는 자신감이 섰을 것이다. 정부 조직을 12개 부서로 재편해서 재정과 화폐 주조, 광산 개발 등의 업무를 별도로 분장하도록 한 것도 그런 자신감 위에서 가능한 것이었다. 말하자면 고종의 동도서기론적 전환은 '조정 관료의 세력 판도'와 '통상을 권하는 청의 해방책(海防策)'이라는 두 변수의 함수였다. 이 두 변수 중 하나라도 흔들린다면 고종의 의지는 관철되기 어려웠다. 두 변수가 고종의 정책 전환을 무화시키는 외적 압력으로 바뀌는 데에는 긴 시간이 걸리지 않았다. 교지 공표 후 두 달이 채 경과하지 않은 시점에서 청은 조청 장정을 강압적으로 체결해 '속방화'를 명시했으며, 1884년 갑신정변을 계기로 청의 명령을 받드는 친청 세력이 들어서자 조정은 오장경과 위안스카이가 이끄는 청군의 감시를 받아야 했다. 자율적 통교를 통한 자강 정책에 족쇄가 채워진 것이다.

이 족쇄는 동도서기론의 본질에 이미 내장되어 있는 모순이었다. 중국 양무운동에서 제창된 중체서용(中體西用, 중국은 본질로 서양 문물을 수용한다.)에 대응하는 조선적 변용으로서의 동도서기론은 청의 외압하에서라면 '동도(東道)'를 어떻게 해석하는지에 따라 개폐가 결정된다. "교제의 예(禮)는 똑같이 평등함을 원칙으로 하니 의리로 헤아려 볼 때 장애됨이 없"다고 말했을 때 고종의 의도는 화이질서의 주체로서 청의 중심성을 교제하는 국가로 확산할 수 있다고 보았고, 만약 그것을 청이 허용하지 않는다면 '평등함을 원칙으로 하니' 타국에도 적용하는 것을 양해해 달라는 일종의 요청으로 해석할 수 있다. 앞 절 말미에서 분석한 화이질서의 해석을 환기해 보면, 고종은 (1) '청의 중심성에 한정'된 태도에서 (2) '타국에도 적용 가능'한 인식으로 한 발짝 더 나아가고자 했던 것이다. 그러나 청은 '타국에의 적용 불가'를 선언했고, 군대를 주둔시켰고 위안스카이의 독주에 힘을 실어 주었다. 적용 가능한 타국은 어디인가? 그의 스승 박규수가 '정의의 대국', '공평의 대국'으로 예찬했던 미국은 너무 멀었고, 영국은 영토와 시장에 탐욕을 보였으며, 프랑스와 독일은 신부와 사제를 보냈다. 그런 고종의 눈에 러시아가 눈에 들어 온 것은 1885년이었는데, 김가진으로 하여금 러시아의 의도를 타진하도록 비밀리에 밀약을 추진한 것도 이때였다.(引俄拒淸) 1차 밀약(1885년)과 2차 밀약(1886년)은 비록 실패로 돌아갔지만, 이때부터 러시아는 고종에게 '정의의 대국'의 후보로 떠올랐다.

앞에서 지적한 '두 개의 변수'가 상수로 작동했던 조선에서 동도서기론은 이처럼 태생적 한계를 갖는다. 그러나 '동도'를 버리는 것을 결코 상상조차 할 수 없었던 당시의 지식 상황과 정치 상황에서 동도서기론적 관점은 자강과 자주를 향한 최소한의 타협이자 현실적 출구였을 것이다. 2장에서 분석한 최제우는 '동도'를 조선적 사고방식으로 끝까지 밀고 나간 사례이지 않았던가? 여기서 동도서기론이 한말 개화론에서 차지하는 위상에 관한 역사학계의 일반적 논의를 잠시 살펴볼 필요가 있다.

한말 조정 담론의 핵심은 내수자강과 자주론이었다. 내부를 튼튼히 하여 자강을 성취하고 자주국으로 서는 것이 고종을 위시한 조정 대신들의 목표였다. 이런 담론의 총체를 역사학계에서는 '개화론'으로 부르는데,[91] '개화(開化)'가 1880년대 중반까지만 해도 조선 지식인과 인민에게는 생소한 개넘이었다는 점을 감안하면 그것은 후대 역사학자들이 붙인 명칭임을 우선 인식할 필요가 있다. 한말 사상이 근대화의 자발적 출구를 찾지 못해 식민 통치에 이르러서야 비로소 근대적 외양을 갖추었다고 주장하는 식민사관의 오류를 시정해야 할 국가적 과제에 당면한 후대의 역사학자들의 고뇌는 매우 중요하다. 그러나 바로 그 의무감 때문에 한말 사상사의 요체를 개화론에서 발견하고자 했던 것, 그리고 한말 사상의 흐름을 개화론 중심으로 서술하고자 했던 것은 의도적 오류를 낳을 위험이 있음을 지적하고 싶다. 한말 사상에서 개화론이 차지하는 비중은 그야말로 막중하고 또한 중대하다는 사실을 부정할 수 없지만, 그런 시각으로 1880년대 이후의 사상사적 흐름과 사회사, 정치사, 경제사를 관찰할 때에 자칫 주관적 해석에 치우칠 가능성을 배제할 수 없다는 점 또한 지적해야 한다. 다시 말해 한말 사상에서 근대화의 기원과 요인을 중심에 놓아야 한다는 강박 관념이 '개화 사상'의 용법에 배어 있다는 뜻이다. 그런데 1880년대 전반기까지만 해도 개화는 매우 생소한 용어였으며, 박규수 문하를 드나들었던 일부 급진 개혁파들이 지향했던 바를 다소 냉소적이며 위험스러운 시선으로 보려는 부정적 혐의를 담고 있는 용어였다. 당시 개화를 지칭하는 용어로 가장 일반적인 것은 '관문을 열다(開關 혹은 개항)' 또는 '관문을 닫는다(鎖關 혹은 쇄항)'와 같이 외국과 통상을 개폐하는 것을 의미했다. 통교, 통상의 의미였으며, 더 나아가 수교를 통한 개국(開國)을 지칭했다. 1880년 김홍집이 갖고 돌아온 『조선책략』에서도 개화가 아니라 개관, 개항이란 용어를 썼으며, 1883년까지 정부의 공식 문서에 개화라는 용어는 등장하지 않았다. 그러던 것이 박영효가 주도해 발간한 《한성순보》에 개화란 용어가 등장했다. 관보에 개화가 출현한 것이다. 개화당으로 불렸던 박영효가 창간사를 썼기에 이런 언급이 가능했을 것이다. 그는 이렇게 썼다. "서양의 문물을 받아들여 이 나라를 조속한 시일 안에 개화시켜야 한다."[92] 개화당의 일원인 박영효는 이미 신사 유람단의 일원으로 일본을 다녀온 바 있었기에 수교 통상을 포함하여 서양 문물의 수용과 학습을 통한 총체적 개혁을 '개화'로 명명하고 싶었던 것이다. 일본에서 '문명개화'로 쓰였던 말이 조선에서는 『주역』 「계사전(繫辭傳)」에 나오는 '개물성무(開物成務)'와 『예기』 「학기(學記)」에 나오는 '화민성속(化民成俗)'을 합성한 '개물화민(開物化民)', 여기서 더 줄여 '개화(開化)'로 사용되었다.[93]

그런데 위정론과 척사론이 지배했던 당시의 지식계에서 개화는 그다지 긍정적 용어가 아니었다. 박영효, 김옥균, 서재필, 서광범, 홍영식 등 젊고 패기 있는 젊은 관료들이 결성한 소수당, 그리고 『해국도지』, 『영환지략』, 『이언』, 『세계지지』를 독파하고 해외 경험이 있으며 개혁일로에 있는 일본을 본받아 조공 체제를 끝내고자 했던 대담한 결당(結黨)을 1879년경 '개화당'으로 지칭했고 스스로도 그렇게 행세했다.[94] 그러던 것이 1884년 갑신정변이 실패하면서 개화당은 일본으로 망명하거나 효수되어 이들은 일본을 등에 업고 권력을 탐하는 역모의 패당으로 인식되기에 이르렀다. 일본 신문들은 와해된 개화당을 청에서 독립을 추구했다 하여 '독립당'(《조선경보(朝鮮警報)》),[95] 일본의 지원을 받았다는 점에서 '일본당'(《시사신보(時事新報)》) 내지 '일당(日黨)'(『김윤식 전집』), 일본처럼 개화를 추구했다는 점에서 '조선 개화당'(《조야신문(朝野新聞)》) 등으로 불렀다.[96] 갑신정변에 대한 단죄가 강하게 시행되던 이후 상황에서 '개화'를 공공연히 거론하는 조정 관료들은 거의 없었으며, 따라서 그 개념은 조정 담론에서 거의 자취를 감췄다. 개화당으로 주목받다가 겨우 화를 면한 윤치호는 1885년 2월 14일 자 일기에서 이렇게 쓰고 있다.[97]

개화당은 비록 수는 많지 않으나 옥(김옥균), 영(홍영식), 영(박영효), 재(서재필), 광(서광범) 등의 여러 사람은 문벌 좋은 집안 출신이어서 가히 큰 지도자가 될 만하였다. 더욱 약간의 시무에도 통달하고 있어서 나라에 희망을 주는 사람들이었으며 그 수가 가히 하나의 당을 이룰 만하였다. 문견을 넓히고 알지 못하는 것을 깨우치기를 날로 달로 더하여 인민들이 밝은 것을 취하고 어두운 것을 버리는 보람을 볼 수 있게 되었다. 그러나 네다섯 명이 개화의 총도자가 되어 갑자기 격패한 일을 저질러 나라를 위태롭게 만들고, 청인들로부터 억압과 능멸을 받음이 전날보다 배는 더 하게 되고, 이른바 개화에 관한 말을 땅에 발라 흔적도 없게 하리라는 것을 어찌 뜻하였는가. (……) 변을 겪은 뒤부터 조야에서 모두 말하기를 "소위 개화당이라 하는 것은 충의를 모르고 외인과 연결하여 나라를 팔고 겨레를 배반하였다."라고 하고 있다.

개화당은 '매국지적(賣國之敵)'으로 불리게 되었고, 개화는 일본을 업고 일본을 조선에 들여오게 하는 행위로 매도되었다. 그러다가 개항장을 통해 쏟아져 들어오는 외국 상품의 범람, 미국인 목사와 천주교 신부들의 활약, 학교와 서양 병원의 설립, 광산 개발과 전기 가설, 도시 개발과 새로운 직업군의 등장 등을 통해 일반 평민들이 서양 문물에 전면적으로 노출되던 1890년대에 들어서야 비로소 '개화 바람'과 함께 '개화'가 일반적 의미를 띠게 되었다. 전국에 야소 교회가 설립되고, 신식 학교에서 학생들이 배출되었으며, 한글로 번역된 성서가 읽히고 찬송가가 불리고 커피, 홍차, 포도주, 위스키가 보급되었다. 일본산 단무지와 어묵은 서민들의 각광을 받을 정도였다. 그때서야 비로소 개화는 고종의 표현대로 '형편 부득이한 사태'였고 피할 수 없는 생활 환경이 되었다. 일반적 의미라고 해도 '부정적' 함의가 줄어든 것일 뿐 긍정적 차원으로 전환된 것은 결코 아니었다. '개화는 곧 일본'이라는 의식적, 무의식적 등식은 갑오개혁에 대한 일반 평민들의 반발 및 저항과 직결되었다.

이런 당시의 정황을 감안한다면 개화론에 상당한 비중을 두거나 개화의 추진을 저해하는 장애 요인을 부정적으로 서술하는 경향은 의도적 오류에 빠질 위험이 많다. 1960년대에 본격화된 민족주의 사관이 내린 개화 개념은 대체로 "수교 통상 혹은 개관을 통해 서양과 교류하고(交際) 서양 문물을 수용하여 내수자강, 자주를 위해 부국강병을 이루는 것 혹은 그 변화의 총체"라고 정의했다. 또는 주일 대청흠사 하여장이 청 총서에 보낸 「주지조선외교의」에 서술한 내용이 당시의 개화를 뜻하는 것으로 봐도 무방하다. 그는 이렇게 썼다. "마땅히 칙령하여 조선 상인이 중국에 와서 무역하게 하고, 또한 중국 상인으로 하여금 부산, 원산 등지로 가서 통상하게 하여 성식(聲息)을 통하도록 하여야 할 것입니다. 또 칙령하여 저 나라 학생들이 경사(京師)의 동문관으로 와서 서양 언어를 배우게 하고, 복주의 선정국과 상해의 제조국에 와서 배 만들고 기계 분별하는 것을 익히고 직예, 강소성 등지의 연군(練軍)으로 와서 서양 총을 익혀 무비(武備)를 갖추도록 하여야 할 것입니다."[98] 하여장은 조선을 해방책의 울타리로 만들어 청을 외세의 침략에서 보호하려는 전략적 고려에서 그렇게 말한 것이지만, 개화를 통한 자강을 정확히 지목했다는 점에서 당시 개화에 대한 일반적 함의를 짐작게 한다. 이런 일반적 함의를 고려하디라도, 윤치호가 지칭한 소수의 영특한 개화당 인사들과 그들이 지향했던 바가 개혁의 주체이자 핵심 동력이 되어야 했던 것은 아니다. 물론 갑신정변의 정강이 일찍이 '근대'를 겨냥했고, 근대 국가와 근대적 사회의 형성에 매우 요긴하게 작용했을 것이라는 사실을 믿어 의심치 않지만, 위정척사론은 재야 유림 세력, 동도서기론은 조정 관료들의 지배적 담론이자 신념이었던 당시 상황에서 개화론을 주류 담론으로 끌어올리려면 3일 천하의 정변보다는 더 신중하고 집요한 선결 작업이 필요했다. 개화당은 결국 정지 작업 없는 성급한 결행으로 개화 담론의 시의성, 적합성, 정당성을 약화시키는 결과를 초래했다는 비난을 면키 어렵다.

역사학계의 일반적 지향 내지 희망 사고와는 달리 동도서기론적 관점이 당시 조정 담론의 주류였다는 사실을 확인할 수 있다. 그런데 '동도서기론'

이란 개념도 19세기 후반 조선 지식인들이 사용했던 개념이 아니라 사실은 한우근의 연구에서 작명된 것이다. 한우근은 1968년 개화사상 연구에서 19세기 후반기 동양의 도(道)는 고수하는 가운데 서양의 기(器)를 수용하려는 당시 지식인과 관료들의 지배적 경향을 '동도서기'로 규정하고 이를 개화사상의 분파로 유형화하였다.[99] 이후 역사학자들 사이에서 개화사상을 위정척사론, 동도서기론, 개화론으로 유형화하는 것이 일반화되기에 이르렀으며, 동도서기론을 위정척사와 개화론의 중간 형태 내지 절충론으로 보는 시각이 정착되었다. 이 분류가 그리 틀린 바는 아니나 연속선상의 위치로 이해할 때 포착되지 않는 차별성으로부터 심각한 오류가 발생한다는 사실을 지적하고 싶은 것이다.[100] 그것은 첫째, 세 가지 모두 조선 지식인들의 이념 분화였다는 점에서 '사상의 기원'은 같으나 전혀 섞일 수 없는 종(種)이라는 사실이다. 굳이 분류한다면, 위정척사론과 동도서기론은 같은 종에 속하고, 개화파는 종이 다르다. 위정척사와 동도서기는 같은 배에서 태어난 성질이 약간 다른 형제지간이다. 중심[中華]을 고수하려는 위정척사의 단호함과 경직성을 다소 완화하거나 양보하면 곧 동도서기론으로 이전할 수 있기 때문이다. 이를 사상의 균열 구조라고 한다면, 위정척사와 동도서기를 한편, 개화파를 다른 한편으로 두 종류를 가르는 균열선을 그릴 수 있겠다. 배타적 영남 유림에게 일본과 청을 다녀온 경험을 주입한다면 그들은 곧 동도서기론자로 변신할지 모른다. 앞에서 사례로 든 말단 관료 육용정, 조정대신 김윤식이 그랬다. 전통 주자학에 근거하면서도 이념의 정통성보다는 현실에 적합한 방책을 더 중시했던 학자들이었기에 동도서기론적 전환이 가능했다. 이에 비하면, 개화파는 전혀 종이 다른 사람들이다. 과거 급제 후 주자학을 완전히 버렸거나 거부했고, 유길준과 윤치호의 사례에서 보듯이 아예 과거 폐단론을 주장하고 해외 유학을 다녀와 세계 사정에 대한 폭넓은 지식을 배양한 사람들이다. 그렇기에 둘째, 중화에 대한 생각이 다르다. 동도서기와 위정척사는 소중화주의적 사고에서 벗어나지 못해 조공 체제의 딜레마 내에서 원만한 출구를 찾고자 했던 반면, 개화파는 갑신정변에서 보듯아예 조공 체제 자체를 부정하고, 외세의 힘을 빌려 과격한 방식으로 개화를 이루고자 했던 사람들이다. 셋째, 위정척사가 대세, 동도서기가 조정 담론의 주류였다면, 개화파는 앞에서 지적했듯이 손에 꼽을 정도로 소수였고조정 담론에서 열세에 놓여 있었다. 더욱이 위정척사파로부터 위험 인물들로 낙인찍혀 있었다. 담론 구도로 볼 때 위정척사와 동도서기가 주류를 이루는 가운데 개화파는 뿌리를 내리지 못하고 여기 저기 부유하는 위태로운작은 섬 정도에 불과했다고 할 것이다. 갑신정변은 그 가냘픈 뿌리마저 제거하게 만든 계기였다. 그리하여 결국 한말 사상계에서 든든한 뿌리를 내리지 못했고, 일반 평민들의 광범위한 지지도 끌어내지 못했는데, 개화파가주도한 갑오개혁 이후에야 담론의 주도권을 행사할 수 있었다.

그런데 주류 담론들, 즉 유림의 대세인 위정척사론과 조정 담론의 주류인 동도서기론이 현실 세계에서 실천력을 상실한 이유는 앞에서 서술했듯이 조공 체제의 딜레마에 해당하는 태생적 모순 탓이다. '조정 관료들의 세력 판도'와 '통상을 권하는 청의 해방책(海防策)'이라는 두 개의 변수가 주류담론의 뇌관을 제거해 버릴 정도로 극성을 부렸을 때 조공 체제의 딜레마는증폭되고 고종을 위시한 조정 관료들이 나갈 출구는 더욱 단단히 차단된다.이것이 1884년부터 1894년 동안 고종과 조정 관료가 당면한 현실이었다.[101]청의 일방적 개입과 독주 속에 자주, 자강의 길은 막혀 버린 것이다. 여러이론 중에서 동도서기론을 시무(時務) 개화, 개화파를 변법(變法) 개화로 분류하는 이분법적 유형화가 더 단순 명료하고 적실하게 보이는데,[102] 당시 정국의 주도권을 행사했던 시무 개화파들, 예를 들어 박규수를 필두로 김윤식, 어윤중, 김홍집, 김병국, 조희연, 김가진, 안경수, 정병하 등은 전통 유학에 크게 개의치 않으면서도 현실적 한계를 인정하는 실무형 관료들이었다. 반면, 문벌 폐지, 인재 등용, 내각제 창설과 군주권 제한, 지조 개혁, 교육 제도 도입, 정치 개혁 등 당시로서는 혁신적 개혁 방안을 주장하던 김옥균, 박영효, 홍영식 등 변법 개화파는 현실적 장벽을 뛰어넘어 질적으로 차원이 다른 질서를 구상했다. 그러나 전자는 청의 거부와 방해로 출구가 막혔으며, 후자는 준비되지 않았던 일본의 어설픈 기획으로 좌절되었다. 일본 공사 다케조에 신이치로(竹添進一郎)가 이끈 일군 500여 명이 청군의 반격에 쫓겨 허둥지둥 퇴각하던 갑신정변의 어설픈 시나리오는 청군의 집요한 억압과 감시 체계를 뛰어넘는 일이 얼마나 무모한 것인가를 말해 준다. 자강과 자주를 향한 고종의 노력은 후자의 작변(作變)에 심각한 타격을 받으면서 전자가 포박된 조공 체제의 딜레마 내부에서 최선의 방책을 선택하는 것으로 귀결될 수밖에 다른 도리가 없었다. 그렇게 포박되었던 10년 동안 서양 문물과 세력은 금단의 문을 넘어 조선 땅으로 무한히 흘러들었고, 무방비 상태에 있던 조선 인민에게 '근대의 세례'를 퍼부었다.

발아하는 근대

근대의 징후

(1) 고요한 아침의 나라라는 말 자체는 그리 대단해 보이지 않는다. 그러나 아직 잠이 덜 깬 그곳의 고요함은 정착한 사람들이 마음 놓고 쉴 수 있게 해 주었고, 아예 잠들어 버리게 했다. 다른 세계 역시 자신들과 같은 환경에서 잠자고 있다고 믿었기 때문에 그들은 안심하고 아주 깊이 잠들어 버렸다. 그들은 그렇게 지상에 존재해 왔다. 그곳에는 마치 동화 속 궁전처럼 거의 모든 것이 몇 세기 전 그대로 고이 간직돼 있다.(1883년)[103]

(2) 독일 세창양행 고백. 알려드립니다. 본행이 이번에 조선에서 개업하였습니다. 오로지 수달, 담비, 쥐, 소, 말, 여우, 개 등 각종 동물의 가죽만을 수입하고 아울러 사람의 머리카락 소, 말, 돼지의 갈기, 꼬리, 뿔, 이빨, 손톱, 발톱, 조개, 소라, 담배종이, 오부자와 옛날 동전 등 물건을 수집합니다. (……) 새로 수입한 각종 물품은 양표포, 각색의 염료, 양탑연 녹색 염료, 정원양포, 서양 요대, 양남색 시계, 본색 이세포, 양등, 양사, 양경, 우사(날개같이 얇은 비단) 파리(유리), 양선(양실), 자래화(라이터), 양침 팔음금(팔음악기) (1886년)[104]

(3) 영국 대신 명란다부사지희(名蘭多付査芝喜)가 러시아 재상을 가서 만나고 회담한 일을 외국 사람들은 알 수 없으나 러시아에 주재하는 폴란드 군사는 안다. 비록 오스트리아 조정을 거쳐 힐문하였으나 러시아 조정이 함께 말을 덮었으니 러시아 주재 오스트리아 대신 나성사 또한 언급하지 않았다. 독일과 오스트리아 각국의 러시아 주재 칙사 또한 러시아가 조련한다는 말을 듣지 못하였는데 무슨 마음인지 연구하나 헤아릴 수 없었다고 한다.(1888년)[105]

(4) 오늘 아침 동대문 방향으로 걸어가서 그곳 교회 예배에 참석했다. 그곳에는 처음 가 보았다. 그 교회는 남자와 여자가 함께 예배를 볼 수 있도록 만들어졌는데, 남자들과 여자들 사이에는 기름 종이를 바른 나무로 만든 얇은 분리 장막이 있었다. 참석한 사람은 남자 38명과 여자 22명. 그중 많은 이들이 한 번도 기독교 모임에 참석한 적이 없는 사람들이었다. (……) 2시에 나는 여성 병원으로 가서 그곳 모임에서 같은 설교를 했다. 그곳에는 50여 명의 여성들이 있었다. 대부분은 복음을 한 번도 들어 본 적이 없는 사람들이었다. 방이 작아서 몇몇은 창가에 서 있었다.(1893년)[106]

고종이 추구했던 내수자강과 통상 수교는 조공 체제의 장벽을 내부로부터 무너뜨리고자 했던 안간힘이었고 고종에게 허용되었던 최선의 선택지였다. 국가 재정이 고갈되는 상황에서도 청과 일본에 대거 유학생을 보냈고, 미국에 보빙사절단을 파견했다. 일본 유신 정부의 이와쿠라 미션을 본떴던 이 시찰단에는 유능한 젊은 지식인들이 참여했는데 그들이 돌아와 서양 기술을 전파했다. 지석영은 일본 우두법을 배워 천연두 예방 접종을 위한 우두국을 열었고, 보빙사 사절단으로 갔던 최경석은 청량리 부근에 농무 목축 시험장을 열어 외래 종자를 기르고 가축 개량을 시도했다.[107] 보빙사 사절단은 보스턴 박람회를 시찰하고 각종 기계 제품과 농기구를 사들였고 미국의 우량 종자를 주문했다. 비록 최경석의 갑작스러운 사망으로 농무 시험장은 실패로 돌아갔지만, 자강을 향한 고종의 노력은 계속되었다.

1885년 말경 경복궁 향원정 부근에 100촉광 서치라이트 두 대가 켜졌다. 조선에서 최초로 켜진 이 전등은 궁내 사람들을 놀라게 했는데, 연못물을 끌어 발동기를 돌렸기에 '물불' 혹은 덜덜거리는 발동기로 켰기에 '덜덜불'로 불렸다. 근대의 상징이 경복궁의 어두운 중세를 잠시 물리친 것이다. 석유, 램프(석유등), 성냥은 일본에 갔던 김옥균 일행이 구입하여 이미 소개한 바 있었고, 일본 거류민들이 개항장에서 주로 썼기에 그런대로 조선 인민에게 알려져 있었다. 매천(梅泉) 황현(黃玹)은 석유의 원산지와 쓰임새를 소개하면서 "석유가 나오면서부터 산이나 들판에 기름을 짜는 열매는 번성하지 않게 되었으며 온 나라 안에 석유로써 연등하지 않은 자가 없게 되었다. (……) 성냥 통이 또한 석유와 때를 같이 하여 성행하기 시작하였으니 사람들은 이것을 자기황이라 불렀다."라고 썼다.[108] 석웃불과 양초와 같은 근대의 상징물들은 이른바 '개화 바람'이 전국 인민들의 생활 양식에 깊숙이 스며들던 1890년대 초반에 자주 볼 수 있는 양물(洋物)이 되었다.

서양 문물과의 접촉은 조공 체제의 굴레를 벗어나려는 안간힘 또는 '좌절된 노력'이 낳은 부산물이었다. 통상 수교는 자강을 위한 불가피한 선택이었는데, 이항로와 최익현이 그토록 저주하던 양물과의 접촉 혹은 양염(洋染)이 인민을 물들였던 것이다. 위 예문 (1)에서 보듯이, 1883년 말경 보빙사를 안내해 조선에 입국한 미국 외교관 퍼시발 로웰은 조선에서 수세기 동안 중세로 남아 있던 '고요한 아침의 나라'를 목격했다. 그 한 해 전인 1882년, 일본에 머물던 윌리엄 엘리엇 그리피스가 『은자의 나라 조선(Corea the Hermit Nation)』을 '고요한 아침의 나라'로 번역하면서 해외에 널리 알려졌기에 로웰이 이 개념을 쉽게 빌려 쓰기는 했어도, 그가 목격한 풍경은 "조선은 아예 잠들어 버렸다."라고 말할 정도로 지극히 중세적이었다. 그러나 중세적 풍경에 소란을 일으키는 장면들은 의외로 빨리 찾아왔다. 1880년대 초반 이래 추진된 고종의 발 빠른 통상 수교와 개관 정책, 그리고 사절단 파견 때문이었다. 고종은 사절단이 복명한 자리에서 반드시 그 나라의 통상 정책과 도시 풍경 및 사람들의 외양을 물어봤다. "그들은 어떻게 생겼더냐?"로 시작해서 "그들은 어떻게 기계를 만들고 있는가?"로 이어졌다. 1883년 영국 상선 남승호가 한강에 닻을 내렸고, 같은 해 독일 세창 양행 기선이 검은 연기를 뿜으며 입항했다. 《한성주보》에 게재된 세창 양행 광고문 (2)에는 그들이 취급하는 물품 목록이 빼곡히 적혔다. 우사(비단)는 익숙한 것이었지만, 시계와 유리, 라이터, 팔음 악기는 낯선 양품이었다. 양품의 유입과 동시에 《한성주보》는 외국 사정을 널리 실어 지방 관아와 유림에게 알렸다. 《한성순보》와 《한성주보》에는 「외보(外報)」란을 신설하여 세계 각국의 정치, 무역, 전쟁, 외교 통상 등의 소식과 정보를 게재했다. 「사의(私議)」란은 주로 외국의 새로운 이론과 학설을 소개하는 데 활용되었다. 맬서스의 인구론, 러시아 사회당의 마르크스론, 루소의 사회 계약론 등이 소개되었으며, 목장 개간, 농업 개량, 도시 계획 등의 세계 사례가 활발히 게재되었다.[109] 로웰이 '고요한 아침의 나라'로 묘사했던 때로부터 겨우 10년이 경과했던 1893년,

캐나다 출신 북감리교 목사였던 노블 여사는 동대문 근처에서 놀라운 광경을 목격했다. 남자와 여자 약 60여 명이 함께 예배를 보고 있었던 것이다. 그들은 조선어로 찬송가를 부르기도 했는데 이미 언문 찬송가는 널리 퍼진 상태였다. '한 번도 복음을 들어 본 적이 없어 보였던' 조선 인민이 창가에까지 빽빽이 늘어서서 열심히 복음을 듣고 찬송가를 부르는 장면은 불과 30년 전 대원군에 의해 처형된 4000여 명의 천주교 신자(병인박해)의 억울한 원혼을 달래는 듯 했다. 당시 관군은 호남과 충청 지역에서 확산 일로에 있던 동학도를 색출하던 때였으나, 한성부에는 기독교 예배당이 공공연히 세워지고 명동 성당이 준공식을 마친 상태였으며, 삼남 지역 곳곳에는 산 속 깊숙이 은닉했던 천주교 성소가 도회지로 나와 성당으로 변모하고 있었다.

중세 그 자체였던 '고요한 아침의 나라'(예문 1)에 금단의 문이 열리자 증기 상선과 함께 양물이 쏟아져 들어왔고(예문 2), 관료와 유림들에게 '서양 소식을 공급했으며'(예문 3), 고종이 1882년 교지에서 그토록 강조한 '사교 불허' 약속은 인민의 자발적 선택에 의해 깨졌다.(예문 4) 중세를 떠받치던 세 개의 지주는 거의 붕괴 직전이었다. 양반의 향촌 지배력은 교역과 상업 활동의 확산 및 신분 질서의 이완으로 인하여 급격히 약화된 채 동학도의 최후 일격을 기다리고 있었다. 과거 제도는 거의 유명무실하게 되었으며, 서학을 가르치는 신식 학당이 서울에 속속 생겨났다. 배재 학당, 이화학당이 문을 열었고 영어, 수학, 천문학, 세계 지리를 가르치는 육영 공원이 1886년에 세워져 양반 자제들을 교육했다. 임오군란 뒤에 입국한 묄렌도르프는 1883년 동문학(同文學)을 세워 40여 명 학생들에게 외국어를 가르쳤다. 훗날 《황성신문》 주필을 맡았던 남궁억이 우등생 명단에 들어 있었다. 전통 성리학의 사령탑이었던 성균관이 경학원(經學院)으로 개칭되었으며, 육영 공원처럼 천문, 지리, 생물, 물리, 수학 등 신식 학문을 정식 교과 과정으로 채택하는 학교가 늘어났다. 성리학의 중심성이 소멸했음을 뜻했다. 종교의 변화는 놀라웠다. 영국 성서 공회가 1882년 한글로 번역한『누가복음』3000여 부가 시중에 유포되었고, 1884년에는 일본에서 독실한 기독교 신자가 된 이수정이 번역한『마가복음』이 유포되어 조선의 신자들을 끌어모았다.[110] 1885년 황해도 장연에서 최초의 교회가 세워진 후 1887년 서울 한복판에 정동 교회가 문을 열었고, 10년 뒤에는 약현 성당과 명동 성당이 유교 국가 조선에 드디어 성령이 임했음을 공식적으로 알렸다. 수천 명 신자들을 절두산 밑 백사장에서 처형했던 조정은 말이 없었다. 고종의 친모이자 대원군의 부인도 천주교 신자가 되던 마당에 사교로 빠져 들던 인민의 선택권을 묵인할 수밖에 다른 도리가 없었던 것이다.

자강을 향한 '좌절된 노력'의 부산물이었던 서양 문물, 중세의 토지에 떨어진 이 '근대의 씨앗'은 싹을 틔웠고 줄기와 잎을 키워 냈다. 통상 수교가 서양의 제국주의적 자본주의에의 편입을 뜻한다고 한다면, 세계에서 가장 마지막으로 편입된 조선으로 서양 문물은 빠른 속도로 전파되었다. 독일 세창 양행의 증기선, 영국 상선 남승호, 청과 일본의 증기선이 싣고 온 양물은 조선 인민의 생활 양식을 급격히 변화시켰으며, 급기야 의식 구조에도 미묘한 변화를 일으켰다. 양염이 반드시 나쁜 것은 아니라는 생각, 고종이 강조했듯 "그들의 기계는 이로워서 진실로 이용후생할 수 있으니 농기구, 의약, 병기, 배, 수레 같은 것을 제조하는 데에" 주저할 이유가 없다는 생각에 미치게 되었다. 1887년부터 1889년 동안 한반도를 강타했던 콜레라를 퇴치하는 과정에서 고양이 그림이 아니라 선교사들이 마술처럼 부렸던 의술이 얼마나 주효한 것인지를 두 눈으로 목격한 후 의술, 기독교, 교육을 동시에 전파한 서양 선교사를 대하는 태도에 현격한 변화가 일어났다. 그것은 문화 전파(cultural diffusion)에 해당하는 과정이었다. 조선에서 근대의 씨앗은 그렇게 '문화 전파'의 형태로 뿌려졌다. 통상 수교를 통해 열린 문으로 전파된 서양 문화는 해체 일로에 있었던 조선의 중세를 분해한 자리에서 싹을 틔웠다. '서양적인 것(the western)'을 그대로 싹 틔운 것이 아니라 조선의 토양과 섞여 변용을 일으켰다고 말하는 것이 더 정확할 것이다. 즉 해체된 조선의 중세에 내려앉은 서양적 근대는 조선의 토양에서 문화적 변용(cultural acculturation)을 거치기 시작한 것이다. 무너진 중세, 거기에 내려앉은 서양 근대의 문물, 그리고 '전파와 변용'이 1880년대 이래 1894년 갑오개혁에 이르는 개항기 말안장 시대에 발아한 근대의 징후들이다.

그렇게 변용된 근대는 갑오개혁을 거치면서 조선 인민에게 급격히 변화된 생활 환경으로 펼쳐지기에 이르렀다. 예를 들면 이렇다.

(5) 서울은 많은 면에서, 특히 남대문과 서대문 근방의 변화 때문에 예전과는 다르게 알아보기가 어려웠다. 도로들은 최소한 17미터 폭으로 넓혀졌고 그 양쪽에는 돌로 만들어진 깊은 경계가 있으며 그 중앙은 돌의 후판에 의해 메워졌다. 그 도로들이 있던 자리는 원래 콜레라가 발생했던 불결한 샛길들이 있던 곳이다. (……) 사람들이 뙤약볕 밑에서 확 트인 평평한 거리를 따라 자전거를 타고 가는 모습을 볼 수도 있었다. 가까운 시일 안에 '기차'가 달리는 모습을 볼 수 있을 것이다. (……) 이러한 엄청난 변화는 넉 달 동안 일어났는데, 이는 현 중앙관세청장이며 미구에 서울시장이 될 유능하고 지성적인 관리라고 칭송이 자자한 예차윤(이채연) 씨의 정열과 능력에 기인한 것이다. 그는 일찍이 워싱턴을 시찰하고 미국 시정 업무들의 실행에 대해 큰 관심을 갖게 되었다고 한다.(1897년)[111]

(6) 옛 군사 학교 옆에는 극장이 있다. 불과 몇 달 전에 바뀐 것이다.(협률사) 언젠가 한번 이곳을 찾아 좋은 음악을 들어보고 싶다. (……) 이곳에서 동대문까지 대로가 똑바로 뚫렸다. 상업과 조합의 거리다. 북남으로 뻗은 커다란 간선로는 육조거리(현 세종로)라고 부른다. 60미터 폭에 600여 미터 길

이로 양쪽에 행정부가 들어서 있다. 체신, 사법, 치안, 국방, 외무 등을 담당하는 관청들이다. (……) 전차는 남쪽 길과 교차하는 다리를 건너 도심의 종로로 접어든다. (……) 수도의 주요 조합들이 종로 주변 정부 소유의 건물에 입주해 있다. 이 건물 층마다 특이한 진열대로 모든 직종과 상회가 들어서 있다. 종로는 불만 세력이 시위하러 모이는 곳이기도 하다. 요즈음 아침에 이 큰 공간은 (……) 장사꾼들로 북적댄다.(1904년)[112]

1897년 한양에 재입국한 비숍 여사는 서울 거리의 급격한 변모에 깜짝 놀랐다.(예문 5) "불과 넉 달 만에 일어난 변화"는 컬럼비아 대학 출신 한성판윤 이채연이 주도한 도시 개조 사업의 결과였다. 대한제국기 도시 개조 사업을 상세히 분석한 이태진은 민국 이념에 어울리게 시민 공원이나 시민 광장까지를 염두에 두고 새로운 도시를 설계했다는 점을 강조했다.[113] 그리고 1901년 서울을 방문한 독일 기자 겐테(Genthe)의 찬사를 소개했다. "재치 있는 지도자들만 있다면 '조선'은 빠른 시일 내에 현대 문명 국가의 수준에 오를 희망이 있는 국민이다. (……) 중국에서는 아직도 전래적인 운수 방법인 인력거를 타고 관광을 해야 하는데, 아직도 잠에서 깨어나지 않은 줄로 여겼던 고요한 아침의 나라 국민들은 서구 신발명품을 거침없이 받아들여 서울 시내 초가집 사이를 누비며 바람을 쫓는 속도로 달리는 전차를 타고 여기저기를 구경할 수 있다니 어찌 놀랍고 부끄럽지 않으랴!"[114]

1904년 프랑스 철도 기술자 부르다레가 목격한 장면은 외양적 변화를 훨씬 뛰어넘어 '시민적 원형'의 발아까지를 짐작게 하는 현상에 이른다.(예문 6) 상업과 조합의 거리! 근대적 관료 체제에 해당하는 정부 부처들은 논외로 치더라도 '상업과 조합이 밀집한 거리'라는 표현은 근대의 전초병인 상인 계층이 배타적 동업 조합을 결성해 활동하고 있다는 뜻이다. 거기에 '불만 세력이 시위하러 모이는 곳'이라니! '불만 세력'도 중세적인 것과 완전히 결별한 개념이려니와, '시위하러 모이는 곳'은 국가라는 중세 유일 존재로부터 사회가 분리되어 발아하고 있음을 뜻하는 매우 중대한 단서임에 틀림없다. 앞에서 서술했듯, 해체된 중세적 토양에 떨어져 싹을 틔운 근대의 씨앗은 짧은 기간 동안 '불만 세력이 시위할 수 있는' 사회적 영역을 발아시키고 있었던 것이다. 무너진 중세에 뿌려진 근대의 씨앗이 문화 전파와 변용을 통해 발아시킨 근대적 징후 속에 이 연구의 핵심적 관심 대상인 '시민'과 '사회'가 움트고 있었다는 사실을 일단 지적해 두자.

근대의 첨병: 교양 시민과 경제 시민

중세가 해체된 토양에 뿌려진 근대의 씨앗이 전혀 의도하지 않은 근대적 징후들을 발아시키고 있었다면, 고종의 자강 정책이라는 기획된 의도에 의해 자체적으로 생산된 근대의 싹들이 배양되었다는 점은 주목을 요한다. 바로 교양 시민과 경제 시민이다. 이 두 집단은 유럽에서 근대를 태동시킨 주역으로서, 자유주의의 원리를 창안하고 시장을 통해 확산시켰으며, 교육 기관과 동업 조합을 설립해서 이른바 부르주아 사회의 전초 기지를 구축했다. 교양 시민(Bildungsbürgertum)은 수학자, 회계사, 교수, 의사, 기술자 등 고등 교육을 받은 전문가 그룹을 지칭하며, 경제 시민(Wirtschaftbürgertum)은 무역과 생산을 주도해 부를 축적하고 근대적 형태의 기업 활동으로 귀족 계급의 헤게모니에 도전한 계층이다. 교양 시민과 경제 시민은 개인적 권리 의식에 투철하고 그것을 지켜 나갈 이념적 자원을 자체적으로 생산할 능력을 갖추고 있으며, 교육과 경제 활동을 통하여 부르주아 계급을 상승 계급으로 끌어올린 주역들이다. 독일에서 1840년대 자유주의 이념이 확산된 것은 바로 이 부르주아 계급의 첨병들인 두 계층의 역할 덕분이었다. 두 계층이 없었다면, 1850년대부터 활발하게 성장한 노동 계급의 도전에 귀족 계급과 부르주아 계급이 주도권을 양도했을 것이다. 그러나 노동 계급의 급성장 자체가 부르주아 계급의 형성을 전제로 한다는 점에서 그런 일은 일어나지 않았다. 독일의 사회사학자 위르겐 코카는 이런 관점에서 교양 시민과 경제 시민을 독일 자유주의 사회의 두 주역으로 지목하고 그 성장 과정과 역사적 역할을 검토하고 있다.[115]

고종의 자강 정책이 바로 그런 계층의 원형(archetype)에 해당하는 집단을 생산해 냈다. 일본에 신사 유람단으로, 청에 영선사로 파견되었던 청년 지식인들이 그들이고, 선교사가 설립한 학교와 관립 외국어 학교, 군사 학교인 연무 공원 등에서 수학한 학생들이 신식 교육을 받은 계층인 교양 시민의 원형이었다. 1880년대 일본 유학생 현황을 분석한 한 연구는 행적이 확실한 경우가 약 70여 명, 행적이 불분명한 유학생을 합하면 약 100여 명에 이른다고 보고했다.[116] 황준헌은 『조선책략』에서 자강을 위해 유학생 파견을 적극 권장했고, 그것을 조선 개화 정책의 중요한 과제로 파악했다.

학생을 보내어 경사(京師) 동문관(同文館)으로 가 서양 말을 익히게 하고, 직예성의 회군(淮軍, 청말 이홍장이 조직한 군대)으로 가 군사를 익히고, 상해 제조국으로 가 기계 만드는 것을 배우고, 복주 선정국(船政局)으로 가 배 만드는 것을 배우게 헤야 할 것이다. 무릇 일본의 선창(船廠), 총포국, 군영(軍營)에도 모두 가서 배우고, 서양 사람들의 천문·산법·화학·광학·지학도 모두 가서 배워야 할 것이다. 혹은 부산 등지에 학교를 설립하여 서양 사람을 맞아 교습시킴으로써 무비를 널리 닦아야 할 것이다. 참으로 이 같이 하면 조선 자강의 기틀은 이로부터 기초하게 될 것이다.[117]

일본 공사들도 유학생 파견을 적극 권장해서 1881년 1월 일본에 파견하는 조사 시찰단에 유길준, 윤치호, 유정수, 김정한 등이 포함되었는데, 유길준은 경응 의숙, 윤치호는 동인사(同人社)에 입학했다. 60여 명의 시찰단 중

10여 명이 남아 어학, 기선 제작, 금은 분석술을 배웠으며, 3차 수신사 일행 중 장대용, 신복모, 이은돌은 육군 하사관 학교에서 수학했다. 김옥균, 박영효 역시 수십 명의 수행원을 데리고 갔는데, 이 중 변수, 김용원은 화학과 양잠학을 공부했고, 박용굉과 박명화는 경응 의숙에 입학했으며, 김화원은 제피소, 김화선은 제와소에서 기술을 배웠다.[118] 한편 김윤식은 영선사 단장으로 청에 파견되었을 때에 38명의 학생들을 데리고 갔는데 이들은 톈진의 병기창과 기기창을 견학하고 무기제조술을 접하게 되었다. 그러나 재정 문제로 견학 도중 모두 귀국하지 않을 수 없었지만 근대 기술의 중요성을 자각하는 중대한 계기가 되었던 것은 틀림없다. 조선에서 전문가 계층인 교양 시민의 씨가 이런 형태로 떨어져 발아하기 시작한 것이다.

교양 시민의 저변을 확대하는 계기가 된 1882년 12월에 고종이 내린 '서얼 차별 금지 윤음'은 매우 중요하다. 고종은 조정의 대신회의를 통리기무아문이라는 근대적 형태로 개혁한 후 관직 등용에서 배제된 집단인 서북인, 송도인, 서얼, 의관, 역관, 서리, 군오 등에게도 관직으로 나갈 수 있는 길을 열어 주고, 양반과 천민 구별 없이 상행위에 종사하여 부를 축적하도록 하는 취지의 교지를 내렸다. 교양 시민과 경제 시민의 배양을 위한 근대적 조처였다. 의관, 역관, 서리 등 중인 계층이 조선 시대 전문가 집단이라고 한다면, 고종의 윤음은 이들이 전문 지식을 바탕으로 바로 교양 시민으로 전환할 수 있는 출구를 만들어 준 것이다. 1880년대와 1890년대에 고종이 발탁한 관료 중에 중인 출신 전문가가 다수 발견되는 것은 이러한 까닭이다. 개명된 양반을 포함하여 이들 중인들은 1880년대 중반부터 선교사들이 설립한 학교에 입학해서 전문 지식을 습득하게 된다. 1883년《한성순보》는 서양 의술을 전수하는 서의학당 설치를 주장하였는데, 몇 년 후 제중원과 광혜원이 설립되고, 그곳에서 서양 의학을 배운 학생들이 여럿 배출되는 것으로《한성순보》의 제안은 현실화되기에 이르렀다. 1883년 재동에 영어를 교육하는 동문 학교가 설립되어 학생을 받았고, 육영 공원에서 다수의 양반 자제들을 받아 신식 학문을 가르쳤다. 그 외에 1891년 일어 학교가 세워졌는데, 갑오개혁 직후에는 교육칙어(敎育勅語)에 의해 관립 외국어 학교가 세워져 주요 국가들의 언어를 가르쳤다. 이광린은 육영 공원의 학생 수가 총 112명이었으며, 대부분 고관의 자제 혹은 고관들이 추천한 사람들이었다고 분석했다. 이 중에는 이완용, 민영돈(주불공사), 조중목(승지), 이한응(을사조약 때 자살) 등이 포함되어 있었다. 1886년 설립된 배재 학당과 이화 학당 역시 의욕적이고 능력 있는 자제들을 받아 신식 학문을 전수했다. 이들 전문가 집단이 어떤 뚜렷한 세력이 될 만큼 영향력 있는 활동을 했다거나 중대한 전환의 계기를 만들었던 것은 아니지만, 갑오개혁 이후 교육, 언론, 과학 기술 분야에서 지도 그룹을 형성했고 이른바 자유주의를 전파하고 내실을 다지는 교양 시민의 역할을 수행했다는 점에서 주목을 요한다. 말하자면 '교양 시민의 원형'에 해당하는 존재였다.

1880년대 초에서 1894년에 이르는 기간 동안 교양 시민의 원형이 형성되었던 것처럼, 경제 영역에서도 이윤 추구 활동을 업으로 하는 경제 시민의 원형도 서서히 형성되었다. 한말 상공업 계층의 형성에 관해서는 이미 많은 연구자들이 밝혀 놓았는데, 이들이 한말 자본주의의 발전에 어떤 역할을 했는지는 논란거리다.[119] 이 문제를 일단 제쳐 두면, 당시 신분 질서의 와해에 따른 직업 분화, 개항장을 중심으로 한 다양한 직업군의 등장, 보부상단의 활동과 조직, 그리고 인천과 서울에서 결성된 상공회의소라고 하는 근대적 형태의 조직들이 출현했다는 사실은 '경제 시민의 원형'이 발아했다는 견해의 충분한 증거가 될 수 있을 것이다. 서울 지역의 호적 분석에 의하면, 가내 노비와 관속 노비가 인구의 75퍼센트 이상을 차지했던 서울이 1900년대 초에는 상인, 수공업자, 잡역 고공, 부랑자들이 절반 이상으로 늘어났다는 것이다. 지방 도시에도 이런 변화가 현저하게 진행되어 고공, 기술자, 잡역, 의관, 상인 들이 다수 출현했다. 한성에 거주하던 일본 거류민단의 직업은 실로 다양했다. 1887년 보고에 의하면, 무역상, 출장 회의소, 잡화상, 약종상, 전당포, 중매상, 선박 운수업, 시계포, 의사, 이발업, 음식점, 유기장(투륜, 당구) 등이 성업했다고 한다.[120] 그러던 것이 1896년에는 새로운 직업군이 관찰된다. 은행, 무역 상회, 제혁업, 연초 제조, 운반업, 활판 인쇄, 도급업 등이 그것이다. 두 개의 은행과 네 개의 무역 상사가 설립되어 영업에 들어갔다는 것은 근대적 형태의 상업 조직을 경험하지 못했던 조선 인민에게는 커다란 충격이었을 것이다. 한말 상인층은 일본의 약탈적 진출에 의한 이런 유형의 상업 활동에 눈을 떴으며 그것을 모방, 수용, 변용하는 일련의 과정을 거치면서 원형적 경제 시민의 기반을 확대했을 것이다.

한편 앞에서 부르다레가 관찰한 것은 이런 상인들의 동업 조합이었는데, 이는 조선 양반 관료제 사회에서는 전혀 목격되지 않았던 다른 종류의 반관반민(半官半民)적 이익 단체였다. 인천, 부산, 원산의 상공 회의소는 대체로 관이 주도하고 민간이 실무를 맡은 반관반민적 조직이었으나 1883년부터 1884년까지 서울에서 영업했던 장통사, 보행사, 광인사, 제생 회사, 해산 회사, 대흥 상회, 부산의 보험 회사, 동항 회사, 전경 회사, 천안의 대안 상회, 인천의 대동 상회 같은 것들은 부민(富民)이 얼마간 자본을 출자하여 합작한 근대적 기업의 원형이다.[121] 아무튼 이 기간에 회사가 출현했다. 회사 설립에 가장 중요한 역할을 한 것은 역시 조선의 상인 계층인 보부상단, 객주(客主)와 여각(旅閣), 사상 도고(私商都賈)이다. 우선 조선의 전통 상인인 보부상은 1883년 조정이 조직한 혜상공국의 관할하에 들어갔다. 흥미로운 것은 보부상들이 혜상공국의 관리하에 지역별로 상회와 회사를 설립하고 있었다는 점이다. 대부분은 포구세와 시장세의 효율적 징수, 그리고 보부상단의 관리를 위한 것이었지만 후에는 동업 조합 내지 기업 회사 유형으로 변신했다. 1883년 인천에서는 '순신초상회'가 결성되어 활동했고, 전주부에는

'전주팔상사'가 조직되었다. 이들은 조정이 위임한 세금 징수권을 행사하는 역할을 맡았지만, 광무 연간에 상무사가 주관한 직조, 기선, 철도 회사의 설립으로 진화했다. 개항장을 중심으로 일상의 수출입 품목이 늘어나자 보부상단은 수입품 운반과 외래품 중개 업무를 맡기도 했다.[122] 1890년 인천에서 결성된 인천 중개인 조합은 이들이 결성한 동업 조합이었다. 즉 상인층과 상인 조합의 원형적 형태였다.

객주와 여각, 사상 도고의 존재도 경제 시민의 원형에서 빼놓을 수 없다. 객주는 포구의 물자 유통과 운반, 알선과 매매를 담당했던 일종의 중개업자이며, 여각은 상인들에게 숙소를 제공했던 여숙으로 대부업 등 제한된 범위에서 상행위에 종사했다. 1890년 부산에 160여 명, 인천에 46명의 객주가 영업을 했고 원산에도 다수가 있었는데 여각과 함께 수세와 물자 유통, 알선 및 중개업을 맡았다. 이들은 조정이 신설한 상무국 산하에서 영업세 징수와 납세 업무를 위임받은 일종의 반관조직인 데 반하여 인천항에는 대소 상인이 관허를 받지 않고 자율적으로 상회를 조직하기도 했다. 이들은 보부상단과 마찬가지로 개항장에서 일본인과 외국 상인의 물자를 반입하고 매매를 알선하기도 하여 한말 상업의 활성화에 주도적 역할을 했다고 평가된다. 1882년에 고종에게 올리는 상소에서 '상회소' 설립이 제안된 바 있고, 1883년 《한성순보》에 서양의 회사가 소개되었던 것으로 미루어 조정은 이미 상회사의 중요성을 터득했던 것으로 보인다.[123] 당시 정부의 완문(完文)에는 '결사영상(結社營商)', 즉 결사하여 상행위를 추구한다는 뜻의 개념이 자주 언급되었으며, 제생(濟生) 회사, 해산(海産) 회사, 보험(保險) 회사와 같이 실제로 상호를 내걸고 영업을 표방했던 조직이 다수 출현했다. 경강 상인(京江商人) 출신으로 상업 자본을 축적한 사상 도고 역시 이 시기를 거쳐 1894년 이후의 여러 산업에서 활약했던 회사나 기업의 출현에 핵심 역할을 담당했던 부민이다. 이들은 비록 정부 고관들과 합작하는 형태이기는 했지만 근대적

기업의 등장과 발전에 중추적 역할을 했던 것만은 분명하다.[124]

이 시기에 출현한 경제 시민은 관의 통제를 받으면서 영업 활동과 함께 세금 징수 같은 공적 업무를 병행했다는 점, 서양에서처럼 왕권과 사대부, 양반층에 대항해 부르주아적 질서를 확산하는 데에는 영향력이 지극히 제한되었다는 점, 그러나 갑오개혁 이후 진전된 초기적 자본 축적의 주역으로 부상했다는 점에서 '원형'에 해당한다. 교양 시민과 경제 시민은 다만 '발아한 상태'였을 뿐 주도권을 이양받을 만큼 큰 세력을 형성하지 못했고 그럴 만한 시장도 자본력도 결핍되어 있었다. 다만 자유주의의 첨병인 두 집단, 교양 시민과 경제 시민이 조선의 말안장 시대에 이런 형태로 싹을 틔웠다는 사실을 지적하는 것이 중요하다. 그들은 갑오개혁 이후 고종이 시도한 졸속적인 국가 재건과 의외로 빨리 찾아온 국가 권력의 붕괴 과정에서 '사회'를 '국가'로부터 분리한 주체였다. 교양 시민과 경제 시민이 이끌었던 계몽 운동기를 거치면서 인민은 주체 의식, 권리 의식, 자유 의식에 눈을 뜬 '개인'으로 나아갔고, 붕괴된 국가로부터 분리, 형성된 사회에서 '국가 없는 개인'이 되기에 이르렀다. 그리고 식민 통치는 개인이 시민으로 나아가는 기회를 박탈했다. 조선의 근대는 바로 이 '시민이 되지 못하는 개인들'과 함께 방황했다. 그 파행적 역사 드라마에 대한 고찰이 2부의 연구 주제다.

Ⅱ부
조선의 근대와
차단된 통로

4 근대 이행의 양식

근대의 기원

근대 기원론: 유교적 지식 국가의 해체

세기가 바뀔 무렵 전 세계를 돌아다니며 인류 공동체의 다양한 생활 풍습과 근대화 풍경을 사진에 담아 온 여행가이자 사진 작가인 버턴 홈스(Burton Holmes)가 제물포에 도착한 것은 1901년이었다. 지구상에서 극동에 숨어 있는 거의 마지막 봉건 사회가 궁금해서 재촉한 발길이었다. 그는 가설된 지 얼마 되지 않은 한국 최초의 철도인 경인선을 타고 입경했다. 서대문 근처 종착역에 내린 그는 헐렁한 흰옷을 걸친 조선 청년과 만났다. 영어를 할 줄 아는 그 청년은 요즘 말로 호객꾼이었다. 그가 내민 쪽지에는 영어로 이렇게 씌어 있었다. "스테이션 호텔(Station Hotel), 훌륭한 숙박 시설, 요란한 군대 나팔소리에서 멉니다." 호텔 주인 엠벌리(Emberly) 씨는 과거 중국 선교사를 지낸 착실한 영국인이었다.[1] 그는 호기심에 못 이겨 서울의 이곳저곳을 부지런히 돌아다녔으며 고관대작과 외교관을 자주 만났는데 이들과 대화를 나누며 당시 대한제국이 처한 상황과 곧 닥칠 불길한 미래를 알아차렸다. 홈스는 담담한 어조로 이렇게 썼다. 대한제국이 추진했던 근대화 사업에 대해서는 지식이 부족했으나 그런대로 예리한 사회 과학적 관찰이었다.

네 가지 요소가 지금 은둔의 왕국의 미래를 형성하면서 이 도시에 무척 흥미로운 작용을 하고 있다. 그중 하나는 미국 기업이다. 서울에서 전차, 전기 그리고 상수도의 현재적 시스템을 건설하고 있는 합작 기업(한성 전기 회사)의 활동을 예로 들 수 있다. 다른 하나는 선교사들이다. 그들은 코리안의 마음에서 귀신 신앙의 올가미를 걷어내려 노력하고 있다. (……) 셋째는 일본의 상업적이며 반정치적인 침략이다. 일본은 항구에 사람을 살게 하고 선박 거래를 통제하며 서울 자체에만 일본인 5000명이 살 거류지를 건설하고 있다. 일본 정치인들은 코리아가 대일본의 증가하는 인구를 수용하고 식량을 공급해야 한다는 사실을 알고 있다. (……) 넷째 요소는 러시아의 조용한 '기다리는 외교'이다. 러시아인들은 길고 편리하게 위치한 한반도가 동양의 항로에 중개지를 제공하여 모스크바의 아시아 제국을 토실토실 살찌울 것이라고 보고 탐내 왔다. 이러한 요소들 외에도 마지막 아니 가장 약한 것으로 보이는 요소가 있다. 그것은 제한된 궁궐의 담 내에 틀어박혀 있는 코리아의 황실이다. (……) 이미 세 번이나 있었던 일본의 침략에 대한 두려움, 불분명한 러시아의 계획이 황실에 남아 있다. (……) 무엇이 득세할까? 전기를 가진 미국? 종교적 가르침을 가진 교회? 군대와 상술을 가진 일본? 외교와 인내를 가진 러시아? 아니면 고요한 얼굴을 한 80명의 기생과 많은 풍수사를 가진 대한제국의 황제?[2]

'전통과 미신에 사로잡혀 있는 대한제국의 황실'은 일종의 선입견이었겠지만 다섯 가지 요소 중 황실이 '가장 약한 것으로' 보였다는 것은 당시 외국인이라면 동의할 수밖에 없는 객관적 관찰이었다. 갑오개혁에서 7년이,

대한제국 출범에서 4년이 경과한 시점에서 조선의 미래는 '황실'이 아니라 그 외의 네 가지 요인 중 하나에 의해 좌우될 것이라는 예감은 불행하게도 들어맞았다.

조선이 근대로 이행하는 과정에서 외세의 개입은 '운명적 조건'이라 할 만큼 결정적이었다. 조선 조정이 개항 조규를 강제적으로 수용한 이래 조선은 일본과 청의 주도권 다툼과 열강의 이권 진출 압박에 시달렸고, 청일 전쟁 이후에는 훨씬 심화된 일본의 합병 야욕과 러시아의 음험한 욕심 사이에서 자율적 행보와 선택의 길이 좁혀졌다. 조선 조정은 이 좁혀진 길에서 최선의 선택을 행해야 하는 절체절명의 순간을 맞고 있었다. 이 운명적 조건과 그것이 낳은 식민지화라는 결과는 정도만 달랐을 뿐 조선을 포함하여 주요 문명권에서 주변국 위치에 놓였던 대부분의 국가들에는 공통된 경로였다. 독일 주위에 위치했던 동구권 국가들이 그랬고, 러시아 주변국, 스칸디나비아 반도의 몇몇 국가들, 그리고 베트남을 위시한 중국의 주변국이 그런 운명을 고통스럽게 겪어야 했다. 그렇다고 식민지화가 '예정된 코스'였다는 뜻은 아니다. 역사에서 '예정된 코스'는 상상하기 어려우며, 강력한 외적 제약이 항시적으로 작동하는 가운데에서도 자립과 자강을 위한 최선의 길을 모색하기 마련이다. 어떤 주변국이든 제국 열강의 압력이 간단없이 가해지는 상황을 타개하기 위해 다양한 개혁 노력과 자구책을 실행하고자 한다. 더러는 실패하고 더러는 성공한다. 근대 이행 과정이 성공과 실패, 개혁과 제약, 그리고 눈물겨운 고난과 의외의 성과로 가득 차 있는 것은 이 때문이다. 조선에서 근대라는 시간대는 어떻게 왔는가? 조선에서 '근대 이행'은 어떤 과정을 거쳤는가? 그 과정상의 특징은 무엇이며 그 결과적 산물인 근대는 어떻게 시작되었는가?

이 질문은 조선에서 '근대(the modern era)' 그리고 '근대 이행(transition to the modern era)'과 관련하여 수십 년 진행된 역사학계와 사회과학계의 논쟁들, 그리고 다양한 이론을 새삼 거론할 것을 요구하고 있지만 아직도 정리되지 않은 핵심 쟁점인 만큼 이 연구가 지향하는 구성적 방법론(constructive method)의 기본 시각을 제시하는 것으로 대신하고자 한다. 1장에서 서술한 바 있는 '말안장 시대'가 논의의 출발점이다. 1860년대 '민란의 시대' 이후를 '말안장 시대'로 정의했던 것은 조선의 봉건 질서를 떠받치고 있던 세 개의 축이 와해되기 시작하고 기존 사회에서는 전혀 볼 수 없었던 낯선 현상이 발생했기 때문이다. 그 낯선 현상은 봉건 질서의 핵심 축을 약화시키거나 기존 질서로 회귀할 수 없을 정도로 심각한 균열을 만들었다. 여기에 조선의 정체성을 구축하던 해금(海禁) 정책이 마감되고 개항기가 시작되었다. 해금 정책의 와해, 외국 문물의 유입, 그리고 열강의 침투는 조선 통치 질서를 통째로 흔들었으며 양반 공론장의 분열과 무력화를 초래했다. 국내 정치 세력의 부침과 급변하는 국제 관계에 적응하기 위한 고종의 개화 정책과 급진 개화파의 궁정 쿠데타, 온건 개화 세력의 동도서기적 자구책 등이 시도되었으며 더러는 결실을 거두기도 했다. 이 과정에서 국정의 향방에 중대한 영향력을 행사했던 양반 공론장은 분열되고 급기야는 '조정 담론장'이 그 변혁의 짐을 온통 떠안았는데, 동학으로부터 엄청난 도전을 감당해야 했다. 그렇다면 근대는 언제부터 시작된 것일까? 서양에 문호를 개방한 개항기일까, 아니면 갑오개혁일까? 그것이 아니라면 대한제국? 또는 일본식 근대를 조선에 이식한 일제 강점기인가? 아니면 시각을 달리하여 이런 역사적 사건을 시점으로 잡아야 할까, 내발론에서 강조하는 근대적 요인이 개화하는 시기일까?

이 질문에 대한 해답은 '말안장 시대'라는 개념에 이미 들어 있다. '말안장 시대'란 한 시대가 저물고 다른 시대가 생겨나는 시간, 마치 말안장이 두 개의 야트막한 등성이가 겹친 모양새이듯 봉건 시대가 저물고 새로운 시간대가 발생하는 시간을 말한다.[3] 당대를 살던 사람들은 그런 개념을 알 리 없겠지만 '새로운 시간대'는 분명 오고 있었으며 그것은 훗날 근대라는 이름이 붙은 새로운 시대(Neuezeit)였다. 이 연구의 기본 프레임인 '공론장의 관점'에서 말한다면, 조선에서 그 말안장 시대는 '조정 담론장'과 '평민 공론장'의 충돌로 마감되었다. 유럽의 근세사에서 목격하듯 조선의 말안장 시대에도 '역사의 분리'가 일어났다. 1860년대까지 하나였던 역사는 급기야 '통치 집단의 역사'와 '평민의 역사'로 분리되었으며, 동학 농민 전쟁을 계기로 두 개의 역사는 폭력적으로 충돌했다. 동학군이 진압되는 것과 함께 '평민의 역사'는 무너졌고 통치 집단의 역사는 외세에 의존해 가까스로 살아남았지만 심각한 왜곡 과정을 감당해야 했다. 일제의 강압적 개입과 무력 도발 탓이었다. 평민 공론장은 천지 사방으로 흩어져 주저앉았으며, 조정 담론장은 일제의 지원을 받는 개화 세력이 장악했다. '말안장 시대'는 조선의 봉건 질서가 거의 와해 지경에 이르는 격동의 기간이었다. 그 봉건 질서는 조선을 500년 동안이나 지탱해 왔듯이 무너지는 데에도 뜻밖의 오랜 시간이 필요했다. 동학 농민 전쟁이라는 엄청난 충격은 균열 일로에 있던 통치 질서에 가해진 마지막 일격이었지만, 일제가 동원한 군대가 효과적인 방패막이가 되어 준 덕에 전면 붕괴는 일단 모면할 수 있었다. 대신 근대로 향하는 자율적 경로는 한껏 좁혀졌다.

앞 장에서 고찰했듯이 말안장 시대에 조선은 '근대의 발아'를 목격했고, 또한 근대적 요소들의 도입을 주체적, 능동적으로 시도하기도 했다. 그러나 그것은 무너지는 봉건 질서를 수선하고 지탱하기 위한 '임의적 처방' 또는 '부분적 요소'일 뿐 본격적 사회 변혁을 수반하는 개혁은 아니었다. 청이 주도권을 행사하고 일본이 강력한 견제력을 발휘하는 조공 체제의 역설이 연장되는 와중에서 근대의 부분적 이식은 가능했으나 봉건 체제를 마감하는 본질적 개혁은 불가능했고 고종이 원했던 바도 아니었다. 근대는 발아하고 있었지만 근대의 본격적 시간대를 열지는 못했다. 근대는 봉건 질서의 마감을 선언하는 그 시점에서 시작된다. 이 연구의 초점인 세 개의 통치 축, 즉 종교, 향촌 질서(정치), 문예를 포기 선언하고 근대적인 것으로 교체하는 그 순간이 근대의 출발점이자 근대 이행이 시작된 원점이다. 말하자면 갑오 개혁이 근대의 시작이다. 비록 그것이 일제의 강력한 지원을 받아 추진되었다고 해도 사정은 변하지 않는다. 외세의 압력으로 시작된 근대라는 점에서 '근대의 기원'은 결코 평탄치 않은 '근대 이행'을 예고했다.

갑오개혁이 봉건 질서와의 결별을 선언한 근대 개혁의 출발점이라는 주장은 다음의 논리에 근거한다. 가장 중대한 변화는 봉건 질서를 규정하고 있던 조공 체제가 청산되었다는 사실이다. 유길준이 '양절 체제'라고 명명했던 그 모순적 상태, 한쪽엔 속방임을 수용하고 다른 쪽엔 자주국을 표방해야 했던 그 어정쩡한 동거 상태가 지속되는 한 전통적 화이관과 교린 질서는 끝나지 않는다. 조공 체제의 청산은 근대의 전제 조건이었다. 임오군란을 빌미로 파견된 청군의 압박 속에서 12년간 속방의 지위를 벗어나고자 했던 고종의 시도는 번번히 무산되었다. 그런데 자주국을 향한 노력이 또 다른 외세에 의해, 그것도 청일 전쟁이라는 무력 충돌로 돌연히 찾아왔다는 것은 고종과 조선의 통치 집단에는 짧으나마 하나의 서광처럼 비쳤을 것이다. 박영효 내각이 한창 근대적 입법을 쏟아 내던 1895년 4월 17일, 일본과 청은 타이완과 평후 제도 할양, 중국 연안 4개 항구 개항과 배상금 문제를 합의한 '시모노세키 조약'에 서명했다. 일본 총리대신 이토 히로부미와 청의 북양대신 이홍장이 체결한 조약이었다. 청일 전쟁에서 가장 치열했던 해전이 아산만과 황해만에서 치러졌고, 육상 전투는 평양에서 일어났다는 점도 역사의 모순이지만 일본을 제국 반열에 올려놓았던 그 전쟁을 결산하는 조약 1조가 '조공 체제의 청산'이었다는 사실은 조선의 근대가 '얼룩진 근대'일 것임을 암시했다. 조약 1조는 다음과 같다.[4]

제1조 청국은 조선국이 완전무결한 자주독립국임을 확인한다. 따라서 자주 독립에 해가 되는 청국에 대한 조선국의 공헌(貢獻), 전례(典禮) 등은 장래에 완전히 폐지한다.

조공 체제의 종언을 공식화한 것이고, 조선도 만국공법이 규정한 바와 같이 세계 각국과 동등한 지위를 갖는다는 사실을 천명한 것이다. 물론 그 선언이 일본의 조선 진출에 합리적 명분을 제공하기는 했지만 말이다. 조선을 대륙 진출의 '이익선'으로 인식했던 일본으로서는 조선에서 청의 간섭을 배제하는 것이 급선무였다. 그 대가로 조선은 짧았던 자주국 지위를 선사받았다. 1894년 7월부터 1896년 2월까지 약 1년 반 동안 추진된 갑오개혁은 바로 이 청일 전쟁이 제공한 역설적 선물을 전제로 성립 가능한 것이었다. 청일 전쟁에서 승리가 명확했던 1894년 12월 6일, 갑오개혁을 주도했던 다섯 대신은 일본 공사 이노우에에게 서언 6조를 제출했는데, 청국에서의 자주독립과 왕조 중흥을 명시했다. "脫淸國之駕馭 建獨立之根基 翼贊中興之鴻業 奉護王室"이란 문구가 그것이다. 해석을 하면 '청국이 씌운 멍에, 말 부리는 듯한 상황에서 벗어나 독립의 기초를 건설하고 중흥의 막중한 업을 더욱 세차게 하여 왕실을 받들어 보호한다.'이다. 여기서 멍에 씌운 말을 부림[駕馭]이 바로 조선의 상태였다.

갑오개혁 기간에 내각이 쏟아낸 개혁 법안은 칙령(勅令), 의안(議案), 법률, 내부 훈시(內部訓示), 법규를 모두 포함하여 무려 664개에 달한다.[5] 일본의 조언과 지침을 그대로 수용한 탓도 있지만 갑오개혁을 주도했던 인물들이 주로 외국 경험이 있거나 외교 사절단 경력을 통해 외국의 근대적 문물에 친숙한 개화 성향의 정치인들이었기 때문이다. 그들은 바로 김홍집, 박영효, 박정양, 김윤식을 위시하여 어윤중, 유길준, 서재필, 윤치호, 김가진, 안경수, 김학우, 고영희, 장박 등이다. 그들 중 박영효는 이미 「건백서」를 통해, 유길준은 『서유견문』 집필과 여타의 외교 업무를 주도하면서 개혁 정책관을 정립했다. 다시 말하건대 갑오개혁은 붕괴 일로에 있던 봉건 질서의 통치 축을 무화시키고 근대적이라고 할 수 있는 '새로운 것'으로 교체할 것을 법으로 구체화했다. 664개 법안은 '유교적 지식 국가(confucian knowledge-state)'를 '세속적 근대 국가(secular modern state)'로 전환시키는 지렛대였다.[6] 정교일치의 성리학적 지식 국가는 '적어도 법적으로' 갑오개혁에 의해 그 존립 근거가 해체되었고, 세속적 근대 국가로 변신하는 근거를 갖췄다. 여기서 '적어도 법적으로'라는 단서를 붙인 것은 법안이 마련된다고 해서 모든 것이 그대로 추진되고 실현되기는 어렵다는 사실을 뜻한다. 더욱이 봉건 질서의 지속 기간이 길고 강고했던 경우 개혁에 대한 저항과 반작용 역시 거세게 일어나기 마련이다. 유럽의 근대사가 그것을 입증한다. 유럽 여러 국가에서도 근대 개혁은 여러 세력의 저항과 도전에 직면해서 무산되거나 굴절되는 것이 보통이었다. 따라서 근대 이행이 결코 순탄하지 않았다. 1789년 세계 최초로 정치 혁명이 일어났던 프랑스는 성숙한 제3공화정이 성립되기까지 80여 년의 세월을 견뎌야 했고, 중국의 농민 혁명이 결실을 거두기까지는 40여 년에 걸친 고난의 행군이 필요했다. 러시아 역시 마찬가지였다. 러시아 혁명은 16년간 진행되었는데 차르 치하의 제정 러시아를 붕괴시킨 제1차 세계 대전을 통과해서야 지리했던 혁명의 끝이 겨우 보였을 정도였다. 따라서 봉건 국가 조선에서도 '유교적 지식 국가'의 해체와 '세속적 근대 국가'의 건설이 순탄하게 진행될 거라고 기대할 수는 없다. 더욱이 조선에는 '근대 이행'을 순탄하게 만들 조건들이 성숙하지 않은 상태였으며, 어느 날 불현듯 타의에 의해, 그것도 전쟁이라는 극단적 처방으로 근대로 나가는 출구가 만들어진 경우였다. 아무튼 '적어도 법적으로' 정교일치의 유교적 지식 국가는 세 개의 통치 축이 근대적 입법으로 교체됨으로써 와해되었다. 조선에서 '말안장 시대'가 종언을 고한 것이다. 그렇다면 어떤 교체가 일어났는지 종교, 향촌 질서, 문예라는 세 개의 축을 중심으로 간략히 고찰해 보기로 한다.

'세속적 근대 국가'로의 전환

갑오 정권이 신설한 군국기무처로 통치권이 이관된 상태에서 고종은 1894년 8월 다음과 같은 윤음을 반포해야 했다. 이름하여 유신윤음(維新綸音)이다.[7]

> 무릇 우리가 분발개도(奮發改圖)하여 평윤(平允)에 극진(克臻)코저 하는 소이는 실로 이것이 편민이국(便民利國)의 일인 때문이다. 중론(衆論)을 집(集)하고 공심(公心)을 회(恢)하며 선왕의 성헌(成憲)을 감(監)하고 각국의 근례(近例)를 참(參)하여 정전속규(政典俗規)를 환연히 개관함을 요(要)하나니, 무릇 우리 대소 신공(臣工)과 국내사민(國內士民)은 스스로 의조(疑阻)함이 없이 동심분려하되 구염(舊染)의 속(俗)으로서 개혁에 난(難)치 말며 편사(便私)의 심(心)으로서 정견을 애(礙)하지 말아서 여(予)가 징전(懲前)하는 뜻을 체(體)하여 유신(維新)의 화(化)를 동비(同裨)해야 할 것이므로 이에 교시(敎示)하나니 모두 모름지기 지실(知悉)하라.

일본 메이지 유신을 전범으로 한 이 윤음은 '각국의 근례를 참고하여 정치 제도와 일반 규범을 개관하되 옛날의 고루한 생각으로 개혁을 방해하지 말고 유신에 동참하라.'는 내용이다. 각국의 사례를 참고하여 근대적 제도와 문물을 대폭 수용하겠다는 뜻으로, 고종이 근대 국가로 전환하는 것을 대소 인민에게 고했다. 편민이국, 보국안민, 부국강병이라는 목표 아래 봉건 통치의 세 축을 전면 교체한 것이다. 세 개의 축은 어떻게 바뀌었는가?[8]

첫째, 세 축의 중심인 종교를 살펴보자. 갑오개혁에서 종교의 자유를 천명한 조항은 발견되지 않는다. 군국기무처가 신설되고 활동을 개시할 당시에는 동학군과 교전 상태에 있었으므로 '종교의 자유'는 고려하지 않았을 터이고, 오히려 동학군의 발호를 경계하는 훈령을 발효하기까지 했다. 박영효는 1895년 4월 내무아문 훈시에서 "동학과 남학당의 명색(名色)을 각별히 금방(禁防)할 사(事)"(제9조)라 하여 종교의 자유를 금하는 조치를 취했을 정도다. 유교는 여전히 조선의 국교였다. 대한제국 당시 황제정과 유생 집단의 관계가 소원해지자 고종은 1899년 4월 조칙을 내려 "유교를 국교로 한다."라고 못박기도 했지만, 그것은 유생들을 달래려는 의도였을 뿐 고종 자신도 정교일치의 원리에서 한참 벗어나 있었다. 갑오 정권에는 윤치호, 서재필, 서광범처럼 기독교로 개종한 인사들이 다수 포진해 있었는데 이는 갑오개혁 이전에는 거의 상상할 수 없는 일이었다. 이런 상태에서 유교를 국교라고 명시할 필요가 없었고, 종교의 자유를 구태여 언급할 이유도 없었다. 종교로서의 유교는 천주교와 기독교의 확산과 '천부인권(天賦人權)'으로서의 개인의 자유가 서서히 부각되는 가운데 저절로 해소될 문제였기 때문이다. 그러나 갑오 정권의 개화파 인사들은 궁극적으로 종교의 자유를 인정해야 한다는 신조를 갖고 있었고, 그런 만큼 '성스러운 유교 국가(sacred confucian state)'의 세속화를 암암리에 가정하고 있었다. 그것은 입법화를 거치지 않고도 자연스럽게 진행되는 추세였다. 제2차 갑오 내각을 이끈 박영효는 1888년 고종에게 올리는 상소문(「건백서」)에서 그것을 명시했다. 조금 길지만 인용해 보자.[9]

또한 종교라는 것은 인민이 의지하는 것이며 교화의 근본입니다. 그런 까닭에 종교가 쇠하면 나라도 쇠하고, 종교가 융성하면 나라도 융성하는 것입니다. (……) 지금은 천주교와 예수교가 융성하니 구미의 여러 나라가 가장 강성합니다. 우리 조선의 유교와 불교도 일찍이 조금 융성한 때가 있었지만,

요즈음에 이르러 유교와 불교가 모두 무너져 버리고 국세가 차츰 약해지게 되었으니, 어찌 탄식하지 않을 수 있겠습니까? 아! 유교를 다시 부흥시켜 문덕을 닦을 것 같으면, 국세도 또한 그것을 따라 다시 융성할 것을 기약하여 기다릴 수 있을 것입니다. 하지만 모든 일에 시운이 있어 인력으로 조작할 수 없으니, 모든 종교는 백성의 자유의사에 맡겨 신봉하게 하고, 정부가 간섭해서는 안 되는 것입니다. 옛날부터 종교상의 쟁론으로 민심을 동요하여 나라를 멸망시키고 명을 해친 일이 이루 다 헤아릴 수 없습니다. 마땅히 거울삼아야 할 일입니다. (……) 어떤 종교를 막론하고, 혹은 묻지 말고 묵인하면서 백성들의 자유의사에 맡기는 것이 정당하지만, 우선은, 종교 사원을 건축하여 화란을 야기하는 것을 허락해서는 안 되는 일입니다.

'모든 종교는 백성의 자유의사에 맡겨야 한다.'라는 것이 박영효를 위시한 내각의 의지였지만, 동학군과 전면 전쟁을 치르는 와중에서 그것을 법령으로 입법화한다는 것은 난망한 일이었다. '우선은 종교 사원을 건축하여 화란을 야기하는 것을 허락하지 말라.'라는 박영효의 권고는 조선의 내부 상황을 참작하여 나온 잠정적인 제안이었을 뿐 천역 세습 금지, 남녀평등, 반상 차별 금지, 문벌 타파 등 신분제 폐지와 사민평등(四民平等)을 실현하는 각종 법령을 입법화하는 마당에 종교의 자유를 금할 어떤 명분도 찾을 수 없었다. 종교에 대한 갑오 정권의 인식은 종교의 자유라는 기본 원리에 입각해 유교 외에 서양 종교의 위상을 인정하는 상대주의적 관점으로 이동했다. 다만 명문화하지 않았을 뿐이다.

정교일치에서 정교분리로 이행하는 것을 보다 명확하게 명시한 것은 정치 개혁의 핵심인 군민공치(君民共治)라는 원칙이다. 입헌군주제의 조선적 표현인 이 군민공치는 왕과 대소 인민이 함께 정치를 한다는 수사학적 개념이지만 실제로는 왕권과 내각을 분리해 전제군주제를 지양하고 개명 관료들이 법적 원리에 입각하여 통치를 해 나간다는 내용이었다. 왕통(王統)과 도통(道統)의 분리는 조선 왕조가 500년 동안 실행해 온 원리이지만 왕권은 실제적으로 한번도 거부된 적이 없는 절대적 권한이었으며, 왕권의 성격에 따라 도통과 사대부 권력의 향배가 좌지우지되었다. 영국의 입헌군주제를 가장 모범적인 정치 형태로 파악했던 유길준의 고민도 여기에 있었다. 왕의 반발을 무마하면서 내각의 권력을 강화할 수 있는 근대적 정치 형태로 그가 고안한 개념이 바로 군민공치였는데, 갑오 정권은 내각에 실질적 권력을 실어 주고 성리학적 원리가 아니라 사민평등에 입각한 법치주의를 도입함으로써 세속적 근대 국가의 권력 형태를 수립하고자 했던 것이다. 군국기무처가 채택한 내각제 구상안은 모두 '정교분리'라는 세속적, 근대적 국가 원리로 수렴된다. 갑오 정권과 일본 공사 이노우에의 강압에 못 이겨 고종은 1895년 1월 종묘에 나가 「홍범 14조」를 서고하기에 이르렀는데, 여기에 '군주권의 제한'과 '왕실 사무와 국정의 분리'가 명시되어 있으며, '의정부와 각 아문의 직무 권한은 별도로 제정한다.'라는 원칙이 들어 있다. 왕권과 내각이 분리되고 내각 운영이 봉건 체제의 성리학적 원리와는 질적으로 다른 세속적 원리에 의해 관할되는 근대적 시간대로 진입한 것이다.

고종이 황제권으로 복귀한다는 것을 천명했던 대한제국 시기에도 일단 물꼬가 터진 세속적 근대 국가로 전환하는 것을 거꾸로 되돌릴 수는 없었다. "유교를 국교로 한다."라는 고종의 다짐에도 불구하고 대한제국의 황제권은 유교적 이념이 아니라 대한국국제, 국기와 국가의 선정, 장충단과 환구단 건립, 그 밖의 황실 업무를 전담하는 궁내부와 원수부의 강화, 황국협회와 같은 친위 기구들에 의해 권한을 정당화해야 했다. 각종 국가 의례의 정비와 상징물의 고안은 정교분리가 이뤄진 세속 국가에서 흔히 동원되는 방식이다. 대한제국 황제권은 이미 종교 국가의 영역을 벗어났던 것이다. 황제권의 성격 변화에 대한 다음의 분석은 이런 관점에서 정확하다. "황제 통치의 이념적 근거는 유교적 정치 이념에 의해 자연스럽게 뒷받침되기보다는 인위적으로 각종 상징 조작과 국가 의례라는 이데올로기 장치를 통해 보강되어야 했다. 그런 점에서 대한제국의 황제정은 왕조 시대 '전제군주제'와는 그 역사적 단계를 달리하였다. (……) 적어도 황제권의 위상을 이러한 인위적 방법을 통해 부상시켜야만 지킬 수 있는 시대가 도래한 것만은 틀림없는 사실이었다."[10]

유교의 위상이 하락하고 외래 종교의 선교를 조정이 묵인하는 상황에서 국왕은 대사제로서의 종교적 권위를 행사할 수 없었다. 사실상 종교의 세속화는 천주교 전교를 허용한 1886년 한불 수호 통상 조규가 체결된 이래로 빠른 속도로 진전되었고, 미국의 선교사들이 대거 입경함으로써 기독교도 세속화에 가세했다. 언더우드 부부와 아펜젤러는 수시로 개성 이북 지방을 여행했고 가는 곳마다 교회와 학당 건립을 지원했다. 신도들을 모아 기도회를 개최하고 설교를 했다. 신도들은 한글로 번역된 성경을 낭독했으며 찬송가를 불렀다. 지방 관아는 신부와 목사들의 여행을 금지할 수 없었으며 신도들이 성당을 건립하고 기도회를 개최하는 것을 막을 수 없었다. 묵인, 그 자체였다. 향민들이 신부와 신도들을 폭행하거나 종교를 둘러싸고 대소민이 갈등하는 상황이 빈발했지만 관아는 기껏해야 중재 역할을 자임할 뿐이었다. 지방에서 일어났던 각종 종교 분쟁인 교안(敎案) 문제를 분석한 연구에 따르면 전국적으로 크고 작은 분쟁이 끊이지 않았다. 1897년 프랑스 신부가 개입된 송사가 관아에 접수되자 당시 외부대신 서리인 유기환은 프랑스 공사관에 공문을 보내 신부들이 소란을 피우지 말도록 당부할 정도였다. "청컨대 귀 공사(公使)는 사실을 밝혀 귀국인이 내지를 여행하며 함부로 이런 일에 가담하고 편들지 않게 하며 복잡한 사건에 관련되지 않도록 하여 주십시오."[11] 1898년 12월 2일 자《독립신문》에는 흥미로운 기사가 실렸다. 교인 수백 명이 십자가를 앞세우고 경무청에 몰려들어 황국협회가 정동(貞

洞) 교회와 종현(鐘峴) 성당에 전달한 협박성 서한에 항의했다. 서한에는 이렇게 씌어 있었다.[12]

대한 백성이 무슨 마음으로 양인(洋人)을 스승하여 천주교를 배우며, 부인들은 규중범례(閨中範禮)를 아지 못하고 그르치니 도(道)에 진실로 한심치 아니하랴. (……) 이런 충곡한 말을 하노니 남녀 교인들은 어두운 것을 버리고 밝은 데로 나온즉 말려니와 그렇지 아니하면 회당(會堂)을 헐고 교도를 도륙(屠戮)하리니 이것을 깊이 생각하여 후회됨이 없게 하기를 바라노라.

교인들이 경무청에 몰려가서 항의할 수 있는 상황은 이미 국가 종교로서의 유교가 정치적 의미를 상실했음을 의미한다. 교안 문제가 빈발하자 1904년 조선 정부는 프랑스 정부와 선교 조약(宣敎條約)을 체결했는데, 그것은 최상위 국가 이념에 의해 처리했던 종교 국가의 언어가 아니라 형법과 민법 조항에 의한 해결책이었다. 조선 정부는 그 조약을 「교민범법단속조례」로 표현했다. 종교 문제는 더 이상 국가 이념의 문제가 아니었던 것이다.

둘째, 정치 제도와 향촌 질서의 변동은 실로 광범위했다. 정교분리란 정치에서 종교적 원리와 색채를 걷어 내는 것을 의미한다. 종교에서 분리된 정치권력은 왕권의 제한과 신권의 강화 및 관료제의 자율성으로 나가게 되는데, 이 과정에서 입헌정체가 구상되고 인민을 대변하는 권력 형태가 대안으로 떠오르기 마련이다. 앞에서 지적한바, 전제군주제의 제한과 입헌정체의 도입은 정교분리의 출발점이자 근대적 정치 체제를 향한 시동이었다. 갑오개혁을 주도했던 군국기무처는 개혁 초기인 1894년 9월에 "의회는 의사부이고 정부는 행정부이다. 양자는 서로 대치해야 하고 서로 섞이는 것은 불가하다."라는 내용의 의안(議案)을 가결했다. 군국기무처를 당시까지 최상의 권력 기구였던 의정부와 구분되는 입법 기구로 자리매김하여 입헌정체로 나가는 길을 트고자 했던 것이다. 고종의 거부권이 존재하는 한 입헌 정체로 나아가는 것은 쉬운 일이 아니었다. 갑오 정권의 이런 노력은 1895년 3월 칙령 38호로 발포된 내각관제를 통해 어느 정도 기틀을 잡았다. "내각은 국무대신으로써 합성하고 서리대신도 국무대신을 준함."(제1조), "내각 총리대신은 각 대신의 수반이라 지(旨)를 승(承)하야 행정 각부의 통일을 보유하고 범백기무(凡百機務)를 내각총리대신과 주임대신이 주선(奏宣)을 공행(共行)함."(제3조)이라 규정하고, 각 아문의 소임과 권한을 상세히 밝힘으로써 행정부의 업무와 기능을 분리했다.[13]

이와 동시에 사법 제도의 개혁이 이뤄졌다. 관아의 수령들이 행사하던 인격적 지배는 행정과 사법이 혼합된 전통적 권력이었는데, 갑오개혁은 행정과 사법 기능을 분리했으며 동시에 사법도 민법과 형법으로 구분하여 개인의 권리를 보호하는 데에 주안점을 두었다. 1895년 3월 법률 1호로 공포된 「재판소 구성법」은 인격적 권력을 비인격적 권력, 즉 법치주의로 전환시킨 조선 역사상 최초의 근대적 입법이었다.[14] 그 후속 조치로서 동년 6월에는 법률 기초 위원회가 신설되어 형법, 민법, 상법, 치죄법, 소송법 등을 제정하는 업무를 맡았다. 갑오개혁 후기에 이르면 이런 시도가 고종의 완강한 거부로 인하여 군주권과 타협하는 우여곡절을 겪게 되고 갑오 정권의 붕괴 이후에는 황제권의 강화로 일단락되기는 했지만 입헌정체로의 출구가 마련된 이상 근대적 정치체제의 요구는 지속되었다.

그중에서 신분 철폐는 유교적 지식 국가의 기초를 흔드는 일대 충격이었다. 조선 후기에 들어 신분 제도가 급속하게 무너졌다는 것은 여러 연구에서 공통적으로 지적하는 바다. 유교 국가의 버팀목인 신분제는 평민들에게 천리라는 천상의 목소리를 들려주고 실행하는 사(士) 계급에 의해 운영, 유지되었으나 사민평등과 인재 등용의 문호 개방을 실현하려면 정교일치의 관건인 신분제와 그것을 재생산하는 핵심 기제인 과거제를 철폐해야 한다는 것은 자연스러운 귀결이었다. 갑오개혁 기간 동안 사회 제도 개혁에 해당하는 의안, 법령, 훈시 들 중 대표적인 것을 선별하면 다음과 같다.

- 반상 등급과 문벌을 벽파하고 귀천을 막론하고 인재를 널리 등용할 것.(의안 3)
- 비록 평민일지라도 이국편민할 이견을 가진 자는 군국기무처에 상신하여 회의에 부치게 할 것.(의안 10)
- 과거제를 폐지할 것.
- 공사 노비 문서를 일체 혁파하고 노비 판매를 금지할 것.(의안 9)
- 역인(役人), 창우(倡優), 피공(皮工)의 천역을 면하게 할 것.(의안 37)
- 과녀의 재혼은 귀천을 막론하고 자유의사에 맡길 것.(의안 8)
- 죄인 본인 외 일체의 연좌율을 금할 것.(의안 5)
- 민(民)을 대하는 도(道)는 마음을 씀을 공평히 하여 추호라도 귀천(貴賤)과 친소(親疎)로써 차별함이 없게 할 것.(내부 훈시 조목 제1조)

갑오 정권은 개혁 중기인 1894년 12월에 작성한 「서언 6조」에서 '입사민동등지법사(立四民同等之法事)'라 하여 사민평등을 실현하는 입법 조치를 취할 것을 결의했다. 신분제 철폐, 사민평등, 능력 위주의 인재 등용, 그리고 인민의 권리 보호(권력의 임의적 적용 금지)를 규정한 조치들은 갑오개혁 기간에 어떤 일정한 체계를 갖추지 않은 채 산발적으로 쏟아진 감이 없지 않다. 예를 들면 박영효 내각에서 발포된 「내무아문 훈시」에는 치안, 부랑자 처리, 자살 금지, 부부 폭력, 자녀 교육, 보부상, 관민 관계, 소송 문제, 향임 임명, 호역 균분 문제, 이임(里任)과 두민(頭民)의 잡기 금지, 대로(大路) 건설 분담 문제, 아편 금지, 환곡 관리 문제, 인민 교육 등 서민들의 일상생활과 관리 행동 수칙 등이 88개나 명시되어 있다.[15] 이런 법적 조항들이 몰고 온 실제 효과는 실로 방대했다. 유영익은 갑오개혁이 당시 진전되고 있던 사회적 추세를 사후적, 부분적으로 수용한 조치들이며, 흔히 기존 연구자들이 주장하듯 노비제 철폐나 양반제 폐지가 전면적으로 추진된 '진보적인 것'은 아니었다고 반박한다. "不拘貴賤 選用人材事(귀천을 불문하고 인재를 널리 등용한다.)"가 양반제의 폐지를 규정한 것은 아니며, 노비제 폐지 역시 칠반천인(七般賤人) 중 창우, 피공, 역인만 지목함으로써 공천과 사천 일반의 면천을 공식화한 것은 아니라는 것이다.[16] 그러나 근대의 조건들이 성숙되지 않은 상황에서 갑오개혁이 봉건 체제를 끝내는 완결된 조치였어야 한다고 기대할 수는 없다. 유영익도 연구의 말미에 그런 단서를 붙였다. "이들에게는 (피압박 대중들) 갑오경장의 사회제도 개혁안이야말로 자신들의 신분적, 인간적 질곡을 풀어 주는 '획기적' 법안, 즉 일종의 마그나 카르타(Magna Carta)였음에 틀림없다."[17] 갑오개혁이 제한적, 부분적 조치였다 할지라도 그것은 근대적 입헌정체의 전제 조건인 인민의 평등 의식과 권리 의식을 진작하는 효력을 발휘했음은 물론이다.

중앙 정치에서 일어난 정교분리는 향촌 질서에서도 커다란 변혁을 동반했다. 우선 지방 관리들에게 집중되어 있던 행정, 재판, 조세 징수권을 각각 분리하여 별도의 기관에 이속시켰으며, 지방 행정 제도를 개편해서 종래 8도를 2~4개부로 재편성했고, 337개의 군을 154개로 축소했다. 이어 관리 조례를 발포하여 지방 관리 체계에 일대 혁신을 단행했다. 재정의 안정화와 효율화를 위해 「각읍부세소장정」을 제정하고 「수입조규」를 마련하여 징세 구조와 지방과 중앙 재정 운영의 근대적 개편을 시도했다.[18] 주목할 만한 것은 지방 자치 제도의 개편이다. 지방 행정 제도의 개편은 향촌 질서의 재구축을 전제로 하는 것이기에 향회의 재건에 관심을 쏟았던 갑오 정권은 1895년 12월 「향회조규(鄕會條規)」와 「향약변무규정(鄕約辨務規程)」을 반포하기에 이르렀다. 향반 중심으로 운영되던 향회(鄕會)가 신분적 차이를 막론하고 모든 향민이 참여하는 민회(民會)로 바뀌었으며, 향촌의 대소사(교육, 위생, 사창, 도로 건설, 식산흥업 등)를 협력 논의하여 처리하도록 하여 향촌민들의 공론(公論)을 수렴하는 자치 기구로 전환할 것을 명시했다. 향회를 관할하는 향장(鄕長)은 향촌에 거주하는 대소 인민들의 자유의사에 따라 선거로 선출한다는(공거(公擧)) 조항이 삽입되었다. 조선 최초의 지방 자치 민주 제도가 선을 보인 것이다. 내부대신 유길준은 지방 자치 제도 개혁안 상정의 의미를 "지방 인민의 기력지려(氣力智慮)를 분발(奮發)하며 차기심지(且基心志)를 통합하여 사물에 귀착(歸着)하고 겸하여 재산권리(財産權利)를 자호(自護)케 하기 위하여"라고 설파했다. 지방 인민의 기(氣), 지(智), 마음, 의지(意志)를 모은다는 것, 그것으로 재산과 권리를 스스로 보호케 한다는 것이 지방 자치제의 취지이자 목표이다. 향촌 지도자를 선거로 선출하고, 향촌 대소사를 스스로 해결하며, 재산과 권리를 보호한다는 것은 1820년대 말 프랑스 역사학자 토크빌이 미국 여행에서 목격했던 민주적 습속(democratic folklore)으로 프랑스 봉건 사회에서는 발견되지 않는 전혀 낯선 행위 규범이었다. 그것은 자유주의로 불리는 근대적 조건의 바탕이었다. 그러나 입법대로 잘 실행되지는 않았다.

신분제 폐지, 사민평등, 능력에 따른 인재 등용, 개인 권리의 보호가 이른바 자유주의(liberalism)의 전제 조건이라 한다면 부국강병의 시대적 과업을 위해 사 계급도 상공업에 종사해야 한다는 사상론(土商論)은 자본주의적 질서를 싹틔우기 위한 조건이었다. 갑오 정권은 민간 상공업 진흥을 위해 관료 주도하에 놓여 있던 육의전, 상리국을 폐지하고 대소 인민이 자유로운 영리 활동을 할 수 있도록 「상무회의소규례」를 반포했다. 일본과 미국 체류 경험이 있던 갑오 정권의 개화 정치인들은 부국강병을 위해서 상공업이 얼마나 중요한지를 이미 깨닫고 있었으며, 관료에 의해 억제된 시장 질서의 폐단을 충분히 인지하고 있었다. 상무회의소는 대소 인민을 막론하고 유재산자로 하여금 상공업 활동에 적극적으로 나서도록 권유하고 장려하며 '불법적 주구와 관리의 수뢰로부터 민간 상업을 보호하려는'(1895년 「각대신규약(各大臣規約)」 13조) 취지를 갖고 있었다. 즉 관료제적 통제로부터 '시장'을 해방시켜 유산자들로 하여금 자유로운 투자와 상행위가 일어나도록 여건을 만들려고 했던 것이다. 조선의 봉건 질서가 시장 억제 정책과 억말책(抑末策), 그리고 사농공상의 뚜렷한 직역 분화에 근거해 존립했다면 갑오개혁이 주창했던 사상론과 시장 진흥책은 새로운 시대, 즉 자유주의와 자본주의의 초기적 사회를 겨냥하고 있었다. 다시 말해 자유주의와 자본주의를 촉진하는 전제 조건들의 성숙을 토대로 입헌군주제라는 근대적 정치 체제를 창출하고자 했던 것이다.

봉건적 통치를 일소하는 이런 일련의 조치들이 동학 농민 전쟁이 부침을 거듭하는 극단적 혼란 속에서 일거에 쏟아져 나왔다는 것은 역사의 모순이다. 유교적 지식 국가의 통치 질서를 해체하는 이런 혁명적 조치들이 어느 정도 성공했는지는 다음 장에서 살펴볼 '이행의 양식'과 관련된 질문이지만 대소 인민들의 광범위한 지지를 결코 받지 못했던 소수 개화파가 마지막 일격을 가했다는 사실은 '우연한 논리(accidental logic)'는 아닐 것이다. 봉건적 통치의 모순에 시달리면서도 여전히 '군왕 환상'에 젖어 있던 당시의 대소 인민들에게 만들어 준 이 '급진적 출구(radical exit)'에 대하여 인민 대부분은 미래로 통하는 이 출구로 나설 생각보다는 갑오 정권 뒤에 도사리고 있던 일제(日帝)를 더 혐오했을 뿐이다. 인민의 혐오와 급진적 개혁에 대한 두려움은 1895년 가을에 발생한 명성 황후 시해 사건을 통해 폭증되었다. 고종이 표방한 구본신참(舊本新參)에서 구본(舊本)으로 돌아가도록 잠정적 길을 터 주었던 것이다.

끝으로 문예(文藝)의 개혁이다. 문예는 조선의 이념적 자원을 재생산하는 담론장이자 의식의 통치 기제로 성리학적 통치관과 세계관을 관할한다. 알튀세르의 용법을 빌리면 이데올로기 국가 기구 중 이념 통치 기제에 해당한다. 종교와 정치 영역에서 일어났던 변혁의 폭과 깊이에 비하면 문예 영역의 그것은 가히 혁명적이라 해도 좋을 만큼 진폭이 컸으며 근대 국가로 전환하는 과정에서 가장 위력적이고 불가역적인 영향력을 발휘했다. '불가역적'이라고 표현한 것은 종교와 정치 영역에서 자주 발생했던 복고적 반동과 회귀적 시도들을 제어하고 근대로의 전진을 가속화했던 변동의 추진력이 바로 문예 영역에서 분출되었다는 뜻이다. 우선 갑오개혁은 한문 중심성을 반감시켰으며 한문이 약화된 자리에 주변적 지위에 머물던 국문(國文)을 불러들였다. 그것은 청의 속방이라는 지위에서 드디어 벗어났음을 의미하고 문화적 독자성을 새로이 구축함을 의미한다. 육경고문을 지식과 사고의 준거로 설정했던 과거 제도를 폐지한 것과 더불어 관리 등용의 기준이 대폭 바뀐 것은 가히 문화적 대변혁이라 할 만하다. '문(文)의 나라' 조선이 문의 재생산 기제를 교체했다는 것은 봉건 질서를 마감하고 새로운 시간대를 출범시켰다는 것을 의미한다.

갑오개혁 초기였던 1894년 7월 군국기무처는 과거제를 변통하고 대신 선거조례를 마련한다는 방침을 세웠다. "허문(虛文)으로 실질 인재를 등용하기 어려우므로 과거지법(科擧之法)을 변통하고 선거조례를 만들 것"(議案)이라 하여 육경고문을 '허문(虛文)'으로 규정했다. '문의 나라'가 근거했던 봉건 질서의 중추를 완전히 청산하겠다는 뜻이었다. 선거조례에 의하면 "각부 아문 주사 총액 중 3분의 1의 관리 충원은 현역 이서 중 염근(廉謹)하고 문산(文算)이 있는 자를 택하여 전고국(銓考局) 시험을 거쳐 선발한다."라고 했다. 8개월 후 박영효 내각은 「내각관제」를 발포하여 주임과 판임관의 임용 기준과 절차를 정했다. 관료의 임용과 절차를 모두 내각총리대신의 권한으로 이관시킨 것이다. "내각총리대신은 소관 관리를 총독하여 칙주임관(勅主任官)의 진퇴는 내각회의를 경하여 상주(上奏)하고 판임관이하(判任官以下)

는 전행(專行)함."(「내각관제」 제5조) 전고국은 관리 등용 대상자들에게 '보통 시험'과 '특별 시험' 두 종류를 부과했는데, 보통 시험에는 국문, 한문, 사자(寫字), 산술, 내국 정략, 외국 사정 등의 과목을 두어 신분 차별 없이 능력 있는 자를 임용하도록 했다. 관리 충원의 3분의 1을 현역 이서 중에서 선발하도록 한 것은 관료제 개혁에 따른 아전층의 대량 실직과 불만을 해소하고 그들의 풍부한 행정 경험을 활용하기 위한 배려였다. 관리 등용 시험에 국문을 부과한 것은 획기적인 사건으로 새로운 국가의 이념적 정체성을 한문에서 국문으로 교체한다는 것을 의미했다. 한문에 입각하던 이른바 국체(國體)의 문제가 새롭게 등장하기 시작했다.

전고국이 산술, 내국 정략, 외국 사정 등 신설 학문을 시험 기준으로 부과했듯이 근대 국가의 운영에는 새로운 지식과 그것을 체계화한 신학문이 필요했다. 경학과 경세학(시무책)으로 구분되던 성리학적 체계로는 새로운 시대의 요구를 충족시킬 수 없었고 근대 국가의 운영에 필요한 지식을 제공할 수 없었다. 신학문은 1880년대 중반 이후 선교사들이 세운 신식 학교 교육을 통해서 이미 부분적으로나마 수용된 상태였고, 고종이 세운 육영 공원과 연무 학원에서 신학문을 가르쳐 온 터였다. 아펜젤러가 세운 배재 학당에서는 한문, 영어, 천문, 지리, 생리, 수학, 수공, 성경을 가르쳤고 연설회, 토론회를 도입했으며 풋볼과 테니스 같은 체육 수업을 병행했다. 선교사가 세운 이화 학당과 경신 학교에서도 유사한 과목을 가르쳤다. 신학문 교육의 필요성을 이미 절감하던 갑오 내각이 과거제 폐지와 아울러 전면적 교육 개혁에 착수한 것은 당연한 귀결이었다. 군국기무처는 개혁 초기부터 학무아문(學務衙門)을 중심으로 교육 개혁에 관한 세부 계획을 마련하기 시작했으며, 사학(四學)과 향교, 서원과 서당으로 이뤄진 전통 체계를 근대적 대중 교육 체계로 전환하고자 하였다. 1894년 가을에는 조선 최초로 사범 학교와 소학교(小學校)가 선을 보였으며, 일어 학교, 영어 학교와 법관 양성소, 의학교 등의 전문 학교가 문을 열었다. 경학과 경세학으로 대별되던 학문이 여러 갈래의 전공 분야로 나뉜 것이다. 분화는 근대의 상징이었다. 1895년 2월 드디어 「교육입국조서」가 반포됐다. 그것은 전통적 교육 체계를 마감하고 근대적 체계를 도입한다는 선언이었으며, 유교적 지식 국가를 이끌어 왔던 성리학이란 '종합지(綜合知)'를 여러 영역으로 쪼개 세속적 근대 국가가 필요로 하는 '전문지(專門知)'를 생산하고 제공해야 한다는 시대적 요청에 따른 것이었다. 그것으로 유교적 지식 국가는 종언을 고했다. 조선의 선비들이 그토록 중시했던 문장(文章)은 헛된 것으로 규정됐다. 국한문 혼용으로 쓰인 「조서」는 성리학적 지식의 중심성이 끝났음을 이렇게 고했다. 조금 길지만 인용하면 다음과 같다.[19]

우내(宇內)의 형세를 보건대 부(富)하고 강(强)하며 독립하여 웅시(雄視)하는 모든 나라는 다 인민의 지식이 개명(開明)하였다. 지식의 개명(開明)은 교육의 선미(善美)로 되었으니 교육은 실로 국가를 보존하는 데 근본이다. 이러하므로 내가 군사(君師)의 자리에 있어 교육의 책임을 스스로 메노라. 교육은 또 그 길이 있는 것이니 헛이름과 실용을 먼저 분별하여야 할 것이다. 독서(讀書)나 습자(習字)로 옛사람의 찌꺼기나 줍고 시세(時勢) 대국(大局)에 어둔 자는 그 문장(文章)이 비록 고금을 능가할지라도 한 쓸데 없는 서생(書生)에 불과한 것이다. 이제 내가 교육 강령을 보이어 헛이름은 이에 버리고 실용(實用)은 이에 쓰게 하노라. 가로되 덕양(德養)이니 오륜의 행실을 닦아 속강(俗綱)을 문란케 말고 풍교(風敎)를 부식(扶植)하며 인세(人世)의 질서를 유지하고 사회(社會)의 행복을 증진시키라. 가로되 체양(體養)이니 동작(動作)을 떳떳이 하여 부지런과 힘쓰기를 주장하고 게으름과 편안을 탐하지 말고 어려운 것을 피하지 말며 너의 힘줄을 굳게 하고 너의 뼈를 튼튼히 하여 건장하고 병없는 낙(樂)을 누려 받으라. 가로되 지양(智養)이니 물(物)을 캐고

지(智)를 끝까지 하며 이(理)를 궁구하며 성(性)을 다하며 좋고 미운 것과 옳고 그른 것과 길고 짧은 데서 나와 남의 구역(區域)을 세우지 말고 자세히 연구하고 널리 통하여 한 몸의 사(私)를 꾀하지 말고 공중(公衆)의 익(益)을 헤아릴지어다. 가로되 이 세 가지는 교육의 기강일지나 내내 정부(政府)를 명하여 널리 학교를 베풀고 인재를 양성하여 너희들 신민(臣民)의 학식(學識)으로 국가 중흥의 대공(大功)을 찬성케 하려 하노니 너희들 신민은 충군하고 애국하는 심성으로 네 덕과 네 몸과 네 지(知)를 길러라.

문장이 아름다운 지식이 아니라 국가 부강에 유용하게 쓰일 실용적 덕양, 체양, 지양이 근대 국가의 새로운 지식으로 규정되었으며, 이에 맞춰 학교를 베풀고 인재를 양성할 것을 천하에 고한 것이다. 이어 후속 조치로 한성 사범 학교 관제, 소학교령, 외국어 학교 관제, 성균관 관제, 중학교 관제가 속속 반포되었다. 신식 학교 교과목으로 신학문을 채택한 것은 두말할 나위가 없다. 국문과 한문을 위시하여 수학, 역사, 지리, 물리, 화학, 박학, 습자, 체조가 신규 과목으로 도입되었으며, 역사는 '본국 역사'와 '만국 역사'가 구분되었다. 흔히 동사(東史)로 불렸던 중국의 일부로서의 조선사가 아니라 독립 국가로서의 '조선사'가 본국 역사라는 이름으로 탄생했다.[20] 조선의 최고 학부였던 성균관에도 경학과를 신설하여(「성균관경학과규칙」) 신학문을 교수한 것은 역사관의 일대 변혁을 집약하는 상징적인 일이었다. 경학과 규칙에 따르면, 사서삼경 외에 사서언해(四書諺解)를 강독해야 했으며, 본국 및 만국 역사, 본국 및 만국 지리, 산술을 이수해야 했다. 이 밖의 법관 양성소를 세워 당시에는 생소했던 민법, 형법, 소송법을 가르쳤으며 『대명률』과 『대전회통』을 동시에 수학했고,[21] 1899년에는 김홍집 저택에 경성 의학교가 출범해서 서양 의학을 가르쳤다.[22] 성리학으로 수렴되던 '문(文)'의 나라'의 문은 이제 격물치지(格物致知)의 여러 갈래로 분화해서 세속적 근대 국가의 본질과 기능을 보좌하는 실용지(實用知)와 전문지(專門知)로 변화했으며, 그것을 수학하고 터득하는 기술 학교와 전문 학교가 속속 설립되었다. 이 과정에서 한문은 구체제의 지식으로 강등되었으며 국문이 근대 국가의 공식문자로 등장했다.

그것은 문자 혁명이자 문의 혁명이었다. 문자 혁명은 조선의 지배층이었던 한문 공동체의 연대력을 허물고 국문 공동체인 인민을 역사의 중심으로 부상시키는 엄청난 결과를 가져 왔다. 1894년 8월, 군국기무처는 국문을 공식 문자로 쓰기 위한 선결 조치로 "국내외 공사 문자(公私文字)와 외국어로 쓰인 국명, 지명, 인명 등은 의당 국문으로 번역하여 시행할 것"이란 의안을 가결했으며, 11월에는 칙령 1호로 "法律勅令總以國文爲本 漢文附譯或混用國漢文(향후 국문을 본으로 하되 한문을 번역해 달거나 국한문 혼용을 한다.)"고 규정하여 한문을 국문에 종속시키는 중대한 결정을 내렸다. 한문과 국문의 위상이 조선 역사상 최초로 뒤바뀐 것이다. 한문으로 지은 '봉건의 집'은 국문으로 건축하는 '근대의 집'에 밀려난 것이고, 이와 동시에 한문 공동체는 국문 공동체에 '역사의 중심성'을 내주었다. 언문이 국가의 공식 문자인 국문으로 채택되었다는 것은 우리 용어로 말하자면 문해인민이 '역사의 주체'가 되는 전제 조건이 충족되었음을 의미한다.

봉건 질서에서 걸어 나온 문해인민을 기다리는 것은 앞에서 서술한 소학교, 중학교를 위시한 신식 학교들이었다. 고종의 교시대로 "부(富)하고 강(强)하며 독립하여 웅시(雄視)하는 모든 나라는 다 인민의 지식이 개명(開明)하였고, 지식의 개명(開明)은 교육의 선미(善美)로" 이뤄진 만큼 신식 학교 교육이 확대되자 '문해인민'은 이제 "세계의 시세와 대국을 파악하고" 부국강병과 이용후생에 나설 수 있는 '개명인민(開明人民, enlightened people)'으로 진화해 갔다. 문해인민이 양반 공론장의 위세 밑에서 언문 담론장을 조심스럽게 창출해 갔던 비공식적 문자 공동체라고 한다면 개명인민은 양반 공론장의 공식 권력이 와해된 빈 공간에서 국자(國字)로 승격된 국문을 활용하여 역사의 주체로 발돋움하는 '국문 공론장'의 주역이었다. 신식 교육과 인쇄물이 국문 공론장을 확산하는 촉매였다. 그러나 500년 동안 지배층 언어로 군림해 온 한문이 일시에 교체될 수 없듯이 국문 공론장의 주역인 개명인민이 역사의 주체로 등장하기까지는 힘겨운 장애물을 넘어야 했다. 비록 국문이 공식 문자로 채택되기는 했어도 1920년대 초반까지 각종 대중 인쇄물, 문서, 서적은 한문체, 부속 국문체(附屬國文體), 국한문 혼용체, 순 한글체의 병용 기간을 거쳐야 했다. 그것은 문명 중심성을 놓고 벌어진 일종의 주도권 투쟁이었다. 양반 공론장의 잔재를 끝까지 고수했던 유생들은 한문체를 고집했으며, 이보다는 약간 수용적 태도를 취했던 유학자들은 한자로 된 본문에 루비 활자로 불리는 소형 한글을 함께 적는 부속 국문체를 썼다.[23] 예컨대 동학 본부에서 발행한 《만세보》가 전형이다. 한편 국한문 혼용체는 해방 후까지 가장 일반적으로 쓰인 표기체이며, 순 한글체는 인민 교육과 계몽에 초점을 두었던 《독립신문》과 부녀자와 젊은 층을 주요 독자로 설정했던 《제국신문》에서 시도했던 보기 드문 표기 형태였다. 아무튼 문자 혁명을 통해 문해인민은 개명인민으로 전화해 갔는데, 개명인민은 근대 국가 형성기에 국문 공동체의 주역으로 떠올랐다. 그런데 그곳엔 뜻밖의 벅찬 과제가 기다리고 있었다. 무너지는 국가를 일으켜 세워야 하는 절체절명의 과제가 그것이었다. 천부인권, 자유와 통의의 권리를 아직 내면화하지 못한 개명인민에겐 너무나 벅찬 과제였다.

중층적 충돌의 딜레마

　조선의 근대는 그렇게 시작되었다. 근대적 문물과 제도 도입에 앞장섰던 고종을 궁중에 유폐한 상태에서 일군의 개화 관료에 의해 일사불란하게 진행됐다. 갑오개혁 1년 반 동안 주도 세력이 정동파, 갑신파, 갑오파로 번갈아 바뀌기는 했지만 김홍집을 필두로 어윤중, 박정양, 박영효, 유길준이 개혁 업무를 각각 분담했던 갑오 내각은 500년을 지속했던 유교적 지식 국가의 중심축을 무너뜨리는 데에 일단 성공했다. 무너진 자리에 세속적 근대 국가의 통치 질서를 구성하는 요소들을 대거 도입했는데, 그것이 어떤 일관된 체계와 이념적 토대를 갖추기까지는 훨씬 많은 시간이 소요되었다. 근대는 시작되었으나 나가야 할 방향이 모호했다. 개화파 내부에서 군민공치라는 정치 체제에는 대체적인 합의가 형성되었으나 고종과 추종 세력이 여전히 건재했기에 전제군주제로 복귀할 가능성은 언제나 열려 있었다. 갑오 내각이 추진했던 입헌군주제로의 전환은 고종의 완강한 저항에 부딪쳤다. 왕조는 곧 국가를 의미했던 조선에서 열강의 간섭을 배제하고 실질적 자주를 쟁취하려면 군주에 권력을 실어 줘야 한다는 현실적 요구도 물리칠 수 없었다. 무력을 앞세운 열강의 개입 앞에서 자주를 보존하려면 애국보다 충군이 먼저였던 상황이었다. 따라서 '충군애국(忠君愛國)'을 위기 타개를 위한 자연스러운 논리로 받아들이던 상황에서 근대 이행의 목적지였던 입헌군주제는 지극히 협소한 대안일 수밖에 없었다. 근대는 시작되었고 길은 심각하게 교란되었다. 교란된 길은 쇠락하는 통치 계급의 저항과 부상하는 신생 세력 간 투쟁으로 더욱 혼란스러웠고, 급기야는 열강의 간섭으로 자주 차단되고 끊기는 '시련의 시간대'를 통과해야 했다.

근대는 기획되었다. 어떤 국가든 근대는 '만들어 가는 것'이고 '만드는 주체 세력'이 존재한다. 근대 국가의 정체는 주체 세력의 계급적 성격 내지 계급 간의 세력 관계에 의해 결정된다는 것은 세계 각국의 근대사가 보여 준바다. 세계의 주요 혁명과 근대적 정치 체제의 관계를 분석한 베링턴 무어(Barrington Moore)는 계급 역학에 근거해 대체로 세 개의 전형적 경로를 구분했다. 부르주아 계급이 주체인 나라는 자유민주주의(liberal democracy), 농민이 주체였던 나라는 농민 사회주의(agrarian socialism), 국가와 지주가 주도하면 전체주의(totalitarianism)라는 경로를 밟는다는 것이 베링턴 무어의 결론이었다.[24] 그런데 조선은 세 개의 경로에서 완전히 벗어난 아주 특이한 사례였다. 베링턴 무어가 분석 대상으로 삼은 여섯 사례가 모두 20세기에 강대국으로 부상했던 국가들이었기 때문에 조선처럼 약소국이었던 나라에 강제됐던 식민지로의 경로, 또는 '좌절된 경로'는 고려 대상이 아니었다. 모두 외세의 간섭이 없었던 주체적 이행 국가였다.[25] 그러므로 혹시 외세가 없었다고 가정한다면 조선 조정은 동학 농민군에게 장악되었거나 아니면 적어도 심각한 타격을 받고 그 노쇠한 거푸집이 무너져 내렸을 것이다. 왕과 척족 세력, 그리고 근위 관료 세력이 동시에 주저앉고 저항 세력이나 개화 세력이 새로운 개혁을 주도했을 가능성도 배제할 수 없다. 그러나 동학 농민군은 기포 초기에 내세웠던 폐정 개혁안과 집강소 기간에 시행했던 과감한 개혁에도 불구하고 '군왕 환상'을 짙게 갖고 있었으며, 전봉준 역시 대원군과 밀약을 맺고 중세적 이상 국가의 복원을 꿈꾸고 있었다.[26] 유영익은 전봉준을 위시한 동학 지도부가 유교적 이념과 근왕주의에 충만했기에 반제국적(反帝國的)이기는 했으나 반봉건(反封建)을 지향한 것은 아니었음을 지적했고, 김용섭 또한 「전봉준 공초」를 분석해 "탐학에 분개해서 난을 일으켰을 뿐 탐관을 제거한 후에 어떤 구체적인 혁명적, 변혁적 구상을 갖고 있지는 않았다."라고 결론지었다. 이런 한계는 농민 전쟁 와중에서 공포된 창의문, 격문, 개혁안에도 그대로 드러나서 동학 농민 전쟁이 근대의 문을 열었다는 주장의 진의를 의심케 만든다. "(그 문건들의) 문장을 세심히 검토하면 그것이 전적으로 반봉건 근대화의 사상성을 담고 있는 것이라고 말하기는 어렵다는 점을 지적하지 않을 수 없다."[27]

동학 농민군의 반(半)봉건성을 말해 주는 이런 한계와 함께 갑오개혁을 전후하여 끈질기게 작동한 외세의 음모와 책동은 근대 개혁에서 가장 중대한 요건인 자율성을 허용하지 않았다. '기획으로서의 근대'는 자율성을 전제로 성립한다. 근대는 통치와 교화의 대상이었던 인민이 주권 의식을 획득하는 과정이자 정치 참여를 통하여 주권을 확립하는 과정이기 때문이다. 통치 집단이 권력을 양보하거나 상실하고 피통치 집단이 정치의 중앙 무대로 진입하는 정치 혁명이 없으면 근대는 시작되었다고 단언할 수 없다. 권력 집단의 교체 혹은 뒤바뀌는 과정은 결코 순조롭지 않다. 군대를 동원하여 기존 세력을 보위하거나 내전을 방불케 하는 유혈 사태가 발생한다. 세계의 모든 혁명은 그런 역동적 과정을 거쳤다. 조선 역시 농민 전쟁이라는 내전을 거쳤으나 한 가지 중요한 요소가 결여되었는데 바로 조선의 운명인 조공국이라는 굴레였다. 그 굴레를 벗기고 새로운 굴레를 씌우려는 열강의 각축전이 '기획으로서의 근대'를 교란시켰던 것이다. 중세가 붕괴되자 근대가 시작되었는데 그것은 '자율적 근대'가 아니었다. 조선은 자율성이 증발된 국가, 자율성이 억제된 국가에서 어떤 '근대 이행'이 일어나는지를 보여 주는 전형적 사례였다. 일본이나 유럽 국가와는 달리 조선에서 근대 이행은 이른바 '중층적 충돌의 딜레마'에 휩싸였다. 중층적 충돌이란 외부 충돌과 내부 충돌, 즉 왕조와 외세의 충돌, 군왕 및 근왕 세력과 근대화 추진 세력의 충돌이 그것인데, 왕조가 곧 국가를 상징했던 조선에서 인민은 붕괴된 중세 질서의 빈 공간에 던져졌을 뿐 두 개의 충돌이 빚어내는 모순을 해소할 능력이 부족했다. 근대는 인민이 왕권으로부터 권력을 얻어 내는 투쟁 과정과 쟁취한 권력으로 새로운 정체를 수립하는 과정으로 이뤄진다. 이 경우 왕권은 항상 권력 투쟁과 교체 과정의 중심에 놓이는데 열강의 침략 의도가 항시적으로 작동하는 상황에서라면 왕권에 대한 지나친 도전은 곧 국가의 패망을 초래할 위험이 있다. 왕권은 이런 모순을 십분 활용하여 근대화 추진 세력을 도태시키려 할 것이다. 그렇다고 왕권이 근대화에 반하는 복고적, 반동적 노선만을 취할 수도 없다. 갑오개혁을 무산시킨 고종이 대한제국을 선포해서 황제권 강화와 근대화 개혁을 동시에 추진하지 않을 수 없었던 이유이다.

이 '중층적 충돌의 딜레마'를 이해의 프레임으로 도입한다면 조선의 근대와 근대 이행에 대하여 조금은 여유롭고 객관적인 시각을 확보할 수 있을 것이다. 미완의 갑오개혁이 아쉬운 것이 사실이고, 대한제국이 황제권을 강화하는 대신 근대 국가의 필요충분조건을 성숙시키는 데에 소홀했던 것 또한 안타까우며 자본주의의 맹아가 충분히 싹을 틔우지 못한 채 식민 통치를 허용해야 했던 것은 통탄할 일임에 틀림없다. 하지만 제국 열강에서조차 근대의 계기가 발화되는 것은 쉽지 않은 일이었으며, 근대 이행은 혁명과 반혁명의 우여곡절을 겪으며 수십 년에 걸쳐 진행되었다는 역사적 사실을 고려하면 조선에서의 근대와 근대 이행 역시 갑오개혁이나 대한제국에서의 개혁 노력으로 완성될 일은 아니었다. 근대 이행은 단기적 변혁이 아니라 적어도 중기적, 장기적 변동이며, 갑오개혁은 그 장대한 여정의 출발점이고 대한제국은 그 과정에 나타난 과도기적 현상으로 봐야 그 각각에 대한 객관적 평가를 할 수 있다. 동양에서 가장 먼저 근대화를 시작한 일본 역시 헌법을 제정해서 근대적 정체를 확정하는 데에 메이지 유신 이후 20년이 걸렸으며 그 과정에서 농민 운동과 자유 민권 운동과 같은 전국 규모의 도전과 저항에 부딪쳤다. 갑오개혁은 미완이었는가? 미완이었다. 대한제국은 근대 국가였는가? 근대 국가이기도 했지만 전제군주제하에서 근대 국가의 주역인 '국민'은 성숙되지 않은 상태였고 고종의 인식 속에는 주권을 행사하는 국민(國民)보다 황제권에 복종하는 신민(臣民)이 존재했다. 내재적 발전론자들이 찾아 낸 자본주의 맹아들은 근대 국가의 하부 구조를 공고히 하지 못할 만큼 취약했는가? 취약했다. 동아시아에서 가장 늦게 무너진 중세 국가에서 자본주의적 맹아들이 튼실하게 생장하지 못한 것은 자연스러운 귀결이었다. 갑오개혁까지 시장은 국지적 형태였고, 세계적으로도 유례없이 강력한 관료적 통제에 포박되어 있었다. 전국 시장은 형성되지 않았으며 근대 국가의 총아인 상공업 계층 역시 지극히 취약한 상태였다. 대한제국은 그런 상공업 계층을 육성하는 데에 총체적 노력을 기울이지 못했다. 그렇다고 해서 '좌절된 근대'의 책임이 대한제국과 고종에게만 전가되어야 하는 것은 아니다.

2004년 대한제국의 성격을 둘러싸고 《교수신문》에서 벌어진 '고종 시대 논쟁'에서 '좌절된 근대'의 책임 소재를 밝히려는 역사학계 내부의 다양한 의견이 펼쳐졌다.[28] 긍정과 부정으로 갈린 연구자들의 시각은 나름대로 근거와 논리를 갖고 있기는 하다. 대한제국은 근대 국가로의 발전에 필요한 개혁 정치에 역량을 쏟기보다는 황제권과 궁정 권력의 강화에 더 치중했기 때문에 근대적 잠재력을 소진했다는 부정적 평가와, 고종을 '개명 군주'로 명명하고 비록 황제 중심이었을지라도 근대 국가의 경제적, 정치적 기반을 다지는 각종 개혁을 추진했던 공적을 과소평가할 수 없다는 긍정적 시각이 팽팽하게 대립했다. 전자는 주로 농업 생산성과 곡물의 가격 변동, 그리고 상공 계층의 경제 활동과 관련된 각종 지표들을 실증적으로 측정한 경제사가들이 주창했고, 후자는 고종이 추진했던 근대화 작업에 대한 정치사적, 사회사적 성과들 그리고 내재적 요인들의 발전 과정을 중시하는 민족주의적 경향의 연구자들이 제기했다. 후자가 내재적 요인들의 잠재력과 근대 개혁의 성과를 강조하는 데에 비해 전자는 내재적 잠재력의 '궁극적 파탄'을 내세웠는데, 이런 극단적 대립의 배경에는 '내재적 발전론'과 '식민지 근대화론' 간의 양보할 수 없는 역사관이 진을 치고 있다.[29]

사학계에서 인정하듯 내재적 발전론은 한국사를 보편사의 흐름과 접목하고 한국사에 정체성론을 뒤집어씌운 식민사관을 극복하는 데에 상당한 기여를 했다. 한편 식민지 근대화론은 경제 발전 수준을 측정하는 구체적 지표들의 추이를 실증적으로 제시하여 내재적 발전론에 함축된 과욕과 의

도적 오류를 부각시키는 데에 성공했다. 여기서 더 나아가 토지 생산성의 급증, 기술과 자본의 투입, 근대적 제도와 경영 규칙, 시장의 활성화 등이 일제 식민 시기에야 비로소 이뤄졌다는 사실을 근거로 '식민지 근대화론'으로까지 밀고 나간 것이다. 식민지 근대화론은 내재적 발전론이 지향했던 이론적 목적, 즉 식민사관의 극복이라는 역사학계의 오랜 과제를 자칫 무화시키는 결과를 낳는다는 점에서 양자를 절충, 보완, 종합하려는 또 다른 시각이 제안되었다. 가령 이렇다. 갑오개혁에서 대한제국에 이르는 근대화 궤적을 '근대적 국민 국가 수립'이라는 보편적 상위 명제로 포괄하고 내재적 발전론적 요인들을 총체적으로 조망하는 방법론적 선회가 필요하다는 견해,[30] 내재적 발전론적 요인들이 개항기 이후 근대화 과정에서 발현, 성장한 궤적을 추적하여 '근대 이행의 조건들이 어느 정도 충족되고 있었는가'로 문제의식을 전환해야 한다는 견해,[31] 그리고 같은 견지에서 근대화를 향한 개항기 이후의 누적적 성과와 한계를 종합적으로 조명해야 두 이론이 빠져들고 있는 부조적 특성을 극복할 수 있다는 견해가 그것이다.[32] 부분적 특성을 특화하여 일반 명제로 합리화하는 '일반화의 오류'를 시정하는 것, 그리고 그것을 가능하게 하는 방법론적 혁신이 필요하다는 데에는 대체적인 합의가 이루어져 있는데, 어떤 보편 명제를 초청하고 어떤 방법론이 적합한지의 문제는 그리 쉽게 풀리지 않는다.

이 시점에서 '중층적 충돌의 딜레마'라는 이 연구의 프레임을 도입해서 이 문제에 접근해 보자. 자율성이 증발된 근대에서 발생하는 이 '중층적 충돌의 딜레마'를 이해의 프레임으로 도입하면 갑오개혁과 대한제국에 대한 엇갈리는 평가와 조금은 '성급한' 주장을 객관적으로 조망할 수 있고 또한 조선이 밟았던 근대 이행의 경로를 총체적으로 해명할 수 있다. 전제가 있다. 사회의 거시구조 변동에 주목해야 종합적 접근이 가능하다는 점이다. 이 연구가 규명해 온 세 개의 통치 축이 어떻게 근대적 성격을 갖추었는가하는 문제의식을 배경에 깔고 '중층적 충돌의 딜레마'에 접근해야 한다. 우선 앞에서 서술했듯이 근대 이행에서 중심축은 왕권의 교체 내지 약화라는 새로운 정체 수립의 문제였다. '자율성이 제약된 근대화'에서 가장 결정적 위협은 왕권과 외세의 충돌이다. 외세와의 접전에서 왕권이 어느 정도 자율성 공간을 확보해야 내부의 도전, 즉 근대화 세력과 인민의 저항을 성공적으로 막아 낼 수 있거나 타협할 수 있는 여지가 생긴다. 그러므로 외세와의 충돌이 우선적 고려 사항이 아닐 수 없다. 이런 질문이 가능하다. 내재적 발전론이 강조한 요인들의 발전적 잠재력은 제국주의 침략을 물리칠 정도로 발화되었는가? 아니다. 이 점에서 개명 군주 고종의 힘겨운 개혁에도 불구하고 대한제국의 개혁 시도는 틀림없이 한계가 있었음을 인정하지 않을 수 없다. 같은 취지에서 식민지 근대화론의 실증적 지표들이 백번 옳다고 해도 '자율성 없는 근대'는 진정한 근대인가? 아니다. 근대는 자율적 권력을 둘러싼 국가와 인민의 투쟁이다. 국가의 투쟁 목표는 '자주(自主)'이고, 인민의 투쟁 목표는 '권력 공유'이다. 근대화는 국가의 주권과 인민의 주권이 합일되는 과정이다. 양자의 목표는 '부강(富强)'에서 서로 만난다. 그렇다면 식민지 상태에서 비로소 근대화가 이뤄졌다는 주장은 형용 모순이다. 억압적 근대화, 주권 없는 근대화는 아무런 의미가 없다. 주권 없는 근대, 자율성이 제약된 근대의 모습이 어떠했는지를 당시의 정황으로 돌아가 살펴볼 필요가 있다.

1903년 가을, 조선에 입국했던 러시아 민속학자 세로셰프스키(Vatslav Seroshevskii)는 그의 통역사와 대화하면서 당시의 상황을 이렇게 묘사했다.[33]

"당신은 내게 외국인들에 대해서 물었지요. 외국인들은 우리를 등쳐먹을 생각밖에는 하지 않습니다. 그들은 별것도 아닌 걸로 제일 좋은 말, 최고의 숲을 차지해 버리고, 자기네 의무는 다하지 않아요. 자기들한테 양보한 것보다 더 많은 땅을 차지하려 하고 (……) 우리가 그런 걸 문제삼으면 (……) 공사(公使)들은 겁을 주고 전함(戰艦) 같은 것이나 불러오고…… 그렇게 해서 조선은 파멸해 가고 있는 것입니다."

"그럼 일본인들은 어떻습니까?"

"그놈들은 최악질입니다. 그들은 산채로 우리 목에 올가미를 걸고 있어요. 그놈들이 은행을 열어서 우리한테 돈을 빌려 줍니다. 그리고 우리 모두 곧 그들의 노예가 될 겁니다. 서울 땅의 3분의 1이 그들 소유라는 것을 아십니까? 다들 그들에게 저당을 잡히고 또 잡히고 있지요."

"그래도 그들만이 한국에 유용한 개혁을 시도하고 행정 체계를 개선하고 사람들을 교육하고 노예 제도를 폐지하고 국가 경제를 정비하고자 하지 않습니까?"

"하지만 그들은 겉으로만 우리를 만족시키려 하고 있어요. 우리의 겉모습을 바꾸고, 우리의 내면은 다 파내 버려 껍질만 남기려는 것입니다. 그들은 우리의 혼(魂)을 없애려 합니다."

"조선은 파멸해 간다. 일본은 우리의 혼을 없애려 한다."라는 이 무서운 말은 세로셰프스키의 통역사이자 궁중 관리였던 신문균이 비분강개 끝에 내린 진단이었는데 그의 불길한 예감이 맞아떨어지기까지는 불과 2년이 채 걸리지 않았다. 갑오개혁에서 10년째, 고종이 의욕적으로 추진했던 대한제국의 근대화 작업이 조금은 결실을 거두고 있던 때였지만 당시에는 약간의 견식을 갖췄던 것으로 보이는 말단 궁중 관리의 평가가 이러했다. 그에 앞서 2년 전에 입국한 미국의 사진작가 버턴 홈스는 그의 '안쓰러운 여행기'를 이렇게 끝맺었다.[34]

세계는 코리아에 대한 지배를 둘러싸고 전개되고 있는 게임의 추이를 지켜보고 있다. 그러나 세계는 일본과 러시아가 가장 교활하고 가장 무서운 경쟁자라는 것을 안다. 그리고 떠오르는 태양(일본)으로 향하는 모스크바의 행군이 저지된다면 그것은 태양이 떠오르는 나라, 즉 용감하고 능력 있고 예술적인 일본의 자손들에 의해 이루어지리라는 것 또한 알고 있다.

러일 전쟁 발발 3년 전에 국제 감각이 탁월한 이 미국인 여행가는 이미 한반도에서 전운을 감지했고 '떠오르는 태양(일본)'이 러시아의 남진을 저지하고 조선을 차지하리라는 사실을 예감했다.

홈스와 세로셰프스키가 서울 거리를 거닐고 있을 때, 전차와 경인 철도가 개통되었고, 독일인 에케르트(Franz Eckert)가 지휘하는 군악대가 최초로 국가(國歌)를 연주했다.(1901년) 서울에는 최초의 극장인 협률사가 신축되어 인민을 대상으로 「소춘대유희」를 공연했고(1902년), 고종이 비싼 비용을 지불하고 수입한 최초의 군함 양무호가 제물포에 입항했다.(1903년) 《황성신문》과 《제국신문》에 이민 모집 광고가 게재되고 최초로 100여 명이 하와이로 이민을 떠났다.(1901년) 목포 부두 노동자와 경인 철도 회사 노동자들이 최초로 '파업'이라는 것을 단행했다.(1900~1901년) 중세 조선에서는 결코 목격되지 않았던 '근대의 풍경'들이었다. 그러나 근대가 어디로 가고 있는지 아는 사람은 별로 없었고, 그것이 근대였는지를 지각했던 사람도 별로 없었다. 개혁 관료들은 수감, 체포, 처형되거나 망명했으며, 고종과 근위 관료들은 열강의 각축전 틈바구니에서 황제국의 자존심을 한껏 드높이는 일에 열중했다. 마치 대한제국의 자주는 황권 강화에 달려 있다는 추상적 철칙을 사수하는 듯이 보였다.

세로셰프스키가 서울을 떠난 몇 달 뒤인 1904년 1월, 일제는 러일 전쟁의 전략적 거점을 확보하기 위해 한국 정부를 압박해서 공수 동맹을 전제로한 6개 조항의 한일 의정서를 강제 체결했다. 외부대신 서리 이지용(李址鎔)

과 일본 특명전권공사 하야시 곤스케(林權助) 간에 조인된 한일 의정서 4항에는 이렇게 쓰여 있다. "제삼국의 침략이나 내란으로 인해 대한제국 황실의 안녕과 영토의 보존에 위험이 있을 경우 대일본 제국 정부는 속히 정황에 따라 조치를 취할 수 있다. (……) 대일본 제국 정부는 앞 항의 목적을 이루기 위해 군략상 필요한 지점을 정황에 따라 차지해 이용할 수 있다."[35] 그해 8월에는 아예 한국의 재정과 외무를 장악하는 한일 협정서가 체결됐다. 공식 명칭은 고문 용빙에 관한 협정서였지만, "재정 고문을 용빙하여 일체의 재무 사항을 그와 협의하에 시행할 것"과 "대일본 정부가 추천하는 외국인 1명을 외교 고문으로 용빙하고 일체의 외교 요무를 그와 협의하에 시행할 것"을 명시해서 사실상 일제 통치를 공식화했다. 대한제국의 '주권 없는 근대화' 시도는 그로부터 1년 뒤 미국과 비밀리에 맺은 '태프트 가쓰라 밀약'에 의해 거의 차단 상태에 다다랐다. 미국의 필리핀 통치와 일본의 조선 점령을 교차 승인한 이 밀약은 한국에 대한 일본의 보호권 확립이 '러일 전쟁의 논리적 귀결이며, 정당하고 또 필요한 것'임을 각서 형태로 상호 인정했다. 그러는 와중에 경부 철도가 완공되고 '상제(上帝)는 우리 황상(皇上)을 도우소서'라는 제목의 애국가를 각급 학교에 배포하여 학습하도록 했다.(1904년) 일제의 침략이 가시화할수록 우국지사들이 나름대로 지은 애국가와 독립가가 각종 모임과 군중 대회에서 더욱 자주 불렸다. 자율성을 향한 외침, 주권을 향한 몸부림은 그런 형태로 터져 나왔지만 왕조와 외세의 충돌에서 일제의 일방적 행진이 중단되는 것은 아니었다.

내재적 발전론과 식민지 근대화론 간 화해할 수 없는 간극을 넘어서려는 논자들은 서양의 근대화 과정을 준거로 하여 개항기 이후 대한제국까지 이뤄진 누적적 성과에서 어떤 유의미한 보편적 명제를 이끌어 내고, 그것이 비록 일제 치하로 접속되었다고 하더라도 그 바탕에 깔린 진화적 연속성에 주목하고자 한다. 이 기간에 시도된 개혁의 한계와 장단점을 일일이 가려내어 보편적 명제와의 거리 매김을 하는 작업은 매우 중요하고 또 필요한 일이다. 그런데 그 일련의 성과들이 외세와의 충돌, 특히 항시적으로 작동했던 청과 일본의 속국화 압박에 의해 굴절, 왜곡되거나 그 발전 잠재력이 심각하게 훼손되었다는 점은 반드시 전제되어야 한다. 이런 태도는 '좌절된 근대'의 모든 책임을 일제의 식민 통치로 전가해서 자국의 실패를 면책받으려 하는 것과는 다르다. 일제의 식민 통치는 근대를 좌절시킨 주범이다. 일제의 침략이 없었다고 가정하면 조선의 근대화 개혁은 비록 더뎠을 것이지만 어떤 형태로든 진행되었을 것이다. 갑오개혁은 그 결정적 계기였고, 대한제국은 근대 이행의 긴 여정을 시작하는 초기 단계였다. 그 결정적 계기와 초기 단계에서 모두 제국주의가 강력한 외적 제약으로 작동했고, 그 결과 근대 이행은 초기 단계부터 삐걱거렸고 제동이 걸렸다. 자율성이 증발된 왕권은 근대화 추진 세력과 인민의 내부 도전에 적절히 대응하거나 미래 지향적 대안을 만들어 내지 못했다. 대한제국이 황제국으로 치달았던 것은 그런 중층적 충돌의 딜레마가 낳은 불가피한 부작용이었을 것이다. 그럼에도 전제군주제는 근대 이행에서 표출된 초기적 면모였을 뿐 입헌군주제나 공화정으로 유연하게 전환하지 않았을 것이라 단정할 이유는 없다. 그렇다면 외적 제약이 강하게 항시적으로 작동하는 상황에서 중층적 충돌의 다른 한 면, 왕권과 인민, 왕권과 개화 세력 간의 충돌은 어떤 근대 이행의 양식을 낳았는지를 고찰할 차례다. 여기에서 바로 '개명인민'의 존재와 위치를 조명할 필요가 발생한다. 근대 이행에 관한 대부분의 연구가 정치사 중심, 통치 엘리트와 저항 엘리트 간의 협력과 투쟁 중심으로 서술된 반면 근대 이행에서 가장 중요한 행위자인 인민의 동향과 역할에 대해서는 상대적으로 소홀하게 취급되는 경향이 있기 때문이다.

근대 이행의 조선적 양식

국민 국가 논쟁

근대 이행의 조선적 특성을 논하는 사학계의 연구들은 대체로 '두 개의 흐름', 또는 '두 개의 길'로 집약하는 경향이 있다. 우선 '두 개의 흐름'이란 갑신정변 이후 개화파가 주도한 '위로부터의 혁명'과 임술 민란에서 동학 농민 전쟁에 이르기까지 농민들이 시도한 '아래로부터의 혁명'이 그것이다. 개화파 지식인과 농민군이 각각 내걸었던 이념과 가치, 개혁 강령들을 분석해서 두 가지 계통의 근대 국가 구상안을 대비하고 장단점과 한계를 제시하는 작업을 통해 '근대 이행'의 특성을 조명한다. 전자는 외세 의존적이고 일반 서민의 광범위한 지지가 결여되었던 반면 후자는 농민의 저항 의식을 일깨우고 지배 집단에 대하여 과감한 '민중적 도전'을 시도했으나 여전히 반(反)근대적, 반(半)봉건적 한계에 사로잡혀 있었음을 근거로 근대 이행이 완성되지 못했다고 결론짓는다. 식민지로의 전락은 '좌초된 근대 이행'에서 자연스럽게 도출되는 논리적 귀결이다.[36] '두 개의 길' 역시 이와 유사한 논리 구조를 갖는다. 이념적 지향을 기준으로 전자는 자유주의(혹은 민주주의), 후자는 민족주의를 대변하는 변동 세력으로 대한제국기에 개화파와 개명 유학자들, 농민과 의병 등의 사회 운동 세력에 의해 각각 담지되고 경합하다가 1919년 3·1 운동에서 대통합을 이루어 국민 국가 이념으로 발전했다는 주장이다.[37] 조선의 주요 계급인 농민과 지주의 관점에서 '두 개의 길'을 구분하는 연구도 있다. 근대 이행기 변혁 운동의 주체를 농민과 지주로 설정하고 각 계급이 지향했던 변혁 이념을 '농민적 코스'와 '지주적 코스'로 구분한다. 전자는 동학 농민 전쟁에 의해, 후자는 갑오개혁의 개화파 세력에 의해 옹립, 주창되었는데, 지주적 코스가 온전하게 유지된 경로와 역사적 배경을 추적하여 이른바 민중적 개혁 이념이 발화되지 못하고 조선이 안고 있던 사회경제적 모순이 자본주의 초기 단계에 그대로 연장되는 양상을 추적, 정립한다. 때로 농민적 코스에 비중을 두는 연구자들은 민중이 역사적 모순의 담지자이며 근대 이행에서 주체적 역할을 담당해야 한다는 민중사관의 선험적 가치관을 민중 운동에 그대로 투영한다.[38] 그런데 이런 시각들은 근대 이행의 '양식'이 아니라 '추세'이거나 '세력'을 말하는 것이다. 양식(mode)은 전체적인 이행 역학(dynamics of transition), 이행 구조(structure of transition)에 관한 문제이다. 구조와 역학은 추세와 세력 분석과는 다르다. 양식은 어떤 프레임에 의해 근대 이행이 결정(結晶)되었는지, 그리고 그 구조의 총체적 모습은 어떻고 서양과는 어떤 점에서 다르고 같은지를 질문하는 것이다.

한편 내재적 발전론과 식민지 근대화론의 논리적 비약과 단점을 시정하고 근대 이행의 '총체적 특성'을 파악한다는 취지에서 '근대적 국민 국가 수립'이라는 보편적 명제를 적용하는 연구도 있다. 멀게는 개항기로부터, 가깝게는 갑오개혁에서 대한제국에 이르는 시기를 서양의 근대 이행의 결과적 산물인 '근대적 국민 국가'라는 일반적 개념으로 조명하려는 것이다. 가령 2003년 한국사연구회가 발행하는 《역사와 현실》에서 기획한 특집 제목이 「한국 근대 국민 국가 형성과 왕권」이었는데, 총론 집필진은 아예 근대 국민 국가 개념을 갑오개혁과 대한제국 시기의 국가 기구 형성과 국민 만들기 작업에 적용하는 것이 매우 유용하다는 점을 강조했다. 주지하다시피 서양의 근대에 출현한 국민 국가는 국가 주권을 확립하고, 중앙집권적 국가 기구를 정비하며, 주권 의식과 권리 의식을 배양한 국민을 창출하여 그들을 단일한 정치적 공동체로 통합했다. 경계가 확실한 영토 내부에 역사적, 문화적, 인종적 정체성을 공유한 균질적 구성원들을 창출하는 것이 바로 국민 국가의 업무이자 근대 이행의 도달점이다. 총론 집필진에 의하면 갑오개혁은 근대 국민 국가의 법적 토대를 만들었으며 대한제국은 그것을 계승하여 상징적, 문화적, 민족적 일체감을 창출해 가는 역사적 과제를 수행했다는 것이다. 이 경우 대한제국은 전제군주제의 '근대적 변용'으로 규정된다.[39] 도면회는 특집 논문에서 갑오개혁과 대한제국의 근대화 시도를 근대 국가 수립 과정으로 이해할 수 있다고 지적하고, 신분제 폐지, 신식 교육의 확대, 신민의 의무 강조, 호구 조사 규칙, 국가 정체성을 나타내는 각종 상징들의 조작을 근거로 '국민 국가 수립'이라는 보편적 명제를 적용할 것을 권장한다. 도면회는 이렇게 서술한다.[40]

독립 협회 운동의 좌절로 인하여 국가 체제의 방향을 둘러싼 갈등은 전제군주제로 귀결되었다. 따라서 1899년 이후에는 국외의 망명자 세력을 제외하고 국내에서 황제 권력에 도전할 만한 정치 세력이 존재할 수 없었다. (……) 그런데 이렇게 성립한 전제군주제는 조선 왕조 전제군주제의 복구나 유럽의 신분제적 전제군주제와도 다른 근대 국민 국가적 성격을 띠고 있었다는 점에 주목할 필요가 있다.

조선의 왕권은 한 번도 성문법적 장치를 필요로 하지 않았던 데에 반해 황제권은 「대한국국제」와 같이 근대법적 근거를 갖춰야 할 정도로 질적 전환을 했다는 점에 주목한다. 그래서 대한제국을 '근대적으로 변용된 전제군주'로 일단 명명하고 국민 국가로 향하는 이행 과정의 구성적 산물로 보는 것이다. 고종이 즐겨 사용했던 개념은 주권을 갖춘 국민이 아니라 복종 의무를 지닌 신민이었지만 갑오개혁이 도입했던 근대적 제도들을 그대로 수용한 상태에서 정체(政體)만 전제군주제로 바꿨다는 점, 그리고 장기적으로는 국민 국가 수립이 궁극적 도달점일 수밖에 없다는 판단이 깔려 있다. 사학계에서 이런 시각은 대체로 받아들여지는 듯하다.

약간의 유보 조항 없이 대한제국을 아예 근대 국가이자 국민 국가로 규정하는 연구자도 있다. 한영우는 대한제국의 성격 규명에 관한 연구에서 근대를 국민주의(nationalism), 자본주의(capitalism), 민주주의(democracy)라는 세 가지 속성으로 규정하고 성장, 발전 수준, 성숙도가 서양과 동일하지는 않다고 하더라도 대한제국을 근대 국가, 국민 국가로 보지 않을 이유가 없다고 말한다. "대한제국은 근대 국가인가?"라고 단도직입적으로 질문한 뒤, "그렇다."라고 답한다. 논거는 이러하다.[41]

대한제국에서는 이미 '국민'이 형성되었고, 만국공법에 의해 자주독립을 표방하고, 식산흥업을 통해 자본주의와 산업화의 길로 들어서고, 자유 평등 사상이 신식 언론을 통해 보급되고 있었던 것이 사실인 이상 대한제국을 근대 국가, 그 시기를 근대가 아니라고 볼 근거는 없다.

쟁점은 근대 국가가 국민 국가인가 하는 점이다. 서양 근대사적 경험에 비추면 대체로 근대 국가는 국민 국가적 형태를 지향했고 그것으로 귀결되었다. 그런데 초기의 근대 국가는 국민 국가의 조건을 충족시키지 않는 사례가 많고 절대군주제의 완강한 저항이 지속되면 국민 형성은 지연되기 일쑤다. 유럽의 경우 종교 개혁을 계기로 로마 교황청에서 분리된 국가들은 왕권의 정당화, 정교분리, 정부와 교회의 권한 분담 등을 위한 법적 근거들을 서서히 갖춰 갔지만 인민은 신분적, 경제적 강제에 예속된 신민이었을 뿐 아직 개인 권리가 보장된 국민은 태동하지 않았다. 국민 국가의 'nation' 개념 속에는 민족 개념이 더 강하게 배어 있는데 유럽에서 출현한 근대 국가가 국민 국가로 가는 여정은 국가마다 달라서 18세기에서 19세기를 걸쳐 오랜 기간이 소요되었다. 국민 국가는 근대 국가가 여러 발전 과정을 거쳐 도달한 역사적 유형이다. 근대 국가가 일반 개념이라면 국민 국가는 특수 개념이다. 가장 중대한 차이는 근대 국가에서 출현한 개인이 어떤 특정한 공동체적 연대감과 정체성을 갖추었는지의 여부다. 근대 국가는 개인의 탄생으로 태동한다. 그 개인은 왕과 자신을 연결하는 지배-종속의 관계가 '비인격적'으로 변화했음을 인지할 뿐 개인과 개인의 관계, 공동체와 국가의 관계가 집단적 연대로 묶여 있는 것은 아니다. 인민주권론은 근대 국가를 태동시킨 이론이지 개별 인민에게 국민이라는 '집합적 정체성'을 부여하는 국민국가론은 아니다. 루소가 『사회 계약론』에서 조국(fatherland)이란 개념을 사용한 것은 개인의 권리를 일반 의지(general will), 즉 국가에 위임하려는 의도였다. 그것은 정체성의 초기 단계였다. 아직 민족 개념이 성숙하지 않은 상태에서 사용한 'nation'은 군주와 동일시되던 국가적 정체성을 '국민주권의 통일체'로 이전시키는 힘을 발휘했다.[42] 권력의 정당성이 군주로부터 국가로 이동하려면 '주권 인민의 집합체'에 이념적, 상징적 연대감을 부여하는 것이 필요했는데, 이 과정에서 각종 상징들, 전통, 교육, 법적 장치들이 창출되고 재해석된다. 홉스봄이 '전통의 발명'이라 불렀던 모든 변혁 시도들은 군주로부터 국가로 정치 공동체의 정당성을 이전하는 목적을 갖고 있었다. 민족은 국민 국가가 가장 즐겨 활용한 이념적, 문화적, 역사적 자원이었다. 근대 국가에서 국가, 사회, 개인은 서로 분리되는 과정을 거치지만 국민 국가에서 '국가, 민족, 사회는 서로 수렴되었다.'[43]

프랑스의 경우 근대 국가에서 농부는 신분제적 강제를 벗어난 농부이지만, 국민 국가에서 '농부는 프랑스인'으로 변형됐다.[44] 이를 위해 동원된 상징적 법적 장치들과 공교육은 시민에게 정치적 개입의 문을 열어 주면서 '동질적 민족'과 '균질적 국민'을 형성해 갔던 것이다. 앞 절에서 갑오개혁을 구태여 '세속적 근대 국가'로 전환한 것이라고 말한 것은 이런 점들을 염두에 둔 까닭이다. 제도적으로 봉건 체제를 마감했다고 해서 봉건제적 의식과 관습이 동시에 마감되는 것은 아니다. 특히 새로운 시간대에 발생하는 극심한 혼란과 불안정에 직면한 인민은 오랜 관습과 의식에 호소하는 경향이 있다. 갑오개혁을 주도한 당대의 지식인과 개화 관료에게도 국민은 생소한 개념이었고, 알고 있다 하더라도 '국민 국가'는 엄두를 낼 상황이 아니었다. 국민은 없었고, 단지 봉건 체제에서 갓 벗어난 인민, 백성, 기껏해야 황제의 교시에 감격하고 복종하는 신민이 있었을 뿐이다. 이런 관점에서 대한제국을 국민 국가로 보기 어렵다는 서영희의 지적은 정확하다. 그는 이렇게 주장한다.[45]

대한제국이 추구한 것이 근대 국민 국가 수립 시도 혹은 전제군주제의 근대적 변용이라고 지적하고 있다. 그러나 둘은 같지 않으며, 후자가 보다 타당한 설명이라고 생각된다. 근대 국민 국가가 국민 주권 국가를 의미한다면 대한제국 시기에 유일한 국민 국가 시도는 1907년의 신민회에서 나타났다. 그 이전까지, 황제든 개화파든 어떠한 정치 세력도 주권을 가진 국민을 형성하려는 시도는 하지 않았다. 물론 인민, 신민, 백성을 국민으로 부르고 그들을 동원해야 할 필요성은 여러 차례 강조된 바 있다. 그러나 이 또한 동원의 관점에서 고려되어야 할 것이지 국민 국가 형성을 추구했다고 보기 힘들다.

갑오개혁 문건과 대한제국 훈령 등에서 가끔 '국민'이 출현하기는 하지만 이는 일본에서 수입된 용어로 복종 의무만 있는 신민을 뜻했다. 갑오개혁 당시 학부에서 발행한 『국민소학독본』에는 '국민'이라는 말이 아예 책 제목에 쓰였고, 1895년 발포된 「한성 사범 학교 관제」에 "학원(學員)으로 하여금 평소에 충효의 대의(大義)에 명(明)하며 국민(國民)의 지조(志操)를 진기(振起)함을 요(要)함"이라 하여 국민을 호명했다.[46] 《독립신문》에도 국민이란 용어를 가끔 쓰기는 했다. 개화파 지식인들은 일본을 통해, 개신 유학자들은 량치차오(梁啓超)의 저작을 통해 국민(國民), 신민(新民)이란 용어를 접했겠으나 인민 주권이 확립되지 않은 상태에서 주권 국민(sovereignty people)

을 논하기는 사실상 어려웠을 것이다. 김동택은 《대한매일신보》에 나타난 어휘 빈도를 분석하여 흥미 있는 결론을 내렸다. 1905년부터 국민 개념이 자주 등장하기 시작하여 1908년에는 인민을 넘어섰다는 것이다.[47] 인민, 백성, 동포, 신민이 1905년 이전의 개념이었다면, 1905년 강제된 을사늑약을 계기로 국권 상실의 참담한 심정과 국가 회복을 향한 실천적 함의가 동시에 함축된 새로운 개념이 필요했다. 국민은 그런 절박한 상황을 담지하는 출구였다.

　이런 사실은 근대 이행의 양식을 규명하는 우리의 목적에 매우 중요하다. 서양과는 달리 조선의 근대 이행기에 국민은 국가가 소멸될 위험에 처했을 때에 나타났고, 그런 만큼 국가에 의해 호명되고 동원된 것이 아니라 신문과 잡지에 의해, 개명 지식인들로부터 거꾸로 호명된 것이다. 서양에서는 국가가 개인들을 '국민'으로 호명하고 동원했던 것이 일반적 패턴이었다. 국가는 언제나 강력했다. 그렇기에 유럽에서 18세기 말에 나타난 시민사회론은 강력한 국가 권력에 대하여 개인과 사회를 어떻게 보존할 것인지, 주권 인민을 어떻게 만들어 낼 것인지라는 문제의식으로부터 출발했다. 개인–시민 사회–국가(정부)로 상승하는 논리 구조는 이미 강력한 통치력을 발휘하는 국가(정부)의 권력적 정당성이 결국 개인에서 출발한다는 인식, 다시 말해 개인이 국가 권력의 기초라는 사실을 사후적으로 강조하려는 목적이 있다. 통치는 위로부터 하강하는 것이지만, 그것은 아래로부터 위임받은 것임을 이론적으로 확증하여 개인적 주권의 존엄성을 정립하려 했다. 국민 국가의 시대에 국가가 국민을 호출하고 동원하더라도 동원 권력은 결국 개인에게서 나온다는 사실을 항상 환기시키는 논리 구조가 시민 사회론이다. 이런 배경에서 국가는 국민을 호출했고 민족을 명명했다. 민족 상징으로 무장한 강력한 국민 국가가 태어난 것이다. 이에 반해 조선은 소멸하는 국가를 되살려 내기 위해 지식인들이 나섰다. 지식인들은 아직 '개인'의 조건을 완전히 갖추지 않은 개명인민을 '국민'으로 호명하고 국가 구축에 나설 것을 요구했다. 호명은 되었으나 국민을 채울 구체적인 내용과 형식은 여전히 불분명했다. 우선 '국민'의 내용과 형식을 만들어 낼 집합체, 즉 '사회'가 창출되어야 했다. 근대 이행기에 '사회'는 이런 상황에서 발아했다. 상실된 국가를 되찾아 오려면 개별 인민의 탈각과 행동만으로는 불가능했기에 인민들의 '집합체'가 요청되었고 집단행동과 운동 세력이 필요했다. 그리하여 '사라지는 국가'와 '개명인민'을 연결하는 개념으로서 결사체가 출현했다. ○○사(社), ○○회(會)라는 명칭의 결사체는 근대 이행기에 국가가 소멸되는 상황에서 지식인과 개명인민이 결성한 사회의 초기 형태였다. 조선에서 사회는 이런 가운데 출현했다. 아니 지식인에 의해 호출됐다. 국가 재건의 과제를 수행할 인민의 집합체로서 말이다. 이 결사체를 매개로 지식인과 인민들이 접속했다. 주목할 만한 것은 근대 이행기에 형성된 지식인 공론장과 평민 공론장이 바로 이 결사체를 통해서 서로 공명할 수 있었다는 점이다. 일본 유학생, 개명 관료, 지식인, 유학자, 종교 지도자 들로 구성된 지식인 공론장이 평민 공론장과 조선 역사상 최초로 결합했다.[48] 이 점에 대해서는 5장에서 다룰 예정이다.

개혁적 이행과 단절적 이행

대한제국은 국민 국가가 아니었고 다만 제국의 존망이 위태로울 때 비로소 '국민' 개념이 지식인 공론장에서 출현했다는 사실은 근대 이행의 양식을 규명하는 데에 중요한 단서를 제공한다. 유럽과는 달리 조선의 근대 이행은 새로이 부상하는 계급이 계급적 이해를 확대 재생산하기 위해 체제 변동을 요구하는 형태로 촉발되지 않았다는 사실이다. 유럽처럼 성장 일로에 있던 상공업 계층이 자유로운 교역과 상업 활동을 저해하는 각종 개입 장치와 관료제적 간섭을 물리치기 위해 왕권과 귀족 계급에 도전하는 형태로 체제 변동이 일어났다면 근대 이행의 양식은 사뭇 달라졌을 것이다. 그런데 한말 조선에서 상공업 부르주아지는 발아 상태라고 해야 할 초기 단계에 놓여 있었으며, 향촌의 지주들도 계급적 성격의 변화를 수반하는 '농업의 상업화'라는 필수 요건의 본격적 단계에 진입하지 못했다. 오히려 생존을 위태롭게 만드는 관료제의 부패와 부세 제도의 극단적 문란에 저항한 농민 반란이 주요한 계기였는데 이에 대해 국가는 탐관오리의 숙정, 부패 척결, 삼정(三政) 개혁, 그 외에 분노한 농민들을 진정시킬 수 있는 중범위적 사회 개혁 조치를 단행하는 것으로 전통적인 통치 권력을 유지할 수 있었다.[49] 다만 조선에서는 농민군 지도부가 요구한 폐정 개혁안이 제대로 실행되지 않은 채 농민 전쟁이 일제의 군사력에 폭력적으로 진압되었다는 점은 제세안민(濟世安民)과 척왜양창의(斥倭洋倡義)를 향해 진군했던 농민들의 불만이 다른 계기와 결합해 언제라도 다시 폭발할 가능성을 남겼다.

한말의 체제 변동을 촉발할 수 있는 가장 중요한 계급인 농민들로부터의 도전, 즉 '아래로부터의 혁명' 가능성은 그렇게 무산되었다. '아래로부터의 혁명'이 성공했다고 가정하더라도 흔히 민중사학이 기대하듯 인민의 정치 참여를 확대하는 '근대적 민중 권력'이 들어섰으리란 보장은 없다. 자본주의 초기 단계에서 농민들은 대체로 농업 소득에 위협을 가하는 시장 질서에 저항하는 경향이 있으며, 부패한 농업 관료제가 착취를 더해 갈수록 토지 귀족과 관료들의 불합리한 권력 행사를 감시하고 견제할 더 강력한 권력을 원하기 마련이다. 그것은 흔히 '도덕적 군주'로 수렴된다. 조선에서는 성군(聖君)으로 집약되는 농민들의 근왕주의적(勤王主義的) 정향은 봉건 질서가 오래 지속된 나라일수록 더욱 뿌리가 깊어 성군이 도덕적으로 통치하는 농업 관료제(agrarian bureaucracy)를 이상적으로 생각하는 관습이 있다. 조선의 농민들이 근왕주의와 부패 없는 농업 관료제의 갈망에서 벗어나기까지는 그야말로 오랜 시간을 요했는데, 부패 관료의 착취 구조가 일제의 그것으로 대체되는 순간 농민들은 분노의 출구로 민족주의와 접속한다. 1905년을 전후하여 국가의 존망이 위태로울 때에 동학적 유산을 여전히 간직한 농민들이 민족 담론에 경도된 것은 그런 까닭이다.

근대 이행의 역사적 과업을 위임받은 것은 왕권과 귀족, 민씨 척족 세력에 의해 권력 주변부로 밀려나 있던 개화파 세력이었다. 유영익은 갑오개혁의 주도 세력을 갑오파(김홍집, 김윤식, 어윤중, 유길준), 갑신파(박영효, 서광범, 서재필), 정동파(박정양, 이완용, 정경원, 윤치호)로 구분했다. 갑오파는 1880년대에 권력 핵심에 있다가 민씨 척족 세력에 밀려난 관료들이고, 갑신파는 갑신정변 이후 미국과 일본으로 망명했다가 청일 전쟁을 계기로 귀국한 개혁 인사들, 정동파는 미국 경험을 바탕으로 외교 정책을 조언하다가 개혁 세력에 동참한 관료 지식인들이었다.[50] 유영익은 이들의 사회적 배경과 정치적 성향을 몇 가지로 집약했다. (1) 1894년까지 대체로 핵심 관직에서 밀려난 능력 있는 관료 지식인들로서 척족 세력에 불만이 많았고 (2) 일본과 미국 경험을 바탕으로 개혁 의욕이 충만했고 개화 구상이 비교적 분명했으며 (3) 몇몇 일급(一級) 양반을 제외하면 실무를 맡았던 사람들은 한족(寒族), 서얼, 중인 출신의 아류 양반들로서 주변인적 성향을 지녔고 (4) 학식과 견식을 십분 활용한 출세 지향적 의욕이 높았던 일종의 테크노크라트들이었다는 것이다. 유영익은 이들을 '지배층 내의 주변인'으로 명명했는데, 갑오개혁 기간에 내각의 대신과 협판 직위에 임명된 양반 서자가 대략 10여명에 달한다는 사실은 주도 세력의 구성적 특성과 가치관의 대략을 보여 주기에 충분하다.[51] 그들은 "조선 왕조 내에서 가장 개화된, 그리고 성취 동기가 왕성한 업적 지향형 관료 엘리트였다."라고 결론짓는다.[52]

'지배층 내의 주변인'이기는 하지만 '업적 지향의 관료 엘리트'란 결국 갑오개혁의 주도 세력이 궁중 세력이자 지배 집단에 속한 것임에는 틀림없다. 다만 민씨 척족 세력과 귀족 세력에 의해 밀려나 있었을 뿐 일반 평민들의 시선으로 보자면 지배 집단의 일원이었다. 이 사실은 조선의 근대 이행이 통치 집단이 이룬 '개혁적 이행(reform transition)'에 속한다는 사실을 말한다. 풀어 쓰자면 '개혁에 의한 이행(transition by reform)'이라고 할 이 유형은 통치 세력의 완전한 붕괴가 이루어진 이후 새로운 지배 집단이 등장해서 변동을 추진해 나간 '단절적 이행(rupture transition)'과는 질적으로 다르다. '단절에 의한 이행(transition by rupture)'은 중국과 같이 공화 세력에 의해 청조가 멸망하고 이어서 발생하는 이행 유형이 해당한다면 '개혁에 의한 이행'은 내외적 도전에 대한 적응력을 키워 정권을 연장하려는 통치 세력에 의해 추진되는 변동이다. 이런 관점에서 일본과 조선은 '개혁적 이행'에 속하고 청(淸)은 '단절적 이행'에 속한다. 아예 근대 이행을 시작도 해 보지 못한 상태에서 식민지로 전락한 베트남과 같은 사례도 있다.(체제 붕괴)

일단 이행을 시작한 체제는 '체제 선택'의 문제를 둘러싸고 세력 간 경쟁 상태에 돌입한다. 어떤 정치 체제를 구축할 것인지의 여부는 주도 세력의 성격과 정치 지향에 따라 달라지겠지만 구세력과 신세력 간의 투쟁, 신세력 내부 파벌의 갈등, 외부 세력의 개입 등 다양한 힘이 주요 행위자로 작용한다. 이를 각축 단계(contestation)라 한다면 근대 이행은 바로 이 각축 단계에서 발생하는 다양한 양상에 따라 유형화된다고 봐도 무리가 아니다. 각축 단계에서의 세력 경쟁을 주도 세력이 기획하고 순조롭게 통제하면 그 체제는 근대 이행을 일단 완료하고 체제 공고화 단계에 진입한다. 그런데 세력 간 전면 충돌, 내전, 국지적 저항, 혹은 국가 간 전쟁 같은 내·외부 도전에 부딪히지 않고 순조롭게 진행된 사례는 별로 없을 정도로 근대 이행은 역동적이다. 베링턴 무어의 연구에서 세계의 주요 혁명들이 근대 이행의 계기로 설정되는 것은 근대 이행의 고난과 역동성을 말한다. 그러므로 세계 각국의 근대 이행은 '이행의 계기 발생'-'각축'-'공고화'라는 세 단계를 거치는데, 각축 단계가 지극히 혼란스러워 체제 불안정이 극심해지면 '이행 지연/

중단' 내지 '체제 붕괴'가 발생할 위험이 있다. '이행 중단' 내지 '체제 붕괴'는 '구체제로 복귀'를 초래한다. 근대 이행이 유보되고 또 다른 중대한 계기가 성숙되기를 기다려야 하는 것이다. 일본과 조선이 '개혁적 이행' 유형에 속한다 하더라도 일본은 각축 단계에서의 경쟁 관리를 성공적으로 수행하여 공고화 단계에 일찍 진입했음에 비해, 조선은 각축 단계에서 주도 세력의 교체, 외세의 개입, 정치적 동원의 실패 등 난항에 부딪쳐 '지연된 비공고화' 상태에서 제국의 병합 전략에 굴복했다.

계급 구조의 창출: 상공업층과 지주 계급

각축 단계의 경쟁은 어떤 정치 체제를 선택할 것인지의 여부, 즉 국가 구조의 변혁이 핵심인데, 국가 구조는 결국 계급 역학의 균형에 좌우되는 것이 보통이다. 다시 말해 '국가 구조'를 둘러싼 투쟁은 '계급 구조'의 절대적 영향을 받는다고 해도 과언이 아니다. 국가 구조는 관성과 연속성이 있다. 봉건 체제에서 절대군주제가 강할수록, 농업 관료제가 단단할수록 구세력의 저항은 완강하고 신세력에 의한 국가 구조의 변혁은 난관에 봉착한다. 이 과정에 계급 구조가 관여한다. 계급 구조는 상업화 수준의 함수다. 상업화 추세가 강해서 지주의 상공업화와 농민의 임노동자화를 촉진하면 부르주아적 계급 이념이 국가 구조를 둘러싼 경쟁을 지배해서 의회 민주주의 또는 입헌군주제가 태동할 가능성이 크다. 역으로 상업화가 억제되거나 시장 형성이 늦으면 농업 관료제에 의존해 지주의 봉건제적 지배가 오랫동안 지속될 소지가 크다. 농민은 농업 관료제의 강고함과 지주의 상업화 수준에 의해 근대화 물결에 접속하는 정도가 달라진다. 농민이 근대화를 긍정적으로 수용하는 것은 농민 분해가 어느 정도 진행된 이후의 일이다. 시장과 신분제적 면책이 농민 분해의 지렛대다. 베링턴 무어의 '농업의 상업화' 명제가 세계 주요 혁명과 그 결과로서의 체제 이행에 정확하게 맞아떨어지는 것은 아니지만 상업화의 수준에 따른 도시 거주민의 발전 정도와 지주의 계급적 성향 변화가 근대 이행의 주요 변수인 것은 틀림없다. 이로부터 베링턴 무어의 그 유명한 명제가 나온다. "부르주아 없이 민주주의 없다."[53]

상업화와 도시 거주민, 그리고 부르주아 계급이 형성되지 않은 상태에서 민주주의의 초기 형태인 입헌군주제를 과감하게 선택한 것은 '위로부터 혁명'의 배타적 특성일 것이다. 의회 민주주의로 나간 유럽의 몇몇 국가들과는 달리 조선은 위로부터의 혁명을 통해 입헌군주제를 지탱할 지지 계급을 창출하려고 했다. 계급 구조의 지원을 받지 못하는 상태에서 일종의 역코스를 밟은 것이다. 10년 전 갑신정변 당시보다는 입헌군주제로 나갈 계급적 환경이 나아졌다고 할지라도, 농민군의 무력 저항에 직면한 상황에서 입헌군주제를 공포한 것은 일종의 모험이었을 것이다. 조선의 근대 이행은 국가 구조를 둘러싼 경쟁을 곧바로 촉발시켰다. 군권(君權)을 인정한 상태에서 절대적인지 아니면 제한적인지를 두고 구세력과 격돌했다. 전봉준이 전주 화약을 맺은 직후 갑오내각은 교정청을 신설하고 폐정 개혁안을 수용하는 조치들을 과감하게 도입했는데 그것은 농민 봉기를 조기에 무마하고 일반 평민들의 정치적 지지를 끌어내려는 의도였다. 앞에서 고찰했듯이 농민군이 제출한 폐정 개혁안에는 중앙·지방 차원의 정치 개혁, 전정·환정·군정 관련의 삼정 개혁, 상인·어민 보호 및 외국 상인 통제에 관한 수십 개의 원정(願情)이 담겨 있는데 갑오 내각은 교정청을 통해, 후에는 내각 의안, 법령, 내무 훈시를 통해 부분적으로 수용하는 의지를 보였다. 예를 들면 박영효 내각이 공포한 내각 훈시에는 이런 조항들이 들어 있었다.[54]

- 유향임과 군무직을 공첩(空帖)과 차정이 없게 할 사
- 토호의 무단을 일절 엄금할 사
- 대죄가 아니어든 교졸(校卒)을 발차(發差)하지 않을 사

• 보부상 등류가 향촌에 반(飯)을 토색하는 폐를 일절 금단할 사

• 진포의 민호를 가역하지 않을 사

• 장(場)과 시(市)에 관차사(官差使)를 파하야 상고(商賈)에게 토색하지 않게 할 사

• 환곡(還穀)을 가모환작(加耗換作)과 허급(虛給)하고 실봉(實捧)함을 않을 사

• 관장(官長)이 이민(吏民)의 뇌(賂)를 수(受)하며 상관(上官)과 세가(勢家)에 증유(贈遺)함을 일절 말을 사

• 풍헌과 권농(勸農)의 가렴(加斂)하며 은역(隱役)하는 폐를 일절 금단할 사

• 근읍관리(近邑官吏)의 불법과 탐학(貪虐)하는 사(事)를 일일이 사탐(査探)하여 본아대신(本衙大臣)께 비보(秘報)할 사

• 제반 식리(殖利)하는 전(錢)을 가리(加利)하며 중리(重利)하지 않을 사

이런 조치들은 농민군의 개혁 요구에 부응하는 것들이었다. 탐학 관리의 색출과 제거, 부당한 노역의 금지, 환곡 부정 금지, 토호의 무단 행위 금지, 가렴주구 금지 등을 법으로 규정해서 향촌 질서를 바로잡고 서민 생계를 보호한다는 취지였다. 일반 인민의 지지를 얻어내려는 이런 조치들과 함께 입헌군주제의 계급적 기반을 공고히 하는 규약도 연달아 발표되었다. 1895년 5월에 공포된 「각대신간규약조건(各大臣間規約條件)」에는 이런 조항들이 담겨 있다.[55]

• 육의전제(六矣廛制)를 해제하고 병각공계가진배물가등(倂各貢契價進排物價等)의 폐를 폐절(廢絶)할 사

• 종래 세도(世道)의 폐는 일반으로 인민(人民)의 분발심(奮發心)을 억제

하는 것이니 차제 한성부에서 유재산자(有財産者)를 소집하여 종래 비정(秕政)을 사고(謝告)하여 자금(自今)으로 정부는 재산의 안전을 보호하여 불법의 주구(誅求)와 관리의 수뢰(受賂) 등이 없다는 취지를 신명(申明)하고 만일 여차 불법의 주구 등이 있을 시에는 바로 해당 관서에 신고함이 가할 취지를 간유(懇諭)하며 차점차(且漸次)로 상공회(商工會) 등의 설립을 권유할 사

• 인민의 원기(元氣)를 고무하고 기기업심(其起業心)의 발양을 위하여 우선 일체 관민 간에 행하는 허례(虛禮) 등 타파할 사

• 사업(事業)의 신흥(新興)과 정리개혁(整理改革) 등에 관하여 내각에 제의코저 할 시에는 각부 대신이 국가 재정에 저안(著眼)하여 제출 전에 필히 탁지부대신과 숙의할 사

• 삼업(蔘業)을 정부 독점 사업으로 할 사

육의전을 해체하여 시전 상인이 진배(進排) 물가를 독점, 폭리를 취하는 일이 없도록 하는 것은 자유로운 상업 활동과 상업 육성의 전제 조건이었다. 갑오 정권은 과감하게 육의전 해체를 지시했고 자유로운 상업 활동의 환경을 조성하고자 했다. 조선이 전통적으로 취해 오던 시장 통제와 억말책(抑末策)은 이제 옛말이 되었다. 기업심(起業心)의 앙양을 강조했으며, 사업 진흥을 위해 관이 적극 나서 도울 것을 확약한 것은 조선 사상 최초의 공식 약속일 것이다. 갑오 정권이 민간 재산가들에 주목했다는 사실이 관심을 끈다. 유재산자들의 재산을 보호하고 이들을 상공 활동에 끌어들이기 위해 상공회 설립을 권장한 조항이 발견된다. 금난전권(禁亂廛權)이 박탈된 시전 상인들은 나름대로 생존의 길을 모색하지 않을 수 없었다. 광무 정권에서 시전 상인들은 황제 측근, 개명 관료들, 친일 인사들과 결탁하여 새로운 체제에 적응하고자 했는데, 관의 보호하에 설립된 회사와 조합 조직을 통해 특권 상인의 혜택을 회복하고자 했다.[56] 아무튼 방식은 달랐지만 갑오 정권이

민간의 상업 활동과 기업심을 적극 배양해서 상공업층을 육성하고자 했던 것은 입헌군주제의 계급적 기반을 다지기 위한 목적이었다. 광무 정권은 아예 육의전 상인들과 사상 도고들을 부국강병 정책에 끌어들여 상업 활동의 주역으로 삼고자 했고 관주도형 자본 육성에 그들을 십분 활용했다.

그렇다면 입헌군주제의 계급적 기반인 상인층이 만들어졌는가? 부르주아가 형성되었는가? 한우근은 1880년대 초반부터 개항장을 중심으로 객주와 여각 상회사가 설립되어 중간 알선, 유통과 징세를 담당했고, 일반 상회사도 동업 조합, 결사영상(結社營商)이라는 명칭으로 다수 태동하고 있었음을 밝혀냈다.《한성순보》는 1884년 당시 서울에 존재했던 회사를 소개했다. 장통사, 연무국, 혜상국, 장춘사, 광인사 등 이들은 관아와 일정한 관계를 가진 조직이었으며, 그 외에도 창신 상회, 대동 상회, 전찰 회사, 괴흥 상회, 영신 회사, 미상 회사, 농상 회사 등이 전국에서 영업을 하고 있었다. 대체로 도고(都賈)와 어떤 형태로든 연관을 갖는 이 초기 회사들을 도고 상업 체제(都賈商業體制)라고 부를 수 있는데 개항장 일상(日商)과의 경쟁에서 점차 종속적 역할로 쇠퇴하였고 조선 정부가 행한 객주와 상회사 허가제 및 영업세 제도로 포섭되는 경로를 거쳤다.[57] 갑오 정권은 이런 추세를 역전시키고자 했다. 기업심 앙양, 민간 자본의 활성화, 식산흥업 정책을 도입해 자본을 모집하고 상공업인의 활동을 촉진하고자 했으며, 이런 추세에 힘입어 다수의 상회사가 태동했다. 갑오 정권이 민간의 기업 활동을 촉진하는 환경 조성에 초점을 두었다면 대한제국은 허가제를 도입하여 국책 회사 설립을 추진했고 실무 관료들에게 기업 참여 권한을 부여하여 민간 재력가와 동업하는 형태의 관주도형 상업화에 나섰다. 전우용은 기업 관련 자료를 종합적으로 검토하여 이 기간에 출현한 상회사가 1883년에서 1894년간에는 73개, 1894년에서 1904년간에는 217개, 1905년에서 1910년간에는 425개에 달했음을 보고했다.[58] 안용식은 『대한제국 관료사 연구』에서 개항 이후 1919년까지 기업 활동 관련 경력자를 3125명으로 확인했는데, 1895년에서 1904년간에 관직 보유자는 409명에 달했다는 것이다.[59] 근대적 상공업 육성에 나선 대한제국의 관주도형 정책의 특성을 엿볼 수 있는 대목이다. 전우용은 이렇게 요약한다. "광무 개혁은 전제군주제를 옹호하는 양반 유생층과 구래의 경제 질서 위에서 부를 축적해 온 특권 상인층의 지지를 기반으로, 지주제와 특권 상업 체제의 강화를 통하여 전제군주제의 물적 토대를 확보하는 한편 관료 자본 주도로 근대적 개혁 사업을 마무리하려는 것이었다."[60] 그러나 대한제국의 상공업 육성 정책은 일제의 침투와 일상(日商)의 진출을 위해 공포된 「조선회사령」(1907년)이라는 엄청난 난관에 봉착했다. 금난전권을 해제당한 시전 상인들의 운명도 그와 궤를 같이한다. 금난전권의 폐지는 시전 상인들에게 주어졌던 전통적 독점 특혜를 제거하여 근대적 시장 질서를 정착시키고자 한 것인데, 이 빈 공간을 일본 자본과 일상들에게 내 준 결과를 초래했다. 이 기간에 설립된 조선인 상회사들도 같은 운명을 겪어야 했다. 관의 인허가권이 일본 통감부로 넘어가자 관료와 상인의 합작 회사들도 일본 자본과 통감부 정책에 예속되었다. 일본 은행의 진출과 화폐 정책은 태동 초기에 있었던 자본 시장을 잠식했고,[61] 민간 기업인들도 친일 인사와 친일 정상배를 앞세우지 않고는 회사 존립 자체가 불가능했다. 방식은 달랐으나 갑오 정권과 대한제국은 재산 보호와 기업 활동을 촉진해 초기 형태의 부르주아 계층을 육성하려는 공통점이 있는데, 이들을 근대적 기업가로 키우고자 했던 조선의 꿈은 일제의 강압적 통제로 무산되었다.

그런데 일제의 강점에 모든 책임을 돌리는 것이 부당하다는 반론도 있다. 이영훈은 조선을 직계 가족 중심의 소농 사회로 정의하고 소농 사회에서는 초기 형태의 상공업이 발전할 수 있는 조건이 성숙되지 않는다고 주장했다. 소농 중심의 영세 농업 경영에서는 가족 생계를 우선적으로 해결해야 하기 때문에 상업화할 수 있는 잉여 생산물을 충분히 확보할 수 없고 무엇보다 시장 형성이 지연된 조선에서 상업화는 불가능했다는 것이다. 그는 조선 총독부 「민적 통계표」를 활용하여 1908년까지 전국 289만 4000호 가운데 광공업 종사호가 2만 4000으로 0.9퍼센트에 지나지 않았다고 지적한다. 1940년 일제의 국세 조사에서도 전국 업체 24만 6688개 중 1910년 이전에 설립된 업체는 2171개로 0.8퍼센트에 지나지 않았다는 것이다. 이런 지표를 바탕으로 그는 19세기 정체론과 '이식형 근대화론'으로 나아간다. "19세기의 정체와 위기를 경과한 나머지, 그를 위한 조종이 울려퍼질 때, 조선 왕조는 이토록 더없이 순수한 형태의 농본주의 사회를 20세기 역사의 출발점으로 남겼다. (……) 한국에서 근대화가 개시된 것이 1920년대와 1930년대부터임을 이야기하고 있다. 이 시기가 식민지 시기임을 고려한다면, 그것은 두드러지게 일본인 지주·상인·기업가를 주체로 한 이식형의 근대화였다."[62] 단단한 근거와 강력한 주장이기는 하나 0.9퍼센트의 광공업 종사호, 0.8퍼센트의 업체가 아무리 그 비중이 작다고 하더라도 대한제국의 근대화 개혁에 힘입어 성장했더라면 어떻게 되었을까? 비록 오랜 성장 기간이 소요되었겠지만 자발적 근대화에 이은 도약 가능성을 배제하는 것도 그리 합리적인 발상은 아니다. 앞에서 지적한 바와 같이 자율성을 상실한 근대는 진정한 근대가 아니다. 아무튼 조선의 초기 부르주아는 이런 과정을 거쳐 예속적 지위로 전락했다. 그것은 '자율성을 상실한 근대성' 혹은 '예속적 근대성'을 예고하는 슬픈 서곡이었다.

그렇다면 지주와 농민의 계급적 양상은 어떠했는가? 지주는 농업의 상업화를 실행하고 있었는가, 농업 자본을 상업·산업 자본으로 전환하는 필수 기제인 시장은 어느 정도 발전되었는가, 그리고 농민의 상태는 어떠하였는가? 갑오 정권과 대한제국이 상업 부르주아지를 육성하려고 했던 것과 마찬가지로 근대 이행기 두 정권은 근대적 지주제를 확립할 필요성을 공통적으로 인식했다. 갑오 정권은 국가 재정 기반을 확대하기 위해 부세 제도를 토지에 부과하는 지세와 호구에 부과하는 호포전으로 이원화하여 무명잡세를 혁파하는 한편 징수 체계의 효율성을 기하려는 노력을 기울였다. 동시에 역둔토와 궁장토를 세원으로 편입하고자 농사공부 주관으로 실경작자를 조사, 확정하고 도전(賭錢)을 부과하는 방법으로 지주제적 경영 체제를 정립하여 나갔다.[63] 대한제국은 「호구 조사 규칙」을 반포하여 역시 세원을 확보하고자 했으며, 양전지계 사업(量田地契事業)을 실시해 근대적 지주제를 확립하고자 했다. 비록 두 사업은 완료되지는 않았지만 호구 조사는 호구의 법적 지위와 경제적 기반 조성에 큰 기여를 했으며, 양전지계 사업은 근대적 소유권을 정립해서 지주들의 계급적 지위를 확보하고 정권의 정치적 기반을 넓히려는 목적이 있었다.[64] 즉 갑오 정권은 지주적 토지 경영을 원칙으로 확정했고 대한제국은 근대적 소유권의 제도적 기반을 갖추어 지주 계급을 근대화의 지원 세력으로 포섭하려 한 것이다.

당시 지주 계급은 과연 어떤 형태로 존재했는가? 근대화 주도 세력은 지주 계급의 상태를 어떠하다고 판단했을까? 지주 계급의 비중은 어떠했고 농민들의 분해 양상은 어떠했는가? 토지 소유를 기준으로 농민의 계급 분화는 어떤 방향으로 진전되었는가? 당시 농민층의 농민 분해 양상과 경제적 실상에 관한 이 질문에 대해 여러 연구를 종합해 보면 다음과 같은 대체적인 결론이 얻어진다. 조선 후기 농업사를 체계화한 김용섭은 「진주내동리대장」(1846년)을 분석해 '토지 소유의 양극화'와 '신분의 상향 비대화'를 밝혀냈다. 1결 이상을 소유한 부농층 비중은 극히 작은 데 비해(5.8퍼센트), 1결 이하 소농과 빈농층은 절대 다수를 점하고 있다.(94.2퍼센트) 특히 내동리에서는 한 명의 기주가 전체 토지의 23퍼센트를 차지하여 대부분의 천민과 평민들이 빈농층으로 몰락하는 원인이 되었다. 지주층의 신분 구성은 전통 양반을 위시하여 모칭(冒稱)을 통한 하층 양반과 평민도 뒤섞여 있어서 신분제적 상향 이동이 활발하게 일어나고 있었음을 알 수 있다. 김용섭은 진주

지역의 부농층을 그가 일찍이 개념화한 '경영형 부농'의 19세기적 존재 양상과 연결하지는 않았지만, 평민층에서도 경영 효율성을 극대화하여 지주로 올라선 사례가 다수 확인된다는 점을 언급하고 있다.[65] 생산성을 증대하기 위해 타작과 도지를 병행하는 양반 지주가의 경영 형태는 정진영이 경상도 단성 김인섭가의 『단계일기』를 분석해 보완되었다.[66] 이 연구는 원래 몰락 양반이었던 김인섭가가 재촌 지주로 성장한 궤적을 추적하여 병작 경영을 효율적으로 활용했음을 보여 주었는데, 이를 전국에 적용해 보면 김인섭가와 같은 재촌 지주가 상당수 존재했으리라는 추측을 할 수 있다.

한편 대한제국기 충주군 「양안」을 분석한 연구에서도 소수의 지주층이 전체 토지의 20.8퍼센트를 차지하고, 92퍼센트에 달하는 자소작농과 빈농층이 79.2퍼센트의 토지를 경작하는 것으로 나타났다.[67] 이 연구는 '소유 분해'와 '경영 분해'로 나누어 농민 분해를 고찰했는데, 소유 분해는 극단적 하향 분화 형태가, 경영 분해는 중농, 부농, 중소 지주층 비율이 높게 나타난다고 보고했다. 이를 종합하여 '소득 분해'로 개념화하면,[68] "상층 부농이나 중간의 중농층이 볼록하고 최하층 농민이 다시 튀어나온 항아리 형태"를 보이고 있다는 것이다. 다시 말해 농민층의 양극화 명제를 뒷받침한다.

앞에서 소개한 소농 사회론은 근대 이행기에서 지주의 존재 자체를 부정한다. 한국과 같은 수전(水田) 농업과 직계 가족이 주를 이루는 나라에서 인구 증가와 끊임없는 가족 분가 현상 때문에 대토지 소유는 거의 불가능하다는 것이다. 인구 증가와 분가는 한정된 토지를 잘게 나누는 동력으로 작용한다는 논리이고, 농업 기술이 발달하지 않는 한 농업 생산성은 하락할 수밖에 없다. 이영훈은 19세기 후반기에 들어 농업 생산성이 급격히 하락하는 것을 실증적으로 밝혀냈지만, 그렇다고 앞의 연구자들이 입증했듯이 지주의 존재 자체가 부정되는 것은 아니다. 지주는 엄연히 존재했고, 농민 분해는 18세기 후반기부터 양극화 양상을 거듭했다. 대한제국기 경기도 용인군

이동면 「양안」과 「토지 조사부」를 분석한 이영호의 연구도 같은 결론을 제시했다.[69]

대한제국기 농촌 사회의 구성은 지주층, 부농층, 중농층, 빈농층, 극빈농층, 농업임금노동자층으로 구분되었는데 지주층은 법적, 제도적으로 보호받는 처지에 있어서 부농층의 지주화가 가속화되고, 중농 이하의 계층은 그 이하로 몰락하여 갔다. 이러한 분화의 양상은 한편에 지주제의 생산양식을 재생산하면서 다른 한편으로 많은 몰락 농민들을 임금노동자층으로 배출하는 것이었다.

지주는 존재했고 경영 효율화를 통하여 부를 축적하고 있었다. 평민층에서도 부농 경영을 적극 도모하여 지주층으로 올라선 부류도 다수 존재했다. 대한제국이 추진한 양전 사업은 1902년 지계아문이 이어받아 지속했는데 1904년 중단될 때까지 전국 군(郡)의 3분의 2가 해당되었다. 관계 발급을 통해 근대적 지주제가 상당히 진전된 것이다. 그때까지 지주 경영의 상업화를 촉진하는 핵심 기제인 전국 규모의 시장이 형성되지는 않았지만, 한성부에 남대문 시장, 칠패 시장, 이현 시장이 상설 시장으로 설립되고 전국에 산재한 1000여 개의 장시(場市)도 지역 간 네트워크를 확대해 나가고 있었다. 당시 농상공부가 적극 추진한 통신, 우체 사업도 시장 확대와 활성화에 기여했다. 1897년에는 전국 27개 도시에 우체사가 설립될 정도였다.

요약하자면 상공업층과 지주층은 비록 초기 형태라 할지라도 형성 일로에 있었고, 갑오 정권과 대한제국은 그들을 정권의 지지 기반으로 설정하고 계급적 역량을 육성하려는 정책에서는 궤를 같이했다. 다만 갑오 정권은 결실을 보기도 전에 너무 일찍 교체됐고, 대한제국은 전제군주권 강화에 치중하여 황실 중심의 근대화 전략을 취해 나간 결과 관주도형 노선의 한계를 넘지 못했다. 가장 중대한 결점은 인구의 대다수를 점하는 평민과 빈농층, 도시 거주민과 근대 이행의 과제를 공유하지 못했다는 사실이다. 근대화가 인민을 역사의 중심으로 편입하는 거대한 변혁 과정이라면, 대한제국의 그 것은 인민을 동기화하는 데에는 상대적으로 소홀했던 일종의 궁정 개혁이 었다. 당시 전국을 여행했던 외국 선교사, 학자, 기자들이 목격했듯이 황실 이 있는 한성부는 단기간에 외양이 급속도로 바뀌었음에 비해 지방은 변혁 의 물결이 아직 당도하지 않은 채 조용하고 낡은 봉건적 풍경 속에 잠긴 채 동면하고 있는 듯했다.

국가 구조 경쟁

조선을 떠나 시선을 세계로 돌려보자. 정치학자 헌팅턴은 역사상 나타난 '민주화의 물결'을 3단계로 구분했다. 1830년에서 1926년까지가 '제1파(first wave)', 1943년에서 1962년이 '제2파(second wave)', 1974년 이후 1990년대 초 반까지가 '제3파(third wave)'다. 제1파는 100여 년 지속된 장기 파동으로 미 국을 필두로 스위스, 프랑스, 영국과 몇몇 유럽 소국들이 해당되는데, 이 기 간에 세계 약 30여 개국 정도만 민주주의로 이행했다. 당시 민주주의라고 해 봐야 성인 남성 50퍼센트 투표권 보장, 선출된 의회를 지배 정당이 운영 하고 주기적 국민투표로 행정부가 교체되는 것이 충분조건이었다. 유별난 조건도 아니었지만 그만큼 민주주의 이행은 세계적으로도 어려운 사건이었 다. 제1차 세계 대전이 끝나자 역파(reverse wave)가 불어닥쳤다. 1910년 이전 에 민주주의를 채택한 국가 중 그리스가 독재 체제로 넘어갔고, 1910년에서 1931년간 민주주의로 이행한 열일곱 나라 중 겨우 네 국가에서만 민주주의 가 살아남았다.[70] 국가 간 전쟁이 벌어지자 부르주아지와 지주 계급이 상당 히 발전한 국가에서도 민주주의는 생장을 멈췄다.

1894년 조선, 농민이 절대 다수인 나라, 농민 분해가 아직 본격화되지 않아 계급 구조가 성숙되지 않은 나라, 아직 봉건제가 모든 영역에 깊숙이 침투해 있는 나라, 군왕 절대주의가 강고한 나라에서 입헌군주제로 개혁 입법이 급작스럽게 이뤄졌다는 사실만으로도 그것은 기적에 가까운 일이었다. 일본이라는 준거가 있었기에 가능한 일이었고, 구세력과 농민 세력이 격돌해서 발생한 지배력의 일시적 공백 때문에 가능한 일이었다. 권력의 진공 상태를 창출했다는 면에서 입헌군주제로 이행하는 환경을 만드는 데에 농민 세력이 지대한 공헌을 했다고 평가할 수 있겠지만, 민중사학의 주장과는 달리 농민 세력이 반드시 입헌군주제와 친화성을 갖는 것은 아니다. 19세기 말과 20세기 초에 걸쳐 유럽의 농민 세력은 노동 계급과 정치적 연대인 적녹 동맹(red-green coalition)을 통해서만 입헌군주제로 건너갔다. 노동 계급의 견제가 미약하면 농민들은 지주와 결합하여 보수주의 노선을 걷거나(프러시아, 일본) 중국처럼 농업 사회주의의 길을 선택한다. 그러므로 부르주아지가 미약하고 농민이 대다수였던 조선에서 입헌군주제는 위험하고 낯선 시도였던 것만은 틀림없다.

조선에서 갑오개혁이 성공했다면 영국, 프랑스와 같이 의회 민주주의로 이행했을지도 모른다. 그러나 입법화에만 성공했을 뿐 실제로 그것을 구축할 정치적 역량은 매우 취약했으며, 정치적 지지 기반 역시 협소했다. 1900년 초반까지 궁중에서 개화 세력은 언제나 소수였고 근왕주의자들의 강력한 의구심과 탄압을 받아야 했다. 이런 정황을 고려한다면, 갑오 정권의 실패를 못내 아쉬워한다거나 개화파의 이념적 지향이 자유 민주주의와 가장 가깝다고 해서 그것을 근대화의 주류로 위치시키는 연구자들의 시각은 주관적 오류를 면치 못한다. 개화파가 근대 이행의 주류여야 한다는 입장은 연구자의 믿음일 뿐 당시의 역사적 상황과 조건을 비교론적으로 조명하지 않은 주관적 해석이다.[71] 같은 견지에서, 갑오 정권의 입헌군주제를 정통으로 보지는 않지만, 대한제국이 전제군주제로 전환해서 민주적 정체가 수립

될 여지를 축소했다는 점을 못내 아쉬워하거나, 나아가서 군권(君權)에 집착한 고종의 반동적 성향을 과도하게 비난하는 태도 역시 적절하지 않다.[72] 당시의 역학이 그런 기회의 창구를 열어 주었고 고종이 그것을 적극적으로 활용했기 때문이다. 이와 반대로 고종을 개명 군주로 격상시키고 대한제국이 추진한 근대 개혁의 성과를 과도하게 부각시키는 시각도 그리 흔쾌하지는 않다. 고종에 대한 부정 일변도의 평가에서 벗어나야 할 필요성은 십분 인정하지만 민국 이념의 기초를 세웠다고까지 밀고 나가는 것은 어쩐지 무리라는 느낌이 든다.[73] 고종이 민국 이념의 원조격인 정조를 정신적 지주로 추종하기는 했지만 민국 이념의 핵심 요소인 '주권 국민'은 대한제국에서 상정되지 않았다.

주관적 평가를 조금 떠나서 국가 구조를 둘러싼 논쟁을 '지배 연합의 균열'로 해석하는 연구도 있다.[74] 개화파와 수구파가 분열하여 근대 이행의 체제 구축 과정에서 동의 창출에 실패했다는 것인데, 중립적 해석이기는 하지만 지배 연합의 균열은 어느 국가나 경험하는 공통 현상이다. 지구상에 국민 국가 건설 과정이 평탄했던 나라가 어디 있었던가? 통치 집단 내부의 균열은 필수적인 현상이고, 이 와중에서 사회적 세력 동원에 성공한 개혁 집단이 정치 체제를 좌우하기 마련이다. 더욱이 균열 구조는 하나가 아니다. 립셋(S. M. Lipset)과 로칸(Stein Rokkan)의 기념비적 연구에 따르면, 적어도 네 가지의 균열 구조를 통과해야 국민 국가의 건설이 완료된다.[75] 중앙 정부와 종교의 균열, 도시와 지방의 균열, 지주와 부르주아의 균열, 그리고 마지막으로 부르주아지와 노동 계급의 균열이 그것인데, 이 과정에서 각 계급은 정당을 결성하고 중앙 정치 무대로 진입한다. 국가에 따라서 각 균열 구조는 새로운 쟁점을 만들어 국민 국가의 정치적 안정을 해친다. 지배 연합의 균열은 그중 하나이고, 대중 정당 정치에서 가장 흔히 나타나는 현상일 뿐이다. 따라서 근대 이행은 어느 하나의 정체가 확립되어 오랫동안 지속되는 것은 결코 아니고 여러 유형의 체제가 실험되고 교체되는 지극히 불안정한 과정이다. 헌팅턴이 지적했듯이 민주주의의 조건이 성숙한 국가에서도 제1차 세계 대전 이후 독재와 파시즘에 자리를 내준 사례가 다수 발견되는 것은 그런 까닭이다. 이렇게 보면 조선에서 갑오 정권과 대한제국이 연이어 나타나는 것도 일반적 패턴에 속한 것이지 그리 특수하고 일탈적인 현상은 아니다. 일제의 강점이 없었더라면 입헌군주제와 전제군주제 간의 경쟁은 일정 기간 지속되었을 터이고, 계급 구조와 경제 발전, 국제 정세의 변화에 따라 결과적 현상은 상당히 달라질 가능성을 배제할 수 없다. 조선에서 근대 이행은 1910년 일제 강점으로 일단 차단되었지만, 그것이 없었다고 가정하면 1920년대, 1930년대까지 정체의 교체와 새로운 정체의 등장이 반복됐을 것이다.

입헌군주제와 전제군주제의 각축전에서도 입헌군주제적 요소가 완전히 배제되지 않았던 사실에 주목할 필요가 있다. 고종은 황실 권력을 강화하는 쪽으로 권력 기구를 개편했는데 그 바탕에 놓여 있던 입헌군주제적 요소를 완전히 부정한 것은 아니었다. 입헌군주제적 바탕 위에 황제권이 떠 있었다는 편이 적절하다. 그것은 전제군주제의 호소력과 정치적 지지가 일시적으로 승했던 결과였을 뿐 입헌군주제의 요구가 완전히 패했다거나 쇠락한 것은 아니었다. 다만 이 기간을 통해 국가 구조 경쟁을 좌우했던 결정적 요인은 앞에서 서술한 바와 같이 입헌군주제를 뒷받침할 계급 구조의 미성숙, 그리고 유생과 인민에 팽배했던 근왕주의적 성향과 개화파에 대한 인민의 불신이었다. 정치사회학적으로 말한다면 개화 주도 세력에 대한 정치적 지지의 차이가 국가 구조의 선택을 좌우했고, 이 경쟁에서 유생 집단과 인민의 폭넓은 지지를 받았던 고종이 황제국으로 나갈 수 있는 발판을 구축할 수 있었다. 왜 하필 황제국이었는지는 자주국을 향한 인민적 절박성, 그리고 외세의 간섭에서 벗어나려면 무엇보다 강력한 왕조의 구축이 유일한 출구로 인식되었던 까닭이다. 국가의 독립을 위해서는 왕실 보존과 부국강병이 전제되는 상황에서 인민은 왕권에 심각한 제약을 초래하는 입헌군주제를 선뜻 수용할 수 없었고, 더욱이 입헌군주제를 주창하는 세력들의 배경에 어른거리는 일제의 그림자를 지울 수 없었다. 인민의 이런 근왕주의적 성향을 교정할 수 있는 어떤 사회 세력도 성숙하지 않은 것은 마찬가지였다. 신문이 우선 그 역할을 맡았는데, 도시 지역을 중심으로 2000부에서 3000부 정도 발행된 신문들로는 인민의 오랜 인식과 여론을 바꾸기에는 많은 시간이 소요되었다. 정체 경쟁에서 독립 협회를 위시한 사회 운동이 일어났던 것은 이런 상황에서 필연적인 귀결이었다.

앞에서 고찰했듯이 갑오 정권은 입헌군주제 개혁을 주축으로 660개에 달하는 입법안을 통과시켰다. 1년 반 정도에 엄청난 폭의 개혁을 단행한 것이다. 사후 승인도 있고, 미래 지향적 입법도 있다. 그런데 문제는 갑오 정권을 바라보는 인민의 시선이 예사롭지 않았다는 데에 있다. 바로 일제에 대한 의구심과 전통적 혐오감이었다. 갑신정변에서도 일제의 강력한 입김이 작용했으므로 인민의 이런 의구심은 당연한 것이었고 더욱이 동학군의 창의 깃발을 짓밟는 상황에서 등장한 정권을 신뢰하기는 힘들었다. 이런 와중에 명성 황후 시해 사건이 발생했다. 인민의 분노가 폭발했다. 의병이 전국에서 일어났다. 을미 의병은 동학 잔당과 합류했고 갑오 정권을 일제와 동일시하는 데에 아무런 장애가 없었다. 을미사변이 일어난 지 한 달 후 갑오 내각은 단발령을 공포했다. 인민의 의구심은 분명해졌다. 조선 인민의 자존심이자 인격이었던 상투를 자르라고 명령한 주체를 일제가 아니라고 부정할 지식도 여유도 없었다. 이런 가운데 고종의 아관 파천이 단행됐다. 의탁할 외세가 일본이 아니라 러시아라는 확신을 갖고 말이다. 갑오 정권은 이 간단한 사건만으로 무너졌다. 간단했지만 그 배경에는 치열한 러일의 암투가 작동했다. 개화파 세력은 흩어졌다. 수반을 지낸 김홍집은 체포되어 효수형에 처해졌고, 어윤중은 피신길에서 성난 군중에게 맞아 죽었으며, 박영효, 유길준은 다시 망명길에 올랐다. 러시아 공사관에서 고종은 다음과 같이 일갈했다. "역적 무리가 나라의 권한을 농간질하고 조정의 정사를 뜯어고치고 심지어는 의정부를 내각이라고 고쳐 부른 것은 거의 다 지시를 위조한 것이었다." 전제군주제를 향한 고종의 외침이었다.

정치 체제의 안정성은 성과와 지지의 함수다. 양자를 두 축으로 하는 네 개의 사분면을 만들면 성과와 지지가 모두 높은 체제에서 성공 확률이 높다. 상대적이고 인상적인 측정이지만 갑오 정권은 '비교적 괜찮은 성과'와 '매우 낮은 지지'에 해당하는데, 이런 경우 개혁 역량이 소진된 교착 상태에 직면한다. 개혁을 더 이상 추진할 수 없는 것이다. 을미사변과 단발령은 자체의 개혁 역량을 심각하게 갉아먹은 일종의 자해 사건이었다. 아관 파천이 아니었더라도 정권은 고종에게 회귀되었을 가능성이 크다. 1년 반 정도의 구상을 거쳐 고종은 대한제국을 선포하는 즉시 전제군주권을 강화해 황실 중심의 개혁에 착수했다. 의정부의 권한을 대폭 축소하고 거기에 황실 권력을 집행하는 궁내부를 내세워 모든 정사를 집중시켰다. 세금은 탁지부 대신 내장원(內藏院)에서 관장했고 원수부(元帥府)와 경위원(警衛院)을 만들어 황실 업무를 군대와 치안까지 확장했다. 1899년 입법, 사법, 행정이 황실에 집중된 「대한국국제」를 반포하여 황제국의 법적 근거를 국제 사회에 선포했다. 「대한국국제」 제2조엔 이렇게 규정되어 있다. "대한제국의 정치는 유전즉오백년전래(由前則五百年傳來)하시고 유후즉긍만세불변(由後則亘萬世不變)하오실 전제정치(專制政治)이니라." 고종의 개혁은 실로 광범위하게 이뤄졌다. 예를 들면 궁내부와 의정부로 이원화된 정치 체제의 개편, 지방 행정 개편, 사법 제도 개혁, 경찰과 치안 정비, 조세 제도와 재정 개혁, 국가 상징물·국기·국가 제작, 도로 정비와 건축 사업, 도시 개조 사업, 근위대 창설, 군함과 무기 구입, 광산 및 철도 개발, 전신과 전기 시설 가설, 개항장 확대, 시전 체제 개편, 상설 시장 개장, 각종 전문 학교 개교, 의학교 건립과 서양식 의료 체제 도입, 우편과 운송 사업, 양전지계 사업, 중상주의적 식산흥업 정책, 은행 개설, 상회사 건립 등등 그 리스트는 끝이 없을 정도다.[76] 불과 5년 만에 한성부의 모습은 달라졌고, 도성민들도 활기를 띠었다. 1897년 봄에 서울을 떠났던 비숍 여사도 두 번째 방문했을 때 변한 서울의 모습을 보고 놀랄 정도였다. 그녀는 이렇게 회상했다. "서울의 변화를 언급하는 것은 또 다른 장이 필요하다. 현재 조선에 와 있는 미국 선교사 알렌 박사는 1896년 최근 넉달 동안의 변화가 한국에 그가 머물렀던 전의 12년보다도 더 많았다고 한다. 그래서인지 내가 마지막으로 방문한 한국에서의 이 넉 달 동안은 매주 새로운 것이었다."[77]

'이 넉 달'이란 1896년 겨울에서 1897년 봄 사이를 말하는데 '매주 새로웠다'는 개혁 정책이 이후 10여 년을 지속했으니 그 변화량을 능히 짐작하고도 남을 일이다. 일단 시작된 개혁은 가속이 붙었을 것이다. 그러나 그 성과에 대한 긍정적 평가와 더불어 부정적 평가도 만만치 않다. 예를 들어 광산 개발을 위시한 외국의 이권 침탈과 개발권 양도, 재정 악화와 백동화 남발로 인한 물가 폭등, 일제의 진출에 따른 경제 교란, 지방 행정의 이원화, 조세 포탈과 부정 만연, 지속된 관리의 탐학과 부패, 의병 진압, 빈농화 방치, 무전 농민의 급증, 치안 부재, 자연재해와 전염병 방치, 이민자 급증, 군사비 과다 지출, 낭비성 황실 의례 사업, 경운궁 재건 등 토목 사업 지출 등 그 리스트도 끝이 없다. 이런 것들은 어찌 보면 사소할 수도 있다. 부정적 결과는 주로 인민을 도외시한 황실의 독주와 연관되어 있다. 시간이 갈수록 전제군주제의 폐단이 그만큼 커지는 것이다. 독립 협회의 탄압과 해체는 입헌군주제 지지 세력을 이탈시켰다. 자유 민주주의를 근대화의 주류로 평가하는 연구자들이 가장 주목하는 고종의 실책이 이것이다.[78] 아무튼 그 성과를 객관적으로 평가하기 어려우나 다양한 부정적 평가에도 불구하고 단기간에 많은 개혁 업적을 낸 것만은 틀림없다. 인민과 유생의 정치적 지지도 초기에는 꽤 높았고 1900년 초기 몇 년까지 어느 정도 지지도가 유지되었다고 본다면 대한제국은 '평균 이상의 괜찮은 성과'와 '비교적 괜찮은 지지'에 속하는 유형이다. 그래도 갑오 정권에 비하면 그런대로 '성공 확률이 높았던' 정권이었다. 다만 '괜찮은 성과'를 얻기 위해 황제권을 강화한 것이 문제였고, 그 탓에 부정적 결과가 대량 산출되었다. '괜찮은 성과'와 '전제군주제'를 맞바꾼 일종의 대체 상태에 해당한다. 대체 상태에 놓인 정권은 대체가 낳은 부정적 효과가 누적되는 시점에서 정치적 지지도가 하락하기 시작한다는 것이 문제다.

1903년이 그런 시점이었다. 앞에서 러시아 민속학자 세로셰프스키와 그의 통역관인 신문균의 대화에서 극명하게 드러났듯이 외세의 침투는 "우리의 내면을 파내 껍질만 남기려는 것이고, 우리의 혼을 없애려는" 어떤 무서운 공포로 다가왔다. 무서운 공포를 물리치지 못하고 인민을 외적으로부터 보호하지 못하는 정권에 대한 불만과 분노는 커지기 마련이다. 1904년 2월에 발발한 러일 전쟁, 그해 8월 윤치호와 하야시 공사 사이에 체결된 한일협정서는 그런 공포가 현실이 되었음을 확인해 준 사건이었다. 정치적 지지도는 불만과 공포의 폭증에 반비례해서 급격하게 하락했다. 1905년 11월 박제순과 하야시 간에 맺은 을사늑약은 대한제국의 숨통을 조이는 적신호였고, 정치적 지지의 상승과 하락이 아무런 쓸모도 없게 만들었다. 국가의 소멸 앞에서 국가 구조를 둘러싼 내부 경쟁, 즉 입헌군주제와 전제군주제 간의 체제 경쟁은 아무런 소용이 없었다. 헌팅턴이 말한 민주주의 제1파의 끝물에 속했던 조선의 '개혁적 이행'은 시작한 지 10년 만에 을사늑약에 의해 그 통로가 차단되었다. 자율성을 상실한 근대는 근대가 아니다. 그것은 '예속적 근대'다. 예속적 근대는 또 다른 이행 경로를 밟는다. 각축 단계에 해당하는 1896년에서 1905년 동안 조선은 계급 창출과 근대 개혁을 적극 추진했다. 근대 이행은 장기적 변동이기에 입헌군주제인지 전제군주제인지는 그리 중요한 문제가 아니다. 이행 기간에 계급 구조와 국제 정세, 경제 성장, 돌발 사태 등에 의해 정체 교체가 빈번히 일어나고 정치적 불안정은 급증하게 된다. 이 기간에는 국가마다 고유한 균열 구조가 정체 경쟁에 개입한다. 조선은 입헌군주제 입법을 마련한 채 전제군주제로 잠정적 전환을 했을 뿐이다. 일본의 강점이 없었다면 어떤 체제가 들어섰을지 모르지만 대체로 입헌군주제 쪽으로 방향을 잡아 갔을 것이다. 그러나 국제 사정은 자율적 이행을 허락하지 않았다. 그것은 조선이 개항 이후 궁극적으로 겪게 될 운명과 같은 것이었는지 모른다. 통로는 차단되었다. 그러나 자율성을 잃은 대가로 '뜻하지 않은 결과'가 꿈틀거리고 있었다. 전제군주제하에서 신민으로 불렸던 무형의 인민에게서 근대적 정체성이 싹트기 시작한 것이다. 소멸되는 국가를 호출하는 '국민'이 출현했다. 국가 건설의 역사적 과업이 인민에게 이전되자 이들은 '국민'이 될 채비를 차렸다.

5 호명의 시대: 국가와 사회

지식인 공론장의 태동

국민을 호명하다

조선 왕조의 민유방본(民惟邦本) 정신을 물려받은 고종에게는 국민 개념이 낯설었다. 민유방본이 정조에 와서 민국 이념으로 발전했으며 고종 대에 이르러 군민일체(君民一體), 즉 백성과 군주가 나라의 주체라는 근대적 민국 정치 이념으로 승화되었다는 주장은 상당히 설득력이 있다.[1] 18세기 탕평 군주들이 소민 보호를 각별히 강조했으며, 군주 스스로 명덕을 함양하여 민인을 달처럼 비추겠다는 의지가 강하게 표명된 것은 사실이다. 정조는 자신의 호를 '만천명월주인옹(萬川明月主人翁)'으로 지었다. 정조는 역대 군주 그 누구보다 공론 정치를 중시하여 상소, 상언, 격쟁을 장려해 민은(民隱) 해결에 적극 나섰으며, 군주와 대소 인민 간의 도덕적 연대와 상호 의존 관계를 추구했다.[2] 『영조실록』과 『정조실록』에는 다음과 같은 구절들이 자주 등장한다. "국(國)은 민(民)으로서 본(本)을 삼는다. 그 때문에 국(國)은 민(民)에 의지하고 민(民)은 국(國)에 의지한다.", "민(民)이 족하면 군(君)도 족하다." 이 점을 집중 부각하는 대표적인 사학자 이태진은 고종의 민국 이념이 군주와 인민 사이에 귀족 관료들과 양반 계급이 개입되는 여지를 제거하여 군과 민의 거리를 좁히는 근대적 정치 이념을 표방했다는 점을 강조한다.[3] 고종의 정신적 준거 인물이 정조였고, 정조가 남긴 문집과 정조 대 학자와 관료들의 저작집을 통독했던 것으로 미뤄 민국 이념을 통치 원리의 바탕으로 삼았다고 볼 수 있다. 학계에 널리 퍼진 부정적 인식을 부식하기 위해 '고종 시대를 재조명'하는 이태진의 탐조등이 바로 민국 이념이다. 민국 이념에는 군민일체를 기본 원리로 하여 소민 보호와 안민(安民), 군민 간 도덕적, 윤리적 신뢰 관계를 중시하는 정신이 깃들어 있다.

상언, 상소, 격쟁이 가장 활성화된 때가 정조 대다. 군주가 직접 나서 민은을 해결하겠다는 의지가 돋보이는데, 이런 관점에서 공론 정치, 민국 정치를 지향했다는 주장은 적합하다. 그런데 이태진, 한영우 두 학자가 공통적으로 주목하는 '귀족 관료 배제', '양반 중심 정치의 지양'이 반드시 민국 정치의 '근대성'을 입증하는 증거는 아니다. 고종이 민국 이념을 내면화했다고 해서 그것이 곧바로 근대성과 연결되지는 않는다. 정치 이념과 정치 체제는 다르기 때문이다. 인민의 대변 기구가 없는 군민 일체는 정치 이론의 관점에서 보자면 전제군주제의 특징이지 근대적 정치 체제, 즉 일반 평민층에 정치 참여의 문호를 개방해서 권력을 공유하는 체제는 아니다. 다시 말해 군민일체는 정치 이념이지 권력 구조 내지 지배 구조까지를 포괄하지 않는다. 혹시 고대 폴리스처럼 정치 단위의 규모가 작지 않으면 직접 민주주의는 작동하지 않는다. 대의제를 구상하게 된 이유는 바로 규모의 대소(大小)로부터 기인하는 현실적 난관을 타개하기 위한 방법이었다. 군(君)이 민(民)과 직접 연결된 체제는 홉스의 개념처럼 절대 국가, 즉 리바이어던(Leviathan)이다. 리바이어던은 민국 이념을 표방할 수는 있겠으나 근대적 민주정이 아니다. 군민일체를 이루기 위한 지배 구조는 무엇인가? 이 질문으로부터 근대성이 출발한다면 고종은 한 번도 이런 질문을 제기하지 않았고,

의회제를 주장하는 독립 협회가 주관한 만민 공동회, 관민 공동회의 도전을 물리쳤다. 민국 이념에 투철했던 고종에게 인민은 적자(赤子)였고 신민이었다. 1895년 을미사변을 규탄하여 전국에서 의병 운동이 일어나자 고종은 칙서를 내렸다.[4]

> 짐이 유하건대 가애(可愛)함이 짐의 적자(赤子) 아니며 가애(可哀)함도 또한 짐의 적자(赤子) 아니랴. 역괴 난당이 연장 결두하여 국모를 시해하고 군부(君父)를 협제하며 법령을 혼란하여 체발을 늑행한지라 팔역 내에 짐의 적자(赤子)되는 자가 분개를 회하고 충의를 격하여 처처에 창기함이 어찌 무명타 하리오. (……) 사에 짐이 조칙을 누강하여 충곡을 부유하매 충의로 기하여 도리를 식하고 기이 해환하여 각기 안업하는 자가 유하니 시(是)는 짐의 가애(可愛)한 적자(赤子)어니와 기(基) 우준 미혹하여 상금(尙今) 불산(不散)하고 왕왕히 명리를 장살하며 여리에 침략하는 자가 유하니 시(是)는 짐의 명을 역하며 짐의 우를 이케 하여 죄려(罪戾)를 자속함이라. (……) 경등(卿等)은 짐의 여상약보하는 뜻을 체하여 왕사 저도하기 전(前)에 연로(沿路) 각군(各郡)과 각해(各該) 지방(地方)에 전왕(前往)하여 성심으로 칙유하여 짐의 가애(可愛) 가애(可哀)한 적자(赤子)로 쟁검의 화와 구학의 환을 면(免)케 하여 짐의 위민부모(爲民父母)하는 마음을 위(慰)할지어다.

민유방본의 인민은 부모가 돌봐줘야 하는 갓난아이(적자)였다. 우물에 빠질지 모르는 아기(赤子入井)를 돌보는 것은 부모다.(爲民父母) 1895년 고종은 적자입정을 걱정하는 부모였다. 1898년 11월 26일, 만민 공동회를 해산한 이유를 밝혔던 효유문에서 고종은 부모의 입장으로 돌아갔다.[5]

너희 여러 백성은 다 짐(朕)의 말을 들으라. (……) 나라에 상헌이 있으니

합하여 중벽에 두겠으나 짐이 임어한 이래로 다스림이 뜻과 맞지 못하여 순치 서동케 하였으니 오직 너희 만민(萬民)의 유죄함이 나 1人(인)에 있음이라. 이제 대각(大覺)하여 짐이 심히 부끄러웁다. (……) 오직 너희 적자(赤子)들이 먹는 것을 오오하니 이 어찌 너희들의 죄이냐. 짐이 이제 궐문에 친어하여 효유하기를 순순히 하여 영아(嬰兒)를 품은 것 같아 일자에 일루라. 명호(嗚呼)라 후(后)가 민(民)이 아니면 누구를 의지하며 민(民)이 후(后)가 아니면 무엇을 이으리오. 지금부터 월권 범분하는 일은 일절(一切) 통혁하라. 짐(朕)이 식언(食言)치 않으니 너희들은 삼가라. 회상(會商) 양민(兩民)이 고루 이 짐(朕)의 적자(赤子)라. 지의(至意)를 극체하여 혜호(惠好)하여 함께 돌아가 각기 그 업(業)을 편안히 하라.

고종은 민유방본 이념에 입각하여 만민(공동회)의 유죄를 준엄하게 꾸짖고 있으며, 밤새 소란을 일으킨 인민을 영아로 불렀다. '회상 양민'은 만민 공동회에 참여한 군중(會)과 보부상단(商)을 뜻한다. 고종은 '회상 양민'으로 하여금 적자로서의 인민으로 돌아가라고 효유했으나 그들은 이미 동학란을 겪고 갑오 정권의 개화 정책을 접한 바 있는 개명인민(enlightened people)이었다. 고종은 정치 혼란을 초래하는 내적 도전과 위급한 상황이 발생했을 때에는 적자, 인민, 민인 개념을 썼으며, 대한제국의 법적 근거를 밝히는 공식 문서에는 신민 개념을 썼다. 「대한국국제」 제4조에는 인민을 이렇게 규정했다. "대한국 신민(臣民)이 대황제의 향유하옵신 군권(君權)을 침손할 행위가 있으면 그 이미 행한 것과 아직 행하지 않은 것을 물론하고 신민의 도리를 잃은 자로 인정할지라." 고종은 의회 기구를 도입하자는 독립협회의 주장을 물리치고 의정부를 최고 기구로 하는 행정부 권력을 강화했으며, 후에는 황실 업무를 관장하는 궁내부를 신설해 의정부 기능을 대거 이관했다. 갑오 정권 때에 개편했던 지방 행정 제도를 구제도로 복귀시켜 수령 체제를 부활했으며, 수령을 황제가 직접 관할하는 전제 통치의 제도적 기반을 갖춰 나갔다. 황제국하에서 인민은 갑오개혁의 내무 훈령에서 규정했듯 다소 권리 의식을 갖추기는 했지만 황제의 존엄한 권력과 국가에 복종할 의무가 부여된 신민이었다.

신민은 보국안민, 국가 존망의 책임을 지지 않는다. 그 막중한 책임은 오직 군권에 달려 있으며, 보국안민의 과업을 담당하는 황제에 복종하는 것으로서 의무를 다할 뿐이다. 그런데 1905년 을사늑약은 이런 의무 관계를 무너뜨렸다. 국가 건설의 궁극적 책임 소재인 황권이 무력화되고 국가가 소멸 위기에 처한 것이다. 황권의 무력화와 함께 국가 건설의 책임 소재도 사라졌다. 이제 신민이 나서야 했다. 국가 건설의 역사적 과업이 신민에게 이관된 것이다. 이것이 국민 개념이 전면에 부상하게 된 역사적 배경이다. 국가의 소멸 위기를 계기로 1905년 이전까지는 드물게 사용되던 국민 개념이 주목받기 시작했다. 지식인과 개명 관료들이 신민을 국민 영역으로 호출하기 시작했으며, 그들에게 새로운 의무를 부과했다. 이른바 국민 국가 건설이라는 과제가 그것이다. 당시 지식인들의 목표는 '국민 국가'가 아니고 그냥 '국가'였다. 국민 국가라는 개념은 당시 동아시아 지식인에게는 매우 생소했고 낯선 용어였던 만큼 조선 지식인도 국민 국가라는 말을 쓰지 않았다. 그런데 국가 건설을 갈망하는 조선 지식인의 행보는 자연스럽게 그 방향으로 수렴되어 갔는데 그런 사실을 깨닫게 된 것은 1910년 일제 강점으로 국가가 소멸된 이후의 일이었다. 아무튼 일제의 보호 조치에 들어간 국가, 재정권과 외교권이 박탈된 국가를 회복하는 과업이 신민들에게 이양되자 수동적 행위자로서의 '신민'이 능동적 주체로서의 '국민'으로 정의되었다. 동시에 국민 주권에의 각성이 요청되었다. 신민이 국민이 되고 국민이 주권 의식을 갖추는 이 일련의 과정은 국가의 존망이 절박하게 진행되었던 것과는 달리 시간을 요했다. 초기에 호명된 국민이 주권 국민으로 진화하는 과정도 지난했지만 국가와 국민이 결합하는 과정도 매우 어려웠다. 국민 국가 형성은 두 가지 과정을 완료할 것을 요구했다. 먼저 국가와 황권의 분리, 다른 하나는 국가와 국민의 결합이 그것이다. 조선에서 전자는 오랜 전통에 역류하는 것이었기에 어려웠고, 후자는 국민의 역량이 충분히 성숙될 것을 요구했다. 1905년을 전후하여 교육이 강조된 이유도 그것이며, 지도자들이 '실력 양성론'을 제기한 배경도 그러하다. 국민과 국가를 접합시킨 것은 민족의 발견이었다. 이 지점에서 국민 국가는 민족 국가와 등치될 터였다. 일제의 강점으로 민족주의가 촉발되면서 국가와 국민은 급속도로 결합했는데, 그것은 1910년 국가가 소멸된 후 식민 통치에 극렬하게 저항했던 1910년대에 진행된 일이었다.[6] 이렇게 보면 조선에서 국민은 국가 소멸을 계기로 출현했고, 국민 국가 개념은 국가가 소멸된 후에 나타났다는 역설이 성립한다. 국민은 태어났으나 국가는 사라졌다.

서양에서는 근대 국가가 국민 국가로 전환하는 과정에서 국가는 시민을 국민으로 호명한다. 시민에게 역사적, 문화적 정체성을 부여하여 단일한 정치 공동체로 승화시키고, 국가 간 전쟁과 국제 무역 경쟁에서 비교 우위를 점하고자 하는 정치적 혁신의 결과가 국민 국가다. 그러므로 국민 국가는 근대 국가가 어느 정도 성숙한 단계에서 국제적 경쟁이 치열하게 전개되는 제국주의 시대에 출현하는 근대적 현상이다. 국민 국가는 여러 계층으로 균열된 시민을 민족주의로 결합해서 균질적, 동질적 구성원으로 바꿔 놓는다. 국민 국가는 중앙 정부를 중심으로 외부와의 경쟁을 내부 결속의 계기로 변환시키며 인종, 문화, 역사적 공통점을 국민적 연대와 정체성의 자원으로 적극 활용한다. 국민 국가가 국가 간 영토 전쟁, 무역·산업 경쟁이 고조에 달한 제국주의 시대에 출현하는 결정적 이유는 바로 외부 위협의 내부적 해결이라는 정치적 목적 때문이다.

조선에서 국민 개념의 출현은 서양의 이런 일반적 경로를 거스르는 역방향의 과정을 거쳤다. 개인-시민-국민의 발전 경로가 서양적 패턴이라고 한다면 조선은 국민이 먼저 호명되고 사회와 개인의 실체를 주목하는 경로를 밟았다. 그것도 '국가 위기' 상태에서 국가 건설의 과업을 양도받으면서 신민이 국민으로 호명되는 조선적 경로는 비교론적 관점에서 보았을 때에 근대 이행의 매우 특이한 사례이자 국민 형성의 단계로 보자면 역코스를 밟은 사례이다. 근대 이행기에 나타난 신문과 잡지, 학회보 등에서 '국민'은 인민, 신민, 동포, 백성 등의 용어들과 함께 쓰였지만, 1905년을 기점으로 다른 용어들을 제치고 압도적으로 많이 등장한 것은 이런 까닭이다. 가령 1896년에서 1899년 동안 《독립신문》에서 '국민'은 30회에서 70회 정도 나타난 데에 비하여 인민은 500회에서 900회, 백성은 1000회를 상회한다.[7] 1905년에서 1910년 동안 《대한매일신보》는 사정이 뒤바뀌어 국민, 인민, 동포가 각각 200회에서 400회 정도 출현하는데 1910년에 근접할수록 국민 빈도가 증가한다.[8] 그런데 고종에게 '국민'이 낯설었듯이 지식인, 개화 관료들은 물론 인민에게도 전혀 생소한 개념이었다. 지식인이 호명은 했으나 아직 국가가 완전히 소멸한 시점은 아니었고 따라서 군권과 국가가 서로 분리된 독립 개념으로 인식되지도 않았던 때였기에 국민 개념은 다소 혼란을 일으켰다. 국가와 왕권을 분리하지 않은 상태에서 국민과 국가를 동일체로 인식하는 것은 황권에 반하는 일종의 반역 행위였기 때문이다. 국민 국가는 '국가와 왕권의 분리'와 '주권 국민(sovereignty people, 즉 nation)'을 전제로 성립하는 정체다. '국민'이 국가 권력의 원천으로 설정되고 국가는 국민 개개인으로부터 주권을 위임받아 통치 권력의 정당성을 구축해야 국민 국가가 성립하는 것이다. 그런데 군왕주의적 관념이 완강하게 지속된 조선에서 '소멸하는 국가'와 '소멸하는 황권'을 별도의 실체로 분리하는 것은 무척 지난한 일이었고, 상호 분리 인식이 위기에 처한 국가의 붕괴를 재촉하는 결과를 초래할지도 모른다는 딜레마도 존재했다. 앞 장에서 서술한 '중층 충돌의 딜레마'

가 국민 개념 형성 과정에도 매우 중대한 장애물로 작용한 것이다. 국가와 왕권을 분리해 독립된 실체로 인식하고, 왕권이 밀려난 자리에 국민이 들어서서 국가와 결합하는 과정, 그리하여 그 결과적 산물로서 명실상부한 국민국가가 구축되는 과정이 바로 근대 이행이다. 그런데 조선에서는 국가를 회복하기 위해 국민이 호명되었고, 호명된 국민이 국가와 황권 사이를 비집고 들어가 상호 분리를 이뤄 내는 과정에서 전통적 근왕주의의 저항을 받았다. 앞에서 언급했듯이 국민은 국가가 소멸된 이후에야 비로소 국가와 결합할 수 있었던 배경이다. 그것도 국가사상론 논쟁이 일어나는 가운데 신민주의(新民主義), 민족주의(民族主義), 사회진화론적 사고가 혼재했던 사상적, 관념적 공간에서 이뤄진 일이었지만 말이다.

앞 장에서 언급했듯이 갑오 정권의 훈령과 법령에도 가끔 국민이란 용어가 등장하기는 한다. 가령 「한성사범학교 관제」에서 "충효(忠孝)의 대의(大義)에 명(明)하며 국민(國民)의 지조(志操)를 진기(振起)함을 요함."이라 했을 때 국민은 유길준이 『서유견문』에서 자주 사용했던 국인(國人) 이상의 의미는 아니었고, 학부 발행의 『국민소학독본』도 몇 년 후《독립신문》이 썼던 용례들, 서양에서 한 국가의 인민을 지칭하는 중립적 의미 내지 국가를 구성하는 백성 정도의 의미를 담고 있었다. 대한제국 초기 공론장을 주도했던《독립신문》은 천부 인권설과 사회 계약설 같은 서양의 시민 사회론을 소개하면서도 국가보다 나라를, 국민보다 인민과 백성을, 인민의 권리보다 의무를 훨씬 더 강조했고, 군주의 존재를 부정할 수 없는 상황에서 입헌군주제를 명시적으로 주창하기보다는 군민공치(君民共治)의 장점을 부각하면서 인민의 지적 역량의 함양을 우선적 과제로 제시했다.[9] 우리 용어로 말하자면《독립신문》은 봉건 시대의 '문해인민'을 근대 이행기의 '개명인민'으로 만드는 것을 최고의 목적으로 설정했던 계몽의 전진 기지였다. 가령 「대한 인민의 직무」에《독립신문》이 보였던 국민과 인민의 미분화 양상이 드러난다.[10]

어느 나라고 사람마다 나랏일에 상관할 수 없으나 한 가지에는 사람마다 상관이 있어야 그 나라가 지탱할 것이니, 그 한 가지는 무엇인고 하니 국민을 위하여 일하는 사람은 전국 인민이 사사로운 애증 간에 다만 말로만 그 사람을 붙들어 줄 뿐이 아니라 목숨까지 내버려 가면서도 그 사람을 붙잡아야 하고, 국민을 해롭게 하는 자는 남녀노소가 다 말로만 죄인으로 돌릴 뿐이 아니라……

인민은 백성 개개인을, 국민은 전체를 지칭할 때 각각 사용한 것으로 보인다. 국민은 '인민 전체'다. 정부와 인민 간의 관계를 논하는 정부의 직분에서도 이런 용법은 변하지 않는다. 가령 "국민에 해가 되는 일로 백성이 호소하거든 즉시 사실하여 사정없이 옳은 일이거든 듣고 그른 일이거든 가르쳐서, 대소사를 다 백성을 편히 하고 나라를 이롭도록 하여 정부의 직분을 다하기를 바라노라."라고 하여, 국민은 '백성 전체'를 지칭했을 뿐이다.[11] 나라와 정부에 간섭하고 요구할 백성의 권리는 인정하지만 그것을 행사하려면 자질과 자격을 갖춰야 한다고 보는 것이 《독립신문》의 기본 태도다. 그래서 만민 공동회와 관민 공동회를 통해 입헌군주제의 핵심 기구인 의중원(議衆院) 설립을 지지하면서도 미국의 하원과 같은 기구는 아직 이르다고 단정하기에 이른다. 「하의원은 급하지 않다」에서 다음과 같이 기술한다.[12]

그런고로 어느 나라든지 하의원을 설치하려면, 먼저 백성을 흡족히 교육하여 무슨 일이든지 총명하게 의론하며, 대소 사무에 나라 일을 자기 일같이 재미있게 하여야 낭패가 없거늘, 우리나라 인민들은 몇 백 년 교육이 없어서 나랏일이 어찌 되든지 당장 자기에게 괴로운 일이 없으면 막역히 상관을 아니하며, 정부가 누구 손에 들든지 조반석죽(朝飯夕粥)만 하고 지내면 어느 나라의 속국이 되든지 걱정을 아니 하며, 자유니 민권이니 하는 것은 말도 모르고 혹 말이나 들은 사람은 아무렇게나 하는 것을 자유로 알고 남을 해롭게 하여 자기를 이롭게 하는 것을 권리로 아니, 이러한 백성에게 홀연히 민권을 주어서 하의원을 실시하는 것은 도리어 위태함을 속(速)하게 함이라.

유길준이 강조했던 '인민의 교육'이 하의원 설치의 전제였는데, 의중원은 교육받은 사람, 사리를 판단할 만한 학식과 견문을 겸비한 '교양 시민'의 정치 기구로 상정되었던 것이다. 서재필이 교육을 받은 당시 미국에서도 유색 인종과 여성이 제외된 채 남성 50퍼센트 정도만이 참정권이 허용되던 사정을 고려하면 충분히 이해되고 남을 주장이지만, 조선을 반개화(半開化) 상태로 규정했던 독립 협회 계열 인사들에게는 아직 개별 인민, 무지한 인민이 있었을 뿐 문화적 정체성과 정치 의식을 갖춘 국민은 존재하지 않았다.

'인민의 자격'을 조건으로 하는 독립 협회의 인민 권리론은 국가의 위기가 아직 목전에 닥쳐오지 않은 상황에서 제기된 장기적 안목의 구상이었다면, 러일의 침략이 보다 가시화된 1900년대 초반의 상황은 그런 조건을 아예 거둬들이게 만들었다. 조건 없는 '인민의 권리'가 주창되고, 이는 곧 민권론과 국권론으로 급진전됐다. 조선 사상 최초의 일이었다. 《독립신문》이 폐간된 이후 발행된 《제국신문》과 《황성신문》의 논조는 '권리'로 무게 중심이 이동했는데 여기에서 최초로 '실질적 국민'이 언급되었고, 국민은 국가와 유사한 지위를 가진 신성한 실체로 인식되기에 이르렀다. 한글을 읽는 부녀자와 일반 평민을 상대로 발행된 《제국신문》은 「미국 백성의 권리론」 논설에서 조선이 갈 바를 이렇게 주장했다. "인민의 권리가 자유와 자주하는 데에 있는데 자유는 제 뜻을 행하여 남의 압제를 받지 아니함이요 자주는 제 몸을 제가 다스려 남의 관할을 받지 않음이라. (……) 동양 사람들은 이 뜻을 알지 못하는 고로 인민이 권리를 의론하면 곧 천리를 어기는 줄로 알며 혹 우에 거리끼는 줄로도 알아 말하기도 어렵게 알며 듣기도 즐겨 아니하니 슬프다. 백성이 권리가 없으면 정부가 어디서 생겨 이 권리 다투는 천지에서 각국 사이에 섞이겠는가."[13] '남의 압제를 받지 않고 남의 관할을 받지 않는 것'으로 초점이 이동한 것은 제국 침략이 가시화된 당시의 상황을 반영한다. 상황의 절박함은 곧 '조건 없는 인권론'을 제기하도록 만들었는데, 한문 독자층과 지식인을 상대로 개신 유학자들이 낸 《황성신문》이 '인민의 권리'를 '국민의 권리'로 이미 개념화한 후의 일이다. 《황성신문》은 「국민의 평등권리」라는 논설에서 국가, 국민, 권리라는 어렵고 낯선 개념들의 상호 관계를 종합적 구도 속에 배치했다. 10년 후 전개될 국민 국가론의 초석이 될 만한 논거였다.[14]

당금교풍(當今矯風)할 방책을 강구할진대 국가의 국민치평(國民治平)하는 의무는 국민의 권리를 균일히 보호하는 데 재(在)할 것이오 국민의 국권복종(國權服從)하는 의무는 국가의 보호를 평등히 균수(均受)하는 데 재(在)한지니 상당한 학식을 유명(牖明)하여 천부(天賦)의 기풍을 배양하고 공공사업에 각득기직(各得其職)하여 국민분의(國民分義)에 상응한 권리를 부식(扶植)하기를 기망(期望)하노라.

이 논설에는 '인민'이 더 이상 나타나지 않는다. 대신 국가 존망과 흥망의 책임을 진 주체로서 국민이 상정되어 있고, 그 국민은 권리를 갖는 주체로 인식된다. 국가는 국민 권리를 보호하는 것이 최선의 목적이다. 국가, 국민, 국권 개념과 상호 관계를 체계적으로 설파하기 시작했음을 말하는 중요한 단서인데, 동년 5월 같은 신문은 '국민 권리'를 보다 상세히 분석하여 생명, 신체, 재산, 명예, 자유의 권리로 열거하고 '국가 융성'의 원인을 국민 권리 보호와 신장에서 찾고 있다. 국가에 의해 인민이 규정되던 조선의 전통적 인식을 거꾸로 뒤집은 가히 혁명적 논리였다. "권리 사상이 국민(國民)

간에 충만한 일은 실(實) 그 국가(國家)의 융창진보(隆昌進步)를 이루는 일원인(一原因)이라.”[15] 국민 권리가 국가 융창을 만드는 중간에 ‘군주’가 보이지 않는다. 《황성신문》 필진인 남궁억, 장지연, 김상연 등 고종이 설립한 신식 학교와 성균관에서 교육받은 개신 유학자들이 국가와 국민을 논하는 자리에 군주를 상정하지 않고 대신 법률의 의미와 기능으로 대체했다는 사실은 놀라운 일이다. 1904년에서 1905년 논설에서 여전히 ‘신민지권리(臣民之權利)’ 같은 표현을 하는 것으로 보아 아직 국민 개념이 《황성신문》 필진들 사이에 완전히 정착된 것은 아닌 듯한데, 1905년 을사늑약 직전에는 지식인들 간 아직 살아 있는 국가에 대한 관심도가 높아서 ‘국가(國家)는 국민적(國民的) 사회(社會)’라는 신개념까지 등장할 정도였다.[16] 사회라는 용어는 별로 쓰이지 않았던 매우 낯선 외래어였지만 “국민이 사회를 이루면 곧 국가다.”라는 이 연결 논법에서 군주가 빠졌다는 것도 놀랍지만 개인-사회-국가로 상승하는 서양의 시민 사회론과 상동 구조를 갖추기 시작했다는 의미에서 매우 주목할 만하다. 국가와 군주의 분리, 그리고 국가와 국민의 접합이 실험적으로 모색되던 당시 인식 세계의 단면이었다.[17]

1905년 을사늑약은 왕권을 국가로부터 분리시킨 불운한 계기였다. 을사늑약의 주요 내용은 보호국화였지만, 당시 지식인들은 황권의 상실로 해석했고 동시에 아직 살아 있는 국가에 마지막 기대를 걸고자 했다. 국가와 군주 간에 놓였던 근왕주의적 장애물은 1907년 고종의 강제 퇴위 사건으로 뜻밖에 약화되었다. 순종이 그 뒤를 이어 즉위했으나 근왕주의적 정통성을 충족시켰던 것은 아니었으므로 국가와 군주는 분리되고 그 사이에 커다란 공백이 형성됐다. 지식인들이 뛰어들었다. 그 공백을 국가와 국민을 접합시키는 연결 관념으로 메우고자 했다. 신채호, 장지연, 박은식을 위시해서 당대의 개신 유학자와 일본 유학생, 개명 관료가 이때만큼 활발하게 공론장을 형성한 적은 없었다. 조선 시대 공론을 제조하던 양반 공론장이 이번에는 교양 시민이 주도하는 새로운 형태로 부활했다. 이런 형태의 지적 시도 끝에 1910년 한일 합병 즈음에는 국가와 군주가 서로 분리되면서 '국민'과의 최종 결합을 예고했다. 1910년 6월 19일 자 《대한매일신보》 논설에는 드디어 군주는 사라지고 국가와 국민이 남아 연결되었다.[18]

국민의 지식이 고상하고 기력이 활발하여 주권도 가히 회복되며 민권도 가히 찾을지니 신체가 강건하며 정신이 쇄락하면 일신의 권한을 타인에게 빼앗기지 아니함과 같이 국가가 부강하고 인민이 단결하면 일국의 주권을 타국에 사양치 아니하는 바라. (……) 권한을 잃은 인민이 무슨 의무를 잘 하며 무슨 세력이 있으리오마는 사람이 죽을 지경을 당한 연후에 살며 망할 경계를 지낸 연후에 일우는 것이 하늘의 이치라. 국민 동포들은 더욱 분발하여 각기 의무를 저버리지 말지어다.

국가가 강점당할 것을 예상했던 이 논설은 "죽을 지경을 당한 연후에 살며"라고 먼 훗날을 기약했는데 국가의 회복을 위해 국민 동포가 분발할 것을 당부하고 있다. 군주가 사라진 상황에서 국가 회복은 결국 국민의 책무로 규정했던 것이다. '국민'에 '동포'가 가세된 것은 바로 1905년 을사늑약 이후 국가와 국민 간에 형성된 공백 메우기의 결과였다. 그 공백에는 국가와 국민을 접합하려는 목적의 여러 관념과 개념이 출현했다. 인류학적 함의를 담고 있는 '동포'는 그 하나의 시도였으며, 민족, 역사, 국혼(國魂), 국수(國粹), 국백(國魄) 등 정신사적, 문화적, 이념적 개념들이 선을 보였다. 누구도 한 번 명시적으로 제기한 바 없는 '국민 국가 만들기'의 일환이었다. 군주는 폐위되었고 국가는 사라질 위기에 처한 상황에서 국가 회복을 책임질 최종 주체로서 국민을 호명하는 과정이 당도해야 할 최종 목적지가 국민 국가였지만 국가와 국민 사이를 메우는 것이 더욱 시급했다. 그래서 민족, 신민, 인종 등의 개념이 출현했다. 예를 들면 신채호가 주필로 있던 《대한매일신보》는 민족과 역사를 접합 개념으로 제시했다. 논설「민족과 국민의 구별」이 그것이다.[19]

민족이란 자는 지시(只是) 동일한 혈통에 손(孫)하며 동일한 토지에 거(據)하며 동일한 역사를 옹(擁)하며 동일한 종교를 봉(捧)하며 동일한 언어를 용(用)하면 편시 동일한 민족(民族)이라 칭하는 바어니와 국민(國民) 이자(二字)는 여차히 해석하면 불가할지라. (……) 국민(國民)이란 자는 기 혈통 역사 거주 종교 언어의 동일한 외에 우(又) 필(必) 동일한 정신(精神)을 유(有)하며 동일한 이해(利害)를 감(感)하며 동일한 행동(行動)을 작하야 기 내부의 조직이 일신이 골격과 상동하며 기 대외의 정신이 일영의 군대(軍隊)와 상동하여야 시(是)를 국민이라 운(云)하나니. 오호라 고대에는 국민 자격이 무(無)한 민족이라도 가히 일우(一隅)를 거하야 토지를 벽(闢)하여 자손을 장(長)하며 수초(手草)를 축(逐)하야 생활을 작(作)하였거니와 금일에 도(到)하야는 만일 국민 자격이 무(無)한 민족이면 대지상에 측족(側足)할 극지(隙地)가 무할지라.

문체로 봐서 신채호가 쓴 것으로 추정되는 이 논설은 국민은 민족에 "동일한 정신을 불어넣은 것"으로 정의하고, 이해와 행동이 군대처럼 일사불란하게 움직이는 새로운 실체로서 국민 됨의 자격을 새로이 창출할 필요가 있다고 역설한다. '국민 만들기'에 요청되는 전제 요건은 민족이고, 거기에 정신, 이해, 행동이 가미되어 하나의 단일체가 되어야 한다는 말이다. 접합 요인들은 대부분 관념적인 것이었다. 1905년에서 1907년 황권의 소멸과 1910년 국가의 현실적 소멸이라는 엄청난 사태 앞에서 '국가 회복'과 '국민-국가의 접합' 시도는 주로 정신사적, 관념적 영역에서 이뤄질 수밖에 없었다. 1907년 일제 통감부가 공포한 「신문지법」과 「출판법」, 「보안법」 등의 억압적 감시와 검열을 피해야 할 현실적 제약도 있었지만, 붕괴된 국가를 일으켜 세울 수 있는 것은 정신적 공간에서만 가능했던 까닭이었다. '형식적 국가'를 포기한 신채호가 '정신적 국가'에 집착한 이유이기도 하다. 논설 「정신상 국가」에서 신채호는 이렇게 써야 했다.[20]

> 정신으로 된 국가라 함은 무엇을 이르느뇨. 그 민족의 독립할 정신, 자유할 정신 생존할 정신 굴복지 아니할 정신 국권을 보존할 정신 국가 위엄을 발양할 정신 국가의 영광을 빛나게 할 정신 등을 이름이라. 형식으로 선 국가라 함은 무엇을 이르느뇨. 강토와 임금과 정부의 의회와 관리와 군함과 대포와 육군과 해군 등의 나라 형태를 이룬 것을 이름이라. 오호라. 국가의 정신이 망하면 국가의 형식이 망하지 아니하였을지라도 그 나라는 이미 망한 나라이며 국가의 정신만 망하지 아니하면 나라의 형식은 망하였을지라도 그 나라는 망하지 아니한 나라이니라.

《황성신문》 계열의 지식인들인 남궁억과 장지연은 사회의 소양, 국가 사상, 국민 성질 등을 여기에 등장시켜 신채호의 '정신적 국가'에 화답했다. 국혼과 국백은 정신적 국가를 집약하는 용어로 신채호가 자주 썼던 개념이었으며, 조선혼(《만세보》), 정치 사상과 정치 기관(《황성신문》) 등은 이것에 대응하는 또 다른 독자 개념이었다. '국민 국가'를 최종 도달점으로 하는 지적 모험은 그것이 국민 국가라는 사실을 의식하지 못한 채 국민, 국가 각 개념에 매달렸으며 양자를 결합하는 요인을 찾는 데에 집중되었다.

요약하자면 근대 이행기 개혁 세력의 최고 목적은 '근대 국가 만들기'였다. 대한제국은 전제군주권으로 복귀하는 것을 제외하고는 갑오 정권의 개혁 입법을 대체로 물려받았고 근대 국가 만들기에 박차를 가했다. 그러나 을사늑약에 의한 황제권 약화는 그 책임의 주체를 신민, 즉 개명인민들에게 물려줘야 했다. 지식인들은 그 책임 주체로서 국민을 호명하기 시작했다. 신민이 국민으로 명명되는 계기였다. 그러면서 국민과 국가의 상호 관계에 대한 논의가 활발하게 진행됐는데 두 가지 난관을 극복해야 했다. 국가와 황권의 분리, 국가와 국민의 결합이 그것이다. 국민 국가라는 근대 개념은 누구도 명시적으로 표명하지 않았고, 또한 국가의 위기 앞에 그다지 유용한 개념이라고 생각하는 사람은 없었다. 일본에서는 비교적 활발하게 논의됐고 중국에서는 량치차오에 의해 국민 국가 개념이 유포되던 상태였다. 1907년 황제 퇴위를 계기로 국가와 황권은 뜻밖에 빨리 분리됐다. 다음의 과제는 국가와 국민의 접합이었는데, 지식인들은 국가의 소멸 위기에서 국민의 책무를 우선 강조하고자 했고 양자를 결합하는 연결 자원을 탐색했다. 국가가 실지로 소멸하는 상황에서 그 연결 자원은 정신사적, 관념적 영역에서 도출해야 했다. 역사, 민족, 국혼, 국백, 조선혼 등의 개념을 고안해서 국민과 국가를 하나의 통일된 유기체로 묶어 내고자 했다. 양반 공론장이 일찍이 붕괴된 이후 갑오개혁을 계기로 그 자리에 들어선 지식인 공론장이 가장 신경을 곤두세웠던 핵심 쟁점이 그것이었다. 국민은 호명되고 국가는 소멸되었다. 국민과 국가를 연결하는 개념을 창안했지만 아직 '국민 국가 개념'은 틀이 잡히지 않은 상태였고, '국민 국가 형성'은 더욱이 요원했다. 이런 와중에 1910년 한일 합병은 국민 국가의 현실적 가능성을 완전히 제거해 버렸다. 국민이 태어나자 국가는 사라진 것이다. 호명된 국민도 주권 국민의 진정한 요건을 다 갖추지 못한 상태였다. 이것이 근대 이행기(1894~1910년)에 겪은 조선 인민의 진화 경로였다.

국민 국가 만들기

지식인 공론장과 평민 공론장

1880년대 초반 이후 이미 고립과 분리 과정을 겪었던 양반 공론장은 결국 군왕과 관료 중심의 조정 담론에 그 지위를 내주고 위축되었음은 3장에서 고찰했다. 개항기 이후 개화기는 조정 담론의 독주 시대였다. 갑오 정권이 태동할 수 있었던 것은 양반 공론장의 붕괴로 생성된 정치적 견제력의 극심한 약화 현상 때문이다. 양반 공론장은 동학 농민 전쟁 기간에도 그다지 영향력을 발휘할 수 없을 정도로 쇠락했으며, 단지 지역에 따라 향촌 양반들이 민보군을 결성하여 동학군에 대적했을 따름이다. 독립 협회 결성은 양반 공론장이 새로운 형태로 태어났음을 알리는 신호였다. 독립 협회는 조선에서 최초로 태어난 근대적 사회 운동 단체이자 정치적 결사였다. 지도부는 개명 관료와 지식인이 이끌었지만 일반 평민에게도 참여 문호를 개방했기에 많은 뜻있는 인민이 회원으로 등록했다. 조선에 양반 관료, 중인, 평민의 연합체가 언제 존재했던가? 그것도 사익을 넘어 공익을 추구하는 단체, 국가의 존망을 걱정하며 대중 토론을 통해 정책 노선을 선택하던 단체가 일찍이 있었던가? 독립 협회의 출현은 개명 관료, 일본 및 미국 유학생, 개신 유학자와 지방 유생, 그리고 일반 인민에게 탈각의 계기를 마련했다. 자신의 의사를 공론장에 개진할 수 있다는 확신감, 역사 변동에 개입할 수 있다는 주체 의식, 신분과 학식을 뛰어넘어 의견을 공유할 수 있다는 연대감이 그것이다. 근대 이행이 주권 의식을 확산하는 과정이라 한다면, 의사소통을 촉진하는 공론장의 형성은 필연적 산물이다.

갑오 정권에서 대한제국에 이르는 근대 이행기에 공론장의 관점에서 주목할 만한 세 가지 변화가 발생했다. 첫째, 조정 담론장의 영향력 쇠퇴와 양반 공론장을 계승한 '지식인 공론장'의 형성, 둘째 동학이 기여했던 종교적 평민 공론장이 '세속적 평민 공론장'으로 다시 부활한 것, 셋째, 가장 중요한 현상으로 지식인 공론장과 평민 공론장의 상호 연대와 공명(共鳴)이다. 각각을 간략히 살펴보자.

첫째, 양반층의 신분적 우위가 여전히 강한 전통적 관습이 지속되는 가운데 양반의 사(士) 의식은 근대 이행기에 지식 계층으로 이전되어 지식인의 공공 의식(公共意識)으로 전환되었다. 19세기 전반 유럽에서는 전문성과 학식을 겸비하고 자유주의 이념을 확산하는 계층을 '교양 시민'으로 불렀다. 고종의 근대화 개혁에 의해 배출된 일본 유학생, 개신 유학자, 개명관료들이 바로 한말의 교양 시민이라 할 수 있는데, 이들이 근대 이행기 '지식인 공론장'을 창출한 주역이었다. 출신 성분을 막론하고 학식과 견문이 탁월한 식자들이 근대적 의미의 지식인 계층을 구성한다고 보면, 이 기간에 여론과 공론을 이끌었던 사람들, 사회 운동을 조직하고 주도했던 사람들은 예외없이 근대적 지식인이자 지식 엘리트였다. 이들의 활동은 교육과 언론에 집중되었으며, 여론을 조성하여 대한제국에 매우 강력한 영향력을 행사했다. 흔히 그러하듯 지식인 공론장의 주도 집단 중 많은 인사가 정치권과 긴밀한 연결을 맺고 정치로 진출하기도 했는데, 대부분은 언론과 교육에 종사하면서 국가 건설이라는 최대 과제에 복무하고자 했다. 이들이 신식 학교의 건설과 교육 운동의 대부분을 주도했으며, 근대적 언론과 출판 활동 또한 어느 때보다도 활발하게 전개되었다. 지식인 공론장이 전제군주제의 장벽을 쌓았던 조정을 제치고 국가의 진로와 운명에 대해 스스로 책임지고자 했던 시기는 일찍이 없었다. 신문, 잡지, 회보, 공보가 봇물을 이뤘다. 관보인《한성순보》와《한성주보》의 전통을 이어받아 민간지가 속속 창간되었으며, 유학생 중심의 회보와 특정 목적을 표방한 결사체들이 발행하는 공보들이 공론장을 수놓았다. 1905년까지는 '신문의 시대'였고, 그 이후에는 전문 지식을 확산하려는 잡지가 대거 출현해 '잡지의 시대'를 구가했다.[21]

이 지식인 공론장이 하버마스가 말한 '부르주아 공론장'의 조선적 형태였다. 여러 가지 점에서 그렇다. 지식인 공론장의 주도층은 대체로 자유주의 이념을 내면화하여 전제군주제보다는 입헌군주제를 선호했으며, 신분제 철폐와 사민평등을 주장하고 상공업을 부국(富國)의 창구로 보았으며, 출판 결사의 자유를 옹호하고 스스로 교육과 언론에 뛰어들었다는 점들이 그러하다. 정보와 상품의 유통이 부르주아 공론장을 확산시키는 핵심 기제였던 만큼 지식인 공론장은 신문과 잡지의 발간을 통해 정보를 널리 공유하고자 했고 논설과 사설을 집필해서 스스로 정보와 이념의 직접 생산자 역할을 맡았다. 이들이 결성한 각종 결사체는 하버마스가 중시했던 부르주아 중심의 살롱과 클럽, 사교 모임에 해당한다. 그러므로 토론과 동의 창출은 이들이 왕권과 귀족 계급의 특권과 대적할 때 활용했던 최대의 무기였다. 만민 공동회, 관민 공동회는 조선 사상 최초로 등장한 대중 토론회로서 민주적 소통 방식을 통해 중론과 공론을 모아 가는 전례를 남겼다. 지식인 공론장에는 교양 시민이 주로 참여했는데, 상공업 분야의 '경제 시민'이 아직 형성 단계에 있었기 때문이다. 일제 강점으로 중단되지 않고 혹시 1910년대에 경제 시민이 여기에 합세했더라면 어떤 결과가 나타났을까를 상상해 보는 것은 식민지 근대화론의 경제 중심적 사고를 비판하는 데에 유용한 실마리를 제공할 것이다.

둘째, 평민 공론장의 부활이다. 2장에서 고찰했듯이, 동학의 전파 과정에서 산발적으로 생성 발전되던 평민 공론장이 전국적으로 하나의 거대한 공론장으로 묶여 나갔다는 사실을 지적했다. 동학은 기본적으로 종교였지만 정치적 저항을 함축했다는 점에서 정치 담론장이었고, 『동경대전』과 『용담유사』 같은 교리문과 가사 문학을 유행시켰다는 점에서 문예 담론장의 성격도 포괄했다. 다시 말해 종교·정치·문예를 종합한 공론장, 그것도 양반층을 제외한 평민에게 확산 유포되었던 평민 공론장이었다. 그러나 농민 전쟁에 대한 무력 진압으로 평민 공론장은 일시에 붕괴되었다. 일제가 말살했다고 하는 편이 적절할 것이다. 매천 황현의 『오하기문』에는 전봉준, 김개남, 최경선, 손화중, 김인배의 활약상이 상세히 묘사되어 있는데, 특히 3편에는 손화중과 김인배가 주요 인물로 조명되어 있다. 손화중과 김인배가 이끄는 동학군 수만 명이 일본군과 관군에게 어떻게 도륙되었는지, 그리하여 나주성에 손화중 부대의 동학군 시체가 산더미처럼 쌓였고, 섬진강에 김인배 부대원 5000명이 어떻게 강물을 피로 물들이며 죽어 갔는지를 묘사하는 장면은 섬뜩함을 넘어서 비장감을 느끼게 만든다. 동학이 창출한 평민 공론장은 동학군의 패배와 더불어 함께 죽었다. 그러나 평민 공론장의 정신은 살아남았다. 일본군과 관군의 진압으로 그 형태는 괴멸되었어도 평민 공론장을 창출했던 그 정신, 평민의 원억을 표출하고 지배층을 비웃고, 그들의 한(恨)을 노래에 담고, 고전 소설과 해학을 즐기고 언문으로 그들의 견해와 삶의 애환을 기록해서 서로 유통하고자 했던 그 정신은 살아남아 부활의 계기를 엿보고 있었다. 갑오 정권은 이들에게 공식 수단인 국문을 제공했다. 신문과 잡지, 기타 여러 인쇄 매체에서 서민을 대상으로 한 문예가 쏟아져 나왔는데, 그들은 독자이자 스스로 작가가 되어 필진으로 참여할 수 있는 기회가 열렸다. 이번에는 '종교적 평민 공론장'이 아니라 '세속적 평민 공론장'이었다. 마치 양반 공론장을 대체한 지식인 공론장이 들어섰듯이 문예의 소비자이자 생산자, 독자이자 작가로 승격한 평민을 중심으로 새로운 유형의 평민 공론장이 들어섰다. 그들은 우선 독자였다. 당시 간행된 민간지가 대체로 2000부에서 3000부가 판매되었다고 하니, 한성부민 중 문해인민은 대체로 신문 애독자였다고 봐도 무리가 아니다. 신문 소설은 독자들의 인기를 독차지했다. 신소설과 단형 서사 문학은 평민 공론장을 확대시킨 두 개의 장르였는데, 문해인민들은 근대 소설로 진화하는 신소설과 단형 서사 문학을 따라 '개명인민'으로 서서히 진화했고, 인쇄술의 발달과 출판업의 확대, 그리고 전업 작가의 출현에 힘입어 대중 독자층으로 성장 발전했다. '개인의 발견'이 이뤄진 것도 이런 독서 열기와 문예의 유통에서였는데 근대 문학의 본격적 출범과 더불어 평민 공론장에서 싹트는 '시민 의식'의 맹아를 개인에게서 목격할 수 있다는 것은 이 연구가 밝히려는 중요한 가설이다. 그것은 문자 혁명이 몰고 온 선물이었다. 한문에서 국문으로의 전환과 국문이라는 민족어가 만들어 낸 상징 세계 속에서 민족의식이 싹텄으며, 빠른 속도로 유통되고 공유되었다. 국문은 주로 우리의 것, 우리의 사정과 환경을 논하는 인식 공간을 만들어 냈기 때문이다. '우리 의식'과 국문이 결합했다. 근대 이행기에는 민족어를 공용하는 사회 텍스트 공동체가 정치 공동체로 진화하고, 통치 집단은 이들을 민족주의라는 큰 틀로 묶어 동질성과 균질성을 부여하고자 한다. 이질적 집단과 세력을 단일한 정치 목표와 행위로 통합하는 국가를 국민 국가라고 한다면, 국민 국가 만들기에서 문자 공동체의 탄생과 확대보다 더 중대한 요소를 찾아보기 힘들 정도다. 여기에 민족 개념을 부가하면 국민 국가는 곧 민족 국가와 동일시된다. 근대 이행기에 평민 공론장을 탄압하고 감시하는 외부적 제약은 사라졌다. 다만 평민의 교육수준, 문식력과 문해력이 평민 공론장의 확대와 위축을 가로막는 장애물이었을 뿐이다.

셋째, 지식인 공론장과 평민 공론장의 상호 공명이다. 이 공명 현상은 조선 사상 최초의 일이었다. 양반 공론장 혹은 지배 계급의 공론장이 평민 공론장과 접속한 일은 한 번도 없었으며 더욱이 공명한 적도 없었다. 하나의 예외는 있었다. 천주교가 확산될 때 양반과 평민이 교리를 중심으로 공감대를 형성했던 사례를 빼고는 두 계급이 공감대를 이뤘던 적은 목격되지 않는다. 그러나 이번은 예외였다. 지식인 공론장은 평민 공론장과 접속했고, 여론 주도층은 평민을 공론의 주체로 설정했다. 지식인 공론장의 쟁점은 곧 평민 공론장의 주제로 화했고, 식자들도 평민 독자를 위해 글을 쓰거나 공론을 창출했다. 앞에서 분석한 '국민 호명'이 전형적 사례다. 지식인은 국민 개념을 만들어 평민을 공론장으로 불러들였다. 곧 살펴볼 국가 담론도 국민으로 호명된 평민을 위한 이론적 논의였으며, 대중 독자로서의 평민이 없으면 지식인 담론은 아무 의미가 없는 시대로 진입했다. 조선 시대에 양반 공론장은 그 자체가 폐쇄적이며 지식의 경계가 매우 단단했다. 그러나 지식인 공론장은 스스로 지식 경계를 무너뜨렸으며 한문보다 국한문을, 국한문보다 국문을 사용하여 평민에게 가까이 다가가고자 했다. 평민 없는 지식인 공론장이 무의미해지는 시대는 곧 국민과 국가를 만드는 시대였고, 역사 변동의 주도적 역할을 평민에게 위임하는 시대였다. 그 주체적 역할을 위임받으려면 자격이 필요했다. 당시 공론장의 주요 쟁점이었던 국권론, 민권론에서 '국민 자격'을 자주 언급했던 까닭이다. 근대 이행기에서 지식인 공론장과 평민 공론장이 공명을 일으키는 것은 비단 조선만의 예외적 현상은 아니었다. 그러나 조선은 국가 건설이라는 절체절명의 과제 앞에서 더욱 긴밀하게 협력했고, 더욱 절박하게 공명했다고 말할 수 있다. 바로 이 절박한 공명을 일으킨 쟁점인 '국가 만들기'가 지식인 공론장에서 어떻게 전개되었는지를 살펴볼 차례다.

상상적 국민 국가

국가가 존망의 위기에 처하자 지식인 공론장은 들끓기 시작했다. 각지에서 일어난 의병이 충군(忠君)을 통한 애국과 보국의 의무를 실행하려 했다면, 지식인의 관심은 군주보다는 국가로 이행하고자 했다. 1900년 초, 《황성신문》은 일찍이 신민을 국민으로 명명하고 국가가 국민 권리를 보호해야 국권(國權)이 단단해진다는 논리를 폈다. 아직 국가가 위태로운 상황이 아니었을 때 지식인은 민권(民權) 강화 내지 민력(民力) 배양에 초점을 맞추고 있었다.[22] 그런데 러일 전쟁 기간에 체결된 한일 협정서와 그것의 연장선에

서 강요된 을사늑약으로 인하여 지식인의 위기의식은 절정에 달했다. 국가
가 없으면 모든 것이 사라지는 절체절명의 위기 앞에서 지식인은 '국가'를
거론하기 시작했다. 재정권과 외교권이 박탈당한 상태지만 아직 그 생명의
촛불이 완전히 꺼진 것은 아니었으므로 국가를 구제할 수 있는 방략을 강구
해야 했다. 국가를 어떻게 구제할 수 있는가? 국권을 강력하게 만들 수 있
는 방안은 무엇인가? 그런데 도대체 국가란 무엇인가? '국가란 무엇인가'
라는 이 질문은 군민일체와 군민공치의 배경에 흐르던 유교 국가적 전통인
'군주 즉 국가' 등식을 깨뜨렸다. 성리학적 유교 국가론에는 국가와 군주의
분리를 정당화할 이론적 자원이 발견되지 않았으므로 지식인은 당시 일본
을 통해 유입되던 서양 이론을 검토하지 않을 수 없었다. 일본 유학생 출신
지식인이 나서 서양 이론을 대거 수용하기 시작했고, 개신 유학자들이 량치
차오를 통해 소개된 국가론을 거론하기 시작했다. 1905년에서 1910년은 조
선에서 국가의 본질과 국가의 존립 양태를 본격적으로 모색한 이른바 '국가
론의 시대'였다. 일반 평민을 국민으로 호명하면서 국민이 복무해야 할 국
가의 모습을 찾아 나선 것이다.

1906년 나진과 김상연이 역술한 『국가학』이 공론장에 국가론을 제기했
다. 이 책은 독일 학자 블룬칠리의 일본어 저술을 중역한 것으로 국가학의
전반적 요소를 포괄적으로 다뤄 '국가란 무엇인가'라는 질문에 당면한 조선
지식인에게 인식 지평을 넓혀 주었다. 국가의 개념 정의로부터 국가의 기
원, 구성 요소, 목적, 정치 체제 유형, 헌법과 법 체계, 국가 관계 등을 체계
적으로 서술한 이 책의 논지에서 지식인은 국민 국가의 대체적인 윤곽과 형
체를 파악했다. 안종화는 블룬칠리의 책을 번역해서 『국가학요(國家學要)』
를 발행했고(1907년), 안국선은 『정치원론』을 편술했으며(1907년), 《만세보》
는 1906년 9월부터 두 달에 걸쳐 「국가학」을 연재했다.[23] 당시 국가론의 이
해와 보급에 가장 많은 영향을 끼친 것은 필자 미상의 『국민수지(國民須知)』

였다.(1906년) 국가의 존망 위기에서도 비교적 담담하게 국가론을 소개한 이 책은 국가 이론, 국가 요소, 국가 유기체설, 천부 인권론 등을 간략히 조명하고, 국가와 황권의 분리, 국가와 정부의 관계, 국민의 권리와 의무, 군주정과 입헌정의 구분, 법 체계와 정치의 관계를 개괄적으로 서술했다. 국가의 실체에 관해 관심이 고조되고 있었을 때였으므로 '해외 유객'이란 필명으로 발행된 이 책의 내용은 주제별로 나눠서 신문과 회보에 게재되기도 했다. 1907년 《대한자강회월보》에 「국가의 본의」와 「국가급황실(國家及皇室)의 분별(分別)」이 실렸고, 《제국신문》도 '국민 권리와 의무', '군주급정부(君主及政府)의 권한', '국민급정부(國民及政府)의 관계' 등을 「국민의 수지」라는 제목으로 약 16회에 걸쳐 연재했다.[24] 『국민수지』 1장에서는 국가의 본질을 이렇게 정의했다.[25]

국가(國家)는 국민만성(國民萬姓)의 공동체니 군주일인의 사유물이 아니라. 고로 기(其) 본의를 석(釋)하건대 토지(土地) 왈(曰) 국(國)이오 인민 왈(曰) 가(家)이니 차 이자(二者)를 합칭(合稱)함이라. 연(然)하나 토지와 인민이 유(有)하여도 국가라 거칭하기 불능하야 필정치조직(必政治組織)이 일정한 후에 가(可)하니 정치조직은 何謂(하위)인고. 정부(政府)를 설(設)하야 치체(治體)를 입(立)함을 위(謂)함이라.

국가의 요소를 토지, 인민, 정부로 규정하고, 이 요소 간의 관계를 거론한 것이다. 여기에서 국가는 군주의 사유물이 아님을 명확히 하고, 군주를 제외해 정치 체제의 한 요소로 편입시킨 것은 '국가와 군주의 분리'라는 당시의 당면 과제에 이론적 기초를 제공했다. "군주국에 제왕(帝王)이 유하고, 공화국에 통령(統領)이 유하야……."라는 후속 설명은 군주(제)가 정치 체제의 한 요소(유형)에 불과하다는 사실을 확인한 것이다. 국가 요소에 관한 제설은 유성준의 『법학통론』(1907년), 주정균이 저술한 같은 제목의 『법학통론』(1908년), 유치형의 『헌법』(1908년), 김대희의 『이십 세기 조선론』(1907년)에서 유사한 논리로 소개되었으며, 당시 일본과 중국에서 유입 소개된 법치국가론, 국가 유기체설 등을 폭넓게 다루었다. 정치 체제를 국가의 중요 요소로 편입시키자 국가의 실체를 찾는 지식인은 헌법을 위시한 법률 체계에 시선을 맞추었다. 1905년 이준이 결성한 헌정연구회는 바로 그런 지적 모색의 결실이었으며 그 후신인 대한자강회(1906년), 신민회(1907년)는 정치 조직을 포함하여 헌법에 관한 논의를 촉발시켰다. 대한자강회 발기인인 윤효정은 참정권을 법제화할 필요성을 주창했으며, 설태희는 법률 체계로 민권과 국권의 기본 원리를 규정하여 임의적, 비합리적 행동에 제재를 가할 필요성을 상기시켰다. 윤효정은 "욕사국민전체(欲使國民全體)로 발휘(發揮) 차(此) 일대정신(一帶精神)인데 법(法)이 무야(無也)라."라고 하여 법률을 도입해 국가 정신을 육성할 것을 강조했고,[26] 설태희는 애국심이 취약한 이유를 "인민이 법학에 우매하야 천부의 성정을 발휘하지 못한 소이"로 파악했다.[27] 유치형은 헌법을 "국체, 정체의 대원칙을 규정한 법칙"이라고 정의하였다.[28]

지식인의 이런 지적 탐색은 국가의 실체를 드러냈을 뿐만 아니라 국가 건설을 위해 어떤 지적 과제가 필요한지를 깨닫게 했다. 당시 도입 소개된 서양 학설과 이론적 자원 중에서 지식인 공론장에 가장 큰 영향력을 끼친 것은 량치차오(梁啓超)의 이론이다. 열강의 침략 앞에서 새로운 국가 건설을 향한 종합적 이론 체계를 구상했던 량치차오의 지적 고뇌가 조선 지식인과 공명을 일으켰던 때문이다. 량치차오는 국가, 국민, 민족, 신민을 포괄하는 중국적 국민 국가론에 관심을 갖고 있었다. 량치차오는 청말 양무운동에서 개혁 이론가로 활약하다가 의화단 사건 때 역모죄로 몰려 1898년 일본으로 망명한 사상가이자 정치가였다. 변법자강 운동에 실패한 량치차오의 문제의식은 중국 인민의 문명개화와 근대화로 옮겨갔으며, 제국주의 침탈 앞에서 근대 중국을 건설하는 전략적 과제를 민권, 민족, 국가의 큰 틀에서 구하고자 했다. 량치차오는 당시 지식인이 그러했듯 서양의 자유론과 민권론에 근거하여 중국 인민의 민력(民力)과 민지(民智)를 배양하면 보국(保國), 보종(保種), 보교(保敎)로 나아갈 수 있다고 믿었다.[29] 그는 『변법통의(變法通議)』에서 중국의 제도와 관습을 개혁해 오랜 타율적 관행에서 벗어나야 한다고 주장했고, 시대의 변화에 적응하는 인민의 역량을 배양하려면 무엇보다 교육을 확대하고 자율적 행정인 지방 자치제를 도입하는 것이 시급하다고 주장했다. 변법개화와 시무개화를 동시에 병행하는 것이 그의 『변법통의』의 골자였다. 그러나 변법 운동이 좌절하자 일본에 망명한 그는 후쿠자와의 문명개화론에 깊은 감화를 받으면서 루소의 민약론과 자유론에 심취했다. 그는 교육 계몽을 통해서 민지, 민력, 민덕을 배양하지 않으면 야만의 단계를 벗어나지 못한다는 사실을 중국 인민의 상태를 보면서 절감했던 것이다. 일본 망명 시절 량치차오는 '민(民)의 진화(進化)'와 그것의 실행 방법에 몰두했다. 왜냐하면 "나라를 잘 다스린다는 것은 반드시 먼저 그 민을 진화시키는 일"이 필수적으로 전제되기 때문이다.[30] 그에게 중국의 문명개화는 진화한 민이 민지, 민덕, 민력을 갖추는 것이 선행되어야 하고, 타인과 국가로부터 주체를 지켜 내는 민권 의식이 단단하게 정착되는 것이 먼저였다. 그의 자유론은 이런 조건을 전제로 입헌군주제와 공화제의 논의로 나아갔으며, 중국 내에서 발생하는 인종 갈등과 정치적 파벌 투쟁을 목도하면서 개별 인민의 자유와 평등, 천부 인권과 의무를 중시하는 '자유주의'와 공공선과 사회 질서를 더 강조하는 '공화주의'를 놓고 저울질했다. 후쿠자와의 문명개화론과 자유론에 영향을 받으면서도 보다 공화주의로 경도되었던 그의 「신민설(新民說)」(1902년)은 중국 인민의 무지와 사회 균열의 중층적 구조를 염두에 두고 발표한 것이다. 중국 인민이 새로운 국가 건설의 주체로 나서려면 민지보다는 사회적 공공선에 기여하는 공덕(公德)을 길러야 하고, 공덕이야말로 문명개화의 가장 중요한 지표인 국력을 창출하는 요인으로 본 것이다.[31] 후쿠자와가 강조하는 민지만으로는 인종 갈등과 파벌 투쟁, 제국주의 침탈에 시달리는 중국을 문명화하는 것은 어렵고 이를 포괄하는 공덕을 내면화한 신민(新民)이 될 것을 주장한 것이다. 20개 절로 이뤄진 그의 신민설은 공덕의 구성 요소를 세부적으로 분해하고 국가 건설에서 각 요소의 가치와 활용 방안을 논의하는 내용으로서, 개별 인민의 천부 인권론과 자유 평등 사상에 기반을 둔 자유주의론에서 중국 특유의 유교적 전통의 갱신과 국가 대의와 공공선을 강조하는 국가주의로 점차 국가 건설의 처방을 옮겨 간 고민의 궤적을 담고 있다. 후쿠자와처럼 새로운 시대의 국민이란 옛것을 모조리 버리고 문명개화의 세례로 목욕하는 것이 아니라 "본래 있는 것을 새롭게 하는 것과 본래 없는 것을 골라 새롭게 보완하는 것",[32] 다시 말해 구본신참의 변증법적 종합으로서의 신민(新民)이었다. 공덕, 즉 공공선을 증대하는 것은 신민의 가장 중대한 역할이자 의무였다. 중국의 근대적 민족 국가 혹은 국민 국가 건설에 가장 필요한 요소를 신민으로 규정하면서 그는 공화주의에서 한 발짝 더 나아가 국가주의로까지 전진해 갔다.

그가 공화주의에서 국가주의로 변신한 계기는 일본 망명 시절 유입된 독일 헌법학자 블룬칠리가 주장한 국가론의 영향이었다. 메이지 유신 이후 일본에 적합한 정체를 탐색하고자 했던 일본 학자들의 눈에 들어온 것이 바로 19세기 후반기 독일에서 활약했던 공법학자 블룬칠리의 저서 『일반 국법(一般國法)』이었고, 천황의 시강(侍講) 업무를 맡았던 가토 히로유키(加藤弘之)는 일본의 정황에 맞춰 내용을 부분 발췌한 번역서 『국법범론(國法汎論)』(1876년)을 냈다.[33] 국가 유기체와 국가 정신을 강조한 블룬칠리의 국가학이 자유론과 민권론의 도전을 받던 일본 정치인과 학자들에게는 천황 제를 뒷받침할 수 있는 이론적 자원으로 다가왔다. 변법자강 운동과 의회

운동이 좌절된 이유에 매달리기보다는 중국 인민의 상태를 고려한 현실적 대안을 찾으려는 량치차오에게는 국가 유기체설이 제국의 침탈과 민족 갈등을 해결할 수 있는 어떤 것을 함축하는 듯이 보였다. 문명개화론의 약점과 자유론의 한계, 그리고 민족의 혼란 상태를 두고 새로운 국가론을 고심하던 그는 국가 유기체론을 강조하는 블룬칠리의 학설에서 일종의 등불을 발견한 것이다.

  량치차오는 중국의 국가 건설에서 자유 평등 사상과 사회적 윤리, 그리고 공덕에 충실한 신민에 기대를 걸었다. 신민은 루소의 자유 시민과 유교적 공공선을 동시에 내면화한 신시대의 행동 주체로 상정되었다. 그러나 중국 인민은 제국주의의 강압과 중국 내부의 인종 갈등 때문에 량치차오의 기대만큼 신민적 주체로 승화되지 않았다. 량치차오는 자문했다. 한족(漢族)은 새로운 국가를 건설할 충분한 자격이 있는가? 내가 구축한 신민 개념은 단지 환상이고 꿈인가?[34] 한족이 만주족을 배척하는 이유는 그들이 만주족이기 때문인가 아니면 나쁜 정부이기 때문인가? 민족 갈등에 관한 량치차오의 답은 달랐다. 문제는 나쁜 정부가 아니라 부끄러움도 모르고 권력자에게 '아부하는 한족'이다. "독재자를 한족으로 바꾼다고 해도 아부하는 것은 오늘날과 같을 것이고 독재하는 한족에게 아부하여 국가에 해를 끼치고 국민을 괴롭히는 것은 오늘날과 같을 것이다."[35] 민족 문제에 부딪힌 량치차오에게 답을 준 것이 바로 블룬칠리이다. 블룬칠리는 민족(nation)을 언어, 역사, 문화, 종족의 차이에서 유래하는 문화적 공동체로 정의했다. 그런 역사적 요인과 문화적 요인 때문에 서로 화합하기 어려운 비유기체적 대중이 민족이다. 이에 반하여 국민(Volk)은 이질적 종족과 집단을 하나의 공동 목표 하에 연대하게 하고 궁극적으로는 병존과 협력을 가능하게 만드는 하나의 통일체, 즉 정치적 공동체다.[36] 블룬칠리의 결론은 명료했다. 적자생존, 적응, 도태라는 사회 진화론적 경쟁 원칙이 지배하는 제국주의 시대에 "국가는 민족에 우선한다." 민족은 선천적, 자연적 인격체이지만 법과 제도로 확정되지 않으면 국가로 승격하지 못한다. 블룬칠리의 학설에 따르면 "고유한 법률 제도의 영역에서 단순히 민족이라는 사실만으로 국가적인 승인과 보호를 받을 만한 정당성의 근거는 희박하다."[37] 민족이 국가가 되려면 스스로 통치할 수 있는 정신적, 도덕적 능력을 갖춰야 한다는 것이다. 량치차오가 보기에 중국 인민은 아직 '자연 국민(민족)'의 굴레와 관습에 휩싸여 있기에 '국가 국민'이 되기에는 결점과 한계가 많다. 그렇다면 무엇이 필요한가? 블룬칠리의 답은 "고유한 정치적 삶의 견해와 더불어 특별한 국가적 임무"였다. 그 국가적 임무는 헌법에 담겨 있어야 하는데 국가적 헌법을 요구하는 것은 국민의 선천적 권리다. 국가는 민족을 통합할 뿐만 아니라 자연적, 문화적 공동체에 법적 인격을 부여한다는 것이 블룬칠리 국가학의 요체였다. 량치차오는 블룬칠리라는 국가론적 교량을 건너 공화주의에서 국가주의로 급격히 전환했다.

량치차오는 그가 믿었던 사회 계약설과 자유 시민론은 당시와 같은 제국주의 시대에는 불가능하다고 생각했다. 루소의 학설은 약(藥)이지만, 단지 약만으로는 좋은 결과를 보장할 수 없다면 곡식이 필요하다. 블룬칠리의 학설은 곡식이다.[38] 중국의 가장 큰 우환은 부민(部民)의 자격은 있지만 국민의 자격은 없는 것인데, 여기에 가장 시급한 것은 유기적인 통합과 유력한 질서이며 자유와 평등은 그다음 요소다. 부민을 국민으로 만든 연후에 비로소 행복과 불행을 말할 수 있다면 법률적 통일체이자 인격체로서 국가를 만들고 국민에게 그 정신을 심어 주는 것이 우선이다. 량치차오는 블룬칠리의 국가론을 타고 그가 신봉해 마지않았던 공화주의와 작별을 고해야 했다. 공화주의는 사덕과 공덕, 자유와 평등 의식, 공공선의 긴장을 겸비한 신민(新民)이 도덕적 행위자로 나서는 자율적 정체라면 국가주의는 고유한 임무와 정신을 창출해 민족과 그 밖의 이질적 구성원을 하나의 질서로 승화시키는 통합적 유기체로서 그런 임무를 수행할 의지와 자격을 갖춘 국민이 행위 주체가 된다. 량치차오는 공화주의와 작별을 고하면서 이렇게 외쳐야 했다.[39]

우리가 공화에 심취하고 공화를 꿈꾸고 공화를 노래하고 춤추고 공화를 숭배하였는데 어찌 다른 이유가 있겠는가. 행복을 위하고 자유를 위해서였을 뿐이다. 그런데 역사를 비추어 보니 행복은 얻지 못하고 혼란과 멸망을 초래하며 이론에 징험해 보니 자유는 얻지 못하고 전제만 가져올 줄 누가 생각이나 했겠는가. (……) 아 슬프도다. (……) 공화가 마침내 나를 버리는구나. 내가 그대와 이별하려 하니 눈물이 쏟아진다. 내가 예전에 그대의 친우였던 나의 친우들이 더러 장차 그대와 결별하려 하는 것을 보니 눈물이 쏟아진다. (……) 아, 공화여 공화여! 나는 너를 사랑하지만, 조국을 더 사랑한다. 나는 너를 사랑하지만, 자유를 더 사랑한다. 나의 조국과 나의 자유가 끝내 다른 방도로 회복될 수 없다면, 이는 하늘의 뜻이다.

국가는 독자적 생명을 갖는 유기체로서 민족을 통합해 국민을 만들어 낸다. 량치차오는 이 흔들리지 않는 국가론의 명제에 매달렸다. "루소가 19세기의 어머니라고 한다면 블룬칠리는 20세기의 어머니다." 국가 정신과 국가의 목적, 헌법과 법률 체계로 구축된 국민 국가, 이것이 중국을 혁신하는 량치차오의 방안이었다.

블룬칠리 이론을 대거 수용한 량치차오의 저서 『정치학대가백륜지리지학설』은 일본에서 발행된 《신민총보》에 게재되었는데, 이것이 조선에 유입되면서 지식인 공론장에 엄청난 파장을 몰고 왔다. 제국주의 침탈과 민족 문제 등 상황적 유사성과 정체적 혼란 속에 근대 국가를 건설해야 하는 공통 과제에 당면한 조선 지식인에게 량치차오의 이론은 큰 반향을 불러일으켰고, 급기야 국가 만들기에 나선 지식인 공론장에서 지배적 관점으로 자리

잡기에 이르렀다. 앞에서 언급한《대한매일신보》의 민족과 국민의 구분이나 신채호의 「정신상 국가」 논설에는 모두 량치차오와 공감한 흔적이 역력하다. 신채호, 장지연, 박은식 등 개신 유학자들이 국혼, 국백, 국수 등 국가의 고유한 정신과 유기체적 고유성을 함축하는 개념을 부각시킨 것은 모두 량치차오의 국가주의 영향이다. 신채호는 여기에서 한 발짝 더 나아갔다. 국가를 '형식적 국가'와 '정신적 국가'로 구분하여 전자를 강토, 임금, 법률체계, 국가를 이루는 조직과 단체, 군대, 군함과 대포 등을 지칭했으며, 후자를 국권을 보존할 정신, 민족의 독립할 정신으로 규정했다. 량치차오의 중국과는 달리 현실적 국가가 소멸하는 상황에서 소멸하지 않고 영원히 존재하는 국가를 온전히 구제하고자 한 것이다. 쇠락하는 '현실 국가(現實國家)'를 대체하여 '상상 국가(想像國家)'를 건설하는 것, 그 상상 국가가 소멸하지 않도록 정신세계를 풍요롭게 하는 일이 지식인 공론장의 가장 중요한 당면 과제였다. 당시 지식인이 찾아 나섰던 민족, 역사, 종교는 국가 정신을 빛나게 할 불멸의 자원이었고, 망하는 '형식적 국가'를 부활시킬 구원의 질료(質料)였다.

예를 들면 종교가 그렇다. 1900년대 초기 10년은 '종교 부활'의 시대였다. 강일순의 증산교를 필두로(1902년), 손병희가 도쿄에서 동학을 천도교로 개칭해 부활을 선포했고(1905년), 나철은 단군교를 창교했다가(1909년) 곧 대종교(大倧敎)의 중광(重光)을 선언했다.(1910년) 유교의 쇠퇴와 동학의 해체로 인한 종교의 공백은 급격한 체제 변동기에 인민이 의존할 수 있는 정신적, 심리적 안정을 해쳤으며 그것은 곧 '이천만 동포'로 호명되기 시작한 조선 인민의 집단적 연대의 가능성을 약화시켰다. 강일순은 민간 신앙의 특성과 샤머니즘적 속성을 종합해서 조선 인민이 의지할 수 있는 삼계 우주관을 새롭게 정의하고 자신이 삼계 대권을 주재하는 메시아임을 선포했다. 삼계란 천지인(天地人)에 각각 대응하는 신명계(神明界), 지하계(地下界), 인간계

(人間界)로 증산교는 삼계의 운행을 조화롭게 개편하는 '천지 공사'의 종교이고 강일순 자신은 그것을 주재하는 초월적 권능의 카리스마로 정의했다. 국가 위기와 인민의 극심한 불안을 조선의 전통적 민간 신앙과 무속적 요소, 그리고 메시아를 상정하는 서양 종교적 특성을 결합한 형태로 극복하고자 한 것이다.[40] 강일순은 자신이 '조선을 세계의 상등국으로 만드는' 일을 주재한다고 선포할 정도로 증산교의 민족성을 강조했다. 손병희가 동학의 3대 교주로 취임하면서 개칭한 천도교는 최시형의 사인여천(事人如天)을 곧바로 인내천(人乃天)으로 바꿔 인간과 하늘, 인간과 신의 합일을 직설적 표현 속에 담아 냈다. 그 속에는 정신세계와 물질세계의 문명개화를 촉진하여 민족의 자존과 독립을 일궈 내겠다는 의지가 함축되어 있다. 손병희는 인내천의 원리 경계를 확장하여 물(物)과 심(心)은 하나이고, 정치사와 도덕사가 하나로 통일되어 나타날 때 교(敎)가 되는 것(敎政一致)이라 했다. 한울님이 주재하는 세계로 세도 융성(世道隆盛)과 물품 부흥(物品賦興)이 일어나고 정신 문화가 합일되어 국가와 민족의 분리를 극복할 수 있다는 계시였다.[41] 손병희는 최제우와 최시형의 교리에 철학적, 인식론적 해석과 생활 세계의 시선을 부가하여 세속적 종교의 성격을 증대해 나갔다. 국가 위기를 맞아 교세가 금세 확장되었다. 『천도교 창건사』에는 300만 교도란 말이 나올 정도로 천도교에 대한 대중적 관심은 놀라웠다.[42] 량치차오가 민족 공동체의 자산으로 종교를 지적하고 있었으므로 종교와 역사에 대한 지식인 공론장의 기대가 그만큼 커지는 것은 당연한 귀결이었다. "국가의 재력과 병력이 비록 허약하나 자국의 종교와 역사를 보존하면 독립 정신을 지킬 것"이라는 당시의 믿음은 그런 배경을 갖고 있었다. 《대한매일신보》는 종교에 거는 기대를 이렇게 썼다.[43]

종교가 어떠하면 그 교로서 나라를 흥하나뇨 하면 종교가가 국가주의를 가져야 하나니 이 주의를 가지면 능히 그 교로서 나라를 흥하게 하고 이 주의를 갖지 않으면 그 교로서 나라를 망하게 하나니 종교가의 담책한 바 이 같이 크며 이 같이 중하거늘 (……) 불교를 높이는 자는 극락세계의 인민이오 한국 인민은 아니며 예수를 믿는 자는 천당의 인민이오 한국 인민은 아니라.

대종교는 단군의 발견과 재해석을 통해 조선 인민이 보편적으로 믿고 있던 단군 신화를 종교화했다는 관점에서 태생적으로 민족적 성격을 지닌다. 대종교가 상정한 한얼님은 천도교의 한울님과 유사한 의미의 신이자 세상 만물의 창조주, 주재자다. 천도교와 다른 점은 대종교의 한얼님이 단군 신화로부터 유래했다는 점이다. 우주 만물의 창조주로 한얼님(桓因), 교화주는 한웅, 치화주는 한검으로 세 위(位)는 한 몸이다.(삼신일체) 삼신일체의 한얼님을 우주 만물의 주관자, 초월적, 절대적, 보편타당한 신이라고 정의할 때 이미 단군 신화에서 기원하는 민족의 영구 불멸성이 내재되어 있었다. 1909년 처음 단군대황조신위를 모시면서 단군교를 창건한 취지도 그렇거니와 이듬해 신교, 대천교, 숭천교, 진종교, 천신교 등 제천 의례를 바탕으로 단군 신앙을 받들던 민간 종교를 모두 결합하여 대종교로 중광한 배경에도 민족의 기원으로서 단군 신화가 놓여 있었다.[44] '단군의 발견'은 지식인 공론장의 표현을 바꾸어 놓았다. '2000만 동포', '단군의 자손', '4000년의 역사를 가진 유구한 민족'이란 표현이 등장해 민족의식의 일대 각성을 촉구했다. 단군교, 대종교는 민족의 종교화, 종교의 민족화가 가능함을 보여 줌으로써 당시 지식인에게 커다란 반향을 일으켰다. 각종 논설에서 민족이 혈통주의적 성격을 띠고 출현하기 시작한 이유도 이것이다.《황성신문》은 이를 '민족의 혼', '조선혼' 개념으로까지 확장했고, 단군 신화 내에서 '모든 조선인은 형제'라는 인식으로 나아갔다.「범금지인(犯禁知人)은 막여형제(莫如兄弟)」라는 논설에서《황성신문》은 "오호라 우리 대한 삼천리 강산은 모두 백

두의 지맥이요, 이천만 민족은 모두 단군의 자손이니 그 혈맥이 이어짐과 기운의 밀접함과 고난의 경험을 같이함에 생사 영욕과 이해 화복에서 어찌 홀로 다르리오."라고 외쳤다.[45]

다시 말해 민족과 종교가 서로 상승 작용을 일으키면서 국가 정신으로 스며들었던 것이다. 역으로 '정신상 국가'의 토대로서 민족과 종교가 발명되고 새롭게 해석된 것이다. 이 발명(invention)과 해석(interpretation)의 역할은 '역사'의 몫이었다. 블룬칠리와 량치차오가 민족을 지역, 혈통, 언어, 문자, 종교, 풍속, 생계를 공유한 인종 집단이라고 했을 때 '공유의 궤적'이 바로 역사였다. 공유의 궤적에 '진화'와 '진보'의 관념이 부가됐다. 역사는 '국민의 보첩(譜牒)', 국민정신의 정수(精髓)로 정의되었으며, 궁극적으로는 '역사 즉 국가'로까지 승격되기에 이르렀다. 역사가 없으면 국가는 생명력을 잃는다. 유기체로서의 국가를 작동시키는 원기(元氣)가 역사이며, 원기의 진화 경로가 민족사다. 역사를 국가 정신의 정수로 개념화하는 데에는 신채호의 역할이 결정적이다. 한말 역사의 개념을 획기적으로 바꿔 버린 그의 『독사신론(讀史新論)』이 고대사와 민족사에 집중되어 있는 것은 이런 까닭이다. 『독사신론』은 국가, 역사, 민족이 하나의 유기적 결합체여야 한다는 그의 역사관을 집약한 초기 저술로 블룬칠리의 국가 유기체설, 사회 진화론, 독일 관념론이 조선적 상황과 교차되어 산출된 시대적 산물이다. 민족 정체성의 진화와 진보의 궤적이 역사이기에 "민족을 사(捨)하면 역사가 무(無)할지며, 역사를 사(捨)하면 민족의 그 국가에 대한 관념이 부대(不大)하다."는 단호한 어조에서 확인하듯 민족, 역사, 국가는 하나의 결합체로 정의되었다.[46] 그는 국가에 깃든 영혼, 기백, 생명을 모두 역사 범주로 집어넣었으며 "천회만회의 중향천반(衆香天飯)으로 일국민족(一國民族)을 각성케 하는 것이 역사(歷史)"라고 단정했다.[47] 단군의 자손이 4000년을 이어 왔듯이 민족 생존을 이어 온 궤적은 끊어지지 않았고 앞으로도 그럴 것이라는 점에서 진화

(進化)는 역사의 내적 운동 법칙이다. 또한 현 상태의 모순을 자각하는 일국 민족은 항상 더 나은 상태로, 궁극적으로는 보편적 상태로 나아가고자 하는 정신을 발양하고 발휘한다는 의미에서 역사는 진보해 왔다. 진화와 진보는 신채호가 역사 개념을 설파하면서 제시한 두 개의 속성, '상속성'과 '보편성'에 각각 대응한다. 초기에 표명된 이런 역사 개념은 1925년 『조선상고사』 서장에 조금 더 발전된 형태로 개진되었다. 그 유명한 역사의 정의다.[48]

역사란 무엇이뇨? 인류사회의 아(我)와 비아(非我)의 투쟁(鬪爭)이 시간부터 발전하며, 공간부터 확대하는 심적(心的) 활동(活動)의 상태의 기록이니, 세계사라 하면 세계 인류의 그리 되어 온 상태의 기록이며, 조선사라면 조선 민족의 그리 되어 온 상태의 기록이니라. (……) 역사는 아(我)와 비아(非我)의 투쟁이 기록이니라. 아(我)나 아(我)와 상대되는 비아(非我)의 아(我)도, 역사적인 아(我)가 되려면, 반드시 양개의 속성을 요하나니, (1) 상속성(相續性)이니, 시간에 있어서 생명의 부절(不絶)함을 위(謂)함이요, (2) 보편성(普遍性)이니, 공간에 있어 영향이 파급됨을 위(謂)함이라.

아(我)는 민족이고, 비아(非我)는 민족을 민족 주체로 각성시키는 상대 민족이다. 상대에게 비쳐야 주체가 발견되는데, 아(我) 속에 비아(非我)가 있고 그것이 아(我)를 주체로 끌어올린다. 이 자각 과정은 발현된 모순이 상호 투쟁하여 해소되는 끊임없는 과정으로 항시적으로 지속되는 가운데(상속성) 더 나은 상태로 진보해 간다.(보편성) 그것이 역사다. 조선 민족을 아(我)로 하고, 아(我)가 놓인 환경(非我)과 투쟁을 하여 아(我)의 심적, 정신적 상태가 무엇을 산출하고 무엇을 향해 나아갔는지를 추적하는 것이 역사 서술의 요체라는 것이다. 그것은 신채호에게는 잃어버린 '현실 국가'를 대체하여 '상상 국가'를 완성하는 길이었다. 그 상상 국가가 완성되기만 한다면 잠시 소멸된 현실 국가, 형식적 국가의 회복은 시간 문제다. 또는 현실 국가를 소멸시킨 제국의 존재는 내부에 잠재된 비아의 도전에 의해 새로운 환경 변화에 휘말리는 것이 불가피하고, 그 변화된 관계 속에서 상상 국가가 현실 국가로 현현될 수 있다고 신채호는 믿었다. 단 역사, 민족, 국가로 이뤄진 '정신적 국가'를 끝내 단호하게 붙들고 있다는 전제하에서 말이다. 지식인 공론장에서 그토록 애타게 호명한 '국민'은 그것을 붙들고 있는 주체여야 했다. 상상 국가의 국가 정신, 민족과 종교로 생성된 문화적 연대와 정체성, 그리고 그 진화와 진보의 심적 궤적에 상속성과 보편성을 부여하는 역사에 의해 건조(建造)된 정신을 갖춰야 할 책무가 '국민 자격'이었고, 그 주체가 '국민'이었다.

1900년대 초기 10년 동안 지식인 공론장에서 민족, 종교, 역사가 이런 방식으로 형체와 논리를 갖추자 드디어 '국가는 국민과 결합했다.' 상상 국가로서 국민 국가가 태어난 것이다. '현실 국가'의 소멸이 확실해져 가던 무렵 '상상 국가'로서 국민 국가가 최초로 지식인 공론장에 그 모습을 나타낸 것이다. 필자 미상의 지식인이 「20세기 신국민」을 호명했을 때였다.[49] 블룬칠리의 국가론, 량치차오의 신민설이라는 두 이론적 체계가 '정신상 국가'라는 인식 공간에서 발효되어 훨씬 더 원숙한 형태의 국민 국가론이 윤곽을 드러냈다. 국민은 국가 정신을 발양하는 주체로 정의되었다. 인민도 신민도 더 이상 아니었다. 국민이거나 국민 동포였다. 인민, 신민의 영역을 벗어난 '20세기 신국민'은 문명 진보의 법칙을 명확히 인식해야 함은 물론 제국주의, 민족주의, 자유주의가 들끓는 세계의 추세를 정확히 꿰뚫어야 한다. 그러므로 국민은 자유, 평등, 정의, 의용, 공공선을 내면화하고, 강병에 앞장서며, 산업과 무역 정책을 활용해서 부국·강국이 되어야 하며, 국민 경제 부흥을 위해 상공업에 앞장서야 할 책무가 있다. 이 논설에서 국민 국가의 요체인 '국민 경제' 개념이 처음 도입되었고, 세계 시장과 무역의 중요성이 근대적 시장 경제의 논리 속에 거론되었다. 이 글의 필자는 정당을 국민 국가의 핵심적 정치 조직으로 지목했으며, 교육 특히 무력이 취약한 조선을 위해 상무 교육의 중요성을 설파했고, 마지막으로 국민적 정신 기개를 높이고 국민 전도(前途)의 대복음(大福音)을 전파하는 종교의 가치를 논했다. 국민 국가의 전제 조건과 그것을 정립하기 위한 국민 자격을 일일이 호명한 것이다. 도덕, 무력, 경제, 정치, 교육, 종교의 발양은 '국민적 국가'를 건설하고 세계 무대에서 생존하기 위한 민족의 목표로 설정된 것이다. 그는 이렇게 결론지었다.[50]

국민 동포가 항차 이십 세기 신국민의 이상기력(理想氣力)을 분흥(奮興)하여 국민적 국가의 기초를 공고(鞏固)하여 실력을 장(長)하며, 세계 대세의 풍조를 선응(善應)하여 문명을 확(擴)하면 가히 동아일방(東亞一方)에 흘립(屹立)하여 강국의 기(基)를 과(誇)할지며, 가히 세계 무대에 약등(躍登)하여 문명의 기(旗)를 양(揚)할지니, 오호라 동포여. 어찌 분려(奮勵)치 아니하리오.

이 논설은 지식인 공론장에서 국민 국가의 시대가 열렸음을 알린 개막 신호였다. 국가가 사라진다는 장송곡이 서서히 울려퍼지고 있을 무렵이었다. 상상 속에서 국민 국가가 탄생하자 현실 국가는 곧 소멸되었고, 식민 시대가 개막되었다. '상상적 국민 국가'는 식민 통치를 통과하면서 심각한 왜곡 과정을 거칠 것으로 예견되었다. 현실 정치는 식민 통치의 강력한 외압을 받아 결국 예속적 상태로 전락했다. 그러나 초기 식민 통치는 정신적 영역까지를 침투할 만큼 치밀한 것은 아니었기에 상상적 국민 국가를 보존하고 발아하는 막중한 과제를 관념과 인식의 학문인 '문학과 역사'가 맡아야 했다. 사회 과학의 미성숙도 한 가지 이유였겠지만 식민 시기에 '문학과 역사'가 '국민 국가 만들기'의 전초 기지가 된 배경이다.

사회의 출현

군집에서 사회로

조선에서 '사회'는 언제 출현했는가? 이제 이 연구가 도달하려는 가장 중요한 목적지에 거의 다다랐다. 국가와 인민을 매개하는 사회라는 존재의 출현은 바로 근대의 상징이자 발화점이기 때문이다. 근대적 개념의 사회는 언제, 어떤 과정에서 태어났는가? 군주가 국가였던 조선에는 국가와 인민 외에 사회는 존재하지 않았으며 성리학적 세계관에 사회라는 개념 자체가 들어설 자리는 없었다. 구태여 지적한다면, 국가와 인민 사이에 양반 공론장이 존재했다. 양반과 사대부로 구성된 지배층이 하나의 거대한 공론장에 오랫동안 연결되어 인민을 통치하고 교화를 담당하면서 군주와 왕실 귀족을 견제했다는 점에서 양반 귀족 사회라고 부를 만하다. 그러나 양반 귀족 '사회'라는 개념은 없었다. 양반, 사대부, 향족, 재지사족이 있었다. 사(士) 계급이란 말도 훗날 역사가들이 붙인 이름이다. 향촌에 거주하던 인민은 어떤 자율적 원리로도 조직이 금지되었다. 동계를 위시한 학계, 송계 등 인민의 향촌 조직이 사회적 요소를 더러 갖추기는 했으나 근대적 의미의 사회 조직은 아니었고, 그 목적과 시야도 향촌 경계를 넘어서 전국적 인민의 공익이라는 데에 미치지 못했다. 민복(民福)과 안민(安民)으로 표현했던 '공익'은 지배층이 전유한 통치 용어였다. 군주와 대소 인민, 지배층과 피지배층이 있었을 뿐 양자 사이에는 어떤 것도 상정되지 않았다.

이 책의 2장에서 분석했듯이 '원초적 형태'의 개인과 사회는 동학의 포교 과정에서 형성된 '자각인민'과 동학 농민 전쟁의 자치 조직이었던 도소에서 그 맹아가 싹텄다는 점을 다시 한 번 환기하고 싶다. 사대부의 전유물이었던 천(天)을 공유하면서 동학도는 양반과 마찬가지로 인간적 존재감을 느낄 수 있었던 최초의 존재였다. 유럽에서 종교 개혁이 그러했듯이 '신심(信心)

의 자기 확신'은 근대적 인민의 탄생을 예고하는 신호였다. 존재감을 획득해 '집합적 인민'의 껍질을 벗고 '개별적 인민'으로 나아갈 수 있었다. 이 개별적 인민이 '개인적인 것', 개인적 자각 의식을 간직하기 시작했던 최초의 존재였다.[51] 도소는 동학 농민군이 기포대의를 실행하기 위해 포접을 통제하고 집강소의 업무와 결정 과정에 개입했던 대항 조직으로서 국가 권력의 공백을 대체한 자율 조직이었다. 국왕의 윤허가 내려지기 전 폐정 개혁안의 일부라도 스스로 시행하고자 했던 농민군 자율 조직으로서 조선 역사상 최초의 자치 행정 조직이었다. 국가를 대체한 집단적 자율 조직이라는 점에서 그것은 자각인민이 시도한 최초의 '사회적인 것'으로서 조선에서 '사회의 원형'을 발아시켰다고 해도 과언이 아니다. 이렇듯 근대적 요소를 조금이라도 갖춘 사회와 개인의 원형적 형태가 그때 출현했고 이후 진화 과정을 밟고 있었다는 사실을 확인하는 것은 매우 중요하다. 왜냐하면 근대 이행기에 '보다 근대적인', 적어도 '근대적'이라 말할 수 있는 사회와 개인이 태어났다면 그것은 어느 날 불쑥 떨어진 것이 아니라 발화점과 계기가 있기 때문이다. 그 계기와 진화 과정이 없었더라면 근대 이행은 지연된다. 앞의 4장에서 예시한 버턴 홈스의 여행기에 나오는 조선 청년, 1901년 경성역에 내렸을 때 영어를 쓰며 다가왔던 그 호객꾼은 근대인인가 아닌가? 러시아 민속학자 세로셰프스키의 통역관 신문균은 근대인인가 아닌가? 1900년대 초반 조선에 입국했던 그 많은 선교사와 서양 기술자, 외교관은 '근대적 조선인'을 목격했을까? 그들은 적어도 국가와 인민 사이에 존재하는 '사회'의 작동을 확인했을까? 3장 결론부에서 제시한 에밀 부르다레의 목격기는 적어도 1904년 당시 경성 도성민은 근대적 환경에 놓여 있었을 뿐만 아니라 근대적 사회 조직이 작동하고 있었음을 알려 준다. 다시 한 번 인용하면 이렇다.[52]

옛 군사 학교 옆에는 극장이 있다. 불과 몇 달 전에 바뀐 것이다.(협률사) 언젠가 한번 이곳을 찾아 좋은 음악을 들어보고 싶다. (……) 이곳에서 동대문까지 대로가 똑바로 뚫렸다. 상업과 조합의 거리다. 북남으로 뻗은 커다란 간선로는 육조거리(현 세종로)라고 부른다. 60미터 폭에 600여 미터 길이로 양쪽에 행정부가 들어서 있다. 체신, 사법, 치안, 국방, 외무 등을 담당하는 관청들이다. (……) 전차는 남쪽 길과 교차하는 다리를 건너 도심의 종로로 접어든다. (……) 수도의 주요 조합들이 종로 주변 정부 소유의 건물에 입주해 있다. 이 건물 층마다 특이한 진열대로 모든 직종과 상회가 들어서 있다. 종로는 불만 세력이 시위하러 모이는 곳이기도 하다. 요즈음 아침에 이 큰 공간은 (……) 장사꾼들로 북적댄다.

1904년이면 협률사가 잠시 폐관되었을 때지만 그곳에서는 일반 서민이 즐기는 연희와 판소리, 창가를 공연했다. 1908년에는 원각사가 설립되어 이인직의 『은세계』를 공연했는데 큰 인기를 끌었다. '상업과 조합의 거리'라는 말은 인상적이다. 현재의 광화문 네거리에서 동대문으로 뻗은 종로 일대를 말하는데, 관청과 조합이 늘어서 있고 근대의 상징인 전차가 다녔다. 직종 조합과 상회가 운집한 곳, 그곳은 불만 세력의 시위 장소였다. 불만 세력도 근대적일 뿐 아니라 '시위'는 더욱 그렇다. 시위는 특정 조직이나 집단이 자신의 사적 이익이나 공익을 관철하기 위해 공개적으로 행하는 저항 행위로 근대적 의미를 상당히 함축한 용어다. 요즘 말로 시민 운동인 셈이다.

결론을 미리 말한다면, 이 시기 근대 이행기에 사회와 개인이 태어났다. 근대적 사회와 개인의 탄생은 오래전 발아된 근대적 계기의 결과적 현상이자 향후 시민 사회로 진화하는 출발점이었다. 어떤 과정을 거쳤고, 어떤 계기가 있었는가? '사회'와 '개인'은 어떤 변동론적 함의를 갖고 있었으며, 당시 지식인과 인민으로부터 어떤 기대 지평을 부여받았는가? 이것이 우리의 핵심 관심사다. 각 개념이 시간적으로 어떻게 변했는지 간략히 살펴보자.

(1) 각기 자기(自己)의 직분(職分)을 무(務)하며 자기의 호오(好惡)를 종(從)하여 자기(自己)의 취의(趣意)를 욕달(欲達)함으로 선(先)을 쟁(爭)하나니 차(此)는 즉 세인(世人)의 상경상려(相競相勵)하는 사(事)라. (……) 약세간(若世間)에 경려하는 인정(人情)이 무(無)하면 기심기력(其心其力)을 노(勞)하여 공명사위(功名事爲)를 경구(經求)하는 자(者)가 기영(其影)을 절(絶)할지라. (……) 금(今)에 무교(無敎)한 이민(夷民)의 군집(群集)한 중(中)에 일편(一片)의 보(寶)를 투(投)한즉 기중(其衆)이 홀연난동하여 상쟁호투하는 누태추습(陋態醜習)이 가긍(可矜)하며 가증(可憎)할지나 차는 경려하는 도(道)에 강기(綱紀)가 무(無)함을 인연함이니 차속(此俗)도 일변(一變)하면 가히 도(道)에 지(至)할지라.(1888년)[53]

(2) 이전에 회라 하는 것은 편쌈하는 회나 아(亞) 자 걸음으로 향음주례하는 회뿐이라. 대저 회라 하는 것은 정부나 사회상이나 제일 요긴한 것이요 학문상과 지혜와 생각과 의견과 경제상에 가장 유조한 것이라 배재 학당에 협성회와 독립관에 토론회가 크게 아름다우며 충청남도 공주 쌍수 성하에 독립 협회가 극히 좋은 일이더라. (……) 나라가 잘 되고 못되는 것은 돌아보지 않고 밤낮 자기들의 사사 욕심들만 채우려고 모여 못된 의론질들만 하니 실로 애석하도다. (……) 대한 풍속으로 말하면 상하귀천이 있을 터인데 다 동등으로 경례를 하여 차등없이 대접들 하니 이것이 또한 동포 형제간에 서로 사랑하는 아름다운 뜻이라.(1898년)[54]

(3) 금일시대(今日時代)는 이어고석(異於古昔)하여 국지소이위국자(國之所以爲國者)는 정계(政界)와 사회(社會)의 사업(事業)이 여지구진(與之俱進)이라

야 국내흥륭(國乃興隆)하는지라 연(然)이나 정계상사업(政界上事業)은 통할(統轄)에 재(在)할 이기(而己)어니와 사회상사업(社會上事業)은 전일(專一)하여 기공효(其功效)가 역취(易就)라 고로 금지위국자(今之爲國者)는 우적사회지력(尤籍社會之力)하나니 사회자(社會者)는 일반인민(一般人民)이 상호결합(相互結合)하여 국가와 민족의 공익사업을 협력진취자(協力進就者)가 시(是)라.(1906년)[55]

(4) 도덕의 목적은 요컨대 사회국가의 안녕번영함을 의(依)하여 개인의 행복을 증진함에 재(在)함이니 자신의 행복은 일신일인(一身一人)을 의(依)하여 향득(享得)하는 자(者)가 아니오 인인(人人)이 집합하야 가족사회와 국가의 행복과 상수(相須)하야 비로소 성립함이 됨으로써 차등의 가족사회와 국가에 대한 도덕은 자신의 행복을 향득하기 전에 미리 실행함을 요할지라. 가령 가족이 불목(不睦)하고 사회의 질서가 문란하며 국가의 권력이 미약할 시는 인(人)이 어찌 홀로 행복을 향수(享受)하리오. (……) 가족이란 자는 부자형제부처 등 일가중(一家中)에 동거하는 혈연이 유(有)한 각개인(各個人)의 단체(團體)를 운(云)함이오 사회란 자는 혈통주종의 관계유무를 막론하고 다만 생존행복에 관하여 기이해(其利害)를 공동히 하는 각개인의 집합(集合)함을 운(云)함이오 국가(國家)란 자는 독립의 주권을 의(依)하여 통치함이 되는 일정한 토지와 일정한 인민의 단체를 운함이라.(1906년)[56]

(5) 개인이 상취(相聚)하여 사회를 조성하매 기인격(其人格)을 호상존중하며 기복리(其福利)를 상호계도키 위하여 정치경제의 기능이 유(有)한 바라 정치와 경제는 실로 사회조직에 이대(二大) 운영이니 일(一)은 사회의 질서를 유지하며 이(二)는 생활의 편리를 기도하여 공동의 완미(完美)를 주성(做成)하고 (……) 사회의 요소(要素)되는 개인의 품성이 완미키 불능할 시(時)

에는 도저히 기(其)만족한 결과를 미득할지라 고로 차이대(此二大) 기능 외에 교화의 기능이 유(有)하여 자연적 상태에 재(在)한 인류(人類)를 화(化)하여 사회성분(社會成分)에 적합게 하며 향상발전케 하며 차사회로써 점차 이상(理想)의 고구(高丘)에 등달(登達)케 하나니 인격의 양성은 실로 차기능을 대(待)할 바 다(多)하도다.(1908년)[57]

위 다섯 예문의 시차는 20년이다. 1888년 유길준이 『서유견문』을 탈고했을 때로부터 《태극학보》가 발간된 1908년까지 개인과 사회의 용례와 표현이 어떻게 달라졌는지 한눈에 파악할 수 있다. 대체로 근대적 용법이 정착한 것은 1905년을 전후한 때임을 짐작할 수 있다. (1)과 (2)는 개념과 용법이 아직 명확히 분화되지 않은 상태이며, (3)~(5)는 개념의 정의와 함의가 비교적 명료했고 다른 개념과의 관계도 분명했다. (4)와 (5)는 오늘날의 용법과 거의 일치할 정도로 논리적 체계를 갖추었다고 보면 개인, 사회, 국가의 '근대적 개념'은 1905년에서 1910년간에 정착되었다고 단정할 수 있다.

유길준이 『서유견문』을 집필할 당시에는 개인과 사회를 지칭할 근대적 용법이 마련되어 있지 않았다. 그의 머릿속에는 플네토(弼賴土), 아뤼스토털(阿利秀)[58]과 루소, 로크, 몽테스키외 등의 학자들이 들어 있었건만 그들의 학설을 국문으로 표현할 길이 없었다. 일본 유학 당시 그의 스승 후쿠자와 유키치의 『서양사정』을 참조하여 개별 인민을 '일인(一人)', '일신(一身)'으로 표현했고, 자신을 나타내고자 할 때는 '자기'를 썼다. 후쿠자와에게도 그랬지만, 사회는 아직 개념이 정립되지 않은 상태였다.[59] 『서유견문』에는 '사회'라는 말이 딱 한 군데 나오는데, 오늘날의 관점에서도 아무런 이의가 없을 정도로 현대적이다. 예를 들면 각국의 경찰 제도를 논하는 곳에서 "인세(人世)의 안녕에 방해되는 자를 구제(驅除)하며 온평한 대지(大旨)에 장애(障碍)하야 사회(社會)의 화호(和好)에 손상되는 자를 억알(抑遏)하야 민생의 복지와 안강(安康)에 유관한 사항은 개(皆) 기직(其職)의 간예(干預)함인 즉……."[60]이라 서술했다. 사회의 온화한 질서를 파손하는 자를 통제하는 역할이 경찰의 직분이라고 하면서 그냥 무의식적으로 사회라는 말을 썼던 것으로 보인다. 기업 조직을 '상인 회사(商人會社)'로 자주 표현했던 데에 비해 사회는 여전히 그에게 낯선 용어였다. 문맥상 '사회'를 지칭해야 할 곳에는 세간(世間), 군집(群集), 기중(其衆), 세인(世人) 등을 선택했다. 세간, 군집, 세인은 어떤 뚜렷한 고유의 규칙과 목적이 없는 인민의 집합체였는데, 유길준의 주요 관심이 국가와 인민의 관계에 놓여 있었기 때문이다. 『서유견문』3편 1장이 「방국의 권리」이고, 바로 다음이 「인민의 교육」, 「인민의 권리」로 이어지는 것을 보면 방국과 인민을 매개하는 중간 항은 아직 그의 관심의 주변부에 머물러 있었다.

이런 경향은 앞의 예문 (2)처럼 10년 뒤 발행된 《독립신문》에도 그대로 이어졌다. 미국 유학 경험이 있는 서재필은 미국과 유럽의 자유주의 사상과 시민 사회론을 이미 알고는 있었으나 그것을 조선에 그대로 적용하는 것은 시기상조임을 너무나 잘 터득하고 있었기에 《독립신문》의 논조는 여전히 인민의 권리와 국가에 대한 인민의 책무에 치중되어 있었다. 사회라는 개념을 가끔 쓰기는 했지만 나라, 국가보다는 상대적으로 큰 의미를 부여받지 못했으며 백성, 인민과 같은 집합적 용어를 압도적으로 많이 사용했다. 개개 인민을 지칭할 때에는 개인(個人)보다는 '즈긔(자기)'를 선택했다. 생명과 재산의 권리를 가진 주권 인민을 강조하는 문맥에서도 여전히 '사람'이라는 보통 명사이거나 자신을 지칭하는 '자기'였다. 아직 충분히 교육받지 못한 인민, '자유와 통의'를 누릴 자격 요건을 충분히 갖추지 못한 인민이 '즈긔'였고, 천부 인권을 논할 때에도 언제나 전제 조건이 따랐다. 국가와 사회에 대해 독립된 주체로서의 개인, 감각과 감정을 표출하고 사욕과 욕망을 향유할 권리를 행사하는 주체로서의 개인은 아니었다.[61]

개인과 사회라는 용어가 《독립신문》이 발간되던 1890년대 후반에 아주 없었던 것은 아니다. 일본 유학생 신해영이 《친목회회보》와 《대조선독립협회보》에서 당시 일본 학계에서 사용되던 사회 개념을 소개했으며,[62] 《황성신문》은 「경찰론」 논설에서 국가, 사회, 결사 집회의 관계를 논했다. 예를 들면 "통상 고등경찰은 결사집회급인판신문(結社集會及印板新聞) 등의 관한 사항을 검열하여 사회(社會)의 방해(妨害)됨을 제거하고"에서 오늘날의 개념처럼 사회 전반을 지칭하는 용어로 사용했다.[63] 또한 학문과 풍속을 논하는 논설에서 '개인'이 등장한다. "서인(西人)이 아국교사(我國敎師)로 고립(雇立)한 것이 혹 십여 년이오 혹 칠팔 년이로되 상금것 일개인(一個人)도 그 학문에 투철히 졸업하였다는 말을 득문(得聞)치 못하였노니……"[64]에서 일개인(一個人)은 '일개(一個) 인(人)'이기도 하고 '일(一) 개인(個人)'이기도 하다. 모두 숫자적 의미에 방점이 찍힌 말로서 주체적, 실존적 의미의 개인과는 약간 거리가 있어 보인다. 다시 말해 1900년경까지 '개인'과 '사회'는 근대적 의미를 획득하지 못한 채 이따금 사용되었다. 그러던 것이 1905년을 기점으로 개념상의 일대 전환이 일어났다. '국가의 상실'과 '국권의 위기'가 국가를 구성하는 또 다른 중요한 요소인 개인과 사회에 대한 관심을 불러일으켰던 것이다.

신문에 이따금 언급되던 사회라는 용어에 대한 본격적 탐색이 시작됐다. 인민 전반의 실상에 대해 많은 관심을 표명했던 천도교 기관지 《만세보》는 창간호에 「사회」라는 논설을 게재해 가족, 사회, 국가의 상호 관계에서 사회의 위치와 의미를 논의했다. "법률과 도덕은 사회의 진정한 기초를 유(有)하고 국가는 사회의 진정한 직능을 해(解)하고 가족은 사회의 진정한 의의를 효(曉)함이니 유기무기(有機無機)의 체(體)이오 유형무형(有形無形)의 물(物)이라."[65] 이 글에서는 가족, 사회, 국가로 이어지는 연결 논리를 제시하고 있으며 가족, 국가와는 달리 사회는 보이기도 하고 보이지 않기도 한 실체(實體)로 정의했다. 이인직은 『소년한반도』에서 '공통 생활을 하는 제인(諸人)의 단체'로부터 소사회(小社會)를 포함하는 대사회(大社會)에 이르기까지를 모두 사회로 지칭했다. 그 무렵 일본과 중국에서 일찍이 군학(羣學)으로 명명되다가 새로 개칭된 사회학이 또한 이인직에 의해 소개되어 『소년한반도』에 게재될 정도로 사회 개념은 당시 지식인의 관심을 끌기에 충분했다.[66] 국가 상실의 시대에 국가와 인민 사이에 존재하는 또 다른 실체, 그리고 상실한 국가를 회복할 수 있는 어떤 잠재력을 간직한 실체를 찾고자 하는 지식인의 갈망에 부응한 것이 바로 사회 개념이었다. 《황성신문》은 지식인 공론장의 이런 추세를 간파하고 사회학 관련 광고를 게재했다. 중국과 일본에서 수입한 서적 광고였는데, 사회학 관련 용어들을 열거했다.[67] 앞의 예문 (3)에서 보듯 당대의 대표적 지식인이었던 박은식이 국가, 사회, 민족의 관계에 관한 논설을 《서우(西友)》에 게재한 것도 그 무렵이었다.

그렇다면 1905년부터 1910년까지 개인과 사회 개념에 어떤 변화가 일어났는가?

우선 개인 개념의 변화를 살펴보자. 자기, 일신, 일인으로 호칭되던 것이 1905년 이후에는 드디어 '개인'으로 발전했다. 예문 (4)에서 보듯 사회 조직의 기초 단위로 '개인'이 자리매김되었으며, 일인일신(一人一身), 인인(人人)과는 달리 가족의 기본 단위로서, 사회의 집합 단위로서, 인민의 단체인 국가를 구성하는 기본 단위로 각별한 의미를 부여받았다. 예문 (5)에서는 개인의 자격을 특별하게 규정하여 품성의 완성체, 인격의 구현체로 개인의 지위를 끌어올렸다. 기존에는 국가와 사회로부터 일인 일신의 존재감이 도출되었다면 예문 (5)의 시선은 '개인의 상취'가 '사회를 조성'하는 우선 요인으로 서술할 만큼 '개인'의 위상을 높였고 그에 대한 기대 지평을 확장시켰다. '인격의 양성'은 사회적 요소인 정치, 경제의 기능을 향상시키고, 궁극적으로는 사회 조직의 이상 실현에 기여한다는 근대적 인식에 도달한 것이다. 국가, 사회의 보존을 위해 우선적으로 개인을 존엄히 여기고 개인적 능력을 배양해야 한다는 초점의 이동은 당시 체육론, 위생론, 인격론에 대한 각별한 관심을 불러일으켰다. 《서우》, 《대한자강회보》, 《태극학보》, 《대동학회월보》, 《대한흥학보》 등 지식인이 발행했던 당시 학회지에 체육론, 청년자질론, 위생학, 인격 수양론 등이 거의 매회 게재되었던 까닭이 이것이다. 문일평은 「체육론」에서 "장래 사회 국가(社會國家)에 공민(公民)된 책임을 다하려면……." 일곱 살 이상의 학생들에게 체육을 가르쳐 건강한 심신을 길러 내야 한다고 설파했다. 공민은 '공적 책무를 지닌 국민'이란 뜻으로 '건강한 체력, 우아적 기상, 용감적 정신'을 배양한 개인을 그 기본 전제로 설정했다. 공민, 국민의 기본 단위이자 존엄성을 갖춘 '인격적 개인'에 강조점이 찍혔다.[68] 이 글이 실린 《태극학보》의 논설은 「수양의 시대」였고, 《서우》에는 창간호부터 줄곧 '위생론'이 실려 건강한 생활의 지혜와 과학적 지식을 전파했다. 예를 들면 《서우》 위생부 논설에서 이규영은 "대범 오인(吾人)이 일세간(世間)에 생활하야 수유(須臾)라도 가리(可離)치 못할 자는 즉 위생이니 (……) 금에 기최긴최요(其最緊最要)한 생(生)의 부(父)되는 공기의 필요와 명(命)의 모(母)되는 음식, 의복, 거처의 필요를" 논했다.[69] 앞 절에서 고찰한 '국민의 호명' 속에 국민의 기초 단위로서 '개인의 확인'이 이뤄진 것이다.

그래서 둘째, '사회의 발견'도 이런 방식으로 이뤄졌다. 국가가 존재했던 1905년 이전에는 특정한 사적 이해를 공유한 인민의 모임인 회, 사, 단체 개념이 지배적이었다. 그러던 것이 이후에는 공익을 도모하는 '인민의 상호 결합체', 더 나가서 '상등 사회', '하등 사회', '청년 사회', '부녀 사회', '귀족 사회', '양반 사회', '평민 사회', '노동 사회', '상류 사회'처럼 인구의 특정 집단을 지칭하는 용어로 점차 확장되다가 드디어 1905년을 전후하여 가족, 사회, 국가의 연결 고리에서 중간 영역에 위치한 '생존 행복의 이해를 공유하는 각 개인의 집합'이라는 근대적 용법으로 진화했다. '개인'이 사적 욕망을 지닌 인격적 존재라면 사회는 질서, 안강(安康), 복지를 위한 공익 정신으로 이뤄진 조직이다. 가족, 사회, 국가에 위치한 개인은 각각 부모 형제, 공민, 신민, 국민으로 불리지만 그것은 역할의 차이일 뿐 본질은 하나로 연결되어 있다는 점이 부각되었다. 예문 (4)의 글에서 신해영은 이렇게 강조한다. "각 역할은 병행하여 편폐(偏廢)함이 불가(不可)한 바라 만일 기일(萬一其一)을 결(缺)하면 타(他)도 또한 만전(萬全)함을 기대키 불가(不可)하니라."[70] 사회를 개인이 공민이 되는 영역으로 정의하자 비록 사적 욕망에 가득 찬 개인일지라도 국가 영역에서 국민으로 역할할 수 있는 연결 통로를 만든 것이다. 그리하여 '사회'는 개인과 국가 간에 존재하는 실체로, 양자의 존속과 번영을 가능케 하는 중대한 영역으로 인식하기에 이르렀다. 예문 (5)는 여기서 한발 더 나아가 현대적 의미까지 캐내고자 했다. 정치, 경제에 대응하는 기능을 갖는 좁은 의미의 사회와 그것을 다 포괄하는 넓은 의미의 사회를 구분하기에 이르렀던 것이다.[71]

지식인 공론장에서 전개된 이 같은 논의와 이론이 세간에 얼마나 큰 영향을 미쳤는지는 미지수다. 순 한문체로 쓰인 《만세보》의 독자 범위는 매우 작았고, 이인직의 글이 실린 《소년한반도》 역시 독자 수는 제한적이었다. 각 매체의 논조도 달랐다. 《만세보》는 '사회'에 강조점을 찍은 데 비하여, 영향력이 컸던 《대한매일신보》는 '국가'에 초점을 맞추고 있었다. 또 다른 매체들은 당시 활발하게 출현했던 결사체, 단체, 조직의 활동상을 소개하는 한편 사리에 치우친 쟁단과 각종 폐단을 지적하기도 했다. 논설이 실린 각종 학회보는 지식인과 교양 시민에게나 어울리는 수준 높은 고급 논문집이었다. 신해영이 편한 교과서는 정치적으로는 중립이었고 "조선의 현실과는 무관하게 추상적인 논리의 차원에서 쓰이고 있었다."[72] 박명규는 신해영을 위시한 당시 교과서 논조를 "사회 개념의 탈정치화, 탈역사화를 촉진시키는 데 적지 않은 역할을 했다.”라고 조심스럽게 진단했다.[73] 맞는 말이다. 그럼에도 당시 사회와 개인 개념의 출현과 의미의 진화에 대한 종합적 인식 지도를 그려 내는 것은 중요하다. 왜냐하면 유길준이 군집(群集)과 자기일신(自己一身)이라는 용어를 써야 했던 때로부터 약 20년 만에 근대적 개념이 정착되었고 또 지식인 공론장에서 활발하게 쓰이기 시작했기 때문이다. 이 시기 사회 개념의 출현과 의미 변용에 대해 가장 포괄적이고 종합적인 분석을 내놓은 박명규는 논문의 말미에서 이렇게 말한다.[74]

'사회' 개념이 처음으로 소개되고 사용되기는 1896년 이후로 보이지만 그것이 본격적인 자기 개념으로 사용되고 활용되기는 1900년대에 접어들어서다. 특히 1905년 을사늑약으로 국권이 상실되고 반식민지로 전락하는 위기의 상황을 보면서 총체적인 문화적 반성과 재구성의 노력이 나타나게 되는데, 이 과정에서 사회 개념은 중요한 담론적 지위를 획득하게 되었던 것으로 생각된다. (……) 비록 사회라는 개념어의 사용 형태가 다소 불안정하고 때때로 공허한 모습을 보이는 경우에도 그 개념의 현실적 함의는 매우 분명한 것이었다.

필자는 이 서술에 전적으로 동의한다. '사회'는 1905년을 전후로 이론적, 실천적 함의를 부여받은 새로운 개념으로 떠올랐던 것이다. 이론적으로 떠올랐을 뿐 아니라 경험적 현실 공간에서도 그 실체가 생겨났다. 이것이 중요하다. 개념사적으로 더 힘줘 말하면 닫힌 경험 지층에서 기대 지평을 열어 줄 신개념이 필요했던 것이고 그것이 '개인'이고 '사회'였다. 개인과 사회가 이렇게 탄생했다. 또는 지식인 공론장에서 개인과 사회를 발견하고 탄생시켰다. 박명규의 지적대로 "그 개념의 현실적 함의는 매우 분명한 것이었다." 이론적, 경험론적 관점에서 개인과 사회의 탄생은 그 자체로 근대를 입증한다. 근대 이행기에 개인과 사회가 탄생했다는 것, 그것도 국가의 소멸이 점차 가시화했던 위기의 시간대에 개인과 사회가 탄생했거나 잉태되었다는 것은 무엇을 말하는가? 탄생했거나 잉태된 개인과 사회를 앞에서 살펴본 '국민의 호명'과 '상상 국가'와 접합한다면 조선의 근대 이행의 양식에 어떤 함의를 갖는가? 박명규가 말한 '담론적 지위'의 구체적 내용은 무엇인가?

첫째, 개인과 사회의 탄생은 그것이 없던 조선에서 봉건 체제가 거의 마감되고 근대로 이행했음을 뜻한다. 그것은 그야말로 오랜 파란만장한 과정이었다. 이 책 1장에서 분석했던바, 1860년대부터 시작된 '말안장 시대'는 조선의 통치 체제를 지탱하던 중심축이 분리되고 분화하는 지리한 과정이었다. 갑오개혁을 계기로 증폭된 분리와 분화 과정은 군주와 인민으로 구성된 봉건적 이원 체제를 개인-사회-국가라는 근대적 삼원 체제로 바꿔 놓은 것이다. 동학에서 생성된 '자각인민'이 근대 이행기 '개명인민'을 거쳐 그 궁극적 목적지인 '개인'에 당도했다는 것만큼 조선 근대사에서 그에 견줄 만한 엄청난 변혁이 있을까. 조선에서 개인이 탄생하다니! 통치와 교화의 대상이었던 인민이 '진정한' 역사의 주체, 그것도 천부 인권을 비롯하여 재산, 종교, 생명, 의사 표현, 사법 및 공법 권리를 인정받은 '개인'으로 태어날 그 시간대를 위해 얼마나 험난한 역사적 사건과 굴곡을 건너와야 했던가. 이를 위해 천주교도 2만 명이 형장의 이슬로 사라졌고, 동학군 20~30만 명이 논밭과 야산에서 죽어 갔다. 이런 사정은 사회의 탄생도 마찬가지다. 양반층과 인민을 매개할 공간이 없던 조선에서 개인의 자발적 결사체, 조직, 단체가 태어나고, 그것을 포괄하는 공사익의 종합체로서 '사회'가 국가와 개인 사이에 상정되고 실체(實體)로 인정되었다는 것은 조선 역사의 본질을 바꾼 거대한 변혁이었다. 말안장 시대가 향했던 거대한 변동의 종착지가 개인과 사회의 탄생이었고, 그것을 기본 구성 요소로 하는 국가의 건설이었다. 근대 이행기 후반기에 조선은 적어도 '이론적 공간'에서나마 개인-사회-국가로 이뤄진 근대 체제를 출범시킴으로써 그것에 상응하는 '현실 체제'를 구축해야 할 새로운 역사적 과제에 당면했다.

둘째, 그런데 그것이 국가의 소멸 위기에서 국민을 호명하는 가운데 급작스럽게 이뤄졌다는 점이다. 국민 호명 이후 개인과 사회가 탐색되었다기보다는 국민의 호명과 개인, 사회의 발견이 동시적으로 이뤄졌다고 해야 옳다. 소멸하는 국가를 붙잡고 국권을 회복할 새로운 주체로서 국민이 '발견'되었다면 이 '추상적 국민'을 작동시키고 활력을 불어넣는 구체적인 행위자가 필요했던 것이다. 지식인은 국민을 호명하면서 국민 정신, 국혼, 조선혼 등 이념적 푯대를 세우기는 했으나 그것을 채우고 실행할 실질적 주체가 필요했다. 국가는 소멸해도 '개인'과 '사회'는 살아 있다. 당시 지식인이 주목한 사실이 이것이었다. '형식적 국가'가 소멸하는 자리에 '정신적 국가'를 설정한 지식인은 국민 정신, 역사 정신, 민족혼을 담지할 구체적인 행위자를 다시 호명했고 거기에 개인과 사회가 응답한 것이다. 국민, 개인, 사회의 발견은 동시적으로 (또는 순차적으로) 이뤄졌다. 국민이라는 관념적, 추상적 집합 명사를 구체화할 수 있는 행위자가 개인이고 사회였다. 개인과 사회는 이렇게 탄생했다. 지식인에 의해 잉태되었다고 해도 좋다.

셋째, 개인과 사회가 탄생했지만 형식적 국가는 소멸 일로에 있었다. 국민이 그 국가 건설의 주체로 떠올랐듯이 국가 건설의 과업이 국민의 실질적 구성 요소인 개인과 사회로 이전되었다. 개인과 사회의 이해와 목적이 '국가 건설'로 수렴되면 시민 사회를 형성하는 개인과 사회의 성격과 진로가 바뀐다. 이 점이 서양과 다르다. 서양의 근대, 특히 자유주의 초기에 개인과 사회는 국가에 대항하여, 또는 협력 관계 속에서 그 실체와 윤곽을 형성했고 국가에 반하거나 일치하는 이해 관심을 표면화시켜 주권 영역을 지키고자 했다. 시대를 막론하고 서양의 국가는 언제나 강력했다. 하버마스는 국가의 간섭에 저항하여 영리 추구를 향한 계급 이익을 극대화하는 각종 매체와 토론회, 정치적 조직으로 연결된 부르주아 공론장의 작동 기제를 각국 사례를 통해 보여 주었다. 적어도 1870년대 제국주의 시대가 개화하기까지 각 사회 계급은 자신의 이해 영역을 보다 단단하게 구축하기 위해 간섭과 규제 장치를 발동하는 국가와 대립 혹은 제휴 관계를 유지했다. 국가와 계급의 이런 상태를 합리화한 이론이 바로 시민 사회론이다. 여기서 '시민'이란 국가의 불합리한 통제와 개입을 물리치고 천부 인권을 부여받은 시민이 도덕과 공익에 의거하여 자율적으로 통치해 나간다는 것을 뜻한다. 불어로 시민(citoyen), 독일어의 시민(bürger), 미국과 영국의 시민(citizen)은 약간의 의미 차이에도 불구하고 국가 권력에 저항적이라는 공통점이 있다. 천부 인권설에 입각하여 개인-시민 사회-국가론으로 논리를 전개한 시민 사회론의 가장 중요한 목적은 국가 권력에 대한 시민 사회적 권력의 정당성을 이론화하려는 것이다. 시민 사회론은 국가 주권인 대문자 S를 개별 주권인 소문자 s의 총합으로 규정하고 개별 시민들의 사회 계약(social contract)인 자발적 위임으로 만들어진 것이라고 정의했다. 사회 계약설은 현실을 거꾸로 뒤집은 것이다. 대문자 S인 국가의 권력은 결국 위임받은 것에 지나지 않는다. 시민 사회론자들은 왜 현실에 거스르는 역방향의 이론화를 시도했을까? 국가의 임의적 횡포에 대해 시민 사회를 보호하는 이론적 보호막을 창안하려고 했던 것이다. 이런 시민 사회론에 힘입어 상승 계급인 부르주아 계급은 자유주의 시대를 구가했다. 그러나 국가 간 경쟁이 치열한 국민 국가의 시대가 개막되자 사정은 달라졌다. 국가의 독주가 다시 역사의 전면을 장식한 것이다. 헝가리의 경제사학자인 칼 폴라니는 국민 국가(혹은 민족 국가)의 출현을 20세기 '거대한 변혁(great transformation)'의 가장 중요한 행위자로 자리매김했다.

무엇을 말하고자 하는가? 조선에서 탄생한 개인과 사회는 국가와 독립적인 이해 관심의 형성 과정, 즉 시민 사회적 경험을 향유하지 못했다는 사실을 지적하려고 한 것이다. 개인과 사회가 탄생했으나 그것은 국가에 대해 독자적이고 배타적인 이해 관심과 계급적 이익을 추구할 겨를도 없이 곧장 국가 건설의 과업을 부여받았다. 다시 말해 개인과 사회는 국가 건설을 최고의 목표로 탄생했고, 그것이 태생적 본질이었다. '상상 국가'와 개인, 사회가 공동의 관심인 '자주독립'에 혼연일체가 된 상태로 근대가 출발한 것이다. 그것도 식민지로 전락한 어두운 시간대 속에서 말이다. 개인이 태어났으나 권리를 충분히 향유할 정치 경제적 환경이 아니었고, 사회가 출현했으나 국가와 이해 관심을 다툴 상황이 아니었다. 그 결과는 시민성(civicness)의 결핍이었다. 아니 시민성을 배양할 여유가 허용되지 않았다. 1905년을 전후로 탄생한 개인은 '시민성을 유보한 시민'으로 성장해야 했고, 사회는 국가 권력을 견제하는 '시민 사회적 성격'보다는 국가를 위한 '동원적 성격'을 더 수용하는 방향으로 진화할 수밖에 없었다. 이런 외적 제약과 상황 때문에 시민적 자격을 온전히 갖춘 '상상적 시민(imaginary citizens)'은 문학 영역에서나 가능했다.[75] 그것도 모든 저항적 언어와 행위를 탄압한 식민 통치 하에서 패배 의식에 가득 찬 채로 말이다. 이것이 '상상 국가'에서 '상상적 시민'이 탄생한 조선의 특수성이다. 문학 영역에서 진화한 '상상적 시민'이 다음에 고찰할 6장의 주제다. 그 이전에 사회의 탄생을 구체화한 '결사체의 시대'를 우선 살펴볼 필요가 있다.

결사체의 시대

근대 이행기를 연구하는 사학자와 국문학자들은 이 기간에 많은 단체와 학회가 결성되어 국권 상실의 위기를 극복하고자 다각적인 노력을 했다는 사실에 비상한 관심을 기울였다. 일제가 조선의 목을 더욱 옥죄고 제국 간 이권 쟁탈이 치열해지던 그 험난한 시기에 지식인, 지사, 선각자 들이 대중

신문을 창간하고, 공론을 조성해 여러 형태의 국권 회복 운동을 펼쳤으며, 많은 뜻있는 농민들은 의병 전선에 스스로 나서 자주독립의 교두보를 구축하려 했다. 학교가 설립되고 야학이 들불처럼 번졌다. 불과 15년 정도의 짧은 기간에 벌어진 이 엄청난 변동의 물결은 실제로 같은 시기 다른 국가에서는 목격하기 어려운 장면이었다. 단체 이름이 ○○회, ○○단, ○○사로 명명된 결사체들은 주로 애국 운동과 계몽 운동에 활동 목적을 두었으며 회원 간 친목과 교제를 도모하는 모임도 있었다. 역사학자들은 이 시기를 애국 계몽기로 명명하고 단체들이 발행한 학보, 학회지, 잡지 등에 실린 글들을 분석해서 당시 지식인이 지향했던 변화의 방향과 가치관, 세계관의 구체적 내용을 근대 이행의 관점에서 해석하는 데에 많은 성과를 보여 주었다. 그 덕분에 국권 회복에 나선 당시의 지식인과 일반 인민이 절망적 상황을 타개하기 위해 어떤 생각을 하고 인식과 행위 양식을 어떻게 변화시켰는지 이해하게 되었다.

그런데 누구도 결사체의 의미에 주목하지 않는다. 이 시기를 전공하는 연구자라면 누구나 알고 있는 그 평범한 사실의 '각별한 의미'를 놓치고 있다는 말이다. 각종 목적과 취지를 표방한 단체의 존재와 기능은 연구의 기초 사료로서 누구나 다 알고 있지만, 그것이 조선 근대사에서 어떤 '특별한 의미'가 있는지는 누구도 지적한 바가 없다. 결사체라는 새로운 존재, 조선에서는 여태까지 출현한 바가 없는 새로운 사회 조직이 갖고 있는 변동론적 함의는 무엇인가? 이 질문은 '사회의 출현'과 관련하여 매우 중요한 단서를 제공한다. 왜냐하면 결사체의 태동은 국가와 인민으로 구성된 조선에 '사회가 탄생했음'을 알리는 신호이며, 인민이 기존과는 본질적으로 다른 새로운 조직 원리로 사회적 관계를 맺게 되었음을 입증하는 근거이기 때문이다. 결사체(結社體)를 영어로 association이라 표기하는데 사람들이 자신들의 이해에 따라 공동 목표를 완수하기 위해 자발적으로 결성한 모임이라는 뜻이다.

자발적 의사로 결성한 단체라는 뜻에서 흔히 '자발적 결사체'로 불린다. 그것은 일단 공동 목표가 달성되면 해체되는 단기적 존속 성향을 갖기도 하고, 사회 여건의 변화에 따라 회원 간 목표 수정이 합의되면 중장기적 존속을 꾀하기도 한다. 자발적 결사체는 회원 간 합의와 여건 변화에 따라 탄생과 소멸, 활성화와 쇠퇴라는 일반 생명체가 겪는 경로를 걷는다. 집합 행동과 사회 조직을 연구하는 사회학자들은 어떤 외부 여건과 환경 요인이 자발적 결사체의 탄생을 촉진하고, 어떤 내적 요인이 그것의 쇠락과 소멸에 연관되는지를 밝혀내는 데에 많은 노력을 기울였다. 자발적 결사체의 활성도는 시민 참여라고 하는 근대성 지표와 직결되기 때문이고, 시민 참여가 활발한 사회에서는 근대화와 경제 성장이 더 빠르고 견실하게 일어난다는 일반적 명제가 정립되어 있기 때문이다.[76] 아무튼 시민 참여를 활성화하는 주체가 결사체인데, 이런 뜻에서 결사체는 '새로운 사회 조직'이자 봉건 체제에서는 전혀 불가능한 '작은 근대 사회'이다.

역사학자들이 밝혀낸 그 많은 애국 계몽 단체들은 어떤 특정한 목적과 취지로 결성되었다는 의미에서 결사체이고, 당시 사람들이 자신의 뜻과 자유 의사에 따라 가입과 탈퇴를 결정했다는 뜻에서 자발적 결사체다. 조선에서 1894년 갑오개혁 이전에는 이런 유형의 조직이 존재하지 않았고 존재할 수도 없었다. 단 하나의 예외를 제외하고 말이다. 동학 농민 전쟁 당시 집강소와 도소는 전쟁 지휘 조직이자 자치 조직으로서 자발적 결사체의 성격을 많이 갖췄다고 해도 좋다. 그러나 조선 조정이 그것을 허락하지 않았고 자발적 결사체의 요건인 공식 인정(public recognition)을 취득하지도 못했다. 갑오개혁 이후 그런 조직이 저절로 생겨났다. 1894년 서울에서 소수의 관료들이 결성한 '독립 구락부'가 생겨났고, 일본 도쿄에서 '대조선인 일본 유학생 친목회'가 결성됐다.(1895년) 친일 단체이기는 하지만 '건양 협회'가 생겼고(1896년), 자발적 결사체의 효시라고 할 수 있는 '독립 협회'가 탄생했다.(1896년) 독립 협회는 개화파 지식인과 고위 관료들이 주도했으나 일반 인민에게도 문호를 개방해 전국적 공론을 만들어 갔던 최초의 본격적 결사체이다. 그 내부에 얽힌 복잡한 정치적 갈등을 논외로 하면[77] 만민 공동회와 관민 공동회는 오늘날 우리가 광화문 광장과 서울 광장에서 자주 목격하는 거대한 시민 운동과 다를 바 없다고 해도 과언이 아니다. 만민 공동회에 운집한 군중이 1만 명을 헤아렸다고 하니 당시 도성민 10만 명의 10분의 1에 해당하는 규모다. 오늘날로 따지면 약 100만 명이 운집한 군중 대회였다. 독립 협회는 인민이 특정 목적을 위해 단체를 결성하고 자신들의 의사를 관철하거나 공론장에 영향력을 행사할 수 있다는 자신감을 고무시켰다. 결사체의 전범(典範)이 된 것이다. 이후 기독교회, 신식 학교를 중심으로 활발하게 단체 결성이 이뤄져 '협성회'(1896년), '상동청년회'(1897년), '대한애국청년회'(1898년), '면려회'(1901년), '황성기독교청년회'(YMCA, 1901년) 등이 출현했다. 교회, 학교, 신문사를 기반으로 작은 소모임들이 결성되던 것이 초기의 추세라면, 1905년을 전후하여 전국 규모의 정치, 사회 조직들이 등장하기 시작했음은 자발적 결사체의 전반적 동향에 커다란 변화를 몰고 왔다. 1904년 손병희가 도쿄에서 '대동회'를 결성해서 동학의 재개를 선포했고, 친일 관료 송병준 등이 '유신회'를 조직해서 정치 결사체의 활동을 개시했다.(1904년) 1905년 을사늑약은 결사체 탄생의 기폭제가 되었음은 앞에서 지적한 바다. 애국 계몽기로 불리는 1905년에서 1910년은 이른바 '결사체의 시대'였다. 조선에서 한번도 등장한 적이 없는 자발적 결사체 수백 개가 전국에 출현해서 활동을 개시했다. 결사체의 설립 추이는 [그림 1]에서 확인할 수 있고, 이 분석에 사용한 결사체 자료는 부록에 첨부했다.[78]

자료를 더 검토하면 많은 수의 결사체를 찾아낼 수 있겠지만, 일단 284개의 결사체가 이 기간에 확인되었다는 사실만으로도 당시 발생한 '사회 조직 원리의 대변혁'을 입증하는 데에는 부족함이 없다. [그림 1]을 보면 1905년

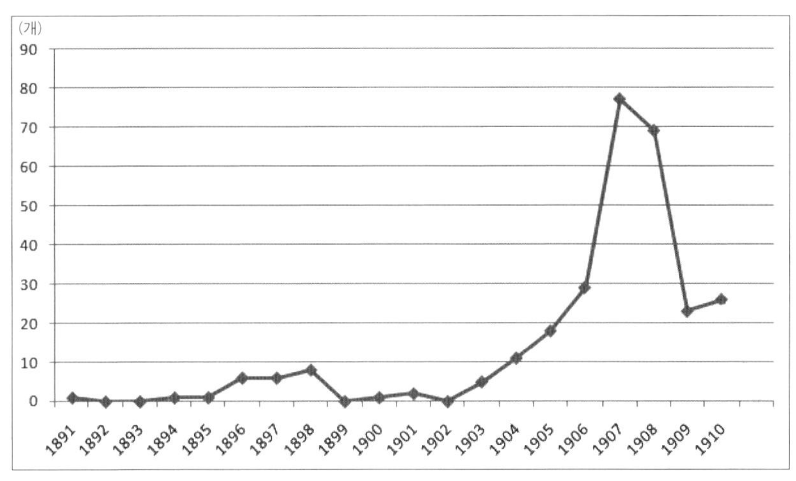

[그림 1] 자발적 결사체의 설립 추이(1891~1910년)

을 기점으로 결사체의 출현이 급증했다가 1907년 구식 군대 해산과 국채 보상 운동을 계기로 정점에 이르고, 다시 하강 추세로 접어들어 1910년까지 급격한 쇠퇴 과정을 밟았음을 알 수 있다. 1910년 이후의 추세에 대하여는 또 다른 정밀 분석이 필요하겠지만, 이 연구의 초점은 '자발적 결사체의 출현' 그 자체에 놓여 있다. 자발적 결사체의 출현은 도대체 무엇을 의미하는가? 앞에서 서술한 '사회' 개념의 일반화 양상과 결부하면 다음과 같은 변동론적 함의를 도출할 수 있다.

첫째, 당시 지식인 공론장에서 발견한 '사회'라는 개념이 추상적, 이론적이라면 자발적 결사체는 여기에 가시적이고 현실적인 내용을 채워 '사회력(social forces)'의 구체적 작동 양상을 보여 주었다. 자발적 결사체는 '이론적 사회'를 생활 영역에서 체화한 '실질적 사회'였다. 사회 개념을 이론에서 실천으로 이행시킨 주체적 행위자가 자발적 결사체였다는 뜻이다. 사람들은 자발적 결사체를 통해서 사회의 실체를 느꼈으며 사회적 힘이 어떻게 작용할 수 있는지 체감했다. 조선 시대를 일관해서 군주와 사대부가 그토록 강조했던 민의(民意)가 상의하달이 아니라 하의상달로 생성되어 정부를 어떻게 압박할 수 있는지 실감했으며, 통치 계급이 그토록 중시했던 민의가 자신들의 실질적 생각과는 다를 수 있다는 것을 깨달았다. 통치 계급의 민의와 자신들의 그것에 차이가 있을 때 민의를 공론으로 바꿔 통치 계급의 정치적 의도를 견제하고 인민적 대의를 실행할 수 있는 통로가 자발적 결사체임을 알게 된 것이다. 민국 이념의 진정한 본질은 도덕적 군주에게도 존재하지만 민의 생성과 공론 형성을 추동시키는 자발적 결사체도 그에 못지않은 주체적 행위자임을 깨달았다. 그것은 추상적 차원에서만 논의되던 '사회'를 경험적, 실천적 공간으로 구체화한 실질적 행위자였던 것이다.

둘째, 당시 자발적 결사체의 주도 계층이 지식인, 유지, 지방 유림, 종교인이었다는 점에서 조선 전통 사회의 조직 원리였던 계(契)의 연장선으로 파악할 수도 있다. 실지로 '서우학회(西友學會)' 설립 취지문에서 과거 존재했던 도계(道契)의 전통을 잇는다는 표현이 나오기도 하는 것을 보면 학회 설립인들이 전통적 사의식(士意識)에 기반하고 있었을 것으로 추측된다. 호남학회, 기호흥학회의 설립 취지문에도 국가가 위급한 때에 자주독립의 책임이 막중한 유학(儒學)들이 그냥 방관할 수 없다는 구절이 자주 나타나는 것을 미뤄 향계(鄕契)의 추억과 유림의 공적 책무가 투영된 결과로 해석할 수도 있겠다. 서우학회 설립자 중 한 사람인 이갑(李甲)은 량치차오의 「논학회(論學會)」를 번역한 글을 실었는데 학회의 위상을 이렇게 서술하고 있다. "심지(心智)를 군(羣)하는 사(事)가 이(頤)한지라 구인(歐人)이 지지(知之)하야 행지자삼(行之者三)이니 국군(國羣)은 왈의원(曰議院)이오 상군(商羣)은 왈공사(曰公司)오 사군(士羣)은 왈학회(曰學會)라 차의원(此議院)과 공사(公司)의 의론(議論)과 업예(業藝)가 강불유학(罔不由學)하는 고로 학회자(學會者)는 우이자(又二者)의 모(母)라…….[79](마음의 지혜를 모으는 일이 중요한데 서양인이 이를 알아 셋을 행하니, 나라의 무리는 의원을, 상인은 공사를, 선비는 학회를 말한다. 의

370

원과 공사의 좋은 활동들이 모두 학에서 유래하니 학회는 그 두 개의 어머니다.)" 학회는 선비들의 모임으로 국가사와 상업사에 많은 지혜를 주어야 한다는 뜻이다. 당시 설립된 많은 학회가 사(士) 의식을 재현했다. '재현'한 만큼 중요한 차이가 있다. 향계, 도계의 관심은 국가 대사도 포함되었지만 기본적으로는 향촌민의 통제와 교화가 목적이었고 예속상교(禮俗相交), 환난상휼(患難相恤)같이 풍속 교화와 상부상조에 주안점이 있었다. 대체로 향회에서 다뤘던 쟁점은 그 지역의 경계를 넘어가지는 않았고, 향중공론에 참여할 수 있는 자격 요건에 엄격한 제한이 있었다. 삼척(三戚, 부모가와 처가)이 양반임을 입증해야 향안에 입록했다. 계조직은 강제적 결성, 신분적 기반, 쟁점의 지역성이라는 특성이 있다면 자발적 결사체는 자유의사에 의한 자발적 결성과 가입, 신분적 차별 제거, 쟁점의 보편성이라는 점에서 근본적 차이가 있다. 이 시기 가장 많이 등장했던 학회는 대체로 어느 정도 학력을 갖춘 '교양 시민'이나 과거 이력과 경력을 따지는 등 일정한 제한을 뒀기에 오늘날의 '전문가 집단'에 해당되지만 회원 가입에 그런 까다로운 조건을 두지 않았던 국민교육회(1904년), 뜻있는 지방민이 자유롭게 결성하고 운영한 '국채 보상 운동'의 지역 단체들이 대거 출현한 것에 주목할 필요가 있다. 향촌민이 결성했던 촌계류(村契類)가 '지역적' 공익 증진에 기여하는 조직이었다면 자발적 결사체는 '전국적' 공익과 '국민적' 희망을 실현하려는 조직이었다. 계(契) 전통이 있었기에 그 짧은 기간에 여러 유형의 자발적 결사체가 전국적으로 빠르게 설립될 수 있었다는 추론을 할 수 있다.

셋째, 그것이 조선사 초유의 현상이었던 만큼 사회의 조직 원리가 본질적으로 바뀌었음을 뜻한다. 자발적 결사체의 존재가 조선이 근대 사회로 진입했음을 단정적으로 말하는 근거로서, 이후 자발성의 확산 여부와 성숙도에 따라 점차 시민 사회적 성향을 더 많이 갖추는 방향으로 진화할 것을 예고했다. 프랑스 사회학자 알렉시 토크빌의 지적처럼 자발성은 시민성의 중요한 지표다. 1831년 미국을 여행한 토크빌은 프랑스에는 없는 미국적 습속을 목격했는데 그것을 『미국의 민주주의』(1835년)에서 결사체적 행동(associational activity)으로 개념화했다.[80] 프랑스 혁명을 일으킨 조국 프랑스에서는 여전히 봉건제가 지속되는 데에 비하여 미국에서는 왜 일찍이 민주주의적 제도가 정착했는지 의문을 품었던 토크빌이 발견한 것이 미국 고유의 습속인 결사체였다. 미국은 결사체의 행동을 통해 지역 문제를 공동으로 해결했고 주민 권력을 국가에 빌려 주는 형태의 지방 자치를 이미 구축했다. 자치 제도는 국가 권력에 대해 시민 사회의 자율적 견제력을 길러 내는 토양이었고, 결사체는 그런 시민 행동과 인식을 생산하는 기본 조직이었다. 토크빌은 "미국의 시민 사회를 태동시킨 것은 결사체"라고 단정했고, 이후의 많은 사회과학자가 토크빌의 명제를 발전시켰다. 스카치폴(T. Skocpol)과 퍼트넘(R. Putnam) 사이에 벌어진 '미국 민주주의 쇠퇴 논쟁'이 그 전형적인 예다. 특히 스카치폴은 미국 건국 초기에 설립된 비영리 결사체의 수와 조직 형태를 분석하여 시민 사회의 성장이 전국적 쟁점을 공론화하고 미국 전 계층의 보편적 공익을 추구하는 결사체들의 활동이 결정적 역할을 했다고 결론지었다. 1760년에서 1830년 동안 비영리 결사체가 보스턴 지역에서만 14개에서 135개로 증가했고, 다른 지역에서는 24개에서 1305개로 급증했다. 그는 결사체의 급증과 활동 내역을 검토한 결과 "시민 사회의 성장은 대부분 미국이 탄생하고 나서 1790년 이후에 일어났다."는 결론에 도달했다.[81] 아무튼 봉건 질서와는 질적으로 다른 근대 원리에 기초한 결사체가 대거 탄생했고 인재 양성과 실업 육성이라는 당대의 국가적 과제를 수행하려는 전국 규모의 공익 조직이 사회 관계의 재편을 통해 국가와 인민 사이에 새로운 활동 공간을 실체화했다는 사실은 근대 사회의 탄생을 입증하는 명백한 증거로 삼아도 무리가 아니다. 다만 일제의 강제 병합으로 결사체의 초기 활동이 어느 정도 누적되고 성장해서 시민성 증진으로 연결되지 못한 것은 이후 역사 발전의 큰 장애로 작용했다. 사회의 성장과 진화라는 관점에서 평가한다면 일본의 근대 제도와 문물이 이식되는 것을 계기로 조선의 근대화가 본격적인 궤도에 올라섰다고 주장하는 식민지 근대화론은 물질적, 경제적 외형 확대와 계량적 측정에 매몰된 근시안적 논리일 뿐이다.

넷째, 결사체 활동의 가장 중대한 기능을 자치(autonomy)의 활성화에 맞추고 있었다는 의미에서 그것은 당시 활발하게 논의되던 '사회'를 가시화하고 작동시키는 원동력에 해당한다. 사회는 국가와 개인 사이에서 개인 간 자율적 의사와 합의로 작동하는 집합체다. 자율 의사와 합의는 자치의 기본 정신이고, 국가 권력이 개입되기 이전에 공동체의 쟁점을 스스로 해결해 나가는 것이 자치다. 토크빌이 결사체를 민주주의를 만들어 내는 인큐베이터라고 정의한 이유가 이것인데, 행정 자치를 포함해 교육, 산업, 재정, 교역에 이르기까지 폭넓은 영역을 결사체들의 협력과 협의로 운영해 나가는 기초 단위가 지방 자치다. 실제로 이 시기 조선에서 지방 자치 추진 운동을 주도한 사람이 유길준과 윤효정이었는데 이들은 한성부민회와 헌정연구회를 각각 설립하여 지방 자치의 의미와 기능을 전국 인민에게 널리 알렸고 실제로 각 회원의 향촌을 대상으로 지방 자치를 부분적으로 시도하였다. 유길준은 1908년 한성부민회 발기인 대회에서 우선 민회(民會)를 구성하고 점차적으로 자치로 나아가는 운동을 펼칠 것을 다짐했는데 한성부를 5부 47개 방으로 나눠 총회 형태로 민회를, 지부에 방회(坊會)를 두고 서양과 일본을 전례로 자치 제도의 도입과 정착에 힘을 쏟았다.[82] 윤효정은 《대한자강회월보》에서 자치 제도를 "국가흥륭(國家興隆)의 요점이고 시무관계(時務關係)의 최대(最大)"라고 하여 지방 자치의 중요성을 상기시켰다. 서우학회 회원인 차종호는 「법률상 자치의 관념」이란 글에서 이렇게 설파했다. "자치권을 유(有)한 자는 공공사무(公共事務)로써 목적치 아니키 불가(不可)하고 공공사무로써 목적한 인격(人格)은 즉 국가와 국가 내의 공공단체니 자치권의 주체는 국가와 국가 내의 공공단체라. (……) 법률상 자치는 이상 개진한바 단체 자치(團體自治)니 자치(自治)라 함은 국가 내의 공공단체가 자기의 의사로써 기목적(其目的)한 공공사무(公共事務)를 처리함을 운함이니……."[83] 즉 공공 단체가 공공 사무를 맡아 자율적으로 처리하는 것이 자치다. 공공 단체란 공적 인정을 받은 자발적 결사체이므로 이들이 공공 사무를 수행하는 것이 곧 자치다.

유길준과 윤효정, 차종호가 넓은 의미에서 지방자치의 도입과 정착을 주장했다면 학회, 국채 보상 단체, 교육회, 부인회, 청년회 등 다수의 자발적 결사체들은 교육, 실업, 재정 등 영역별 자치를 도모했다. 교육과 실업은 애국 계몽 운동의 가장 중요한 실천 분야였는데, 인재 양성과 실력 양성이 자주독립에 가장 시급한 국가적 과제로 설정되었기 때문이다. 특히 오학회(五學會)로 불리는 서북학회, 호남학회, 기호흥학회, 교남교육회, 관동학회는 연고 지역 지식인을 규합했음에도 전국적 지부를 설립하고 사립 학교 설립과 운영, 실업 교육의 진작, 그리고 야학교 운영에 적극 나섬으로써 국가의 능력이 닿지 못한 시급한 시대적 과제를 자율적으로 떠맡아 실행하는 자치의 전범을 보였다.[84] 앞에서도 강조했지만 자치는 시민성이 성장하는 사회 무대이고 결사체는 시민성의 생장 호르몬을 만드는 사회 조직체다. 근대 이행기 조선은 자발적 결사체들을 탄생시킴으로써 '수동적 인민'에서 진화한 '능동적 개인'에게 시민성을 습득할 수 있는 기회의 창구를 열어 주었다.[85]

당시 출현한 자발적 결사체들의 행위자별, 목적별 조직 유형과 활동 내용을 두루 살펴보면 주체적 개인의 참여 양상과 사회 개념의 실체화 과정이 더 선명하게 잡힐 것이다. [그림 2]는 결사체를 주도한 행위자별 분포이고 [그림 3]은 목적별, 활동 영역별 분류다.

우선 행위자별로 보면, 학회 설립의 주요 그룹인 지식인을 비롯하여 종교계 청년과 유학생들, 각 지역 유력 가문과 향족 관료가(家)의 여성들, 상공인

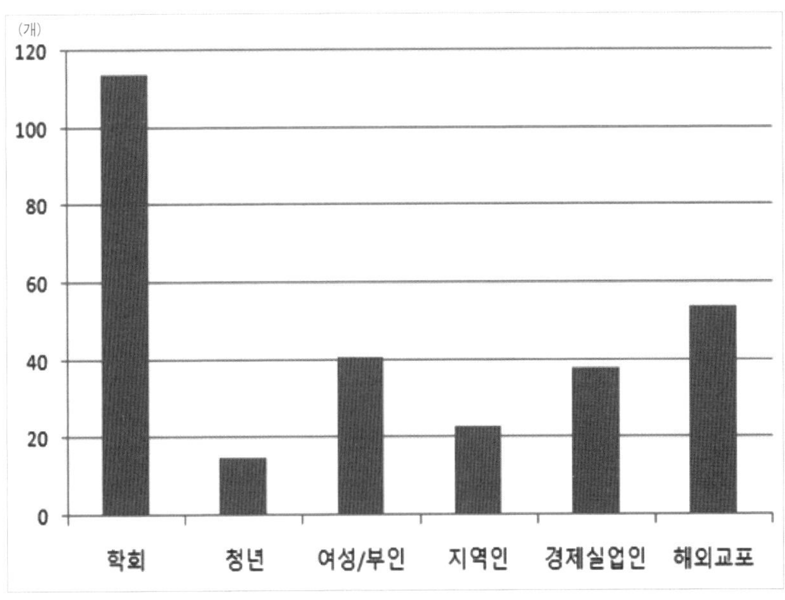

[그림 2] 자발적 결사체의 행위자별 분포

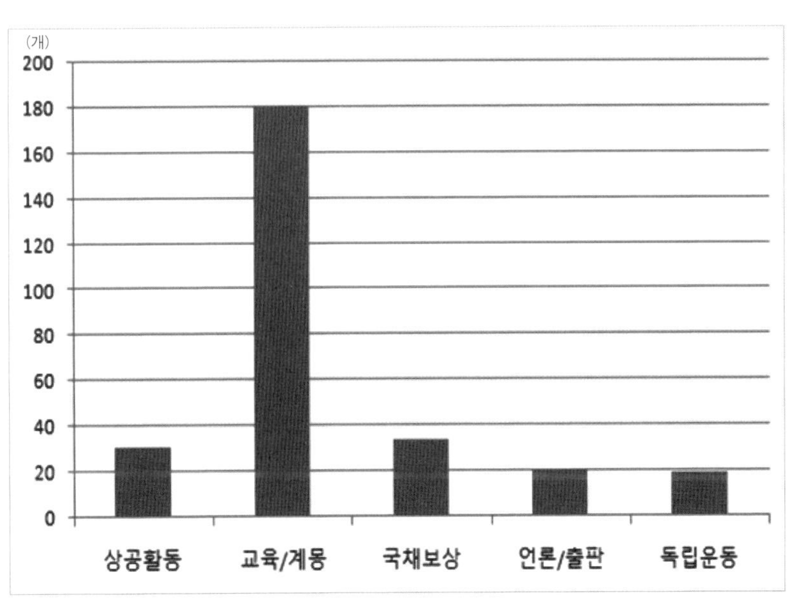

[그림 3] 자발적 결사체의 활동 내용과 목적별 분류

들, 해외 교포에 이르기까지 다양한 집단이 결사체 활동에 나섰음을 알 수 있다. 가장 많은 것은 역시 학회였다. 헌정연구회, 대한자강회, 서우학회, 호남학회 등 비교적 소수의 설립인들이 주도한 학회도 있었고, 경기도와 충청도의 유생들을 규합한 기호흥학회, 서우학회와 한북흥학회가 합쳐서 결성된 서북학회, 그리고 대한협회는 전국적 지부를 둔 대규모의 자발적 결사체였다. 기호흥학회는 정회원 230여 명, 지회 회원 950여 명을 합하면 1180여 명에 이르는 규모였고, 서북학회는 2400여 명, 대한협회는 최소 7000명에서 최고 수만 명에 이르는 대규모 결사체였다.[86] 설립 취지는 오학회(五學會)가 거의 유사했다. 예를 들면 기호흥학회는 취지서에서 "상하(上下)가 이덕(離德)하고 학교가 불흥(不興)해 습속이 야매(野昧)하고 실업(實業)이 부진(不振)에 국력(國力)이 요삭(療削)하고 정치가 문란에 주권(主權)이 외이(外移)하니……"라고 현실을 진단하고, 학회의 정신을 '취전국흥학지사업(就全國興學之事業)'과 '진흥 교육(振興敎育)'에 두었음을 밝히고 있다.[87] 기호흥학회는 이런 설립 취지에 따라 기호 학교와 각 지역 지교를 운영했고, 교육 진흥에는 교사 양성이 시급함을 깨닫고 18개월 과정의 사범 학교를 설립 운영했다. 강화도 지부에서는 문중 중심의 가족 학교도 문을 열었다. 보수 성향의 호남학회는 "근세신학(近世新學)이 무부무군(無父無君)이고, 무윤무리(無倫無理)하다."는 것을 재천명하면서도 '설학교립교육(設學校立敎育)'을 내세워 국가와 생민(生民)에 유익하도록 노력하겠다는 점을 선포했다. 회원은 전라북도 181명, 전라남도 103명으로 각 지역의 유력 인사들이 참여했는데, 1910년에는 회원이 565명으로 늘어날 정도로 교육 사업에 커다란 진전이 있었다.[88]

청년 결사체로 대표적인 것은 일본 유학생 중심의 태극학회, 광무학회, 동인학회, 공수학회와 이승만이 주도한 협성회, 전덕기가 주도한 상동청년회 등이 있다. 도쿄 유학생들이 결성한 태극학회(1905년)는 "연설강연혹토론(演說講演或討論) 등으로써 학식을 교환연마하여 타일웅비(他日雄飛)의 준비를 불태(不怠)하고 (……) 아동포국민(我同胞國民)의 지식을 개발하는 일분의 조력이 되고저……." 한다는 취지를 밝혔다. 정회원 77명, 특별 회원 19명으로서 《태극학보》 발간, 체육회, 야유회를 통해 유학생 간 친목과 학문 교류를 증진하고, 민지의 개발에 기여할 것을 목적으로 설정했다. 유학생 청년 단체들의 취지와 활동 내용이 민지의 개발과 계몽에 있다면 대체로 학회와 같은 유형으로 분류해도 좋을 것이다. 개신교 청년 목사 전덕기가 주도했던 상동청년회(1906년)는 황성기독교청년회(1903년)와 같은 종교 단체로 교회마다 대체로 그런 모임을 결성한 것으로 짐작된다. 상동청년회 회원들은 1907년 여름 미국에서 귀국한 안창호의 권유로 신민회에 흡수되었던 것으로 보인다. 당시에는 이민자와 교포를 중심으로 활발한 단체 결성이 이뤄졌다. 미국 샌프란시스코에서는 친목회(1903년)와 공립협회(1905년)를, 하와이에서는 에와친목회(1905년), 한인시사(1905년)를, 패서디나에서는 대동교육회, 보황회를 만들었다. 이 중 안창호가 조직한 신민회는 국내 인사와 해외 교포를 두루 망라한 거대한 조직으로서 하와이, 블라디보스토크, 멕시코 등지의 교포를 합하여 회원 수가 국내 12만 명, 해외 10만 등 총 22만 명에 달했다.[89]

여성과 부인들의 참여도 두드러졌는데, 이들은 대체로 교육 진흥과 학교 설립에 필요한 비용을 조달하는 역할을 맡거나 여성을 위한 학교 설립에 직접 앞장섰다. 한편 전국적으로 퍼져 나갔던 국채 보상 운동에 여성과 부인이 대거 참여해서 국채 보상의 시급함을 알리고 운동을 확산하는 데에 커다란 기여를 했다. 대한부인회(1905년)를 필두로 귀족 부인의 모임인 한일부인회(1906년)가 결성되었고, 여성 교육의 필요성을 계몽하기 위한 여자교육회(1906년)가 서울에 다섯 개의 사무소를 개설했으며, 부인 교육을 고취하기 위한 부인학회(1907년)가 남성 중심으로 결성되었다. 국채 보상 운동에 나선 여성과 부인은 1907년에 부인감찬회, 원일부인회, 국채의연부인회, 부인의성회, 경주국채보상부인회, 단연부인회 등을 지역별로 결성하여 국채 의연금 모금에 매우 활발한 활동을 전개했다. 박제가의 「내수도문」에서 보 듯, 가정에서 현모양처로서 공덕을 쌓아야 할 부인들이 사회 운동에 뛰어들 었다는 것, 그것도 결사체를 조직해서 전국적 현안의 해결에 앞장서는 것을 장려하고 좋은 전범으로 칭송받았다는 사실은 사회 조직의 원리가 이미 근 대적 유형으로 변화했음을 말한다.

1904년 조직되어 1907년까지 활동한 국민교육회가 근대적 조직의 전형 적 유형이다.[90] 앞에서 고찰한 학회와 마찬가지로 국민 교육회의 설립 취지 는 "범지식(凡知識)을 발달케 하고 교육을 확장할 사(事)에 종사할 것"으로 정했는데, 회원은 "내외국인급남녀(內外國人及男女)하고 대한민교육상에 유 지(有志)한 인(人)"이라고 비교적 개방적인 태도를 취했다. 회원 자격을 "통 상 회원은 본국이 남녀 중 연령이 이십세 이상과 품행이 단정한 자를 허입 (許入)할 사"로 규정한 것을 보면 국민 교육회의 개방적 태도가 엿보인다. 그것은 미국 목사 게일이 세운 연동교회와 기독교인을 기반으로 태동했다 는 사실에 기인한다. 정회원으로는 이원긍, 이준, 유진형, 김정식, 유성준 등 당대의 지식인들이 포함되어 있지만, 타 학회가 고관을 비롯해 명망 있는 지식인 중심으로 운영되던 것에 비하면 국민교육회는 교육 진흥에 뜻을 둔 중하급 관리와 기독교인이 주를 이뤘다는 점이 차이가 있다. 약간의 학식 을 갖춘 일반 인민에게도 참여 문호를 개방한 것이다. 1905년에는 80여 명, 1907년에는 230명으로 회원 수가 증가했는데 대중 강연회와 연설회를 수시 로 개최하여 인민의 관심을 높였으며, 을사늑약 체결에 반대하여 자결한 '7 충신'의 추도회를 개최하여 일진회의 친일 노선에 범국민적 반대 의사를 표 명하기도 하였다. 국민사범학교, 법학강습소를 설립하여 전문가 양성을 촉 진했으며, 근대 이행에 필요한 전문 지식을 보급하기 위해 각종 신학문 서 적을 간행 배포하였다. 예를 들어 실업 지식을 증진하기 위해 1906년 『초등

378

소물리학(初等小物理學)』을 1만 부가량 인쇄해서 배포했다. 정부가 하지 못하는 일, 그러나 자강, 자주독립, 국권 회복을 위해서는 반드시 요청되는 시대적 과제를 자발적 결사체가 맡아 수행했던 것이다. 그것은 사회의 본질적 역할이자 조선에서 사회가 탄생했음을 알리는 조선 최초의 종소리였다.

다음은 목적별, 활동 내용별 유형 분류다. 역시 가장 많은 것은 교육과 계몽으로서 [그림 2]의 학회, 청년, 여성과 부인, 그리고 지역인 중 일부를 합해 놓은 숫자다. 국채 보상, 상공 활동, 언론과 출판, 독립운동이 그 뒤를 잇는다. 이 시기 결사체 활동의 가장 중요한 목적이 교육 진흥과 학교 설립이었고, 계몽 활동으로는 학회보 발행과 강연회, 연설회 개최를 통하여 민지를 높이는 것이었다. 모든 학회는 예외없이 사립 학교를 설립하여 신식 교과목을 채택했으며, 지양, 덕양, 체양과 함께 실업 교육을 강조했다. 앞에서 서술한 국민 교육회는 국민 사범 학교를 설립해서 예비 교사들에게 역사, 물리, 국가학, 교육학을 가르쳤고 기독교인답게 성경을 필수 과목으로 채택했다. 1906년부터 연설회를 개최하여 이상재가 '교육상 이익'이라는 제목의 대중 강연을 한 것으로 기록되어 있다.[91] 서북학회는 협성 학교를 신설하고 평안도, 함경도, 황해도에 65개의 지교를 두었으며 농림강습소를 세워 삼림학, 과수학, 가축학, 수의학을 가르쳤다. 당시 학회들은 야학에도 관심을 기울였는데, 서북학회는 서울에 물장사 야학인 수상야학교(水商夜學校)를 세워 40명에서 50명의 물장사들에게 강습했다. 기록에 의하면 서북학회는 병원을 신설해 위생학과 위생 관념의 교육에 나서기도 했다. 신민회는 강화도에 26개 지교를 운영하고 각 지교에 야학을 두어 인민의 문식력 증진에 나섰으며, 산하 각 지역에 안악군려학회, 해서교육총회, 평양청년권장회, 속학회, 동제회 등 크고 작은 학회를 설립했다.[92] 대한협회교육부는 사립 학교 간 교원 조직인 사립 학교 연락회를 조직하고 교사 간 친목 도모와 학식 교류에 힘썼으며, 지역 운동회를 개최하는 등의 활동을 의욕적으로 추진했다.[93] 학회와 결사체가 추진한 운동회는 당시 인민에게는 일사불란한 경기 진행과 엄격한 규칙에 근거한 선의의 경쟁 장면을 연출함으로써 근대 문명의 표상으로 떠올랐다. 국권 회복을 위한 개인의 수양 목록에 올라온 체육론의 중요성을 환기시킴과 아울러 공동체적 연대감을 배양하고 실감하는 것으로 운동회만한 것이 없었다.[94] 태극학회 유학생들은 도쿄 생활 중에 정기적으로 운동회와 야유회를 개최하여 상호 연대를 다지고 근대 문명의 세례를 받은 자신들이 독립을 위해 해야 할 바가 무엇인지 시대적 과제를 확인하는 계기로 삼았다.

지역 학회나 유학생 단체들이 추진한 교육과 계몽 활동이 민지의 발달에 기여하는 바가 우선 컸지만 그것을 실행하는 지역, 지부 회원에게는 일종의 중심 의식을 선사했다. 지역인으로서 전국적 현안을 해결하는 시대의 전사로 나선 것은 자신을 국난 극복의 주체이자 중심이라는 정체성을 갖게 만들었다. 학회 활동을 회원의 심리적 관점에서 조명한 한 연구는 이렇게 지적한다.

지역 학회가 주도하는 교육과 학술, 산업의 진흥은 사실상 조선의 자강을 실현할 구체적인 방책인 동시에 먼저 개명된 지역으로서 서북의 우위를 확인하는 근거가 되는 것이다. 뿐만 아니라 이러한 논리를 통해 서북의 지역학회는 자체적인 지역의 순수성을 확인했을 뿐 아니라 궁극적으로는 서북을 조선이라는 전체를 등가의 위치로 전도시키는 것이 가능했다고 할 수 있다.[95]

지역 학회의 정체성 변화, 즉 '자신의 지역은 국가'라는 인식 변화가 국가적 쟁점을 해결하고 실행하는 가운데 일어났음을 알 수 있다.

한편 일진회와 대한협회의 끊임없는 방해 공작에도 불구하고 한성부민회는 위생 사업, 토목 사업, 기근 구제, 상호 부조 활동을 추진하면서 지방 자치

제도를 꾸준히 실험하고 도입했다.[96] 그 결과 각 지역에도 유길준의 사회 운동에 부응하여 지방 자치를 도입하려는 단체가 늘어났다. 마산민의소, 평양민의소, 밀양시의소, 고령민의소, 강경민회, 김해농무회, 갈산농무회 등이 그것이다.[97] 이런 노력이 어느 정도 결실을 거뒀는지는 정확히 파악할 수 없으나 활동을 해 나가는 과정에서 설립한 사립 학교들은 일반 인민의 민지 개발에 커다란 기여를 한 것만은 틀림없다. 대체로 한말 문자 해독력과 글을 쓸 줄 아는 문식력을 가진 사람들이 인구의 약 10퍼센트에 지나지 않았다는 추산이고 보면, 당시 학회와 여타 결사체들이 설립 운영한 사립 학교의 계몽 효과가 어느 정도 막중한 것이었는지 짐작할 수 있다. 1905년경 사립 학교 수는 6000여 개를 헤아렸다. 각 사립 학교에서 별도로 운영한 야학(夜學) 1000여 개를 합하면 7000여 개의 학교가 갑오개혁 이후 근대 이행기에 생겨났다.[98] 교육과 계몽은 국권 회복의 가장 중요한 실행 수단이었다. 통감부가 결사체들의 이런 개혁 시도를 그대로 방관할 리 없었다. 1908년에 「신문지법」, 「출판법」, 「사립 학교령」을 발효시켜 인쇄물에 대한 엄격한 검열과 통제에 들어갔으며, 사립 학교 역시 일정한 기준을 충족하지 않으면 폐쇄 조치를 내리고, 교과 과목도 허가제로 전환했다. 그 결과 1911년 사립 학교 수는 2250개로 줄었는데, 그중 종교 단체가 세운 학교가 823개를 차지했다.[99]

교육과 계몽 운동은 인민이 세상에 대해 눈을 뜨고, 자신의 현실과 국가의 위기를 자각하는 견인차 역할을 했다. 강연회, 연설회, 신문 발간, 운동회가 문밖에서 머뭇거리는 인민을 근대의 문 안으로 들어오게 만드는 연결 고리였다. 이 중에서 인민의 탈각에 중대한 역할을 했던 두 가지에 주목하고 싶다. 바로 야학 운동과 대중 매체의 확산 및 보급이다. 이는 인민에게 정보를 원활하게 유통해서 다음 절에서 살펴볼 평민 공론장을 활성화하는 데에 기여한 일등 공신이었다. 주지하다시피 야학은 학회가 설립한 사립 학교가 주관했던 보조 기관이었다.[100] 낮에는 생계 유지에 매달리는 일고와 상인,

행상을 위하여 늦은 저녁에 노동 야학교를 운영하지 않을 수 없었다. 주로 문맹이거나 무학자들이 대부분인 노동 행상을 위해 개설한 야학은 초등 교육 기관의 대체 역할을 할 수밖에 없었는데, 기관에 따라서는 영어와 성경을 강습하거나 역사, 지지, 산술, 국문을 가르쳤고, 교과목 편성을 엄격히 해서 졸업자는 공립 보통 학교 고학년에 편입할 수 있었다. 야학이 각광을 받았던 이유는 다양하다. 「사립학교령」이 발효된 1908년 이후에 사립 학교의 숫자가 현격히 줄어들자 야학이 그 자리를 메우기 시작했다. 「사립학교령」에 의해 무산 학령 아동이 수학의 기회를 상실하자 야학이 그 기능을 대체한 것이다. 한편 학습 연령을 초과한 무학자와 문식력이 없는 일반 성인을 정규 학교가 수용할 수 없었으므로 야학은 자연스럽게 그 대안으로 떠올랐던 것이다. 다시 말해 야학은 근대 이행기 인민의 문해력과 문식력을 높여 세상 현실에 눈을 뜨게 한 중요한 창구였다. 갑오개혁 이전에 일반 인민의 문해력은 5퍼센트, 1910년대에 약 10퍼센트, 그리고 1930년대에 20퍼센트로 증가한 배경에는 학회가 적극적으로 설립하고 확산했던 사립 학교와 그와 연관된 야학이 있다. '지식인 공론장'이 당시의 지식인, 유학, 관료 들에 의해 일찌감치 형성되어 근대 이행의 공론을 만들어 가고 있었다면 사립 학교와 야학, 그리고 국문으로 간행된 대중 매체는 '평민 공론장'을 일구는 데에 가장 중요한 견인차로 기능했다. 이 시기의 공론장 특징은 '지식인 공론장'과 '평민 공론장'의 상호 연대와 공명이었음은 앞에서 지적했다. 이 점은 다음 장의 주제이기도 하다. 아무튼 《대한매일신보》에는 무지한 인민이 열심히 공부한다는 기사가 자주 게재될 정도였다. 예를 들면 다음과 같다.

　　동대문 밧게 사는 풀무장이 김윤근 씨가 새 학문을 공부하기에 열심하야 낮에는 야장이 일을 하고 밤이면 샹동 국문야학교에 다니며 글을 배우는데 비가 오던지 바람이 불던지 하루밤도 궐하지 아니하는고로 그 학교에 여러

학도가 칭송하였다더라.[101]

각 지방에서는 노동자들이 노동 야학교를 다니는 것이 흔한 장면이 되었고, 농무회를 조직하여 토론회와 강연회를 여는 것도 그리 드문 일이 아니었다. 야학은 1910년대 일제의 강점하에서 사립 학교의 대체 기관으로 각광을 받다가 1920년대에 들면서 일제의 탄압으로 쇠퇴의 길을 걸었다. 그러나 근대 이행기 야학은 사립 학교, 종교 학교와 함께 무학자와 문맹자들을 문자의 세계와 토론의 장으로 끌어들여 평민 공론장을 활성화했던 주역이었다.

대중 매체의 확산과 보급은 평민 공론장의 형성에서 빼놓을 수 없는 핵심 기제였다. 학회가 발행하는 학회지, 학보, 월보 등은 순 한문체, 국한문 혼용체로 쓰여서 일반 대중이 독해하기가 쉽지 않았기에 주로 교양 시민이 주요 독자층이었다. 그런 와중에도 주시경은 국한문 혼용체로 편집된 《서우》에 「국어와 국문의 필요」 논설을 국문으로 게재했다. 그대로 표기하면 다음과 같다.[102]

대저 글은 두 가지가 잇으니 ᄒ나흔 형샹을 표ᄒ는 글이오 ᄒ나흔 말을 표ᄒ는 글이라 대개로만 말하면 형샹을 표ᄒ는 글은 넷격 덜 열닌시ᄃ에 쓰던 글이오 말을 표ᄒ는 글은 근리 열닌 시ᄃ에 쓰는 글이라 (……) 사름의 일평싱에 두 번 오지 아니ᄒ는 ᄯᅥ를 다 한문 ᄒ가지 비호기에 허비ᄒ니 엇지 개탄치 아니ᄒ리오 지금 유지ᄒ신 이들이 교육교육ᄒ니 이왕 ᄒ문을 비혼 사름만 교육코저 홈이 아니겠고 또 이십 년 삼십 년을 다 ᄒ문을 ᄀᄅ친 후에야 여러 가지 학문을 ᄀᄅ치고져 홈도 아닐지라.

아직 국문 연구소가 개설되기 전이라 맞춤법과 표기법이 통일되지 않은 상태였다. 당대의 국문학자 주시경도 자신의 이름을 '쥬시경'으로 표기했고, 위 예문에서 보듯이 표기법이 조선 시대의 언문 표기와 거의 다를 바가 없다. 그럼에도 '말을 표하는 글'인 국문을 배우고 써서 세상일을 터득하는 데에 나서야 한다는 요지를 담고 있다. 옛적 '덜 열린 시대'에는 한문을 썼고, 지금 '열린 시대'에는 국문을 쓰는 것이 상례라는 주장은 평민 공론장의 형성에 요체가 되는 핵심 명제였다. 이런 까닭에 근대 이행기 결사체들이 발간한 국문 잡지와 국문 신문이 평민 공론장의 형성에 기여한 공로는 절대적이다. 《독립신문》은 한글로 기사를 썼다. 그 덕분에 일반 인민에게 접근성이 높았으며 그 결과 독자 투고도 상당히 많았다. 《독립신문》은 총 776회 발행했는데, 그중 독자 투고가 실린 호수는 총 540회로 집계될 정도였다. 충청 지역만 별도로 분석한 결과 일반 백성의 투고가 58퍼센트 정도를 차지하는 것으로 미뤄 전국적으로도 평민이 자신의 의견을 개진하거나 고발, 비판, 탄원 등의 내용을 글로 써서 투고한 빈도는 상당히 높을 것으로 추정된다.[103] 《독립신문》이 평민 공론장의 기반을 닦는 데에 결정적 역할을 수행한 것이다. 《제국신문》은 일찍이 부녀자와 청년을 위해 국문으로 낸 신문이며, 《대한매일신보》는 국한문 혼용체로 낸 것을 별도로 편집한 국문판을 간행하기도 했다. 《대한매일신보》의 판매 부수가 1만 부에 달했다고 하니 근대 이행기 후반에 평민 공론장이 어느 정도 확장되었는지 가늠할 수 있다.

요약한다면 자발적 결사체는 이론적, 관념적 차원의 '사회'를 경험적, 실천적 공간으로 구체화한 견인차였다. 그것은 인민에게 사회의 실체가 무엇인지 실감케 하였으며, 그 구체적 작동 양상이 어떤 것인지 알게 했다. 자발적 결사체 속에서 사회가 태어났고, 사회 속에서 결사체가 만들어졌다. 조선 시대의 조직 원리와는 질적으로 다른 사회 조직이 태어났고 개인과 지역을 넘어 집단과 전체의 보편적 이해를 추구했다. 근대 이행기에 사회는 그렇게 탄생했다. 당시 지식인이 지적했듯이 '공공 사업의 주체'가 결사체였고 자치 단체였다. 이 결사체들은 개인을 국민으로 호명해서 '상상 국가'로 데리고 갔다. '국가 만들기'에서 개인을 국민으로 진화시키고 단순한 집합체에 공익 추구의 기능과 의미를 불어넣은 것은 결사체였다. 바로 이 점이 서양과 질적 차이가 존재하는 지점이다. 결사체는 국가 권력을 견제하고 자율 의사와 합의에 근거해 집합적 이해 관심을 일단 보호하고 방어한다. 국가 개입에 저항하는 것이다. 시민성은 국가 권력에 대한 견제, 저항, 협력 관계 속에서 일차적으로 유래한다. 자유주의는 자율적 합의와 결정, 자치라고 하는 시민성이 발휘되는 가운데 성립하고 성장한다. 조선은 결사체가 태어나자 상상 국가를 구축하는 과제를 떠안았다. 견제와 저항의 겨를이 주어지지 않았다. 자치를 추구했지만 국가 건설을 위한 것이었고, 사회가 탄생했지만 국권 회복이 시급한 사회적 과제로 설정됐다. 근대 이행기 조선에서 태어난 개인, 결사체, 사회는 국가와 대결 구도를 경험하지 못한 채 소멸하는 국가를 회복해야 하는 태생적 운명과 조우했다. '시민성'은 어떻게 배양할 수 있는가? 이것이 1910년대부터 1920년대 초반까지 지식인이 대면했던 난제였다.

6 차단된 통로: 동굴 속의 시민

자아의 발견

은진군 성덕리 사는 민사능이가 본래 토호로 (……) 개명한 세계에도 구습을 고치지 아니하고 해군 죽암리 사는 안무백의 세대로 전래하는 논을 민사능이가 제 논이라 칭하고 백지에 늑탈하여 작인을 임의로 옮기고 또 성덕리 서복여가 산 가사를 민사능이가 백지에 제집이라 칭하여 억탈하고 그 주인을 내쫓아 안가와 서가가 논도 집도 잃고 (……)[1]

누님들아! 울지를 말어라 다섯 해 동안을 지루하게 싸워 온 구라파의 대동란은 이제야 비로소 막을 거두는 중이어니와 이로 말미암아 세계 민중의 사상이 어떠하게 변화되었으며 더욱 여자라는 자신이 해방이라는 운명에서 인격을 존중하지 아니치 못할 형편에 있으며 뛰어난 사업이 날로 드러남은 새삼스러운 소식이 아니어니와 그들이 오랫동안 기원하던 참정운동같이 확실히 성공되었으므로 이로부터 아릿다운 자태들을 날려 정정당당한 언론으로 정계를 지배하게 되었음이야 놀라지 않음이 오히려 괴이할 것이다.[2]

조선에 드디어 '개인'이 태어났다. 교회와 통치의 대상이던 인민이 그 봉건의 굴레를 벗어던지고 권리 의식을 갖춘 개별 인간으로 진화했다. 그 과정은 오랜 고통과 원억으로 가득 찬 세월이었다. 1860년대 말안장 시대 초기에 인민은 관의 수탈에 항거하여 작난(作亂)의 전선에 감히 나섰고 수령과 향족이 인민의 봉기 앞에 무릎 꿇는 모습을 목격했다. 1870년대 말까지 전국 80여 개 지방에서 민란의 화염이 불타올랐다. 비록 관군의 진압에 대부분 수그러들었지만 민란의 시대에 발화된 그 화염은 인민이 역사의 전선에 나설 수 있다는 어렴풋한 자신감을 심어 주기에 충분했다. 향족과 사대부의 전유물이던 천신(天神), 성리학적 학식만으로 파악되던 진리의 원천을 최제우가 인민에게 아주 쉬운 방식으로 보여 주자 인민도 '진리의 운영과 생산'에 동참할 수 있다는 사실을 깨달았다. 중세 유럽에서 루터가 신을 교황의 품 안에서 인민에게 돌려보냈듯이 최제우는 사대부와 양반 계층의 존립 기반이던 천(天) 개념의 울타리를 부수고 조선의 인민에게 한울님이라는 인격적 형태로 돌려보냈다. 그것은 조선 최초로, 그리고 최후로 일어난 종교 개혁이었다. 인민은 깨달았다. 자신들도 한울님을 가슴속에 품을 수 있는 존재, 고통과 슬픔, 재해와 기아에 시달릴 때에 언제나 한울님을 부를 수 있는 존재라는 사실을 말이다. '자각인민'은 그렇게 태어났다. '거대 종교의 개별적 신심(信心)으로의 환원'은 종교 개혁이 추동한 가장 중대한 변혁이자 수동적 인민을 능동적 주체로 전환시킨 원동력이었다. 프로테스탄트(protestants)가 신에 대한 교황청의 독점에 저항하는 사람들이라는 어의(語義)를 갖고 있듯이 동학의 가르침은 조선 인민을 프로테스탄트의 세계로 안내했다. 중국의 해금 정책이 없고 조선의 바다가 열려 있었더라면 관군에 밀린 동학군은 메이플라워호(號) 같은 것을 타고 망망대해로 나섰을지도 모른다. 바다는 굳건히 닫혀 있었기에 패배한 동학군이 갈 수 있는 곳은 북쪽뿐이었다. 황해도와 평안도에서 동학군은 의병과 결합했거나 만주로 월경

해서 개별적 신심을 지켜낼 수밖에 다른 도리가 없었다.

갑오개혁이 동학의 창의(倡義)에 어느 정도 화답했다. 신분제를 폐지한다는 공식 선언은 없었지만 인재 등용에 신분 차별을 없애고 천역 세습을 폐지한다는 조목에서 평등 사회를 지향하는 것이 읽혀졌다. 유교를 국교로 한다는 고종의 선언에도 불구하고 외래 종교의 유입과 선교 활동을 더 이상 탄압하지는 않았다. 신부와 목사들이 조선 인민과 갈등을 빚지 않기를 바라는 정도였고, 시시때때로 발생했던 교안(敎案)의 해결은 관아의 소관이 아니라 정부의 외교 영역으로 넘겨졌다. 종교의 자유가 도래했다. 1905년 이후 나타난 신소설에도 주인공이 만나고 사건을 만들어 가는 무대로 교회와 성당이 자주 등장했고, 독자의 인기를 끌었던 단형 서사 문학에도 기독교도가 자연스럽게 등장할 정도였다. 유교 국가 조선에서 종교의 자유는 수동적 인민을 능동적 존재로 만든 첫 번째 조건이었고, 신분제의 자연스러운 약화는 두 번째 조건이었다. 신분제는 여전히 당시의 인간 관계를 규정하던 강력한 관습이자 관행이었는데, 《독립신문》에서 누차 천명하던 천부 인권설에 힘입어 인민의 권리 의식이 한층 고조되었다. 자각인민이 생명과 재산을 지킬 권리에 눈을 뜬 것이다. 근대 이행기, 권리 의식에 눈을 뜬 인민을 이 연구에서는 '개명인민'이라고 규정했다. 갑오개혁이 물꼬를 튼 개화 물결에 한껏 노출된 사람들, 전통과 근대의 엇갈림 속에서 불안과 희망을 동시에 안고 체제 변동기를 건넜던 사람들이 개명인민이다. 다가오는 새로운 시간대에 대해 희망을 걸면서도 전통과 완전하게 결별하지 못한 사람들에게 《독립신문》을 비롯한 신문 매체들은 독립적 인간의 요건을 열거하고 계몽했던 것이다. 생명과 재산의 권리는 지식인 공론장에서 공통적으로 강조한 인간의 기본권이었다. 물론 그 권리를 행사하려면 그에 합당한 자질을 갖춰야 한다는 전제 조건을 부과했지만 개명인민은 서슴없이 권리의 영역으로 나아갔다. 당시 신문들은 인민의 권리 행사를 독자 투고의 형태로 수용했다.

앞의 첫 번째 예문은 충청도에서 일어난 지배층의 행패를 고발하고 시정을 요구하는 독자 투고다. 평민으로 추정되는 안무백과 서복어가 향족인 민사능에게 늑탈당한 논과 집을 돌려달라는 내용의 탄원성 고발을 기사화한 것으로 '개명한 세계에도 구습을 고치지 않고' 패악을 부리는 향족에 대해 향민의 권리를 지키고자 하는 당시 인민의 의식을 엿볼 수 있다. 조선 시대였다면 평민이 해당 관아에 소원(訴冤)을 냈을 것이지만, 한문으로 써야 하는 소장을 작성하기가 그리 쉽지는 않은 일이었고 소장이 접수되었다고 할지라도 관아의 수령과 향족의 결탁 여하에 따라 오히려 화가 되어 미칠 수 있었기에 평민의 원억은 잘 해결되지 않았다. 그런데 근대 이행기는 그들에게 아주 간편한 방식을 제공했다. 한글로 억울한 내용을 풀어 써서 공론장에 호소할 수 있는 창구가 열렸던 것이다. 사법 제도가 한창 도입되던 1897년 당시 인민의 권리 의식은 생명과 재산 보호 정도에 미쳐 있었다. 관아의 수령이 행사하던 인격적 판결 권한은 금지되고 완전하지는 않았지만 법조문에 의한 비인격적 사법 제도가 도입되었다. 1895년 도입된 「재판소 구성법」에 의해 범죄자도 전문 법관의 재판 결과에 의해서만 처벌이 가능했으며, 태형과 같은 전통 처벌 방식은 금지되었다. 이 시기 개명인민이 가장 먼저 생명과 재산의 권리에 눈을 뜬 배경이다.

그로부터 20여 년 후 3·1 운동의 여파가 아직 가라앉지 않았던 1920년 1월, '조선 여자 교육회'가 여성 전문 잡지 《여자시론(女子時論)》을 순 한글로 창간했다. 도쿄 유학생이 중심이 된 잡지였지만 국내 필자들도 다수 참여했던 까닭에 당시 교양 여성들의 의식 변화의 단면을 엿볼 수 있는 좋은 사례로 손색이 없다. 더욱이 유교적 내훈의 유산이 여전히 강하게 지배하던 조선에서 여성 지위에 대한 통한의 반성과 전면 혁신을 외쳤다는 점에서 일종의 권리 장전과도 같이 읽힌다. 점차 높아지던 근대의 물결 속에서도 모든 조선인이 삼강오륜을 가정과 사회 질서의 기본 가치로 믿어 의심치 않았던 당시에 여성의 참정권과 여성 해방까지 언급하는 대담함도 그렇지만, 그런 신념을 논설로 써서 공론장에 제기하기까지 얼마만큼 힘들고 고뇌에 찬 시간을 보냈을까 생각하면 그 짧은 기간에 확장되고 심화된 권리 의식의 진화 경로를 충분히 가늠할 수 있다. 상아탑이라고 밝힌 어떤 저자는 같은 호에서 조선 가정을 이렇게 규정할 정도다. "금일 조선 가정은 우리 신구 사상의 격전장(激戰場)이라고 할 수 있다. 조선 구(舊) 가정은 황토덩이 같은 원시애(原始愛)로 뭉쳐 만든 유령(幽靈)이 튀어 나올 듯한 철장이나 만심이나 깊은 한컴컴한 토굴(土窟)이다."[3] '조선 가정은 원시인들이 사는 토굴이다.'라고 외치는 그 여성 필자를 부모가 가만두었을까 아니면 파문했을까? 《여자시론》의 편집자는 남성으로 보이는데, 그는 권두사에서 "누님아! 무던한 너름세가 있게 힘껏 떠들어 대이라. 우리의 귀가 먹먹하도록 힘껏 질느라."라고 권리 주장에 나설 것을 독려했다. 그 권리 주장의 내용은 「누님들아 울지 말어라」에서처럼 놀랍게도 여성 해방과 참정 운동, 정계 진출같이 당시 서구에서도 논란의 대상이었던 첨단 쟁점들이었다.[4] 모든 여성들이 이 같이 높은 수준의 권리 의식을 갖고 있지는 않았지만, 소규모인 여성 해방의 전사들은 1930년대 신여성의 시대로 가는 길을 개척했다. 생명과 재산의 권리로부터 출발한 권리 의식은 이렇게 분야별로 확산되고 영역별로 심화되었다. 근대 이행기 개명인민은 시시각각 몰려오는 개화의 물결 속에서 지식인들이 제공한 정보와 지식을 습득하고 생활 공간에서 스스로 터득한 지혜를 바탕으로 주체 의식을 갖춘 개인으로 탈바꿈하고 있었다는 뜻이다.

그렇다고 이 기간에 개명인민이 근대적 요건을 모두 갖춘 주체적 개인, 나아가 '주권 개인(sovereignty individual)'으로 성장 진화했다고 주장하는 것은 아니다. 봉건 시대의 수동적 인민과는 질적으로 다른 능동적 개인이 태어났고 근대적 요건을 두루 갖춰 나갈 채비를 차렸음을 말하고자 하는 것이다. 그것은 마치 이론적 수준의 사회 개념이 만들어졌다고 해서 사회의 근대적 실체가 형성되었음을 뜻하지 않는 것과 동일하다. 갓 출생한 아기가 스스로 독립할 수 있는 성인이 되려면 유아기와 청소년기를 거쳐야 하는 것처럼, 근대 이행기에 태어난 개인이 근대 사회의 역사적 주체로 등장하려면 생명과 재산권 보호 의식 외에도 여러 요건을 습득해야 한다. 앞의 두 예문 간에는 20년의 격차가 가로놓여 있고 교양과 학력이라는 자질의 차이가 놓여 있듯이, 동서양을 막론하고 대체로 개인주의(individualism)를 태동시킨 의식과 관행, 그리고 정신적 자질이 '근대적 개인'을 빚어낸 질료라고 할 수 있다. 그중 중요한 요건을 지적하면 이렇다.[5]

첫째, 나와 너의 차이를 인지하고 나의 됨됨이를 개성과 인격이라는 범주로 개념화할 수 있어야 한다. 세상을 바라보는 창구는 '나'고, 세상을 그렇게 해석하고 정의를 내리는 특수한 프리즘이 나의 개성이다. 그것은 내 영혼의 얘기다. 개성과 인격은 천부의 자질이며, 그것을 뭉뚱그려 놓은 것이 자아(自我)다. '자아 중심주의'라고도 표현할 수 있는 이 '자아의 발견'은 개별 인간에 대한 한없는 존경심을 낳았으며, 그것을 서양에서 글로 표현한 최초의 형식이 참회록 내지 고백록이다. 따라서 고백록은 자기 영혼과의 대화다. 영혼의 확인과 존경심이 개인을 사회로부터 개별화하고 대상화하는 역동적 힘이다. 1914년 일본 유학생들이 창간한《학지광(學之光)》에 드디어 자아의 발견이 중요하다는 글이 실렸다. 「인(人)보다 기(己)를 지함이 필요함」이란 글에서, "자기(自己)가 자아(自我)를 투철히 지(知)치 못하고 다만 망동(妄動)하는 거조(擧操)로써 타인의 예망(譽望)을 조득(釣得)코자 하는 야심(野心)에서 출(出)한 연고라 (……) 기인(其人)의 인격적 감화 여하에 관계된지라. 환언하면 기성공(其成功)의 기초를 자기(自己)로부터 고축(固築)하야 그의 세력으로써 타인에게까지 깊은 인상을 여(與)한 고라. (……) 아(我)는 세상(世上)의 광(光)이요 도(道)요 생명(生命)이라 하였으니……."[6] 개인의 발견에서 그의 내면으로 시선이 이동하고 있음을 보여 주는 글이다. 그런데 개인의 내면을 들여다보기까지, 그리하여 영혼과의 대화를 사회와 국가에 대립적으로 배치하기까지는 많은 시간이 소요되었다.

둘째, 자신의 내면을 관찰하고 그것을 행위로 표출할 수 있어야 한다. 그러기에는 자유가 선행 조건이어야 하지만, 내면에 대한 인식은 '주체적 개인'을 구성하는 영혼의 기(氣)와 같다. 감성과 정서는 영혼의 무늬이며 심리는 영혼의 형식이다. 그의 내면에서 용솟음치는 감성, 정서, 심리가 외적 제약에 의해 침해되거나 방해받지 않을 권리가 정착되어야 비로소 주체적 개인이 성립한다. 이를 개인화 과정이라고 한다면, 이 과정에서 공적 사회와의 대면과 접촉에서 발생하는 각종 긴장과 갈등을 존재론적 관점에서 관찰하고 수용할 능력이 필요하다. 18세기 후반 유럽에서 교양 소설이 각광을 받은 것은 국가와 사회의 외적 제약과 투쟁하는 자아를 보여 주고 궁극적으로는 자기 고유의 규정과 독립된 자아에 도달하는 방식을 일종의 자서전 형태로 형상화했기 때문이다. 괴테의 『빌헬름 마이스터의 수업 시대』가 전형적 예이다. 이렇게 보면, 조선의 근대 이행기에 나타난 신소설은 내용과 형식 면에서 기존의 고전 소설과 사뭇 큰 질적 차이를 보이기는 하지만 자아 중심적 시각, 개인의 감정과 정서 표현, 그리고 내면과의 독백이라는 교양 소설적 특성에 비추어 아직 초기 단계라고 볼 수 있다. 그것은 곧 근대 이행기에 태어난 개인이 자유 평등 의식과 개인적 가치관을 내면화하여 '근대적 개인'으로 성숙하는 데에는 상당한 시간, 사건과 역사적 경험이 필요하다는 것을 뜻한다.[7] 일제 강점 초기 일본 유학생들이 예술 여행을 통해 그런 개성을 발견하는 데에 선구적 역할을 해야 했다. 일찍이 여성의 지위 개선을 높이 외쳤던 나혜석이 그런 길을 걸었다. 「이상적 부인(理想的 婦人)」이란 글에서 개성에 망명한 자신의 각오를 이렇게 밝힌다. "일정한 목적으로 유의의(有意義)하게, 자기 개성(個性)을 발휘코저 하는 자각(自覺)을 가진 부인(婦人)으로서, 현대(現代)를 이해(理解)한 사상, 지식(知識)상 및 품성(品性)에 대하여, 기(其)시

대의 선각자가 되어 실력과 권력으로, 사교(社交) 또는 신비(神秘)상 내적(內
的) 광명(光名)의 이상적 부인이 되지 아니하면 불가(不可)한 줄로 생각하는
바라. (……) 그럼으로 나는 현재에 자기일신상(自己一身上)의 극렬한 욕망(慾
望)으로, 영자(影子)도 보이지 아니하는 어떠한 길을 향하여 무한한 고통(苦
痛)과 싸우며, 지시한 예술(藝術)에 노력하고자 하노라."[8] 예술에 바치는 자신
의 인생, 그것은 개인 영혼의 심연을 더욱 깊이 천착하는 일이었고, 궁극적
으로는 사회와 국가에 대하여 개인 참호를 구축하는 작업이었다. '무한한 고
통과 싸우며'는 국가와 사회의 당대적 과제를 물리칠 수밖에 없는, 그러나
영혼과 대적하여 국가와 사회를 새로이 건축하는 힘을 길러야 한다는 원대
한 포부를 가진 사람에게 찾아오는 필연적 경로였을 것이다.

　셋째, 근대적 개인은 자신의 삶의 공간을 자신이 창출한 고유한 방식으
로 양식화한다. 흔히 사생활(privacy)로 불리는 사적 공간을 자신의 취향과
취미, 예술 감각으로 새롭게 창출하는 데 국가와 사회의 공적 권력이 개입
하지 못하도록 엄격한 공사 구분의 원리를 발전시켜 나간다. 하버마스가 생
활 영역(Lebenswelt)과 체계(System)로 각각 불렀던 공사(公私) 영역 구분은 근
대적 개인의 원조인 부르주아 계층이 자신들의 사적 욕망과 감정이 분출되
는 사적 영역의 보호를 위해 공적 권력을 견제했던 시민 계층의 배타적 습
속을 강조하는 데에 초점이 맞춰져 있었다. 사적 영역에서 분출되고 형상화
되는 취향은 자주 공적 영역의 문화로 번역된다. 건축에서 고딕 양식은 귀
족 계급의 지배력을 넘어 상승하는 부르주아 계급의 자존심을 표출한 것이
다. 거주 공간에서도 가족의 공동생활이 이뤄지는 거실과 사적 생활이 영위
되는 가족원의 침실이 구분되는 형태를 만들어 냈고, 거실에서는 감정, 정
서, 예술 애호심을 발현하는 음악이 연주되었다. 거실에는 교양 시민의 상
징인 서가와 책이 비치되었다. 책을 읽고 쓰는 것, 고백록과 참회록을 집필
하고, 일기를 쓰며, 때로는 시민 사회의 원활한 작동을 위해 공공 정책을 구

상하고 간행물을 인쇄해 배포하는 것, 교양 시민들이 모여 공적 쟁점을 토론하고 커피 타임을 갖는 것, 이 모든 활동이 개인의 권리 확장과 가치관의 재생산을 위해 '근대적 개인'이 창안한 삶의 양식이었다. 서양에서 초기의 근대적 개인은 부르주아 계급이었다. 이에 비하면 노동자 계급은 경제 형편상 공동생활을 할 수밖에 없었고, 거실과 침실의 구분이 없었으며, 놀이 공간도 집 밖 골목이거나 작업장의 빈터였다. 부르주아 계급에게는 사적 영역과 그로부터 분출되는 삶의 양식이 '근대적 개인' 개념의 핵심 축이었다면, 노동 계급에게는 공동체와 연대성이 중요했다.⁹ 앞의 두 번째 예문은 교양 시민들이 행한 공적 쟁점과 실천 방안을 엿볼 수 있는 단면으로 조선 여성이 처한 삶의 양식과 개혁 필요성을 제기한다. 당시의 현실에 비춰 특정 집단에서는 '근대적 개인'의 상당한 발전이 이뤄졌다고 할 수 있다.

《여자시론》 같은 호에서 '여자 해방 문제'를 논하는 여성 필자가 등장하는 것도 같은 맥락일 것이다. 방순경은 이렇게 주장한다. "서세동점을 따라 조선 여자계에도 신풍조가 수입됨에 따라 식자 계급에 있는 여자들 가운데는 여자의 권리 획득을 주장하며 혹은 구(舊) 여자의 사상을 타파하기에 노력하는 이가 만케 됨은 진실로 기쁜 현상이외다."¹⁰ 시대를 앞서가는 여성들의 이런 주장을 공론장에 제기하는 바로 그즈음 자신의 감정 속으로 망명하는 식자들도 다수 생겨났다. 1920년 창간된 《폐허》 동인들이 그랬다. 시골로 내려간 시인 남궁벽은 '무엇을 할 것인가?'에 골몰하다가 결국 이런 결론에 도달한다. "그러나 묵도를 마치고 눈을 든즉, 떠는 듯한 별들이 헤아릴 수 없는 매력을 가지고 반짝이므로, 내 생각에 '아아, 암만하여도 시(詩)다.' 하였습니다. 그리고 언제인지 그내가 나에게 보여 주신 Longfellow의 'Evangeline' 중에 있는 구절, 하나씩 둘씩 하늘에 돋는 별을 천사의 Forget-me-not에 비유한 구절이 생각나서, 암만하여도 저러한 별과 가까운 생활을 하는 시인(詩人)이 부럽다는 생각이 났습니다."¹¹ 3·1 운동이 실패로 끝나고 새로운 출구가 보이지 않았던 '절망의 시대'에 남궁벽은 자신의 사적 영역 속으로 망명해 들어갔던 것이다. 그 비밀스러운 은신처엔 누구도 범접할 수 없는 표백된 자아가 그를 기다리고 있었다.

넷째, 근대적 개인이 공사 구분을 그들의 생활신조로 삼았던 것은 사익(私益)을 부도덕한 것으로 몰아갔던 국가주의적 이데올로기의 허구를 폭로하고 사익 추구 행위를 정당화하려는 데에 있었다. 그것은 초기 시민 사회론의 의도와 정확히 부합한다. 국가의 권력은 사회로부터 나오며, 사회의 권력은 개인의 합의에 의한 것이다. 즉 개인이 사회를 만들고 국가를 창출한다. 모든 현실적 권력체의 출발점은 개인으로 상정되었다. 그 개인은 자기애에 충실하고 자신의 이익을 좇으며 자신의 노동을 투하하여 얻은 산물을 자기의 재산으로 만들 권리를 부여받는다. 자신의 노동이 재산권의 기초이며, 국가는 그것을 보호할 의무가 있다는 논리다. 영국의 경제학자이자 도덕론자인 애덤 스미스(A. Smith)가 사익 추구의 공익성을 최초로 정당화했다. 애덤 스미스는 『국부론(*The Wealth of Nation*)』(1776년)에서 사익 추구 행위는 더 나은 삶을 위한 개별 인간들의 성실한 노력을 촉진하며, 그것은 결국 자신도 모르게 공공선의 증진에 이바지한다고 갈파했다. 경제적 개인주의라고 할 스미스의 이 '보이지 않는 손'의 신비로운 기능을 통해 개인이 도덕적 거리낌 없이 마음껏 사익을 추구할 수 있는 토대가 마련되었다. 버나드 맨더빌(Bernard Mandeville)이 '자기애(自己愛)'를 자연법칙으로 정의할 때 부가했듯이, 자신의 의지와 소망을 공익과 연결하는 고리는 자율 선택, 결정, 그리고 책임이었다. 선택, 결정, 책임은 앞에서 지적한 삶의 공간에서 꾸준히 배양되는 교양을 여과 기제로 하여 실행된다. 그리하여 19세기에 접어들면 개인주의가 사회 영역 전체로 확산되어 사회 질서와 조직 운영의 기본 원리로 정착되었다. 이른바 개인주의가 생활신조와 생활 양식으로 발전하면서 '근대적 개인'의 완성을 향해 진군했던 것이다. 개인주의 이념에서는 국가보다 사회가 우선시되었고, 사회보다 개인이 우선시되었다. 사익 독주의 시대, 개인주의의 질주를 마감한 것은 자본주의와 결합한 개인주의가 시장 질서를 교란하고 사회적 관계를 훼손함에 따라 개인주의의 존립 기반이 허물어지기 시작할 무렵이었다. 영국의 정치 경제학자 존 스튜어트 밀(J. S. Mill)이 나서 급진적 자유주의(radical liberalism)를 부르짖게 된 것도 이런 배경에서이다.

근대적 개인은 자유주의와 개인주의를 만들어 내면서 자신의 성숙을 향해 앞으로 나아간다는 것을 강조하기 위해 서양의 경험을 간략히 검토했다. '근대적 개인'은 반드시 이 경로를 거쳐야 하는 것인지에 대해서는 여러 논의가 가능하겠지만, 그런 경로를 우회했던 조선에서는 과연 어떤 모습으로 진화하는지를 관찰하고 그 굴절 상태에 대해 객관적 해석을 내리는 데에 서양의 경험을 준거로 삼으면 유용하다는 사실은 부인하기 어렵다. 조선에서 '개인주의'라는 용어가 처음 출현한 것은 1922년 '개성, 자아, 예술'을 논한 염상섭의 비평문이다.[12]

일단 각성한 이상 자기의 주위를 의심하고 비평적 태도로 일체를 탐구평가하려 할뿐 아니라, 자기자신(自己自身)에까지 의혹(疑惑)의 안광(眼光)을 향하게 하는 것은 당연한 사(事)라 하겠다. (……) 혹은 이러한 현상들이 돌이어 자아각성(自我覺醒)을 촉진하는 그 직접 원인이 된 것이라고도 할 수 있다. 여하간 이러한 현상이 사상(思想) 방면으로는 이상주의(理想主義), 낭만주의(浪漫主義) 시대를 경과하야, 자연과학의 발달과 공(共)히, 자연주의 내지 개인주의 사상의 경향을 유치(誘致)한 것은 사실이다.

1920년대 초반 문학에 등장한 각종 사조들, 낭만주의, 자연주의, 사실주의의 제 경향을 논의하면서 염상섭이 가장 주목한 것은 '자아 각성'의 토대인 개인주의 사상의 확산이었다. 그것은 아마 일본에서 유행하던 사소설(私小說)의 이념적 추세가 유학생 지식인들을 통해 유입된 결과일 것인데,[13] 이것만으로 개인주의가 일반인에게도 확산되었는지는 미지수다. 즉 일반인들은 아직 근대적 개인의 요건들을 온전히 갖추지 못한 상태에 있었으며, '자아의 발견'을 생활 양식의 건축물로 변환시키는 역량을 발휘할 단계는 아니었다. 더욱이 거기에는 제국주의 침탈이라는 식민지 상황, 온전한 개인주의로 나아가는 것을 저지하는 최악의 장애물이 작동하고 있었다.

우리의 연구 범위인 1910년까지를 일단 생각해 보면, '발견된 자아'에 근대적 개인의 요건이라는 새로운 옷을 입힐 지적 모험들과 역사적 투쟁의 행진은 1910년을 전후하여 뚝 끊어졌다는 인상을 받는다. 그나마 자아의 거울 역할을 했던 신소설도 주인공의 내면 상태를 묘사하거나 심리 상태를 세밀히 천착하여 플롯에 반영할 정도는 아니었지만 1910년대 초반에 약속이나 한 듯 사라졌고, 그 빈자리에 고전 소설과 야담류의 전기(傳記)와 소화(笑話)가 들어선 식민 상황에서 근대적 개인의 온전한 성숙을 기대하기는 어려웠다. 앞 장에서 우리는 국가 상실의 위기를 극복하는 주체로서 국민이 호명되었고, 국민을 담지하는 실체로서 사회가 출현했으며, 궁극적으로는 국민과 사회의 기초 단위로 개인의 존재에 지식인의 관심이 닿았다는 점을 서술했다. 지식인들은 근대적 이론으로 개인의 위상을 정당화하고 인격과 권리를 부여했지만 그것은 어디까지나 국가 구출의 행위자로서, 국권 회복의 주역으로서의 개인이었다. 지식인들은 스스로 그 앞장에 선 전위 부대라고 생각했다. 량치차오의 신민설과 국가 유기체론은 국가 건설이라는 절체절명의 과제를 이행할 의무를 갖는 한에서 개인의 독자적 위상이 인정되었다. 량치차오가 그토록 애석해 마지않았던 공화주의와의 결별이 그렇게 이뤄졌다. 조선 역시 마찬가지였다. 개인의 독자적 위상과 권리가 인정되기는 했지만 서양의 개인주의 이념처럼 국가와 사회를 제치고 개인을 우선시하고 절대시하는 논자와 논리는 발견되지 않았다. 근대 이행기 조선에서 '개인'은 언제나 국가와 사회를 전제로 성립되는 개념이었다. 이런 관념의 확산에는《대한매일신보》가 앞장섰다. 1910년 논설에 다음과 같이 썼다.[14]

국민의 지식이 고상하고 기력이 활발하여야 주권도 가히 회복하며 민권도 가히 찾을지니 신체가 강건하며 정신이 쇄락하면 일신의 권한을 타인에게 빼앗기지 아니함과 같이 국가가 부강하고 인민이 단결하면 일국의 주권을 타국에 사양치 아니하는 바라. (……) 국민 동포들은 더욱 분발하여 각기 의무를 저버리지 말지어다.

국가 상실의 위기 앞에서 인권과 민권을 말해 무슨 소용이 있으랴는 주장이고, 그런 까닭에 국가 우선주의적 논리는 당연한 것으로 받아들여졌다. 이런 상황에서 출현한 개인과 사회가 서양적 의미의 '시민 사회'로 통합되어 국가와 협력 혹은 갈등 관계를 지속하는 역사적 시간대를 통과하려면 국가-사회-개인의 위상과 서열을 역전시키는 계기가 찾아와야 했다. 역전의 계기는 아니더라도 지적 모험은 가능했다. 예를 들면 일제 강점이 일상화되던 1917년 어떤 유학생의 논리는 현실의 절박함에서 조금 떨어진 채 지적 탐험을 한 흔적이 역력하다. 마치 대학 사회학 강좌에 제출한 보고서를 연상케 하는 「사회와 개인」이란 제목의 글에서 필자는 이렇게 갈파한다.[15]

이와 같이 개인(個人)은 결코 사회(社會)만 위하여서 사는 것이 아니외다. 그의 가치목적은 개인(個人)신체 내에 있는 것이예요. 물론 사회도 단체(單體)지요. 하나 개인도 한 단체(單體)외다. 이 의미에 있어서 사회는 다른 유기체와는 다른 것이에요. 가령 세포는 신체라 하는 단위를 떠날 수 있으며 그 전체에서 분리할 수 있어요? 하나 개인(個人)과 사회(社會)의 관계는 그러하지 아니하야 이 사회에서 저 사회로 이전(移轉)할 수도 있으며 또 전부를 떠나 자의식(自意識)할 수도 있지요.

그런 다음 필자는 사회 지상주의와 개인 지상주의의 논리를 비교 분석한다. 요즘 말로 사회 실체론과 사회 명목론을 논의한 셈이다. 식민지 현실이 더욱 악화되어 가는 '절망의 시대'에 지적인 은신처에서 개인과 사회의 관계를 찬찬히 들여다보고 있었다. 이런 관찰들이 합류되고 논리적 자원을 이뤄 1920년대에 드디어 총체적 개념으로서 '사회' 개념의 계급적 분화가 발생하기 시작했다. 천도교에서 발행한 사회 비평지 《개벽》은 '사회'의 계급적 개념 분화를 최초로 선보인 대중지였다. 지배층이 고안한 '사회'(부르주아 사회)에 대해 '민중의 사회'를 대치시켰다. 그러나 1910년까지의 근대 이행기는 그런 기간이 아니었고, 그 당시 형성 단계였던 경제 시민의 세력 확장과 자본 축적이 어느 정도 진전되는 시간을 기다려야 했다. 그러나 일제(日帝)가 왔고 모든 자연스러운 성숙 과정을 중단시켰다. 독립 국가에서 근대 이행이 거치는 통로는 차단됐다. '차단된 통로(obstructed path)', 마치 빛이 차단된 식물이 생장 호르몬을 생산하지 못해 체형이 비틀어지듯 조선의 근대 이행은 예상치 못한 행로로 몸을 비틀어야 했다. 문자로 구축하는 상상 세계인 문학은 차단된 통로에서 유일하게 허용된 출구였다.

공명의 시대

공명 1: 청년, 영웅 담론

격변의 시대를 건너는 사람들에겐 끊임없이 분출하는 불안과 희망을 호소할 정신적 자원이 필요한 법이다. 성리학과 결별한 지식인은 할 수 없이 일본과 중국을 통해 유입되는 서양 사상에 경도되었다. 아직 그림자를 드리운 성리학적 전통과 긴장감을 유지하면서 새로운 시간대를 이끌어 갈 시대 정신을 찾아 고심했다. 국가 유기체설, 사회 진화론, 시민 사회론, 민족주의론 같은 근대 사상에서 국권, 민권 회복과 정치 체제 모색에 필요한 논리를 가늠하고 추론했던 것이 1900년 초 10년간의 지적 동향이었다. 갑오개혁 직후 유학했던 관비 유학생은 이미 돌아와 지식인 공론장의 공론을 창출하는 데에 투신했던 반면, 1905년을 전후로 일본으로 떠난 관비 유학생과 자비 유학생은 대체로 식민 정치의 하급 관리로 채용되었으며 뜻있는 식자(識者)들도 강압적 정치하에서 타협적 전문가의 역할을 부여받을 수밖에 다른 도리가 없었다.[16] 그래도 지식인들은 1894년에서 1910년의 근대 이행기를 건너갈 수 있는 지적 자원을 생산할 수 있었고, 그것을 확산함으로써 일반 대중으로 구성된 평민 공론장과 어느 정도 공명이 가능했다. 지식인 공론장과 평민 공론장 간의 '공명(consonance)'은 실로 초유의 역사적인 현상이었다. 1894년까지만 해도 '조정 담론장'과 '평민 공론장'은 서로 첨예하게 대립했는데, 농민 전쟁이라는 엄청난 역사적 격류를 거쳐서야 비로소 그 첨예한 갈등과 대립 상태가 해갈될 수 있었다. 해갈의 결과는 참혹했다. 조정 담론장은 붕괴했으며, 평민 공론장은 천지사방으로 흩어졌다.

그런 의미에서 '공명'은 근대 이행기를 건너는 평민들에겐 다행스러운 일이었다. '인민'에서 '개인'으로 호명되었던 그들, 그러나 '근대적 개인'이 되기에는 사회 경제적 조건과 지적 역량이 열악하기 짝이 없었던 그들에게 지향할 가치관과 목표를 제공했던 것은 바로 지식인들이었다. 지식인들은 개인들을 동원해 역사를 바꾸고자 하는 전위 부대였다. 지식인들이 '국민 만들기 프로젝트'에 동원한 것은 역사, 민족, 동포, 종교라는 근대적 질료였음은 앞에서 지적했다. 조선의 전통이 발 담고 있는 경험적 지층을 뚫고 새로운 기대 지평을 함축하던 그 개념들은 그러나 지식인들에게도 낯선 용어였기에 어떤 일관된 이론 체계를 갖춘다는 것은 불가능했다. 많은 논자들이 여러 유형의 논리를 쏟아 냈다. 왕조는 살아 있으나 국가는 쇠락하는 모순적 상황에서 국민 국가로 가는 길을 일사불란하게 닦아야 한다는 생각은 자주 교란되었다. 민족 개념이 함축한 통합적 힘에 일단 기대를 걸었고, 민족을 실체화할 수 있는 근원 찾기의 지적 모험은 '역사'라는 새로운 개념으로 수렴되었다. 국가는 쇠해도 민족과 역사는 살아 있다는 생각에 지식인들은 환호했다. 역사에는 혼(魂)이 있고 그것을 담지하는 부인할 수 없는 역사적 실체가 민족이며, 민족의 정기에 불꽃을 점화할 수 있는 것이 종교였다. 역사, 민족, 종교는 지식인들이 인민을 국민 만들기 전선에 불러들이는 호루라기였는데, 비교론적 관점에서 본다면 그것이 이른바 '국민 국가'로 나아가는 건조 과정이었음을 명료하게 지적한 사람은 없었다. 다만 《대한매일신보》에 게재된 필자 미상의 「20세기의 신국민」이라는 논설에서 그것을 자명하게 언급했지만, 이미 국민 국가 건조의 가능성은 소멸된 후였다.

앞에서 우리는 지식인 공론장과 평민 공론장의 공명 현상을 지적했지만, 문해력과 문식력이 지극히 낮았던 당시 일반 인민이 지식인 공론장에서 외치는 이런 개념들과 주의 주장들을 어느 정도 이해하고 있었는지는 미지수다. 학회보의 구독층은 교양 시민으로 한정되었고 가장 많이 팔렸던 《대한매일신보》 역시 초기에는 4000부, 후기에는 1만 3000부 정도였다. 파급 효과까지를 감안하면 지식인 공론장의 영향력을 결코 과소평가할 수는 없지만, 그렇다고 과대평가할 필요는 없을 것이다. 문해력이 여전히 낮았기 때문이다. 다만 전국적으로 벌어졌던 학교 설립 운동과 교육 운동에 동참하는 것만으로도 평민들은 지식인들의 열의에 화답할 수 있었다. 민족과 역사에 고무된 평민들은 '의병 운동'으로 나아갔다. 이 점은 결코 가볍게 다룰 문제는 아니다. 의병 운동은 국권 회복을 향한 지식인들의 여러 선택지 중 하나였지만, 평민들에게는 훨씬 더 가까운 선택이자 결단이었다. 지적 수준의 격차로 자칫 소멸될 수 있는 이 공명 현상에 생명력을 불어넣기 위해 지식인들이 고안한 개념이 바로 청년 담론(靑年談論)이다. 청년! 그것은 전통과 결별하고 신문명을 무한정 받아들여 새로운 국가 건설의 민족적 과제를 짊어진 시대의 전사(戰士)로 정의되었다. 역사, 민족, 종교의 복합적 관계를 일반 인민에게 납득시키는 일이 거의 불가능했기에 단순 명료하고 신선한 역할 수행자를 상정해 인민과 일체화하는 것, 이것이 청년 담론이 나타난 배경이다.

명칭으로 보아선 이해조가 편집했다는 《소년한반도》에서 그런 의도가 선명하게 드러나기는 하지만, 게재한 글들의 면면은 일반 계몽에 역점을 둔 당시의 다른 잡지들과 별다른 차이가 발견되지 않는다.[17] '한반도 소년'이 아니라 '어린 한반도', '시작 단계에 있는 힘찬 한반도'라는 뜻이 더 강하다. '소년!'을 발성한 최초의 지식인은 최남선이었다. 명칭도 소년이라 지은 잡지 《소년(少年)》(1908년)은 조선의 미래가 '소년'에게 달려 있음을 만천하에 공표하고 소년 찬사, 소년 교육, 소년 훈육 등 국운을 좌우할 미래의 주역들에게 바친 글들로 가득 차 있다. 대부분 최남선 자신이 쓴 것으로 추정되는 글들로서 소년의 귀감이 되는 세계 인물들을 소개하고, 「거인국 표류기(걸리버 여행기)」, 「아메리카 독립」, 「피터 대제전(傳)」 등 소년들로 하여금 웅지를 품고 지적 역량을 높일 수 있는 글들을 실었다. 취지문은 그런 의도를 십분 드러낸다. "우리 대한(大韓)으로 하야곰 소년(少年)의 나라로 하라 그리하야 하면 능(能)히 이 책임(責任)을 감당(堪當)하도록 그를 교도(教導)하여라." 소년의 나라로 새로 시작하겠다는 뜻이다. "소년으로 하여금 이를 읽게 하고 아울러 소년들을 훈도하는 부모들도 읽게 하여라."라고 힘주어 권장하는 강력한 권고에서 일본에서 막 귀국한 최남선의 지적 모험의 출발점이 '새로워짐(更新)'에 착지했음을 시사한다. 새로워짐, 그것은 당시 지식인들이 인민에게 기대했던 최대의 소망이었을 것이다. 그런 소망을 실어 최남선은 전통의 율격을 깨고 자유롭게 부르짖었다.「해(海)에게서 소년(少年)에게」라고!

> 텨……ㄹ 썩, 텨……ㄹ 썩, 텩, 쏴……아.
>
> 따린다, 부슨다, 문허바린다,
>
> 泰山 갓흔 놉흔 뫼, 딥태 갓흔 바위ㅅ 돌이나,
>
> 요것이 무어야, 요게 무어야,
>
> 나의 큰 힘, 아나냐, 모르나냐, 호통까디 하면서,
>
> 따린다, 부슨다, 문허바린다,
>
> 텨……ㄹ 썩, 텨……ㄹ 썩, 텩, 튜르릉, 콱.

최남선은 유독 바다의 상징을 좋아했던 것 같다. 《소년》에도 해양과 관련된 여행기를 다수 실었으며, 해양을 진취적 정신을 구현한 신천지로 간주했다. 해양의 웅지가 소년에게 이전되어 조선의 전통을 보기 좋게 부수고 새로워지라는 시인의 소망이 터져 나온 것이 이 시(詩)다. 창간호 원문 그대로 옮겼는데 두 가지에 주목을 요한다. 개화 가사와 창가 등이 가창에서 근대적 산문 형태로 전환을 모색하고는 있었지만 기존 율격을 완전히 버리지 못한 채였다면, 이 시는 아예 율격을 완전히 벗어던졌다는 점에서 작자의 갱신 의도가 돋보인다는 것이고, 다른 하나는 띄어 쓰기와 구두점을 창안해서 새로운 글쓰기에 적용했다는 점이다. 당시는 국문 연구소(1907년)가 막 설립되어 맞춤법과 표기법을 연구할 무렵이었는데,[18] 최남선은 자신이 창안한 주관적 문법으로 감정과 이념을 표현했고, 시어도 특별히 어려운 한문을 고집하지 않고 알기 쉬운 일상적 용어를 골라 썼다. '국문을 공식 문자로 한다'는 조칙 이래로 국문과 국한문 간 우위성 논쟁이 한창 진행되었던 당시의 상황을 고려하면 이 시는, 국문학에서 평가하듯 신체시의 효시라는 문학

사적 의미뿐만 아니라 형성 일로에 있었던 국문 공론장에 문학적 지평을 넓혀 준 공로를 부가해야 한다. 국문 공론장은 평민 공론장을 위한 문자 공동체, 사회 텍스트 공동체였다. 그렇다면 이 시에서 구현된 새로움은 전통을 박차고 나올 수 있는 과단성과 지혜, 자유정신이었고, 인민에서 전환하는 '개인'에게 반드시 필요한 덕목이었던 것이다.

최남선의 이런 담론에 《황성신문》이 화답했다. 《황성신문》은 아예 영웅을 갈망함이라고 직설적으로 표현했고, 모든 인민이 구국의 영웅으로 나서기를 강력하게 권유했다. "여(余)의 갈망하는 바는 다수한 무명 영웅에 재하다 하노니 유아일반목적(惟我一般目的)은 유시(惟是) 애국열혈로 각기(各其) 영웅사업에 타인(他人)을 앉아 기다리지 말고 자기(自己)가 영웅으로 확신하며 타인에게 양여(讓與)치 말고 자기가 영웅을 자임(自任)할지어다."라고 외쳤다.[19] 청년 담론은 일본 유학생들에게서 유독 많이 제창되었다. 그도 그럴 것이 유학생들은 청년이자 젊은 층을 대표하는 식자였으며, 그런 만큼 조선의 미래를 열어 가야 할 막중한 책임 의식을 짊어지고 있었다. 태극학회가 먼저 포효했다. 「정해(政海)의 투입하는 청년(靑年)」(목단산인), 「아국청년의 위기」(문일평(文一平)), 「아국학생제씨여」(송남(松南)) 등이 청년의 각성을 요청했다. 송남은 글에서 청년을 '2000만 민족 사회의 미래 영웅'으로 규정하고 "제씨의 청년 혜안으로 지사(志士)의 대우(待遇)를 여시(如是)히 피수(被受)하고 지사(志士)의 주선(周旋)을 여시(如是)히 목격하며 국가의 참상을 여시히 조우(遭遇)하였은즉 의호(宜乎) 제씨가 차(此)에 감각(感覺)하며 차(此)에 분발하여 기학술(其學術)에 착착 진보하여 (……) 암매(闇昧)한 민지(民智)를 문명케 함도 제씨요 쇠퇴(衰頹)한 국권을 만회함도 제씨요 사회의 악관(惡慣)을 귀정(歸正)함도 제씨라."고 하여 현실 진단과 함께 책임을 각성하고자 했다.[20] 청년을 영웅시하는 시선은 당시 청년 담론에서 가장 많이 등장하는 비유법이었다. 유럽 역사에서는 한니발과 나폴레옹, 미국 건국사에서는

워싱턴과 해밀턴, 사업가로는 칼라일, 영국 총리 글래드스턴 등이 본받아야
할 전범으로 거론되었으며, 그들의 진취 정신을 이 시대에 재현해서 '암매
한 민지'를 계도할 청년의 사명으로 덧붙였다. 대한흥학회는 창간호부터 청
년 담론을 게재하였는데, 「신한국인은 신한국열을 요할진져」라고 하여 청
년의 분발을 고무했으며, 「현대 청년은 여하한 목표로 전진할까」(김달집, 2
호), 「청년의 기지(氣志)」(기눌생(期訥生), 2호)를 비롯, 「열국청년과 한국청년
담」(이승규, 6호), 「청년번민열의 청량제」(김하구, 6호), 「청년국지원기(元氣)」
(길승익, 8호), 「금일 아한(我韓) 청년과 정육(情育)」(이보경, 10호) 등 꾸준히 청
년론을 게재했다.

청년 담론이 청년을 영웅으로 설정한 논리는 1890년대 중반 이후 활발하
게 소개되기 시작한 역사 전기류 번역물의 시선을 수용한 것이다.《독립신
문》을 위시하여 당시 신문과 잡지에 게재되었던 인물 기사와 인물고가 독
자의 인기를 끌자 일본과 중국에서 유행하던 역사 전기 소설을 본격적으로
번역, 번안해 소개했는데, 을사늑약을 계기로 아예 영웅담을 창작하여 내놓
기 시작했다.[21] 영웅 담론은 추상적이고 어려운 국민 개념에 구체성과 상징
성을 부여하는 좋은 창구였다. 더욱이 영웅 담론에는 역사적 맥락이 함축되
어 있었기에《황성신문》과《대한매일신보》계열의 지식인들에게는 역사와
영웅이 융합된 역사 전기 소설의 유용성이 눈에 들어오지 않을 수 없었다.
그리하여 전래되던 군담, 설화가 발굴되었고 인물란에 소개된 외국의 역사
적 영웅들이 서사화되었으며, 급기야는 한국 역사상 영웅들의 인물됨과 난
국 타개상이 이야기로 창작되었다. 장지연은『애국부인전』을 써서 프랑스
잔다르크의 영웅담을 소설화했고(1907년), 박은식은 우화 형식의『몽배금태
조(夢拜金太祖)』(1907년)를 썼으며, 신채호는 량치차오가 저술한『이태리건
국삼걸전』을 번안했으며,『을지문덕전』,『수군제일위인 이순신전』,『동국거
걸 최도통전』을 창작했다.(1907~1908년) '암매한 인민'에게 영웅의 행위와

인품, 역사적 맥락을 인지시켜 국민의 자질을 갖추도록 하는 것이 주목적이었지만, 소멸하는 국가를 구제할 시대의 걸출한 영웅이 나타나기를 바라는 작가들의 소망도 반영되어 있을 것이다. 신채호는 「영웅과 세계」에서 이렇게 갈구했다.[22]

그 학술이 강덕(康德, 칸트), 사빈새(斯賓塞, 스펜서)와 같으면 세계 학술가가 막불기안전(莫不其案前)에 막배(膜拜)하여 왈, 오사오사(吾師吾師)라 할지며, 기정치(其政治)가 격란사돈(格蘭斯頓, 글래드스턴), 위일손(韋日遜, 윌슨)과 같으면 세계정치가가 막불기마하(莫不其摩下)에 추복(追伏)하여 왈, 위인위인(偉人偉人)이라 하며…… 차시대는 영웅의 분발흥기(奮發興起)할 추(秋)가 아닌가. (……) 약부청년인사(若夫靑年人士)의 전정무궁자(前程無窮者)는 기(其) 회포(懷抱)의 대소(大小)를 수(隨)하여 사업의 대소가 현(現)할지며, 기 인격의 고하를 수(隨)하여 가치의 고하를 저(著)할지어늘, (……) 연즉 기 국에 세계와 교섭할 영웅이 유(有)하여야 세계와 교섭할지며, 세계와 분투할 영웅이 유하여야 세계와 분투하리니, 영웅이 무(無)하고야 기국이 국(國)됨을 개득(豈得)하리오.

역사 전기 소설에서 영웅을 돌출, 부각했던 목적은 명백했다. 독자들의 관심이 집중된 이 문학 형식에 시대를 구출한 영웅을 주요 소재로 삼아 '암매한 민지'를 계도하고 국민됨의 구체적 준거를 제시하고자 했던 것이다. 신채호가 영웅 전기 속에 설화 형식을 가능하면 축소하면서 저자의 논리를 역으로 부각하는 논설 형식을 취한 이유가 이것이다.[23] 이 시기에 국문 공론장을 화려하게 장식했던 신소설류가 일반 독자들을 대상으로 했던 것과는 달리, 역사 전기 소설은 먼저 지식인 독자를 염두에 뒀을 거라는 평가도 있지만, 많은 판본이 한글본으로 출판되었다는 사실로 미뤄 국문 독자층에 널리 보급되었을 것으로 추측된다.[24] 왜냐하면 1910년 한일합방을 계기로 총독부는 일반 대중의 역사 의식을 고취하는 일련의 작품들을 금서 조치했는데, 금서 목록에는 당시 세간에 널리 읽혔던 역사 전기류가 다수 포함되어 있었기 때문이다.[25]

그럼에도 청년, 영웅 담론은 그 후에도 계속 재생산되어 일본 유학생회가 발행한 《학지광》의 인기 주제가 되었다. 「말을 반도 청년에게 붙임」(현상윤), 「반도 청년의 각오」(김이준), 「청년의 활약」(하상욱), 「강력주의와 조선 청년」(현상윤), 「조선 청년과 각성의 제일보」(소성), 「조선 청년의 경제적 각성」(양원모) 등이 그것이다. 일본의 강점 후에는 '영웅'이 아니라 '각오와 각성'이었다. 김이준은 도쿄에서 이렇게 외쳤다. "시대의 고금과 지구(地球)의 동서(東西)를 막론하고 인류 사회의 지주(砥柱)가 되야 기력(其力)을 공(供)하며 기신(其身)을 헌(獻)하야 기사회의 운명을 지배하는 자는 유일청년(唯一靑年)이며 민족의 대표가 되야 기용(其勇)을 매(賣)하며 민족의 복리(福利)를 득구하는 자가 역시 청년(靑年)이로다."[26] 최남선의 《소년》 이후로 청년은 국권 회복의 전위대였다. 청년은 힘과 몸을 사회에 헌신하여 국권을 회복하고 민족 복리를 높이는 일을 수행해야 한다는 각오와 각성은 식민 시대를 통과하는 전위대의 표어였다. 여기에 신채호류의 영웅 이미지가 덧붙은 것이 이광수의 「천재야! 천재야!」라는 글이다. 신채호, 장지연, 박은식이 역사 전기 문학을 통해 영웅을 희구했다면, 이광수는 국민과 청년들에게 '천재'를 갈구했다. 신채호가 위인의 이름을 호명한 것처럼, 이광수는 라파엘, 칼라일, 베토벤, 비스마르크, 워싱턴, 링컨, 코페르니쿠스, 뉴턴, 퀴리, 칸트의 이름을 거론했다. 그러곤 조선에서 이런 천재들을 배양하고 칭송해야 미래의 문을 열 수 있다고 외쳤다.[27]

우리는 천재를 칭찬히 줍시다. 장려히 줍시다. 그리고 존경히 줍시다. 그래서 그네로ᄒ여곰 깃브게, 마음노코, 힘껏 자기네의 천재를 발휘ᄒ게 합시다. 적어도 당장 천재 열 명은 나야되겟소. 시급히 열 명은 나야되겟소. 경제적 천재, 종교적 천재, 과학적 천재, 교육적 천재, 문학적 천재, 예술적 천재, 철학적 천재, 공업적 천재, 상업적 천재, 정치적 천재 이 열 명은 시급히 나야되겟소, 뭇노니 누구누구가 그 후보자인가요?

영웅이 천재로 바뀌었다. 영웅이 저 먼 곳의 표상이라면, 천재는 보다 현실 생활에 가까운 일상적 존재이기 때문일 것이다. 그러나 영웅의 유용성은 한일 합방과 함께 소멸했다. 영웅을 내세웠던 신채호는 만주로 망명했고 영원한 이방인의 고독한 길을 택했다. 조선과 일본을 왕래하면서 국민 자질의 개조를 꿈꿨던 이광수는 청년과 천재의 이미지를 대중적으로 부각하면서 본격적인 문학의 길로 접어들었다. 스스로 '문학적 천재'가 되고자 했던 것이다. 근대 소설의 효시로 일컬어지는 『무정』을 한 해 전에 발간하고 쓴 이 예문에는 아직도 표기법과 맞춤법이 정립되지 않은 상태였다. 다만 띄어 쓰기와 쉼표, 마침표 등의 활용법과 입말[口語]을 글말[文語]로 그대로 썼다는 점에서 언문일치의 근대 문체를 스스로 창안했음을 말해 준다. '국문'과 '국문으로 쓴 문학'은 영웅과 천재가 아니라 심리적, 정서적으로 의지할 곳을 찾아 헤매는 식민 치하의 '국민'에게 정신적 은신처를 제공해 주었다.

아무튼 청년, 영웅 담론은 그렇게 일단 막을 내렸지만 근대 이행기 인민에서 주체적 개인으로 진화하는 조선의 평민들에게 역할 준거를 제공했음에는 틀림없다. 역사, 민족, 종교는 지식인들과 평민들이 공명할 수 있는 공유의 자원이었다. 그런데 지식인에게도 그 '격변의 시대'를 건널 수 있는 이론적, 정신적 자원이 궁핍했던 만큼, 문식력과 문해력이 절대적으로 미천했던 일반 평민들에게 그 궁핍의 정도는 상상을 초월하는 것이었다. 서양처럼 부르주아 계급이 생산한 자유주의가 일반 서민들, 농민과 노동자들을 충분히 포섭할 만큼 논리 체계가 단단하거나 현실 생활에서 위력을 발휘한 것도 아니고, 민족주의가 충분히 성숙해 지배 이념으로 작동한 것도 아니었다. 자유를 사회 질서의 기본 원리로 정착시키기에는 시장이 발달하지 않은 상태였고, 상공업 계층은 대한제국의 관료 주도적 성장 정책에 의해 지배권을 배양하지 못한 처지였다. '주체적 개인'으로 점차 성장해 가던 당시의 평민들에게는 지식인 공론장이 호명했던 역사, 민족, 종교와의 공명 외에 내면(內面)을 채울 수 있는 정신적 양식이 필요했다. 자아(自我)의 발견, 실존적 존재로 태어나기 시작한 이 주체적 인간의 내면을 채워 줄 정신적 양식을 지식인 공론장은 충분히 생산하지 못했다. 평민들은 지식인들의 호명에 한편 공명하면서도 다른 한편 일상생활에서 항시적으로 분출되는 감정과 정서, 내면에서 샘솟는 영혼의 소리에 스스로 화답할 수 있기를 원했다. 거기에 국문이 있었다. 입말을 글말로 표현할 수 있는 표음 문자가 최초로 공식 문자로 채택된 덕분에 그 문자를 통해 사람들은 내면의 계단을 밟고 점점 더 깊은 심리의 심연으로 내려갈 수 있었다. 국문 공동체가 만들어진 것과 함께 평민들은 과거 지배층의 전유물이었던 문학의 세계에 발을 내디뎠다. 국문이 근대 이행기 인민을 개인으로 진화시켰던 비행체였다면, 문학은 1910년 근대 이행기가 막을 내리고 개막된 '절망의 시대'에 상처 난 내면을 치유하고 새로운 가치관을 제조할 수 있는 비밀 창고였다.

공명 2: 국문 공동체와 문학

암매했던 인민에게 그 '격변의 시대'를 견딜 수 있게 한 힘은 뜻밖에도 낯익은 곳에서 왔다. 인민은 그들이 써 왔던 언문과 언문의 세계가 물밀듯 밀려오는 근대의 불안을 해소해 줄 거라는 생각엔 미치지 못했다. 그런데 자신들도 격변의 시대를 건널 수 있는 문화적 자원을 갖고 있었다는 의외의 사실을 깨닫는 데에는 그리 많은 시간이 필요하지 않았다. 갑오 정부가

「칙령 11호」로 '국문을 공식 문자로 한다'고 공표했을 때에도 그것이 무엇을 의미하는지를 알아차린 인민은 드물었다. "總以國文爲本漢文附譯或混用國漢文(향후 국문을 본으로 하되 한문을 번역해 달거나 혹은 국한문을 혼용한다.)" 군국기무처가 발령한 이 짤막한 칙령은 봉건 시대를 마감하는 거대한 혁명의 나팔소리였다. 한문이 누렸던 봉건적 특권은 그것으로 붕괴되었고, 한문과 단단히 결박됐던 문화적 중심성과 세계관은 해체됐다. 조선이 기반을 두었던 '문(文)'이 한문에서 국문으로 바뀌었다는 것은 조선의 존립 근거와 건국 이념 자체가 소멸되었음을 뜻한다. 조선은 세계에서 드문 '문'의 국가였다. 문으로 인민을 다스렸고, 문으로 존재 이유를 찾았으며, 문으로 세상과 대면했다. 문은 종교이자 정치였고, 신분이자 인품이었다. 조선이 매우 견고한 정교일치 국가였던 것은 종교와 정치를 하나로 통합하는 문이 있었기 때문이다. 문은 말할 것도 없이 한문이었다. 그런 문자의 역사적, 문화적 위상을 포기하고 '국문(國文)을 본(本)으로 한다'고 천명한 것은 조선을 구축한 핵심 원리의 포기 선언과 다름없었다. 이런 관점에서 유교 국가에서 세속 국가로의 전환을 완료한 것은 국주한종(國主漢從), 국본한부(國本漢附)를 선언한 「칙령 11호」였다고 단정적으로 말할 수 있다.

국문은 그렇게 느닷없이 인민에게 찾아왔다. 아니 인민의 생활 공간에 오랫동안 존재하던 국문이 느닷없이 공식 문자의 지위를 부여받은 것이다. 인민에게 그들의 문자가 있었다는 것은 천상의 선물이었다. 세종이 훈민정음을 반포하면서 발했던 그 말이 450년이 지난 시점에 실현되는 순간이었다. "欲使人人易習 便於日用耳(사람들로 하여금 쉽게 익혀 날로 쓰매 편토록 하고자 할 따름이니라.)" '날로 쓰매 편토록 한 그 말'은 언문일치(言文一致)의 표음 문자였다. 언문일치는 모든 국가가 '국민 국가 만들기'에서 첫 번째 과업으로 꼽는 목표였는데, 조선에는 언문일치로 바로 나아갈 수 있는 문자 인프라가 깔려 있었음은 다행스러운 일이었다. 입말(言)과 글말(文)의 일치는 어느 나라나 쉽게 이룰 수 있는 과제가 아니다. 베트남은 인민의 글인 쯔놈이 한문보다 더 어려워 결국 알파벳을 공식 문자로 채택해야 했고, 한문의 종주국인 중국도 간체를 채택하기까지 많은 우회로를 거쳐야 했다. 일본 역시 메이지 정권 수립 이후 가나체를 공식 문자로 정립하는 데에 30년 정도를 소요해야 했다. 아무튼 조선에는 언문일치의 기본 요건을 충족하는 언문이 있었고, 언문을 근대적 언어 공동체의 공식 문자로 승격시키는 데에 그리 많은 장애가 존재하지 않았다. 칙령 하나만으로도 언문일치의 언어 공동체가 만들어질 정도였으니 말이다. 그러자 식자층이 국문 세계로 밀려들어 와 인민과 합류했다. 한문을 부속으로 한다는 정부 시책이 합리적이고 정당한 마당에 '부속의 세계'에 그냥 머물러 있을 수는 없는 일이었다. 식자층의 투항은 과거에는 생각지도 못한 일이었다. 한문을 어렵사리 터득해도 식자층으로의 신분 상승은 불가능한 일이었건만, 이제는 그들이 국문 세계로 자발적으로 걸어 들어온 것이다. 누구나 쓰고 말할 수 있는 공통 언어의 세계는 신분적 특권을 허용하지 않았다. 식자층이 문자로 인하여 누리던 지위와 명예는 쇠퇴했다. 문자로 귀천과 상하를 구분하는 문화적 경계선을 허용하지 않는 국문 공동체가 만들어진 것이다. 국문 공동체 내부에는 지배자와 피지배자가 존재하지 않았다. 국문 공동체의 모든 구성원들이 문자 권력과 지식 권력을 골고루 공유하는 평등한 세계가 찾아온 것이다. 그렇다고 문자 행위가 순조롭게 국문 공동체로 수렴되었던 것은 아니다. 국문의 공식적 우위성은 1930년대 중반에 이르러서야 비로소 자리가 잡혔다고 해야 할 것이다. 아무튼 이런 관점에서 근대 이행기 국문 공동체의 형성은 각별한 의미를 가짐과 함께 내부 진통도 뒤따랐다.

첫째, 문자 유형의 구분에 의한 신분적, 세속적 차별이 소멸되었다.《독립신문》 창간호 논설은 바로 이 점을 직시했다. 순 한글 사용이 '문자에 의한 불평등 구조를 타파하는 길'이라고 설파한 것이다.《독립신문》은 국문으로 신문을 발행하는 이유를 설명하면서 국문 전용의 의미를 일찍이 이렇게 간파했다. "정부에서 내리는 명령과 국가 문적을 한문으로만 쓴즉 한문 못하는 인민은 남의 말만 듣고 무슨 명령인 줄 알고 이편이 친이 그 글을 못 보니 그 사람은 무단이 병신이 됨이라. 한문 못한다고 그 사람이 무식한 사람이 아니라 국문만 잘하고 다른 물정과 학문이 있으면 그 사람은 한문만 하고 다른 물정과 학문이 없는 사람보다 유식하고 높은 사람이 되는 법이라."[28]《독립신문》은 이후에도 국문 사용을 적극 권하는 논설을 자주 게재했는데, 문자로 인한 신분적 불평등 타파와 인민 교육의 편이성에 강조점을 두었다.[29]《독립신문》의 이런 취지를 따라 순 한글로 발행한 신문들이 뒤를 이었다.《조선크리스도인회보》,《그리스도신문》,《협성회회보》,《매일신문》,《제국신문》 등이 그러했으며,《만세보》는 부속 국문체를,《황성신문》은 국한문 혼용체를 썼고,《대한매일신보》는 순 한글체와 국한문 혼용체를 동시에 발간했다. 근대 이행기 신문 매체들이 국문 공동체의 형성에 결정적 영향을 미쳤다는 것은 주지하는 바인데, 주독자층을 누구로 하느냐에 따라 문체가 엇갈렸다.《제국신문》은 부녀자층을 겨냥했기에 순 한글을 썼고,《황성신문》은 유생과 식자층을 상대로 했기에 국한문 혼용체를 선택했다. 앞 장에서 언급한바, 국문이 공식 문자로 채택되기는 했지만, 1920년대 중반까지 각종 인쇄물과 신문, 서적들은 한문체, 부속 국문체, 국한문 혼용체, 순 한글체의 네 문체를 병립했다.[30] 표기법과 맞춤법을 포함한 국문 정서법(正書法)이 만들어진 것도 1930년대 초반의 일이다. 이런 진통은 어찌보면 불가피한 현상이다. 일단 국문으로 방향을 튼 문자 공동체는 이런 과정을 거치면서 언어적 통일성을 형성해 갔다.

둘째, 국민 국가 구축 과정에서 흔히 종교, 언어, 문화, 역사의 동질성을 기본 요건으로 한다는 것은 잘 알려져 있다. 이 중에서 특히 언어, 그것도 중심국의 언어에서 탈피하여 지역어를 동질성의 문자적 모태로 지정했다는 사실은 조선의 문화적 자립을 알리는 중대한 결정이었다. 서로 다른 인종일지라도 동일한 언어를 구사하는 집단을 '상상의 공동체'로 묶어 낼 수 있다면 국민 국가의 요건을 충족한다.[31] 같은 문자를 사용해 동질적 기억을 축적한 사회 텍스트 공동체는 언제든지 특정 계기가 발생하면 정치 공동체로 전환할 수 있다. 갑오 정부가 '국민 국가'를 겨냥하지는 않았다는 점은 앞에서 밝힌 바이지만, 적어도 근대 국가로의 발전에는 동일한 지역어와 민족어를 쓰는 상상의 공동체가 필연적으로 요구된다는 사실만은 어렴풋하게 인식하고 있었던 것으로 보인다. 근대 이행기 조선 지식인들의 국문 전용 논의는 주로 국력 배양과 자주독립, 그리고 국민 형성에 맞춰져 있었다. 특히 개신 유학자 계열의 지식인들이 그랬다.《황성신문》은 국한문 혼용을 기본 문체로 사용하면서도 국문 교육의 필요성을 자주 강조했으며, 문자의 난이에 따라 인민의 교육 수준이 좌우되고 결국 국력의 우열을 초래하므로 국문의 용이함을 십분 활용해야 한다고 역설했다. 그런 전제하에 인민을 위한 경서 언해(經書諺解), 문법 정리, 국문 학교의 설립 등을 시급한 과제로 지목했다. 박은식과 장지연도 국문의 편리함에 주목하여 인민 교육과 문명개화를 위해 국문의 유용성을 강조했으며, 국문 교육이 곧 애국심과 국권 강화의 지름길임을 천명했다. 한주국종의 난해한 문장을 쓸 수밖에 없었던 신채호 역시 국문을 국수(國粹) 보전, 국정보지(國精保持), 애국심 계발 등 주로 국가주의적 요건으로 파악했다. 「국한문의 경중」에서 그는 "자국의 언어로 자국의 문자를 편성하고 자국의 문자로 자국의 역사지지(歷史地誌)를 찬집하여 전국 인민이 봉독 전송하여야 기(其) 고유한 국정(國精)을 보지(保持)하며 순미(純味)한 애국심을 고발(鼓發)할지어늘……."이라 일갈했다.[32] 그는 더 나아가 국문의 기원을 세종 대왕이 아니라 "아(我) 국문(國文)은 개(盖) 단군 시대에 기유(己有)한 자(者)인저."라고 단군 기원설을 주장하기도 했다.[33]

단군의 발견은 중국이라는 중심에서 한국 민족을 분리한 지렛대였다. 주변에 위치했던 국가에 새로운 중심을 설계하는 것이 민족 국가의 이데올로 기적 장치라면, 중심어에서 지역어를 분리하고 그것을 단군과 연결하는 것 은 신채호만이 할 수 있는 '독사신론'이었을 것이다. 지역어로도 진리에 접 근할 수 있다는 신념은 민족주의로 가는 가장 중요한 출발점이었다. 이에 비 하면, 주시경의 시선은 국민 형성에도 맞춰져 있었지만, 오히려 소통의 동질 적 수단을 마련하는 일, 그리고 그런 인민끼리 서로 연대하여 살 수 있는 사회 를 형성하는 일에 더 방점을 두었다. 언어학자로서 『대한국어문법』(1906년)을 비롯, 『국어문전음학(國語文典音學)』(1908년), 『말의 소리』(1914년) 등 음운론 에까지 관심을 뻗어 나간 주시경은 보다 언어론적 관점에서 국문의 필요성 을 주장했다. 예를 들면 그는 『대한국어문법』 발문에서 이렇게 썼다.[34]

사회는 여러 사람이 그 뜻을 통하고 그 힘을 서로 연(聯)하여 그 생활을 경영하고 보존하기에 서로 의뢰(依賴)하는 인연(因緣)의 한 단체라. 말과 글 이 없으면 어찌 그 뜻을 서로 통하며 그 뜻을 서로 통하지 못하면 어찌 그 인 민이 서로 연(聯)하여 이런 사회가 성양(成樣)되리오. 이러므로 말과 글은 한 사회가 조직되는 근본이요, 경영의 의견을 발표하여 그 인민을 연락(連絡)케 하고 동작(動作)케 하는 기관이라.

이 글에서는 연(聯), 통(通), 연락(聯絡)과 동작(動作)이 사회 형성에 기여 하는 언어의 기능이 주제다. 그렇다면 한문을 공식 문자로 삼았던 언문 이 치의 세월은 이분된 사회, 뜻이 통하지 않은 사회, 인민이 있었으나 존재 가 치가 없었던 사회였다는 말이다. 주시경은 언어 공동체의 필수 요건으로 국문을 주장했다. 이 글과 비슷한 시기에 썼던 「국어와 국문의 필요」에서 도 국문을 입으로만 썼던 것도 큰 흠절인데 자전 하나 만들지 못하고 한문 만 숭상한 것에 대오 각성을 해야 한다고 토로했다.[35] 여기서 '국어'라는 말을 별도로 쓴 점에 주목할 필요가 있다. 당시 국문 전용을 논하는 글들에서 그냥 '국문'이라는 표현이 일상적으로 쓰였지 '국어'라는 말은 거의 나타나지 않았다. 주시경이 쓴 '국어'는 '나랏말'일 터이고 국문은 '나랏글'로 해석하면 그는 애초부터 언문일치의 문화적, 사회적 의미에 큰 관심을 보였다는 뜻이 된다. 또는 조심스러운 추측이지만, 일본에서 한창 진행되었던 '국어 국자 운동'의 전반적 의미와 추세를 알고 있었을 것으로도 짐작된다. 메이지 정부와 당시의 학자들이 추진했던 국어국자 운동은 일본어의 근대화에 초점이 맞춰져 있는데, 가나체와 한자 옹호론 간에 격렬한 논쟁을 유발했고 결국 독일에서 귀국한 언어학자 우에다 카즈토시(上田万年, 1867~1937년)에 의하여 선어후자(先語後字)의 원리가 정립되었다. 단일 민족 국가를 구축하려면 '말의 통일'이 먼저이고 글은 그것을 따라야 한다는 원리다. 그전까지 가나론자와 한자 옹호론자 간에 심각한 대립이 있었다. 한자 사용을 존속하면 결국 국가의 혼과 국가 정신을 도둑맞는다고 주장한 가나론자들은 한자가 함축한 어의(語義)의 풍부함을 몰각하는 것이며, 그렇다고 한자를 그냥 사용하는 것은 근대적 언어 공동체의 구축에 심각한 차질을 빚는다는 양 진영의 지리한 대립과 딜레마가 이 원리하에서 풀렸다. 가능한 한자를 최소한으로 사용하고 '한자의 일본화'를 도모해서 일본인의 표준 발음에 맞춘다는 원칙에 대체로 합의했다. 근대 일본어는 그렇게 만들어졌다.[36] 아무튼 식자들이 국한문 혼용체를 편의상 쓰고 있었음에도 국문 전용의 필요성을 절감하고 국문을 언어 공동체의 공식 언어로 자리매김한 것은 근대 국가의 기본 요건을 충족함과 동시에 사회 형성을 향한 동질적 소통 공간을 만들겠다는 의지의 표현이었다. 주변부에 위치했던 인민은 국문을 통해서 공론장의 중심부로 진입할 수 있었다. 그리하여 공론장의 쟁점들이 결국 자신들의 인생을 좌우하는 것임을 깨닫고 논쟁에 참여해야 한다는 책임 의식을 공유하는 것이야말로 공론장 확대의 기본 메커니즘이다. 과거에는 비공식적, 사적 영역에서만 발화하거나 소멸했고 영역별, 지역별로 분절되었던 '지역적 국문 담론장'이 이제는 지역 경계를 가로지르고 영역별 쟁점들을 결합해서 단일 언어로 통합된 '전국적 국문 공론장'을 형성하게 되었다. 유럽에서도 그랬지만, 조선에서도 근대 이행기에 전국적 국문 공론장의 형성과 확산에 가장 중대한 영향을 미친 것은 신문과 소설이었다. 어느 나라나 소설은 주로 민족어와 지역어로 쓰였던 것이 상례이며, 상업화의 논리에 우선 충실해야 했던 신문은 대중 독자를 더욱 많이 확보하기 위해 소설을 연재물로 게재했다. 앤더슨의 말처럼, "소설과 신문은 민족과 같은 상상의 공동체를 재현하는 기술적 수단을 제공했다."[37]

셋째, 언문일치의 세계에서 문(文)의 분업이 와해되었다. 문은 재도지기(載道之器)라 하여 도를 담는 그릇이었고 도는 지배층의 전유물이었으므로 정치, 종교, 도덕, 윤리를 생산하고 정련하는 업무는 지배층에 한정되었다. 지배층의 문이 수기(修己)와 치인(治人)의 수단이었다면 인민의 문(諺文)은 주로 노래하고 읊는 가창(歌唱)의 발음 기호였을 뿐이다. 국문 공동체에서 재도(載道)와 가창의 분업은 성립하지 않는다. 그런데 바로 여기에 문제가 숨어 있었다. 일본에서도 가나체 전용론자들에 대한 비판이 거세었듯이, 표의 문자에 함축된 복합적 의미를 풀어 쓰기가 매우 난삽하고 애매했으며, 무엇보다 새로운 문명을 수용하는 데에 표음 문자는 그리 적합하지 못하다는 비판이 계속 제기되었다. 수백 년 지속된 한자의 유용성을 하루아침에 대체한다는 것은 매우 어려웠다. 조선의 식자층은 국문 전용의 필요성을 인정하면서도 오랜 문자 관행과 신문명 수용의 이점을 들어 한문을 완전히 폐기하지 못했다. 그렇다고 한자의 자국화에 착수했던 일본처럼 체계적인 연구 위원회를 꾸릴 겨를도 없었다. 《독립신문》 내에 주시경이 설치한 국문동식회(國文同式會)가 이런 업무를 수행하고자 했던 최초의 단체였을 것이다. 정부의 공식 단체는 1907년에야 출범했다. 앞에서 언급한 국문 연구소가 그것이다. 주시경, 어윤적, 이능화, 지석영, 권보상, 윤치오 등이 위원으로 활동한 국문 연구소는 설립 취지에 밝혔듯이 "본소에서는 국문의 원리와 연혁과 현재행용(現在行用)과 장래발전 등의 방법을 연구흠"을 목적으로 설정했고 1908년까지 총 23회의 회의를 거쳐 문체, 정서법, 음운론에 관한 최종안인 「국문연구 의정안(國文硏究議定案)」을 채택한 것으로 보인다.[38] 그러나 당시 절박했던 정치적 상황에 따라 일반에 공포되지 않았고 따라서 국문 글쓰기의 공식 규준(公式規準)은 나오지 않았다.[39] 이후 1930년대 초반까지 각자의 판단과 원리에 따라 표기법과 정서법을 고안해 써야 했다. 이 시기의 문호로 불렸던 이광수의 문체와 정서법에 어떤 일관된 원리가 발견되지 않는 것은 그 때문이다. 근대 소설의 효시로 불리는 이광수의 『무정』(1916년)도 애초에는 국한문 혼용으로 쓴 것을 《매일신보》의 편집 방침에 따라 수정된 결과라는 연구도 나와 있듯이,[40] 국문 전용의 필요성을 절감하면서도 이광수는 국한문 혼용체를 즐겨 썼다. 그러면서 국한문 혼용이 궁책(窮策)임을 고백했다. "금일의 아한(我韓)은 신지식을 수입함이 급급한 때라 이때에 해(解)키 어렵게 순국문으로만 쓰고 보면 신지식의 수입에 저해가 되겠으므로 차(此)의견은 아직 잠가두었다가 타일(他日)을 기다려 베풀기로 하고 지금 여(余)가 주장하는 바 문체는 국한문 혼용이라⋯⋯."[41] 후에 그는 조선 문학의 요건을 논하면서 신문학은 반드시 일상 용어로, 순 한글로 쓸 것을 주장했고, 논설 외에 소설을 쓸 때에는 순 한글 글쓰기를 실행했다. 이런 초기의 혼란은 언문일치의 과정에서 흔히 겪어야 하는 불가피한 문제였다. 국문 연구소가 활발하게 활동할 무렵인 1908년 대한제국 정부도 궁색한 내규를 관보에 발표했다. "각 관청의 공문서류(公文書類)는 일절(一切)히 국한문(國漢文)을 교용(交用)하고 순국문(純國文)이나 이두(吏讀)나 외국문자의 혼용(混用)을 부득(不得)흠." 당분간 국한문을 공식화하겠다는 취지인데, 한자를 일소할 때에 발생하는 어의(語義)의 대량 상실을 보존할 방법이 묘연했던 것이다. 이광수가 말한 궁책이었다. 그럼에도 중요한 사실은 국문 공동체에 주요한 명사와 관념어로 한문이 여전히 쓰이기는 했지만, 재도와 가창 간의 전통적 분업은 무너지고 양자의 혼류 현상이 일어났다는 점이다. 국문과 한문이 경계선을 허물고 서로 섞인 것이다. 가창의 주요 영역인 가사와 시조가 노래하는 것보다는 쓰고 읊조리는 작품으로 변해 갔으며,⁴² 한주국종체(漢主國從體)를 고집했던 식자들의 논설문도 국주한종체(國主漢從體)로 점차 변모하기에 이르렀다. 국한문은 논설에, 국문은 문예의 주요 문체로 자리를 잡았다. 국문이 재도의 위치를 차지했고, 국문체로 편입된 가사와 시조도 어엿한 문예의 위상을 갖추게 되었다. 국문으로 도(道)와 시무(時務)를 논하고, 국문으로 문예에 진입한다는 것, 그리하여 국문으로 쓰인 논설과 문예가 모두 국문 공동체의 공동 자산으로 대접받는다는 것은 일반 인민에게도 문자 활동의 공식적 기회가 열렸다는 것을 의미한다. 특히 국문이 문예로 진입하는 창구를 마련해 주었다는 사실은 인민에게는 각별한 의미를 제공했다. 내면의 소리를 표기하고, 영혼과의 대화를 기록하며, 자신의 감정과 정서를 문자화할 수 있다는 것은 문화 권력을 공식적으로 부여받았다는 사실 외에도 앞 절에서 관찰한 '자아의 발견'과 그 발견된 자아에 어떤 형태로든 언어의 옷을 입힐 수 있게 되었음을 뜻한다. 인민은 국문을 통해서 자신의 '내면의 바다'로 내려갔고, 자신의 감정과 정서, 심리 상태를 국문에 실어 밖으로 퍼올렸다. 그것은 문학이었다. 과거에 방각본과 필사본으로 돌려 보던 고전 소설의 설화적 스토리가 아니라, 현실의 내가 실제 사건과 부딪혀 발성되는 나만의 고유한 고뇌를 그대로 적고 발설할 수 있었으며, 국문 공동체의 소통 기제를 통해 동감(同感, sympathy)과 인정(認定, recognition)을 얻어 낼 수 있었다. 바로 이 점이 국문 공동체를 형성하고 경계를 확대하는 내부 활력이다. 근대 이행기에 발행된 신문 매체들이 예외없이 소설식 이야기를 담은 단형 서사물을 게재하고 신소설과 개화 가사, 시조를 즐겨 실었

418

던 것은 '자아의 발견'에 나선 인민, 발견된 자아의 공허한 공간에 무엇인가 내면의 소리를 담고 싶어 했던 당시 인민의 갈망에 화답한 것이었다. 국문 공동체는 양반의 전유물이었던 문예와 문학으로 진입하는 길을 인민에게 터줌으로써 '개인으로 진화하는' 인민의 근대적 행진을 성원했다.

1894년에서 1910년 근대 이행기에 출현한 작품들에 대한 문학사적 연구들이 말해 주듯, 당시의 작품들이 '근대 문학'의 요건을 충분히 갖춘 것은 아니었다. 봉건 시대로부터 새로운 시간대로 막 건너온 '문(文)'이 매우 활발한 내부 분화를 시작했던 그 시기에 '문학'이라는 개념은 없었고 인민의 흥취와 감정을 실어 날랐던 판소리, 창가, 시조 역시 지식이 분열하고 신학문이 유입되는 혼류에 휩쓸려 경계 파괴와 율격의 변화를 감당해야 했다. 문학이란 본래 시대의 격변에 던져진 사람들이 조우한 낯선 환경과 투쟁한 소산이다. 사람들은 그 격류에 함몰되거나 헤쳐 나온 경험들, 그것이 운명이든 아니면 느닷없이 닥친 재앙이든 어떤 형식으로든 기록하고 읊조리고 재구성해 보려는 욕망을 갖고 있다. 조롱과 냉소, 한탄과 비탄, 희망과 절망의 표정이 현실 판단과 섞여 문자로 분출되는 것이 문학이라면, 당시 인민에게는 다행히도 그런 경험과 기대를 실어 표현할 수 있는 전통 유산이 존재했다. 한문 소설, 번안 소설, 고전 소설 등의 소설류와 소화(笑話), 야담, 군담류, 가사와 시조, 판소리와 창가 등이 그것이다. 근대 이행기의 인민은 낯선 환경과의 조우와 투쟁에서 분출되는 극심한 불안과 현실 판단, 지배층에 대한 비난과 냉소, 도덕의 붕괴와 그에 따른 좌절과 비애를 전통 유산 속으로 밀어 넣었으며, 그 유산들이 다시 내뱉는 미적, 심리적, 자조적 창작물들을 자신들의 내면 공간으로 받아들였다. 당시 등장한 신문 매체들 덕분에 자신들이 스스로 익명의 생산자가 되기도 했다. 어느 날 머릿속에 떠오른 가사와 노래를 적어 신문에 투고하는 것이 가능해졌고, 냉정한 현실 비판을 짤막한 얘깃거리로 만들어 세간에 알리는 것이 가능했다. 이 기간에 신문에

게재된 단형 서사 논설과 서사적 기사는 대체로 900여 편에 이르는데, 작자가 식자층에 속하는 신문 제작진이겠지만 독자가 투고한 내용을 가필 수정한 것도 꽤 많을 것이다.[43] 시대의 변동이 극심할수록, 인민의 내면과 심리가 복잡해질수록 그것을 형상화하는 전통 장르 역시 기존의 경계와 법칙에 안주할 수 없는 법이다. 낯선 경험과 고통과 번민이 전통 장르의 울타리를 넘어 흘러넘칠 때 그것을 담을 새로운 용기(容器)가 필요해지고, 때로는 전통적 장르 자체가 파괴되기도 한다. 이 시기 국문 공론장의 활성화와 경계 확대에 결정적 영향을 미친 창작물은 단형 서사 논설과 서사적 기사, 신소설, 개화 가사와 시조였는데, 역으로 보면 개인으로 진화하는 인민은 자신의 내면에서 시시각각 샘솟는 불안과 냉소, 현실 비판과 미래 희망을 주로 그런 형태의 창작물을 통해서 분출하고자 했다. 그것은 결과적으로 전통 장르의 파괴와 변형, 경계 확장과 상호 융합을 초래했는데, 문학사적으로 보자면 전대 문학(前代文學)의 유산이 새로운 시간대의 인민적 욕망에 화답하고자 했던 '문(文)'의 몸부림이었다. 새로운 장르와 새로운 글쓰기가 태어난 것은 당연한 귀결이었다. 더욱이 국문이 공식 문자로 채택된 마당에 입말이 요구하는 바대로 글말이 따라가는 방식에 대응하는 새로운 장르의 탄생은 불가피했다. 이 시기에 출현한 단형 서사물은 과거의 소품(小品), 소화(笑話), 야담의 형식에 현실 비판과 계몽적 의도가 부가되어 변형된 새로운 용기(容器)였고, 신소설은 고전 소설 형식에 설화성과 몽환성을 제거하고 현실성과 실재성을 돌출시켜 생산된 상업적 창작물이다. 개화 가사와 시조도 흥취와 비애를 떨쳐 내고 현실 비판과 풍자, 계몽과 계도의 내용을 싣게 되었다.

감성과 욕망의 내용 변화는 형식의 변화를 초래한다. 형식은 시대정신과 시대 변동의 구조를 반영하기 마련이다. 이 시기 창작물의 내용과 형식 양면에서 '근대적'이라고 해야 할 변화의 조짐들이 현격해진 것은 이 때문이다. 그렇다고 이 시기의 작품들이 '근대 문학'의 본격적 장을 열었다고 평가하려는 것은 아니다. 내용 면에서 권선징악적 가치관과 설화적 요소를 완전히 떨쳐 버린 것은 아니며 문체, 시점, 구성과 같은 형식 면에서도 근대라고 명명하기에는 부족한 점들이 다수 나타난다. 앞에서도 지적했지만, 문(文)에서 분화해 '문학'이라는 독자적 개념이 등장한 것은 근대 이행기가 막을 내린 1910년 이광수의 「문학의 가치」라는 글에서이며, 더욱이 '근대'라는 말은 누구도 쓰지 않았던 외래어였다. 그런 마당에 그 당시의 작품을 근대 문학으로 명명하는 것은 사리에 맞지 않는다. 그러나 전대 문학과는 질적 차이가 나지만 근대 문학이라고 하기에는 결핍 요소가 많은, 다시 말해 고전 문학적 요소와 근대 문학적 요소가 중첩된 이 양가적 성격의 작품들을 '과도기 문학'이라고 규정하는 문학사가들의 편의적 관점에는 동의하고 싶지 않다.[44] '과도기'란 어떤 뚜렷한 개성과 특성을 갖추지 못한 채 정체성 혼란에 빠져 허우적거리는 어의(語義)를 함축하기 때문이다. 『신문학사』(1939년)를 집필한 임화(林和)도 전대 문학을 구문학, 이 시기의 문학을 과도기 문학, 육당과 춘원 시대로부터 출발하는 문학을 근대 문학으로 규정했다. 그 내용은 다음과 같다.[45]

따라서 내가 신문학사에서 쓰는 과도기라는 말은 육당의 신시와 춘원의 새 소설이 나오기 이전, 그리고 한문과 구시대의 언문 문학이 지배권을 상실한 중간의 시대를 지정하는 좁은 의미에 한정된다. 이 시기엔 자연히 구문학이 제(諸)전래의 신용과 위엄을 상실한 대신 신문학은 당연히 가져야 할 새 위의(威儀)를 갖추지 못하여 반구반신(半舊半新)의 문학으로 충전되었다.

반구반신, 임화는 이 양가적 성격의 짧은 시기를 이렇게 특징짓고 '과도기'란 말을 붙였다. 조선에서 본격적인 신문학(근대 문학)의 탄생과 그것의 이식 문화적 본질을 부각하기 위해 붙인 편의적 분류지만, 구문학적 유산

없이는 신문학이 나올 수 없다는 점, 조선 언문학사와 한문학사가 중층적으로 쌓아 놓은 지적 토양에서 신문학사가 출발했다는 점을 부가했다. 임화는 과도기 문학을 '문화 담당자라 할 조선의 시민이[46] 아직 자력으로 구문화와 구사회 관계를 양기(揚棄)하고 일거에 신문화와 신사회를 건설할 만큼 역량이 성장치 못한 데 기인한 것'이라 하여 조선 인민의 문화적 역량과 정신적 고양 수준을 거론했지만, 그나마 그 시대의 지배적인 문학 형식인 창가, 신소설, 정치 소설[47]이 꽃필 수 있었던 것은 조선의 유구한 언문 문학적 전통에 빚진 바가 크다는 점을 상기시켰다. "새 시대 문학 정신에다 풍우(風雨)를 피할 의장을 입혀 준" 이조의 언문 문학, "그 보옥들을 가지고 새 시대의 문학은 오직 새로운 양식(樣式)을 구조하면"[48] 좋았을 것을, 그만 '평민들의 문화적, 정치적 미발달'에 의해 본격적인 신문학의 장을 열지 못했다고 아쉬워 한다. '신문학사는 이식 문학사'라는 이 악명 높은 명제에 대하여 지나치게 서구 편향적 시각이라거나 제국주의에 신음하는 조선의 현실을 몰각한 관점이라는 비판도 설득력 있게 제기되었지만, 조선에서 근대 문학을 발흥시킨 주체적 역량과 문화적 유산의 연장선을 세밀하게 검토할 것을 주문하는 임화의 진정성에도 주목을 요한다. 한 문학사가는 이렇게 평했다. "(이식 문학론)의 의도는 근대 소설 형성의 주체적 기반을 원천적으로 부정하는 것이 아니었다. 임화가 신문학사에서 신소설과 전대 소설의 상관성을 누차 지적한 것을 상기할 필요가 있다. 그의 문제의식은 중세 소설에서 근세 소설로 비약하게 된 조건과 계기가 무엇이었는지를 따지는 데에 있다."[49] 필자도 이 지적에 동의한다. 임화는 그 조건과 계기가 충분히 성숙되지 않았다는 점과, 특히 신시대의 탄생과 구시대의 사멸이 모두 확정적이 아니었다는 점을 들었다. 그래서 과도기다.

임화의 평가는 조금 성급한 감이 있다. 그러나 다시 한 번 찬찬히 돌이켜보자. 인민이 새로운 시간대로 나온 것은 불과 15년이 채 안된 상태였고,

500년을 지속한 봉건 체제의 경험적 지층들이 인식과 관행 속에 층층이 쌓여 있었으며, 더욱이 새로운 시간대를 이끌어갈 정신적 자원과 역량은 거의 없는 상태였다. 성리학적 문(文)은 신학문 앞에서 산산이 분해되었고, 새 시대의 격류를 관장할 가치관과 행동 규준이 형성 일로에 있었다. 임화의 말대로 '평민화하는 귀족과 신흥하는 평민'이 국문 공론장에서 서로 조우하고 대립하고 합류하는 일대 격전의 스토리와 내면의 흐름을 능숙하고 객관적으로, 계몽적 우려에 가득 찬 작자의 주관적 개입을 자제한 채 사회적 상황의 리얼리티와 존재론적 의식의 단면을 더 세련된 기법으로 형상화하는 것이 가능했겠는가? 시간이 필요했다. 근대로 완전히 이전하기까지는 말이다. 그 시대를 과도기로 유형화하는 문학사가들이 주로 준거로 삼는 서구적 경험에 비춰 봐도 그 나라들의 근대 이행은 더욱 더뎠고 지리했고 때로는 회귀적 반동의 물결에 휩싸이기도 했다. 조선에는 일본 제국주의라는 폭력적 감시견이 항시 감찰의 눈을 번뜩이고 있었던 때였다. 과도기가 아니라 근대 문학을 향한 문(文)의 몸부림이었고, '개인으로 진화하는 인민'이 낯선 감정과 불안과 기대를 담아내고자 했던 새로운 용기(容器) 또는 변형된 그릇이 신소설, 단형 서사물, 개화 가사, 신체시 들이었다. 국문 공론장에 물밀듯이 몰려나온 인민들의 갈망의 형식과 내용에 화답한 것이 그 시대의 문학이었다. 그 시기가 근대 이행기였던 만큼, 그 시대의 문학도 '근대 문학의 초기 형태' 정도로 불러 줘야 마땅할 것이다.[50]

과도기 문학이란 규정에 구태여 시비를 거는 것은 이 시기 '개인과 진화'와 '문학의 발전' 사이에 상동 구조가 있다는 것을 강조하기 위함이다. 인민이 '근대적 개인'으로 진화했듯, 문학도 근대 문학을 향한 먼 길을 출발했다는 말이다. 당시 인민은 문학이라는 창구를 통해 개인됨과 개인적 심성을 표출했으며, 문학은 마음의 새로운 조직과 언어적 표현을 통해 인민을 새로운 차원으로 상승시켰다. 개인은 거대 종교로부터 자신을 분리한 인간이 초월적 존재와 교감하며 자기 고유의 개체성을 확인하는 것에서 출발한다. 개체화된, 그러나 존엄을 획득한 인간이 다시 세속적 현실과 접촉하는 순간 그 현실과 관계 맺음의 과정에서 개인이 탄생하는 것이다.[51] 근대 이행기는 바로 그런 시간이었다. 유교라는 거대 종교로부터 분리된 인간이 개체로서의 존엄성을 갖고 새로이 형성되는 사회와 새로운 관계를 모색하던 때였다. 사회를 만들어 가는 개인, 그 사회에 던져진 개인은 새로운 위치 설정과 새로운 관계 형성 과정에서 낯선 집단성과 부딪는다. 그 접속 과정에서 발생하는 긴장과 충돌을 이제는 사회적 자원으로 공식화된 국문을 통해 표현해 낼 수 있었다. 그것이 문학이었다. 그 접속 경험이 과거와는 비교할 수 없을 정도로 다양해졌던 만큼 서사 양식도 그에 비례하여 다기화되었다. 임화는 이 시기의 대표적 문학 양식을 창가, 신소설, 정치 소설로 대별했지만, 사실은 이보다 훨씬 다양해서 단형 서사물, 역사 전기류, 우화·풍자 소설, 신소설, 개화 가사와 신체시 등 다채로운 형식이 시도되었다. 근대 문학의 시대를 벌써 지나 현대 문학과 포스트모던 문학이 논의되는 오늘날의 관점에서 이 시기의 작품을 근대 문학에 포함하기를 주저하는 문학사가들의 엄정한 잣대에 일견 동의하면서도, 근대적 개인의 탄생과 성숙이 국문 공론장에 의해서, 그리고 국문 공론장의 주역인 문학을 통해서 이뤄질 수 있었다는 사실은 부정할 수 없다. 다음의 몇 가지 점에서 그렇다.[52]

첫째, 당시의 작품들은 개인이 던져진 사회 현실, 개인의 운명을 바꿔 놓은 엄청난 현실의 파도, 그리고 그것에 굴복하거나 저항하는 개인의 모습을 비춰 볼 수 있는 거울이었다. '문학은 시대의 거울'이라는 보편적 명제가 이 시대에 와서야 비로소 성립되었다. 그것은 글쓰기 양식이 바뀐 탓이었다. 이야기의 구성이 설화성과 신화성을 탈각하고 현실성과 실재성을 중심으로 바뀌었으며, 주인공의 행동과 의식이 소설 독자들의 현실과 동질성을 띠게 되었다. 단형 서사물에는 애기의 줄거리를 이루는 중심 서사에 저자의 계몽적 사설이 덧붙여져 작자가 직접 개입하는 고전 소설적 한계를 그대로 답습하고 있고, 당시 독자들의 인기를 독차지했던 신소설들도 주인공을 저자와 분리시켜 객관적 공간으로 거리 두기를 하는 데에 매우 미숙한 모습들을 남겼지만, 그럼에도 문체, 시점, 시제의 근대적 변용을 통해서 개별적 인간의 개체성을 형상화하는 길을 열었다. 사회적 상황 속에 던져진 인간의 개체성과 정체성이 고전 소설류처럼 설화와 권선징악적 세계에 의해 규정되는 것이 아니라 개인적 가치관과 인생관에 의해 건조되는 서사 구조는 근대성을 배양하는 상상력의 인큐베이터였다.

둘째, 다양해진 서사 양식은 현실 비판의 방식과 안목을 넓혔으며, 우화, 풍자, 비유, 화법 등의 여러 형태가 개인적 상상력의 프리즘을 다기화하는 데에 동원되었다. 문학적 기법이 풍부해졌다는 것 역시 개인적 상상력과 심리 공간이 기존의 양식으로는 담아내지 못할 정도로 복잡해진 결과이다. 이 시기 신소설을 주도한 이인직과 이해조, 1910년 이후 최찬식, 김교제가 쓴 작품들은 줄잡아 수십 편에 이르는데, 설화성을 탈각하고 권선징악적 구도와 구세계의 획일적 가치관에서 어느 정도 벗어나기는 했지만, 불행과 운명적 속박의 탈출구로서 일본적인 요인의 설정, 계몽적 서사 구조, 신교육과 신학문을 얽힌 얘기의 궁극적 해결책으로 제시하는 것 등은 여전히 시대의 한계를 담고 있기는 하다. 이런 점에서 비교적 출세 욕망이 이인직에 비해 적었던 이해조는 작가적 본질에 한 걸음 더 근접해 있다. 어떤 부인의 생일잔치에 모인 친구들의 담화 형식으로 쓰인 『자유종』(1910년)은 미신 타파, 유교적 가부장제 비판, 부녀자의 자주권 옹호와 같은 반봉건 사상의 편린들을 자유 형식으로 담아내고 있으며, 『화의 혈』(1912년)은 탐관오리를 등장시켜 부정 축재와 호색을 일삼는 관료를 결국 파탄에 이르게 하는 현실 비판적 작품으로서 춘향전의 패러디다. 이해조는 당시 만연하던 도덕적 타락과 지배층의 비굴한 풍속에 대한 사회적 분개를 대변하고 있으며, 여기에 선과

악을 상징하는 주인공들에 대한 극단적 응징과 보상을 드라마적 서사로 건져 올림으로써 소설적 흥미를 유발하고 독자층을 확대하는 데에 기여했다는 평가를 받는다. 풍자와 우화 소설은 당시 항시적으로 작동했던 일제의 감시를 우회하기 위해 고안된 비판적 상상력의 소산으로 안국선의 『금수회의록』, 유원표의 『몽견제갈량』, 박은식의 『몽배금태조』 등 많은 작품이 선을 보였으며, 그 밖에 각종 신문에 「향객담화」, 「소경과 안즘방이 문답」, 「거부오해」, 「여우와 고양이의 문답」, 「병인간친회록」 등의 작품들이 발표되었다. 우화, 풍자, 비유는 전대 문학의 골계, 야담, 소화류에서도 흔히 활용되던 기법이지만, 국가 패망의 위기가 날로 심화되었던 이 시기에는 현실성과 상징성이 더욱 깊어져 해학보다는 현실 모순의 부각을 통해 식민지 미화의 논리적 허구성을 폭로하고 위기의식을 증폭시켜 독자들의 시대 감각과 태도를 다잡는 데에 초점을 맞췄다.

현실 비판을 보다 직설적으로 표현한 것은 개화 가사와 시조였다. 가사와 시조는 원래 노래와 창으로 감정을 싣는 형식이었기에 비유적, 상징적 수사법이 즐겨 활용되던 분야였는데, 개화기 가사와 시조는 점차 현실 비판의 논리를 제공하는 방향으로 변모되어 간접 화법보다는 직접 화법을, 감성적 표현보다는 논리적 표현을 더욱 선호하였다. 가사와 시조는 약간의 학식과 감흥을 아는 사람이라면 누구든지 한 수 지을 수 있는 대중적 장르였기에 당시 신문과 잡지에는 작품을 투고하는 익명의 독자들이 날로 늘었다. 가령, 《대한매일신보》「각언기지(各言其志)」란에 실린 아홉 수로 된 시조 구절 중 두 소절이다.[53]

세상공론도 무섭지 않고 신후악명(身後惡名)을 누가 아나

이 강산을 다 팔아도 내 지위만 견고하여

일순사(日巡査) 보호(保護)바람에 평생안락 하였으면 내각대신(內閣大臣)

소원이오

국가사상(國家思想) 있는 체 인민단체(人民團體) 하는 체

이 회(會) 저 회(會) 찾아가서 명예 한번 얻고 보면

금일(今日)에는 각부관원(各部官員) 명일(名日)에는 관찰군수 거기 있다 조명객(釣名客)의 소원이오

이쯤 되면, 작품성을 논외로 하고 당시 지배층의 위선과 세태를 고발하는 관점에서 이보다 직설적, 공격적이기 어려울 정도다. 이 작품에는 당시 지배층을 대변하는 아홉 종류의 집단과 관직이 등장한다. 내각대신, 조명객(이름을 낚으려는 자) 외에, 사환객(仕宦客), 노재상(老宰相), 문벌가(門閥家), 부가옹(富家翁), 매관자(賣官者), 좌논객(坐論客), 일진회(一進會), 모두 나라를 팔아먹고 호의호식하려는 자들로 그려진다. 을사늑약을 허용한 뒤 식민 통치를 합리화하려던 지배층으로서 당시 인민의 지탄과 분노의 대상이 되었던 집단이다.[54]

셋째, 플롯과 스토리의 구성이 구소설과는 사뭇 달라진 점이 있지만, 주인공의 행동과 대화가 심리 묘사와 가치관, 내면 의식과 정교하게 조응하지 못하여 개인적 고뇌와 존재론적 모순이 세밀하게 형상화되는 단계에 이른 것은 아니다. 이런 요인이 문학사가들로 하여금 근대 문학의 범주로 유형화하는 것을 주저하게 만든다. 당시의 신소설류를 면밀하게 검토한 권영민이 이런 결론에 도달하는 것은 그 때문이다. "신소설의 주인공들은 사회적인 존재로서의 개인의 의미를 제대로 구현하지 못하고 있다. 개화 조선의 현실은 개인이 삶과 그 존재 의미가 사회적인 요건에 의해 규정되고, 그 사회적인 요건들이 다시 개인의 삶에 의해 새롭게 규정되는 사회는 아니다. 그러므로 신소설의 인물들은 기껏 가족 또는 가정이라는 사회적 제도의 울타리에 머물러 있다. 신소설에서 가장 흔한 소재는 이 가정이라는 제도가 파괴

되는 과정에서 드러나는 개인의 문제들이다."[55] 맞는 말이다. 그런데 다시 돌이켜보면, 사회적 발전의 단계가 그 정도였다면, 가정이 파괴되면서 발생하는 문제를 담아내는 것이 당시 문학의 우선적 과제였을 것이다. 이로부터 개인과 사회의 관계가 더욱 다기화됨에 따라 점차 사회 전체의 모순으로 나아가는 수순을 밟았을 것이다. 1910년 이전에는 아직 문학이라는 제도가 발생하지 않았다는 사실을 여기에서 다시 확인할 필요가 있다. 독자적 영역으로서 문학이 '종합적 지식'인 문(文)으로부터 분리되었던 때였다. 오히려, '개인의 진화'라는 이 연구의 관점에서 보자면, 다음과 같은 시선이 보다 적합하리라 생각된다. 김영민은 이렇게 말한다.[56]

한국 근대 소설(소셜/쇼셜)은 근대화되어 가는 한국 사회의 속성을 그 나름대로 매우 효과적으로 반영한 문학 양식이었다. 상징과 비유와 환상을 통해 현실을 이야기한 것은 제국주의의 식민지 침탈 과정 속에서 성장한 한국 근대 문학이 선택할 수 있었던 지혜로운 길 가운데 하나였던 것이다.

그는 근대 이행기 '사회의 속성'을 얘기했지만, 필자는 오히려 '개인의 속성'으로 환치하고 싶다. 근대로 진입하는 개인의 속성과 욕망을 상징과 비유와 환상을 통해 표현하고 얘기할 수밖에 없는 현실, 그 과정에서 국문 공론장과 문학은 개인들과 공명했던 가장 중요한 공간이자 창작물이었다.

차단된 통로: 동굴 속의 시민

우리 조선은 황량한 폐허(廢墟)의 조선이요, 우리 시대는 비통한 번민의 시대외다. 이 말은 우리 청년의 심장을 깎는 듯한 아픈 소리다. 그러나 나는 이 말을 아니할 수 없다. 엄연한 사실이기 때문에. 소름이 끼치는 무서운 소리나 이것을 의심할 수도 부정할 수도 없다. 이 폐허(廢墟) 속에는, 우리들의 내적, 외적, 심적, 물적의 모든 부족, 결핍, 결함, 공허, 불평, 불만울분, 한숨, 걱정, 근심, 슬픔, 아픔, 눈물, 멸망과 사의 제악(諸惡)이 쌓여 있다. 이 폐허 위에 설 때에 암묵(闇墨)과 사망은 그 흉악한 입을 크게 벌리고 곧 우리를 삼켜 버릴 듯한 감(感)이 있다. 과시(果是), 폐허는 멸망과 죽음이 지배하는 것 같다. 그러면 우리는 고만 죽고 말 것인가? 아니다! 아니다! (……) 황량한 폐허를 딛고 선 우리의 발밑에, 무슨 한 개의 어린 싹이 솟아난다.[57]

1920년대 초, 조선 청년들의 입에서는 비탄과 자조, 절망과 암울의 한숨 소리가 터져 나왔다. 그것을 발설하기조차 힘겨웠다. 청년과 영웅 담론은 문학인들의 잡지인 《청춘》(1914년), 《청년》(1917년)으로 막을 내렸고, 기댈 곳도 없는 절망의 땅, 모든 악이 혀를 날름거리는 황폐한 사막으로 내동댕이쳐졌다. 일제 강점이 시작되고 10년이 지난 시대의 빛깔이 그랬다. 그래도 청년들은, 청년 지식인들은 폐허 위에 서서 생명을 갈구했다. 발밑에 어린 싹이 돋아나기를 간절히 염원하면서 그들의 절망과 비탄을 곱씹고 그 배경에서 희미하게나마 새 시대의 여명이 싹틀 것을 희구하면서 힘겹게 서 있었다.

시민은 태어났는가? 태어나고 있었는가? 이것이 이 연구의 질문이었다. 그래서 이 책의 제목도 『인민의 탄생』에 이은 『시민의 탄생』이다. 역사의 주체로 나선 '인민이 탄생'했기에 이들 인민이 근대적 시공간에서는 또 다른 성격의 주체, 근대적 주체라고 말해야 할 어떤 행위자가 될 것을 기대할 수 있다. 서양의 역사적 발전 과정에 비추면 '시민'이 될 터이다. '시민의 탄생', 그런 일이 조선에서도 과연 발생했는가, 시민의 존재가 관찰되는가? 근대 이행기에 개인과 사회가 태어났다는 것은 앞 장에서 고찰했다. 개인

과 사회가 태어났다! 그렇다면 그 개인과 사회는 근대적 조건들이 성숙해
짐에 따라 어떤 형태로든 변동 과정을 경험하기 마련이다. 자율성이 문제였
다. 식민 통치가 시작되기 전, 조선에 주어진 자율성은 커다란 어둠을 조금
이나마 밀어낼 정도는 되었다. 엄청난 위력으로 내려앉는 암흑을 조금 걷어
낼 정도, 개인과 사회가 성장할 공간을 아주 조금 마련해 준 정도에 지나지
않았다. 확장되던 국문 공론장은 「신문지법」, 「출판법」, 「보안법」에 철퇴를
맞았다. 「사립학교령」으로 6000여 개의 학교가 2000여 개로 줄었다. 의병은
곳곳에서 무력으로 진압되었으며, 결사체의 활동도 일제의 감시와 검열을
통과해야 했다. 신문은 폐간되었으며, 잡지도 정치적 색채가 있는 것은 허
가되지 않았다. 그런 암흑의 공간에서도 개인과 사회는 어쨌든 변화 과정을
거친다.

조선이 자율성을 확보한 독립 국가였다면, 개인과 사회는 시민 사회의
단초를 형성해 갔을 것으로 예상할 수 있다. 시민 사회는 사회적 분화가 빠
르게 이뤄져 계층과 집단 간 이해 갈등이 다발적으로 일어나는 사회다. 사
회 분화는 우선 '개별적 인권'을 인정하는 '계약적 질서'가 그 사회의 기본
적 조직 원리로 정착되어야 발생한다. 사회 분화는 두 가지로 진행된다. 우
선, 경제 영역에서는 생산 과정에서의 위치에 따라 계급, 계층 분화가 일어
나서 자본과 노동 계급이 광범위하게 형성된다. 상공업 계층이 사회 분화의
초기 단계를 주도하는 것은 임금 노동자를 고용할 수 있는 자본의 능력 때
문이다. 자본과 임노동은 시장 기제를 바탕으로 활발한 분화를 거듭하는데,
결국 이윤의 재생산과 분배 구조를 둘러싸고 첨예한 계급 갈등이 촉발된다.
이때가 정치적 분화와 연결되는 지점이다. 이 계급들은 각각 자신의 계급적
이익을 극대화하기 위해 정치적 결사를 만들고, 이 결사체를 자신들의 대변
기구로 내세워 정치 영역으로 내보낸다. 정치 영역에서 이익 갈등을 대변하
고 조절하는 기구가 바로 정당이다. 물론 정치 영역을 오랫동안 독점한 왕

과 귀족 계급은 자본과 노동 계급에게 쉽사리 참여의 기회를 내주지는 않았다. 서양의 19세기가 정치 투쟁의 현란한 사건으로 가득 찬 이유가 이것이다. 그러나 산업화가 진행되는 상황에서 전통 지배 계급이 권력 공유를 외치는 상승 계급들에게 문을 걸어 잠그는 것은 불가능했다. 어떤 국가에서는 무력 혁명이 발생했고, 어떤 국가는 부드러운 전환이 가능했다. 경제적 이해와 정치적 결사가 서로 조응하고 결합하는 이 연결 고리를 통해 정치적 참정권이 생겨나고 제도화된다. 국가의 형태, 정체의 유형은 이 과정에서 발생하는 계급 투쟁과 협의의 결과적 산물이다. 시민 사회는 경제적 분화와 정치적 분화가 서로 대응하여 제도로 정착될 때에 비로소 형성되었다고 말할 수 있고, 경제적 분화와 정치적 분화의 제 과정에서 어떤 뚜렷한 개별적 위치와 권한을 점하게 되는 개인을 시민이라고 정의할 수 있다. 경제적 분화 과정에서는 재산권이, 정치적 영역에서는 참정권이 시민권(citizenship)의 내용을 구성한다. 자치권, 재산권, 참정권이 시민권의 중요 요소로 정립되는 것은 그런 역사적 배경 때문이다. 그런데 국가마다 시민권의 강조점이 약간씩 달라져서, 예를 들면 주권 및 참정권을 강조하는 것이 프랑스적 시민 개념이고, 자유주의적 시장 질서를 바탕으로 사회의 주도권을 행사하는 상공업 계층에 강조점을 둔 것이 독일적 시민이며, 자발적 결사체를 운영하여 자신들의 쟁점을 스스로 해결하는 자치적 전통을 강조하는 것이 미국식 시민 개념이다. 아무튼 시민 사회는 네 가지 요인을 충족시켰을 때에 비로소 성립한다고 말할 수 있는데, 그것은 종교 개혁(거대 종교의 개별적 신심(信心)으로의 환원), 계약적 질서, 개별적 인권, 정치 참정권이다. 시민은 그런 사회를 구성하는 주권적, 주체적 개인이며, 이해 갈등과 계급적 대립에 의해 파열하기 쉬운 사회 질서를 공적 담론과 공적 기구를 통하여 유지 존속시켜 나가는 근대적 개인으로서 공익과 사익 간 균형을 취할 수 있는 공공 정신과 도덕을 내면화한 사람이다. 공공 정신과 도덕 형성의 가장 중요한 전제는 자율성이다. 자율성이 주어지지 않은 사회에서 시민은 태어나지 못한다.

이런 서양에서도 시민 개념 역시 역사적 발전 과정에 따라 외연의 변질과 확대가 일어났다. 초기에는 상공업층을 배타적으로 지칭했고, 자본주의가 어느 정도 진전된 19세기 중반에는 부르주아 계급 혹은 도시 중산층 일반을 포괄적으로 지칭했으며, 시민 계층의 정치적 세력화가 이뤄지고 노동 계급과 일대 전면전을 치렀던 19세기 후반 국민 국가가 태동할 무렵에는 노동 계급까지를 포함한 광의의 시민 개념이 거론되었다. 노동 계급과의 이념적, 생활 양식적 차별성 때문에 시민 개념의 외연적 확대에 제동이 걸리기는 했지만, 참정권 확대와 정당 정치의 발전은 시민과 시민 사회의 경계 확장을 촉진했다. 1920년대는 오늘날의 대중 정치가 그 기본 구조를 정립했던 시기였다. 정당 정치의 골격이 최종적으로 확정되었던 그때 시민 사회는 비로소 부르주아, 노동자, 농민을 모두 포괄하는 용어로 정착되었으며, 국가는 시민 사회의 합의에 의한 권력체, 시민권을 위임받은 주권의 실행 기관으로 정의되었다. 시민이 '국민'으로 불렸던 것은 국가 간에 한층 치열해진 제국주의적 경쟁 상태가 국민 국가로 하여금 통합 기능을 행사하도록 독려했기 때문이었다. 시민은 국민 국가 만들기에서 국민으로 질적 전환을 감수해야 했으며, 때로는 국가에 대한 공적 의무를 강조한 공민(公民, Staatsbürgertum)으로도 호명되었다.

개인과 사회의 발전 과정을 고려한다면, 조선에서 적어도 초기 개념의 시민을 관찰할 수 있었을 것이다. 1910년대 성장기를 거쳐 1920년대에는 초기 형태의 시민 사회 역시 그 출현을 기대할 수 있었을 것이다. 일제의 강점이 없었다고 가정한다면, 조선의 1910년대는 정치 체제를 두고 각축하는 기간이었을 것이다. 입헌군주제를 요구하는 교양 시민과 개명인민의 저항이 더욱 강렬해지면서 고종은 전제군주제를 포기했을지도 모른다. 또는 역으로 황제권의 비호하에서 성장했던 경제 시민이 입헌군주제 세력과 일대 충돌을 감행했을 가능성도 있다. 그러나 상공업층이 어느 정도 성장해서 자본 축적의 기반을 단단하게 다지는 시점이 도래하면 전제군주제는 지배 체제로서의 효율성을 상실하게 된다. 조선의 사회적 발전 상태로 미루어 공화제는 군왕 환상이 여전히 강렬하게 남아 있는 인민에게는 너무 낯설고 생소한 체제였기에 입헌군주제로의 전환이 가장 가능성이 컸던 시나리오였다. 시민은 그런 과정에서 태어난다. 도시 지역을 중심으로 형성되는 상공업층이 계급 분화를 주도하는 가운데 농민의 임노동자화, 빈농층과 무산 계층의 도시 유입이 빠르게 진행된다. 대한제국의 근대화가 별탈없이 추진되었다면 도시와 농촌 지역의 계급 분화는 1920년대 말에 이르러 시민 사회를 형성할 정도의 수준에는 도달했을 것이다. 총독부의 통계에 의하면, 1923년 당시 조선에 산재한 공장은 총 664개, 임금 노동자는 총 4만 43명이었는데, 1929년에는 노동자 수가 94만 5987명으로 집계됐다.[58] 1920년대에 임노동자 규모가 거의 두 배 가량 증가했는데, 총인구를 2000만 명으로 잡으면 대략 5퍼센트에 해당하는 수치다. 이를 식민 통치의 효율성에 굳이 연관시키는 논리를 논외로 친다면, 상당히 빠른 변화이다. 아무튼 1910년대와 1920년대에 계급 분화가 일어나면서 개인과 사회가 자신의 계급적, 계층적 이익을 옹호하는 경제 제도와 정치 제도를 만들어 가는 과정이 나타났을 것으로 기대할 수 있다. 실제로 계급 분화가 일어나기는 했다. 그러나 자신들의 이익을 옹호하거나 극대화할 수 있는 제도를 만들기 위해, 타 계급과 투쟁, 협의, 조정하는 자치 능력을 발휘할 공론장은 폐쇄됐으며, 국가 권력을 창출하고 그에 대한 공적 책무와 시민적 윤리를 배양할 공간은 소멸됐다. 국가는 사라졌으며, 개인과 사회는 어떤 자율성도 발휘할 수 없는 어두운 터널로 들어섰다. 그곳은 출구가 막힌 동굴과 같았다. 개인은 시민으로, 사회는 시민 사회를 향해 서서히 발을 옮기고 있었지만, 시민 됨의 가장 중요한 요건인 자율성이 박탈된 동굴이었다. '동굴 속의 시민', 즉 근대 이행기를 경과한 조선의 개인과 사회를 기다리는 것은 불행히도 그런 슬픈 공간이었다.

그렇기에 1920년대 말까지도 자신의 계급 이익을 추구하면서도 공적 책무를 경시하지 않는, 시민권과 시민 윤리를 갖춘 상승 계급으로서의 시민 개념은 조선에 출현하지 않았다. 시민이란 용어가 쓰이기는 했다. 그런데 주권을 갖추고, 자율성을 토대로 계급적 이익을 행사하고, 국가 권력의 형성에 주요 행위자로 역할하는 그런 시민은 존재할 수 없었고 허용되지도 않았다. 전통적으로 조선에서 시민 개념은 협의로는 서울의 시전 상인을, 광의로는 전국 장시의 상인층을 지칭했다. 처음에는 공상(公商)만을 배타적으로 지칭하던 것이 후기에는 사상(私商)까지를 포함하여 시민(市民), 시인(市人)으로 불렸다. 이런 의미에서 보면, 상공업층을 시민으로 불렀던 조선의 전통은 독일적 의미의 시민(bürger)과 유사성을 갖기는 한다. 그러나 중요한 것은 근대적 의미로의 변용과 진화이다. 시민 개념의 외연 확대와 정치 경제적 의미 획득의 과정은 그 사회의 근대성 발현을 가늠하는 잣대이기 때문이다. 서양처럼 처음에는 상공업층, 다음에는 부르주아 계급, 그리고 중산층과 노동자, 농민층을 두루 포함하는 광의의 시민 개념으로 발전하고, 무엇보다 국가 권력을 창출하고 공적 질서를 관할하는 입법자(law maker)로서의 위상으로 승격된 시민 개념은 식민 시기에는 결코 출현할 수 없었다. 식민 통치는 그렇게 파괴적이었다. 근대화의 주역이자 견인차인 시민의 존재를, 싹이 트고 뿌리를 내릴 토양을 아예 짓밟아 버린 것이다. 경제사학자들이 식민 시기 농업 생산성의 증가와 경제 성장률의 급등, 여타 근대적 제도의 도입을 들어 식민 통치가 조선 근대화에 기여한 바를 즐겨 부각하지만, 그것은 타율에 의한 성장이었고 외형적 변화에 그친 근대화였을 뿐이다. 그것을 위해 치른 대가는 만만치 않았다. 내형적 변화는 늘 파괴적이었고 원상 복구가 불가능한 종류의 것이었다. 근대화의 가장 중요한 요인인 시민의 존재, 자율성을 향유한 입법자로서의 시민의 싹은 외형적 근대화에 휩쓸려

실종되었다.

그래서인지 1920년대까지 조선에서 출현한 시민 개념은 주로 두어 가지에 한정되었다. 시전 상인을 뜻하는 용법이 가장 흔했고, 외국 사정을 논할 때 백림(伯林) 시민, 파리(巴離) 시민, 라마(羅馬) 시민, 상해(上海) 시민 등 도시명을 붙여 그 도시의 거주민을 제한적으로 지칭하는 데에 썼다. 1910년 이전 학회보와 잡지에서 상인을 지시하는 경우 외에 사용된 시민은 예외 없이 특정 도시민을 뜻했다. 상인과 특정 도시민에 한정된 이런 용법은 1920년 내내 지속되어 일반 신문과 잡지에 그대로 답습되었다. 이는 서양에서처럼 시민 개념의 시대적 변용과 정치 경제적 의미 확장이 전혀 발생하지 않았음을 뜻한다. 1920년 창간된 《동아일보》가 1929년까지 10년간 시민 개념을 어떻게 썼는지를 검토해 보면 시민 개념이 근대적 형태로 전혀 진화하지 않았다는 사실을 확인할 수 있다. 예를 들면 특정 시의 이름을 붙인 용례가 가장 흔하게 등장한다. 경성 시민, 목포 시민, 함흥 시민, 곡산 시민…… 이런 식이다. 그 시(市)의 시민들이 주도한 집단행동이나 시위 기사에서는 '시민 대회', '시민 운동', '시민 협회'와 같이 표현했는데 앞의 용법과 크게 다르지 않다. 1929년 평양 기사에서, "전평양부윤 송정(松井) 씨가 금번 퇴관되어 가는데 대하야 위로금 일만 원을 주기로 결의한 것이 부당타하야 각종 조합에서는 시민대회(市民大會)를 열고 일반시민(一般市民)의 의견 여하에 뭇고저 한반의 준비를 햐야오든 바……." 하는 식이다. 농민과 대비하여 도시민을 뜻하는 시민 개념도 이에 준한다. 《대한유학생회학보》에 나오는 "반언(班焉)인 왈(曰) 노론소론(老論少論)이며, 상언(常焉)인 왈(曰) 시민농민(市民農民)이며, 경(京)에도 남촌북촌(南村北村)이 분색(分色)하며……." 구절에서 시민은 농민에 대비한 도시민을 뜻하고, 마찬가지로 《태극학보》 논설에 나오는 구절인 "각 시장과 생산지 간의 통로를 연결하는 운수 기관을 설비하여 농민(農民)의 이익과 시민(市民)의 편리를 계도할지라."에서 시민도 농민에 대비한 도시민이다.[59] 《동아일보》에서 1920년대 10년간 썼던 시민 용례는 모두 5479건이 검색되었는데, 거의 예외없이 이 두 가지 의미에 한정적으로 사용되었다고 보면 무리가 없을 것이다. 그런데 뜻밖에도 시민 개념과 함께 공민 개념이 가끔 등장해서 주목을 끈다. 1920년대 10년간 154건의 기사에 등장한 공민은 독일에서 수입된 용어로 보이는데, 국가에 대한 공적 의무를 강조하는 개념이었다. 예를 들면 《동아일보》 사설 「권리와 의무」에 다음과 같이 썼다.[60]

> 이제朝鮮人民(조선인민)은稅(세)를納(납)하며命(명)을從(종)하는義務(의무)가有(유)한가換言(환언)하면總督府(총독부)에對(대)하야强壓的(강압적)으로服從(복종)하는것이아니라道德的(도덕적)으로服從(복종)하는義務(의무)가有(유)한가果然(과연)그러하면또한그에對(대)하야權利(권리)를認定(인정)함이可(가)하니國家(국가)에對(대)하야服從(복종)을求(구)함은그를公民(공민)으로認定(인정)함이라公民(공민)으로認定(인정)하고엇지써그權利(권리)를認定(인정)치아니하리義務(의무)와權利(권리)는一體(일체)의兩方面(양방면)이니라.

인민을 공민이라 하여 '납세의 의무'를 강조하려면 권리도 동시에 인정해야 한다는 논지의 사설이다. 총독부는 식민 통치의 권력에 복종하는 것이 인민의 도덕적 의무임을 강조하려는 취지로 공민 개념을 도입한 것으로 보이는데, 시민의 권리는 인정하지 않은 채 국민, 그것도 식민 본국의 국민으로 동원하려는 일제의 정치적 의도가 강하게 배인 개념이다.

개인이 시민으로 성숙하고 그들이 시민 사회를 형성했어야 할 시기에 식민 치하의 개인과 사회는 가장 중요한 뇌관인 자율성을 행사하지 못했다. 자율성을 상실한 채 긴 터널을 통과해야 했다. 동굴 속의 시민, 그들은 동굴 속에 갇혀 있었다. 그 속에서 시민적 상상력을 키울 수 있는 환풍구를 뚫어

준 것은 문학이었다. 문학은 일제가 조선에 허용한 유일한 숨통이었다. 이 숨구멍을 통해 시민을 향한 상상적 리허설을 지속해야 했다. 마치 일제 강점 이전 근대 이행기에 소멸하는 국가를 상상 속에서 건조해야 했듯이, 시민과 시민 사회를 꿈꾸는 각종 논설과 이념, 소설과 시, 평론과 희곡이 문학 영역으로 몰려들었다. 이광수가 문학을 전통적 문의 영역에서 분리해 낸 이후로 문학은 또 하나의 종합적 공론장으로 승격되었다. 이광수가 근대 이행기 인민과의 공명을 촉발하고 주도했던 국문 공론장의 작품들을 각별히 문학이란 신개념으로 명명한 것은 국가 소멸이 가시화되던 1910년이었다. 그는 문학을 인류의 '정(情)의 활동'의 소산이며, '정적 상태와 변화를 공구(攻究)하는 것'이라 하여 지(智)의 영역인 과학(科學)과 분리했다.[61] 사람의 심적 영역을 지(智), 정(情), 의(意)로 구분하고, 지와 의로부터 정의 속박을 풀어 헤쳐 독자적 영역으로 해방시킨 것은 식민 통치를 앞두고 그래도 질식사를 방지할 수 있는 상상력의 공간, 감각의 놀이터, 자유로운 유희의 무도장을 갈무리했다는 점에서 놀라운 우연의 일치였다. 몇 년 뒤, 그는 「문학(文學)이란 하(何)오」에서 참호를 더 깊고 넓게 팠다. 정의 활동, 또는 감각, 미감, 쾌감의 표현과 만족을 넘어서서 '인생의 생활 상태와 사상(思想) 감정'을 포괄하는 영역으로 그 외연을 확대했다. "문학이란 특정한 형식하에 인(人)의 사상(思想)과 감정(感情)을 발표한 자(者)를 위(謂)함이라." 감각, 감정이라는 정(情)의 영역에 사상을 부가한 것이다.[62] 그는 문학 형식을 산문 문학과 운문 문학으로 구분하면서 논문과 소설을 산문 문학에 포함했는데, 논문의 주요 유형으로 평론과 비평을 들었다. 시대 비평과 현실 비판의 논리, 사상을 모두 문학 영역에 포괄한 것은 문사(文士)가 되기를 원했다는 자신의 희망을 반영한 것이기도 하지만, 상상력의 공간을 가능하면 확대시켜 식민 통치의 어두운 시대를 건너고자 했던 무의식적 욕망의 소산이었을지 모른다.[63] 그는 식민 통치를 의식했던지 이렇게 강조했다. "문학은 초연히 종교, 윤리의 속박(束縛) 이외에 입(立)하여 인생의 사상과, 감정과, 생활을 극히 자유롭게, 여실하게 발표하고 묘사하나니, 현대 문명 제국의 대문학이 출(出)함이 실로 차(此)를 인(因)함이라." '속박에서의 자유'가 곧 문학이고 문명 제국으로 나아가는 길이라는 이 감춰진 명제가 혹시 식민 통치를 견뎌야 한다는 절박함에서 기인한 것은 아닐까. 그것이 일본의 근대 문학에서 직수입했다거나 서양 문학을 참고한 것이라는 문학사적 추적은 여기서 별로 중요하지 않다. 오히려 식민 통치에 대응하여 자유로운 상상력의 공간을 가능한 확대하려 했고, '조선 글로 쓴 문학'을 그 공간을 출입할 수 있는 자격증으로 규정한 것은 '동굴 속의 시민'들에게는 무척 다행스럽고 고무적인 일이었다. 그는 문학이 제공하는 상상력의 의미와 자유로운 활동 공간을 이렇게 정의했다.[64]

苦海(고해) 같은 人世(인세)에서 청순한 快味(쾌미)를 得(득)하고, 不如意(불여의)한 實社會(실사회)를 脫(탈)하여 자유로운 想像(상상)의 理想境(이상경)에 逍遙(소요)하여 유한한 생명과 능력으로 경험치 못한 인생의 각 방면, 각종의 생활과 思想(사상)과 感情(감정)을 경험할 수 有(유)하리니, 실로 文學(문학)을 親(친)하는 자는 전세계 精神的(정신적) 總財産(총재산)을 소유할 수 有(유)한 大富(대부)라 할지오.

'고해 같은 인세', '불여의한 실사회'가 식민 통치의 현실이라면, 문학은 청순한 쾌미(快味), 이탈(離脫), 이상경에 소요, 자유로운 상상의 영역으로서 누구도 범접하지 못하는 그런 순수한 절대의 공간이다. 그 속에서 '전 세계 총 재산'을 소유할 수 있다! 식민 통치하에서 통풍구를 만들어야 한다는 절규였을 것이다.

식민 통치 초기인 1910년대 신문은 폐간과 정간을 거듭했고, 잡지는 제한적으로 발행됐다. 1910년대에 발간된 총 49종의 잡지 중 약 절반이 문학이었고, 나머지는 종교, 의학, 기술 분야였다. 지식인들과 국문을 깨친 개인 독자들이 모두 문학이란 영토로 몰려들었던 것이다. 이런 현상은 1920년대에도 지속되어 《창조》,《폐허》,《백조》,《장미촌》,《조선문단》 등의 문예지가 시민 문학으로 가는 길을 닦았으며,《개벽》,《반도지광》,《신천지》,《동명》,《조선지광》,《금성》 등의 대중지가 시민 의식이라는 폭넓은 영토 속에서 민족과 계급의 이론적, 실천적 의미를 공론장에 제공했다. 1920년대 초반 식민지 공론장에도 시민적 정조(情調)가 피어났다. 낭만주의, 자연주의, 사실주의 같은 사상 조류가 문학인들의 가슴과 뇌리에 스며들었으며, 그들의 예민한 감각대를 경유하여 시민 문학 혹은 부르주아 문학이라고 부를 수 있는 작품들이 생산되었다. 염상섭, 주요한, 김동인, 김억, 오상순, 홍사용, 박종화, 나도향, 이상화, 현진건, 김기진 등이 시민 의식의 전위 부대였고, 상상력의 공간에서 '시민 됨'을 리허설한 결과였다. 식민 치하에서 신음하는 그 처절한 현실 세계에서 자연주의, 심미주의, 사실주의 논쟁, 그 비현실적 담론이 가능했던 것은 문학이 제공한 자유로운 공간 덕분이었다. 앞의 예문에서 읽히듯이, 식민지 현실을 '황량한 폐허', '비통한 번민의 시대'로 규정하고 온갖 유형의 괴로움과 고뇌가 난무하는 절망적 상황에서 그래도 숨을 쉬어야 하고 희망을 생산해야 한다는 자기 예언적 결의를 문자로 표현했다. 예술, 음악, 연극, 영화가 이 공간에서 논의되고 많은 사람들이 문예의 매력 속으로 망명했다.[65] 영화 관련 전문지가 발행되었고, 연극과 음악 전문지가 나왔다. 일반 민중도 문명의 총아였던 영화 관람과 대중 공연, 흥행 무대에 속수무책으로 빠져들었다. 아무튼 현실 세계에서 부르주아 계급이 예속 자본의 굴레에 갇혀 시민 사회를 주도할 힘을 아예 상실한 상황에서 부르주아 의식은 문학이라는 상상력의 공간에서 실험되고 모색되었다. 1920년대 중반, 여기에 프로 문학의 반격이 가해졌다. 박영희, 김기진, 한설야 등이 주도한 프로 문학 선언은 지리멸렬할 수밖에 없었던 도시 중산층의 굴종적 유약성과 심미적 성향에 대하여 비참하기 짝이 없었던 무산 대중의 현실을 대치시킴으로써 문학과 현실 간의 격차를 좁히고자 했다. 문학 공간에 계급이란 실천적 용어가 등장해서 민족 관념과 대치하기 시작했다. 계급과 민족의 대치는 문학적 상상력에 의해 증폭되어 현실로 이전되었으며, 현실의 제 모순들이 다시 문학으로 넘어와 격렬한 논쟁을 야기했다. 사회가 계급으로 분화되는 시점, 그리고 계급 위치에 따라 '통합적으로 상정된 사회'를 둘로 쪼개는 시점에서 시민과 시민 의식의 단초가 생겨난다고 한다면, 시민 의식의 초기적 생성은 1920년대 중반으로 봐야 적합할 것이다. 기존의 문학적 성과에 비해 프로 문학을 높이 평가해서가 아니라, 프로 문학이 제기하는 사회적 분화, 특히 하나로 상정될 수밖에 없었던 사회 개념이 계급 의식에 의해 '너와 나의 사회'로 분절되는 것은 시민 사회로 나아가는 첫걸음이다. 그런 의미에서 임화가 신경향파 문학이 당시 대적하고자 했던 문학 일체를 '시민 문학'으로 지칭하는 것은 프로 문학에 대비한 부르주아 문학의 빈약성을 지적하려는 의도였으나,[66] 사실은 1920년대 중반 이후 창작된 프로 문학과 여타의 모든 문학은 장기적 안목에서 보다 포괄적인 '시민 문학'의 개념 속에 포함될 것들이었다. 시민 문학을 이렇게 넓고 새롭게 규정하더라도 자율성이 제거된 사회, 동굴 속의 시민이 생산한 문학에 불과했을 뿐이다.

이제 이 연구의 결론을 내릴 때가 되었다. 조선의 인민이 근대 이행기를 거쳐 개인으로 나아갔고, 이행의 시간대에 사회가 생겨났음을 밝혔다. 개인과 사회의 탄생은 조선이 근대로 이행했음을 입증하는 중요한 증거였다. 그 개인과 사회는 미숙하나마 국문 공론장과 문학의 힘을 빌려 근대적 개인과 근대적 사회로 성숙하는 길을 걸었다. 1910년 일제의 강점이 없었다면, 근대 이행은 어쨌든 진전을 계속했을 것이다. 물론 서양의 여러 국가에서 보듯 그 과정은 결코 순탄하지만은 않았을 터이지만, 갑작스럽게 차단된 조선은 예측할 수 없는 경로를 거쳐야 했다. 개인과 사회는 동굴 속에 갇혔다. 시민과 시민 사회의 출현을 낳았을지 모르는 조선의 근대 이행은 그렇게 중단되었고, '시민의 탄생'은 식민 통치하에서 유일하게 허용된 상상력의 공간, 문학의 영역에 기대할 수밖에 없었다. 이광수가 열어 준 사상과 감정의 자유, 이상향의 소요를 통해 '상상적 시민'의 리허설을 이어 가야 했던 것이 식민지 현실이었다. 시민은 탄생했는가? "불여의(不如意)한 실사회(實社會)"에서 '시민의 탄생'은 어려웠다. 그러나 불가능한 것은 아니었다. 그 절망적 꿈을 상상의 세계, 문자의 세계에서 회복하려는 몸부림, 그것이 식민지 현실이었다. '상상적 시민'을 현실에 접목시키는 것, 현실 속에 그것을 구현해 내는 것이 식민지 지식인과 개인들의 시대적 과제였다. 식민 통치하에서 실제 시민과 시민 사회는 과연 태어났는가? 그것의 출현과 형성 과정은 어떻게 진행되었는가? 상상적 시민은 어쨌든 현실 세계와 기어이 접목하고야 만다. '동굴 속의 시민'은 환한 세상의 빛을 찾아 과감한 외출을 감행해야 했다. 식민 통치의 탄압으로 왜곡과 변형이 불가피했다 할지라도 현실 세계에서 그것을 현현하려는 시도는 조금씩 결실을 맺었고 그와 함께 시민 사회라고 불러도 될 만한 작은 징후와 영역들이 발현되었다. 동토 위에 시민의 존재가 싹을 틔웠고 뿌리를 내린 것이다. 동굴 속의 시민이 현실 세계로 나아가 진정한 시민을 형성해 가는 이 파노라마, 그리고 해방 후 전쟁과 독재 정권의 산업화를 거쳐 오늘날의 민주적 시민 사회를 만들어 간 역경의 드라마를 추적하는 작업, 이것이 후속 과제로 남는다.

1 지식 국가의 분화와 근대의 여명: 조선의 말안장 시대

1) 최한기, 『인정(人政)』 권 16, 「선인문(選人門) (3)」, ‘勿限貴賤’.

2) 최한기, 『인정(人政)』 권 22, 「용인문(用人門) (3)」, ‘所尙各異用人異’.

3) 『용담유사(龍潭遺詞)』, 「夢中老小問答歌」.

4) 성호준, 이행훈, 「기철학과 경험철학의 거장-혜강 최한기」, 한국철학사연구회, 『한국 실학사상사』(심산, 2008).

5) 조선 후기 사림(士林)의 지도자들로서 학문과 정치에 커다란 영향력을 행사했던 학자들을 지칭한다. 유봉학, 「노론학계와 산림」, 『조선 후기 학계와 지식인』(신구문화사, 1998).

6) 삼척(三戚)은 순조 대부터 외척 세력으로 등장한 안동 김씨, 반남 박씨, 경주 김씨를 지칭한다. 이들이 1801년부터 대원군 등장 때까지 60여 년을 지배했다.

7) 통치 체계 세 개의 축은 종교, 문예(교육), 향촌 질서다. 세 축의 구조를 졸저 『인민의 탄생』(민음사, 2011) 1부에서 분석했다.

8) 주자학의 주류인 송학(宋學)과 그 원류로서의 한학(漢學) 사이에 벌어진 정통성과 우위성 논쟁을 말한다. 한학을 강조하는 학자들은 고문육경의 훈고학적 해석을 내세웠고, 송학은 전통 주자학의 의리지학을 강조했다. 이런 조류와 더불어, 낙론(洛論)계에서는 심성론의 본질을 파고들었는데, 이것이 명덕주리주기 논쟁이다. 명덕(明德)이 기발(氣發)인가 이발(理發)인가의 논쟁이 그것이다. 호락논쟁에 대해서는 문석윤, 『호락(湖洛)논쟁 형성과 전개』(동과서, 2006).

9) 삼정 문란과 수령-이향의 수탈이 민란의 시대를 낳았고, 다시 민란의 시대가 민중적
저항을 촉발하면서 민중이 역사의 주체로 등장하는 계기가 마련되었다고 보는 역사
학계의 일직선적 사고는 매우 단조롭다. 수탈의 심화는 민중 저항의 필요조건이지 충
분조건이 아니다. 민중은 여간해서는 죽음을 무릅쓰고 저항 전선에 나서지 않는다. 민
중은 아사 직전까지 수탈을 참는 속성을 지녔다. 다시 말해 수탈보다 기아(飢餓)를 더
무서워한다.

10) 박근갑, 「근대의 의미론: 라인하르트 코젤렉과 한스 블루멘베르크」, 한림대학교 한림
과학원, 《개념과 소통》 No.9(2012년 여름호).

11) 박근갑, 「말안장 시대의 운동 개념」, 박근갑 외 『개념사의 지평과 전망』(소화, 2009)
31~59쪽. 박근갑은 코젤렉을 빌려 Sattelzeit를 이렇게 설명한다. "말이나 자전거의 안
장 또는 마주 보는 두 산이 아랫부분에서 서로 맞닿게 되는 안부(鞍部)를 의미한다.
여기에 시간을 합성한 말이 자텔차이트다." 저무는 시간과 생성되는 시간이 겹치는
부분, 운동성과 연속성이 중첩되는 시간대를 의미한다.

12) 박근갑, 위의 논문, 127쪽.

13) 이광린의 개화사 연구는 개화사상을 비롯하여 개화기의 여러 측면을 다각적으로 조
명한 중요한 연구다. 그런데 그것이 그 시대의 주류였을까? 문명개화는 궁정 공론장
의 중심을 차지하고 있었던 것은 분명한데, 재지사족의 양반 공론장과 평민 공론장은
어떠했을까? 이광린, 『한국개화사연구』(일조각, 1999). 신용하는 여기서 한 걸음 더
나아가 조선 후기를 아예 개화사상이 우위를 점한 시기로 그렸다. 그의 『한국근대지
성사』(서울대학교 출판부, 2004)에는 개화사상가가 주류로 등장한다. 조선의 근대 지
성사는 과연 개화사상으로 가득 찼을까?

14) 양일모와 이경구는 2012년 개최한 학술 회의에서 '고유 개념의 장기 지속'에 주목하
면서 동아시아에서 고대로부터 전래했던 하늘, 하늘님을 그 사례로 제시했다. 시론의
형식이었지만 대단히 중요한 착안이었다. 양일모·이경구, 「한국 근대 개념의 다층성」,
연세대학교 언어정보연구원과 한림대학교 한림과학원 공동 주최 학술회의 학술논문
집, 『개념과 한국의 근대』(2012).

15) 한국사상사연구회 편저, 『조선 유학의 학파들』(예문서원, 1996)에 나오는 박학래, 홍
원식, 안영상, 이상호의 논문들 참조.

16) 이상호, 「도통 회복을 염원한 전통주의자들: 간재학파」, 한국사상사연구회 편저, 『조

선 유학의 학파들』(예문서원, 1996), 621쪽.

17) 홍원식, 「역사 속에 산화해 간 주자학의 최후: 화서학파」, 앞의 책.

18) 도널드 베이커, 김세윤 옮김 , 『조선 후기 유교와 천주교의 대립』(일조각, 1997), 5쪽.

19) 『율곡전서(栗谷全書)』권 14, 임형택, 『한국문학사의 시각』(창작과비평사, 1984), 41
쪽에서 재인용.

20) 이와 유사하게 이경구는 문명 개념의 수용 과정에서 나타난 조선 지배층의 태도 유
형을 '지킬 것인가, 융합할 것인가, 바꿀 것인가'로 분류했다. 목적어는 물론 중화 문
명인데, 이경구는 조선에서 중심을 내면화하는 방식에 초점을 두었다. 이를 천(天) 개
념과 결부시키면 더 주체적이고 심층적인 분석이 가능하다. 중심과 내면화의 심층에
는 천 개념이 놓여 있기 때문이다. 말안장 시대를 이끌었던 '문명'을 천 개념과 분리
할 수 없음, 분리 가능함, 서양 문명으로 교체가 그것이다. 문명을 두고 연속, 접속, 단
절 개념의 각축전이 벌어졌던 배경에는 천 개념이 놓여 있다. 이경구, 「중화와 문명개
념의 내면화와 동일시」, 이경구 외, 『개념의 번역과 창조: 개념사로 본 동아시아 근대』
(돌베개, 2012).

21) 마테오 리치, 송영배 외 옮김, 『천주실의(天主實義)』(서울대학교 출판부, 1999).

22) 정일균, 『다산 사서경학연구』(일지사, 1999)의 「생성론」과 「인간론」.

23) 도널드 베이커, 김세윤 옮김, 앞의 책, 161~162쪽.

24) 최제우, 「포덕문(布德文)」, 『동경대전(東經大全)』(동학사, 2009).

25) 앞의 책.

26) 십간십이지의 갑자(甲子)는 60년인데, 60주갑(周甲)이 일원(一元)이다. 상중하원(上
中下元)이 있으므로 3600년을 단위로 반복하는 시간이다. 김용덕, 「동학사상연구」,
《중앙대학교 논문집》9집, 1964.

27) 최제우, 「안심가(安心歌)」, 『용담유사(龍潭遺詞)』(동학사, 2009).

28) 이돈화의 『천도교 창건사』는 20만 명 이상, 박은식의 『한국통사』는 30만 명, 오지영
의 『동학사』는 30~40만 명으로 추산했다.

29) 문방사우(文房四友, 붓, 벼루, 종이, 먹)가 선비의 필수품이 된 것은 이런 까닭이다.
일본 무사 계급에게는 칼, 칼집, 투구, 갑옷이 필수품이 아니었을까 한다.

30) 조선의 유교 지식을 덕성지(德性知)와 견문지(見聞知)로 나눌 수 있고, 이를 획득하
는 방법을 존덕성(尊德性), 도문학(道問學)으로 본다면 국가라는 범주로 수렴되지 않

고 정치와는 무관하게 자율적 영역을 갖는 지식이 있을 수 있겠다.

31) 베버의 카리스마 개념은 새장에 갇힌 인간을 구제하는 초인으로 형상화된다. 니체의 초인 개념을 빌려 온 것이다.

32) 한우근, 「유교 이념의 실천과 신앙·종교」, 『조선시대사상사연구논고』(일조각, 1996). 이태진, 「사림파의 유향소 복립운동」, 「사림파의 향약 보급운동」, 『한국사회사 연구』(지식산업사, 2008).

33) 김인걸, 「조선 후기 향촌 사회 변동에 관한 연구」(서울대학교 대학원 국사학과 박사 학위 논문, 1991). 고석규, 「19세기 향촌 지배의 변동과 농민 항쟁의 양상」(서울대학교 국사학과 박사학위 논문, 1991).

34) 18세기 중반부터 도문 일치에 반대한 학자들이 출현하기 시작했다. 이종호, 『조선의 문인이 걸어온 길』(한길사, 2004).

35) 최한기, 「문자의사(文字意思)」, 『속근대한국명논설집』(《신동아》 1967년 1월호 부록).

36) 『유길준 전서』 5, 239~242쪽. 정용화, 『문명의 정치사상: 유길준과 근대 한국』(문학과지성사, 2004), 64~65쪽 참조.

37) 임형택, 『한국문학사의 시각』(창작과비평사, 1984), 43쪽.

38) 김태곤, 『한국무속연구』(집문당, 1981), 523쪽.

39) H. B. 헐버트, 신복룡 역주, 『대한제국멸망사』(집문당, 1999), 388~389쪽.

40) 샤를 달레, 안응렬·최석우 역주, 『한국천주교회사 상』(한국교회사연구소, 1979), 210쪽.

41) 이만규, 『조선교육사(하) : 신교육편』(한국학진흥원, 2005), 161쪽.

42) 한국교회사연구회, 《교회사연구》 제4집, 257쪽.

43) 이광린, 「육영 공원의 설치와 그 변천」, 『한국개화사연구』(일조각, 1999), 157~158쪽.

44) 이만규, 앞의 책. 1907년 통계에 의하면 전국 기독교 교회가 348개, 교인이 7만 2968명, 교회가 운영하는 소학교가 405개였다.

45) 서진교, 「무관 출신 최경석, 농무목축실험장을 운영한 이유는?」, 『개화기 지방 사람들 2: 양반, 평민』(어진이, 2006).

46) 유봉학, 「개성 출신의 혜강 최한기」, 『조선 후기 학계와 지식인』(비봉출판사, 1998), 248~253쪽.

47) 김갑천 옮김, 「박영효의 건백서: 내정 개혁에 대한 1888년 상소문」, 서울대학교 한국정치연구소, 《한국정치연구》 2권(1990), 281쪽.

48) 김재현,「'한성순보', '한성주보', '서유견문'에 나타난 '철학' 개념에 대한 연구」, 한림
대학교 한림과학원,《개념과 소통》No 9(2012년 여름호), 149~179쪽. 유길준은 철학
을 이렇게 정의한다. "차학(此學)은 지혜를 애호하여 이치를 통하기 위함인 고로 기근
본(基根本)의 심원함과 공용(功用)의 광박함이 이역(異域)을 입(立)하여 한정(限定)
하기 불능하니 인(人)의 언행과 윤기(倫紀)며 백천사위(百千事爲)의 동지(動止)를 논
정(論定)한 자라." 앞의 책, 371쪽.

49) Jürgen Kocka, *Civil Society Dictatorship in Modern German History*(Hanover and London:
University Pres of New England, 2010).

50) 임형택,「여항 문학과 서민 문학」,『한국 문학사의 시각』(창작과 비평사, 1984.)

51) 오타니 모리시게(大谷森繁),『조선 후기 소설 독자 연구』(고려대학교 민족문화연구
소, 1985), 116~117쪽.

52) 일본 유학 시절 이광수는 일본 근대 문학의 주도자인 쓰보우치 쇼요(坪內逍遙)가 쓴
문학 이론『소설신수(小說神髓)』에 영향을 받았을 것이다. 김윤식,「초창기의 문학론
과 비평의 양상」,『근대한국문학연구』(일지사, 1973).

53) 박성수 주해,『저상일월(渚上日月)』(민속원, 2003).

54) 이영훈,「18, 19세기 대저리의 신분 구성과 자치 질서」, 안병직·이영훈 편저,『맛질의
농민들』(일조각, 2001).

55) 박성수 주해, 앞의 책, 180쪽.

56) 이규대,『조선 시기 향촌 사회 연구』(신구문화사, 2009), 286~287쪽.

57) 박성수 주해, 앞의 책, 187쪽, 192쪽.

58) 문준영,『법원과 검찰의 탄생』(역사비평사, 2010), 58쪽.

59) 앞의 책, 64쪽.

60) 박성수 주해, 앞의 책, 159쪽.

61) 자세한 내용은 김용구,『만국공법』(소화, 2008)과 김효전,『근대 한국의 국가 사상:
국권 회복과 민권 수호』(철학과현실사, 2000) 참조. 휘턴의 원저는『국제법의 요강
(*Elements of International Law*)』이고, 블룬칠리의 저서는『문명국들의 근대 국제법(*Das
Morderne Völkerrecht der zivillsierten Staaten als Rechtsbuch dargelegt*)』이다.

62) 최정운,「서구 권력의 도입」, 하영선 외,『근대 한국의 사회과학 개념 형성사』(창비, 2009).

63) 김갑천 옮김, 앞의 논문.

64) 문준영, 앞의 책, 3장.

65) Alexis de. Tocqueville, *Democracy in America*, J.P.Mayer(ed)(New York: Harper & Row, 1969).

66) 일본의 자유 민권 운동과 사회의 태동에 대해서는 박명규, 「19세기 후반 일본의 국가와 사회」, 한림대학교 아시아문화연구소,《아시아문화》10호(1992). 박명규는 자유 민권 운동이 1889년 메이지 헌법을 계기로 침략론과 접목되면서 운동의 추진력을 상실했고 따라서 국가에 대한 사회의 종속적 추세가 시작되었다고 평가한다. 서양에 비해 일본에서 시민 사회가 뒤늦게 개화한 배경이다.

67) 메이지 정부는 폐번치현(1871), 사민평등(1870~1871), 의무 교육제(1872), 징병령(1872), 지조개정(1872) 등을 추진했다.

68) 지방 민회의 개설을 원했던 호농(豪農), 소농층을 포함해서 도시민들의 지지를 얻었던 자유 민권 운동은 1880년 국회 개설 운동에 24만 명이 참여함으로써 그 기세를 확장했다.

69) 福澤諭吉, 『西洋事情』, 福澤諭吉著作集 1卷(慶應義塾大學出版部, 2002).

70) 개인 개념의 수용 과정에 대해서는 김석근, 「근대 한국의 '개인' 개념 수용」, 하영선 외, 『근대 한국의 사회과학 개념 형성사』(창비, 2009).

71) 스즈키 토미, 한일문학연구회 옮김, 『이야기된 자기: 일본 근대성의 형성과 사소설 담론』(생각의 나무, 2004).

72) 당시의 많은 청년들이 이런 목적에서 정치에서 문학으로 투신했다. 정치에 뜻을 두었던 대학 출신 엘리트들이 직업 소설가가 된 것이다. 우치다 로안(內田魯庵)을 비롯해 야마지 아이잔(山路愛山, 1865~1917), 마사오카 시키(正岡子規, 1867~1902), 도쿠토미 로카(德富蘆花, 1868~1927) 등 많은 문학인들이 민권가(民權家)로 불렸다. 앞의 책, 65쪽.

73) 갑오개혁의 제한적 성격에 대해서는 유영익, 「사회 제도 개혁안의 내용」, 『동학 농민 봉기와 갑오개혁』(일조각, 1998) 참조.

74) 박주원, 「'독립신문'과 근대적 '개인', '사회' 개념의 탄생」, 이화여대 한국문화연구원, 『근대 계몽기 지식 개념의 수용과 그 변용』(소화, 2004).

75)《대한매일신보》에서 '개인' 개념을 분석한 박주원은《독립신문》과는 달리 개인이 국가와 구분되는 독립적 위치를 갖게 되었다고 지적한다. 박주원, 「'대한매일신보'에 나

타난 개인 개념의 특성과 의미」, 이화여대 한국문화원, 『근대 계몽기 지식의 굴절과
현실적 심화』(소명출판, 2007). 이 연구에서는 각성된 근대적 개인을 '개명인민(開明
人民)'으로 개념화하고자 한다. 인민은 국민, 민족, 동포와 함께 1910년대까지 가장
빈번하게 사용되던 공론장 용어였는데, 시기별로 함축하는 바가 다르다. 갑오개혁을
계기로 문해인민(각성된 인민)은 개명인민(각성된 근대적 개인)으로 진화했다고 일
단 규정한다.

76) 16세기 허균이나 허난설헌처럼, 그 이전에도 성찰적 자아는 존재했다. 그것이 '근대
적 개인'이 되려면 객관적 시선의 내면화가 중세적 질서와는 다른 사회, 정치, 경제적
조건들과 조응하여 어떤 변화를 창출할 때이다. 리하르트 반 될멘, 최윤영 옮김, 『개인
의 발견: 어떻게 개인을 찾아가는가 1500~1800』(현실문화연구, 2005).

77) 민권가이자 소설가인 시노가야 오무로가 1889년에 쓴 「소설가의 책임」에 나오는 구
절이다. 스즈키 토미, 앞의 책, 59쪽.

78) 갑오개혁 후 창간된 신문에 연재된 단편 서사적 기사를 말한다. 논설과 스토리, 작가의
훈계가 섞여 있는 단형 작품이다. 김영민, 『한국 근대 소설의 형성 과정』(소명출판, 2005).

79) 이태진, 「조선 후기 양반 사회의 변화」, 『한국 사회사 연구』(지식산업사, 2008).

80) 조성윤, 「조선 후기 서울 주민의 신분 구조와 그 변화: 근대 시민 형성의 기원」(연세
대학교 대학원 사회학과 박사학위논문, 1992).

81) 손정목, 『한국 개항기 도시 사회경제사 연구』(일지사, 1982).

82) 한우근, 『한국 개항기의 상업 연구』(일조각, 1970), 159쪽.

83) 송찬식, 『이조 후기 수공업에 관한 연구』(서울대학교 출판부, 1973).

84) 한우근, 『한국 개항기의 상업 연구』(일조각, 1970).

85) 전우용, 『한국 회사의 탄생』(서울대학교 출판문화원, 2011).

86) 류네 스바르베루드, 박상섭 옮김, 「청대 후기 중국에서의 주권 개념의 도입과 변화」,
이경구 외, 『개념의 번역과 창조: 개념사로 본 동아시아 근대』(돌베개, 2012).

87) 박명규, 「19세기 후반 향촌 사회의 갈등 구조: 영광 지방의 민장 분석」, 《한국문화》14집.

88) 김갑천, 앞의 논문. 박영효, 「개화에 대한 상소」, 《신동아》별책 부록.

89) 『서유견문』, 유길준 전집 1권, 130쪽.

90) 유길준은 사회를 지칭하는 용어로 군집(群集), 대중(大衆), 세간(世間), 인민의 취
(聚) 등을 사용했다.

2 동학: 개인과 사회의 원형

1) 박천홍,『악령이 출몰하던 조선의 바다』(현실문화, 2008).

2) 연갑수,「대원군 정권의 정세 인식과 정책」,『고종 대 정치 변동 연구』(일지사, 2008).

3) 한우근,「동학창도의 사상적 배경」,『조선 시대 사상사 연구논고』(일지사 1996), 281쪽.

4) 『천도교 창건사』에는 "보는 사람이 다 선동이라 이름하며 특별히 안청(眼睛)에 광채
가 있어 눈을 뜨면 형광(螢光)이 사람을 엄습하므로"라고 서술하고 있다. 이돈화,『천
도교 창건사』(천도교중앙종리원장판, 1969).

5) 이세권 편,『동학경전: 동경대전, 용담유사』(정민사, 1986).

6) 「용담가」,『동학경전』. 천도교의 역사를 서술한『천도교 창건사』는 교조(敎祖) 최제우
의 편력을 주유천하, 고행과 수련, 대각 등으로 체계화하고 있는데, 10년의 방랑이 그
렇게 체계적으로, 어떤 뚜렷한 계획을 갖고 이뤄진 것은 아니다.

7) 이세권 편,『동학경전』, 13~15쪽. 이 책에는 상제를 '하날님'으로 표기한 것을 이 글
에서는 '한울님'으로 고쳤다. 최시형이『용담유사』를 간행할 때 ᄒᆞ늘님으로 표기했으
므로 하날님이 맞는 용법일 것이다. 그런데 하날님은 '하늘', '하느님'과는 조금 거리
가 있는 뉘앙스를 띠고 있는 듯하다. 이돈화가 오래전에 이를 한울님으로 고쳐 사용했
는데 천도교에서는 이를 따라 한울님을 공식 용어로 사용하고 있다. 한울님은 세상을
껴안는 동적 뉘앙스와 친근한 감성을 띠고 있다는 의미에서 최제우가 상제를 칭했을
때의 느낌이 살아난다. 이와 관련해서 한울님의 철학적 의미 분석은 김용휘,「해월의
마음의 철학」, 동학학회 편저,『해월 최시형의 사상과 갑진개혁운동』(모시는 사람들,
2003) 참조.

8) 이세권 편,「안심가」,『동학경전』.

9) 최제우는 후에 「검가(劍歌)」를 지었는데 검춤을 추면서 하는 노래다.

10) 태극과 궁궁의 형상에 대해서는 이찬구,「동학의 영부관 고찰: 태극과 궁궁의 천도적
이해」, 동학학회 편,『해월 최시형의 사상과 갑진개화운동』(모시는 사람들, 2003).

11) 이세권 편,「포덕문」,『동학경전』.

12) 이세권 편,「불연기연(不然其然)」,『동학경전』.

13) 이세권 편,「불연기연」,『동학경전』.

14) 2대 교주인 해월 최시형은 바로 이 심학(心學)을 동학의 근본으로 삼았다. 해월은 설
법「대인접물(待人接物)」에서 '마음이란 것은 내게 있는 본연의 한울이니 천지 만물

이 본래 한마음이니라."라고 하여 심즉천(心卽天)을 얘기했다. 심령이 나의 본질이라
는 주장이다. 김용휘, 「해월의 마음의 철학」, 동학학회 편저, 『해월 최시형의 사상과
갑진개화운동』(모시는 사람들, 2003) 참조.

15) 「수덕문(修德文)」, 『동학경전』.

16) 표영삼은 동학에서 '도'는 신념 체계로, '학'은 그 하위인 수행 체계로 정의하는데 최
제우는 이를 구별하지 않은 채 '학'을 우위에 두는 성리학의 기본 틀을 그대로 받아들
였다. 표영삼, 『동학1: 수운의 삶과 생각』(통나무, 2004).

17) 이돈화, 『천도교 창건사』(천도교중앙종리원, 1933), 52쪽.

18) 이세권 편, 「영소(詠宵)」, 『동학경전』, 83쪽.

19) 이세권 편, 「논학문(論學文)」, 『동학경전』.

20) 『삼국유사』에서 환인을 제석이라 했고, 『제왕운기』에서는 상제라 했다. 이찬구, 앞의
논문.

21) 이세권 편, 「포덕문」, 『동학경전』.

22) 허수는 이와는 조금 다르게 수운의 천(天) 개념을 (1) 천주, ᄒᆞᄋᆞᆯ님 (2) 세상, 자연 일
반, 창공(천지, 천) (3) 천도, 천리, 천명 세 가지 용례로 구분했다. 여기에는 가장 중
요한 신령, 귀신, 신선과 같은 주술적 개념이 빠졌다. 허수, 「동학·천도교에서 천 개념
의 전개」, 한림대학교 한림과학원 주최 심포지엄, 『동아시아적 사유와 근대 개념의 형
성』, 2012년 10월 25일.

23) 이세권 편, 「수덕문」, 『동학경전』.

24) 앞의 책.

25) 이세권 편, 「좌잠(座箴)」, 『동학경전』.

26) 동학을 '종교 개혁(reformation)'으로 규정하려는 필자의 해석과 유사한 견해를 국사
학계는 물론 역사학계 일반에서도 찾아볼 수 없었다. 다만 필자가 검토한 바로는 사
회학계에서는 조혜인(2007)이, 역사학계에서는 오문환이 동학을 '종교 혁명'으로 해
석하는 것이 유일하다. 그러나 '종교 개혁'은 말 그대로 '다시 구성한다', '기존의 것
을 재구성한다'는 뜻으로 연속적 성격이 짙은 반면, '종교 혁명'이란 '단절적 성격'
이 두드러질 때에 적합한 개념이다. 오문환은 조선 성리학과의 연속적 성격을 강조하
면서도 '종교 혁명'이란 용어를 썼다. 오문환의 설명을 인용하면, "동학은 본성과 천
리를 초월적 가치로 설정하고 있었던 조선 성리학을 세속화하는 혁명적 성격을 지닌

다. 천명이나 천리는 호흡, 동정, 굴신과 같은 일상성을 떠나서는 홀로 존재할 수 없음
을 천명한다는 점에서 동학은 성(聖)의 세속화라는 종교 혁명을 이루어 낸다. (……)
세속 안에 천주와 조화가 자리 잡고 있다는 점을 밝힌 것은 동학의 독창적 종교 혁명
이라 하겠다." 조혜인은 막스 베버가 분석한 개신교의 성격을 동학에서 추출해 '종교
개혁'이란 개념을 붙였다. 오문환, 『해월 최시형의 정치 사상』(모시는 사람들, 2003)
110~111쪽. 조혜인『상처받은 절개, 날개 접은 발전』(나남, 2007).

27) 여기서 잠시 서양의 역사적 경험과 비교하는 것이 필요할 듯하다. 계몽주의 철학자
들은 시민 사회(civil society)의 요건으로 여러 가지를 제안하고 있는데, 예를 들어 디
드로, 볼테르, 루소, 로크, 칸트 등이 그런 학자들이다. 이들이 주목한 주요 요건은 계
약 관계, 개인 인권, 정치적 권리, 그리고 종교의 개별 신심으로의 환원이다. 이 요소
들을 그대로 조선에 적용하기에는 난점이 있지만, 동학에 관한 한 종교 개혁적 요소는
훗날 시민 형성에 대해 시사점이 많은 것이 사실이다. Guido Hausmann and Manfred
Hettling, "Civil Society", *Encyclopedia of European social history from 1350 to 2000*(New
York: Charles Scribner's Sons, 2001), pp. 489~498.

28) 유럽 종교 개혁에 관해서는, 노명식, 「종교 개혁의 사회정치적 배경」. 이형기, 「종교
개혁의 사회사적 배경」. 김영도, 「개신교 종교 개혁의 한 단면을 조명하면서: 칼빈의
개혁 사상」, 77~97쪽. 마석한, 「루터의 종교 개혁」, 《실학사상연구》 13, 『한국사교육
논총』. 패트릭 콜린스, (이종인 옮김), 『종교 개혁』(을유문화사, 2005). 카터 린스버그,
조영천 옮김, 『유럽의 종교 개혁』(기독교문서선교회, 2012)을 참조.

29) 이돈화, 『천도교 창건사』, 2편 「해월신사」, 39~41쪽.

30) 이세권 편, 「포덕문」, 『동학경전』.

31) 이세권 편, 「논학문」, 『동학경전』.

32) 이세권 편, 「팔절(八節)」, 『동학경전』.

33) 『동경대전』과 『용담유사』는 1880년과 1881년 해월이 인제와 단양에서 각각 출간한
것이지만 그 이전까지 동학교도들에 의해 필사본으로 또는 암송으로 널리 구전되어
왔다. 『동경대전』의 글들은 한문으로 쓰여 있지만 『소학(小學)』을 마쳤다면 능히 읽어
낼 수 있을 만큼 쉽다.

34) 1864년 2월 29일 내려진 어명은 다음과 같다. "東學魁首 崔濟遇 以邪術 濟人疾病 以
祝文 國家民族欺瞞 以劍歌 國政謀叛 以邪道 亂正律 宜當處刑." 천도교사편찬위원회,

『천도교백년약사』(1981) 114쪽.

35) 「도덕가(道德歌)」, 『용담유사』.

36) 「교훈가(敎訓歌)」, 『용담유사』.

37) 「안심가(安心歌)」, 『용담유사』.

38) 김용덕, 「동학 사상 연구」, 『중앙대학교 논문집』(1964), 163~224쪽.

39) 이돈화, 「천도교 창건사」(천도교중앙종리원, 1933), 9~10쪽.

40) 해월이 언문으로 직접 쓴 것은 「내칙(內則)」, 「내수도문(內修道文)」, 「유훈(遺訓)」이
다. 신용하, 「자료 소개최시형의 내칙, 내수도문, 유훈」, 《한국학보》 12집(1978). 해
월의 말을 손천민이 한문으로 옮긴 『이기전서(理氣全書) 』도 있다. 그 밖에 설법은 천
도교중앙총부, 『천도교경전』(1970), 『해월신사법설』(1961)과 『천도교서』(1921) 등에
실려 있다. 규장각 도서 중 『이기대전』에 실린 해월의 법설은 총 36가지인데, 윤석산
교수가 유형별로 분류해 자세한 설명을 붙여 놓았다. 윤석산, 「최시형 법설의 기초 문
헌 연구」, 동학학회, 『해월 최시형의 사상과 갑진개화운동』(모시는 사람들, 2003).

41) 강재언과 박종근은 동학 혁명의 종교 외피설을 주장하면서 최시형을 루터에, 전봉
준은 뮌처에 비유했는데, 교리 창도와 전파의 과정적 특성을 보면 오히려 루터는 최
제우이고, 해월은 칼뱅에 해당한다. 칼뱅의 교리와 종교 개혁에 대해서는 「그리스도
의 가장 완벽한 학교: 제네바 종교 개혁」, 카터 린드버그, 조영천 옮김, 『유럽의 종교
개혁』 참조. 강재언, 「조선에 있어서 봉건 체제의 해체와 농민 전쟁」, 《역사학연구》
(1954) 173~177쪽, 박종근, 「동학과 1894(갑오) 농민 전쟁에 대하여」, 《역사학연구》
(1960), 269쪽, (이상 일본 문헌). 조경달, 박맹수 옮김, 『이단의 민중 반란』(역사비평
사, 2008), 21쪽 참조.

42) 카터 린드버그, 앞의 책, 383쪽.

43) 이돈화, 앞의 책, 25쪽.

44) 수운과 해월의 행적과 사건을 서술체로 기록한 『도원기서(道源記書)』에 대강의 흔적
이 정리되어 있다. 윤석산 역주, 『도원기서, 초기 동학의 역사』(신서원, 2000).

45) 이돈화, 앞의 책, 34쪽.

46) 표영삼, 『동학 2: 해월의 고난 역정』(통나무, 2005). 표영삼은 조부 표춘학의 인도로
일찍이 동학에 입도했으며 동학 조직에서 활동한 사람이다.

47) 해월도 시작을 계(契)라고 불렀다. 1867년 수운 탄신제 때 해월은 계를 조직하자

고 제안했고 즉시 계안을 만들어 각처에 통문을 보냈다. 1868년 계장으로 강정이 추대되었는데, 강수의 부친이었다. 윤석산 역주, 『도원기서, 초기 동학의 역사』(신서원, 2000), 131쪽.

48) 동학란 발생 배경에 관한 많은 연구들이 공통적으로 주목하는 바이다. 한우근, 『동학난 기인에 관한 연구』(서울대학교 출판부, 1971)와 김용섭, 『한국 근대 농업사 연구 III』(지식산업사, 2000)이 있다. 그 밖에 『1894년 농민 전쟁 연구 1, 2』(역사비평사, 1991)가 있다.

49) 오문환, 앞의 책, 18쪽.

50) 오문환, 앞의 책, 211쪽.

51) 오문환의 논리는, 포접제를 바탕으로 민의 집회가 이뤄지고, 여기서 양천주의 생활 철학을 전파하여 영성 생활 공동체를 형성했으며, 급기야는 선천 개벽 사상을 기치로 척왜양창의(斥倭洋倡義)라는 정치적 대립 구도로 나아갔다는 것이다. 하버마스가 분석하듯, 유럽의 부르주아 공론장이 그런 방식으로 출현했고, 왕권 및 귀족 계급과의 일대 전면전을 전개했음은 주지하는 바이다. 공론장이 되려면 조직(협회), 정보 생산 기제(신문과 팸플릿)와 유통 네트워크(시장과 상점, 유통망), 정보가 함축하고 지향하는 가치관 또는 계급 이해(자유주의와 민주주의), 그리고 계급 이해를 발전시키는 지적 기구들(대학, 학교, 강습소)이 일사불란하게 연결되어 작동해야 한다. 계급 이해를 어떻게 누가 대변하는지, 부르주아적 세계관을 누가 재생산하고 유통하는지, 대립 계급들의 억압과 방해에 부르주아 계급이 어떻게 대응하는지를 상세히 분석해야 공론장의 형성을 입증할 수 있다. 정보와 상품, 유통망과 교통망, 계급 이해의 생산과 적대적 관계가 핵심이다. 이런 점들에 대한 분석이 결여되었기에 오문환은 "동학이라는 새로운 도와 공공적 몸을 형성하면서 공론장에 등장하기 시작한 것이다."라고 약간 어설픈 결론을 내린다. 언뜻 그럴듯해 보이지만 하버마스의 이론적 거푸집을 그냥 차용한 서술이다. 정확히 말하자면, 동학은 양반 공론장에 대응하는 평민 공론장으로서 조선 역사상 최초로 출현한 피지배층의 공론장이었다. '등장한 것'이 아니라 '형성한 것'이다. 등장했다고 한다면, 공론장이 이미 있고 거기에 끼었다는 뜻인데, 그게 아니라 양반 공론장이 거의 붕괴된 빈 공간에 평민 공론장이 자리를 잡은 것이다. 이 관점은 당시의 역사적 정황을 이해하는 데에 매우 중요하다. 전국을 연결하는 양반 공론장은 거의 분절, 빈사 상태였으며 오직 '조정 담론장'만이 남아 있던 상황에서 동학이

평민 공론장을 창출했던 것이다.

52) 동학 연구는 대체로 세 가지로 나뉜다. (1) 동학 원리를 비롯하여 동학의 종교적 특성과 철학적 성격을 규명하는 연구, (2) 동학 농민 전쟁의 사회 경제적 배경과 정치적 배경에 관한 연구, (3) 동학 농민 전쟁의 전개 양상과 그 결과에 관한 연구가 그것이다. (1)에는 김용덕, 신용하, 신일철, 김의환, 한우근, 최동희, 조용일, 박충석, 노태구, 박맹수, 윤석산, 정창렬, 표영삼의 연구가 대표적이고, (2)는 한우근, 이영호, 왕현종, 고동환, 정진영, 최윤오의 연구가 있고, (3)은 이능화, 강재언, 노태구, 김상기, 김용덕, 김의환, 김창수, 정창렬, 신복룡, 신용하, 박맹수, 유영익, 노용필, 성주원, 배항섭, 박찬승, 박종근, 김양식, 이현희의 연구가 대표적이다.

53) 조경달, 박맹수 옮김, 『이단의 민중 반란』(역사비평사, 2008); 조경달, 허영란 옮김, 『민중과 유토피아』(역사비평사, 2009).

54) 조경달, 앞의 책(2008), 25쪽.

55) 조경달, 앞의 책, 28쪽.

56) 한국의 연구자들도 이런 문제를 일찍이 지적했다. 예를 들어 김용섭은 지배층의 착취와 피지배층의 빈곤화를 넘어서 농민층의 의식 변화, 대항 의식의 성장, 자아의식의 형성 등을 고찰하는 것이 급선무라고 했고, 이를 받아 최윤오, 고석규는 민중적 저항의식의 발로인 적대감의 형성과 파편들을 찾아내고자 했지만 그다지 성공하지 못했음을 연구자 자신들도 토로한다. 김용섭, 「철종 조 민란 발생에 대한 고찰」, 『역사교육』(1956); 최윤오, 「18, 19세기 계급 구성의 변동과 농민 의식의 성장」과 고석규, 「19세기 농민 항쟁의 전개와 변혁 주체의 성장」, 한국역사연구회, 『1894년 농민 전쟁 연구 1』(역사비평사, 1991).

57) 조경달, 앞의 책, 95쪽.

58) 표영삼, 『동학 2: 해월의 고난 역정』(통나무, 2005), 127쪽.

59) 조경달, 앞의 책, 79쪽

60) 이돈화, 앞의 책, 65쪽.

61) 앞의 책, 64쪽.

62) 표영삼, 박맹수, 백세명, 김용천, 정운채, 조종오, 김용덕, 신일철, 오문환, 이광순, 최동희 등은 해월의 공적을 높이 평가하는 연구자들이다. 이에 반해 동학 농민 전쟁에 초점을 맞추는 연구들은 대체로 해월에 대해 소극적 평가를 내리거나 심지어는 민중

운동을 저해한 지도자로 보기도 한다. 박맹수는 남접·북접의 구분은 잘못된 시각이라 비판하기도 했다.

63) 해월이 당시 국제적인 상황을 어느 정도 인지했는지는 알 수가 없다. 또한 강화도 조약 이후 일본군의 진출, 1894년 청일 전쟁 이후 체결된 톈진 조약, 그리고 무장 투쟁이 전개될 당시 청군과 일군의 동향에 대해서 지휘부가 어느 정도 숙지하고 있었는지도 의문이다. 남접은 북접보다 더 많은 정보를 갖고 있었던 것으로 보인다.

64) 김용섭, 「전봉준 공초의 분석」, 『한국근대농업사연구 III』(지식산업사, 2000).

65) 오지영, 이장희 교주, 『동학사』(박영사, 1974), 170쪽.

66) 황현, 김종익 옮김, 『오하기문』(역사비평사, 1994), 269쪽.

67) 오문환, 앞의 책, 115쪽.

68) 조평환, 「신발굴 동학 가사 '해월신사찬가' 연구」, 《어문연구》, 31권 3호(2003), 173~192쪽. 『용담유사』에는 9편의 가사가 있고, 1910년대에는 후기 동학 가사 100편이 만들어져 세간에 널리 불렸다. 정형우, 「동학가사 I」(한국정신문화연구원, 1979).

69) 「몽중노소문답가」, 『용담유사』.

70) 박찬승, 「동학교도들의 신원 운동과 척왜양 운동」, 『근대 이행기 민중 운동의 사회사』(경인문화사, 2008).

71) 「삼례역 소장(訴狀)」, 1982년 11월 7일. 신복룡, 『동학 사상과 갑오농민혁명』(선인, 1985).

72) 「보은취회 통고문」, 1893년 3월 10일. 신복룡, 앞의 책.

73) 「윤음」, 『동학란기록(상)』, 박찬승, 앞의 책에서 재인용, 37쪽.

74) 박찬승, 앞의 책.

75) 이돈화, 앞의 책, 56쪽.

76) 「최시형의 대정부 포고문」, 1892년 12월 6일, 신복룡, 앞의 책.

77) 「광화문 복합 상소문」, 1893년 2월 11일, 신복룡, 앞의 책.

78) 「보은취회 문장초(文狀草)」, 신복룡, 앞의 책. 박찬승, 앞의 책, 30쪽.

79) 「선무사재차장계(宣撫使再次狀啓)」, 『동학란기록(상)』, 122쪽.

80) 이세권 편, 「논학문」, 『동학경전』.

81) 오문환은 이 구절을 매우 상세히, 그러나 조금 과도하게 해석했다. 오문환, 「동학의 철학적 원형: 불연기연 논리와 시천주 도덕」, 『해월 최시형의 정치 사상』(모시는 사람

들, 2003).

82) 역사 사회학자 조성윤은 이와 동일한 연구 질문을 제기하고 17세기와 19세기 말 서울의 호적을 비교 분석하여 한말과 식민 직전 서울에서 근대적 의미의 시민층이 형성되고 있었다고 주장한다. 직업 분화와 신분 질서의 붕괴가 그 증거인데, 그것은 단지 시민이 되는 자격 요건의 한 가지에 불과하다. 조성윤, 「조선 후기 서울 주민의 신분 구조와 그 변화」(연세대학교 대학원 박사학위 논문, 1992).

83) (근대적) 개인이라고 칭한다면 이런 요건들을 두루 갖춰야 한다. 권리 의식, 계약적 관계, 그리고 이런 요인들을 바탕으로 정치적 자유를 추구하려는 의지가 그것이다. 자율적인 개인이 자유의사로 모여 그들이 원하는 법과 규칙을 만들려고 할 때 비로소 (근대적) 개인이 태어났다고 할 수 있겠다. 종교적 자유는 매우 중요한 요건 중 하나이다. 동학은 인민에서 개인으로 진화하는 첫 관문을 열었다고 할 수 있다.

84) 조경달, 앞의 책, 126쪽.

85) 서울로 진격해서 대원군과 협력하여 민씨 척족 정치를 끝장내고 탐관오리를 제거하는 일이 그것이다. 「전봉준 공초」의 분석에서 김용섭은 전봉준이 민씨 정권을 제거해 위민제해(爲民除害)와 구세(救世)를 도모하려 했음을 밝혔다. 김용섭, 『한국근대농업사연구 III』(지식산업사, 2000), 유영익은 전봉준과 대원군의 밀약설을 밝혔다. 유영익, 『동학농민봉기와 갑오경장』(일조각, 1998).

86) 「격문」, 1894년 1월, 신복룡, 앞의 책. 「자료편」. 이 격문은 오지영의 『동학사』에 있다. 112쪽.

87) 「무장 포고문」은 국사편찬위원회, 『동학란기록(상)』, 「취어」 142~143쪽에 원문이 실려 있다.

88) 신용하는 농민군의 규모와 전투 상황을 상세히 연구해서 정리했다. 신용하, 『동학 농민 혁명 운동의 사회사』(지식산업사, 2005).

89) 대체로 저작의 제목이 연구자의 관점을 대변한다.

(1) '동학란'으로 보는 견해는 감상기, 『동학과 동학란』(한국일보사, 1975). 한우근, 『동학란 기인에 관한 연구』(서울대학교 출판부, 1971). 김용섭, 『한국 근대 농업사 연구 III』(지식산업사, 2001).

(2) '농민 봉기'로 보는 견해는 유영익, 『동학 농민 봉기와 갑오경장』(일조각, 1998); 한우근, 『동학과 농민 봉기』(일조각, 1983).

(3) '농민 혁명'으로 보는 견해는 신용하, 『동학 농민 혁명 운동의 사회사』(지식산업사, 2005); 신복룡, 『동학 사상과 갑오농민혁명』(선인, 2006); 최현식, 『갑오농민혁명사』(금강출판사, 1980); 김용덕, 『조선 후기 사상사고』(을유문화사, 1977); 이진영, 「김개남과 동학 농민 전쟁」, 한국근현대사연구회, 《한국근현대사연구》 2(한울, 1995).

(4) '농민 전쟁'으로 보는 견해는 한국역사연구회, 『1894년 농민 전쟁 연구 1~4』(역사비평사, 1995); 박찬승, 『근대 이행기 민중 운동의 사회사』(경인문화사, 2008); 안병욱, 「갑오농민전쟁의 성격과 연구 현황」, 역사문제연구소(편), 『한국 근현대 연구 입문』(역사비평사, 1988); 정창렬, 「갑오농민전쟁 연구: 전봉준의 사상과 행동을 중심으로」(연세대학교 대학원 박사학위 논문, 1991); 김양식, 『근대 한국의 사회 변동과 농민 전쟁』(신서원, 1996); 조경달, 『이단의 민중 반란』(역사비평사, 2008); 배항섭, 「동학 농민 전쟁 연구」(고려대학교 대학원 박사학위 논문, 1996).

90) 주도설은 김상기, 김용덕, 박맹수, 결합설은 신용하, 외피설은 박경식, 강재언, 박종근, 김용섭, 정창렬 등으로 분화된다.

91) 신용하, 앞의 책, 162쪽.

92) 신용하, 앞의 책, 222~223쪽.

93) 조경달, 앞의 책, 338~339쪽.

94) 조경달, 앞의 책, 352~353쪽.

95) 유영익, 「전봉준 의거론」, 『동학 농민 봉기와 갑오경장』(일조각, 1998), 27쪽.

96) 노용필, 「집강소 연구편」, 『동학사와 집강소 연구』(국학자료원, 2000).

97) 신용하, 「갑오농민전쟁 시기의 농민 집강소의 설치」, 《한국학보》 41(1985), 68~70쪽.

98) 황현, 『매천야록』.

99) 노용필, 앞의 책, 187~190쪽. 그러나 노용필의 이러한 주장은 집강소와는 별도로 운영되었던 동학군의 도소와의 관련을 검토하면 약간 사정이 달라진다. 조경달이 이 점을 파고들었다.

100) 노용필, 앞의 책, 190쪽.

101) 조경달, 앞의 책, 213~214쪽.

102) 김용섭, 「전봉준 공초의 분석」, 앞의 책, 159~165쪽.

103) 김용섭, 앞의 책, 207~8쪽.

104) 신용하, 앞의 책, 149~160쪽.

105) 황현, 김종익 옮김, 『오하기문』, 202쪽.

106) 앞의 책, 225쪽.

107) 김윤식, 『속음청사』 상권, 318쪽, 신용하, 앞의 책, 135~136쪽에서 재인용.

108) 조경달, 앞의 책, 249~260쪽.

109) Guido Hausmann and Manfred Hettling, 앞의 논문, pp.489~490.

110) 사회 개념은 아직 조선에서는 출현하지 않은 낯선 용어였다. 유길준은 『서유견문』
에서 군집, 세간, 집췌(集萃) 등으로 칭할 정도였다. 유길준은 이 책에서 사회라는 용
어를 딱 한 번 사용하는데, 그것은 외국의 경찰 제도와 자치를 논할 때 우연히 썼을 뿐
이다.(561쪽) 사회라는 용어를 처음 쓴 것은 1896년 일본 유학생 신해영이 유학생 잡
지인 《친목회회보》에 낸 글 「한문자와 국문자의 손익여하」라는 글에서였다. 이후 사
회가 본격적으로 논의된 것은 《독립신문》과 《황성신문》, 그리고 1905년 창간된 《만
세보》를 통해서였다. 박명규, 「근대 한국의 사회 개념 수용과 문명론적 함의」, 이경구
외, 『개념의 번역과 창조』(돌베개, 2012).

3 문명 충돌과 양반 공론장의 붕괴

1) 정옥자, 「19세기 존화 사상의 전개와 척사론의 성격」, 『조선 후기 조선 중화사상 연구』
(일지사, 1998).

2) 권오영, 「19세기 영남 이학의 전개와 그 실천적 성향」, 《국학연구》 9집(2006),
242~267쪽. 「정제학파(定齊學派)의 형성과 위정척사 운동」, 《한국근현대사연구》, 10
집(1999), 102~150쪽.

3) 권오영, 앞의 논문. 하원호, 「개화파의 경제적 근대화 구상」, 동북아역사재단, 『한국과
일본의 서양 문명 수용, 1910년~그 이전 100년』(경인문화사, 2010).

4) '유림 공론장'에 대해 '조정 담론장'으로 개념화한 것은 당시 동도서기론이나 개화론
을 주장했던 세력이 전체 유림에 비해 조정 대신과 관료들 중에도 소수에 지나지 않
았다는 점을 고려한 것이다. 그것은 척사론이 대세인 상황 속에서 변동의 핵을 이루었
던 작은 담론장, 그러나 실권을 행사하는 담론장이었다.

5) 안병욱, 「조선 후기 자치와 저항 조직으로서의 향회」, 성심여대 출판부, 《성심여대논문
집》 18.(1986).

6) 권오영, 앞의 논문; 이수환, 「대원군의 원사훼철과 영남유소」, 『조선 후기 서원 연구』

(일조각, 2001).

7) 이수환, 「서원의 건립 활동」, 앞의 책.

8) 연갑수, 「대원군의 정세 인식과 정책」, 『고종대 정치 변동 연구』(일지사, 2008).

9) 정진영, 「19세기 후반 영남 유림의 정치적 동향」, 《지역과 역사》 4호, (부경역사연구소, 1997), 173~243쪽.

10) 이하의 서술은 정진영, 앞의 논문과 권오영, 「정제학파의 형성과 위정척사 운동」을 참고함.

11) 정진영, 앞의 논문, 210쪽.

12) 정진영, 앞의 논문, 206~214쪽.

13) 『화서선생아언(華西先生雅言)』, (규장각도서 6245), 정옥자, 앞의 책, 257쪽 재인용.

14) 『고종실록(高宗實錄)』, 권 13, 정옥자, 앞의 책, 264쪽에서 재인용.

15) 정진영, 앞의 논문, 215~224쪽.

16) 김용구, 『세계관 충돌과 한말 외교사, 1866~1882』(문학과지성사, 2001), 291쪽.

17) 김용구, 앞의 책, 283~294쪽.

18) 『고종실록』, 권 18, 고종 18년 2월 26일, 정옥자, 앞의 책, 268~269쪽에서 재인용.

19) 정옥자, 앞의 책, 270쪽.

20) 김용구는 당시 조선이 맞닥뜨린 서양과의 접촉을 '문명 충돌' 용어로 개념화했다. 김용구, 앞의 책.

21) 「한불관계자료(韓佛關係資料)」(1979) 205쪽, 김용구, 앞의 책 86~87쪽에서 재인용.

22) 김용구, 앞의 책, 96쪽.

23) 김영재, 『조선 시대의 언론 연구』(민속원, 2010), 93~94쪽.

24) 권오영, 「19세기 강우학자들의 학문 동향」, 『조선 후기 유림의 사상과 활동』. 「19세기 영남 이학의 전개와 그 실천적 양상」, 《국학연구》 9집(2006).

25) 『한주문집(寒洲文集)』, 권 32, 잡저, 권오영, 앞의 논문, 249쪽에서 재인용.

26) 정옥자, 「19세기 존화사상의 전개와 척사론의 성격」, 『조선 후기 조선 중화사상 연구』(일지사, 1998).

27) 『논어집주(論語集註)』, 「헌문(憲問)」 1, 정옥자, 앞의 책, 211쪽.

28) 최석정, 『명곡집(明谷集)』, 권8, 김문식, 『조선 후기 지식인의 대외 인식』(새문사, 2009), 69쪽에서 재인용.

29) 앞의 책. 74~75쪽.

30) 박희병, 「담헌(湛軒) 사회 사상의 논리와 체계」, 문석윤 외, 『담헌 홍대용 연구』, 실시학사 실학연구총서(사람의무늬, 2012).

31) 앞의 논문, 167~182쪽. 박희병은 '화이일야(華夷一也)'라는 홍대용의 주장을 '전도된 화이론(華夷論)'으로 개념화했다.

32) 앞의 논문, 134쪽에서 재인용.

33) 이태진·김재호 외, 『고종 황제 역사청문회』(푸른역사, 2005).

34) 유동준, 『유길준전』(일조각, 1987), 22쪽.

35) 박규수에 관한 역사적 연구는 매우 많은데, 최근 심층적 연구서가 출간되었다. 김명호, 『환재 박규수 연구』(창비, 2008).

36) 김성혜는 박규수가 고종의 경연에 참여한 횟수는 총 89회에 달한다고 했다. 김성혜, 「고종 재위 전기 강관의 구성, 1864~1876」, 《한국문화》 46(2009).

37) 강상규, 「박규수와 고종의 정치적 관계 연구」, 《동양정치사상사》 11권 1호(2012), 120~147쪽.

38) 『고종실록』 권8, 고종 8년 4월 25일, 정옥자, 앞의 책, 251~252쪽.

39) 『환재집』 권7, 자문(咨文), 「允植謹按」, 손형부, 『박규수의 개화사상 연구』(일조각, 1997), 141쪽에서 재인용.

40) 『환재집』 권7, 자문(咨文), 「의황해도관찰사답미국인조회」, 앞의 책, 141쪽 재인용.

41) 신헌(申櫶), 김종학 옮김, 『심행일기(沁行日記)』(푸른역사, 2010). 『심행일기』는 강화도 조약 당시 접견대신으로 활약했던 신헌이 쓴 두 달치 일기로 당시 상황이 상세히 기술되어 있다. 1940년 경성 제국 대학 교수 다보하시 기요시(田保橋潔)가 『근대일선관계연구(近代日鮮關係研究)』에서 신헌의 일기를 인용한 후 70여 년만에 발굴되어 김종학이 번역했다. 심(沁)은 강화도를 뜻하는 한자다. 이 절에서는 판중추부사 접견대신 신헌과 일본 특명전권변리대신 구로다 기요타카와의 상면과 대화를 스토리 형식으로 재구성하여 조선과 일본이 갖고 있던 세계관의 차이를 드러내고자 한다. 일본 변리부대신은 후에 일본 공사로 부임했던 이노우에 가오루였고, 조선의 부대신은 도총부 부총관 윤자승(尹滋承)이었다. 이 절에서 그린 당시 상황 서술과 장면 묘사는 별다른 표시가 없는 한 김종학이 번역한 『심행일기』를 인용한 것이다.

42) 앞의 책, 27~81쪽 내용을 논지에 맞춰 편집하고 각색했다.

43) 앞의 책, 27~81쪽 내용을 논지에 맞춰 편집하고 각색했다.

44) 조병직은 이런 수작을 통해 살아남았다. 그는 대한제국과 일제 강압기에 요직을 두루 거쳤다.

45) 서계 문제를 둘러싼 논란과 외교 과정에 관해서는 김용구,『세계관 충돌과 한말 외교사, 1866~1882』, 3장과『세계관 충돌의 국제정치학: 동양 예와 서양 공법』(나남출판, 1997), 2장을 참고함.

46)『일성록』, 고종 10년 8월 13일, 장영숙,『고종 44년의 비원』(너머북스, 2010), 43쪽에서 재인용.

47) 정옥자, 앞의 책, 264쪽.

48) 김용구, 앞의 책, 196~197쪽과『심행일기』에 부기된 김종학의 역주 133, 14~115쪽.

49) 김종학, 앞의 책, 발췌.

50) 김용구, 위 책, 3장 여러 곳에서 발췌.

51)『심행일기』, 125~131쪽 내용을 부분 발췌.

52) 앞의 책, 138쪽.

53) 앞의 책, 147쪽.

54) 앞의 책, 154~155쪽.

55) 강화도 조약의 타결 내용과 결과에 대해서는 김용구, 앞의 책, 192~209쪽 참조.

56)『심행일기』에 나오는 복명 내용을 간략히 줄였다.

57)『만국 공법』번역과 내용에 관한 상세한 분석은 김용구,『만국 공법』(소화, 2008) 참조.

58) 영국 공사 애스턴의 편지에 그런 내용이 있다. 김용구, 앞의 책.

59)『청계중일한관계자료』, 문서번호 309의 2, 김용구, 앞의 책, 338쪽에서 재인용. 이홍장과 이유원이 주고받은 편지는『고종실록』16년 7월 9일조에 실려 있다. 이유원은 대원군이 실각하자 고종 대 영의정, 영중추부사를 지냈으며, 척사 상소에 연루되어 잠시 유배되었다가 1882년 임오군란 직후 일본 하나부사 요시모토(花房義質)와 제물포 조약을 체결했다. 최덕수 외,『조약으로 본 한국 근대사』(열린책들, 2010), 66쪽.

60) 김용구,『세계관의 충돌과 한말 외교사, 1866~1882』. 1장에서 문명 충돌의 개념을 상세히 설파했다. 같은 관점에서 강상규는 패러다임의 변동으로 정의하면서 '예의 관념'에 기반한 천하 질서가 '국가 평등 관념'에 근거한 국제 질서로 동아시아를 재편하는 과정으로 보고자 했다. 강상규,『19세기 동아시아의 패러다임 변환과 한반도』(논

형, 2008). 강상규는 같은 이론을 일본에 적용하여『19세기 동아시아 패러다임 변환
과 제국 일본』(논형, 2007)을 저술했다.

61)「대청흠사필담」에 나오는 내용을 발췌함. 송병기 편역,『개방과 예속』(단국대학교 출
판부, 2000).

62)「대청흠사필담」에 나오는 내용을 발췌함.

63) 송병기 편역,「조선책략」, 앞의 책, 48쪽.

64) 앞의 책, 48~49쪽.

65) 한승훈,「중국, 속국을 불평등하게 '우대'하다」, 최덕수 외,『조약으로 본 한국 근대
사』(열린책들, 2010), 112쪽.

66) 조광,「조선 후기의 역사인식」, 한국사연구회(편),『한국사학사의 연구』(을유문화사,
1985); 143쪽. 한영우,『조선 전기 사학사 연구』(서울대학교 출판부, 1981).

67)『宋元華東史合編綱目』,「跋 崔益鉉」, 정옥자, 앞의 책, 228쪽에서 재인용.

68) 이익,「答安百順 問目」,『星湖先生全集』, 조광, 앞의 논문에서 재인용, 145쪽.

69) 안정복,「與洪生書 別紙」,『順菴先生文集』, 조광, 위 논문에서 재인용.

70) 정약용, 정해렴 역주,『아방강역고』(현대실학사, 2001), 13쪽.

71) 한영우,『한국민족주의역사학』(일조각, 1993), 3쪽. 한영우는 조선 후기에 이르면 강
목법(綱目法)이 쇠퇴하고 기전체(紀傳體)적 서술이 많이 등장한다는 데에 주목했다.
기전체의 정형인 사마천의『사기』를 본뜨되 화이관에 구애받음 없이 우리나라의 역사
를 서술하는 시각의 전환을 말한다.

72) 박근갑,「말안장 시대의 운동 개념」, 박근갑 외,『개념사의 지평과 전망』(한림과학원,
2009).

73) E. J. 오페르트, 신복룡·장우영 역주,『금단의 나라 조선』(집문당, 2000)에 실린 서문
참조. 원제는, *Ein Verschlossenes Land, Reisen nach Korea*(Leipzig, 1880)이다.

74) 앞의 책, 서문.

75) 앞의 책, 96쪽.

76) 퍼시벌 로웰, 조경철 옮김,『내 기억 속의 조선, 조선 사람들』(예담, 2001), 17쪽.

77) 김용구,『거문도와 블라디보스토크』(서강대학교 출판부, 2008).

78) 김용구,『약탈 제국주의와 한반도』(원, 2013), 13쪽.

79) 강상규,『19세기 동아시아의 패러다임 변환과 한반도』(논형, 2008), 18~31쪽.

80) 두 질서의 불편한 조우를 김용구는 '문명 충돌'로, 강상규는 '패러다임 변동'으로 개
　　념화한다.

81) 기무라 간, 김세덕 옮김,『조선/한국의 내셔널리즘과 소국의식』(산처럼, 2007), 208쪽.

82) 김용구,『세계관의 충돌과 한말 외교사, 1866～1882』(문학과지성사, 2001), 75～78쪽.

83) 김용구,『약탈 제국주의와 한반도』, 17쪽.

84) 손형부,『박규수의 개화사상연구』(일조각, 1997), 144쪽.

85) 앞의 책, 144쪽.

86) 김문용,「1880년대 후반기 동도서기적 개화론의 일단에 대한 검토: 육용정의 의전일
　　기를 중심으로」, 단국대 동양문화연구소,『개화기 한국과 세계의 상호교류』(국학자료
　　원, 2004,) 176～193쪽.

87) 한철호,『한국 근대 개화파와 통치 기구 연구』(선인, 2009).

88) 최덕수 외,『조약으로 본 한국 근대사』(열린책들, 2010), 96～99쪽 발췌.

89) 앞의 책, 97쪽.

90) 박규수 문하에 모였던 젊은 관료들과 유생들이 '개화당'으로 불린 것은 1879년이었
　　다. 당시에는 개화라는 개념이 매우 생소해서 사리에 어긋난 과격한 이념과 행동을 하
　　는 다소 위험한 집단, 그러나 매우 영민하고 똑똑한 청년들 정도로 인식되었을 것이
　　다. 철종의 부마였던 박영효가 과거에 급제한 지 얼마 되지 않은 젊은 김옥균(1872년
　　급제, 당시 22세)과 개화승 이동인을 개화당 이름으로 일본에 파견한 것이 1879년이
　　었다. 이동인과 역시 개화승인 탁정식이 일본과 중국을 오가면서 조미 수호 통상 조약
　　의 원문을 작성했다는 것은 이미 알려진 바다. 김용구,『세계관의 충돌과 한말 외교사,
　　1866～1882』.

91) 신용하, 강재언, 강만길, 한우근, 이태진 등 대표적 사학자들의 연구에서 그런 의도가
　　비친다.

92) 이광린,「'한성순보'와 '한성주보'에 관한 일고찰」,『개화당 연구』(일조각, 1973), 76쪽.

93) 한우근,『조선 시대 사상사 연구 논고』(일조각, 1996).

94) 이광린,「개화당의 형성」, 앞의 책, 20쪽.

95) 김옥균은 일본 망명 시에 썼던『갑신일록』에서 갑신정변의 14개조 정강의 순서를 수
　　정해 제일조에 '조공허체(朝貢虛體) 호행폐지(護行廢止)'를 내세웠다.

96) 이광린,「갑신정변 정강에 대한 재검토」,『개화기 연구』(일조각, 1994), 19～35쪽.

97) 윤치호, 송병기 옮김, 『국역 윤치호 일기 1』(연세대학교 출판부, 2001), 237쪽.

98) 송병기 옮김, 「主持朝鮮外交議」, 『개방과 예속』(단국대학교 출판부, 2000), 115쪽.

99) 한우근, 「개항 당시의 위기 의식과 개화 사상」, 《한국사연구》 2(1968).

100) 동도서기론의 주자학적 기원과 연속성에 대해서는 노대환, 「19세기 동도서기론 형성과정 연구」(서울대학교 대학원 박사학위 논문, 1999) 참조. 노대환은 개화 사상에서 동도서기론이 차지하는 위치에 대한 제 학설과 조선 후기 사상가들과의 연관성을 조리 있게 정리했는데, 종의 차별성과 세력 판도에 대해서는 주목을 하지 않았다.

101) 자주와 자강을 향한 출구가 막혀 있었기에 유림과 조정 관료들이 '소국의식(小國意識)'에 사로잡혀 있었다. 이런 역사적 배경을 분석하고 이런 관점에서 박규수와 김윤식의 개국론을 비교 검토한 연구로는, 기무라 간, 김세덕 옮김, 『조선/한국의 내셔널리즘과 소국의식』(산처럼, 2007)을 참조.

102) 하원호, 「개화파의 경제적 근대화 구상」, 『한국과 일본의 서양문명 수용: 1910년 그 이전 100년』(경인문화사, 2010), 321~345쪽.

103) 퍼시벨 로웰, 조경철 옮김, 앞의 책, 17쪽.

104) 《한성주보》, 1886, 13호, 박문국, 관훈클럽신영연구기금.

105) 《한성주보》, 1888, 100호.

106) 매티 윌콕스 노블, 강선미·이양준 옮김, 『노블일지, 1892~1934』(이마고, 2010), 52~55쪽.

107) 이광린, 『한국 개화사 연구』(일조각, 1969).

108) 황현, 『매천야록』 권1 상. 손정목, 『한국 개항기 도시사회경제사연구』(일지사, 1982), 125쪽에서 재인용.

109) 《한성순보》와 《한성주보》의 내용 분석에 대해서는 이광린, 「'한성순보'와 '한성주보'에 관한 일고찰」, 『한국개화사연구』(일조각, 1969).

110) 이광린, 앞의 책.

111) 이사벨라 버드 비숍, 이인화 옮김, 『한국과 그 이웃 나라들』(살림, 1994), 497쪽.

112) 에밀 부르다레, 정진국 옮김, 『대한제국 최후의 숨결』(글항아리, 2009), 66쪽.

113) 이태진, 「18~19세기 서울의 근대적 도시 발달 양상」, 『고종 시대의 재조명』(태학사, 2000).

114) Genthes Reisen, Band 1, "Korea"(Berlin, Allgemeiner Berlin für Deutsche Literatur),

이태진, 앞의 책, 345쪽에서 재인용.

115) Jürgen Kocka, *Civil Society and Dictatorship in Modern German History*(Hannover and London: University Press of New England, 2010).

116) 김기주, 「개화기 조선 정부의 대일유학정책」, 단국대학교 동양학연구소, 『개화기 한국과 세계의 상호교류』(국학자료원, 2004).

117) 황준헌, 「조선책략」, 송병기 옮김, 『개방과 예속』(단국대학교 출판부, 2000), 61쪽.

118) 김기주, 앞의 논문.

119) 예를 들면, 한우근, 『한국 개항기의 상업 연구』(일조각, 1970); 강만길, 『조선 후기 상업자본의 발달』(고려대학교 출판부, 1973); 고동환, 『조선 후기 서울 상업 발달사 연구』(지식산업사, 1998); 송찬식, 『이조후기 수공업에 관한 연구』(서울대학교 출판부, 1973); 전우용, 『한국 회사의 탄생』(서울대학교 출판문화원, 2011); 이승렬, 『제국과 상인』(역사비평사, 2007); 조기준, 『한국기업사가』(대왕사, 1973); 오성, 『한국 근대 상업도시 연구』(국학자료원, 1998).

120) 손정목, 『한국 개항기 도시 사회경제사 연구』(일지사, 1992), 225쪽.

121) 한우근, 「일반 상회사의 설립」, 앞의 책, 211~212쪽.

122) 조재곤, 『근대 격변기 상인 보부상』(서울대학교 출판부, 2003), 35~53쪽.

123) 한우근, 앞의 책, 206~207쪽,

124) 한우근, 「객주·여각-객주상회사의 성립과정」, 「일반 상회사의 성립」, 앞의 책, 172~238쪽.

4 근대 이행의 양식

1) 버턴 홈스, 이진석 옮김, 『1901년 서울을 걷다』(푸른길, 2012). 이 책에는 1901년 당시 홈스가 찍었던 다채로운 서울 풍경이 실려 있다.

2) 앞의 책, 205~207쪽.

3) 구태여 정의한다면, 이 연구에서 말안장 시대는 1860년대 초부터 1894년까지를 지칭한다.

4) 최덕수 외, 『조약으로 본 한국 근대사』(열린책들, 2010), 328쪽.

5) 유영익, 『갑오경장연구』(일조각, 1990), 201쪽 도표 참조.

6) 역사학 연구에서 근대 국가, 민족 국가, 국민 국가는 정확한 개념 구분 없이 혼용되고

있다. 서양 근대에서 세 유형의 국가가 연속적으로 혹은 나라에 따라서는 같은 시기에 출현하고 형성되었기 때문이다. 이 연구에서는 근대 국가를 일반 유형으로, 민족 국가와 국민 국가를 특수 유형으로 사용하고자 한다. 봉건 국가가 근대적 성격을 갖추는 초기의 유형을 근대 국가로 통칭하고, 제국주의 시기에 근대 국가가 국민적, 민족적 성격을 갖게 되는 것을 국민 국가, 민족 국가로 구분하고자 한다. 때로 국민 국가는 민족 국가와 겹친다. 상세한 설명은 3절 참조.

7) 유영익, 앞의 책, 203쪽에서 재인용.

8) 이 절의 서술은 다음의 연구를 참고했다. 유영익, 앞의 책; 왕현종, 『한국 근대 국가의 형성과 갑오개혁』(역사비평사, 2002). 신용하, 『한국 개화사상과 개화운동의 지성사』(지식산업사, 2010); 이광린, 『개화파와 개화사상연구』(일조각, 1989); 이태진, 『고종 시대의 재조명』(태학사, 2000); 「서양 근대정치제도 수용의 역사적 성찰-개항에서 광무개혁까지」, 《진단학보》 84(1997); 김도형, 『대한제국기의 정치사상 연구』(1994); 서영희, 「개화파의 근대국가 구상과 그 실천」, 한국사회사연구회, 『근대 국민국가와 민족문제』(지식산업사, 1995); 「광무정권의 국정운영과 일제의 국권침탈에 대한 대응」(서울대학교 국사학과 박사학위 논문, 1998); 정창렬, 「갑오농민전쟁과 갑오개혁」, 『한국사연구입문』(지식산업사, 1987); 주진오, 「갑오개혁의 새로운 이해」, 《역사비평》 52, (1992), 「한국 근대국민국가 수립과정에서 왕권의 역할(1880~1894)」, 한국역사연구회, 《역사와 현실》 50(2003); 김성배, 「한국의 근대국가 개념 형성사 연구: 개화기를 중심으로」, 국제정치학회, 《국제정치논총》 52, (2012).

9) 김갑천, 「박영효의 건백서: 내정개혁에 대한 1888년의 상소문」, 283~284쪽; 박영효, 「개화에 관한 상소문」, 《신동아》(1966년 1월호).

10) 서영희, 「국가론적 측면에서 본 대한제국의 성격」, 한영우 외, 『대한제국은 근대국가인가?』(푸른역사, 2006), 70쪽. 도면회 역시 상징을 활용하는 대한제국의 권력적 특성을 강조했다. 「황제권 중심 국민국가체제의 수립과 좌절, 1895~1904」, 한국사연구회, 《역사와 현실》 50(2003).

11) 이원순, 「조선말기사회의 교안연구」, 『한국천주교회사연구』(한국교회사연구소, 1986), 187쪽.

12) 앞의 책, 216쪽.

13) 왕현종, 앞의 책, 6장 「근대국가 체제의 권력구조와 지향」.

14) 문준영, 『법원과 검찰의 탄생: 사법의 역사로 읽는 대한민국』(역사비평사, 2010), 166쪽.

15) 유영익, 『갑오경장연구』(일조각, 1990), 부록「자료 7」, 243~246쪽.

16) 유영익,「갑오경장과 사회제도 개혁」,『동학농민봉기와 갑오경장』(일조각, 1998.)

17) 앞의 책, 175쪽.

18) 왕현종, 앞의 책, 7장「근대국가 지배구조와 국민편성」.

19) 이만규,『조선교육사 (하)』(한국학진흥원, 2005), 44~46쪽,

20) 조선사의 탄생과 역사 개념에 대해서는 6장에서 상세히 다룰 예정이다.

21) 이만규, 앞의 책, 67쪽.

22) 근대 의학 교육에 관한 상세한 연구로는 황상익,『근대 의료의 풍경』(푸른역사, 2013) 참조.

23) 김영민,『한국근대소설의 형성과정』(소명출판, 2005).

24) Barrington Moore, *Social Origin of Dictatorship and Democracy*(Boston: Beacon Press, 1966).

25) 분석 대상에 인도가 포함되어 있기는 하지만 바로 영국의 식민화로 인해 주체성을 상실했다는 점 때문에 베링턴 무어는 미완의 형태로 분석을 남겨 둬야 했다.

26) 유영익,「전봉준 의거론」,『동학농민봉기와 감오경장』(일조각, 1998).

27) 김용섭,「전봉준 공초의 분석」,『한국근대농업사연구 III: 전환기의 농민운동』(지식산업사, 2000), 203쪽.

28) 이태진, 김재호,『고종황제 역사청문회』(푸른역사, 2005).

29) 내재적 발전론은 이태진, 왕현종, 식민지 근대화론은 김재호, 이영훈이 각각 대변했으며, 김기봉, 김동택, 주진오, 서영희, 이헌창 등은 양자를 절충한 의견을 개진했다. 특히 이헌창은 식민지 근대화론을 지지하면서도 대한제국 시기에 이뤄진 근대화 시도를 경제적 관점에서만 평가하는 것은 적합하지 못하다는 절충론을 제시했다. 주진오는 내발론자들이 강조하는 민국 이념이나 대한제국 근대화론이 목적론적 오류에 빠져 있기는 하지만 그렇다고 식민지 근대화론에 동조할 수도 없다는 양비론적 입장에 섰다. 총체적 시각을 확보할 수 있는 방법론적 혁신이 요청된다는 뜻이다.

30) 도면회,「황제권 중심 국민국가체제의 수립과 좌절, 1895~1904」, 한국사연구회,《역사와 현실》50(2003).

31) 이헌창,「한국사 파악에서 내재적 발전론의 문제」,《한국사 시민강좌》40(일조각,

2007), 1~20쪽; 최윤오, 「조선 후기 사회변동과 근대로의 이행: 내재적 발전론의 역사인식」, 내일을 여는 역사, 《내일을 여는 역사》 22(2005), 176~191쪽.

32) 주진오, 「개명군주이나 민국이념은 레토릭이다」, 『고종황제 역사청문회』(푸른역사, 2005); 주진오, 도면회, 조재곤, 「총론: 한국근대정치사와 왕권」, 한국사연구회, 《역사와 현실》 50(2003).

33) 바츨라프 세로셰프스키, 김진영 외 옮김, 『코레아 1903년 가을』(개마고원, 2006). 422~423쪽.

34) 버턴 홈스, 이진석 옮김, 『1901년 서울을 걷다』(푸른길, 2012), 207쪽.

35) 최덕수 외, 『조약으로 본 한국근대사』(열린책들, 2010), 572쪽.

36) 이에 대한 비판적 고찰로는 최윤오, 「조선 후기 사회변동과 근대로의 이행: 내재적 발전론의 역사인식」, 내일을 여는 역사, 《내일을 여는 역사》 22(2005), 176~191쪽.

37) 신용하, 『한국근대사회변동사강의』(지식산업사, 2000.)

38) 이에 대한 비판적 고찰로는 배항섭, 「'근대이행기'의 민중의식: '근대'와 '반근대'의 너머」, 역사문제연구소, 《역사문제연구》 23(2010), 57~96쪽.

39) 주진오, 도면회, 조재곤, 「총론: 한국 근대정치사와 왕권」, 《역사와 현실》 50, 4~11쪽.

40) 도면회, 「황제권 중심 국민국가체제의 수립과 좌절(1895~1904)」, 한국사연구회, 《역사와 현실》 50(2003), 85~86쪽.

41) 한영우, 「대한제국을 어떻게 볼 것인가?」, 한영우 외, 『대한제국은 근대국가인가』(푸른역사, 2006), 53~54쪽.

42) 박명규, 『국민, 인민, 시민』(소화, 2009), 65쪽.

43) 홉스봄, 박지향·장문석 옮김, 『만들어진 전통』(휴머니스트, 2004), 498쪽.

44) 앞의 책, 498쪽.

45) 서영희, 「국가론적 측면에서 본 대한제국의 성격」, 한영우 외, 『대한제국은 근대국가인가?』(푸른역사, 2006), 92쪽.

46) 국민과 민족 담론에 관해서는 많은 연구들이 나와 있다. 이화여대 한국문화연구원, 『근대계몽기 지식개념의 수용과 그 변용』(소명출판, 2004)에 실린 논문들과 김현숙, 「한말 민족의 탄생과 민족주의담론의 창출: 민족주의 역사서술을 중심으로」, 한국동양정치사상사학회, 《동양정치사상사》, 5권 1호, 117~140쪽 참조.

47) 김동택, 「대한매일신보에 나타난 민족 개념에 관한 연구」, 《대동문화연구》 61, 430쪽

과 「근대 국민과 국가개념의 수용에 관한 연구」,《대동문화연구》41, 379~380쪽.

48) 개화기에 형성된 '지식인 공론장'은 조선 시대의 '유림 공론장', '양반 공론장'이 소멸된 빈 공간에 형성된 근대적 현상이다. 1910년을 전후하여 교양 시민이 주도적 역할을 하면서 점차 부르주아 공론장의 성격을 띠어 갔다.

49) 동학 농민군의 보수성을 과도하게 강조할 필요는 없겠지만, 농민 착취가 없는 반듯한 중세적 이상 국가의 실현을 목표로 했던 것은 분명하다. 조정에서 농민 전쟁에 대처하기 위한 비상 내각인 군국기무처를 신설하기 직전인 1894년 4월 30일, 농민군 지도부가 발표한 4대 명의는 근왕주의적 성격이 매우 짙다. "不殺人 不殺物 忠孝保存 濟世安民 逐滅倭夷 澄淸聖道 驅兵入京 盡滅權貴 立定名分 以從聖訓"이 그것이다. 충효를 강조하고, 성도를 청결하게 하고, 한성의 권력 귀족을 내쫓아 성훈을 따른다는 내용이다.

50) 유영익, 「갑오경장과 사회제도 개혁」,『동학농민봉기와 갑오경장』(일조각, 1998), 121쪽.

51) 앞의 책, 118~123쪽과 유영익, 「갑오개화파 관료의 집권경위·배경 및 개혁구상」,『갑오경장연구』(일조각, 1990), 179~193쪽.

52) 앞의 책, 193쪽.

53) Barrington Moore, *Social Origins of Dictatorship and Democracy*,(Boston: Beacon Press, 1966), 418쪽.

54) 유영익,『갑오경장연구』(일조각, 1990), 부록 243~246쪽 발췌

55) 유영익, 앞의 책, 247~249쪽 발췌.

56) 전우용, 「근대 이행기(1894~1919) 서울 시전 상인의 변화」, 서울학 연구소,《서울학연구》22(2004), 29~66쪽.

57) 한우근,『한국 개항기의 상업연구』(일조각, 1970), 3장과 4장 참고.

58) 전우용,『한국 회사의 탄생』(서울대학교 출판문화원, 2011), 54, 130, 236쪽.

59) 안용식,『대한제국 관료사연구』(연세대학교 사회과학연구원, 1994); 전우용, 앞의 책, 189~190쪽 재인용.

60) 전우용, 앞의 책, 120쪽; 나애자, 「대한제국의 권력구조와 광무개혁」,《한국사》11(1994), 159~160쪽.

61) 이승렬,『제국과 상인』, 2부「일본제국주의와 은행」(역사비평사, 2007) 참조.

62) 이영훈, 「조선 후기 이래 소농사회의 전개와 의의」, 한국역사연구회,《역사와 현실》

45(2002), 29~30쪽.

63) 이영학,「대한제국의 경제정책」, 한국역사연구회 토지대장연구반,『대한제국의 토지 제도와 근대』(혜안, 2010).

64) 이영호,「근대토지소유제도의 변천」, 앞의 책.

65) 김용섭,「진주내동리대장의 분석」,『조선후기농업사연구(I)』(지식산업사, 1995).

66) 정진영,「19세기 후반~20세기 전반 재촌 양반지주가의 농업경영(2)」,《역사와 경계》 67(2008).

67) 최윤오,「대한제국기 충주군 양안의 지주제와 부농경영」, 한국역사연구회토지대장연 구반,『대한제국의 토지제도와 근대』(혜안, 2010).

68) '소유 분해'는 토지 소유 면적을 기준으로, '경영 분해'는 타인의 토지를 경작하여 소 작료를 받는 것을 포함하고, '소득 분해'는 양자의 농업 경영에서 나오는 소득을 모두 합한 총소득을 기준으로 농민 분해를 조명하는 개념이다.

69) 이영호,「대한제국 시기의 토지제도와 농민층 분화의 양상」, 앞의 책, 211쪽.

70) 새뮤얼 헌팅턴, 강문구 · 이재영 옮김,『제3의 물결: 20세기 후반의 민주화』(인간사 랑, 2011), 37~41쪽.

71) 대표적인 주장은 신용하를 들 수 있다. 독립 협회를 중심으로 한 개화파의 이념적 지 향을 중심축으로 놓고 이와 친화성을 갖는 민족주의, 민중주의를 포괄하는 방식으로 개화기 사회 변동을 그리고 있다. 신용하,「19세기 한국의 근대국가 형성문제와 입헌 공화국 수립운동」, 신용하 편,『한국의 근대국가형성문제와 민족문제』(문학과지성사, 1986). 그 밖에『독립협회 연구』(일조각, 1976) 참조.

72) 다수의 연구자들이 이런 태도를 취하고 있다. 예를 들면, 주진오,「19세기 후반 개 화개혁론의 구조와 전개: 독립협회를 중심으로」(연세대학교 박사학위 논문, 1995); 도면회,「총론: 정치사적 측면에서 본 대한제국의 역사적 성격」,《역사와 현실》, 19(1996); 서영희,「광무정권의 형성과 개혁저책 추진」,《역사와 현실》26(1997); 나 애자,「대한제국의 권력구조와 광무개혁」,『한국사 11』(한길사, 1994); 김신재,「개화 기의 정체개혁론의 추이와 성격」,《동국사학》28(1994).

73) 이태진,『고종 시대의 재조명』(태학사, 2000). 이 책의 1부가「편견과 오류의 비판」이 고, 2부가「근대화의 현장」이다. 고종이 쌓은 근대화 공적을 조명해서 역사학계에 만 연된 암약 군주 이미지를 해소하겠다는 의지다.

74) 김동택, 「19세기말 근대국가 건설과정에서 나타난 정치적 균열: 갑오개혁과 광무개
혁을 중심으로」, 한국정치학회, 《한국정치학회보》 34, 4호(2001), 41~55쪽.

75) S.M. Lipset and Stein Rokkan, "Cleavage Structures, Party Systems, and Voter
Alignments", in their edited Book, *Party Systems and Voter Alignment: Cross-National
Perspectives*(New York: Free Press, 1967).

76) 고종의 개혁과 대한제국에 대한 연구는 상당히 누적되었다. 대표적인 연구자는 이태
진, 한영우, 서영희, 김도형, 도면회, 김대진, 주진오, 이윤상, 김용섭, 신용하, 왕현종 등.

77) 이사벨라 버드 비숍, 이인화 옮김, 『한국과 그 이웃 나라들』(살림, 1994), 507쪽.

78) 독립 협회와 입헌군주제를 주장하는 세력들이 순수한 의도를 갖고 있었다기보다는
황권 약화를 통해 자신들이 권력 진출을 도모하려는 목적이 더 강했고, 그 배경에 일
제와 모종의 연관이 작용했다는 주장이 제기된 바 있다. 주진오, 「19세기 후반 개화개
혁론의 전개: 독립 협회를 중심으로」(연세대학교 대학원 박사학위 논문, 1995). 이태
진도 이런 입장에 선다. 이태진(2000).

5 호명의 시대: 국가와 사회

1) 이태진, 『고종시대의 재조명』(태학사, 2000).

2) 한상권에 의하면, 상언, 상소, 격쟁이 가장 활발하게 전개된 시대가 정조 연간이다. 한
상권, 『조선 후기 사회와 소원제도: 상언·격쟁연구』(일조각, 1996).

3) 근대사 전공은 아니지만 사학자 한영우 역시 이렇게 서술한다. "'민국'은 양반 중심의
국가를 지양하고, 만민의 정치 참여와 만민의 언론 확대, 만민의 이해를 증진시키는 방
향으로 전개되어 왕조 중흥의 원동력이 되었는데, 19세기 세도기에 일시적으로 흔들렸
던 민국 이념을 다시금 적극적으로 수용한 것이 바로 고종이었다." 한영우, 「대한제국
을 어떻게 볼 것인가」, 한영우 외, 『대한제국은 근대국가인가』(푸른역사, 2006), 44쪽.

4) 『고종시대사 3집』, 국사편찬위원회 한국사데이터베이스 http://db.history.go.kr.

5) 『고종시대사 4집』, 위와 같음.

6) 1894~1910년 기간에 '국민 국가'라는 개념은 누구에 의해서도 언급되지 않았다. 그
러나 지식인들이 고민하고 논의하던 국가 건설과 그 바탕을 이루던 국가 이론이 결국
국민 국가를 향하고 있었음을 후에야 깨닫게 되었다. 1910년 2월 《대한매일신보》 논
설 「20세기 신국민」에서 국민 국가가 처음 등장했다. 그것도 '국민적 국가'였다.

7) 권보드래, 「'동포'의 역사적 경험과 정치성: 독립신문의 기사분석을 중심으로」, 이화여대 한국문화연구원, 『근대계몽기 지식개념의 수용과 그 변용』(소명출판, 2004).

8) 김동택, 「대한매일신보에 나타난 '민족' 개념에 관한 연구」, 《대동문화연구》 61(2008), 430쪽.

9) 김동택은 《독립신문》이 주권을 가진 인민, 즉 국민은 아직 시기상조라 하여 유보했으며 지식인과 특권 세력을 옹호했다고 비판했다. 김동택, 「독립신문의 근대국가 건설론」, 이화여대 한국문화연구원, 『근대계몽기 지식의 발견과 사유지평의 확대』(소명출판, 2006), 191쪽.

10) 「대한인민의 직무」, 《독립신문》, 1899년 3월 3일, 서울대 정치학과 《독립신문》 강독회, 『독립신문 다시 읽기』(푸른역사, 2004), 178~179쪽. 이 책은 《독립신문》에서 중요한 논설을 선정하여 현대어로 번역한 것이다. 용어와 개념은 그대로 두면서 문장과 문맥을 현대적으로 바꾸는 것을 원칙으로 했기에 당시의 용법을 살필 수 있다.

11) 앞의 책, 426쪽.

12) 앞의 책, 279쪽.

13) 《제국신문》, 1902년 10월 30일 자, 김효전, 『근대 한국의 국가 사상』(철학과현실사, 2000), 331쪽에서 재인용.

14) 《황성신문》, 1900년 1월 19일.

15) 《황성신문》, 1900년 5월 7일.

16) 「국가인민의 법률성립」, 《황성신문》, 1904년 9월 1일.

17) 사상적 공간에서는 이런 모색이 이뤄지고 있었는데 실제로 이런 지적 모험이 사회적 실체와 어떤 조응 관계에 있었는지는 더 세밀한 분석을 요한다.

18) 「국민의 권한」, 《대한매일신보》, 1910년 6월 19일.

19) 「민족과 국민의 구별」, 《대한매일신보》, 1910년 7월 3일.

20) 「정신상 국가」, 《대한매일신보》, 1909년 4월 29일 자, 연변대학교 조선문학연구소, 『신채호 산문집』(보고사, 2010).

21) 1898년 배재학당 학생회가 《협성회회보》를 발간한 것을 필두로 《경성신문》, 《대한신보》, 《매일신문》, 《황성신문》, 《제국신문》, 《대한매일신보》, 《시사총보》, 《상무총보》 등이 발행되었으며, 러일 전쟁 이후에는 《만세보》, 《대한민보》, 《경남일보》, 《국민신보》, 《대한신문》이 창간되었다. 일본인들도 신문을 발간했는데, 《조선신보》, 《조선시보》,

《한성신보》,《대한일보》,《한성월보》를 냈다. 한편, 아펜젤러가《죠선크리스도인회보》를 냈고, 장로교파가《그리스도신문》을, 언더우드가《예수교신보》를, 카톨릭이《경향신문》을 창간했다. 대체로 민영 신문은 2000~3000부가 팔렸으나《대한매일신보》는 국한문판 약 8000부, 한글판 약 4600부, 영문판 463부로 총 1만 3256부가 팔려 나갔다. 잡지는 1896년 독립 협회가 낸《대죠선독립협회회보》를 필두로 1906년《대한자강회월보》, 1907년《대한구락》,《서우》, 1908년에는《대동학회월보》등 많은 종류가 발행됐다. 김민환,《한국언론사》(나남출판, 2002); 정진석,《한국언론사》(나남출판, 1990).

22) 이 시기 민족, 역사 담론과 국가 구상에 대해서는 백동현,『대한제국기 민족담론과 국가구상』(고려대학교 민족문화연구소, 2009).

23) 김효전, 앞의 책.

24) 김동택,「국민수지를 통해 본 근대 국민」, 이화여대 한국문화연구원,『근대계몽기 지식개념의 수용과 변용』(소명출판, 2004), 203쪽.

25)「국민수지」1-2면, 김효전, 앞의 책, 141쪽에서 재인용.

26) 윤효정,「지방자치제도론」,《대한자강회회보》4호(1906).

27) 설태희,「법률상 인의 권의」,《대한자강회월보》8호(1906).

28) 유치형,『헌법』(1908), 김효전, 앞의 책, 173쪽에서 재인용.

29) 조병한,「양계초의 국민국가론과 민권·민족 관념(1896~1902)」, 서강대학교 인문과학연구소,《서강인문논총》(2007), 307~373쪽.

30) 앞의 논문.

31) 이혜경,「공화주의의 시민적 덕의 관점에서 본 양계초의 공덕」, 서울대학교 철학사상연구소,『철학연구』(2012).

32) 조병한, 앞의 논문; 이혜경, 앞의 논문; 서강(徐剛), 이주노·김은희 옮김,「꿈 같은 신민」,『양계초, 중화 유신의 빛』(이끌리오, 2008).

33) 가토 히로유키가 발췌한 부분은 블룬칠리『일반 국법』의 2~4장인데, 블룬칠리의 이 부분 저술은 박근갑이 번역 소개했고, 가토 히로유키의 저술은 홍선영이 번역했다. 박근갑,「요한 카스파 블룬칠리, 일반국법」; 홍선영,「가토 히로유키, 국법범론」, 한림대 한림과학원,《개념과 소통》7(2011, 여름).

34) 서강(徐剛), 이주노·김은희 옮김, 앞의 책.

35) 블룬칠리의『일반국법』을 량치차오가 수용하여 쓴 논문이 강중기 번역으로《개념과

소통》에 게재됐다. 량치차오, 강중기 옮김, 「정치 학대가 블룬칠리의 학설」, 《개념과 소통》 8(2011, 겨울).

36) 박근갑, 「수용과 굴절, 동아시아에 건너온 민족과 국민개념」(한림대학교 한림과학원 주최 국제학술회의 발표논문, 2011).

37) 박근갑 옮김, 「요한 카스파 블룬칠리, 일반국법」, 《개념과 소통》 7(2011), 263쪽.

38) 량치차오, 강중기 옮김, 앞의 논문, 254쪽.

39) 앞의 논문, 281쪽.

40) 노길명, 『한국신흥종교연구』(경세원, 1996), 135~167쪽.

41) 강돈구, 「근대 신종교와 민족주의 I」, 강돈구 외, 『근대성의 형성과 종교지형의 변동 I』(한국학중앙연구원 종교문화연구소, 2005).

42) 이돈화, 『천도교 창건사』(1969), 제3편.

43) 「오늘날 종교가에게 구하는바」, 《대한매일신보》 1909년 11월 28일 자; 고건호, 「천도교 개신기 '종교'로서의 자기 인식」, 강돈구 외, 『근대성의 형성과 종교지형의 변동 I』(한국학중앙연구원, 2005), 111쪽에서 재인용.

44) 노길명, 「대종교의 제천의례」, 앞의 책.

45) 「범금지인은 막여형제」, 《황성신문》, 1908년 3월 13일; 박찬승, 『민족, 민족주의』(소화, 2010), 74쪽.

46) 신채호, 「독사신론」, 『개정판 단재신채호전집』(1977), 상 471쪽. 「독사신론」에 나타난 신채호의 역사관에 대해서는 신용하, 「신채호의 독사신론 비교분석」, 단재신채호선생기념사업회, 『단재 신채호와 민족사관』(1980) 참조.

47) 신채호, 「역사와 애국심의 관계」, 연변대학교 조선문학연구소, 『신채호 산문집』(보고사, 2010).

48) 신채호, 『개정판 단재 신채호 전집』(1977), 상 31~33쪽.

49) 필자가 신채호였는지는 불분명하다는 것이 학계의 일반적 견해다. 그런데 문체로 봐서 신채호가 썼다는 심증은 든다. 그래서 『신채호 산문집』에 실렸다. 「이십세기 신국민」, 연변대학교조선문학연구소, 『신채호 산문집』(보고사, 2010), 306~322쪽.

50) 앞의 논설, 322쪽.

51) 이런 점에서 천주교도들이 개인적인 자각을 느꼈던 최초의 존재였다고도 할 수 있을 것이다.

52) 에밀 부르다레, 정진국 옮김, 『대한제국의 최후의 숨결』(글항아리, 2009), 66쪽.

53) 유길준, 「인세의 경려」, 『서유견문』, 유길준전서편찬위원회 편, 『유길준전서 I』(1971), 150쪽.

54) 《독립신문》 21호(1898년 2월 19일).

55) 박은식, 「경고사우」, 서우 학회, 《서우》, 창간호(1906년 12월).

56) 신해영, 「윤리학교과서 권2」, 아세아문화사, 『한국개화기교과서총서 10』(1977), 130~133쪽.

57) 포자생, 「수양의 시대」, 태극 학회, 《태극학보》, 21호(1908년 5월 24일).

58) 유길준, 「학문하는 조목(條目)」, 『서유견문』, 347쪽.

59) 김효전은 일본에서 사회 개념이 1868~1877년경에 활발하게 사용되었다고 했고, 박명규는 일본에서 사회라는 번역어가 최초로 등장한 것은 1875년경으로 잡고 있으며, 그 10년 후에 영일, 불일 사전에 사회 개념이 수록되었다고 한다. 김효전, 『헌법』(소화, 2009), 36쪽; 박명규, 「근대한국의 '사회' 개념 수용과 문명론적 함의」, 주 2, 이경구 외, 『개념의 번역과 창조』(돌베개, 2012).

60) 유길준, 『서유견문』, 293쪽.

61) 이런 의미에서 《독립신문》에 나타난 개인과 사회의 의미를 분석한 박주원의 주장은 적합하다. 《독립신문》에서 개인은 인민 권리의 반쪽만 허용된 주체로서, 생명과 재산의 권리는 허용된 반면 참정권, 정치적 권리는 유보된 인민이었다. 사회 역시 국가에 부속된 하위 영역으로 간주되었다. 박주원, 「독립신문과 근대적 '개인', '사회' 개념의 탄생」, 이화여대 한국문화원, 『근대계몽기 지식개념의 수용과 그 변용』(소명출판, 2004).

62) 박명규, 앞의 논문.

63) 《황성신문》, 논설, 1908년 9월 6일.

64) 《황성신문》, 논설, 1898년 9월 15일.

65) 창간호의 논설은 이인직이 썼다. 박명규, 앞의 논문, 102~103쪽.

66) 박명규, 앞의 논문, 103~105쪽.

67) 김효전은 《황성신문》에 실린 광고 문구를 소개하고 있다. 예를 들면 사회 진화론(社會進化論), 인군 진화론(人群進化論), 족제 진화론(族制進化論), 사회주의(社會主義), 사회학(社會學), 정교 진화론(政敎進化論), 군학예언(羣學隸言), 인종지(人種誌), 근세 사회주의(近世社會主義), 혼인 진화론(婚姻進化論), 사회 개량론(社會改良論), 인

종 개량론(人種改良論). 김효전, 『헌법』, 45쪽, 주 78.

68) 문일평, 「체육론」, 《태극학보》 21호(1908년 5월 2일).

69) 이규영, 「위생의 요론」, 《서우》 6호(1908년 5월 18일).

70) 신해영, 「가족의 본질」, 『윤리학교과서』(1906), 권 2, 134쪽.

71) 구조기능론이 풍미했던 1960년대 사회학은 좁은 의미의 사회(social)와 넓은 의미의 사회(societal)를 구분했다.

72) 박명규, 앞의 논문, 126쪽.

73) 박명규, 앞의 논문, 126쪽.

74) 박명규, 앞의 논문, 127쪽.

75) 이 '상상적 시민'의 사상적 분화 과정이 식민지 문학에 오롯이 담겨 있다. 문학은 식민 통치하에서 시민적 사상 투쟁의 장이었다.

76) 최근 사회과학에서 각광을 받고 있는 '사회적 자본(social capital)'이 바로 시민 참여의 함수다.

77) 독립 협회의 입헌군주제 개혁 운동이 그 자체 자주독립, 자강, 근대화를 위한 애국심의 발로였다는 설과 일제의 지원을 빌려 정권을 장악하는 데에 그 핵심 의도가 있었다는 논쟁이 있다. 전자는 신용하, 『독립협회연구』(일조각, 1975); 후자는 주진오, 「19세기 후반 개화개혁론의 구조와 전개」(연세대학교 박사학위 논문, 1995).

78) 국사 편찬 위원회가 만든 한국사 데이터베이스의 근대편에는 20여 개의 역사 자료가 있는데 자발적 결사체와 관련된 것은 7종이다. 이 자료 중 『근대사연표』와 『한국독립운동사』를 기초 사료로 하고 다른 사료를 검토 보완하여 부록에 첨부된 결사체 명단을 만들었다. 1910년까지 모두 284개가 파악되었다. 『인민의 탄생』(민음사, 2011)에서는 모두 314개로 집계했는데, 이를 다시 세부적으로 검토하여 회사 성격을 갖는다고 판단되는 것은 제외한 결과 총 284개로 확정했다. 결사체 명단은 부록에 첨부했다.

79) 지나음빙실주인, 이갑(李甲) 옮김, 「논학회」, 《서우》, 4호, 24쪽.

80) Alexis de Tocqueville, J.P. Mayer(ed.) *Democracy in America*, (New York: Harper & Row, 1969).

81) 스카치폴, 강승훈 옮김, 『민주주의의 쇠퇴』(한울, 2010). 이 서술에 대해서는 『인민의 탄생』(민음사, 2011) 98~102쪽 참조.

82) 이용창, 「한성부민회의 조직과정과 활동」, 《한국독립운동사연구》 22, 25~60쪽.

83) 차종호, 「법률상 자치의 관념」, 서우 학회, 《서우》 제9호(1908년 8월 1일).

84) 조항래 편저, 『1900년대의 애국계몽운동연구』(아세아문화사, 1993).

85) 대한 자강회, 대한 협회, 신민회의 활동과 이념에 대해서는 유영렬, 『대한제국기의 민족운동』(일조각, 1997)을 참조. 일본 유학생회, 서우 학회, 한북 흥학회, 서북 학회, 국채 보상 운동에 대해서는 이송희, 『대한제국기의 애국계몽운동과 사상』(국학자료원, 2011)을 참조.

86) 대한 협회에 대해서는 김항구, 「대한협회(1907~1910) 연구」(단국대학교 박사학위 논문, 1992); 김형목, 「기호흥학회 경기도 지회 현황과 성격」, 《중앙사론》 12~13합집에서 재인용.

87) 김형목, 위의 논문에서 재인용, 64쪽.

88) 이현종, 「호남학회에 대하여」, 《진단학보》 33, 60~79쪽.

89) 윤경로, 「신민회 창립과 전덕기」, 『한국근현대사의 성찰과 고백』(한성대학교 출판부, 2008), 146쪽.

90) 이하 국민 교육회 설명은 최기영, 「한말 국민교육회의 설립에 관한 검토」, 《한국근현대사연구》 1집(1994)을 참조했음.

91) 최기영, 앞의 논문.

92) 김형목, 앞의 논문.

93) 김형목, 앞의 논문.

94) 조형래, 「학회, 유토피아의 미니어춰: 근대 계몽기의 지역학회 및 유학생 단체를 통해서 본 지역성과 고향의식」, 《한국문학연구》 31.

95) 조형래, 위의 논문, 92쪽.

96) 일진회의 친일 활동과 조직 구성에 대해서는, 김종준, 『일진회의 문명화론과 친일활동』(신구문화사, 2010).

97) 김형목, 위의 논문, 62쪽.

98) 김형목, 『대한제국기 야학운동』(경인문화사, 2005).

99) 이만각, 『조선교육사 하』(국학자료원, 2005), 154쪽.

100) 이하의 서술은 김형목, 앞의 책, 2장 참조.

101) 《대한매일신보》, 1907년 11월 27일, 김형목, 앞의 책, 251쪽에서 재인용.

102) 쥬시경, 「국어와 국문의 필요」, 서우 학회, 《서우》 2호(1907).

103) 서순화, 「충청지역 주민의식의 사회사적 고찰: 독립신문을 중심으로」, 《호서사학》
26집, 51~86쪽.

6 차단된 통로: 동굴 속의 시민

1) 《독립신문》, 1987년 5월 22일 잡보, 서순화 「충청지역 주민의식의 사회사적 고찰: 독
립신문을 중심으로」, 《호서사학》, 26집, 77쪽에서 재인용.

2) 최영택, 「누님들아 울지를 말어라」, 《가정 여자시론》(1920), 창간호. 원문을 현대문으
로 수정했다.

3) 상아탑, 유학생의 견지로부터 보는 조선 가정, 《여자시론》 창간호(1920).

4) 《여자시론》 첫 페이지에는 원세개 평전인 듯한 『원세개실기(遠世凱實記)』 책 광고가
실려 있고, 권두언이 시작되는 페이지 옆쪽에는 이광수의 『무정(無情)』 광고가 실려
있다. 지난 시대의 인물과 그것에서 벗어나기를 계몽하는 당대의 문학인이 시장에서
병존하고 있었음을 알려 준다.

5) 개인과 개인주의 발전에 대해서는 아무래도 서양의 역사적 발전 궤적을 참고하지 않
을 수 없다. 그렇다고 서양의 경험을 그대로 적용하려는 데에는 많은 주의를 요한다.
리하르트 반 뒬멘, 최윤영 옮김, 『개인의 발견』(현실문화연구, 2005)에서 논의한 내용
을 우리의 실정에 맞게 참조했다. 서양에서 개인주의 사상과 역사의 발전에 대하여는
노명식, 『자유주의의 원리와 역사, 그 비판적 연구』(민음사, 1991).

6) 이주연(李周淵), 「인(人)보다 기(己)를 지(知) 함이 필요함」, 《학지광》 3호(1914).

7) 신소설의 스토리 전개와 인물 묘사, 심리 상태, 표현, 시점 등을 근대 문학의 관점에서
논의하는 연구들이 다수 나와 있다. 상세한 것은 3절에서 논의할 예정이다. 대표적인
연구로는 권영민, 『한국현대문학사 1』(민음사, 2002) 참조.

8) 나혜석(羅蕙錫), 「이상적 부인(理想的 婦人)」, 《학지광》 3호(1914).

9) 톰슨, 나종일 옮김, 『영국 노동계급의 형성』(창작과비평사, 2000).

10) 방순경, 「여자해방문제」, 《여자시론》 창간호(1920).

11) 남궁벽, 「자연」, 《폐허》 창간호(1920).

12) 1910년을 전후로 해서 공론장에서 '개인'이라는 용어가 일상적으로 쓰였다는 점은 5
장에서 밝혔다. 그런데 '개인주의'라는 개념은 거의 낯설었는데 당대의 지식인이었던
염상섭이 그 말을 썼다. 과문한 탓이겠지만, 그 전에 이미 누가 썼는지를 검토할 필요

가 있겠다. 염상섭, 「개성과 예술」,《개벽》22호(1922, 4).

13) 스즈키 토미, 한일문학연구회 옮김,『이야기된 자기, 일본 근대성의 형성과 사소설담론』(생각의 나무, 2004).

14)《대한매일신보》, 1910년 2월 19일 자.

15) 설산(雪山), 「사회(社會)와 개인(個人)」,《학지광》13호(1917).

16) 이계형, 「1904~1910년 대한제국 관비 일본유학생의 성격 변화」, 한국독립운동연구소,『한국독립운동사연구』31(2008).

17) 게재한 글은 이해조의 소설 「잠상태(岑上苔)」, 이인직의 「사회학」, 정교의『국제공법』, 유길준의『대한문전(大韓文典)』등이었다.

18) 국문 연구소는 1907년 7월 학부 내에 설치되어 국문 표기법, 맞춤법 등을 연구했던 기관으로서 1909년 12월까지 회의를 계속하여 최종 보고서인 「국문연구안」을 제출했다. 「국문연구안」은 연구안, 참호연구안, 의안으로 구성되어 있으며, 주시경, 이능화, 어윤적, 권보상, 지석영 등이 참여했다. 이기문,『개화기의 국문연구』(일조각, 1970).

19)《황성신문》, 1908년 2월 26일.

20) 송남(松南), 「아국학생제씨여」,《태극학보》16호(1908).

21) 김영민,「역사·전기소설의 형성과 전개」,『한국근대소설의 형성과정』(소명출판, 2005).

22) 신채호, 「영웅과 세계」,《대한매일신보》, 1908년 1월.

23) 권영민,『한국현대문학사 1』(민음사, 2002), 97쪽.

24) 김영민, 앞의 책, 44쪽.

25) 당시 금서 조치된 서적으로,『월남망국사』(현채),『금수회의록』(안국선),『몽견제갈량』(유원표),『을지문덕』(신채호),『이태리건국삼걸전』(신채호),『화성돈전』(이해조),『애급근세사』(장지연),『서사건국지』(김병현),『애국부인전』(장지연),『비율빈전사』(안국선),『자유종』(이해조),『최도통』(신채호) 등이 있다. 권영민, 앞의 책, 99쪽.

26) 김이준, 「반도청년의 각오」,《학지광》, 3호(1914).

27) 이광수, 「천재야 천재야」,《학지광》12호(1917).

28) 「논설」,《독립신문》, 1896년 4월 7일.

29) 「국문의 이로움」, 1897년 8월 5일 자, 「타국의 글이 아니라」, 1899년 5월 20일 자가 대표적이다.

30) 각 문체에 대한 비교 연구는 김영민,『한국근대소설의 형성과정』(소명출판사, 2005)

참조.

31) 베네딕트 앤더슨, 윤형숙 옮김, 『상상의 공동체: 민족주의의 기원과 전파에 대한 성
    찰』(나남, 2002).

32) 신채호, 「국한문의 경중」, 《대한매일신보》, 1909, 3.

33) 신채호, 「국문의 기원」, 《대한매일신보》, 1909, 12.

34) 주시경, 『대한국어문법』 「발문」(1906). 이기문(편), 『주시경전집 하』(아세아문화사,
    1976).

35) 주시경, 「국어와 국문의 필요」, 《서우》 2호(1906).

36) 국어국자 운동에서 '고쿠고 내셔널리즘'(국어민족주의)이 우위권을 차지한 배경이
    다. 이 과정에서 한자는 일본식으로 개조되었는데, 서양 문명의 한자 번역에 표준을
    만듦으로써 유교 문화권에서 우위를 차지하여야 한다는 민족주의 이념이 강하게 작
    용했다. 최화구, 「근대일본의 국민국가형성과 언어내셔널리즘: 19세기 후반의 국어국
    가 논쟁을 중심으로」(연세대학교 대학원 사학과 석사학위 논문, 1999); 이연숙, 고영
    진·임경화 옮김, 『국어라는 사상: 근대일본의 언어인식』(소명출판, 2006).

37) 베네딕트 앤더슨, 앞의 책, 48쪽.

38) 이기문, 『개화기의 국문연구』(일조각, 1970).

39) 국문연구 의정안이 이기문 (편), 『주시경전집 상』(1976)에 실려 있다.

40) 김영민, 「근대소설의 문체변화와 근대성의 발현」, 앞의 책.

41) 이광수, 「금일 아한 용문(今日 我韓 用文)에 대ᄒ야」, 《황성신문》, 1910. 7.

42) 권영민, 『한국현대문학사 1』(민음사, 2002), 150쪽.

43) 김영민은 1894~1919년 동안 신문과 잡지에 수록된 모든 단형 서사물의 목록을 조
    사 작성했다. 대체로 1894~1910년에는 약 900여 편이, 이후에는 700여 편, 총 1,600
    여 편이 발표된 것으로 보인다. 김영민은 단형 서사물의 작자가 대체로 신문 편집인
    들이었다고 판단하는데, 독자 투고와의 관련 내용은 더 상세한 검토가 필요할 것이다.
    김영민, 앞의 책, 부록 참조.

44) 근대 문학의 기원을 어디로 잡을 것인가에 대한 문학사가들의 논쟁은 주로 이 시기
    문학에 대한 성격 규명에 달려 있다. 김동식은 1915년 어름으로, 김영민은 1920년대
    로, 황종연은 초기 춘원 이후로 각각 기원을 설정하고 있는데, 근대 이행기 문학을 과
    도기로 규정하는 데에는 대체로 부정적인 견해를 보인다. 아무튼 논란거리다. 기원론

에 대한 개략적 논의는 최원식,『문학』(소화, 2012) 참조. 그 밖에, 김동식,「한국의 근대적 문학 개념 형성과정연구」(서울대학교 대학원 문학박사학위 논문, 1999); 황종연,「문학이라는 역어」, 문학사와 비평연구회,『한국문학과 계몽담론』(새미, 1999); 한기영,『근대소설의 시각』(소명출판, 1999) 참조.

45) 임화, 임규찬·한진일 편,『임화 신문학사』(한길사, 1993), 129~130쪽.

46) 임화가 이 글을 쓴 1935년에는 현대적 용법의 '시민'을 썼다.

47) 임화는『금수회의록』과 같은 우화 소설, 독립 투쟁을 다룬 영웅 소설과 역사 전기류를 당시 정치적 상황과 세태를 풍자하는 것으로 봐서 정치 소설로 개념화했다.

48) 임화, 임규찬·한진일 편, 앞의 책, 133쪽.

49) 한기형,「신소설 형성의 양식적 기반」,『한국 근대소설사의 시각』(소명출판, 1999), 12쪽.

50) 과도기 문학이란 명칭을 부정하면 그것을 대체할 마땅한 개념이 궁색하다. 그러나 근대 문학의 씨앗, 근대 문학의 초기적 유형이었음에는 분명하다. 근대 문학의 기원론 논의에 대해서는 최원식,『문학』참조.

51) 사쿠타 케이이치, 김석근 옮김,『한 단어사전, 개인』, 한림대학교 한림과학원(푸른역사, 2013).

52) 이 시기 문학에 대한 기존의 연구서들 중 다음의 것을 참고하여 종합했다. 권영민,『한국현대문학사 1』(민음사, 2002);『이인직 혈의누』(서울대학교 출판부, 2001); 김영민,『한국근대소설의 형성과정』(소명출판사, 2005); 이용남 외,『한국 개화기 소설연구』(태학사, 2000); 박헌호,『작가의 탄생과 근대문학의 재생산제도』(소명출판, 2008); 한기형,『한국근대소설사의 시각』(소명출판, 1999); 양문규,『한국근대소설과 현실인식의 역사』(소명출판, 2002); 정선태,『개화기 신문 논설의 서사수용 양상』(소명출판, 1999); 김석봉,『신소설의 대중성 연구』(도서출판 역락, 2005); 배수찬,『근대적 글쓰기의 형성과정연구』(소명출판, 2008); 강용훈,『비평적 글쓰기의 계보: 한국근대문예비평의 형성과 분화』(소명출판, 2013).

53) 1908년 1월 신문에 실린 가사 중 하나다. 강명관·고미숙 편,『근대계몽기시가자료집』1권, (성균관대학교 대동문화연구원, 2000), 103쪽.

54) 1960년대 말 김지하가 쓴 시「오적(五賊)」의 원형이 여기 있다.

55) 권영민,『한국현대문학사 1』(민음사, 2002), 147쪽.

56) 김영민, 앞의 책, 63쪽.

57) 오상순, 「시대고와 그 특성」,《폐허》 창간호(1920). 현대 표기로 수정했음.

58) 조선총독부 내무국사회과,『노동관계자료집 1』(1929).

59)《대한유학생회회보》 1호(1907. 3.3);《태극학보》 18호(1908. 2.24).

60)《동아일보》, 1920. 8. 27.

61) 이광수, 「문학(文學)의 가치(價値)」,《대한흥학보》, 11호(1910. 3).

62) 이광수, 「문학(文學)이란 하(何) 오」,《매일신보》(1916. 11).

63) 물론 이광수의 문학적 정의가 오늘날의 관점에서 보면 새삼스러울 것은 없다.

64) 이광수, 「문학이란 하오」.

65) 1922년 경기도 내 활동사진 흥행 일수는 2,566일, 관객 수는 961,532명이었다. 국장
은 1,478일에 관객 수는 474,849명이었다. 영화, 연극이 1920년대 대중 문화로 떠올
랐다. 이에 대해서는 유선영, 「근대적 대중의 형성과 문화의 전환」, 성곡언론문화재단,
《언론과 사회》 17권 1호(2009. 12). 극장을 중심으로 양산된 '근대적 문화 대중'에서
'연기된 모더니티(performed modernity)'를 읽어 낸 이는 이상우다. 이상우,『식민지
극장의 연기된 모더니티』(소명출판, 2010).

66) 임화,『조선 신문학사론 서설』, 임규찬·한진일 편, 앞의 책, 361~364쪽.

참고 문헌

■ 사료

《대한매일신보》
《대한유학생회회보》
《독립신문》
《한성주보》
《황성신문》
《동아일보》

국사편찬위원회 편, 1959, 『동학란기록 상』.
국사편찬위원회 한국사데이터베이스, 『고종시대사 3집』, 『고종시대사 4집』.
김이준, 1914, 「반도청년의 각오」, 《학지광》 3호.
나혜석, 1914, 「이상적 부인(理想的 婦人)」, 《학지광》 3호.
남궁벽, 1920, 「자연」, 《폐허》 창간호.
노블, 매티 윌콕스 (강선미, 이양준 옮김), 2010, 『노블일지, 1892~1934』, 이마고.
달레, 샤를 (안응렬, 최석우 역주), 1979, 『한국천주교회사 上』, 한국교회사연구소.
량치차오 (강중기 옮김), 2011, 「정치학 대가 블룬칠리의 학설」, 《개념과 소통》 8.
로웰, 퍼시벌 (조경철 옮김), 2001, 『내 기억 속의 조선, 조선 사람들』, 예담.
리치, 마테오 (송영배 외 옮김), 1999, 『天主實義』, 서울대학교 출판부.

문일평, 1908, 「체육론」, 《태극학보》 21호.

바츨라프 세로셰프스키(김진영 외 옮김), 2006, 『코레야 1903년 가을』, 개마고원.

박성수 주해, 2003, 『渚上日月』, 민속원.

박영효, 1888, 「개화에 관한 상소문」, 《신동아》, 1966년 1월호.

박은식, 1906, 「경고사우」, 서우학회, 《서우》 창간호.

방순경, 1920, 「여자해방문제」, 《여자시론》 창간호.

버턴 홈스 (이진석 옮김), 2012, 『1901년 서울을 걷다』, 푸른길.

부르다레, 에밀 (정진국 옮김), 2009, 『대한제국의 최후의 숨결』, 글항아리.

비숍, 이사벨라 버드 (이인화 옮김), 1994, 『한국과 그 이웃 나라들』, 살림.

설산, 1917, 「사회(社會)와 개인(個人)」, 《학지광》 13호.

설태희, 1906, 「법률상 인의 권의」, 《대한자강회월보》 8호.

송남, 1908, 「아국학생제씨여」, 《태극학보》 16호.

신채호, 1908, 「영웅과 세계」, 《대한매일신보》 1908, 1.

_____, 1909a, 「국한문의 경중」, 《대한매일신보》, 1909, 3.

_____, 1909b, 「국문의 기원」, 《대한매일신보》, 1909, 12.

_____, 1977, 「독사신론」, 『개정판 단재 신채호전집』.

_____, 2010, 『신채호 산문집』, 보고사.

申檍 (김종학 옮김), 2010, 『沁行日記』, 푸른역사.

염상섭, 1922, 「개성과 예술」, 《개벽》 22호.

오상순, 1920, 「시대고와 그 특성」, 《폐허》, 창간호.

오지영, 1974, 『동학사』, 박영사.

오페르트, E. J.(신복룡, 장우영 역주), 2000, 『금단의 나라 조선』, 집문당.

유길준, 1895, 『서유견문』.

유길준전서편찬위원회 편, 1996, 『유길준 전서 I』,

_____, 1971, 『유길준 전서 V』, 일조각.

윤석산 역주, 2000, 『道源記書, 초기 동학의 역사』, 신서원.

윤치호 (송병기 옮김), 2001, 『국역 윤치호 일기 1』, 연세대학교 출판부.

윤효정, 1906, 「지방자치제도론」, 《대한자강회회보》 4호.

이광수, 1910a, 「금일 아한 용문(今日 我韓 用文)에 대ᄒ야」, 《황성신문》, 1910. 7.

_____, 1910b, 「문학(文學)의 가치(價値)」,《대한흥학보》11호.

_____, 1916, 「문학(文學)이란 하(何)오」,《매일신보》, 1916. 11.

_____, 1917, 「천재야 천재야」,《학지광》12호.

이규영, 1908, 「위생의 요론」,《서우》6호.

이기문 편, 1976, 『주시경전집 하』, 아세아문화사.

이돈화, 1969, 『천도교창건사』, 천도교중앙종리원장판.

이세권 편, 1986, 『동학경전: 동경대전, 용담유사』, 정민사.

이주연, 1914, 「인(人)보다 기(己)를 지(知)함이 필요함」,《학지광》3호.

임화 (임규찬, 한진일 편), 1993, 『임화 신문학사』, 한길사.

정약용 (정해렴 역주), 2001, 『아방강역고』, 현대실학사.

정형우, 1979, 『동학가사 I』, 한국정신문화연구원.

조선총독부 내무국사회과, 『노동관계자료집 1』. 연도 부재

주시경, 1906, 「국어와 국문의 필요」, 서우학회,《서우》2호.

지나음빙실주인(이갑 옮김), 1907, 「논학회」,《서우》4호.

차종호, 1908, 「법률상자치의 관념」, 서우학회,《서우》9호.

천도교사편찬위원회, 1981, 『천도교백년약사』.

천도교중앙총부, 1920, 『천도교서』.

_____, 1961, 『해월신사법설』.

_____, 1970, 『천도교경전』.

최영택, 1920, 「누님들아 울지를 말어라」,《가정 여자시론》창간호.

최제우 (윤석산 주해), 2009, 『東經大全』, 동학사.

_____ (윤석산 주해), 2009, 『龍潭遺詞』, 동학사.

최한기, 1860, 『人政』 卷 16, 「選人門 (三)」, '勿限貴賤'.

_____, 1860, 『人政』 卷 22, 「用人門 (三)」, '所尙各異用人異'.

_____, 1967, 「文字意思」, 『속근대한국명논설집』,《신동아》1월호 부록.

포자생, 1908, 「수양의 시대」, 태극학회,《태극학보》21호.

한국교회사연구소,《교회사연구》제4집.

황현, 『매천야록』.

■ 논문

강돈구, 2005, 「근대신종교와 민족주의 I」, 강돈구 외, 『근대성의 형성과 종교지형의 변동 I』, 한국학중앙연구원 종교문화연구소.

강상규, 2012, 「박규수와 고종의 정치적 관계연구」, 한국동양정치사상사학회, 《동양정치사상사》 11권 1호.

강재언, 1954, 「朝鮮에 있어서 封建體制의 解體와 農民戰爭」, 《역사학연구》(일본문헌).

고석규, 1991a, 「19세기 향촌지배의 변동과 농민항쟁의 양상」, 서울대학교 국사학과 박사학위 논문.

_____, 1991b, 「19세기 농민항쟁의 전개와 변혁주체의 성장」, 한국역사연구회 지음, 『1894년 농민전쟁연구 1: 농민전쟁의 사회경제적 배경』, 역사비평사.

권보드래, 2004, 「'동포'의 역사적 경험과 정치성: 독립신문의 기사분석을 중심으로」, 이화여대 한국문화연구원, 『근대계몽기 지식개념의 수용과 그 변용』, 소명출판.

권오영, 1999, 「定齊學派의 형성과 위정척사운동」, 한국근현대사학회, 《한국근현대사연구》, 10집.

_____, 2003, 「19세기 강우학자들의 학문동향」, 『조선후기 유림의 사상과 활동』.

_____, 2006, 「19세기 영남 이학의 전개와 그 실천적 성향」, 한국국학진흥원, 《국학연구》 9집.

김갑천 옮김, 1990, 「박영효의 건백서: 내정개혁에 대한 1888년 상소문」, 서울대학교 한국정치연구소, 《한국정치연구》 2권.

김기주, 2004, 「개화기 조선정부의 대일유학정책」, 단국대학교 동양학연구소, 『개화기 한국과 세계의 상호교류』, 국학자료원.

김동식, 1999, 「한국의 근대적 문학 개념 형성과정연구」, 서울대학교 대학원 문학박사학위 논문.

김동택, 2001, 「19세기말 근대국가건설과정에서 나타난 정치적 균열: 갑오개혁과 광무개혁을 중심으로」, 《한국정치학회보》 34(4).

_____, 2002, 「근대 국민과 국가개념의 수용에 관한 연구」, 《대동문화연구》 41.

_____, 2004, 「국민수지를 통해 본 근대 국민」, 이화여대 한국문화연구원, 『근대계몽기 지식개념의 수용과 변용』, 소명출판.

______, 2006,「독립신문의 근대국가건설론」, 이화여대 한국문화연구원,『근대계몽기 지식의
발견과 사유지평의 확대』, 소명출판.

______, 2008,「대한매일신보에 나타난 민족 개념에 관한 연구」,《대동문화연구》61.

김문용, 2004,「1880년대 후반기 동도서기적 개화론의 일단에 대한 검토: 육용정의 의전일
기를 중심으로」,『개화기 한국과 세계의 상호교류』, 국학자료원.

김석근, 2009,「근대한국의 '개인' 개념 수용」, 하영선 외,『근대한국의 사회과학 개념형성
사』, 창비.

김성배, 2012,「한국의 근대국가 개념 형성사 연구: 개화기를 중심으로」,《국제정치논총》
52(2).

김성혜, 2009,「고종 재위 전기 강관의 구성, 1864~1876」, 서울대학교 규장각 한국학연구
원,《한국문화》46.

김신재, 1994,「개화기의 정체개혁론의 추이와 성격」,《동국사학》28.

김영도, 2002,「개신교 종교개혁의 한 단면을 조명하면서: 칼빈의 개혁사상」,《신학과 목회》
제18집.

김영민, 2005,「역사·전기소설의 형성과 전개」,『한국근대소설의 형성과정』, 소명출판.

김용덕, 1964,「동학사상연구」,《중앙대학교 논문집》9집.

김용섭, 1956,「철종조 민란 발생에 대한 시고」,《역사교육》1.

______, 1995,「진주내동리대장의 분석」,『조선후기농업사연구(I)』, 지식산업사.

______, 2000,「전봉준 공초의 분석」,『한국근대농업사연구 III』, 지식산업사.

김용휘, 2003,「해월의 마음의 철학」, 동학학회 편,『해월 최시형의 사상과 갑진개혁운동』,
모시는 사람들.

김윤식, 1973,「초창기의 문학론과 비평의 양상」,『근대한국문학연구』, 일지사.

김인걸, 1991,「조선 후기 향촌사회 변동에 관한 연구」, 서울대학교 대학원 국사학과 박사학
위 논문.

김재현, 2012,「'한성순보', '한성주보', '서유견문'에 나타난 '철학' 개념에 대한 연구」, 한림
대학교 한림과학원,《개념과 소통》No 9. 여름.

김항구, 1992,「대한협회(1907~1910) 연구」, 단국대학교 박사학위논문.

김현숙, 2006,「한말 민족의 탄생과 민족주의담론의 창출: 민족주의 역사서술을 중심으로」,
《동양정치사상사》5권 1호.

김형목, 1999,「기호흥학회 경기도 지회 현황과 성격」,《중앙사론》12~13 합집.

나애자, 1994,「대한제국의 권력구조와 광무개혁」,『한국사 11』, 한길사.

노대환, 1999,「19세기 동도서기론 형성과정 연구」, 서울대학교 대학원 박사학위논문.

노명식, 1978,「종교개혁의 사회정치적 배경」,《기독교사상》244.

노용필, 2000,「집강소연구편」,『동학사와 집강소연구』, 국학자료원.

도면회, 1996,「총론: 정치사적 측면에서 본 대한제국의 역사적 성격」,《역사와 현실》19.

______, 2003,「황제권 중심 국민국가체제의 수립과 좌절(1895~1904)」,《역사와 현실》50.

마석한, 1999,「루터의 종교개혁」,《실학사상연구》13.

박근갑, 2012,「근대의 의미론: 라인하르트 코젤렉과 한스 블루멘베르크」, 한림대학교 한림
    과학원,《개념과 소통》No.9, 여름.

박근갑, 2009,「말안장 시대의 운동개념」, 박근갑 외『개념사의 지평과 전망』, 소화.

박명규, 1992,「19세기 후반 일본의 국가와 사회」, 한림대 아시아문화연구소,《아시아문화》
    10호.

______, 1993,「19세기 후반 향촌사회의 갈등구조: 영광지방의 민장분석」,《한국문화》14집.

______, 2012,「근대한국의 사회개념 수용과 문명론적 함의」,『개념의 번역과 창조』, 돌베개.

박종근, 1960,「동학과 1894(갑오)농민전쟁에 대하여」,《역사학연구》269(일본문헌).

박주원, 2004,「독립신문과 근대적 '개인', '사회' 개념의 탄생」, 이화여대 한국문화연구원,
    『근대계몽기 지식개념의 수용과 그 변용』, 소화출판.

______, 2007,「대한매일신보에 나타난 개인 개념의 특성과 의미」, 이화여대 한국문화원,『근
    대계몽기 지식의 굴절과 현실적 심화』, 소명출판.

박찬승, 2008,「동학교도들의 신원운동과 척왜양운동」,『근대이행기 민중운동의 사회사』, 경
    인문화사.

박희병, 2012,「湛軒 사회사상의 논리와 체계」, 문석윤 외『湛軒 홍대용연구』, 사람의 무늬.

배항섭, 1996,「동학농민전쟁연구」, 고려대학교 대학원 박사학위논문.

______, 2010,「'근대이행기'의 민중의식: '근대'와 '반근대'의 너머」,《역사문제연구》23.

서강(徐剛) (이주노, 김은희 옮김), 2008,「꿈같은 신민」,『양계초, 중화 유신의 빛』, 이끌리오.

서순화, 1999,「충청지역 주민의식의 사회사적 고찰: 독립신문을 중심으로」,《호서사학》26.

서영희, 1995,「개화파의 근대국가 구상과 그 실천」, 한국사회사연구회,『근대 국민국가와
    민족문제』, 지식산업사.

______, 1997, 「광무정권의 형성과 개혁정책 추진」, 《역사와 현실》 26.

______, 1998, 「광무정권의 국정운영과 일제의 국권침탈에 대한 대응」, 서울대학교 국사학과 박사학위논문.

______, 2006, 「국가론적 측면에서 본 대한제국의 성격」, 한영우 외, 『대한제국은 근대국가인가?』, 푸른역사.

서진교, 2006, 「무관 출신 최경석, 농무목축실험장을 운영한 이유는?」 『개화기 지방사람들 2: 양반, 평민』, 어진이.

성호준, 이행훈, 2008, 「기철학과 경험철학의 거장-혜강 최한기」, 한국철학사연구회, 『한국실학사상사』, 심산.

스바루베루드, 류네 (박상섭 옮김), 2012, 「청대 후기 중국에서의 주권 개념의 도입과 변화」, 이경구 외, 『개념의 번역과 창조: 개념사로 본 동아시아 근대』, 돌베개.

신용하, 1978, 「자료소개-최시형의 내칙, 내수도문, 유훈」, 《한국학보》 4권 3호.

______, 1985, 「갑오농민전쟁 시기의 농민집강소의 설치」, 《한국학보》 11권 4호.

______, 1986, 「19세기 한국의 근대국가 형성문제와 입헌공화국 수립운동」, 신용하 편, 『한국의 근대국가형성문제와 민족문제』, 문학과지성.

신해영, 1977, 「윤리학교과서 권 2」, 아세아문화사, 『한국개화기교과서총서 10』.

안병욱, 1986, 「조선후기 자치와 저항조직으로서의 향회」, 성심여대, 《성심여대논문집》 18.

______, 1988, 「갑오농민전쟁의 성격과 연구현황」, 역사문제연구소 (편), 《한국근현대연구입문》, 역사비평사.

양일모, 이경구, 2012, 「한국 근대개념의 다층성」, 연세대학교 언어정보연구원과 한림대학교 한림과학원 공동주최 학술회의 학술논문집, 『개념과 한국의 근대』.

연갑수, 2008, 「대원군 정권의 정세인식과 정책」, 『고종대 정치변동 연구』, 일지사.

유봉학, 1998, 「노론학계와 산림」, 『조선 후기 학계와 지식인』, 신구문화사.

유선영, 2009, 「근대적 대중의 형성과 문화의 전환」, 성곡언론문화재단, 《언론과 사회》 17권 1호.

유영익, 1998, 「사회제도 개혁안의 내용」, 『동학농민봉기와 갑오개혁』, 일조각.

윤석산, 2003, 「최시형 법설의 기초문헌연구」, 동학학회 편 『해월 최시형의 사상과 갑진개화운동』, 모시는 사람들.

이경구, 2012, 「중화와 문명개념의 내면화와 동일시」, 이경구 외, 『개념의 번역과 창조: 개념사로 본 동아시아 근대』, 돌베개.

이계형, 2008, 「1904~1910년 대한제국 관비 일본유학생의 성격 변화」, 한국독립운동사연구소,《한국독립운동사연구》31.

이상호, 1996, 「도통회복을 염원한 전통주의자들: 간재학파」, 한국사상사연구회 편, 『조선 유학의 학파들』, 예문서원.

이영학, 2010, 「대한제국의 경제정책」, 한국역사연구회 토지대장연구반, 『대한제국의 토지제도와 근대』, 혜안.

이영호, 2010, 「근대토지소유제도의 변천」, 한국역사연구회 토지대장연구반, 『대한제국의 토지제도와 근대』, 혜안.

_____, 2010, 「대한제국시기의 토지제도와 농민층분화의 양상」, 한국역사연구회 토지대장연구반, 『대한제국의 토지제도와 근대』, 혜안.

이영훈, 2001, 「18, 19세기 대저리의 신분구성과 자치질서」, 안병직, 이영훈 편, 『맛질의 농민들』, 일조각.

_____, 2002, 「조선 후기 이래 소농사회의 전개와 의의」, 한국역사연구회,《역사와 현실》45.

이용창, 2004, 「한성부민회의 조직과정과 활동」, 한국독립운동사연구소,《한국독립운동사연구》22.

이진영, 1995, 「김개남과 동학농민전쟁」, 한국근현대사학회, 『한국근현대사연구 2』.

이찬구, 2003, 「동학의 영부관 고찰: 태극과 궁궁의 천도적 이해」, 동학학회 편, 『해월 최시형의 사상과 갑진개화운동』, 모시는 사람들.

이태진, 1997, 「서양 근대정치제도 수용의 역사적 성찰-개항에서 광무개혁까지」,《진단학보》84.

_____, 2000, 「18~19세기 서울의 근대적 도시발달 양상」, 『고종시대의 재조명』, 태학사.

_____, 2008, 「사림파의 유향소 복립운동」, 「사림파의 향약 보급운동」, 『한국사회사 연구』, 지식산업사.

이헌창, 2007, 「한국사 파악에서 내재적 발전론의 문제」,《한국사 시민강좌》40, 일조각.

이현종, 1972, 「호남학회에 대하여」,《진단학보》33.

이형기, 1986, 「종교개혁의 사회사적 배경」,《기독교사상》334.

이혜경, 2012, 「공화주의의 시민적 덕의 관점에서 본 양계초의 공덕」, 서울대학교 철학사상연구소,《철학연구》.

전우용, 2004, 「근대 이행기(1894~1919) 서울 시전 상인의 변화」, 서울시립대학교 서울학연구소, 《서울학연구》 22.

정선태, 1999, 『개화기 신문 논설의 서사수용 양상』, 소명출판.

정옥자, 1998, 「19세기 존화사상의 전개와 척사론의 성격」, 『조선 후기 조선중화사상연구』, 일지사.

정진영, 1997, 「19세기 후반 영남 유림의 정치적 동향」, 부경역사연구소, 《지역과 역사》 4호.

______, 2008, 「19세기 후반~20세기 전반 재촌 양반지주가의 농업경영(2)」, 부산경남사학회, 《역사와 경계》 67.

정창렬, 1987, 「갑오농민전쟁과 갑오개혁」, 『한국사연구입문』, 지식산업사.

______, 1991, 「갑오농민전쟁연구:전봉준의 사상과 행동을 중심으로」, 연세대학교 대학원 박사학위논문.

조광, 1985, 「조선후기의 역사인식」, 한국사연구회 (편), 『한국사학사의 연구』, 을유문화사.

조병한, 2007, 「양계초의 국민국가론과 민권·민족 관념(1896~1902)」, 서강대학교 인문과학연구소, 《서강인문논총》 22.

조성윤, 1992, 「조선후기 서울주민의 신분구조와 그 변화」, 연세대학교 대학원 박사학위논문.

조평환, 2003, 「신발굴 동학가사 '해월신사찬가' 연구」, 어문연구학회, 《어문연구》 31권 3호.

조형래, 2006, 「학회, 유토피아의 미니어춰: 근대 계몽기의 지역학회 및 유학생 단체를 통해서 본 지역성과 고향의식」, 《한국문학연구》 31.

주진오, 1992, 「갑오개혁의 새로운 이해」, 《역사비평》 52.

______, 1995, 「19세기 후반 개화개혁론의 구조와 전개: 독립협회를 중심으로」, 연세대학교 박사학위논문.

______, 2003, 「한국 근대국민국가 수립과정에서 왕권의 역할(1880~1894)」, 《역사와 현실》 50.

______, 2005, 「개명군주이나, 민국이념은 레토릭이다」, 『고종황제 역사청문회』, 푸른역사.

주진오·도면회·조재곤, 2003, 「총론: 한국근대정치사와 왕권」, 《역사와 현실》 50.

최기영, 1994, 「한말 국민교육회의 설립에 관한 검토」, 《한국근현대사연구》 1집.

최윤오, 1991, 「18, 19세기 계급구성의 변동과 농민의식의 성장」 한국역사연구회, 『1894년 농민전쟁연구 1: 농민전쟁의 사회경제적 배경』, 역사비평사.

______, 2005, 「조선 후기 사회변동과 근대로의 이행: 내재적 발전론의 역사인식」, 《내일을

여는 역사》22.

______, 2010, 「대한제국기 충주군 양안의 지주제와 부농경영」, 한국역사연구회 토지대장연
구반, 『대한제국의 토지제도와 근대』, 혜안.

최정운, 2009, 「서구 권력의 도입」, 하영선 외, 『근대한국의 사회과학 개념 형성사』, 창비.

최화구, 1999, 「근대일본의 국민국가형성과 언어내셔널리즘: 19세기 후반의 국어국가 논쟁
을 중심으로」, 연세대학교 대학원 사학과 석사학위논문.

하원호, 2010, 「개화파의 경제적 근대화 구상」, 동북아역사재단, 『한국과 일본의 서양문명
수용, 1910년~그 이전 100년』, 경인문화사.

한기형, 1999, 「신소설 형성의 양식적 기반」, 『한국 근대소설사의 시각』, 소명출판.

한승훈, 2010, 「중국, 속국을 불평등하게 '우대'하다」, 최덕수 외, 『조약으로 본 한국근대사』,
열린책들.

한영우, 2006, 「대한제국을 어떻게 볼 것인가?」, 한영우 외, 『대한제국은 근대국가인가』, 푸
른역사.

한우근, 1968, 「개항 당시의 위기의식과 개화사상」, 한국사연구회, 《한국사연구》 2.

허수, 2012, 「동학·천도교에서 천개념의 전개」, 한림대학교 한림과학원 주최 심포지엄, 『동
아시아적 사유와 근대개념의 형성』, 2012년 10월 25일.

홍선영, 2011, 「가토 히로유키, 국법범론」, 한림대학교 한림과학원, 《개념과 소통》 7.

홍원식, 1996, 「역사 속에 산화해간 주자학의 최후: 화서학파」, 한국사상사연구회 편, 『조선
유학의 학파들』, 예문서원.

황종연, 1999, 「문학이라는 역어」, 문학사와 비평연구회, 『한국문학과 계몽담론』, 새미.

Hausmann, Guido and Manfred Hettling, 2001, "Civil Society", *Encyclopedia of European
Social History From 1350 to 2000*, New York: Charles Scribner's Sons.

Lipset, S. M. and Stein Rokkan, 1967, "Cleavage Structures, Party Systems, and Voter
Alignments", in their edited Book, *Party Systems and Voter Alignment: Cross-National
Perspectives*, New York: Free Press.

■ 단행본

강만길, 1973, 『조선후기 상업자본의 발달』, 고려대학교 출판부.

강명관, 고미숙 편, 2000,『근대계몽기시가자료집』, 성균관대학교 대동문화연구원, 1권.

강상규, 2007,『19세기 동아시아 패러다임 변환과 제국 일본』, 논형.

＿＿＿, 2008,『19세기 동아시아의 패러다임 변환과 한반도』, 논형.

강용훈, 2013,『비평적 글쓰기의 계보: 한국근대문예비평의 형성과 분화』.

고동환, 1998,『조선후기 서울 상업발달사연구』, 지식산업사.

교수신문, 2005,『고종황제 역사청문회』, 푸른역사.

권영민, 2002,『한국현대문학사 1』, 민음사.

기무라 간(김세덕 옮김), 2007,『조선/한국의 내셔널리즘과 소국의식』, 산처럼.

김도형, 1994,『대한제국기의 정치사상 연구』, 지식산업사.

김명호, 2008,『환재 박규수연구』, 창비.

김문식, 2009,『조선 후기 지식인의 대외인식』, 새문사.

김민환, 2005,『한국언론사』(개정판), 나남출판.

김상기, 1975,『동학과 동학란』, 한국일보사.

김석봉, 2005,『신소설의 대중성 연구』, 도서출판 역락.

김양식, 1996,『근대한국의 사회변동과 농민전쟁』, 신서원.

김영민, 2005,『한국 근대소설의 형성과정』, 소명출판.

김영재, 2010,『조선시대의 언론연구』, 민속원.

김용구, 1997,『세계관 충돌의 국제정치학: 동양 예와 서양 공법』, 나남출판.

＿＿＿, 2001,『세계관 충돌과 한말 외교사, 1866~1882』, 문학과지성사.

＿＿＿, 2008,『만국공법』, 소화.

＿＿＿, 2009,『거문도와 블라디보스토크』, 서강대학교 출판부.

＿＿＿, 2013,『약탈제국주의와 한반도』, 원.

김용덕, 1977,『조선후기사상사고』, 을유문화사.

김용섭, 2001,『한국근대농업사연구 III』, 지식산업사.

김종준, 2010,『일진회의 문명화론과 친일활동』, 신구문화사.

김태곤, 1981,『한국무속연구』, 집문당.

김형목, 2005,『대한제국기 야학운동』, 경인문화사.

김효전, 2000,『근대 한국의 국가사상: 국권회복과 민권수호』, 철학과현실사.

＿＿＿, 2009,『헌법』, 소화.

노길명, 1996,『한국신흥종교연구』, 경세원.

노명식, 1991,『자유주의의 원리와 역사, 그 비판적 연구』, 민음사.

大谷三繁, 1985,『조선후기 소설독자연구』, 고려대학교 민족문화연구소.

딜멘, 리하르트 반(최윤영 옮김), 2005,『개인의 발견: 어떻게 개인을 찾아가는가 1500-
    1800』, 현실문화연구.

문석윤, 2006,『湖洛논쟁 형성과 전개』, 동과서.

문준영, 2010,『법원과 검찰의 탄생』, 역사와 비평사.

박명규, 2009,『국민, 인민, 시민』, 소화.

박찬승, 2008,『근대이행기 민중운동의 사회사』, 경인문화사.

박천홍, 2008,『악령이 출몰하던 조선의 바다』, 현실문화.

박헌호, 2008,『작가의 탄생과 근대문학의 재생산제도』, 소명출판.

배수찬, 2008,『근대적 글쓰기의 형성과정연구』, 소명출판.

백동현, 2009,『대한제국기 민족담론과 국가구상』, 고려대학교 민족문화연구소.

베네딕트 앤더슨 (윤형숙 옮김), 2002,『상상의 공동체: 민족주의의 기원과 전파에 대한 성
    찰』, 나남.

베이커, 도날드 (김세윤 옮김), 1997,『조선후기 유교와 천주교의 대립』, 일조각.

福澤諭吉, 2002,『西洋事情』, 福澤諭吉著作集 1卷, 慶應義塾大學出版部.

새뮤얼 헌팅턴 (강문구, 이재영 옮김), 2011,『제3의 물결: 20세기 후반의 민주화』, 인간사랑.

사쿠타 케이이치 (김석근 옮김), 2013,『한 단어사전, 개인』, 한림대학교 한림과학원, 푸른
    역사.

손정목, 1982,『한국 개항기 도시사회경제사연구』, 일지사.

손형부, 1997,『박규수의 개화사상연구』, 일조각.

송병기 편역, 2000,『개방과 예속』, 단국대학교 출판부.

송찬식, 1973,『이조후기 수공업에 관한 연구』, 서울대학교 출판부.

스즈키 토미 (한일문학연구회 옮김), 2004,『이야기된 자기: 일본근대성의 형성과 사소설담
    론』, 생각의 나무.

신복룡, 2006,『동학사상과 갑오농민혁명』, 선인.

신용하, 1976,『독립협회 연구』, 일조각.

_____, 2000,『한국근대사회변동사강의』, 지식산업사.

______, 2004,『한국근대지성사』, 서울대학교 출판부.

______, 2005,『동학농민혁명운동의 사회사』, 지식산업사.

______, 2010,『한국 개화사상과 개화운동의 지성사』, 지식산업사.

양문규, 2002,『한국근대소설과 현실인식의 역사』, 소명출판.

에릭 홉스봄 (박지향, 장문석 옮김), 2011,『만들어진 전통』, 휴머니스트.

오문환, 2003,『해월 최시형의 정치사상』, 모시는 사람들.

오성, 1998,『한국근대상업도시연구』, 국학자료원.

왕현종, 2002,『한국 근대국가의 형성과 갑오개혁』, 역사비평사.

유동준, 1987,『유길준전』, 일조각.

유영렬,『대한제국기의 민족운동』, 일조각, 1997

유영익, 1990,『갑오경장연구』, 일조각.

______, 1998,『동학농민봉기와 갑오경장』, 일조각.

이광린, 1969,『한국 개화사연구』, 일조각.

______, 1973,『개화당 연구』, 일조각.

______, 1989,『개화파와 개화사상연구』, 일조각.

______, 1999,『한국개화사연구』(전정판), 일조각.

이경구 외, 2012,『개념의 번역과 창조』, 돌베개.

이규대, 2009,『조선시기 향촌사회 연구』, 신구문화사.

이기문, 1970,『개화기의 국문연구』, 일조각.

이만각, 2005,『조선교육사 하』, 국학자료원.

이만규, 2005,『조선교육사 (하): 신교육편』, 한국학진흥원.

이상우, 2010,『식민지 극장의 연기된 모더니티』, 소명출판.

이송희, 2011,『대한제국기의 애국계몽운동과 사상』, 국학자료원.

이수환, 2001,『조선후기서원연구』, 일조각.

이승렬, 2007,『제국과 상인』, 역사비평사.

이연숙(고영진, 임경화 옮김), 2006,『국어라는 사상: 근대일본의 언어인식』, 소명출판.

이용남 외, 2000,『한국 개화기 소설연구』, 태학사.

이원순, 1986,『한국천주교회사연구』, 한국교회사연구소.

이인직, 2001,『이인직 혈의누』, 서울대학교 출판부.

이종호, 2004,『조선의 문인이 걸어온 길』, 한길사.

이태진, 2000,『고종시대의 재조명』, 태학사.

이태진, 김재호 외, 2005,『고종황제 역사청문회』, 푸른역사.

이화여대 한국문화연구원, 2004,『근대계몽기 지식개념의 수용과 그 변용』, 소명출판.

임형택, 1984,『한국문학사의 시각』, 창작과비평사.

장영숙, 2010,『고종 44년의 비원』, 너머북스.

전우용, 2011,『한국 회사의 탄생』, 서울대학교 출판문화원.

정용화, 2004,『문명의 정치사상: 유길준과 근대한국』, 문학과지성사.

정일균, 1999,『다산 사서경학연구』, 일지사.

정진석, 1990,『한국언론사』, 나남출판.

조경달 (박맹수 옮김), 2008,『이단의 민중반란』, 역사비평사.

_____ (허영란 옮김), 2009,『민중과 유토피아』, 역사비평사.

조기준, 1973,『한국기업사가』, 대왕사.

조재곤, 2003,『근대격변기 상인 보부상』, 서울대학교 출판부.

최덕수 외, 2010,『조약으로 본 한국근대사』, 열린책들.

조성윤, 1992,『조선후기 서울주민의 신분 구조와 그 변화: 근대 시민 형성의 기원』, 연세대
    학교 대학원 사회학과 박사학위논문.

조항래 편, 1993,『1900년대의 애국계몽운동연구』, 아세아문화사.

최덕수 외, 2010,『조약으로 본 한국 근대사』, 열린책들.

최원식, 2012,『문학』, 소화.

최현식, 1980,『갑오농민혁명사』, 금강출판사.

카터 린스버그 (조영천 옮김), 2012,『유럽의 종교개혁』, 기독교문서선교회.

테다 스카치폴 (강승훈 옮김), 2010,『민주주의의 쇠퇴』, 한울.

톰슨, E. P. (나종일 옮김), 2000,『영국 노동계급의 형성』, 창작과비평사.

콜린스, 패트릭 (이종인 옮김), 2005,『종교개혁』, 을유문화사.

표영삼, 2005,『동학 2: 해월의 고난 역정』, 통나무.

한국사상사연구회 편, 1996,『조선 유학의 학파들』, 예문서원.

한국역사연구회, 1991,『1894년 농민전쟁연구 1: 농민전쟁의 사회경제적 배경』, 역사비평사.

_____, 1992,『1894년 농민전쟁연구 2: 18・19세기의 농민항쟁』, 역사비평사.

_____, 1993, 『1894년 농민전쟁연구 3: 농민전쟁의 정치·사상적 배경』, 역사비평사.

_____, 1995, 『1894년 농민전쟁연구 4: 농민전쟁의 전개 과정』, 역사비평사.

한기영, 1999, 『근대소설의 시각』, 소명출판.

한상권, 1996, 『조선후기사회와 소원제도: 상언·격쟁연구』, 일조각.

한영우, 1981, 『조선전기사학사연구』, 서울대학교 출판부.

_____, 1993, 『한국민족주의역사학』, 일조각.

한영우 외, 2006, 『대한제국은 근대국가인가』, 푸른역사.

한철호, 2009, 『한국 근대 개화파와 통치기구 연구』, 선인.

한우근, 1970, 『한국개항기의 상업연구』, 일조각.

_____, 1971, 『동학난 기인에 관한 연구』, 서울대학교 출판부.

_____, 1983, 『동학과 농민봉기』, 일조각.

_____, 1996, 『조선시대사상사연구논고』, 일조각.

헐버트, H. B.(신복룡 역주), 1999, 『대한제국멸망사』, 집문당.

황상익, 2013, 『근대의료의 풍경』, 푸른역사.

Barrington Moore, 1966, *Social Origin of Dictatorship and Democracy*, Boston: Beacon Press.

Kocka, Jürgen, 2010, *Civil Society Dictatorship in Modern German History*, Hanover and London: University Pres of New England.

Tocqueville, Alexis de. 1969, *Democracy in America*, J.P. Mayer ed. New York: Harper & Row.

남계천 115, 132

남궁벽 394, 395

남궁억 234, 324, 327

남연군 209

남접 112, 118, 120, 121, 122, 124, 129,
131, 132, 135, 137, 138, 141

남학당 256

내발론 250

내수양이론 214

내수자강 223, 227, 232

내재적 발전론 275, 276, 277, 278, 281, 284

노동 계급 5, 238, 305, 306, 394, 430, 431,
432

노용필 147

농무 학당 61, 62

농민 사회주의 273

농민층의 양극화 명제 302

니체 48, 49

ㄷ

다윈 168

다종교 국가 57, 61

다케조에 신이치로 230

『단계일기』 302

단군 신화 101, 345

단군교 343, 345

단발령 308, 309

단원 김홍도 76

단절의 개념 35

단절적 이행 290, 293

단형 서사 문학 16, 77, 332, 388

단형 서사물 418, 420, 423, 424

달레(Claude Charles Dallet) 59

대동교육회 377

《대동학회월보》 359

『대명률』 69, 269

대원군 50, 51, 64, 85, 146, 157, 158, 159,
161, 162, 163, 164, 166, 177, 178,
179, 180, 181, 187, 190, 196, 209,
215, 219, 234, 235, 273

대원군 봉환 만인소 161, 162, 163, 190

『대전회통』 269

《대조선독립협회보》 357

대조선인 일본 유학생 친목회 368

대종교 57, 61, 343, 345

「대한국국제」 285, 309, 316

『대한국어문법』 414

《대한매일신보》 289, 319, 325, 326, 343,
344, 360, 382, 384, 398, 401, 405,
412, 426

대한부인회 377

대한애국청년회 368

《대한유학생회학보》 435

대한자강회 337, 376

《대한자강회보》 359

《대한자강회월보》 336, 374

대한제국 15, 21, 39, 59, 67, 74, 79, 218,

신사 유람단 165, 218, 224, 239

신소설 16, 19, 65, 77, 79, 332, 388, 392,
    397, 406, 418, 420, 422, 423, 424,
    425, 427

『신약성서』 106

신용하 143, 144, 145

신윤복 76

신재효 64

신채호 61, 324, 326, 327, 343, 346, 347,
    348, 405, 406, 407, 408, 413, 414

《신천지》 439

신학문 57, 60, 62, 63, 65, 267, 269, 378,
    419, 423, 425

신해영 357, 360

신헌 184, 187, 188, 189, 190, 191, 192,
    194, 195, 196, 197, 198, 200

실용지학 52

심(心)의 본질론 171, 172

심미주의 439

심성론 36, 37, 38, 52, 86

심즉리(心卽理) 38, 95, 172

심즉리설 155, 171, 172, 173

심통성정 36, 95

심학(心學) 96, 118

『심행일기』 183, 197

쓰보우치 쇼요 74

ㅇ

아관 파천 308, 309

아펜젤러 60, 62, 259, 267

아편 전쟁 40, 84, 168

안경수 229, 253

안국선 335, 426

안민영 64

안용식 298

안정복 42, 207

안종화 335

안창호 377

알렌(Horace Newton Allen) 42, 60, 188, 310

알튀세르(Louis Althusser) 266

애국가 281

『애국부인전』 405

애덤 스미스(A. Smith) 395

야담 19, 56, 64, 419, 420, 426

야도 마사요시 188

야만적 자유 81

야학 366, 379, 381, 382, 383

야학교 375, 382, 383, 375

양무운동 217, 222, 337

양반 공론장 9, 10, 11, 12, 15, 16, 17, 57,
    81, 127, 128, 131, 154, 155, 156, 157,
    160, 162, 167, 250, 270, 271, 324,
    328, 329, 332, 333, 334, 350

「양안」 302, 303

양전지계 사업 301, 310

235, 236, 242, 244, 255, 256, 257, 260,
262, 263, 264, 265, 268, 270, 271, 274,
278, 280, 282, 286, 287, 288, 289, 290,
291, 296, 297, 304, 307, 308, 310, 311,
312, 313, 314, 315, 316, 317, 319, 320,
321, 322, 323, 325, 328, 329, 336, 337,
338, 339, 340, 341, 343, 344, 345, 348,
350, 351, 352, 354, 355, 356, 357, 358,
359, 362, 366, 367, 368, 370, 373, 374,
375, 378, 379, 380, 381, 382, 384, 387,
388, 389, 390, 398, 400, 401, 402, 404,
405, 408, 409, 410, 411, 412, 413, 414,
415, 416, 418, 419, 420, 422, 423, 427,
429, 433, 436, 437, 440

인민의 권리 81, 322, 323

인민의 부상(浮上) 57, 65

인민의 자유 81

인신무외교 194, 197

『인정(人政)』 52

인정 투쟁 134, 135, 138

인지 동원 35

일군만민 80, 143, 144, 146

『일반국법(一般國法)』 339

일진회 378, 380, 427

임오군란 167, 205, 211, 219, 222, 234, 252

『임원경제지(林園經濟志)』 52

임헌회 51, 155, 216

임화 421, 422, 423, 424, 440

입헌군주제 13, 15, 257, 258, 265, 272,

282, 294, 295, 296, 298, 305, 307,
308, 310, 311, 312, 320, 321, 331,
338, 432, 433

ㅈ

자각인민 8, 9, 14, 16, 104, 108, 109, 110,
128, 134, 135, 136, 137, 138, 139,
152, 153, 199, 387, 388

자강 201, 202, 204, 208, 209, 211, 217,
218, 221, 223, 227, 229, 230, 232, 233,
235, 238, 239, 249, 340, 379, 380

자국 185, 201, 212, 282, 344, 413

자국 의식 212, 213, 214

자기애 395

자발적 결사체 18, 152, 153, 362, 367, 368,
369, 370, 372, 375, 376, 379, 384, 431

자본의 시대 72

자아 각성 396

자아의 발견 391, 397, 418, 419

자연주의 396, 439

자유 시민론 341

자유당 73

자유민주주의 273

『자유종』 425

자유주의 10, 15, 18, 72, 73, 74, 78, 238,
239, 241, 244, 264, 265, 283, 330,
331, 338, 348, 356, 363, 364, 385,
396, 408, 431

결사체 목록

번호	명칭	설립 연도	설립자	행위자 유형	소재	성격 분류	목적	비고	기타
1	인천구락부	1891		학회	인천	교육/계몽			
2	독립구락부	1894		학회	서울	교육/계몽			
3	朝鮮協會	1895	김윤식 등	학회	서울	교육/계몽		친일협회	
4	대조선일본 유학생친목회	1896		해외교포	일본 동경	교육/계몽			친목회회보 창간 (1896년 2월 15일)
5	建陽協會	1896	金允植 등 47명	학회	서울	교육/계몽			부회장 김윤식
6	독립신문	1896	서재필	학회	서울	교육/계몽			독립협회 해산 이후 정부가 인수하여 종간(1899년 12월 4일)
7	國文同式會	1896	周時經	학회		교육/계몽			
8	獨立協會	1896	徐載弼, 尹致昊 등 30여 명	학회	서울	교육/계몽			독립문 시공(1896년 11월 21일), 대조선독립협회회보 발간 (1896년 11월 30일), 종로에서 만민공동회 개최 (1898년 2월, 3월, 10월)
9	協成會	1896	培材學堂 학생들	청년		교육/계몽		학생단체	최초의 학생단체
10	長淵協成會	1897		청년	장연	교육/계몽			
11	죠선크리스트인	1897	감리교	학회	서울	교육/계몽			한글판 기독교 신문
12	그리스도신문	1897	장로교	학회	서울	교육/계몽			한글판 기독교 신문
13	청년회(정확한 명칭은 미상)	1897	선교사 W. A. Noble, 盧炳善 등	청년	서울	교육/계몽			

번호	명칭	설립 연도	설립자	행위자 유형	소재	성격 분류	목적	비고	기타
14	尙洞靑年會	1897		청년		교육/계몽		배일 활동에 간여	상동교회 내 엡윗청년회로부터 시작. 1900년경 해산. 1902년경 全德基가 재조직.
15	정동교회 청년회	1897		청년	서울	교육/계몽			
16	光武協會	1898	일본 組合敎會 계통 京城學堂 소속	학회	서울	교육/계몽			설립 연도는 미상. 날짜는 9차 통상회를 개최한 일시. 대한신보 창간.(1898년 4월 10일)
17	京城新聞	1898	李承晩, 梁弘默 등	학회	서울	교육/계몽			독립협회 계열
18	대한애국청년회	1898		청년		교육/계몽			內部가 첩보 제공자에게 상금 수여한다는 기사 일자
19	제국신문	1898	李鍾一	학회	서울	언론/출판		신문사	국문 발행. 1910년 3월 31일 종간.
20	讚揚會	1898		여성/부인		교육/계몽		여성단체	
21	養成院 (일명 贊養會)	1898	안령수, 리광하, 신석린	여성/부인	서울	교육/계몽	학교(順成女學校) 설립과 여성 교육 확대		
22	皇城新聞	1898	南宮檍	학회	서울	언론/출판		신문사	국한문 간행. 1910년 9월 14일 종간.
23	懇親會	1898		학회	서울	언론/출판		신문사 연합 조직	
24	司馬榜目會社	1900		경제실업인	서울	언론/출판	출판	출판사	
25	勉勵會	1901		경제실업인	서울 새문안교회	상공활동			
26	皇城 기독교청년회 YMCA	1901		청년	서울	교육/계몽			

번호	명칭	설립 연도	설립자	행위자 유형	소재	성격 분류	목적	비고	기타
27	서울구락부	1903	회장 스타인, 회계간사 차머즈 등	학회	서울	교육/계몽			
28	朝鮮協會	1903		경제실업인	일본 동경	상공활동			한국에서 실리사업 도모
29	共濟會	1903	尹履炳 등	경제실업인		상공활동			일본제일은행권과 淸商同順泰票의 배척 운동
30	新民會	1903	洪承夏, 尹炳求 등	해외교포	미국 하와이	독립운동	구국정신 고취, 항일운동	항일단체	
31	친목회	1903	安昌浩, 李大偉 등	해외교포	미국 샌프란시스코 등	교육/계몽	환난상부		미주 최초의 단체, 共立協會로 발전(1905년 4월)
32	군인구락부	1904	민영환 등	학회	서울	교육/계몽			
33	신죠신문	1904	최윤백	해외교포	미국 하와이	교육/계몽			
34	大同會	1904	孫秉熙	학회		교육/계몽	동학의 민회운동		中立會로 개칭(1904년 9월) (이후 進步會로 개명)
35	保安會	1904	宋秀萬, 元世性 등 유생·전직관리·상인·기독교인 등 100여 명	학회	서울	교육/계몽			일본의 황무지 침탈 저지, 1904년 집회에 시민 등 5000여 명 참여.
36	大韓每日申報	1904	베델	학회	서울	언론/출판		신문사	국한문/국문간행. 梁起鐸, 신채호 참여. 1910년 8월 28일 종간. 총독부 기관지 매일신보로 제호 변경(1910년 8월 29일)
37	維新會	1904	宋秉畯, 尹始炳 등	학회		교육/계몽		친일단체	

번호	명칭	설립 연도	설립자	행위자 유형	소재	성격 분류	목적	비고	기타
38	국민교육회	1904		학회	서울	교육/계몽	학교설립, 학문서적 번역출판, 국민의 애국심 고양. 일반 국민의 지식 발달, 폐습의 革去		동대문 연설회 개최. 학교설립, 각종 서적의 편찬 및 번역. 표면적으로는 정치적 불간섭주의. 그러나 1905년 9월 일제의 한국인 교원 차별 대우에 대한 반대 시위, 1905년 11월 일진회의 일본 보호국화 지지 선언에 대한 반대, 그해 12월 을사조약에 반대하여 자결한 애국열사에 대한 추도회 개최, 1907년 고종황제 양위에 반대하는 시위 전개. 회장 李儁의 헤이그 밀사 사건 이후 1907년 12월 흥사단에 흡수 해체된 듯.
39	一進會	1904	李容九, 宋秉畯	학회	서울	교육/계몽			유신회와 진보회의 통합으로 일진회로 개칭, 진보회와 통합 (1904년 12월 4일)
40	대동구락부	1904		학회		교육/계몽	일제의 고관매수	유흥장	
41	평양 상업회의소	1904	이덕환, 김용흥 등	경제실업인	평양	상공활동			
42	共進會	1904	李儁, 尹孝定 등	학회	서울	교육/계몽		보부상들의 정치단체	문명화에 동참
43	대한구락부	1905		학회		교육/계몽			
44	韓人民會	1905		학회	러시아령	교육/계몽		항일계몽 단체	
45	일한동지조합	1905		경제실업인		상공활동			탁지부 문서에서 누락된 세금 및 황실 소유 재산의 정리조사사업 특허 계약 체결

번호	명칭	설립 연도	설립자	행위자 유형	소재	성격 분류	목적	비고	기타
46	共立協會	1905	안창호, 송석준, 임준기, 이강, 임치정, 방화중 등 49인	해외교포	미국 샌프란시스코	독립운동	동족상애, 환난상부, 항일운동		共立新報 창간 (1905년 11월), 원동지회 설립
47	勉善婦人會	1905	李柱卿, 安邊 등	여성/부인		교육/계몽			
48	에와친목회	1905	鄭元明, 金聲權, 尹炳求, 姜永韶, 이만춘, 김규섭 등의 발기	해외교포	미국 하와이	독립운동	항일운동, 일화배척, 동족상애		친목회보 창간 (1906년 5월 8일)
49	헌정연구회	1905		학회		교육/계몽	헌법제정을 통한 입헌정치 실시		보호국화에 찬성하는 일진회와 대립
50	한인시사	1905	최윤백	해외교포	미국 하와이	교육/계몽			감리교
51	철도화물운송 조업조합	1905		경제실업인		상공활동	임금 및 기타 조건을 정해 貨主의 편의를 도모		신문 광고
52	東亞改進敎育會	1905		여성/부인		교육/계몽			負商支社 復設 (1908년 4월 14일)
53	대한부인회	1905		여성/부인		교육/계몽	부녀의 덕을 함양하고 폐습을 개량		각종 농공기예의 실업 활동과 자선 활동
54	한성상업회의소	1905	경성 은행업자 등	경제실업인	서울	상공활동			
55	부인회	1905	한일 양국 고관 부인들	여성/부인		교육/계몽	친목도모?		
56	한인공제회	1905	John Wadman 목사	해외교포	미국 하와이	교육/계몽			

번호	명칭	설립 연도	설립자	행위자 유형	소재	성격 분류	목적	비고	기타
57	평양청년회	1905		청년	평양	교육/계몽			회원 崔在學, 李始榮, 田錫俊 등이 보호국화에 항거하다 일본 헌병에게 연행됨
58	大同敎育會	1905	金患濟, 張景, 李秉瑚 등	해외교포	미국 패서디나	교육/계몽	교육진흥		공립협회와 대립. 보황회와 통합하여 대동보국회 조직 (1907년 3월 2일)
59	保皇會	1905	회장 金患濟, 총무 張景, 李秉瑚 등	해외교포	미국 패서디나	교육/계몽			공립협회와 대립, 대동교육회와 통합하여 대동보국회 조직 (1907년 3월 2일)
60	太極學會	1905	재일 유학생들	해외교포	일본 동경	교육/계몽			나라가 위급한 시기 국민의 의무를 다하고 나라의 명맥을 보존코자 함. 공수회 등과 통합하여 대한학회 설립(1908년 1월 28일)
61	東京朝鮮基督敎 靑年會	1906		해외교포	일본 동경	교육/계몽			
62	勉學會	1906	崔光玉 등	학회		교육/계몽			
63	右文館	1906		경제실업인		언론/출판		출판사	
64	中央書館	1906		경제실업인		언론/출판		출판사	
65	韓日婦人會	1906	嚴妃, 李貞淑 등 귀족 부인	여성/부인	서울	교육/계몽	상류층 여학생을 위한 학교건립		普信女學館(명신여학교 개칭 (1907년), 숙명여학교 개칭(1910년)) 설립(1906년 5월 22일)
66	國民新報	1906	이용구	학회	서울	언론/출판		신문사	국한문간행. 일진회기관지. 1910년 8월 종간.
67	와이파후 공동회	1906	안원규, 전도원, 정상교	해외교포	미국 하와이	독립운동	환란상구, 일화배척	항일단체	

번호	명칭	설립 연도	설립자	행위자 유형	소재	성격 분류	목적	비고	기타
68	대한자강회	1906	尹孝定, 張志淵 등	학회	서울	교육/계몽	교육과 식산을 발달시켜 독립의 기초를 만듦		헌정연구회를 확충
69	서북학생친목회	1906	평안도 학생들	학회		교육/계몽	친목, 상부		
70	血誠團	1906	공덕화, 신판석	해외교포	미국 하와이	독립운동	배일운동, 동족상애	비밀결사	
71	女子敎育會	1906	秦學冑, 秦學新	여성/부인		교육/계몽			
72	普文館	1906	관장 權東鎭	경제실업인		언론/출판		출판사	
73	자강회	1906	송건, 홍종표, 고석주, 이관묵, 이형기	해외교포	미국 하와이	교육/계몽	실력양성, 교육 장려, 월보 발행, 지회 설립		
74	女子敎育會	1906	秦學冑,秦學新	여성/부인	서울	교육/계몽	교육을 통한 여성의 동등한 권리 획득		초등여학교 養閨義塾 설립
75	萬歲報	1906	嗚世昌	학회	서울	언론/출판		신문사	국한문간행. 천도교 기관지. 1907년 6월 30일 종간.
76	大韓自活協會	1906		학회		교육/계몽			설립연도 미상. 연도는 尹孝定, 沈宜性 등의 기관지 朝陽報 발간 시기.
77	女子敎育會	1906		여성/부인	서울	교육/계몽			여자 교육의 필요성 역설. 서울에 新學院 설립(1907년), 잡지 女子指南 발간 (1908년 4월 13일)
78	훈련원 군인 구락부	1906	軍部	학회	서울	교육/계몽		친밀기관	

번호	명칭	설립 연도	설립자	행위자 유형	소재	성격 분류	목적	비고	기타
79	한국식산 장려회사	1906	金明濬(청원인)	경제실업인		상공활동	양잠, 농작, 과수 재배, 식림, 목축, 堤築, 灌漑, 開墾, 鑛業, 水産, 製鹽		
80	東京朝鮮基督教 青年會	1906	일본유학생	해외교포	일본 동경	교육/계몽		유학생단체	
81	京鄕新聞	1906	불랑즈	학회	서울	언론/출판		신문사	국문 간행. 천주교 기관지. 1910 년 12월 20일 종간.
82	西友學會	1906	李甲, 鄭雲復 등	학회	서울	교육/계몽			평양사범학교 설립(1907년), 漢北學會와 통합 (1908년 1월 11일)
83	漢北興學會	1906	嗚相奎, 李儁, 俞鎭浩, 薛泰熙 등, 韓北興學會	학회	서울	교육/계몽	신사상, 신지식, 신제도의 수용		재경 함경도 출신인사들. 국채보상운동에 적극 참여.
84	東京朝鮮基督教 青年會	1906	채필근, 최승만, 한위건 등	청년		교육/계몽			
85	普成專門親睦會	1906		학회		교육/계몽			
86	漢北興學會	1906		학회		교육/계몽			제1회 常合 개최일
87	조선기독청년회	1906		해외교포	일본 동경	교육/계몽	기독교 포교, 전도와 회원 상호 친목		기독교주의에 기반하여 지·덕·체의 발달을 이루게 하고 그럼으로써 완전한 인격 양성을 주종(主宗)으로 삼는 한편 회원 상호 간 친목 도모
88	공진회	1906	민찬호, 이내수, 임정수	해외교포	미국 하와이	교육/계몽	인재양성		

번호	명칭	설립 연도	설립자	행위자 유형	소재	성격 분류	목적	비고	기타
89	新民會	1906	양기탁, 신채호, 박은식, 안창호 등	학회		교육/계몽	국권회복	비밀결사	
90	國減膳會	1907		여성/부인		국채보상	국채보상금 모집	국채보상운동 여성단체	
91	新文館	1907	최남선	경제실업인		언론/출판		출판사	
92	徽文館	1907	閔泳徽	경제실업인		언론/출판		출판사	
93	대동보국회	1907	문양목, 백일규, 장인환, 방사겸, 최운백	해외교포	미국 캘리포니아	교육/계몽	동지단결, 민지계발	동포단체	기관지 대동공보 발행
94	婦人學會	1907		여성/부인	서울	교육/계몽	부인 교육의 완벽을 위한 가장들의 후원을 표방		
95	鳴州學會	1907	李喆祖, 李容觀 등	학회	강계	교육/계몽			
96	청년회(정확한 명칭은 미상)	1907		청년	미국 하와이	교육/계몽			
97	군인구락부	1907	趙性根, 李熙斗 등	학회		교육/계몽			
98	婦人學會	1907		여성/부인	서울	교육/계몽	완전한 부인 교육 실시		공휴일에 모여 3시간씩 정치법률을 제외한 가사, 위생, 육아, 조리 등을 공부함
99	불교연구회	1907	洪月初?	학회		교육/계몽			홍월초가 업무를 教副總務 李寶潭에게 위임한다는 기사. 국채보상운동 참여 결의 (1907년 3월 3일)

번호	명칭	설립 연도	설립자	행위자 유형	소재	성격 분류	목적	비고	기타
100	共修學會	1907	재일본 관비유학생	해외교포		교육/계몽			설립 연도 미상. 기관지 共修學報 제1호 발간 시기. 태극학회 등과 통합해 대한학회 설립(1908년 1월 28일)
101	의성회	1907	거류동포의 공동 결의	해외교포	미국 하와이	독립운동	항일운동, 일화배척	항일단체	
102	노소동맹회	1907	편성원, 정병섭	해외교포	미국 하와이	독립운동	동족상애, 일화배척		
103	淸北江界夫人汲水報償會	1907	李召史, 韓召史, 金召史 등	여성/부인	강계	교육/계몽	국채보상금 모집	국채보상운동 여성단체	여성들이 물을 길어 모은 급수비를 국채보상금으로 활용. 남녀가 동등한 의무를 수행해야 한다는 국민의식에서 출발.
104	국민공동회	1907	미주교포	해외교포	미국 하와이	독립운동		항일단체	
105	국채보상기성회	1907	金成喜, 劉文相 등	지역인	서울	국채보상			
106	南一洞佩物廢止婦人會	1907	정운갑 모 서씨, 서병규 처 정씨, 정운화 처 김씨, 서학균 처 정씨, 서석균 처 최씨, 서덕균 처 이씨 및 김수원 처 배씨 등 7명	여성/부인	대구	국채보상	국채보상금 모집	국채보상운동 여성단체	
107	婦人減餐會	1907	金一堂, 金石子 등	여성/부인	서울	국채보상	국채보상금 모집	국채보상운동 여성단체	아침저녁의 식사량을 반으로 줄여 국채보상금 모집
108	大東學會	1907	申箕善, 李道宰 등	학회	서울	교육/계몽	신구 사상의 통합	유교단체	大東專修學校 설립(1908년), 大成會로 개칭(1909년 9월)

번호	명칭	설립 연도	설립자	행위자 유형	소재	성격 분류	목적	비고	기타
109	輔仁學會	1907	金基元, 羅壽淵, 韓萬容, 安宗煥 등 5인	학회		교육/계몽	보통교육 및 문화의 발달	학회	소학교설립과 인재양성 결의. 輔仁學校 설립과 유지 (1908년 6월 8일)
110	國債報償慶南贊成會	1907	金容孝 등	지역인		국채보상			
111	국채보상지원금총합소	1907	金光濟, 徐丙珪 등	지역인	서울	국채보상	국채보상금 모집	국채보상운동	
112	원일부인회	1907		여성/부인		국채보상	국채보상금 모집	국채보상운동 여성단체	기녀들이 결성
113	鎭川 여자교육회	1907		여성/부인	진천	교육/계몽			
114	大安洞國債報償婦人會	1907	申蕭堂 등 서울 북촌 양반가 부인 11인	여성/부인	서울	국채보상	국채보상금 모집	국채보상운동 여성단체	현금을 납부하면 남녀를 가리지 않고 동지로 成册함. 지부설치를 통해 전국적인 대표적 여성기구로 자리매김하려는 노력을 전개.
115	國債報償義務所	1907	李康洙, 金顯晋 등	지역인	전주	국채보상	국채보상금 모집	국채보상운동	
116	평양 국채보상회	1907		지역인	평양	국채보상	국채보상금 모집	국채보상운동 여성단체	酒姬 31명이 조직
117	大同保國會	1907	한국인	해외교포	미국 패서디나	독립운동		항일단체	大同敎育會와 保皇會 통합
118	국채보상 단연의무회	1907	鄭德溶 등	지역인	옥천	국채보상	국채보상금 모집	국채보상운동 단체	언론보도일
119	晋州愛國婦人會	1907		여성/부인	진주	교육/계몽			진주의 老妓가 동료를 규합하여 조직
120	국채보상 一心會	1907	文秉喜, 宋商宗 등	지역인	동래	국채보상	국채보상금 모집	국채보상운동 단체	언론보도일

번호	명칭	설립 연도	설립자	행위자 유형	소재	성격 분류	목적	비고	기타
121	三和港佩物廢止 婦人會	1907	김경지 부인 김씨, 정익홍 부인 김씨, 백우형 부인 이씨, 임봉취 모친 고씨, 김봉관 모친 차씨, 안석조 부인 김씨, 김인욱 모친 조씨 등	여성/부인	삼화	국채보상	국채보상금 모집	국채보상운 동	쓰러져 가는 민족의 운명의 1천만 여성의 힘으로 구하자고 주장함
122	慶南贊成會	1907	金容孝 등	지역인	경상남도	국채보상	국채보상금 모집	국채보상운 동 단체	
123	晋州愛國婦人會	1907		여성/부인	진주	국채보상			대안동국채보상부인회의 지회
124	호서국채보상 기성의무사	1907	金商翊, 노명호, 홍준유 등	지역인	한산	국채보상	국채보상금 모집	국채보상운 동 단체	
125	국채보상회	1907	鄭範錫, 林東根 등	지역인	영동	국채보상	국채보상금 모집	국채보상운 동 단체	언론보도일
126	실업연구회	1907	학부참의관 홍석현, 朴正銑 등	경제실업인		상공활동			
127	國債報償義務所	1907	韓氏 등	지역인	김포	국채보상	국채보상금 모집	국채보상운 동 여성단체	
128	掬米積誠會	1907	박우리바, 여누이 헤, 정혜스터 등 기독교 부인들	여성/부인	인천	국채보상	국채보상금 모집	국채보상운 동 여성단체	
129	大韓留學生學會	1907	재일 유학생들	해외교포	일본 동경	교육/계몽			설립시기 미상. 大韓留學生會學報 창간 시기.
130	釜山港佐川里婦 人會減膳義捐會	1907		여성/부인	부산	국채보상	국채보상금 모집	국채보상운 동 여성단체	
131	국채보상 海西同情會	1907		지역인	은율	국채보상	국채보상금 모집	국채보상운 동 단체	

번호	명칭	설립 연도	설립자	행위자 유형	소재	성격 분류	목적	비고	기타
132	국채의연부인회	1907		지역인		국채보상			
133	안성군 국채보상 부인회	1907		지역인	안성	국채보상			
134	제주 三徒里 부인회	1907		여성/부인	제주도	교육/계몽			
135	鎭川 국채보상 부인회	1907		지역인	진천	국채보상			
136	進明婦人會	1907	申蕭堂, 朴英子, 崔花士 등	여성/부인	서울	교육/계몽	婦人의 교육과 女工의 발달		
137	國債報償奪環會	1907		지역인	안악	국채보상	국채보상금 모집	국채보상운동 여성단체	
138	婦人義誠會	1907	김희경, 김혜경, 안마리아 등 기독교 여성 중심	여성/부인	남양	국채보상	국채보상금 모집	국채보상운동 여성단체	생활 속의 근검절약을 구국운동에 연결
139	國債報償聯合會議所	1907	李起鐸 주재	학회	서울	교육/계몽			
140	국채보상소	1907	이병덕, 김인화 등	지역인	단천	국채보상	국채보상금 모집	국채보상운동 단체	언론보도일
141	국채보상의연소	1907	姜信圭, 김재익 등	지역인	상주	국채보상	국채보상금 모집	국채보상운동 단체	언론보도일
142	國債報償奪環會	1907	孔氏, 嚴氏	지역인	대구	국채보상	국채보상금 모집	국채보상운동 여성단체	指環을 뽑아 국채보상금을 마련하자는 취지
143	新民會	1907	安昌浩, 李甲, 梁起鐸, 李東寧, 李始榮, 李東輝, 金九, 盧伯麟, 申采浩 등	학회		교육/계몽		비밀결사	

번호	명칭	설립 연도	설립자	행위자 유형	소재	성격 분류	목적	비고	기타
144	경주 국채보상 부인회	1907		지역인	경주	국채보상			
145	斷煙婦人會	1907		여성/부인		교육/계몽			
146	대구 남산 국채보 상부인회	1907		지역인	대구	국채보상			
147	영도 국채보상 부인회	1907		지역인	부산	국채보상			
148	국민단합회	1907	채극여, 김봉기	해외교포	미국 하와이	독립운동	무예장려, 일화배척	항일단체	
149	신간회	1907		해외교포	미국 하와이	독립운동	무예장려, 항일운동	항일단체	
150	國文硏究所	1907	學部	학회		교육/계몽			
151	湖南學會	1907	劉禧烈	학회	서울	교육/계몽	호남지역의 교육 발달	학회	사립학교 설립, 기관지 湖南學報 발간. 강연회와 토론회 개최 등. 법학상습소 설치(1908년 5월)
152	실지회	1907	동포의 공동 결의	해외교포	미국 하와이	독립운동	무예, 실업장려, 일화배척	항일단체	
153	同友會	1907		학회		교육/계몽			양위반대시위 기사
154	大韓新聞	1907	이인직	학회	서울	언론/출판		신문사	만세보 인수. 이완용 내각기관지. 1910년 8월 31일 종간.
155	공제회	1907	신성구, 황용성, 서필순, 이원익, 차두환, 안규선	해외교포	미국 뉴욕	독립운동	동족상조, 항일운동	항일단체	관비유학생. 관리주도.
156	부흥회	1907	서성년, 전백전	해외교포	미국 하와이	독립운동	인재양성, 일화배척	항일단체	

번호	명칭	설립 연도	설립자	행위자 유형	소재	성격 분류	목적	비고	기타
157	光州지방 금융조합	1907		경제실업인	광주	상공활동			1907년 11월 1일부터 업무개시
158	電興協會	1907	金益成, 朴相夏, 최봉현, 조병요 등	해외교포	미국 하와이	독립운동	대한제국부흥운동, 교육 장려, 월간회보 발행		전흥협회보 창간 (1908년 5월 23일)
159	慈善부인회	1907		여성/부인		교육/계몽	자선활동	친일고관 부인 중심	고아 및 맹아를 위한 사회사업과 의료사업
160	韓人合成協會	1907		해외교포	미국 하와이	교육/계몽	하와이 거주 한인의 통합기관	재미 24개 단체 통합	기관지 韓人合成新報 발간 (1906년 10월 15일), 샌프란시스코 공립협회와 통합하여 大韓人國民會 조직 (1909년 2월 1일)
161	大同公報	1907	문양목	해외교포	미국 샌프란시스코	교육/계몽			대동보국회
162	합성신보	1907	홍종표	해외교포	미국 하와이	교육/계몽			韓人合成協會
163	勞動會社	1907	金聲斗	경제실업인	마산	상공활동	청부업		
164	동맹신흥회	1907	김익제, 박용하, 장한조, 김경식, 오창덕, 강봉희	해외교포	미국 시애틀	독립운동	동족상애, 항일운동		대동보국회와 합동
165	大韓協會	1907	南宮檍, 윤효정 등	학회	서울	교육/계몽	교육 보급, 산업 개발, 민권 보장, 행정 개선		고종 양위반대운동을 주도하다 해체된 헌정연구회를 계승. 기관지 대한협회회보 창간 (1908년 4월 25일), 일진회와 연합(1909년 11월), 한일합방에 대한 견해 차이로 일진회와 결별하고 국민대연설회 개최(1909년 12월)

번호	명칭	설립 연도	설립자	행위자 유형	소재	성격 분류	목적	비고	기타
166	興士團	1907	兪吉濬, 金九植 등	학회	서울	교육/계몽	일반 국민교육 보급방침 연구		대한협회 등과 함께 국민대연설회를 개최하여 일진회를 성토함 (1909년 12월)
167	共立協會 (러시아 소재)	1908		해외교포	러시아	교육/계몽			
168	西北學會	1908	嗚相奎외 2인	학회	서울	교육/계몽	신교육을 통해 국권회복의 인재 양성	학회	西友, 漢北學會 통합(1908년 1월), 회관 내 協成學校 설립 (1908년 2월 18일), 農林講習所 개설(1909년 9월)
169	官人俱樂部	1908		학회		교육/계몽			대한협회가 이곳에서 통상총회 개최
170	畿湖興學會	1908	李容植, 池錫永, 金九植, 趙民熙 등	학회	서울	교육/계몽	경기도와 충청남도의 학문진흥과 학교건설	학회	서울에 畿湖學校 설립(1908년)
171	大韓學會	1908	재일 유학생들	해외교포	일본 동경	교육/계몽			太極學會, 共修會, 留學生會, 洛東會, 湖南學會가 통합
172	靑友學會	1908	韓中洙 등 9명	학회		교육/계몽			
173	昌原港國債報償 婦人會	1908		지역인	창원	국채보상	국채보상금 모집	국채보상운동 여성단체	
174	嶠南學生親睦會	1908	경상남북도 학생	학회	서울	교육/계몽			
175	海朝新聞	1908	崔鳳俊	해외교포	러시아 블라디 보스토크	교육/계몽			
176	關東學會	1908	朴起東 외 2인	학회	서울	교육/계몽	교육 진흥	학회	

번호	명칭	설립 연도	설립자	행위자 유형	소재	성격 분류	목적	비고	기타
177	嶠南敎育會	1908	박정동, 尙灝 등 서울 거주 영남 출신 인사들	학회	서울	교육/계몽	교육 진흥	학회	一面一校 설립운동의 일환으로 協東學校, 廣明學校, 東陽學校 등을 설립 운영
178	法學協會	1908	朱定均외 1人	학회	서울	교육/계몽	정치, 법률, 경제 연구	학회	養正義塾 소속. 양정의숙은 嚴柱益이 1905년 2월 11일 설립. 설립연도는 미상. 날짜는 임시총회에서 임원을 선출한 시기.
179	關東學會	1908		학회	서울	교육/계몽	교육의 진흥		설립시기 미상. 평의회 개최일.
180	노동야학회	1908	尹始炳, 李鳳來 등	학회		교육/계몽			
181	식산장려회	1908		경제실업인	서울	상공활동			학교설립결의. 實業獎勵會 조직 (회장 閔元植)(1908년 5월)
182	호남철도주식 모금연구회	1908	유길준, 李東暉 등	경제실업인		상공활동			
183	廣商學會	1908	廣信상업학교	학회		교육/계몽	상업발달 도모		
184	鳳城廣學會	1908	琴錫柱 등 100여 명	학회	봉화	교육/계몽			
185	실업장려회	1908	회장 閔元植	경제실업인		상공활동			식산장려회와 실업협회가 합병
186	기호학생친목회	1908	기호흥학회	학회		교육/계몽			
187	실업장려회	1908		경제실업인	서울	상공활동			식산장려회와 실업협회가 합병
188	기호학생친목회	1908	기호흥학회	학회	서울	교육/계몽			

번호	명칭	설립 연도	설립자	행위자 유형	소재	성격 분류	목적	비고	기타
189	同義會	1908	최재형, 이범윤 등	해외교포	러시아 연해주	독립운동	이주 한인 간의 결속 도모와 환난구제	실제로는 항일의병을 추진하는 결사의 성격. 1908년 7월 국내 진공 작전에 일부 성원이 참여하기도 함.	
190	학생연합친목회	1908	獎學月報社	학회	서울	교육/계몽			회원 400명이 병립회 개최
191	女子普學院維持會	1908	尹致昨, 姜玩熙, 李錫永 등	여성/부인	서울	교육/계몽	여자보학원 운영		1907년 봄에 설립된 여자교육회 부설 女子普學院이 여자교육회의 재정난으로 독립함. 여자보학원의 잡지 女子指南 발행 지원.
192	한국부인회	1908	이민식, 신윤호, 문경호, 장홍범, 박창운 등	여성/부인		교육/계몽			
193	大韓女子興學會	1908	親王, 貴族, 大臣 및 그 부인들	여성/부인	서울	교육/계몽	여성교육의 증진		1908년 5월 20일 반포된 황후의 여자교육 조칙에 따라 세워질 漢城高等女學校의 설립을 앞두고 조직됨
194	大韓學生親睦會	1908		학회	서울	교육/계몽			총회개최
195	汲水商人會	1908		경제실업인		상공활동			2000명이 노동회에 가입
196	동지연합친목회	1908	白允和, 朴基源 등	학회		교육/계몽			소년동지회와 상호연합 (1908년 9월)
197	농무학회	1908	梁鳳濟, 池基榮 등	경제실업인		상공활동			

번호	명칭	설립 연도	설립자	행위자 유형	소재	성격 분류	목적	비고	기타
198	湖西學生親睦會	1908		학회	서울	교육/계몽			
199	동지학우친목회	1908	白允和, 朴基源 등	학회	서울	교육/계몽			월보발간계획, 소년동지회와 상호연합(1908년 11월)
200	호남학생친목회	1908	전라남북도 학생들	학회	서울	교육/계몽			총회개최
201	實業學會	1908	정우택 등	경제실업인		상공활동			설립시기는 미상. 특별총회 개최일. 기관지 海東朝報 발간 (주필 金大熙)
202	農工研究會	1908		경제실업인	서울	상공활동			임시총회 개최일
203	彰義會	1908		해외교포	러시아 연해주	독립운동	의병단체 군자금 모금과 무기수집 등 의병사무 일체	1908년 7월 국내 진공 작전에 일부 성원이 참여 하기도 함	
204	경제연구회	1908		경제실업인		상공활동			교육부와 실업부 설치 기사
205	同文社	1908	李學宰, 徐肯淳 등	학회		교육/계몽	고금서적 간행		
206	소년동지회	1908		학회	서울	교육/계몽			전동 普成中학교에서 발기총회, 동지연합친목회와 상호연합 (1908년 9월), 동지학우친목회와 통합 (1908년 11월)
207	帝國新聞社 찬성회	1908	각 사회단체	학회		교육/계몽			황성신문 1908년 8월 22일
208	국어연구학회	1908	주시경 등	학회		교육/계몽			
209	대한중앙학회	1908	姜華錫, 南宮檍, 李沂 등 (회장 李道宰)	학회		교육/계몽			

번호	명칭	설립 연도	설립자	행위자 유형	소재	성격 분류	목적	비고	기타
210	慶興俱樂部	1908	南相穆, 申鄕雨	학회		교육/계몽	청년지식계발		
211	공제회	1908	金基永, 金興濂 등	학회	개성	교육/계몽			
212	普專親睦會	1908		학회		교육/계몽			임시총회. 재단을 보성학교 교우회에 기부 (1908년 12월 24일)
213	국채보상조사회	1908		경제실업인		국채보상			상업회의소에서 張博을 회장으로 선임
214	농상공실업회	1908		경제실업인		상공활동			洪承穆이 회장에 피임되었다는 기사
215	永北學會	1908	安東 유지	학회		교육/계몽	교육방침 연구		
216	慈惠婦人會	1908		여성/부인		교육/계몽	자선사업		이완용 부인이 총재, 고위계층 부인 망라. 경성고아원 찬조활동. 제국부인회로 명칭 변경 (1909년 3월)
217	동양애국부인회	1908		여성/부인		교육/계몽			부인병원 설립 (1908년 11월 16일)
218	산림협회	1908	중추원고문 李夏榮	경제실업인		상공활동			
219	法律硏究會	1908	진주군 유지	학회	진주	교육/계몽			
220	勞動會	1908	李學宰	경제실업인	은진, 강경	상공활동			
221	교육구락부	1908	金允植, 俞吉濬	학회		교육/계몽	교육발달		
222	貞慶民團會	1908		학회	서울	교육/계몽			설립시기미상. 常議員會 개최시기. 晋光학교 인계운영 (1908년 11월 19일)
223	漢城府民會	1908	俞吉濬	학회		교육/계몽			

번호	명칭	설립 연도	설립자	행위자 유형	소재	성격 분류	목적	비고	기타
224	관동학생친목회	1908		학회	서울	교육/계몽			통상총회
225	大東共報	1908	유진율	해외교포	러시아 블라디 보스토크	교육/계몽			
226	韓興農會	1908	총재 趙義淵	경제실업인		상공활동			
227	貞慶民團	1908	단장 金允植	학회		교육/계몽			임시총회 개최
228	대구 애국부인회	1908	徐周媛 등	여성/부인	대구	교육/계몽			
229	수원부인회	1908	羅是議 등	여성/부인		교육/계몽			
230	대한소년회	1908	金奎植 등이 發起	청년		교육/계몽			특별총회. 1909년 10월 재정난으로 폐회.
231	제국학생친목회	1908		학회		교육/계몽			통상총회 개최일
232	開城學會	1908	韓敎序	학회	개성	교육/계몽	개성군의 교육발달	학회	학부의 인가 시기. 成均館 崧陽書院, 공립학교, 보통학교 외 9개교를 운영.
233	壹恋三玄靑年會	1908		청년	수원	교육/계몽			해산명령을 받고 體育會 (運動俱樂部)로 개칭
234	普明女子敎育會	1908		여성/부인		교육/계몽			普明여학교 설립
235	勞動學院	1909		경제실업인	철원	상공활동			
236	墾民自治會	1909	李同春, 李鳳羽, 具春先, 박찬익, 정재면, 尹海 등	해외교포	중국 만주	교육/계몽	간도로 이주한 한인들의 자치와 교육		기관지 敎育報 발간. 명동학교를 비롯하여 正東학교, 恩眞학교, 明信학교, 光成학교, 昌東학교, 北一학교 등의 민족주의 교육기관 설립. 大甸學校라는 관양성기관을 통해 기초적인 군사교육 실시.

번호	명칭	설립 연도	설립자	행위자 유형	소재	성격 분류	목적	비고	기타
237	大韓興學會	1909	재일 동경유학생	해외교포	일본 동경	교육/계몽			기관지 大韓興學報 발간. 동경유학생의 구심체 역할. 일진회의 합방상주문과 합방청원서를 성토하는 포고문을 발표 (1909년 12월 9일)
238	勞動會 本部	1909	회장 金振泰	경제실업인		상공활동		임원회 개최	
239	國民會 (大韓人國民會)	1909	미주 한인단체 통합	해외교포		교육/계몽			하와이 한인합성협회. 샌프란시스코 공립협회. 대동보국회 등 한인단체 통합. 기관지 共立新報와 合成新報. 大韓人國民會로 개칭 (1910년 5월 1일)
240	新韓民報	1909	최정익	해외교포	미국 샌프란시스코	교육/계몽			국민회, 공립신보 계승
241	新韓國報	1909	홍종표	해외교포	하와이 호놀룰루	교육/계몽			국민회
242	大韓民報	1909	嗚世昌	학회	서울	언론/출판		신문사	국한문 간행. 대한협회 기관지. 1910년 8월 31일 종간.
243	大韓商務部	1909		경제실업인		상공활동		보부상단체	帝國實業會와 大韓商務組合 통합
244	大韓工業會	1909	윤치호 등	경제실업인		상공활동		퇴역장교 중심	大韓興業會로 개칭 (1909년 10월 23일)
245	法政新聞社	1909		학회	서울	언론/출판	신문	신문	
246	慶南日報	1909	金弘祚	학회	진주	언론/출판		신문사	국한문간행. 장지연 발행. 1915년 1월 종간. 경남의 지주와 자산가들의 후원.

번호	명칭	설립연도	설립자	행위자 유형	소재	성격 분류	목적	비고	기타
247	大同日報	1909	장기세	학회	서울	언론/출판		신문사	친일적 입장
248	개성학생친목회	1909		학회	서울	교육/계몽			
249	조선문제동지회	1909		해외교포	일본 동경	교육/계몽	한국강점 지원	어용단체	
250	達西婦人教育會	1909	金和秀 등	여성/부인	대구	교육/계몽			
251	한국어연구회	1909	주시경, 선교사 Gale 등	학회		교육/계몽			
252	하와이 상업회	1909	백만금	해외교포	하와이	교육/계몽	교육진흥과 교회발전		
253	敦義學會	1909	金重煥외 4인	학회	서울	교육/계몽	보통학교의 보급	학회	설립일 불명. 날짜는 學部에서 조사한 시점. 華東普通學校 및 養閨義塾의 경비 지원.
254	會寧四民學會	1909	姜俊圭	학회	회령	교육/계몽	회령군의 교육과 식산 보급 및 발달	학회	설립일 불명. 날짜는 學部에서 조사한 시점. 會寧實業學校 운영경비 지원.
255	文化學會	1909	崔基弘	학회	안변	교육/계몽	안변군의 교육 발달	학회	설립일 불명. 날짜는 學部에서 조사한 시점.
256	平北 耶蘇教 學會	1909	金錫晶 등	학회	선주	교육/계몽	교회학교의 진흥	학회	설립일 불명. 날짜는 學部에서 조사한 시점.
257	咸南教育會	1909	權永鎬 등	학회	영흥	교육/계몽	교육, 학술의 보급 및 발달	학회	설립일 불명. 날짜는 學部에서 조사한 시점.
258	遠東勸業會支部	1910		해외교포	중국 봉천 성 안도현	교육/계몽			
259	大韓基督教靑年會	1910		해외교포	중국 하얼빈	교육/계몽			
260	國民同志贊成會	1910	徐彰輔, 李學宰 등	학회		교육/계몽			일본 내각에 합방을 청원함 (1910년 2월 6일)

번호	명칭	설립 연도	설립자	행위자 유형	소재	성격 분류	목적	비고	기타
261	大韓基督教靑年會	1910		청년	중국 하얼빈	독립운동		배일청년단체	
262	김해부인회	1910	許敬任 등	여성/부인		교육/계몽			
263	時事新聞	1910	민원식	학회	서울	언론/출판		신문사	국한문간행 친일적 입장 1910년 05월 8일 종간
264	종로청년회	1910		청년	서울	교육/계몽			사진과 설치기사
265	농상협회	1910		경제실업인		상공활동			설립연도 미상. 서울의 분뇨를 농가에 보급한다는 관련 기사
266	大韓人國民會	1910	재미 한인교포	해외교포	미국 샌프 란시스코	교육/계몽		자치단체	
267	漢城辯護士會	1910		경제실업인		상공활동			안중근을 변호하기 위해 卞榮晩의 파견을 결정
268	妓生組合所	1910		여성/부인		교육/계몽			연주회 개최
269	청년학우회 漢城聯會	1910		청년		교육/계몽			
270	養正女子敎育會	1910	金惠卿, 崔誠卿 등 大官의 妾들	여성/부인	서울	교육/계몽	嫡室과 妾室의 평등한 권리 획득		양정여학교의 설립
271	農淋硏究所	1910	수원농림학교, 서 북학회 농림강습 소 졸업생들	학회		교육/계몽			
272	勸業會	1910		해외교포	러시아 블라디 보스토크	교육/계몽			
273	대한일일신문	1910	김동집	학회	서울	언론/출판		신문사	국한문 간행 대동일보후신

번호	명칭	설립 연도	설립자	행위자 유형	소재	성격 분류	목적	비고	기타
274	애국동맹단	1910		해외교포	미국 샌프란시스코(세크라멘토)	교육/계몽	군사인재양성		대한인국민회 북미지방총회에서 조직 결정
275	大同共進團	1910		해외교포	미국 하와이	교육/계몽			대한인국민회 하와이지방총회에서 조직 결정
276	달성친목회	1910		학회	대구	교육/계몽			연설회 개최
277	國民同志贊成會	1910		학회		교육/계몽			총독부에 인가취소 (설립시기 불명)
278	合邦贊成會	1910		학회		교육/계몽			총독부에 인가취소 (설립시기 불명)
279	國民協成會	1910		학회		교육/계몽			총독부에 인가취소 (설립시기 불명)
280	進步黨	1910		학회		교육/계몽			총독부에 인가취소 (설립시기 불명)
281	政友會	1910		학회		교육/계몽			총독부에 인가취소 (설립시기 불명)
282	儒生協同會	1910		학회		교육/계몽			총독부에 인가취소 (설립시기 불명)
283	平和協會	1910		학회		교육/계몽			총독부에 인가취소 (설립시기 불명)
284	酒類組合用達所	1910	孫基亨, 權澤, 徐丙贊, 尹致殷, 鄭鎭顯, 白東煥 등	경제실업인	밀양	상공활동	주류판매		신문광고

시민의 탄생

조선의 근대와 공론장의 지각 변동

1판 1쇄 펴냄 2013년 11월 22일
1판 4쇄 펴냄 2020년 9월 8일

지은이 송호근
발행인 박근섭, 박상준
펴낸곳 (주)민음사

출판등록   1966. 5. 19. (제16-490호)
서울특별시 강남구 도산대로1길 62(신사동) 강남출판문화센터 5층 (우편번호 06027)
대표전화   02-515-2000 | 팩시밀리 02-515-2007
www.minumsa.com

ISBN 978-89-374-8863-4 93330